작가의 탄생과 근대문학의 재생산 제도

김석봉 金錫烽 | 1969년 광주(光州) 출생. 서울대학교 인문대학 국어국문학과 및 동대학원 졸업. 문학박사. 현 울산대학교 국어국문학과 교수. 지은 책으로 『신소설의 대중성 연구』(2005)가 있음

문영진 文榮珍 | 1956년 제주 출생. 서울대학교 국어교육과 및 동대학원 졸업. 교육학박사. 현재 전북대학교 국어교육과 교수. 지은 책으로 『한국근대소설의 읽기과 글쓰기』(2000), 『동시대의 삶과 서사교육』(2007) 등이 있음

박지영 朴志英 | 1969년 서울 출생. 덕성여자대학교와 성균관대학교 국어국문학과 대학원 졸업. 문학박사. 현재 성균관대학교 동아시아학술원 연구교수. 지은 책으로 공저 『신여성-매체로 본 근대 여성 풍속사』(2005), 논문으로는 「김수영 시 연구-시론의 영향 관계를 중심으로」(2002), 「신동문 시 연구」(1996), 「유기체적 세계관과 유토피아 의식-신동엽론」(1998), 「이육사의 시세계-전통적 미의식과 혁명적 실천의 결합」(2004), 「방정환 천사동심주의의 본질-『어린이』지를 중심으로」(2005) 등이 있음

박헌호 朴憲虎 | 1962년 서울 출생. 성균관대학교 국어국문학과와 동 대학원 졸업. 문학박사. 현재 성균관대학교 동아시아학술원 HK교수. 지은 책으로 『이태준과 한국 근대소설의 성격』(1999), 『한국인의 애독작품』(2001), 『식민지 근대성과 소설의 양식』(2004) 등이 있음

박현수 朴賢洙 | 1966년 부산 출생. 성균관대학교 국어국문학과와 동 대학원 졸업. 문학박사. 현재 성균관대학교 동아시아학술원 연구교수. 쓴 글과 책으로 「두 개의 번역과 소설이라는 글쓰기」(2007), 「김기진의 초기 행적과 문학 활동」(2008), 『일본문화 그 섬세함의 뒷면』(2001) 등이 있음

심선옥 沈善玉 | 1965년 경북 안강 출생. 성균관대학교 국어국문학과와 동 대학원 졸업. 문학박사. 현재 세명대 강사. 논문으로 「김소월 시의 근대적 성격 연구」 등이 있음

최수일 崔洙逸 | 성균관대학교 국어국문학과, 동대학원 졸업. 문학박사. 1966년 서울 출생. 현재 성균관대학교 동아시아학술원 연구교수. 쓴 글과 책에는 「『개벽』 유통망의 현황과 담당층」(2005), 「『개벽』에 대한 서지적 고찰」(2005), 「근대문학의 재생산 회로와 검열」(2006), 공저 『『개벽』에 비친 식민지 조선의 얼굴』(2007) 등이 있음

근대문화제도 연구총서 01

작가의 탄생과 근대문학의 재생산 제도

초판 인쇄 2008년 8월 10일 **초판 발행** 2008년 8월 15일

지은이 박헌호 외 **펴낸이** 박성모 **펴낸곳** 소명출판 **출판등록** 제13-522호

주소 서울시 서초구 서초동 1621-18 란빌딩 1층

전화 02-585-7840 **팩스** 02-585-7848 **전자우편** somyong@korea.com

값 31,000원

ISBN 978-89-5626-311-3 93810

근대문화제도 연구총서 01

문화제도는 총체로서의 역사가 인간 삶과 교호하며 개인과 사회에 새겨놓은 정신의 돋을새김이다. 역사의 운동은 문화를 매개로 인간에 수렴되며 인간이 사회적 지향성을 물질화하는 곳에서 제도의 현실적 의미가 탄생한다. 그런 점에서 근대문화제도란 근대라는 특정한 역사의 시공간이 주형해낸 물질화된 지향성이며 삶을 양식화하는 구조이자 인간의 제반 실천을 작동시키는 조건이다. 따라서 근대문화제도에 대한 탐구는 삶의 양식과 표상체계, 사상의 외연과 내포를 포괄적으로 설명하려는 학문적 문제의식의 소산이다.

작가의 탄생과 근대문학의 재생산 제도

박헌호 외 지음

소명출판

:: '근대문화제도 연구총서'를 간행하며

문화제도는 총체로서의 역사가 인간 삶과 교호하며 개인과 사회에 새겨놓은 정신의 돋을새김이다. 역사의 운동은 문화를 매개로 인간에 수렴되며 인간이 사회적 지향성을 물질화하는 곳에서 제도의 현실적 의미가 탄생한다. 그런 점에서 근대문화제도란 근대라는 특정한 역사의 시공간이 주형해낸 물질화된 지향성이며, 삶을 양식화하는 구조이자, 인간의 제반 실천을 작동시키는 조건이다. 따라서 근대문화제도에 대한 탐구는 삶의 양식과 표상체계, 사상의 외연과 내포를 포괄적으로 설명하려는 학문적 문제의식의 소산이다.

근대학문의 분절적 방법론으로는 현실의 실체를 파악하기 어렵다는 것이 이제 자명해졌다. 우리는 근대인들이 겪었던 경험적 시공간의 성격을 보다 깊게 그리고 통시적으로 탐구하는 것이야말로 그러한 한계를 극복하는 하나의 해결책이 될 수 있다고 판단한다. 문화연구의 의미와 가치는 이 점과 연관되어 있다. 이것은 근대 연구의 인간 중심화를 의미한다. 이를 통해 국가를 중심에 둔 연구방법의 오랜 지속이 초래한 건조한 근대의 상이 물러나고 현실의 '인간'이 연구의 새로운 중심으로 부상하고 있다. 사회와 역사 연구의 흐름이 구체적인 인간 삶의 현실과 실천 중심으로 재편되고 있는 것이다.

그러나 현재의 문화연구가 학문적·현실적 의무를 다하기 위해서는 보다 냉철한 통찰이 필요하다. 거대담론으로 삶을 재단하는 병폐를 극복해야 하는 것처럼 역사와 인간을 고립시키고 분자화하는 오류 또한 재고되어야 한다. 특정한 연구경향을 '새로운 보편'인양 강조하는 방법의 물신화나, 일상의 표피적 복원이 야기하는 정치성의 은폐와 같은 문제들도 비판되어야 한다.

우리는 문화연구를 제도를 매개로 하여 재구조화하려고 한다. 문화제도는 구조와 인간, 거대 담론과 구체적 삶이 교호하고 횡단하는 접점이다. 한국 근대문화제도는 한국의 역사적 맥락 안에서 구성되기 때문에 특정한 성격과 편향을 내포하고 있다. 이를 해명하기 위해서 우리는 법률 · 기관 · 과정 등으로 존재하는 제도만이 아니라 그 이면에서 은밀하게 작동하는 권위와 관행들을 포괄적으로 논의할 수 있는 분석의 틀을 구축하고자 한다. 기존의 국가주의나 제도 물신화에 거리를 두면서 한국적 근대의 편향에 작용한 힘들과 그것의 구성 과정을 온전히 드러내기 위해서는, 그리고 특정한 역사적 시공간 안에서 한 사회의 문화적 성격을 구성했던 인간의 궤적을 이해하기 위해서는 이렇듯 확장된 제도 개념을 통한 접근이 필요한 것이다.

이를 구체화하기 위해서 무엇보다 근대문화제도의 복합적 양태에 대한 기초연구가 시급하다. 우리가 근대문화제도의 기반연구와 관련 자료의 축적에 일차적인 관심을 두는 것은 이 때문이다. 그것이 학문의 폭과 깊이를 심화하는 데 기여할 것으로 우리는 확신한다. 그러나 기초연구가 우리가 추구하는 연구의 귀결점은 아니다. 사실에 주목하되 구조를 놓치지 않으며 사실과 구조가 지시하는 역사의 향방을 날카롭게 포착하여 창조적인 이론의 수립으로 나아가야 할 시점이다. 근대문화제도가 우리의 현실을 구성했던 것처럼, 그것에 대한 연구가 미래의 얼개를 구성하는 데 어떻게 기여할지를 논구하는 것이 우리의 궁극적인 목표다.

이러한 목표를 몇몇 사람의 의지와 노력으로 이룰 수는 없다. 이에 우리는 보다 많은 연구자들과 대화하고 협력하며 관련된 문제를 풍부하게 드러내기 위해 '근대문화제도 연구총서'를 간행한다. 우리는 이 자리가 많은 연구자들이 상호교류하고 토론하며 학문을 진전시키는 계기이자 공동의 집이 되기를 희망한다. 이제 과거를 딛고 일어서, 학문과 현실의 미래를 위해 우리의 이성을 수고롭게 하자.

기획위원 유선영 박헌호 한기형

:: 차례

:: 책머리에

이 자리에서 1990년대 이후 한국 근대문학 연구가 직면했던 변화의 물길을 새삼 되새겨 볼 필요는 없겠다. '탈근대 담론'이라 통칭되는 이론들의 거센 도전 앞에서 한국 근대문학 연구는 자신의 정당성과 효용성, 그리고 학문하는 근본이유를 질문 받아야 했다. 그것은 문학을 둘러싼 구조와 본질에 대한 질문이었으니, 끝내는 '문학' 자신에 대한 질문이 아닐 수 없었다. 아아— 이제 와서 다시 '문학'이라니!

하나의 해프닝이 되고 말았지만 '(인)문학의 위기'가 운운된 것도 그 흐름의 필연이라면 필연의 한 장면이었으리라. 그러나 다른 한편으로 (인)문학은 '블루오션'이 되고 '콘텐츠'의 총아가 되었다. 일란성 쌍둥이라 해서 운명이 같을 수 있겠는가. (인)문학은 죽어가지만 (인)문학이 총아가 되는 현실 속에서 문학은 어쩌면 자신의 운명을 모순의 방식으로 재현해내고 있었는지도 모른다. 문학이 원래 그런 모습이었는지도 모른다.

허면 문학'연구'는?

여기에 둥지를 튼 글들은 그 아픈 질문에 대한 모색의 한 방식이다. 이 글들은 일제히 '문학'을 상대화하고 있다. 우리의 청춘을 붙들어 맸던, 학자가 되어 제각기 터잡고 파 들어가던 우물의 깊은 공동(空洞) 한 가운데서 우리는 멈춰 섰다, 멈춰서야 했다. 문학을 타자의 벽에 걸어두어야 했다. 근대문학의 절대성을 상대화하는 일, 한국 근대문학의 특수성이라 배웠던 것들을 객관화하는 일, 문학이 제 몸을 키우고 살을 찌웠던 제도를 타자화하는 일, 우리의 감수성과 미학을 상대화하려는 욕망에 이 책은 붙들려 있다. 상대화란 의심이며 파각(破殼)이다. 분명한 것은 이 의심과 껍질 깨기가 문학 연구의 창신(創新)으로 나아가려는 갈망의 소산이란 점이다. 그 첫걸음이 근대작가의 '탄생'을 묻고 근대문학의 '재생산 제도'를 살피게 된 것은 그러므로 필연이었다.

하여 우리는 '한국 근대문학의 재생산 제도'라는 화두에서 출발하지 않을 수 없었다. 이 커다란 화두를 네 영역으로 나누었는데 '작가의 탄생'이 첫머리요, 문학(작품)에 권위를 부여하고 작품 간의 위계질서를 창출하는 '승인'이 둘이요, 독자들의 '향유'가 셋이다. 그리고 익명의 독자였던 '그녀 / 그'가 작가로 '탄생 / 재생산'되면서 이 순환의 사이클은 완성된다. 작가의 탄생이 곧 재생산인 것이다. 이 단계들은 정확히 말해 '순서'를 가질 수 없다. 작가의 탄생부터가 사회적으로 존재하는 문학의 권위와 독서라는 향유과정, 그 밖의 여러 제도를 통과하지 않고서는 형성되기 어렵기 때문이다. 따라서 하나의 원환적(圓環的) 구조로 존재하는 근대문학의 재생산 제도에 일부러 매듭을 부여한 것은, 순환구조의 현기증에 빠지지 않으면서도 대상을 학문적 구조로 전환시키기 위한 이론적 고심의 결과였다. 우리는 이런 분할법이 대상에 대한 적절한 접근법의 하나이기를 바란다.

그럼에도 첫 걸음이란 표현이 통상의 겸손은 아니다. 수많은 '결여의 조건' 속에서 이렇게 첫 단추를 채워야 하는 것이 우리 자신, 누구보다 안타깝다. 우리의 주제가 옹골차게 십 년을 두고 연구해야 할 주제라고 지금도 우리는 생각한다. 하지만 현재의 수준에서 결과물을 제출해야 하는 것이 또한 현실이 아닌가. 여기서는 '작가의 탄생과 제도화'로 작가재생산 제도를 다루었고 다른 매듭은 '문학 '장'의 구축과 문화제도', '문학의 향유, 재생산의 기틀'이란 제목 아래 재배치하였다. 그것은 연구의 진척에 따른 현실적 결과이지만 우리의 분할법이 보다 유연해졌다는 의미이기도 하다. 연구를 시작할 때 가졌던 생각에서 우리는 그만큼 나아갔고 그만큼 한계에 직면했다. 문학을 둘러싼 제도와 그 제도에 기대어 오롯이 솟아났던 '문학'의 역학관계가 딴에는 드러났기를 기대한다. 그런 열망 속에서 우리는 다음과 같이 글의 편제를 구성했다.

제1부는 작가의 탄생이 재생산 제도로 제도화되는 양상을 추적했다. 우선 식민지 조선에서 '작가'가 된다는 것의 의미를 미디어, 지식인의 존재양상과 결부하여 문제제기(박헌호) 하면서 그것을 '방정환'이라는 문제적 독자/작가의 존재전이 과정을 통해 구상화하였다(박현수). 다음으로 등단제도의 핵심이라 할 매체의 문제를 중점적으로 다루었다. 동인지에서 시작된 식민지 조선의 문단 구성방식이 신문의 '신춘문예'로 변하는 과정을 등단제도의 권력적 변환이란 차원에서 개괄하였고(박헌호), 이를 잡지와 신문으로 나누어 구체적으로 고찰하였다. 최수일은 20년대 최대잡지였던 『개벽』의 현상문예에 대한 실증적 분석과 함께 이를 '신경향파'라는 문학사적 국면과 연계해 해석하였고, 김석봉은 『조선일보』를 대상으로 신춘문예의 제도화 과정을 논증하였다. 이런 작업을 통해 우리는 '작가되기'의 사회적 의미가 작가 개인의 내면에 대한 분석으로부터 출발하여 식민지 사회와 근대매체의 관계 그리고 매체 간의 제도적 헤게모니라는 관계망을 통해 일정하게 드러났기를 기대한다.

제2부는 근대문학이라는 '장'이 구축되는 과정과 그것이 하나의 문화제도로 성립되는 과정을 고찰했다. 이를 위해 우선 이식으로서의 근대문학의 본질적 문제인 '번역'의 문제를 시와 소설에서 살펴보았고(심선옥·박현수), 그것을 대중화시키는 광고의 문제(박지영)와 식민지적 현실로서의 검열의 문제(최수일)을 검토하지 않으면 안 되었다. 근대문학이 자율적 존재인 만큼이나 근대지식과 인쇄자본 그리고 정치권력의 영향물임을 논증하려 했다. 근대문학의 최종 귀결처 중 하나가 '정전'이다. 우리는 '정전'의 형성이 역사적 현상이며 동시에 문화제도의 결과임을 논증하기 위해 시(심선옥)와 소설(문영진)의 경우를 나누어 배치하여 정전의 절대성에 대해 기본적인 문제제기를 해 보았다.

제3부는 독자들의 문학향유 방식과 그 터전, 그리고 그로부터 야기되는 새로운 작가의 탄생과정을 추적해보았다. 첫머리에 식민지 최대의

출판기획자이자, 근대문학의 터전인 '미디어'의 문제를 독자와의 관계 속에서 성공적으로 결합시킨 방정환의 사례(박현수)를 두었고, 뒤이어 미디어란 유통되지 않고는 대중적 영향력을 행사할 수 없다는 의미에서 당시 미디어의 유통망과 그것의 담당층이 가지는 사회적 의미를 검토한 논문(최수일)을 수록했다. 아울러 '독자투고'라는 형식으로 매체에 드러났던 대중의 문학의식들을 『학생계』와 『신여성』을 통해 구체적으로 추적한 논문(박지영)을 제시했으며, 그것이 당대 최고의 지식인 계층 중 하나였던 이화여전(박지영)과 연희전문(박헌호)에서 어떠한 양상으로 드러났는지를 추적하는 것으로 논의를 정리했다.

이제 학계에 보고하여 엄정한 비판에 직면해야 할 차례이다. 연구 성과를 묶어내면서 우리의 마음과 어깨 모두 무겁다. 나아가지 못한 지점에 대한 반성을 통해 저자들 스스로 새로운 연구로 진일보해야 할 시점이다. 우리는 이 책이 스스로 자임했던 주제의 결론일 수 없다는 것을 안다. 하지만 첫 매듭으로서 그리 부족하지는 않다고 생각한다. 호된 비판에 스스로를 내맡기는 까닭이다.

흐릿한 담배연기 속에서 박현수 선생의 제안으로 시작된 연구모임이 여기에까지 이르렀다. 그가 아니었으면 이 길은 열리지도 않았다. 그 동안 두 번, 3년에 걸쳐 학술진흥재단의 연구비 지원을 받았다. 박헌호, 최수일, 박현수가 2003년 '근대작가의 탄생과 그 존재양태'라는 주제로 1년간, 2004년에는 문영진·심선옥·박지영 세 연구자가 더 합류하여 '한국 근대문학의 재생산 제도에 대한 시계열적 비교 분석'이란 주제로 2년간 연구비 지원을 받았다. '작가탄생'의 기반과 과정을 추적하던 연구가 '재생산 제도' 전체로 확산됐던 것이다. 함께 머리를 맞댈 공간과 책 살 돈이 필요했던 우리에게 그것은 큰 도움이 되었다. 따라서 이 책이 학술진흥재단이 지원한 기초학문지원과제의 일환으로 간행되는 것임을 밝혀둔다.

사적인 이야기를 조금만 남기겠다. 연구기간 사이에 공동연구원 모두에게 폭풍의 시간들이 지나갔다. 도저히 잊을 수 없는 인생의 고비들이 내남없이 한꺼번에 얼굴을 들이밀었으니 아무래도 이 과제는 영원히 잊을 수 없는 프로젝트가 될 듯하다. 연구만이 아니라 삶의 고통을 함께 하며 힘겹게 시간을 견뎌왔다. 그럼에도 함께 했던 시간들이 사랑의 기억으로 남아 있는 것에 감사한다. 준비하고, 공부하고, 싸웠던 기억 속에서 이만큼의 결실을 만들 수 있었다. 삶의 목마름을 소주로 마무리하면서 여기까지 왔지, 싶다. 이 책의 출간을 계기로 우리 모두가 보다 강건해지고 학문과 인생에서 더욱 성숙하기를 기원한다.

논쟁의 시간이 많았음에도 우리가 흔쾌하게 합의에 도달한 기억은 많지 않다. 연구자 모두 공통의 시각을 견지하려 애쓰면서도 좀처럼 개성을 포기하려 하지 않았다. 독자들이 이 책에서 서로 상충되는 이야기를 발견하게 되는 것은 전적으로 우리의 토론이 충분치 않았던 결과이다. 하지만 공동연구라 해서 꼭 공통의 결론에 도달해야 하는 것은 아니기에 서로의 차이를 각자의 몫으로 남겨두었다. 특별히 밝혀둘 것은, 공동연구를 하지는 않았지만 우리의 취지를 이해하고 귀중한 글의 게재를 허락해주신 김석봉 선생님께 감사의 말씀을 전한다는 것이다. 김석봉 선생님의 글 덕분에 이 책의 부족한 부분이 다소라도 채워질 수 있었다. 다시 한 번 깊은 감사의 말씀을 드린다.

'책을 낸다면 이름을 꼭 적어주마'고 약속했던 연구보조원들의 도움이 없었다면 우리의 연구는 여전히 '구상'에 머물러 있었을 것이다. 조은정·차유승·박초희·윤이나·오용근·백윤이·이현담……. 이들 외에 여러 학생들이 함께 해주었다. 우리의 미숙함 때문에 그들이 겪어야 했던 시행착오가 얼마나 많았던지! 그들의 땀과 탄식 덕분에 우리의 연구가 갈피를 잡을 수 있었고 자료더미에서 익사하지 않고 살아나올 수 있었다. 그러므로 만약 이 책이 누군가를 기억해야 한다면, 우리는 마땅히, 이제는 제 인생을 찾아간 혹은 학문후속세대로 동업자가 된 그들을 기억하려 한다. 그리고 두 번에 걸친 심포지움에 토론자와 청중으로 참여했던 모든 분들께 고마움을 전한다. 그 분들의 깨우침 덕분에 우리의 연구가 여러 문제를 비켜갈 수 있었다. 매번 우리들을 따뜻한 웃음으로 맞아주는 박성모 사장과 거친 글을 멋지게 다듬어준 소명출판의 식구들에게 미안함과 감사함을 전한다. 소명출판을 위해 언젠가는 '베스트셀러'를 써야 할 텐데, 정말 큰일이다.

마지막으로 우리는 이 책이 '근대문화제도연구총서'의 첫 성과임을 밝힌다. '근대문화제도연구총서'는 근대를 가능케 한, 근대성에 얼굴을 주고 옷을 입힌, 삶의 윤곽과 형식을 만들고 자신을 재생산시켰던 다양한 문화제도에 대한 종합적인 탐색을 목적으로 간행하는 연구총서이다. '제도'로 드러난 '문화'의 성곽을 넘어 우리가 도달하고자 하는 심장부가 어디인지는 아직 우리 자신도 모른다. 하지만 아마도 그것이 우리가 지금 꿈꾸는 것보다 훨씬 더 먼 길일 것이라는 두려움은 갖고 있다. 훨씬 더 가치 있는 길일 것이라는 기대도 갖고 있다. 고로 우리는 더 많이 청춘이어야 하겠다. 더 많이 고민이어야 하겠다. 밤이 이미 우리를 뒤덮었지만 불길은 여전히 꺼지지 않았다.

2008년, 촛불이 타는 유월에
저자들을 대신하여
박헌호 씀

제1부

작가의 탄생과 제도화

식민지 조선에서 작가가 된다는 것

근대 미디어와 지식인, 문학의 관계를 중심으로

박헌호

1. 문제의 제한

'식민지 조선에서 작가가 된다는 것'의 의미를 밝히는 것은 한국 근대문학 연구의 난제에 속한다. 이를 해명하기 위해서는 한국 근대문학의 기원에 물길을 대야 하며, 근대문학 '장'의 (재)생산구조와 동력에 관한 논의도 이루어져야 하기 때문이다. 우리의 경우 '식민지성'의 문제도 간과할 수 없다고 할 때 논증해야 할 지점들은 더욱 복잡해진다. 설령 역사적·사회적 구조의 문제를 다 해명했다 해도 충분치 않을 것이다. 한 개인의 영혼을 통과한 문제를 온전히 객관화하기란 사실상 불가능하기 때문이다. 그러므로 이 주제는 한국 근대사에서 문학의 위상과 의미를 묻는 것이며 그 현상형태의 구조적 제반 문제를 질문하는 데 도달할 수밖에 없다.

논의에 앞서 이 글이 스스로 초점과 범위를 제한하려는 것은 이 때문이다. 본고의 목표는 명확하게 규정될 필요가 있다. 이 글은 제도로서의 한국 근대문학이 근대 매체와의 관련 속에서 어떻게 사회적 위상을 확보했으며 어떻게 자신을 구조화하고 표현하게 됐는가를 밝히는 데 목표가 있다. '작가되기'의 의미를 식민지 상황과 미디어와의 연관관계 속에서 제한적으로 살펴보려는 것이다. 구체적으로는 식민지 지식인의 존재양태를 개략적으로 살피고 이를 기반으로 매체와 문학, '작가되기'의 상관관계를 살펴보려고 한다.

근대 미디어는 근대가 창출한 제도의 하나이면서 동시에 근대의 기획자이자 전파자로서 특유의 역할을 수행해왔다. 문학의 차원에서도 미디어는 근대문학의 터전이자 재생산구조의 핵심이다. 근대소설의 발생에서 신문과 잡지가 매우 큰 역할을 차지했다는 사실은 상식에 속한다.[1] 미디어와 문학의 관계는 원론적으로는 상호 영향관계 속에서 서로를 추동해온 변증법적 관계에 있다 하겠으나 실제로는 미디어가 문학에 보다 강력한 영향력을 행사했다고 봐야 한다. 더욱이 식민지 미디어는 근대 미디어 일반의 성격과 식민지적 특성을 함께 보유함으로써 한국 근대문학의 형성에서 간과할 수 없는 지위를 차지한다.[2] 식민지 조선에서 미디어는 근대문학을 탄생시킨 장이자 그 양식과 미학, 재생산방식에 결정적인 영향을 미친 사회적 제도였다. 한국 근대사에서 '작가되기'의 의미를 따질 때 미디어와의 연관관계는 간과할 수 없는 접근통로이다.

그 동안 근대'문학'의 개념적 · 제도적 기원과 그 작동양태에 대한 논의가 상당히 이루어져 왔다.[3] 이를 통해 문학에 드리워진 '후광'이 벗겨

1) 이언 와트, 전철민 역, 『소설의 발생』, 열린책들, 1988, 제2장 참조.

2) 정치가 봉쇄되고 사회적 출구가 제한적인 식민지 상황에서 미디어가 지닌 위상은 심대한 것이었다. 특히 신문은 종종 '新聞政府'라 불릴 정도로 강력한 영향력을 행사했다. 이에 대해서는 박헌호, 「'문화정치'기 신문의 위상과 반검열의 내적논리」(『대동문화연구』 50집, 성균관대 대동문화연구원, 2005.6) 참조.

3) 민족문학사연구소 기초학문연구단 편, 『한국 근대문학의 형성과 문학 장의 재발견』(소명출판, 2004); 권보드래, 『한국 근대소설의 기원』(소명출판, 2000); 김동식, 「한국의 근대적 문학 개념 형성과정 연구」(서울대 박사논문, 1999); 황종연, 「문학이라는 역어」(『한국문학과 계몽담론』, 문학사와비평연구회 편, 새미, 1999); 김화영, 「문학이라는 제도」(『세계의 문학』, 1986년 여름호) 등을 참조할 수 있다.

지고 제도로서의 실상이 천착되고 있다. 제도적 승인절차인 등단제도에 대해서도 많은 논의가 있어왔다.[4] 아직 실증적 연구에 머물러 있기는 하지만 이를 통해 작가되기의 제도적 권력이 어떻게 작동됐는지 가늠할 수 있다. 또한 한국 근대문학 장의 확립과 폭발적 확장에 기여한 동인지 문학에 대해서도 오랜 시간 다양한 각도에서 탐구가 행해졌고[5] 문학의 제도적 기반 중 하나인 독자와 독서시장에 대한 연구도 이루어졌다.[6]

그럼에도 근대문학의 주체인 '작가'[7]의 사회적 탄생과 의미화 과정을 탐색한 연구는 여전히 흡족하지 않다. 개별 작가의 문제를 뛰어넘는 일반적인 작가탄생의 메커니즘은 미답보의 상태로 남아 있다. 특히 미디어의 성격과 그것이 식민지 상황에서 지니는 의미를 고려한 차원에

---

4) 박헌호, 「동인지에서 신춘문예로—등단제도의 권력적 변환」, 『대동문화연구』 53집, 성균관대 대동문화연구원, 2006.3; 김석봉, 「식민지시기 『조선일보』 신춘문예의 제도화 양상연구」, 『한국현대문학연구』 16집, 한국현대문학회, 2004.12; 임원식, 「신춘문예의 문단사적 연구」, 조선대 박사논문, 2003; 김춘희, 「한국 근대문단의 형성과 등단제도 연구」, 동국대 석사논문, 2000; 김영철, 「신문학 초기의 현상 및 신춘문예제의 정착과정」, 『국어국문학』 98집, 국어국문학회, 1987.

5) 최근의 것으로 김춘식, 『미적 근대성과 동인지 문단』(소명출판, 2003)과 상허학회에서 발행한 『1920년대 동인지 문학과 근대성 연구』(깊은샘, 2000); 『1920년대 문학의 재인식』(깊은샘, 2001)의 특집을 참고할 수 있다.

6) 전은경, 「1910년대 소설독자층의 형성과정 연구」(『한국 근현대소설과 매체』, 한국현대소설학회 제26회 학술연구발표대회 발표집, 2005.12)와 천정환, 『근대의 책읽기』(푸른역사, 2003) 참조.

7) 출발지점에서 '작가'란 무엇인가?라는 질문을 해봄직하다. 그것은 넓게는 글 쓰는 이(Writer)로부터 좁게는 예술적 삶의 권위와 카테고리를 창출하는 권위자(Author)에 이르기까지 다양한 차원에서 접근이 가능하다. '작가' 역시 근대가 창출한 제도의 하나이며, 무릇 개념의 정의란 이를 둘러싼 여러 세력들의 치열한 헤게모니 투쟁의 산물이란 점을 이해한다면, '작가' 개념을 정의하는 것의 어려움을 인지할 수 있다. 이를 두고 부르디외는 "작가나 예술가의 개념과 같은 개념들의 의미론적 흐릿함은 그의 정의를 부여하려고 한 투쟁들의 산물이면서 동시에 조건"(피에르 부르디외, 하태환 역, 『예술의 규칙』, 동문선, 1999, 296면)이라 했다. 그런 점에서 식민지 조선에서 작가가 된다는 것은 그러한 투쟁의 장에 합류하는 것, 이를 통해 누군가를 배제하고 선택하는 과정에 동참했음을 의미하는 것이 될 수 있다. 본고는 그러한 투쟁의 출발점의 한 측면을 그려보고자 하였다.

서, 작가의 탄생과 위상확보의 여정을 탐구한 연구는 쉽게 눈에 띄지 않는다. 많은 경우 작가탄생의 순간은 종종 신화화된 채 창조의 위엄으로 가려져 있거나, '작가→문학→매체'의 방향에서만 논의가 이루어졌다. 본고는 논의의 방향을 '매체→문학→작가'로 전환시켜 그 의미를 논의해보려고 한다. 조선인에 의한 매체 발간이 제한적 수준에서나마 허용된 1920년대를 대상으로 매체와 지식인의 관계를 살펴보고, 이로부터 작가되기의 사회적 위상을 살펴보고자 한다.

2. 식민지 지식인의 존재양태와 미디어

채만식의 「레디메이드 인생」은 식민지 지식인의 상징으로 오랫동안 인구에 회자돼왔다. 채만식 특유의 풍자가 곳곳에 번뜩이는데, 자식을 교육시키는 것이야말로 평범한 식민지 조선인들이 가장 열렬하게 '근대화'를 실천한 항목이었다는 점에서 비판의 칼날이 예사롭지 않다. 개화의 물결과 망국의 경험 속에서 교육의 중요성이 극대화됐다.[8] 교육은 식민권력에 의해서나 민족세력에 의해서나 모두 강조됐다. 여기에 개인적인 신분상승 욕구가 결합하면서 식민지 시기 조선인의 교육열은 지속적으로 증가했다.[9] 고등교육의 경우 여러 가지 한계와 식민권력에 의한 억압이 있었지만, 향학열은 쉽사리 꺾이지 않았다. 이른바 '실력양성론'은 이러한 열풍의 조건이자 귀결로서 식민지 시기 내내 강력한 영향력을 지녔다.[10]

8) 근대화의 물결이 교육을 통한 '학력주의'의 형성에 어떠한 영향을 미쳤는지에 대해서는 이광호, 『구한말 근대교육체제와 학력주의 연구』, 문음사, 1996 참조.

9) 오성철, 『식민지 초등교육의 형성』, 교육과학사, 2000, 제1부 5장 참조.

실력양성론은 조선의 현실이 실제로 낙후돼 있다는 사실에 의해서, 또한 개인에게 현실의 변혁을 위해 목숨을 내놓을 각오까지 요구하지 않는다는 점에서, 대중적 현실성과 실제성을 지녔던 담론이다. 제반 정세로 보아 아직 독립의 기미가 보이지 않을 때, 내부의 힘을 다지는 일이야말로 가장 현실적인 방법으로 인식될 수 있었다. 그런데 실력양성론은 시간과의 싸움으로 현상한다. 이 담론의 최대약점은 언제까지 실력을 기르며 얼마만큼 길러야 하는지, 실력양성의 여부를 누가 판단하며 양성한 실력을 언제 발휘하여 독립을 쟁취할 수 있는지 정해진 시간표를 제출하기 어렵다는 점에 있다. 실력을 양성해야 할 영역이 무한대로 확장될 수밖에 없다는 문제점도 존재한다. 초창기의 실력양성론이 정치적 입장에 보다 충실했다면 후기로 갈수록 사회적 차원으로 전환되는 것도 이 때문일 것이다.[11] 게다가 실력양성론은 개인의 신분상승욕구와 뒤섞일 가능성이 상존한다. 교육을 받는 것만으로는 개인의 계층상승욕구와 민족애를 구분할 수 없는 까닭이다.

이태준의 「고향」은 그런 점에서 상징적이다. 고학으로 일본 유학을 마친 주인공 '김윤건'은 조선에 가면 "어서 신들메를 끄르지 말고 그대로 뛰어나오시오. 당신만은 몸을 사리고 저편에 붙지 말고 용감하게 우리 속에 와 끼여 주시오. 이렇게 부르짖는 힘차고 씩씩한 친구들이 나를 맞아줄 것"[12]이라고 예상하며 귀국선에 오른다. 하지만 현실은 영 딴판이다. 그가 마음을 주었던 사람들은 모두 감옥에 갔고 "오죽한 것들"만 남아 있다. 배웠다는 인간들은 모두 취업과 월급 애기뿐이다. 그가 경멸하던 인간들은 다 한 자리씩 차지하고 있으나, 정작 자신은 취

10) 오성철의 앞의 책에는, 당시 조선의 교육자나 총독부 담당자들도 실력양성론이 교육열을 진작시키는 데 결정적인 영향을 주었다고 보고한 사례들이 다양하게 제시돼 있다. 위의 책, 187~191면.

11) 실력양성론 전반에 대해서는 박찬승, 『한국 근대 정치사상사 연구』, 역사비평사, 1992 참조.

12) 이태준, 「고향」, 『동아일보』, 1931.4.21~29. 여기서는 『달밤』, 깊은샘, 1995, 124면.

직 말을 붙여볼 데조차 없다. 작품은 울분에 찬 윤건이 술상을 뒤엎는 것으로 결말이 나지만, 그러기에 그러한 귀결은 더욱 쓸쓸하다.

이 작품이 상징적인 것은 고등교육을 받은 식민지 지식인의 삶의 양태를 보여준다는 점이거니와, 특히 김윤건이 취직 말을 붙여볼 양으로 찾아가는 곳들이 그렇다. 그가 간 곳은 신문사(언론계)와 신간회(운동계), 그리고 학교(교육계)다. 김윤건은 민족애에 불타는 양심적인 지식인의 표상이다. 그는 "사람의 하루를 갖자. 구복(口腹)에만 충실한 개의 십 년은 나는 싫다"[13]고 다짐하는 인텔리겐치아다. 자신의 운명을 집단의 운명과 동일시하며, 당위와 명분, 정신의 가치에 헌신할 각오로 충만한 인간이다. 그러므로 그런 그가 찾아간 곳은 식민치하에 사는 양심적 지식인의 존재양태와 관련하여 재삼 음미할 만한 상징성이 존재하는 곳이다.

식민지 치하에서 지식인이 조선에 살면서 '구복(口腹)에만 충실하지 않고' 살아가기 위해 택할 수 있는 직업이 정말 많았을까? 직업선택의 폭과 취업가능성의 문제만이 아니다. 한번 살펴보자. 선택의 양 극단에 독립운동과 총독부 관리가 있을 수 있겠다. 긴 설명이 필요치 않은 대목이다. 그렇다면 은행이나 회사원 같은 사무직도 고려해볼 수 있겠다. 언뜻 보아 탐탁지 않게 여길 만한 자리는 아닌 듯하다.

> "어딘데요?"
> "××은행 본점이오."
> "좋은 데 취직하셨습니다."
> 윤건은 속으로 아니나다르랴 하면서도 상대자가 상대자인 만치 마음에 없는 좋은 대답을 하여 주었다.
> "무얼이요 …… 하기는 큰일을 못 칠 바에야 내 한 사람이 헐벗지 않도록 하는 것도 작게 보아 조선 사람 하나가 헐벗지 않는 것이 되니까요……."
> "좋은 해석이십니다."[14]

---

13) 위의 글, 134면.
14) 위의 글, 126면.

그런데, 왜 아닌가? 일신의 안녕만을 추구하기 때문이다. 민족 현실과 소통할 통로가 없는 까닭이다. 근본에서 보면 그 또한 식민 통치에 기여하는 까닭이다. "좋은 해석"이라는 비아냥 속에 평가가 확연하다. 그랬을 때 윤건이 찾아간 세 곳이란 다름 아닌 양심적 지식인이 몸을 담아도 될 만한 곳, 즉 지식인의 가치를 사회화시킬 수 있는 공공적 삶이 가능한 직업이었다는 해석이 가능하다. '운동단체'나 '언론계', '교육계'가 그곳이다.

'신간회'는 합법적 운동기관이다. 작품에 문이 닫혀있는 것으로 나온다. 신간회 해소와 관련된 설명이지만, 그것은 또한 식민지 치하에서의 합법성이 지닐 수밖에 없는 한계의 표시일 수 있다. 합법성은 권력투쟁의 동기이자 결과이다. 권력은 합법성을 설정하고 추인하는 존재로 현상한다. 무엇보다 권력은 합법성의 범주와 범위를 확정 혹은 변화시킴으로써 자신이 권력임을 선포한다. 식민지 조선에서 합법성의 선포자는 일제다. 이 말은 식민치하에서 '신간회'와 같은 민족운동단체가 탄압받았다는 상식을 재확인하자는 것이 아니다. 식민권력은 합법성의 영역과 정도를 조율할 권한을 가짐으로써 피지배자의 삶의 동력과 존재양태를 변화시킨다. 무엇인가를 제한(불법)하거나 허락(합법)함으로써 피식민지인의 삶의 가능태를 구획할 수 있는 것이다. 합법적 운동기관에 몸담는 일의 한계는 이로써 분명해질 수밖에 없다. 다시 말해 '구복(口腹)에만 충실'하지 않은 삶을 살려는 지식인들의 활동 공간 역시 일제가 허락한 영역일 수밖에 없었다.

이를 극명하게 보여주는 것이 3・1운동이며 그 결과 시행된 '문화정치'다. 식민권력은 '문화정치'로의 전환을 통해 기존에 설정한 합법성의 울타리가 얼마나 자의적이며 가변적인가를, 의도와 상관없이 그 자신 인정한 셈이 됐다. 3・1운동은 조선인들에게 그토록 강고하게만 느껴졌던 식민권력의 정책과 제도에도 균열이 가능하다는, 그 균열이 삶의 다양한 영역에 변화를 미칠 수 있다는 사실을 체감케 했다.[15] 어제까지도 불법이었던 것이 오늘 합법으로 전환되는 광경을 목도하는 일은, 조선인들에게 삶의 형식으로서의 사회구조와 제도에 대한 새로운 감각과 인식을 선사했다. 그런 점에서 3·1운동이 식민권력의 지배구조와 제도에 대한 균열의 감각을 조선인들에게 불러일으켰다고 평가할 수 있다.[16]

김윤건이 찾아갔던 나머지 두 곳은 그래서 더 의미심장하다. 교육은 구한말 이래 근대화를 향한 가장 강력한 사회적 실천형태였다. 당연히 식민지 조선의 많은 지식인들이 교육계에 투신했다. 김성수가 중앙학교를 인수하여 송진우·안재홍·현상윤 등을 끌어들인 것처럼 일본 유학생 출신 중의 상당수가 교육계에 몸을 담았다.[17] 뿐만 아니다. 국내 고등교육기관의 졸업생들도 유사했는데 『청춘』에 따르면, '보성'의 경우 졸업생의 대부분이 교사로 진출하며 나머지는 고등전문으로 진학한다고 했다.[18] 교육열이 높아지면서 신학문을 가르칠 수 있는 선생의 수요가 폭증했으니, 이러한 현상은 단지 '보성'에 국한된 것이 아니었다.[19] 1919년 5월 현재, 총독부에 따르면 각종 사립학교에 재직한 교사는 일본인이 184명인데 반해 한국인은 1,647명에 이르고 있다.[20] 사립학교의

15) 나는 여기서 3·1운동에 대한 전체적인 평가를 시도하고 있지 않다. 다만 이제는 3·1운동에 대한 연구가 '운동사'적인 영역에만 국한될 것이 아니라, 사회구조와 제도의 변화 그리고 그러한 변화가 인간정신에 미친 영향에 대한 연구로까지 나아가야 한다고 판단한다. 특히 그러한 '변화와 영향'에 대한 생생한 궤적을 많이 확보하고 있다고 할 수 있는 문학영역이 감당해야 할 몫이 크다고 본다.

16) 3·1운동 이후 '자치론'을 비롯한 다양한 '정책 변경론'이 제기되는 것은 이와 관련이 깊다. 이들이 대체로 개량주의에 입각해 있다는 것은 주지하는 바다. 그럼에도 한계 속에서나마 식민지 조선과 조선인의 지위를 변경시키려는 움직임이 활발했다는 사실이야말로 제도의 절대성이 의심받고 있다는 사실의 표현이다. 해외 독립운동의 활성화와 사회주의 계열의 세력화 등은 더 말할 나위가 없겠다. 3·1운동은 제도의 '균열가능성'을 보여준 사건이며 이를 계기로 개혁과 혁명의 흐름이 나름의 방식으로 활성화되었다.

17) 박찬승, 『한국 근대 정치사상사 연구』, 역사비평사, 1992, 3장 3절 참조.

18) 「중학교방문기」, 『청춘』 3호, 1914.12, 83면.

19) 1915년 현재 '휘문의숙'은 4회 졸업에 졸업생 130여 명을 배출했으며 이들 중 상당수가 교사로 진출했다고 한다. 「중학교방문기」, 『청춘』 4호, 1915.1, 85면.

경우 일본어와 같은 과목이 아닌 이상 대부분 한국인을 선생으로 채용했으리라 추측할 수 있는데, 위의 통계는 이런 추측을 반증한다. 한국인 교사는, 다양한 통로를 통해 충원됐다.[21]

물론 지식인의 교육계 진출을 민족적 관점에서만 바라볼 필요는 없다. 낙후된 식민지 현실에서 지식인이 활동할 수 있는 공간은 그만큼 제한적이었다. 『경성일보』의 사장이자 총독의 참모였던 아베[阿部充家]는 1920년대 조선이 일본이나 해외에서 유학을 마친 지식인들이 귀국함에 따라 "고등유민(高等遊民)의 소굴(巢窟)"로 변해간다고 진단하면서 이들이 교육계나 언론계로 진입하는 것을 차단해야 한다고 건의했다.[22] 교육계와 언론계는 지식인이 대중과 만나는 영역으로 그들의 영향력이 대중을 통해 현실화될 수 있는 공간이기 때문이다. 이처럼 일제는 조선 지식인들의 사회적 진출을 지속적으로 억압했는데, 지식인의 운명이 '레디메이드'돼 있다는 말이 마냥 문학적 수사만은 아닌 것이다. 교육계는 식민통치 기간 내내 지식인의 주요한 소비처였지만 다양한 차원에서 지식인이 자신의 뜻을 펴기에 부족한 점이 존재했다.

왜 그런가? 식민권력은 표면적으로는 근대교육을 강조하면서도 내심으로는 우민화 정책을 기조로 하였다. 당연히 표방하는 것과 현실 사이에 늘 괴리가 존재했다. 대표적인 예의 하나가 이공계 교육이다. 일제는 조선인들이 인문계보다는 이공계에 진출하는 것이 도움이 될 것이라 늘 피력했지만 정책 집행에서는 늘 이를 배반했다.

> 대저 文學이나 藝術은 文明의 꽃인데, 道德과 知識과 富力의 基礎가 없는

---

20) 손인수, 『한국근대교육사』, 연세대 출판부, 1992, 133면.

21) 연희전문의 경우 1924년 4월부터 문과를 시작으로 다른 과 졸업생에게도 무시험 유자격 교원자격을 지정받았다. 이들은 보통학교나 실업학교에서는 과목을 제한받지 않았고 고보 이상의 경우 졸업 학과와 유관한 과목들에 대해 교원자격을 부여받았다. 『연세대학교 백년사』 1, 연세대학교, 1985, 183~184면.

22) 강동진, 『일제의 한국침략정책사』, 한길사, 1980, 200면.

社會에 文學·藝術만 繁昌한다 하면 이는 所謂 枯楊生華로 그 根幹의 老衰를 促進하게 될 뿐일 것이외다. 그러므로 眞情을 말하면 나는 現在 우리 朝鮮에 文士가 많이 나기를 願치 아니하고, 科學者, 그 中에도 自然科學者가 많이 나기를 願하는 바외다.[23]

'문학'이 '문명의 꽃'이기는 하나 '현재 조선'의 사정을 볼 때 '자연과학자'가 많이 나기를 바란다는 이광수의 바람과는 달리 조선인의 과학교육은 골고루 난관에 봉착했다. 조선 최초의 근대대학이자 유일한 대학이었던 '경성제국대학'의 경우를 보자. 모집 첫 해인 1924년의 정원 160명 중에서 조선인 학생은 40명에[24] 불과했다. 1935년에 이르러서도 의학부(醫學部)의 전체 학생 중 일본인은 236명임에 반해 조선인은 71명에 지나지 않았다.[25] 의학부를 통괄(1929~1942)해서 보더라도 끝내 평균 27%에 불과했다. 상대적으로 조선인 지망생이 많았던 법문학부 또한 전 기간을 통하여 평균 4할로 끝끝내 5할을 넘지 못했다.[26] 전문학교 이하 실업계 학교의 경우에도 일제는 식민지 시기 내내 학교 증설과 학생 증원에 소극적이었다. 당연히 기술교육의 정도는 미비했다. 다소 증폭을 보이는 것은 농업기술 분야뿐이었는데 이는 식량공급지로서 식민지 조선의 성격과 관련된다. 특히 공업방면의 경우에는 근원적으로 억제했다.[27] 공업이 근대화의 핵심부문 중 하나인 까닭이리라. 과학교육 및 고등교육 분야에서의 이러한 차별은 조선 교육주체들의 질적 저하와 연관될 뿐만 아니라 교육계에 대한 고급 지식인들의 진입장벽을 높이는 효과도 지녔다고 판단된다.

교육계의 현실이 이러할 때 식민지 지식인과 언론의 관계는 어떠한

23) 이광수, 「문학에 뜻을 두는 이에게」, 『이광수전집』 10권, 삼중당, 1972, 369면.
24) 유진오, 「나의 대학생활」, 『젊은 날의 자화상』, 박영사, 1976, 26면.
25) 손인수, 앞의 책, 193면.
26) 馬越 徹, 한용진 역, 『한국 근대대학의 성립과 전개』, 교육과학사, 2001, 156면.
27) 이원호, 『한국기술교육사』, 문음사, 1991, 247~263면 참조.

것이었을까. 그것은 선택할 수 있는 많은 직업 중의 하나가 아니었다. 이것은 다양한 층위의 분석이 요청되는데, 첫째 3·1운동 이후 매체 발간을 허락한 일제의 의도를 염두에 두어야 한다. 식민지 합법성의 조정자가 일제라고 했을 때 그들의 의도가 1차 분석 대상이어야 한다.[28] 둘째 조선인들의 정치적·사회적 이익을 대변해줄 기관의 미비에서 오는 언론의 상징성에 주목해야 한다. 이와 관련하여 언론의 사회적 권위도 따져봐야 한다. 마지막으로 정치적 출구가 봉쇄된 식민지 현실에서 지식인의 사회적 활동영역, 즉 인정투쟁의 장으로써 언론이 부각되지 않을 수 없는 정황도 빼놓을 수 없겠다.

언론의 사회적 위상과 영향력은 대한제국 시기의 신문/잡지의 존재에서 이미 경험된 것이다. 언론계는 '글 쓰는 지식인'의 전통적인 양태를 지니고 있을뿐더러, 국가의 주요현안에 직접 개입하며 민중을 계몽하는 위치에 선다는 점에서 구시대의 지식인들도 거부감 없이 받아들일 수 있었던 몇 안 되는 근대 직업이었다.[29] 당대 현실에서 언론은 현

28) 미디어의 허용이 3·1운동의 전리품적 성격을 지닌다는 것은, 많은 단서조항을 달아야 함에도 불구하고 인정될 수 있는 견해다. 그러나 일제가 계산된 의도를 지니고 미디어를 허용했다는 사실도 간과해서는 안 된다. 최근 이 문제에 대한 주목할 만한 논의가 있었다. 한기형은 무단통치기 미디어의 부재는 한국인들을 식민지적 근대의 주체로 전화시켜 일본 국력의 팽창에 필요한 자원으로 삼으려는 일제의 궁극적 정책에 장애를 초래했다고 주장했다. 그에 따르면 미디어의 허용은 식민지적 근대화의 논리를 조선인들에게 표상하는 주요한 통로였다(「문화정치기 검열체제와 식민지 미디어」, 『대동문화연구』 51집, 성균관대 대동문화연구원, 2005.9). 또한 나는 미디어의 허용은 일제의 입장에서 '폭발을 방지하는 굴뚝'의 역할과 함께 식민지 지식인의 관리시스템으로써 필요했다고 주장했다. 전국적 규모의 민간지가 발간됨으로써 역설적으로 이를 억압하는 식민권력의 힘과 권위가 전국적인 차원에서 일상성과 치밀함을 획득하게 됐다. 이를 보면 미디어의 허용이 일제 식민통치 능력의 향상에도 일정한 역할을 했다는 것을 알 수 있다. 「'문화정치'기 신문의 위상과 반검열의 내적 논리」, 『대동문화연구』 50집, 성균관대 대동문화연구원, 2005.6 참조.

29) 이런 진술은 신채호나 박은식·장지연과 같이 구한말 언론계에서 활약한 개신 유학자들을 염두에 둔 것이다. 국가적 위기상황에서 '선비'들이 자신의 뜻을 펼치는 공간으로 언론을 선택한 사실에서 보듯 언론은 근대제도 중 구시대 지식인과의 결합을 가장 자연스럽게 이루어낸 공간이었다. 또한 최초의 근대 신문인 『독립신문』의 서재필을 고려한다면 당시의 언론은 신구 지식인을 함께 아우를 수 있는 근대직업이었다는

실 정치를 비판할 수 있는 유일한 합법 공간이면서 이를 통해 지식인의 사회적 존재의의를 가장 빠르게 전파・확립시킬 수 있는 영역이었다. 특히 3・1운동의 결과 탄생한 민간지들은 "민중의 지지를 받는 중앙권력이 존재할 수 없었던 식민지 상황에서, '현실로 존재하는 식민권력'과 '상상적으로 상정된 반식민권력으로서의 신문'이라는 가상의 대립구도를 설정"[30]하고 스스로를 '신문정부'로 자임하면서 강력한 영향력을 행사했다.

식민지 조선에서 언론매체의 위상은 무엇보다 정치 방면의 진출이 차단된 식민지라는 현실로부터 말미암는다. 정치의 봉쇄는 지식인이 자신의 사회적 존재의의를 확인・제시할 근본 지점을 차단당했음을 의미한다. 이것은 비단 직업으로서의 정치가가 존재하지 못했다는 사실만을 뜻하지 않는다. 근대정치는 피지배자의 동의에 기반하여 사회 각 영역의 문제와 이해를 조정하고 가치를 통합하는 역할을 담당한다. 정치의 부재는 그러한 가치의 조정자가 존재하지 않음을 뜻한다. 특히 식민지에서는 식민권력이 제시하는 가치와 피지배자가 지향하는 가치 사이에 뚜렷한 격절이 존재하게 마련이다. 따라서 조선인 언론매체들은 식민권력과 상충되는 가치의 제시자로서, 근대화와 민족해방을 향한 대중의 열망에 부응하는 가치의 제시자로서 식민권력에 버금가는 영향력을 행사할 조건이 구비된 셈이었다. 당시 신문의 권력화 양상을 두고 '신문정부'라고 불렀던 정치적 명명법은 이러한 양상의 극적 표현이다.

또한 식민지 조선에서 근대 미디어는 '사회'라는 추상적 개념의 물질적 현시(顯示)로 존재했다.[31] 국가가 존재하지 않는 식민지 조선에서 '사

의미를 갖는다.

30) 박헌호, 「'문화정치'기 신문의 위상과 반검열의 내적논리」, 『대동문화연구』 50집, 성균관대 대동문화연구원, 2005.6, 217면.

31) 앤더슨이 지적했던 것처럼 신문과 소설 출판으로 대변되는 인쇄자본주의는 근대의 촉발자이자 산물이며, 민족과 같은 상상의 공동체를 재현하는 기술적 수단을 제공했다. 신문과 소설을 통해 우리는 '사회'를 상상하며 동일한 텍스트를 읽고 있을 또 다른

회'는 다양한 자장을 지닌 개념이었다. 그것은 같은 직업을 가진 사람들의 전체라는 뜻이 되는가 하면, 종종 이미 사라져 버린 국가 개념에 근접하려는 욕망도 있었다.[32] 사회 개념을 어떠한 차원에서 설정하든, 그것이 개별자의 유기적인 집합체로서의 개념을 유지하기 위해서는 이들을 동일한 시공간 속에서 묶어줄 수 있는 물질적 기초가 필요하다. 식민지 조선에서 근대적 매체가 한 역할 중 하나가 바로 이것이었다.

1920년대 가장 활발했던 출판기획자였던 방정환이 행했던 다양한 매체의 기획출판은 그의 의도와 상관없이 이 점과 연관이 깊다. 그것은 한편으로는 근대화의 진척에 따른 '전문화'의 양상도 지니지만, 또한 『학생』·『여성』·『어린이』와 같은 매체의 발간을 통해 추상적 전체로 존재했던 민족을 특정기준에 따라 구체적으로 분할하는 효과를 갖는다. 이를 통해 과거의 신분계급과는 다른 성별과 계층·직업·사회적 위상 등에 의해 분할될 수 있는 '또 하나의 사회'라는 감각이 창출되었다. 이러한 분할은 해당 분류항목에 속한(속한다고 믿은) 개별자들을 균질화하는 효과도 갖는다. 예를 들어 '어린이'는 분류됨과 동시에 집단적으로 고유한 특성을 갖는 존재로 '발견'되며 '학생'과 '여성' 역시 전체 조선민족과 대비되는 '또 하나의 사회'로 분류되고 특성화되는 효과를 창출했다. 방정환의 출판활동이 근대적 '사회'의 형성과 분할, 그리고 균질화에 기여한 의미에 대해서는 새롭게 검토돼야 할 것이다. 이런 맥락에서 미디어에 글을 쓰는 행위는 자신이 속한 '사회'에 대한 능동적인 참여행위이며 그 자체로 자신의 존재가치를 사회화시키는 가치발현적 행위였다.

독자들의 존재를 감지한다. 베네딕트 앤더슨, 윤형숙 역, 『상상의 공동체』, 나남출판, 2002, 45~63면 참조.

32) 이 시기 '사회'개념에 대한 자세한 논의는 박명규, 「1920년대 '사회'인식과 개인주의」(김경일 외, 『한국사회사상사연구』, 나남출판, 2003)와 김현주, 「3·1운동 이후 부르주아 계몽주의 세력의 수사학－'사회', '여론', '민중'을 중심으로」(『대동문화연구』 52집, 성균관대 대동문화연구원, 2005.12)를 참조.

게다가 언론은 전국적 동시성을 지녔으니, 특정 사건과 담론, 개인을 전국적인 것으로 부각시킨다. 매체의 권위와 발행현실에 따라 전국성과 동시성은 차이를 보일 수밖에 없었겠지만, 미디어만이 지니는 전국적 동시성은 자신의 담론을 사회적인 것으로, 즉 공공의 것으로 전환시키고자 하는 지식인들을 끌어내기에 충분했다.

> 「저널리즘」은 현대에 팽배한 한 개의 滿潮다. 그것은 가치판단을 초월한 엄연한 현실이다. 모든 문화는 「저널리즘」을 분리하여 그 象牙塔을 고수할 수는 없다. 새로운 사상이나 학설이 「저널리즘」의 圈外에 독립하여 그 작용과 반작용을 한 가지로 거절할 때에 그것은 현대에 향하여 동작할 것도 동시에 棄權하지 않으면 안 된다. 「저널리즘」은 민중의 각층을 통하여 浸潤하여 있으며 지구의 전표면을 포위한 電網이며 동시에 세계의 매시간에 일어나는 큰 일, 작은 일을 그대로 反映하고 反應하는 感受機關이다.[33]

김기림은 알았다. '현대에 향하여 동작할 것'을 욕망하는 그 어떤 사상과 문화도 미디어를 통과하지 않고는 작용할 수 없다는 것을. 그의 말대로 근대세계에서 언론은 세계의 감수기관이며 각 계층의 민중에게 막대한 영향력을 미치는 권력이다. 단자화된 근대적 개인을 연결하는 핵심적인 매개가 미디어다. 미디어의 영향력을 등에 업었을 때 어떤 문화든 현실 속에서 강력한 힘이 된다. 제도로서의 미디어는 가치중립적이었으므로, 미디어에 무엇을 실을 것인가는 일차적으로는 주체의 의지에 달려 있었다.[34] 그러므로 많은 지식인들은 자신의 색깔에 부합하는 미디어를 찾아다니면서, 혹은 자신의 의지에 부합하는 미디어를 창출하기 위해 분주히 움직이면서 식민지 조선의 현실을 다양하게 수놓게 된다.

마지막으로 지식인의 전통적 활동영역인 학문분야를 살펴볼 필요가

33) 김기림, 「신문기자로서의 첫 인상」, 『김기림전집』 6권, 심설당, 1988, 93면.

34) 그러나 실재하는 미디어는 자신의 가치체계를 지니게 마련이며 '검열'과 출판자본의 욕망에 의해서도 그 내용을 제한받는다. 그런 점에서 미디어의 가치중립성은 제도 속에서만 존재하는 원칙이다.

있다. 사회가 발전하고 분화된 오늘날에도 대학을 중심으로 하는 학계가 지식인의 주요 활동영역이라는 사실은 크게 변하지 않았다. 하지만 1920년대 식민지 조선은 근대학문이 꽃필 토양을 지니지 못했다. 구학문인 한학(漢學)의 전통은 엄연히 살아 있었다. 그러나 그것은 시대의 헤게모니를 잃었다. 게다가 일제는 한일합방과 동시에 싹터 오르던 신학문의 성과들을 금서목록에 집어넣었다. 다 알듯이 '민립대학건립운동'이 좌절되고 최초의 근대대학인 '경성제국대학'이 문을 연 것이 1924년이며 1929년에 가서야 첫 졸업생을 배출했다. 이런 상황에서 조선의 근대학문이 1930년대에 이르러서야 본격적으로 개화한 것은 필연적인 맥락이기도 하다. 즉 1920년대 조선은 구학문의 기반은 붕괴되고 신학문의 성과는 아직 출현하지 않은 상태로 존재했다. 이는 일제의 억압과 더불어 학문의 성격 자체에서 기인하는 점도 존재한다. 근대학문은 대중적 기반보다도 제도에 의지할 수밖에 없는데[35] 그 제도적 기반이라 할 대학이 1924년에 가서야 겨우 설립되었으며 더욱이 '학계'라 지칭할 만한 공통의 '장'이 형성되기에는 너무나 많은 점들이 부족했던 것이다.

당시의 시대상황도 학문발전에 우호적이지 못했다. 1910년대 일본 유학생의 74.8%가 법정(法政) 계열이나 상과(商科)를 전공했다. 관료 혹은 정치지향적 성향이 강한 것이다. 1930년에 이르면 그 수치가 54% 내외로 떨어지면서 문학이 20%에 육박한다. 한편 도미 유학생의 경우에는 의학이나 교육, 신학 등이 두드러진다.[36] 선교사들의 도움을 받아 유학하면서 학교나 병원 등에서 일할 것을 약속한 사람이 많았다는 점, 미국의 실용주의적 학풍 등이 영향을 미쳤을 것으로 판단된다. 이러한 사회적, 학문적 흐름 속에서 '학자'로 살아갈 수 있는 기회나 제도를 창출

35) 이에 대해서는 임형택, 「국학의 성립과정과 실학에 대한 인식」, 『실사구시의 한국학』, 창작과비평사, 2000, 29~31면 참조.
36) 박찬승, 「식민지 시기 도일 유학생과 근대 지식의 수용」, 『지식변동의 사회사』(한국사회사학회 편), 문학과지성사, 2003, 162~164면 참조.

하는 것은 매우 난망한 일이었다. 뿐만 아니라 교육계 내부에서도 조선인의 사회적 위치를 제한하려는 시도가 끊이지 않았다. '경성제대' 제1회 수석입학생이자 수석졸업생으로서 상징성이 높았던 유진오의 경우가 단적인 예이다. 그는 '학자'가 되고자 했으나 늘 '조수'의 신분을 맴돌았으며, 오히려 수석졸업자의 상징성으로 말미암아 '고등문관' 시험을 보라는 학교당국의 압력에 시달려야 했다.[37)]

원론적으로 말하면 식민지 조선의 지식인들이 선택할 수 있는 존재양태는 개인의 수만큼 다양하다고 해야 옳다. 하지만 지금까지 살펴보았듯, 민족적 양심을 지키고 또한 자신의 존재를 사회적으로 표방해 가면서 지식인으로서 인정받을 수 있었던 영역은 그리 많지 않았다. 이런 맥락에서 식민지 조선의 미디어는 중층적인 의미를 지닌 존재공간이었다. 식민지 조선에서 신문과 잡지는 많은 지식인들의 일터였으니, 한국공산주의운동사의 문제적 인물인 박헌영도 1924년에서 1925년에 걸쳐 『동아일보』와 『조선일보』에 기자로 근무했다.[38)] 한국 근대문학사를 빛낸 많은 문인들이 한때 기자를 겸직했다는 것은 상식에 속한다. 염상섭처럼 거의 줄곧 신문사에 몸담았던 작가들도 적지 않았다.

기자와 작가의 친연성은, 둘 다 글을 쓰는 사람이란 점에서, 본래적인 것처럼 보였다. 그 넓은 지면을 글로 메워야한다는 점에서 기자의 첫 번째 후보군이 작가일 수 있었다. 또한 그들의 다양한 독서경험과 어학능력은 식민지의 지적풍토에서 매우 요긴했다. 1930년 현재 조선인 전체의 문맹률은 77.74%였는데, 문맹이 아닌 사람들 중에서도 일본어와 조선어를 함께 읽고 쓸 수 있는 사람은 겨우 6.79%에 불과했다.[39)] 식민지 조선의 언론계에서 일본어 / 외국어 해독능력이 지녔을 의미는 설명

37) 유진오, 『젊은날의 자화상』, 박영사, 1976, 38면. 김성수가 '보성전문'으로 불러준 뒤에야 그는 교수의 신분을 획득했다.

38) 임경석, 『박헌영의 생애』, 여강출판사, 2003, 87~91면 참조.

39) 방효순, 「일제시대 민간 서적발행 활동의 구조적 특성에 관한 연구」, 이화여대 박사논문, 2001, 17면.

이 필요치 않다. 동경유학생 출신들만이 아니라 훗날 소위 '해외문학파'의 많은 사람들이 언론계에 자리를 잡게 되는 것도 이런 측면에서 이해될 수 있다. 연재소설이 정착되고 대중문화가 본격화되는 시기에 가면 작가의 섭외를 위해서도 작가출신의 기자가 필요했다.[40] 근대 미디어의 사회적 위상에 대한 감각을 결성의 한 축으로 중시했던 '구인회'의 존재가 저변의 상황을 입증한다.[41]

정치적 방면의 기사가 제한적일 수밖에 없는 식민지에서 '문화'는 다층적인 의미를 지닌 영역이었다. 식민지의 문화를 말하고자 할 때 식민지 자본주의의 발전에 따른 통속성의 만연을 무시할 수 없다. 인쇄자본인 민간신문의 판매 전략에서 '흥미'는 중요한 고려사항이었다. 그러나 가장 잘 팔리던 『동아일보』도 6만 부를 밑돌았고, 식민지 시기 내내 문맹률이 80%대를 오갔던 상황에서 통속성을 오늘날과 같은 의미에서 곧바로 대입하면 안 된다. 당시 신문 학예면을 오고갔던 담론의 층위는 오늘날의 관점으로 보아도 매우 높은 것이어서 보통의 중등교육을 이수한 사람에게도 난해한 점이 많았을 것이다.[42] 몇몇 알려진 통속소설의 성공을 증거로 이 시기 신문소설의 성격을 일반화하거나, 신문과 잡지를 매개로 전개되던 지식인적 담론들의 의미를 평가하는 것은 늘 오류를 자초하는 일이 될 것이다. 다 표현될 수 없었던 정치적 관심이 문

---

40) 신문의 연재소설이 일방적으로 상업성을 목적으로 했다는 것은 김동인 이후로 퍼진 왜곡의 산물이다. 당시 신문은 예술적인 단편소설도 꾸준히 연재했으며 수많은 걸작들도 연재했다. 문학사에 길이 살아남은 장편 대부분이 신문 연재소설이었음을 잊어서는 안 된다. 신문이 의도했던 '상업성'은 오히려 작가의 명성이나 당대의 사회적 풍조를 작품에 반영하는 방식과 관련된 것이었다고 봐야 한다. 이광수나 염상섭 · 김동인은 그 명성으로 인해, 이기영이나 한설야 등은 '카프'의 영향력 등에 의해 지면을 할애 받을 수 있었다. 이들 작가의 작품을 연재하기 전, 신문사가 퍼부은 광고의 핵심은 주로 그들의 '명성'이었으며 작품제재의 시대성이었다.

41) 박헌호, 「구인회를 어떻게 볼 것인가」, 『식민지 근대성과 소설의 양식』, 소명출판, 2004 참조.

42) 이에 대해서는 조영복, 「1930년대 신문 학예면과 모국어 체험」, 『어문연구』 117권, 한국어문교육연구회, 2003 참조.

화와의 접맥 속에서 내밀화되는 것이 식민지의 특성이다. 그런 점에서 식민지 시기 '신문'과 '문화'에 대한 다각적인 접근이 필요하다.

그럼에도 작가는 기자와 다른 위상의 존재였다. 작가는 창조자였으니, 대중문화나 지식인 문화의 형성에서 그들의 역할은 실제적인 것이었다.

> 그러나 그때 내가 룸펜으로 떠돌아다니고 있을 때는 문학으로 생활을 할 수 있다는 생각을 못하고 일종의 감상주의, 무슨 志士的인 프라이드 같은 것으로서 자처하고 살았다. 말이 났으니 말이지 이런 것은 그 시대의 한 풍조였다. 나는 민족의 지도자, 사회의 지도자 하는 긍지가 **작가만큼** 컸다. 위에서도 말했듯이 이것은 **문학하는 사람만**이 아니라 신문기자도 마찬가지였다.[43] (강조는 인용자)

인용문을 꼼꼼히 읽어보면 '지사적(志士的)인 프라이드'와 '지도자(指導者) 연(然)'하는 태도가 기자보다도 문학하는 사람에게 더 높았다는 사실을 알 수 있다. 비단 폭죽처럼 타올랐던 근대문학의 후광과 정신세계의 높낮이로만 판단할 일이 아닌 것이다. 작가들은, 스스로 천하게 여기던 대중문화의 창달에도 선도적 창조자이자 빼어난 조정자였다. 이광수의 『무정』이나 나도향의 『환희』가 초래한 대중적 양상, 그리고 1930년대 들어 이태준의 장편들이 야기한 정서적 동조현상을 되새겨보라.

> 漢圖會社('漢城圖書株式會社'의 줄임말-인용자)의 金鎭憲氏가 「戀愛書簡集」 한 卷을 만들면 有利하다고 再三 勸告하였다. 돈에 주린 나는 羅彬, 小梧等 여러 親舊에게서 戀愛書簡 一篇式 모아가지고 또는 나도 서너篇써서 비로소 「戀愛書簡集」을 發行하엿든 것이다. 幸인지 不幸인지 마침내 이 冊이 잘팔려서 不過 一年에 三四百圓의 收入이 생기게 되였다. 나는 이에 勇氣를 얻어가지고 紀行及感想文 「永遠의 夢想」을 써서 出版하였더니 不

43) 백철, 『진리와 현실』, 박영사, 1975, 291면.

過三個月에 二千部가 팔리고 따라서 六百餘圓의 利益을 얻게되였다.[44]

대중문화의 측면에서도 작가들의 역량과 상품성은 탁월한 것이어서 한 시대를 풍미할 만한 현상을 창출했다.[45] 인용문에 드러나듯 비록 전문출판자의 기획 아래 출판된 것이지만 이를 묶고 발행하는데 춘성의 인맥과 '글에 대한 감각'이 없었다면 그것이 가능했겠는가? 노자영 스스로는 이러한 '성공'이 자신을 문학으로부터 멀어지게 한 원인이었노라 반성하고 있지만, 대중에게 작가와 문학의 영향력을 증폭시키는데 기여한 것은 사실이다. 이러한 사회적 대접은 비단 유명 작가만의 것이 아니었다.

> 돌이켜 생각하면 이 때는 특이한 社會風潮가 있었다. 일종의 知的인 風土라고 할 수 있는데, 문학이니 예술이니 하고 다니는 사람들 그 태반이 룸펜들이었는데, 이 룸펜들에 대하여 그것을 귀중한 족속으로서 존경하고 동정해 주는 同情者들이 많이 있은 것이다. 위에서 말한 대로 당시의 문학예술인이나 언론인들에겐 지조가 있었으니 사회에서 그만한 동정이야 당연하지 않겠냐고 할 수 있으나 역시 이것은 귀중한 정신풍토였다. 문학자나 예술가들이 그렇게 가난하게 살면서도 주위에 대하여 별로 비굴한 생각을 갖지 않고 살 수 있었다.[46]

당시 작가들의 회고를 보면 이러한 '동정자'들의 돈을 뜯어 잡지를 내고 술을 마시며 방탕을 즐겼던 이야기들이 즐비하다. 초창기에 원고료가 없고, 작가들도 원고료 받는 것을 모욕으로 알던 시절에도 신문이나 잡지의 담당자들은 정기적으로 작가들을 '모시고' 기생집을 순례했

44) 노자영, 「나의 문단참회록」, 『류수낙화집(流水落花集)』, 청조사, 1935, 58~59면.
45) 노자영이 편찬한 『사랑의 불꽃』의 파장과 그 의미에 대해서는 권보드래의 『연애의 시대』(현실문화연구, 2003)와 천정환의 『근대의 책읽기』(푸른역사, 2003) 2부 4장을 참조할 것.
46) 백철, 앞의 책, 296면.

고, 작가들도 그러한 대접을 당연한 것으로 받아들였다. 근대가 창출한 제도 속에서 근대문학은 특권적 위치를 누리며 특히 식민지 사회의 정신적 저급함과 비견되는 창조적 일탈을 즐겼던 것이다.

3. 작가라는 이름의 사회적 주체

친구에게서 책을 빌려 집으로 오는 도중, 수수밭에 앉아 한 시간 만에 그 책을 독파한 노자영이 얼마 지나지 않아 일기장에 이런 구절을 남긴다.

> 그때 日記를 뒤저보면
> 「나는 아침부터 文學講義를 보았다. 저녁에는 하이네 詩集을 보았다. 「悔悟」라는 詩 一 篇을 썼다. 文學, 그는 나의 生命이다. 나는 文學과 함께 죽자. 나의 갈길은 그것밖에 없다. 一生을 그것에 바처도 아깝지 않다.」
> 이러한 斷片도 있고 또는 어느 날 日記에는
> 「나는 南川河畔에서 詩集을 읽으며 空想을 하다. 찔네나무 그늘에서 이리저리 누어 뒤굴며 詩를 쓰다. 과연 나에게 詩才가 있는가? 詩, 文學! 사람의 가장 아름다운 것이 이것밖에 더있을가? 人生의 最高의 殿堂! 나의 손이 다을수있는 人生의 殿堂은 이것밖에 다시없다……」[47]

근대화의 물결과 함께 불어 닥친 근대문학의 바람은 '열병'이라는 표현이 어울릴 만큼 거센 유행을 창출하며 식민지 조선의 청춘남녀를 자신의 신도로 만들었다. 노자영이 일기장에 썼다는 투의 문학예찬은 이 시기를 관통하는 유행어이기도 했다. 이러한 현상은 사회적 출구가 봉

47) 노자영, 앞의 글, 56~57면.

쇄된 식민지 상황에서 이식된 문화적 코드들이 과장되거나 신화화되며 사회적 유행을 창출하는 것과 유사하다.[48] 그러나 그것이 왜 하필이면 다른 무엇이 아니라 '문학'이었는지를 따져보는 것은 간과할 수 없는 질문이다.

이를 설명하는데 이광수보다 적절한 작가를 찾기는 어렵다. 그는 자신이 본시 소설가를 꿈꾸지 않았음을 누차 천명했다. "나는 어려서부터 文章은 餘技라는 教訓속에 자랐으므로 文士가 되리라는 생각은 없었다. 처음 東京에 留學을 갈 때에는 世界에 이름난 사람이 되리라는 漠然한 생각밖에 없었"다. 그는 "처음에는 學部大臣이 되었다가 나중에는 總理大臣이 된다고 揚言하였다."[49]

> 그러면 왜 小說을 썼는가. 그것은 불쌍한 父母님의 일, 동생들의 일, 나 自身의 岐嶇한 어린 時代의 잊혀지지 않는 情다운 記憶을 그려 보고 싶은 衝動에서 나온 것이라 할 것이다. 〈無情〉도 그 첫 부분인 英彩의 어린 時代는 곧 나의 어린 시대의 정다운 또는 쓰라린 기억이었다. 이것이 내가 처음에 小說에 붓을 대게 된 動機이다.[50]

이광수는 정치에 대한 관심을 숨기지 않았고 또한 글을 쓴다 해도 사상가나 교육자가 되기를 꿈꾸었다고 말했다. 그런데 그런 그가 '정다운 기억을 그려보고 싶은 충동'에서 소설을 쓰게 되었다고 토로한다. 『무정』에 만연한 유치한 설교의 부분이 도리어 자신에게는 소중한 자랑거리였다고 고백할 정도로, 사상가로 불리기를 원했던 이광수에게 소설은 언어 속에서 반추되는 정감의 기록이었던 것이다. 그리고 그 자신의 자랑과 달리 그의 작품이 대중들을 충격한 것은 설교가 아니라 보다 더 많이는 정감의 기록으로서의 그것이었다.

---

48) 권보드래, 『연애의 시대』, 현실문화연구, 2003 참조.
49) 이광수, 「多難한 半生의 途程」, 『이광수전집』 8권, 삼중당, 1973, 451면.
50) 위의 글, 452면.

그러나 내가 文學에 대한 熱焉한 憧憬을 가지기는 春園의 無情을 읽은후 이었다. 그 作品은 黎明期에 있어서 겨우 눈을 뜨는 나에게 熱火같은 불덩이를 집어넣었다. 그때부터 나는 文學에 대한 타는듯한 熱情을 가지게 되였다.[51]

그리다가 春園의 「無情」을 읽어보고나서 비로소 나의 新文學에 對한 憧憬은 絶頂에 達하게 되었는데 그때 내 나이는 二十前後였다. 「無情」을 읽은 이후로 나는 新小說도 지버치우고, 전혀 春園, 六堂의 作品을 愛讀하게 되었다.[52]

노자영과 이기영의 회고에서 보듯 춘원의 『무정』과 초기 작품들은 근대문학에 대한 열정에 불을 붙인 신호탄이었다.[53] 박태원도 이광수의 글을 읽은 뒤부터는 당시 '이야기책'으로 통하던 고전소설이나 신소설과 즉시 결별했다고 회고한다.[54] 그들은 새로운 세상을 본 것이니, 과연 이광수의 무엇이 이들로 하여금 문학으로 달음질치게 하였을까. 박영희의 회고를 예로 들어보자.

첫째로 나에게 주는 感銘 깊은 印象은 그 作品이 가지고 있는 內容이었다. 다시 말하면 내 自身도 똑같은 內容을 마음 속에 가지고는 있으면서 發表하지 못하고 있던 것을 바로 그대로 發表하여 주었고, 내 自身이 무엇인지 혼자 애쓰고 괴로워하면서 찾던 것을 속시원하게 가르쳐 주었으며, 나의 憧憬, 나의 孤寂, 나의 하소연, 나의 사랑 …… 등을 그대로 나의 마음 속에서 불러일으키며 이것을 곧 外部에 나타내어 아름답게 꾸며놓은 것이었다.[55]

---

51) 노자영, 앞의 글, 56면.
52) 이기영, 「문학을 하게 된 동기」, 『문장』 2권 2호, 1940.2, 7면.
53) 이런 맥락에서 '『무정』의 독서사'는 새롭게 탐구될 만한 주제이다. 『무정』의 당대적 의미는 획시기적인 것이었고 많은 작가와 독자들에게 영향을 미쳤다. 또한 시대의 변천에 따라 점차 새로운 의미를 획득해간 것으로 보인다. 시대의 변천에 따라 수용의 내용과 형식이 변모하는 양상을 추적하게 된다면, 이러한 주제는 '텍스트 사회사'와 '텍스트 정치학'이라는 새로운 연구영역과 과제를 제시하게 될 것이다.
54) 박태원, 「춘향전 탐독은 이미 취학이전」, 『문장』 2권 2호, 1940.2 참조.

회월은 춘원의 초기작인 「어린 벗에게」나 「윤광호」에 자신과 자신의 친구들이 열광했던 까닭을 설명하면서 그것이 소설적 완성도나 형식적 아름다움에 있지 않았다고 말한다. 그의 말대로 그 시기는 필자들이나 독자들 모두 그런 것을 감식할 능력이 없던 시대였다. 근대문학의 열풍은 근대문학의 형식미학에 대한 감각능력이 다듬어지기 이전부터 존재했다. 잡지에 실리던 글들도 장르별 구분 없이 필자와 제목만이 덩그러니 놓여 있던 그 시절을 두고 회월은 '감상문시대(感想文時代)'라 했다. 문학의 힘은 그렇게 '감상(感想)'의 힘과 함께 찾아왔다.

위 인용문의 핵심도 감정의 표현에 있다. 자기 마음속에 있던 개인적인, 복잡한 정서가 아름답게 표현되어 있는 것, 이것이 열일곱 살 소년 박영희의 마음을 충격한 것이다. 타인의 글에서 자신의 생각과 동일한 부분을 발견하는 것은 공감의 유대를 발견하는 것이며 정신의 동지를 확인하는 일이다. 정신의 동지를 찾았을 때 고독은 치유되며 삶의 방향 역시 보다 분명한 탄착점을 형성하게 된다. 초기 근대소설에서 '내면의 서사'가 범람했던 것도 이 때문이다.[56] 이들은 사회의 이해와 타인의 동정을 구하기 위해 내면을 그려냈다.

그러나 이런 일반적인 서술만으로는 이들이 느꼈을 감동의 실상이 온전히 드러나지 않는다. 두 가지를 거론할 수 있겠다. 하나는 춘원의 작품에 넘쳐나는 담론의 선도성이다. 회월은 춘원의 작품을 읽으면서, "소년의 가슴에서 힘차게 뻗어 나오려는 情熱을 그대로 잡아내기 위하여 무겁게 덮어 있는 돌을 옆으로 비켜 놓는" 듯한 느낌을 받았다고 고백한다. 그 돌은 물론 "朝鮮 傳來하는 舊道德의 束縛"이다. 구도덕의 속박에 대비되는 것은 "春園의 作品에 나타난 自由스러운 感情의 湧

55) 박영희, 「초창기의 문단측면사」, 『박영희전집』(이동희 · 노상래 편) 2권, 영남대 출판부, 1997, 281~282면.

56) 박헌호, 「초기 근대소설에 나타난 내면의 서사」, 『대동문화연구』 45집, 성균관대 대동문화연구원, 2004.3.

出"이다. 근대문학이 근대적 개인의 정신적 해방과 관련이 깊다는 것은 여기서도 확인된다. 그런데 회월은 춘원이 설파한 근대적 계몽사상의 내용에 주목하기보다는 '감정의 자유로운 분출' 자체에 강조점을 둔다. 그래서 그는 자신이 문학의 길에 들어서게 된 것을 "그 奔流 中에 나는 즐겁게 뛰어 들었다"[57]고 표현했다. 감정의 자유로운 분출 자체가 초점이라면 분출되는 감정의 내용은 이미 개인의 몫으로 전제되는 것이다. 이들이 춘원과는 달리 새로운 감정의 내용으로 문학사에 등장하는 까닭이다.

다음으로 주목할 것은 '외부에 나타내어 아름답게 꾸며놓은 것'이라는 대목이다. 글을 써서 지인(知人)을 구하겠다는 것은 문명 이래 보편적인 일이다. 후한시대(後漢時代) 양웅(揚雄)이 『태현경(太玄經)』을 저술하면서 '천년 후에 내 글의 가치를 알아줄 이가 있으리라'고 말했던 것이, 두고두고 글 쓰는 이의 마음을 울렸던 까닭도 이 때문이리라. 그러나 춘원의 글쓰기도 회월의 글읽기도 그와 같은 맥락에서 이루어지지 않았다. 매스 미디어라는, 근대적 매체의 존재가 확연했기 때문이다. 회월이 받은 충격의 실체는 춘원의 저작들이 자신의 감정을, 대중적 차원에서, 거의 실시간으로 공표했다는 데 있다. 한 개인의 내면에서만 은밀하게 벌어지는 감정의 굴곡과 격동과 부끄러움을 불특정다수인 대중을 향해 공표한다는(공표하는 것이 자랑스럽기까지 한) 것은 근대가 창출해낸 매우 괴기한 제도인데, 춘원의 글들이 준 충격은 이러한 괴기함을 실현했다는 데 있다.

> 昨夜에는 H兄에게 빠이론의 傳記를 닑어들리노라고 늣게야 자리에 들엇스나 새벽 한시 頃에 寒氣의 깨움이 되어 激烈하게 性慾으로 고생을 하엿다. 아아 나는 惡魔化하엿는가. 이러케 性慾의 衝動을 밧는 것은 惡魔의 捕虜가 됨인가. 나는 몰라 나는 몰라.[58]

57) 박영희, 앞의 글, 282면.

새벽녘에 성욕으로 인하여 격렬하게 고생했다는 내용의 일기까지 공표한다는 것은 인간과 감정, 글쓰기와 매체에 대한 혁명적인 인식의 변화가 없이는 불가능한 일이다. 감성의 혁명과 개인의 옹호를 춘원은 실천했으며 당시의 젊은이들은 그러한 도발적인 글쓰기에 매료됐던 것이다. 춘원은 기존의 감각으로는 은폐되어야 마땅하다고 여겨지던 감정까지 드러냄으로써 '내면의 미학화'에 결정적인 기여를 하였다. 이광수의 문학사적 기여는 다른 무엇보다 이처럼 내면의 표출이 미학적 가치로 전환될 수 있다는 것을 증명했다는 점에서 찾아져야 할 것이다.

1910년대 중반 이후 신문은 여러 가지 측면에서 변화하기 시작하는데, 특히 '사실'과 '소문'의 구분이 일어나며 사실에 입각한 정보의 가치가 보도의 기준점으로 자리 잡기 시작하면서 공사(公私) 영역의 구분이 시작된다. 정보의 가치가 문제시될 때 신문에서 '이야기'는 사라지며 사적인 영역도 자리를 비키게 되는 것이다.[59] 근대 미디어의 발달은 사적인 것을 배제하거나 그것을 다른 방식으로 처리해야 한다는 감각과 더불어 진행돼왔다. 미디어가 자신을 객관적 존재로 인식조정하면서 사적인 것의 표상방식은 달라질 수밖에 없었다. 여기에 근대지식으로서 문학의 위상이 존재했다. 말하자면 매체를 통해 공표되는 문학작품은 근대 미디어 일반이 내포하는 '사회' 개념을 유지하면서도, 그 내용을 사적인 차원에서 전개시킬 수 있는 권리를 부여하는 형식이었던 것이다. 춘원은 이것을 실천했고 당시의 문학청년들이 그에 열광했다. 이들에게 문학은 사적(私的)인 것을 공공화(公共化)시키는 통로였던 셈이다. '감정의 자유로운 분출'을 '외부에 표현'하는 것은 과거에는 한낱 사사로운 것으로 치부되던 것들을 가지고 사회에 개입하는 행위이다. 하여 근대적 개인으로서의 '나'는 공공의 담론에 기대지 않고서도 자신의 언어만으로 자신의 사회적 존재가치를 증명할 수 있게 되었다. 근대문학

58) 춘원, 「일기」, 『조선문단』 6호, 1925.3, 50면.
59) 권보드래, 『한국 근대소설의 기원』, 소명출판, 2000, 217~225면.

이란 개인의 내면을—사회 제반 구조와의 관련성을 '직접적으로' 표방해야 한다는 강박관념 없이—공공의 것으로 표상하는 것에 가치를 부여하며 그 가능성과 방식을 구성해낸 제도였던 것이다.

> 나는 어머니의 업는돈을 글거내여서 學之光(내 글이 실린 것)을 삿다. 나는 길을 것다가도, 밥을 먹다가도, 심부름을 가다가도, 學之光을 펴서 내글을 읽고는 조하하엿다. 읽고〳〵또읽어도 실치안엇다. 그것으로마는 滿足치 못하엿다. 學之光을, 차저오는 벗들이 보기쉬운 冊床머리에 노아두고 보아달라는 표를 은근히 보엿다. 벗들은 보앗다. 한손두손것처서 여러벗들이 보앗다. 잘지엇다는 소리가 내귀에 들어왓다. 나는 더욱 깃벗다. 어머니도 깃버하섯다. 그리고 나는 이때까지 사괴인 벗들보담은 한층 놉하나진듯도 하엿다.60)

> 及其也 그 보잘것업는 作品이 活字로 나타낫슬제 나의 깃븜이란! 形容할 길이업섯다. 아모리훌륭한地位를 어든들 이에서더조흐랴. 아모리끔직한名譽를 어든들 이에서더질거우랴!61)

『조선문단』 6호(1925.3)에는 「처녀작 발표당시의 감상」이란 주제 아래 16인의 주요 작가들이 감상문을 싣고 있다. 그들 대부분이 처녀작이 활자화됐을 때의 기쁨을 토로했다. 이런 기쁨은 근대문학이 근대 매체와 불가분의 관계 속에서 탄생했음을 보여주는 증거이다. 고독한 영혼의, 고독한 공간 속에서 이루어진 글쓰기는 매체에 의해 수용되고서야 개별성을 뛰어넘어 사회적 가치체계 속으로 편입될 수 있다. 그런 점에서 매체에 글을 싣는 행위는 자신의 개성을 사회적으로 공인받는 행위이다. 특히 문학은 자아 자체를 탐구의 대상과 표현의 질료로 삼는다는 점에서 개인의 사회적 존재증명에 효과적인 수단일 수 있다. 문학이 사적인 것을 공공화시키는 매력으로 다가섰다는 말은 이를 뜻한다. 근대

60) 최학송, 「그립운어린때」, 『조선문단』 6호, 1925.3, 75면.
61) 빙허, 「희생화」, 위의 책, 70면.

매체는 근대문학의 자궁이며 경연장이었다. 현진건이 자신의 글이 활자화된 기쁨을 어떤 지위나 명예보다 더 높게 친 것이나, 서해가 자신이 '벗들보다 한층 높아진 것처럼 느껴졌다'고 털어놓은 감정의 저변에는, 근대사회에서 매체가 지니는 제도적 의미가 깔려 있는 것이다.

매체는 그 자신 인쇄 자본이었으므로, '독자투고'나 '현상문예'의 형태로 '활자화의 기쁨'을 상품화한다. 그것은 독자의 표현욕을 만족시키며 사회 참여를 활성화하는 적극성을 띠면서, 다른 한편으로는 상품의 생산자(작가)와 소비자(독자)를 확대하는 역할도 한다. 소비자의 확대는 자본의 요구이기도 하지만 근대문학의 건설이라는 역사의 요구이기도 했다. 그것은 매체의 발행인들이 계몽가와 자본가의 역할을 동시에 수행할 수밖에 없었던 식민지 상황에서 근대문학을 확립하기 위해 그들이 선택할 수 있는 몇 안 되는 방법이었다. 당신도 생산자가 될 수 있다는 제안만큼 소비자를 강력하게 유혹하는 것은 없다. 실제로 많은 소비자들이 그들이 만들어준 경로를 통해 생산자가 되었고, 그렇기 때문에 매체의 영향력에 대한 인식은 생산자와 소비자 모두에게 뿌리 깊게 각인되었다.

> ① 나는시방까지「글」을爲하는글을써보지아니하얏습니다. (…중략…) 文章이自己의本領이아님을 애적부터自認한나는 文章에關한感覺及感受가 극히頑鈍하얏습니다. 그럼으로처음印板이되엿슬때의記憶가튼것도시방와서는再現할만한무엇이남아잇지아니합니다. 애적이나시방이나쓰면 發布하는것이當然한줄로만알기때문에 發布란데對한特殊한感想이별로잇지아니합니다.[62]

> ② 雪子도 文學硏究者얏다. 그러나 그가 文學에 뜻을둔지는 몃달밧게되지안는다 그가 몃개의 雜誌에서 자기와한洞里(더구나 番地가 몃字틀니지안는니웃)에사는 素波金泳煥이라는 靑年의 散文, 或은詩, 小說을 닑을때마다 熱烈히共鳴을 늣겻다. 그리고그는 그 作者를 先輩로 깁히 敬慕하얏다.[63]

---

62) 최남선, 「아득하야꿈가틀따름」, 위의 책, 57면.

인용문 ①은 최남선의 글이다. 자신은 문사도 아니며 이제껏 '글'을 위한 글을 쓰지 않았기에 활자화의 기억 따위는 없노라고 짐짓 시치미를 떼고 있다. 물론 뒤에서는 『대한일보』에 자신의 글이 실렸을 때의 기쁨을 슬쩍 내비치고 있지만, 이러한 시치미가 그저 턱없는 것은 아니다. 『소년』과 『청춘』을 발행하여 한국 근대사의 새로운 경지를 연 그가 매체에 대한 감각이 없었다니! 이런 의뭉스러움을 도려내고 보면, 이것은 그가 이광수와 마찬가지로 '직업'으로서의 근대적 작가의식을 갖지 않았다는 표현으로 해석할 수 있겠다. 인용문의 초점은 '옛적이나 지금이나 쓰면 발표하는 것이 당연한 줄로만 알'았다는 사실에 있다. 그는 기고자가 아니라 발행자의 위치에 있었던 것이다. 독자의 투고를 받아 '활자화의 기쁨'을 선사하는 위치에 있었던 것이다. 그런 그에게 '처녀작 발표 당시의 감상'을 물었으니, 불쾌했을 법하며, 시치미를 뗄 만하다.

이에 반해 1910년대의 가장 열렬한 투고자 중 하나였던 방정환의 감각은 다르다. 그는 자신의 글이 활자화된다는 것이 무엇을 의미하는지 잘 알고 있었다. 인용문 ②에 드러나듯, 잡지에 글이 실리는 행위는 이미 사회적 권위를 인증 받는 것이었으며, 그것만으로도 이웃집 처녀의 존경과 사랑을 받는 일이었다. 하물며 그녀가 문학소녀일진대! 흥미롭게도 그는 자신의 투고행위 경험을 작품의 소재로 삼기도 했는데, 1910년대(1920년대도 마찬가지였는데)의 상황에서 매체가 지닌 사회적 영향력이 이를 통해 재확인된다. 이후 그가 근대문학사에서 독보적인 출판기획자의 위상을 지니게 된 것도 이러한 감각과 무관하지 않을 것이다.

매체와 근대문학의 상관성은 역설적으로, '동인지(同人誌) 방식'에 이르러 더욱 강력하게 증명되었다. 그들은 스스로 매체를 발간함으로써 (권위있는) 매체를 뛰어넘는 방법은 또 다른 매체의 창간 이외에는 없다는 사실을 증명했다. 그들은 생산의 폐쇄성을 지향했지만 소비의 측면

63) SP생, 「사랑의 무덤」, 『신청년』 2호, 1919.12, 22면.

은 모호했다. 『창조』처럼 판매에 호조를 보이며 주식회사로의 전환을 모색하는가 하면, 『백조』처럼 초호화판 책을 한정판으로 내며 자족하기도 했다. 하지만 두 가지 방식 모두 동인지 발간의 목적을 이루는데 손색이 없었다. 그들은 "명예에 대한 투쟁"64)을 벌였던 것인데, 양적인 확산이나 질적인 고립 모두 자신들의 존재를 부각시키기에 부족하지 않았다.65) 훗날 김동인이 회고하듯이 "同人 雜誌의 가장 큰 目的은 無名同人들이 이름을 얻는 데 있"66)었다. 이름을 얻은 뒤 동인지 발간의 필요성이 사라지는 것은 당연하다. 이로써 대중매체를 통한 등단과 동인지 발간을 통한 등단이 작가가 되는 두 가지 길로 남게 되었다. 이 모두 미디어 없는 근대문학은 상상할 수 없다는 사실을 몸으로 웅변한다.

4. 맺으며

'식민지 조선에서 작가가 된다는 것'의 의미는 한 편의 논문으로는 해명하기 어려운 과제다. 작가가 된 동기와 과정, 그리고 그 의미는 궁극적으로 작가의 수만큼 존재할 것이므로. 그러나 그러한 선택이 당대의 역사적 조건 속에서 지닌 의미는 탐색할 수 있고, 탐색되어야 한다. 이 글은 그것을 미디어와의 관련 속에서 살펴봄으로써 이후 본격적인 연구의 발판을 마련하려 하였다.

이 글은 제도로서의 한국 근대문학이 근대 매체와의 관련 속에서 어

64) 박영희, 「초창기의 문단측면사」, 『박영희전집』(이동희 · 노상래 편) 2권, 영남대 출판부, 1997, 302면.

65) 동인지 출신들이 문단의 헤게모니를 장악하는 과정은 차혜영, 「1920년대 초기 동인지 문단 형성과정」, 『상허학보』 7집, 상허학회, 2001.8 참조.

66) 김동인, 「문단회고」, 『김동인전집』 16권, 조선일보사, 1988, 320면.

떻게 사회적 위상을 확보했으며 자신을 구조화하고 표현했는가를 밝히려 하였다. 우선 미디어가 식민지 조선 지식인의 존재방식에 어떤 의미와 위상을 지니고 있었는지를 따졌다. 자신의 정부를 수립할 수 없었던 식민지 치하에서 언론계는 단순히 정보의 전달자 역할만을 한 것이 아니었다. 신문과 잡지는 근대지식의 매개자이자 근대성의 전파자 역할을 수행했으며 식민지인들만으로 구성된 상상의 '사회'와 상상된 '중앙권력'을 창출했다. 게다가 지식인의 입장에서 언론계는 그들의 인정욕망을 충족시키면서도 사회적 명분을 유지할 수 있는 몇 안 되는 출구였다.

식민치하에서 언론에 글을 쓰는 행위는 자신을 사회적인 주체로 표상하는 행위였다. 여기에서 식민지 시기 문학의 위상이 뚜렷해진다. 먼저 문학이 식민지 상황에서 세계사적 동시성을 공유할 수 있는 거의 유일한 영역이었다는 사실을 상기할 필요가 있다. 조선의 반봉건성이란 곧 조선의 물질적 현실과 정신적 상태를 볼 때 조선 내부로부터는 세계사적 동시성을 발견하기 어렵다는 사실의 표현이기도 하다. 그러나 '근대'문학에 동참함으로써 식민지 조선의 지식인들은 자신이 발을 딛고 선 현실의 낙후성으로부터 솟아올라 '동시대성'을 향유할 수 있었다.

이것은 다양하게 수입된 근대지식 중에서도 그 자체로 현실화될 수 있는 몇 안 되는 지식이 문학이었다는 사실과 관련된다. 문학은 근대지식의 일환으로 수입되었지만 사회적 제 조건과의 상관관계가 상대적으로 약한 분야이다. 교육이나 학문영역이 식민지의 물질적 현실과 밀접한 관계를 맺을 수밖에 없는 것과 비교할 때 문학의 상대적 몸가벼움의 정황이 드러난다. 달리 말해 문학은 물질적 · 제도적 조건보다는 개인적 능력에 따라 그 성패가 좌우될 가능성이 컸던 까닭에 당시 낙후했던 현실 속에서 지식인의 참여를 활발하게 유인할 수 있었다.

이러한 언급은 문학예술의 장은 진입장벽의 코드화가 아주 약하다는 지적과도 연관된다.[67] 사회의 발달 정도나 정치적 문제를 별개로 치더라도, 근대문학은 사회적 지위나 경제적 수준에 따른 선별이나 그 밖의 문화적 · 제도적 차원의 진입장벽이 상대적으로 약한 영역이다. 가문이나 돈, 지식의 정도가 성공을 보장하지 않는 것이다. 요컨대 문학은 자신의 문필능력만으로도 입문이 가능한 열린 시장으로 기능했다. 정치적 방면은 물론 경제적 · 사회적 방면의 진출로들이 봉쇄돼 있던 식민지 조선에서 이러한 가능성이 지닌 사회적 가치는 쉽사리 측정할 수 없을 만큼 중대하다.

특히 문학은 사적인 것을 공적인 것으로 전환하여 표현하는 형식으로 다가옴으로써 고립된 개인과 사회를 연결하는 역할도 수행하였다. 식민지 조선에서 근대문학이란 개인과 그 개인의 내면이, 사회의 여러 구조와의 관련성을 직접적으로 의식하지 않으면서도 그 자체로 공공의 것으로 전환될 수 있다는 선언이었다. 그것이 가치 있는 일이기도 하다는 전복적인 인식의 발현이었다. 근대문학의 해방적 가치란 개인과 개인의 감정을 해방하는 차원에 그치는 것이 아니다. 그것은 개인('감정')을 복잡한 사회의 제반 구조와 동등한 위상으로 전환시키는 제도적 장치였으며, 근대사회의 구조적 중층성에 비견되는 직접성의 통로였다. 그런 점에서 식민지 조선에서 작가가 된다는 것은 개인해방으로서의 근대성이 지닌 가치를 표방하는 것이면서 '개인'이 '감정'의 언어화를 통해 사회적 존재로 거듭나게 됐다는 것을 의미했다. 한국 근대사에서 문학의 위상은 이러한 지점으로부터 재검토되어야 할 것이다.

---

67) 피에르 부르디외, 하태환 역, 『예술의 규칙』, 동문선, 1999, 299면.

아동의 발견과 작가의 탄생

방정환의 초기 활동 연구

박현수

1. 논의의 초점

소파(小波) 방정환(方定煥, 1899~1931)은 몇 가지 점에서 문제적이다.

첫째, 조선에 아동문학을 발아시킨 존재라는 점에서 그렇다. 이는 활동 당시의 "조선에 둘도업는 소년운동의 선구자요 제일인자"라는 언급이나, 후대의 "새로운 아동관의 형성 및 본격 아동문학의 출현에 단단한 기반을 제공"했다는 논의에서 공통되는 평가이다.[1] 다른 개념들과 마찬가지로 아동 역시 일정한 시기에 만들어진 개념이었다.[2] 당시 조선에서 아동 개념은 두 가지 욕망이 교차되는 가운데 주조되어 갔다. 하나가 "朝鮮의將來를생각하시는마음으로", "來日의朝鮮의일꾼 少年少女들을잘키우"고자 하는 식민지 조선의 욕망이었다면,[3] 다른 하나는

1) 李光洙, 「先生의別世를앗기는各方面人士의哀悼辭」, 『어린이』 제87호, 1931.8, 8면; 李在徹, 『韓國現代兒童文學史』, 一志社, 1978, 590면. 이하의 인용문은 원문의 맞춤법과 띄어쓰기를 따르기로 한다.

2) Philippe Aries, 문지영 역, 『아동의 탄생』, 새물결, 2003의 1부; 柄谷行人, 박유하 역, 『일본 근대문학의 기원』, 민음사, 1997, 151~179면 참조.

이러한 욕망을 이용해 식민지 아동을 신민(臣民)으로 전화시키려는 일제의 바람이었다.[4] 문학은 교육과 함께 아동 개념을 주조했던 두 가지 핵심적 기제 중 하나였다. 따라서 방정환이 조선에 아동문학을 발아시켰다는 것은 앞선 두 가지 욕망의 길항 속에서 아동이라는 개념을 조형해 냈음을 의미한다.

둘째, 천도교(天道教)의 핵심 인물이었다는 점에서 문제적이다. 천도교는 1919년 3·1운동을 주도한 중심 세력이었다. 또 1920년대 들어 일제가 문화정치를 표방하게 되자, 『개벽(開闢)』·『부인(婦人)』(15호부터 『新女性』으로 개칭됨)·『어린이』·『별건곤(別乾坤)』 등 잡지 매체의 간행을 통해 문화운동의 중심에 위치하게 된다. 방정환은 천도교의 3대 교주 손병희(孫秉熙)의 셋째 사위이자 천도교의 중추 조직인 '천도교청년교리강연부(天道教青年教理講硏部)'의 간부로서, '천도교소년회(天道教少年會)'의 산파 역할을 담당했다.[5] 이는 방정환이 천도교를 기반으로 당시 문화운동의 한복판에 서 있었음을 의미한다.

셋째, 방정환은 근대문학의 재생산 과정에서 잡지 매체가 지닌 속성이나 의미를 보여주는 인물이라는 점에서 문제적이다. 방정환은 『청춘(青春)』, 『유심(惟心)』 등에서 실시한 현상문예의 단골 투고자이자 당선자였다. 그 과정을 통해 방정환은 자신의 문학적 역량을 확인 받는 한편, 문학 활동을 하는 데 있어 매체가 지닌 의미를 파악해 나간다. 이후 방정환은 『신청년(新青年)』·『어린이』·『신여성(新女性)』·『별건곤(別乾坤)』 등 잡지의 창간과 운영에 중추적인 역할을 하게 된다. 특히 이들 잡지에 현상문예나 독자투고 제도를 설치해 독자를 견인하고 새로운 문학 주체로 변모시켰다. 이는 방정환이 '등단→승인→향유→등단(독자→

---

3) 「世의紳士諸賢과子弟를두신父兄께告함」, 『開闢』 제33호, 1923.3, 표지 뒷면.
4) 關口安義, 「日本兒童文學の成立－思想史・社會史の視點から」, 『兒童文學の思想史・社會史』, 東京書籍, 1997, 18~27면 참조.
5) 천도교청년회운동본부, 『천도교청년회80년사』, 글나무, 2000, 102~107면.

작가)'이라는 근대문학의 재생산 과정에서 매체가 지니는 의미를 간파하고 있었음을 뜻하는 것이다.

그런데 이러한 세 가지 문제점은 떨어져 있지 않다. 방정환이 천도교의 핵심으로 부각된 것은 그가 아동문학을 소년운동에 끌어들여 매체 『어린이』, 동화회(童話會) 등을 통해 소년회를 활성화시킨 데 따른 것이었다. 1920년 4월 25일 천도교청년교리강연부는 '천도교청년회(天道教青年會)'로 개편되는데, 새로 바뀐 임원진 속에는 방정환이 빠져 있다.[6] 또 『어린이』를 발간하려 할 때, "어린애잡지를누가 거들써보기나할듯십으냐고", "안될터이니 하지말라"[7]고 했다는 언급 역시, 당시 방정환이 천도교의 실세와는 거리가 있었음을 의미한다. 실제 방정환이 천도교 내의 핵심적 위치를 차지하게 되는 것은 『어린이』가 당시 신문에 버금가는 판매 부수를 올리게 되는 과정과 긴밀하게 연결되어 있다. 또 방정환이 매체를 통해 문학의 재생산 과정에 중심에 위치한 것 역시 『어린이』에 빚진 바 크다. 『신청년』을 창간하고 『개벽』에 글을 실었지만, 『신청년』과는 3호로서 관계가 멀어지고 『개벽』에서는 여러 기자들 중 하나였을 뿐이었다. 자신이 기획하고 운영하는 미디어를 통해 문학의 재생산 과정의 중심에 자리 잡는 것 역시 『어린이』의 발행과 운영을 통해 가능하게 된 것이다.

아동문학가들 가운데 방정환에 대한 논의가 집중되어 있는 것 역시 이러한 문제점들에 주목한 결과로 보인다. 방정환에 대한 기존의 논의는 크게 몇 가지 방향에서 이루어졌다. 먼저 근대 아동문학의 형성 과정 속에서 방정환의 위상에 관해 접근한 논의들이 있다.[8] 또 전기론적

---

6) 「教理講硏部의第一例會觀」, 『天道教會月報』 제110호, 1919.10, 63면.

7) 方定煥, 「여섯번재 돌날을마지하면서」, 『어린이』 제83호, 1929.3, 2~3면.

8) 李在徹, 『韓國現代兒童文學史』, 一志社, 1978, 82~103면; 김화선, 「한국 근대 아동문학의 형성과정 연구」, 충남대 박사논문, 2001; 원종찬, 「韓·日 아동문학의 기원과 성격 비교」, 『한국학연구』 제11집, 91~131면; 이기훈, 「1920년대 '어린이'의 형성과 동화」, 『역사문제연구』 8, 2002, 9~44면.

차원의 접근과 소년운동과의 관련 양상을 따진 연구들도 있다.[9] 그리고 방정환이 주도했던 잡지 매체인 『어린이』와의 관련을 가늠한 논의들이 있다.[10] 그런데 정작 그 출발점, 곧 방정환이 아동문학을 하게 된 계기나 의미를 다룬 논의는 눈에 띄지 않는다. 여기에는 여러 이유가 작용하고 있지만, 무엇보다 큰 이유는 1차 자료를 토대로 한 실증적인 접근이 부재한 데 따른 것으로 보인다. 방정환이 아동문학에 매진할 결심을 한 것이 언제인지조차 밝혀져 있지 않은 것은 이를 반증한다고 할 수 있다.

방정환이 천도교의 핵심으로 부각되고 또 매체를 통해 문학의 재생산 과정의 중심에 위치하는 것이 아동문학의 선구적 우이(牛耳)를 쥐는 것과 긴밀히 연결되어 있음을 환기할 때, 문제는 두드러져 보인다. 이 글의 초점은 여기에 놓인다. 방정환의 초기 문학 활동과 행적을 실증적으로 재구하면서 아동문학을 하게 된 계기와 의미를 파악하고자 하는 것이다. 이는 방정환이 근대적 아동문학 작가로서 탄생하게 되는 도정을 밝히는 논구이다. 그리고 다른 두 문제, 곧 어떻게 천도교의 중추적인 인물로 자리 잡았으며, 어떻게 출판문화운동의 중심에 서게 되었는가를 해명하는 작업이기도 하다.

---

9) 김상련, 「소파연구」, 『新人間』 제256・257・258호, 新人間社, 1972; 민윤식, 『소파 방정환 평전—청년아, 너희가 시대를 아느냐』, 중앙M&B, 2003; 김응조, 「소파와 천도교소년회」, 『新人間』, 제389호, 新人間社, 1981; 仲村修, 「方定煥研究序論—東京時代を中心に」, 『青丘學術論集』 14, 1999, 77~113면; 염희경, 「방정환과 어린이운동—천도교소년회를 중심으로」, 『동화읽는어른』 제82호, 1999.4.

10) 李在徹, 「아동잡지 『어린이』 연구—『어린이』지 影印本 분석을 중심으로」, 『신인간』, 1986.4, 52~75면; 최덕교, 「방정환 주재 '어린이'와 색동회」, 『한국잡지백년』 2, 현암사, 2004, 228~249면; 박기현, 『한국의 잡지출판』, 늘푸른소나무, 2003, 230~232면.

2. 문학에 대한 열망과 매체에의 관심

방정환이 아동문학을 하기로 결심한 것은 1921년 전반에 이르러서였다. 1921년 2월 목성(牧星)이란 필명으로 발표한 「童話를쓰기前에어린이기르는父兄과敎師에게」라는 글에서 이를 확인할 수 있다. "처음말배운五六歲쯤의어린애를 第一貴愛"해, "그의天使갓흔마음 깨끗한가슴에가장適合하난깨끗한神聖한것을주고십다"고 하고, "갑잇난선물을손슈맨들기爲하야 이 새로운 조그만 藝術에붓을대인다"고 밝히고 있다.[11] 귀애하는 어린 아이에게 가장 적합하고 깨끗한 선물을 주기 위해 새로운 조그만 예술, 곧 아동문학을 하겠다는 것이다.

그런데 방정환이 아동문학으로 문학 활동을 시작한 것은 아니었다. 방정환의 글이 처음 활자로 인쇄되어 매체에 발표된 것은 1917년으로 거슬러 올라간다. "우연한긔회로 崔南善氏의『靑春』雜誌를보고興味가끌리여 ㅈㅎ生이라는匿名으로作文을投書하엿더니 그것이當選되야誌上에 실린것이처음이엿"는데, 그때는 "분명히열아홉살째엿"다고[12] 방정환 스스로 밝히고 있다. 그렇다면 그 글은 1917년 9월 『청춘』 제10호 '매호현상문예(每號懸賞文藝)'에 'ㅈㅎ생'이라는 필명으로 당선된 「一人과社會」로 보인다. 1917년, 곧 19세 때 『청춘』에 게재된 방정환의 글은 이것 하나인데, 문제는 이름 앞에 부기된 '창원군태동면마천리(昌原郡態東面馬川里)'라는 주소다. 당시 방정환의 주소는 '시내견지동118(市內堅志洞一一八)'이었으며, 다른 글에는 이 주소가 부기되어 있기 때문이다. 「一人과社會」가 방정환의 글인가에 대한 정확한 판단은 어렵다. 한편

11) 牧星, 「童話를쓰기前에어린이기르는父兄과敎師에게」, 『天道敎會月報』 제126호, 1921.2, 92~94면.

12) 方定煥, 「사라지지안는記憶-處女作發表當時의感想」, 『朝鮮文壇』 제6호, 1925.3. 66면.

1915년부터 방정환과 교분을 맺었던 유광렬(柳光烈)은 방정환의 글이 "맨처음 활자로되기는 청춘(靑春)잡지의락화(落花)라는글"이라고 했다. 그런데 "심술구진바람이와서대룽대룽가지에 매달리는쏫을긔여코써러트리고만다"는 내용을 볼 때, 이는 「관화(觀花)」를 「낙화(落花)」로 착각한 것이다. 「관화」는 『청춘』 제15호(1918.9)에 실린 글로, 처음 활자로 된 글도 아니다.[13]

방정환은 자신의 글이 현상문예에 뽑힌 느낌을 "거긔에自己匿名을 發見하엿슬때 무슨奇術이나본것처럼몹시神奇"했다고 하고, 또 "닑은 것을쏘닑고쏘닑고하야 그 글자한자 한자가 무섭게강한親密性을 가지고머리에숨여들어 冊을덥고도 어느쪽에 題目과姓名이 엇더케씨여 잇는 것까지를 눈에 번―하게보게" 되었다고 한다.[14] 활자로 인쇄된 자신의 필명과 글을 확인했을 때의 신기했던 느낌과 그것이 지닌 흡입력에 대한 언급이다. 이와 같은 느낌은 이후 소설 「사랑의무덤」에서 "몃개의 雜誌에서 (…중략…) 散文,或은詩,小說을닑을써마다 렬烈히 共鳴을늣"기는 이웃집 여학생으로부터 사모를 받는 '素波金泳煥'으로 표현되기도 한다.[15]

이후 방정환은 『청춘』 현상문예의 단골 투고자이자 당선자가 된다. 「소년어자(少年御者)」(제11호, 1917.11), 「바람」(제12호, 1918.3), 「자연(自然)의교훈(敎訓)」·「우유배달부(牛乳配達夫)」(제13호, 1918.4), 「관화(觀花)」·「봄」·「고우(故友)」(제14호, 1918.6), 「천국(天國)」·「시냇가」(제15호, 1918.9) 등이 당선이 되거나 선외가작(選外佳作) 등으로 뽑힌 글이다.[16] 이들 중 「바람」,

13) 柳光烈, 「『落花』와小波」, 『어린이』 제86호, 1931.8, 20면.

14) 方定煥, 앞의 글, 67면.

15) SP生, 「戀愛小說 사랑의무덤」, 『新靑年』 第二號, 1919.2, 22면.

16) 『靑春』 제14호에는 "紙面의不足으로因하야" "今番에當選된文稿를아울러來號로讓하게" 되었다고 해 당선작의 제목만을 발표했다. 「觀花」·「봄」 등 상금 壹圓이나 五拾錢에 당선된 방정환의 작품들은 제15호에 실리게 된다. 제15호에도 今回當選이라고 해 七月末까지來到한 당선작의 제목을 게재했다. 방정환은 「天國」이 상금 壹圓에, 「시냇가」가 選外佳作으로 뽑혔다. 『靑春』이 제15호를 마지막으로 終刊되어, 「天國」,

「자연의교훈」, 「우유배달부」는 'ㅅㅎ生'으로 「관화」, 「봄」, 「고우」, 「천국」은 '방정환'으로, 「시냇가」는 '소파생(小波生)'으로, 「소년어자」는 '방운정(方雲庭)'으로 투고했다. 「고우」가 가작(佳作), 「소년어자」·「시냇가」가 선외가작(選外佳作)으로 뽑혔으며, 나머지는 모두 상금 일원(壹圓)이나 오십전(五拾錢)에 당선되었다.

이들 중 「바람」과 「봄」은 시인데, '煩悶, 憂患, 惡習 등을 몰아내는 文明의 바람을 노래'(「바람」)하거나, '아름다운 봄의 풍경도 키우고 가꾸지 않으면 안 된다'(「봄」)는 내용을 담고 있다. 또 「自然의敎訓」과 「觀花」는 수필에 가까운 글인데, '日常의 教師이며 良友인 자연을 찬미'(「自然의敎訓」)하거나, '바람에 떨어지는 꽃을 新舊의 교체에 비유'(「觀花」)하고 있다. 또 「우유배달부」는 '우유 배달을 하는 어려운 처지에도 학업을 계속해 나가는 고학생 오기영'을 주인공으로 한 소설이다. 「소년어자」, 「고우」, 「천국」, 「시냇가」 등은 글이 게재되지 않아 내용을 알 수 없다.

『청춘』이 1918년 9월 제15호를 마지막으로 종간(終刊)되자, 방정환의 투고 열의는 『유심(惟心)』으로 향했다. 만해(萬海) 한용운(韓龍雲)이 주관한 『유심』은 모두 3호로 짧은 생명을 마감하는데, 현상문에는 1, 2호에 예고되고 1918년 12월에 발행된 3호 현상당선문예란에 당선작을 발표했다. 방정환의 글은 모두 세 편이 당선되거나 선외가작으로 뽑혔다. 학생소설 「고학생(苦學生)」이 상금 일원에 뽑히고, 신체시가(新體詩歌) 「마음」이 상금 오십전에 당선됐다. 또 보통문 「現代靑年에게呈하는修養論」은 선외가작으로 뽑혔다. 앞의 두 글은 'ㅈㅎ生', 뒤의 것은 '소파생'이라는 필명으로 발표되었다. 「고학생」은 '어려운 처지에 놓인 고등보통학교삼년생 창호(昌浩)'에 관한 소설인데, 『청춘』에 실린 「우유배달부」와 비슷한 줄거리를 지니고 있다.

「시냇가」 등이 게재되지는 못했다.

방정환은 『청춘』·『유심』 등에 투고한 글이 당선되는 경험을 통해 자신의 문학적 재능을 확인하고 문학에 대한 열의를 키워나갔다. 이는 『청춘』·『유심』 등이 종간되자 자신이 주도적으로 기획·운영하는 잡지 매체를 발간하는 것으로 이어졌다. 그 결과로 나타난 것이 1919년 1월 20일 발간된 잡지 『신청년』이었다. 『신청년』은 1918년 7월 결성된 경성청년구락부(京城青年倶樂部)의 기관지적 성격을 지닌 잡지였다. 1921년 7월 15일까지 모두 6호가 간행되는데, 그 주도층의 성격이나 잡지의 내용에 있어 두 개로 구분된다. 1호부터 3호까지가 전기라면, 그 나머지가 후기라고 할 수 있다.[17] 방정환은 이복원(李馥遠)·이중각(李重珏)·유광렬(柳光烈) 등과 함께 전기 『신청년』에서 활동하면서 주도적인 역할을 했던 것으로 보인다. "再昨年七月七日에方小波君과李一海兩君의發起로京城青年倶樂部가成立되얏다"는 『조선일보』의 기사,[18] "중임을 맛기를요구하"여 "여러가지로안밧일을하엿섯다"는 柳光烈의 증언,[19] 그리고 일반적으로 편집자가 쓰는 「編輯室에서」를 방정환이 썼다는 점 등이 그 근거이다.

발행과 운영에 주도적인 역할을 했던 방정환은 제1호에서 제3호에 걸쳐 『신청년』에 많은 글을 발표하기도 했다. 「금시계(金時計)」[20]·「암야(暗夜)」·「전차(電車)의 일분시(一分時)」·「동경(東京)K형(兄)에게」(제1호, 1919.1.20), 「졸업(卒業)의 일(日)」·「사랑하난아우」·「사랑의무덤」(제2호, 1919.12.8), 「귀(貴)여운 희생(犧牲)」(譯),[21] 「불상한 생활(生活)」, 「참된동정」

17) 한기형, 「잡지 『新青年』과 경성청년구락부」, 『書誌學報』 26, 書誌學會, 2002, 165~206면 참조.

18) 『朝鮮日報』, 1920.5.12.

19) 柳光烈, 앞의 글, 18면.

20) 「金時計」는 1929년 1·2월호 『어린이』에 少年寫眞小說로 개작되어 다시 수록된다. 그때의 필명은 夢見草로 되어 있다. 『新青年』에 있는 「金時計」는 '홍수'가 목장에서 쫓겨난 채 어두운 산길로 발걸음을 옮기는 것으로 끝나지만, 『어린이』에 수록된 것은 '호남이'의 누명이 벗겨져 행복한 결말을 맺게 된다. 이에 관해서는 『어린이』 제62호, 1929.1; 『어린이』 제63호, 1929.2, 12~15면 참조.

21) 「貴여운犧牲」은 1923년 4월호 『어린이』에 「貴여운피」로 다시 수록되었다. 『어린이』

(제3호, 1920.8.1) 등이 그것이다. 「금시계」·「암야」는 '소파생'으로 발표되었다. '운정생'으로 발표한 글이 「전차의일분시」·「사랑하난아우」이며, '운정역'으로 된 글이 「귀여운희생」(역)이다. 또 SP생으로 발표한 것이 「동경K형에게」·「사랑의무덤」이며, 잔물로 되어 있는 것이 「불상한생활」이다. 「참된동정」은 무기명으로 되어 있다.[22]

방정환은 『청춘』·『유심』 등에 자신이 쓴 글을 투고하고 선정되는 경험을 통해 문학에 대한 열의를 추동 받고 지속시켜 나갔다. 한편 두 잡지의 종간을 경험하면서, 문학 활동을 하는 데 있어 매체가 지니는 의미를 파악해 나갔던 것으로 보인다. 또 그 과정에서 심사라는 제도를 통해 자신의 글을 선정하거나 탈락시키는 매체의 주체가 지닌 위력 역시 감지하게 되었다. 『신청년』을 발간해 운영해 나갔던 것 역시 이러한 문학에 대한 열망과 매체에 대한 인식이 뒷받침되었던 것이라고 할 수 있다. 『신청년』의 「투서환영(投書歡迎)」에서 방정환 자신이 "文藝에關한 것은 무엇이든지" 투고를 받지만 "紙上에載不載난編輯部의任意"라고[23] 피력하는 것은 이러한 매커니즘을 여실히 드러내고 있다.

에 수록될 때는 雲庭이라는 필명으로 되어 있고, 서두에 "이글은前年에 어느잡지에내인일잇는것이나 (…중략…) 약간고처서 여긔에 다시내임니다 어느外國사람의유명한글임니다"라는 부기가 달려있다. 이에 관해서는 『어린이』 제2호, 1923.4.1, 4~5면 참조.

22) 「참된同情」은 1927년 4월호 『어린이』에 「自學自習 어린이讀本」의 '第四課 참된同情'으로 다시 수록된다. 이를 통해 방정환이 쓴 글이라는 것을 알 수 있다. 그런데 『新青年』에 게재된 것이 소품의 성격이 강한 데 반해 『어린이』에 실린 것은 일단의 소설적 구성을 갖추고 있다 이에 관해서는 『어린이』 제50호, 1927.4.1, 6~9면 참조.

23) 「投書歡迎」, 『新青年』 제1호, 1919.1.20, 14면.

3. 천도교도로서의 활동과 소년운동에의 열의

이 시기 방정환의 삶을 재구할 때, 또 하나 간과할 수 없는 사실은 천도교도로서 방정환의 활동이다. 천도교는 1919년 3·1운동 후 교주(教主) 손병희(孫秉熙)를 비롯한 권동진(權東鎭)·오세창(吳世昌)·최린(崔麟) 등 지도층 15명이 체포되거나 투옥 당하는 시련을 겪게 된다. 이를 계기로 젊은 지도층을 중심으로 교단 지도체제의 정비가 이루어지는데, 그 과정에서 나타난 것이 1919년 9월 2일 발족한 '천도교청년교리강연부(天道教青年教理講硏部)'였다. 발족과 함께 정도준(鄭道俊)을 부장(部長)으로 3명의 간무원(幹務員)과 7명의 간의원(幹議員)으로 구성되는 임원진이 꾸려졌는데, 방정환은 이돈화(李敦化)·박래홍(朴來弘)·손재기(孫在基)·최혁(崔赫) 등과 함께 간의원에 선출되었다.[24]

천도교청년교리강연부는 1920년 4월 25일 '천도교청년회'로 개편되는데, 개편 후 1920, 1921, 1922년 임원의 명단에는 방정환의 이름이 보이지 않는다.[25] 이 시기 방정환은 지방 강연회의 연사로서 활동했던 것으로 보인다. 천도교청년회는 지방 지회를 설립·강화하는 방안의 하나로 전국적인 강연회를 행했는데, 방정환은 1920년 6월 30일 문천(文川), 1920년 7월 2일 원산(元山)에서 두 차례 강연을 했다. 문천 강연의 제목은 「개벽선언(開闢宣言)」이었는데 1천여 명의 청중이 운집했고, 원산 강연의 제목은 「세계평화(世界平和)는 인내천주의(人乃天主義)」였는데 2천여 명 정도가 모였다고 한다.[26] 이와 같은 강연회에 힘입어 천도교청년회는 이후 약 3년 반에 걸쳐 국내외 2백여 개의 지회와 8천여 명의 회원

---

24) 「教理講硏部의第一例會觀」, 『天道教會月報』 제110호, 1919.10, 63면.
25) 천도교청년회운동본부, 『천도교청년회80년사』, 글나무, 2000, 102~107면.
26) 『東亞日報』, 1920.7.6~1920.7.7; 「地方青年會의講演狀況」, 『天道教會月報』, 제119호, 1920.7, 106~108면.

을 확보하게 된다.[27)]

한편 천도교청년회는 포덕부(布德部)·편집부(編輯部)·체육부(體育部)·지덕부(知德部)·음악부(音樂部)·실업부(實業部) 등을 하위 조직으로 두었는데, 1921년 4월에는 포덕부 내에 "소년부를 특설하고 매 시일에 부원이 회합하여 소년의 덕지체의 발육을 시킬 방법과 실행을 강구하"였다. 또 "기후 부원이 일증하고 부무가 점차 다단하게 되므로", 같은 해 5월 1일 "소년부라는 명칭을 천도교소년회로 변경"하게 되었다.[28)] '천도교소년회'는 "만 7세부터 만 16세까지의 소년으로 조직"되었으며, "유락부(遊樂部)와 담론부(談論部)와 학습부(學習部)와 위열부(慰悅部)의 네 부"로 구성되어 "소년들의 덕지체의 발육을 위한 실행방법을 강구"하는 것을 주된 목적으로 했다.[29)] 이전에도 '원산한국소년단(元山韓國少年團)', '안변소년회(安邊少年會)', '왜관소년회(倭館少年會)', '진주소년단(晋州少年團)' 등이 존재했지만, 전국적인 규모를 지닌 소년회는 천도교소년회가 처음이었다.

방정환은 천도교소년회를 중심으로 한 소년운동과 깊은 관련을 지녔던 것으로 보인다. 실제 1921년 6월 5일 선정된 천도교소년회의 임원은 회장 구자홍(具滋洪), 총재 김기전(金起瀍), 고문 정도준(鄭道俊)·박사직(朴思稷), 지도위원 조기간(趙基栞)·박래옥(朴來玉) 등으로, 방정환은 명단에서 빠져있다. 하지만 창립 당시 천도교소년회 회원이었던 이정호(李定鎬)의 다음과 같은 말에 주목할 필요가 있다.

> 再昨年봄五月初승에 서울서새誕生의첫소리를지른, 天道教少年會이것이

27) 방정환은 천도교청년회 동경 지회장으로 있던 1921년 6월 17일부터 7월 말까지 동경지회 회원들을 이끌고 전국 순회강연을 벌이기도 했다. 강연단은 3개로 구성되었는데, 방정환은 全羅隊와 黃海隊를 맡아 논산, 익산, 옥구, 군산, 전주, 임실, 광주, 목포, 고창 등을 거쳐 경성에 갔다가 다시 황해도 일대를 순회했다. 천도교청년회운동본부, 앞의 책, 109~111면.

28)『天道教青年會會報』第三號. 여기에서는 천도교청년회중앙본부, 앞의 책, 79면.

29) 천도교청년회중앙본부, 앞의 책, 300~304 참조.

우리어린동모男女合三十餘名이모여짜은것이요朝鮮少年運動의첫고동이엇습니다 第一먼저, 우리는 「씩씩한少年이됩시다. 그리고 늘 서로사랑하며 도아갑시다」하고, 굿게約束하엿고 또이것으로우리모듬의信條를삼엇습니다. (…중략…) 그리고 맨먼저 우리를指導하실힘잇는後援者金起田氏와, 方定煥氏를어덧습니다. 두분은누구보다도 第一우리를理解해주시고 또끔찍히우리를사랑하시어서 우리를위하여어떻게든지 좋게잘 되게해주시지못하여 늘안타까워하십니다[30]

1921년 5월 천도교소년회가 30여 명의 성원으로 발족했는데, 김기전과 방정환이 소년들의 지도를 맡았다는 언급이다.[31] 이렇듯 방정환은 비록 천도교소년회의 임원 명단에는 빠져 있지만, 김기전과 함께 소년회의 실질적인 지도를 담당하고 있었다.

그런데 1919년 초부터 김기전・박래홍 등과 함께 소년운동에 대한 논의를 거듭했다고 하는 언급이나[32] 1920년 7월 28일 '조선학생대회강연회(朝鮮學生大會講演會)', 1920년 12월 25일 '천도교소년환등강연회(天道教少年幻燈講演會)' 등에서 「子女를解放하고자」, 「生活改造와兒童問題」라는 제목으로 강연을 했다는 『동아일보』의 기사 등을 고려할 때,[33] 방정환은 이미 1919,20년부터 소년 문제에 관심을 가지고 있었음을 알 수 있다. 여기서 천도교소년회의 발족이 방정환이 일찍부터 지녀왔던 소년 문제에 대한 관심을 실천으로 옮길 수 있는 기반이 되었을 것임을 추정할 수 있다.

이렇듯 방정환은 천도교청년회가 주최한 강연회의 연사 등으로 활동

30) 李定鎬, 「『어린이』를發行하는 오늘까지 우리는이러케지냇습니다」, 『어린이』 제1호, 1923.3, 1면.

31) 1921년 5월 22일 『東亞日報』에는 창립 당시 성원이 약 60명이었다고 되어있다. 이정호의 글이 소년회가 창립된 2년 후에 서술된 것임을 고려할 때, 창립 당시 성원은 60명 정도가 맞는 것으로 보인다. 『東亞日報』, 1921.5.22.

32) 성봉덕, 「천도교소년운동의이념」, 『新人間』 제367호, 1979.5, 4~5면.

33) 『東亞日報』, 1920.8.1・1920.12.25.

하면서 특히 천도교소년회를 중심으로 한 소년운동을 이끌어나가고 있었다. 한편 『청춘』·『유심』·『신청년』 등을 통해 키워 왔던 문학에 대한 열의 역시 지속되고 있었던 것으로 보인다. 이 시기 방정환이 자신의 문학 작품을 발표했던 지면은 『천도교회월보(天道敎會月報)』였는데, 『천도교회월보』는 천도교의 기관지적 성격을 지니는 월간 회보였다. 방정환은 『천도교회월보』에 「우이동(牛耳洞)의 만추(晩秋)」(제98호, 1918.10), 「나의詩」(제116호, 1920.4), 「小說 愛의復活」(제117호, 1920.5) 등을 발표한다. 「牛耳洞의晩秋」는 '소파생'으로, 「나의詩」는 '잔물'로, 「小說 愛의復活」은 '소파'라는 필명으로 되어 있다. 시기와 관련해서 흥미를 끄는 글은 「나의詩」와 「小說 愛의復活」이다. 두 글은 1920년 4월,5월에 발표되었는데, 이 시기는 『신청년』 제2호가 나오고 제3호가 발간되기 전이다. 본래 월간지로 기획되었던 『신청년』이 검열·압수 등의 이유로 정기적인 잡지 간행이 불가능해지자,[34] 『천도교회월보』의 지면을 이용한 것으로 보인다. 물론 이는 이미 현상문예와 잡지 창간·운영 등의 과정에서 문학적 역량을 인정받은 방정환이 그 역량을 통해 천도교 내의 자신의 위상에 부응하려 했던 것이기도 하다. 실제 「사람의마음」, 「雪中의死別」, 「心中의小宮殿」 등 세 편의 시로 된 「나의詩」나 '정화(貞嬅)'와 '영환(泳煥)'의 연애를 그린 「小說 愛의復活」은 글의 성격상 『신청년』에 있는 작품들과 큰 차이를 지니지는 않는다.

방정환이 「小說 愛의復活」을 발표한 이후 1921년 1월까지 『천도교회월보』에 글을 발표하지 않는다. 그 사이 주된 발표 지면이 되었던 것은 『개벽』이었다. 앞서 살펴본 것처럼 천도교청년회에는 포덕부·체육부·지덕부·음악부·실업부 등과 함께 편집부가 있었는데, 편집부의

34) 『新青年』 제2호는 발행금지당해 제3호로 편집된 것이 1919년 12월에 발행된다. 1919년 1월 20일 발행된 제1호와는 거의 1년의 시간적 거리를 지닌다. 제3호 역시 1920년 8월 1일 발행되어 8개월 정도만에 나온다. 이에 관해서는 한기형, 앞의 글, 189~191면 참조.

첫 번째 사업이 1920년 6월 25일 종합월간잡지 『개벽』을 창간한 것이었다. 이후 개벽사는 『부인』(1922.6), 『어린이』(1923.3) 등도 발간해 출판문화운동의 중심에 위치하게 된다. 방정환은 이돈화(李敦化)·김기전·박달성(朴達成)·현희운(玄僖運) 등과 함께 『개벽』의 창간 동인이자 기자로 참여하게 된다.[35)]

방정환은 1920년 6월부터 기자로 일하면서 많은 글들을 『개벽』에 발표했다. 방정환이 1921년 초까지 『개벽』에 발표한 글은 「유범(流帆)」·「어머님」·「新生의선물」(제1호, 1920.6), 「화장사(華藏寺)의아츰」·「元山갈마半島에서」(제2호, 1920.7), 「어린이노래－불켜는이」(제3호, 1920.8), 「추창수필(秋窓隨筆)」(제4호, 1920.10), 「망향(望鄕)」(제5호, 1920.11), 「그날밤」(제6·7·8호, 1920.12~1921.2) 등이다. 이 시기 『개벽』에 발표한 글에서는 '잔물'이라는 필명을 많이 사용해, '잔물'로 「어머님」, 「新生의선물」, 「元山갈마半島에서」, 「어린이노래－불켜는이」, 「망향」 등을 발표했다. 또 「유범」과 「그날밤」은 '목성(牧星)'으로, 「화장사의아츰」은 '노덧물'로, 「추창수필」은 '소파'라는 필명으로 발표했다.[36)] 한 가지 간과해서는 안 될 사실은 『개벽』에 글을 발표하던 1920년 9월 중순 방정환이 일본 동경으로 가 거기서 머물게 된다는 사실이다. 하지만 1923년 1월 『개벽』 제31호의 사원 명단에 포함되어 있는 것과 이후에도 『개벽』에 글을 발표하는 것으로 볼 때, 개벽사를 그만둔 것 같지는 않다.

이렇듯 방정환은 천도교청년회에서 활동하면서 천도교소년회를 중심으로 한 소년운동에 뜻을 두고 있었다. 또 『청춘』·『유심』 등의 현상문예로부터 출발한 문학적 열의를 『천도교회월보』·『개벽』 등에 자신의 글을 발표하는 것을 통해 이어나갔다. 방정환이 아동문학을 하겠다는

35) 『開闢』 제7호 표지 뒷면에 부기된 11명의 사원 명단에 포함되어 있다. 이에 관해서는 『開闢』 제7호, 1921.1, 표지 뒷면.

36) 『開闢』에서 방정환의 활동에 대해서는 최수일, 「1920년대 문학과 『개벽』의 위상」, 성균관대 박사논문, 2002, 115~117·140~161면 참조.

결심을 밝힌 것은 이 즈음이다. 1921년 2월 「童話를쓰기前에어린이기르는父兄과敎師에게」에서 아동문학에 매진할 것을 밝히고, 「왕자와제비」, 「귀먹은, 집오리[家鴨]」와 「짜ー치, 의옷」 등의 동화를 번역해 발표했던 것이다.[37)]

이렇게 볼 때 방정환의 결심은 문학에 대한 열망과 소년운동에 대한 관심이 자연스럽게 귀결된 지점이라고 할 수 있다. 『신청년』 제3호에 실린 「貴여운犧牲」, 「참된동정」, 또 『개벽』 제3호에 게재된 「어린이노래―불켜는이」 등은 어린 소년, 소녀를 주인공으로 하거나 어린이 노래를 표방하고 있어, 아동문학을 향한 자연스러운 도정의 근거로 파악될 수 있다. 하지만 여기에는 보다 엄밀한 접근이 요구된다. 당시 조선은 "멧해전긔해서 崔南善氏主幹의 「少年」과 「붉은저고리」 吳天錫氏主幹의 「새동무」가 잇섯지만 보통간행물로 崔南善氏번역의 「검둥의설음」을 제처노코는 아모것도 업는 아조 막막하든때"[38)] 였기 때문이다. 곧 방정환이 아동문학에 매진할 결심을 했을 때는 조선에 아동문학이라는 개념 자체가 낯설었던 시기였다는 것이다. 따라서 결심의 맥락을 온전히 해명하기 위해서는 1921년 2월을 전후로 한 방정환의 행적을 좇는 일이 필요하게 된다.

4. 東京에서의 행적과 독서 경험

이 시기 행적을 더듬어 볼 때 가장 눈에 띄는 것은 방정환이 동경에 가서 머물렀다는 사실이다. 그런데 앞서 언급했듯이 이 시기 방정환의

37) 牧星, 「리약이두조각」, 『天道敎會月報』 제129호, 1921.5, 93~97면.
38) 李定鎬, 「百號를내이면서創刊當時의追憶」, 『어린이』 제100호, 1932.9, 18면.

활동을 추적한 선행 연구는 드물며, 동경에서의 활동에 대한 논의는 더욱 그렇다. 다만 나카무라 오사무(仲村修)는 「方定煥研究序論－東京時代を中心に」에서 방정환이 쓴 글을 근거로 체류・학적・귀국 등을 하나씩 밝혀나가 방정환의 행적을 재구하고 있다.39)

먼저 오사무는 방정환이 東京에 도착한 시기에 주목한다. 「달밤에故國을그리우며」(『개벽』 제7호, 1921.1)에 나타난 "客館孤窓에故國을그리우는지 어느덧十餘日"이라는 구절을 근거로 도착한 날짜를 추정하고 있다. 글의 말미에 부기된 "庚申秋夕다음다음날東京서"에서 십여 일을 거슬러 올라 1920년 9월 15일 전후가 방정환이 東京에 도착한 날짜임을 밝힌 것이다. 또 같은 글에 있는 '객관(客館)', '려관(旅館)' 등의 단어에서 방정환이 동경에 도착한 직후 얼마 동안 여관에 머물렀을 것이라고 한다.

이후의 행적을 파악하는 데 참조한 것은 「夢幻의塔에서－少年會여러분께」(『천도교회월보』 제138호, 1922.2)의 다음과 같은 부분이다.

> 지나간해夏期放學이끗난後 남보다 늣게야東京에와셔 貰房을求하다못하야 學校는開學은되고 하는슈업시 急한딕로電車길가집을빌어 臨時로잇던곳이 電車쇼릭에집이흔들녀셔 하도困難하다가 이번正月初六日에야 조흔집을엇어옴겻습니다 東京小石川區仲富坂町一九久米川이라는日人의집임니다 나 다니는 東洋大學에셔 퍽갓가운곳이고 우리青年會와는 셔울우리教堂에서大韓門압까지만함니다40)

처음 東京에 와서 서둘러 방을 구한다고 전찻길과 붙은 집을 얻었다는 것이다. 그리고 1921년 1월 6일에야 東京小石川區仲富坂町一九에 있는 '久米川'이라는 일본인의 집에 방을 구했다고 했다.41) 이어 1921

39) 仲村修, 앞의 글, 77~113면.

40) 小波, 「夢幻의塔에서－少年會여러분께」, 『天道教會月報』 제138호, 1922.2, 86~87면.

41) 방정환은 이 집을 '夢幻의塔'이라고 불렀다고 하고, 그 이유를 다음과 같이 설명한

년 2월 발표된 「童話를쓰기前에 어린이기르는父兄과敎師에게」(『천도교회월보』 제126호, 1921.2)의 말미에 부기된 "日本東京池袋鷄林舍에서"를 근거로, 1921년 2월에는 '몽환의 탑'에서 이케부쿠로[池袋]의 '계림사(鷄林舍)'로 거취를 옮긴 것으로 파악했다.[42] 그렇다면 1921년 1월 6일 '몽환의 탑'으로 이사한 방정환은 늦어도 한달 뒤인 2월에는 다시 '계림사'로 이사를 한 것이 된다.

이 글의 관심과 관련해 더욱 주목을 끄는 것은 방정환의 학적이다. 오사무는 방정환이 다녔다는 동양대학(東洋大學)에 질문지를 보내 답변을 받았는데, 그 중요한 것은 다음과 같다.

> 〈문1〉 방정환의 청강생으로서의 기록
>
> 〈회답〉 당시 東洋大學(대학 및 전문학부)의 입학은 제1종생 · 제2종생 · 청강생 등으로 나뉘는데, 방정환은 1921년 4월 9일 전문학부 문화학과에 「청강생으로서」 입학했습니다. 그러나 그 이전의 재적에 관해서는 기록이 없었습니다.
>
> 〈문5〉 중퇴 또는 퇴학의 날짜와 이유
>
> 〈회답〉 퇴학 1922년 3월 30일. 퇴학 이유에 관해서는 기재되어 있지 않습니다. (번역은 인용자)[43]

이와 같은 질의와 답변에 따르면 방정환은 1921년 4월 9일 동양대학

다. "地形이 펵놉흔 죠그만山밋헤ㅅ집二層"에 위치해, "저녁쎄가되면 五十觸밝은電燈이 다섯時도못되여셔 환―하게켜"진 채 "四面이고요하고 밤만깁허" 간다. "房에셔 내冊床에 안즌채로안져셔 東京市街가 져―아릐 내려다" 보인다. "어두운琉璃窓으로는 市街의電燈불이 꿈갓치끔벅끔벅보이고 이쇽에서 淸國국슈장사의 불면서지나가는 胡笛갓흔소리가 夢幻曲갓치들려"와, 몽환의 탑과 같이 느껴졌다는 것이다. 小波, 「夢幻의塔에서―少年會여러분께」, 앞의 책, 87면.

42) '鷄林舍'에 대해서는 「異域의新年」이라는 글에 "下宿生活이넘어도冷冷하고不便이만하셔 東京市街에셔 죠곰짜로썰어진池袋라는閑寂한洞里에 淨潔한집한체를借得하야 (…중략…) 집일홈을鷄林舍라하엿다"고 되어 있다. 牧星, 「童話를쓰기前에어린이기르는父兄과敎師에게」, 『天道敎會月報』 제126호, 1921.2, 92~94면; 「異域의新年」, 『天道敎會月報』 제137호, 1922.1.

43) 仲村修, 앞의 글, 102면.

전문학부 문화학과에 청강생으로 입학해 1922년 3월 20일 퇴학했음을 알 수 있다.

그런데 오사무는 학적부에는 나타나 있지 않지만 방정환이 1920년 9월부터 1921년 3월까지 동양대학 철학과에 청강생으로 다녔을 것으로 본다. 그 근거는 앞서 언급한 「夢幻의塔에서―少年會여러분께」라는 글의 "대강이럿케 쓸쓸하나마 쓸쓸한中에도억지로라도 滋味를붓치고 學生時代의 하로하로를보냅니다"고 했기 때문이다. 이 글이 1921년 1월 19일에 쓰여졌으니 1921년 4월 이전에도 방정환이 학교를 다니고 있었다는 것이다. 그래서 오사무는 당시 동양대학의 청강생 규정을 고려해,[44] 다음과 같이 결론을 내리고 있다. 1920년 9월 15일 전후 東京에 온 방정환은 1921년 3월까지 동양대학 철학과의 '특별청강생'으로 다녔으며, 그 후 1921년 4월부터 1922년 3월까지는 같은 학교 문화학과의 '일반청강생'으로 수학했다는 것이다.

이렇듯 오사무는 실증적 자료에 기반해 동경에서 방정환의 생활을 재구하고 있다. 이러한 점 때문에 오사무의 논의는 후속 방정환 연구에서 전면적으로 수용되고 있다.[45] 이 글의 관심과 관련해 논의를 정리해 보면, 아동문학을 하기로 결심한 시기 곧 1920년 9월부터 1921년 2월 무렵 방정환은, 東京에서 여관, 전찻길과 붙은 집, '몽환의 탑', '계림사' 등의 순서로 거주하면서, 동양대학 철학과에 특별청강생으로 수학하고 있었다는 것이다. 이렇게 볼 때 동양대학 철학과에서 공부했던 과정이 방정환의 결심에 크게 작용했으리라고 추정할 수 있다. 그렇다면 결심의 계기를 해명하기 위해서는 당시 동양대학 철학과의 교수진이나 커리큘럼 등 결심을 추동했을 요인들에 대한 접근이 필요할 것이다.

---

44) 보통청강생, 특별청강생의 두 종류로 나뉜다. 보통청강생은 학급을 정해놓고 청강하는 자이며, 특별청강생은 학급에 구애받지 않고 청강하는 자이다. 東洋大學同窓會, 『東洋大學一覽』, 1920.11.25, 四頁. 여기에서는 仲村修, 앞의 글, 103면에서 재인용.

45) 염희경, 「소파 방정환과 사회주의」, 『아침햇살』, 2000년 봄호; 민윤식, 『소파 방정환 평전』, 중앙M&B, 2003, 153~162면.

그런데 여기서 먼저 선행되어야 할 것은 오사무 논의의 실증적 오류를 바로 잡는 작업이다. 오사무의 논의에 따라 방정환의 행적을 좇아가면 떨칠 수 없는 의문이 몇 가지 제기된다. 하나는 '몽환의 탑'과 관련된 것이다. "電車길가집을빌어 臨時로잇"다가 "조흔집을엇어옴"긴 곳이 '몽환의 탑'이었는데, 왜 한 달만에 다시 '계림사'로 이사를 했을까 하는 것이다. 다른 하나는 방정환의 일시 귀국과 관련된 것이었다. "지나간해十一月한달을 그립던故國에잇"었다는 표현에서 1920년 10월 말에서 11월 29일까지 일시 귀국한 것을 알 수 있는데, 동경에 도착한 지 얼마 되지도 않아 왜 급히 귀국해 한 달을 머물렀을까 하는 것이다. 오사무는 이것을 1920년 10월 30일 병보석으로 출옥한 손병희를 만나기 위한 것으로 추측한다. 또 가장 중요한 의문은 방정환의 학적과 관련된 것이다. 1921년 4월 9일 이전 재적에 관한 기록이 없는데, 동양대학 철학과에 특별청강생으로 다녔다고 할 수 있는가 하는 점이다.

실제 東京에서 방정환의 행적은 이와 같지 않았다. 문제는 오사무가 「夢幻의塔에서—少年會여러분께」라는 글이 쓰인 날짜를 혼동한 데서 비롯되었다. 오사무는 이 글이 1921년 8월호 『천도교회월보』에 발표되었다고 해, 말미에 부기되어 있는 "六三, 一, 一九 눈오는날 故國을그리우며"에 대해 의문을 제기했다. 布德 六三年은 1922년인데, 발표지가 발행되고 수개월 후 발표문을 썼다는 것은 불합리하다는 것이다. 따라서 六三年은 六二年의 오기이며, 글이 쓰인 날짜를 1921년 1월 19일이라고 했다.[46] 그런데 「夢幻의塔에서—少年會여러분께」가 게재된 『天道敎會月報』 제138호는 1921년 8월호가 아니라 1922년 2월호였다. 제138호 뒷표지의 판권간기가 "大正十年(1921년; 인용자)八月十二日 印刷 大正十年八月十五日 發行"으로 되어 있는데, 이는 잘못된 것이다. 1921년 8월호인 제132호의 뒷표지가 영인 과정에서 잘못 붙은 것으로,

46) 小波, 「夢幻의塔에서—少年會여러분께」, 앞의 책, 87면; 仲村修, 앞의 글, 96면.

이는 제138호 안에 있는 「중앙총부휘보(中央摠部彙報)」에 부기된 "大正十一年一月十七日"이라는 날짜에서도 확인할 수 있다.

이렇게 「夢幻의塔에서—少年會여러분께」의 날짜를 바로 잡게 되면, 東京에서의 방정환의 행적은 크게 바뀌게 된다. 먼저 거주 순서가 여관, 전찻길과 붙은 집, '몽환의 탑', '계림사' 등의 순서가 아니라 전찻길과 붙은 집(1920.9~), '계림사'(1921.2~), '몽환의 탑'(1922.1~) 등의 순서가 된다.[47] 또 방정환이 일시 귀국을 한 것 역시 1920년이 아니라 1921년 10월 말에서 11월 29일까지가 된다. 이 때의 일시 귀국은 보석으로 출옥한 손병희를 만나기 위한 것이 아니라 1921년 11월에 있었던 태평양회의에 참가하기 위한 것이었다.

하지만 가장 중요한 사실은 당시 방정환이 동양대학 철학과에 특별청강생으로 다녔다고 보기 힘들다는 점이다. 그 근거가 된 「夢幻의塔에서—少年會여러분께」의 "學生時代의 하로하로를보"낸다에서 '학생시대'는 1922년 1월 동양대학 문화학과에 다닌 것이 되기 때문이다. 이렇게 볼 때 학적부에 재적 기록이 없는 1921년 4월 이전에 동양대학 철학과에 다녔다고 보기는 어렵다. 또 1921년 2월에 방정환이 아동문학을 하겠다는 결심을 하는 데 1921년 4월부터 다닌 동양대학에서의 공부가 영향을 미쳤다고 할 수도 없다. 그렇다면 이 글이 관심을 갖는 시기, 곧 1920년 9월부터 1921년 2월까지 방정환은 동경에서 무엇을 하고 있었을까? 이 질문에 대답하는 것은 쉽지 않지만, 당시 쓰인 방정환의 글은 의문에 대한 해결의 실마리를 제공한다.

먼저 1920년 11월 발표된 「망향」이라는 시는 당시 방정환이 지녔던 심정의 일단을 보여준다. 시의 화자는 "머나먼 山뒤 힌구름 저쪽에 잇

47) 이후에도 방정환은 몇 차례 거주를 옮겼다. 1922년 1월부터 '몽환의 탑'에 머물던 방정환은 늦어도 같은 해 12월에는 '東京豊多摩郡杉並村高円寺七二九'로 주소를 옮긴 것으로 보인다. 또 1923년 3월에는 주소가 '府下(豊多摩郡)千駄谷區隱田一0一番地'로 되어 있다. 또 같은 해 5월에는 다시 주소를 '府下大澁谷二九九番地' 옮긴 것으로 생각된다. 같은 해 9월 방정환은 關東大地震을 계기로 귀국하게 된다.

는" 고국을 그리는데, 그 곳은 "薔薇가튼 붉은입슐로 노래가티 滋味로운 말소리"를 내던 님이 있는 곳이다. "날으는 새가트면 이러케 울지는 안흐련마는" 화자는 그저 "愛人을둔 旅人은 더압흐구나"는 말을 되뇔 수밖에 없다.48) 그리운 사람을 멀리 떠난 방정환의 외로운 심경을 그리고 있다. 이와 같은 심정은 1921년 1월 발표된 「달밤에故國을그리우며」로 이어진다.

"生後로客地生活을처음當하는어린몸이" "情깁흔故國을써나 風土달은異域에遠客이되어 客館孤窓에故國을그리우는"데, "날마다 밤마다 慕鄕의情에 가슴을울릴새 누구라도위로해줄이도업고 뉘게다 마음부틸곳도업"다. "오직冷冷한六疊房에 恨업는孤寂만이어느덧親한벗"일 뿐이다. 처음 경험하는 객지 생활에 누구 하나 마음 붙일 사람이 없어 '孤寂'하다는 것이다. 글의 흐름과 함께 감정의 파장은 더욱 커져, 스스로 "『역시 나홀로이엇다』", "아아 역시孤獨이다"고 외치는 데로 나아간다.

이렇듯 이 시기 방정환의 글들은 자신의 고독한 심정을 드러내는 데 집중되어 있다. 처음으로 그것도 단신으로 동경에 가 있던 방정환에게 고독은 자연스러운 감정이었을 것이다. 학업을 계속할 수 있었던 것도 아니고, 천도교청년회의 일에 매진할 수 있었던 것도 아니었다. 그렇다고 개벽사의 업무에 몰두하고 있지도 않았다.49) 그렇다면 이렇듯 고독

48) (在江戶)잔물, 「望鄕」, 『開闢』 제5호, 1920.11, 110~111면.

49) 1921년 1월까지 東京에 있었던 천도교도는 방정환까지 모두 9명이었다. 실제 천도교청년회 東京支會는 1921년 2월 13일 창설되고, 방정환은 지회장을 맡게 된다. 하지만 천도교도가 모두 9명에 불과했던 이 시기에는 친목 이상의 활동을 했으리라고는 보기는 힘들다. 또 연보에 근거해 이 시기 방정환이 『開闢』의 동경특파원 역할을 했으리라고 파악되기도 한다. 이 시기 방정환이 『開闢』에 발표한 글은 「秋窓隨筆」(제4호, 1920.10), 「望鄕」(제5호, 1920.11), 「그날밤」(제6·7·8호, 1920.12~1921.2), 「銀파리」(제7·8호, 1921.1~2. 뒤에 제18호까지 연재됨), 「閑者의辭典」(제8호, 1921.2) 등이다. 설사 방정환이 그런 역할을 맡았다고 할지라도 이중 어느 것도 동경 특파원이라는 역할에 어울리는 글은 없다. 그런데 天道敎青年會의 일이나 開闢社의 업무에 몰두하고 있지 않았다는 것은 방정환이 천도교청년회나 개벽사의 일과 관계가 멀어졌음을 의미하는 것은 아니다. 여기에서의 초점은 방정환이 아동문학에 매진할 결심을 할 무렵 어떤 상황에 처해 있었는가 하는 사실 관계에 놓여 있다. 이에 관해서는 小波, 「敎友쏘

한 방정환이 '풍토 다른 이역'에서 할 수 있었던 일은 무엇이었을까? 여기서 당시 방정환에게 유일하게 열려 있었던 공간이 '독서'임을 추론할 수 있다.

실제 방정환은 일본에 간 직후 "『이솝우화』, 『그림동화집』, 『안델센동화집』, 『톨스토이민화집』"[50) 등을 비롯해 "일본에 수용되었던 수많은 세계명작동화, 세계민화, 일본의 창작동화 등을 접"했다고 한다.[51) 그런데 이 시기 방정환이 아동서적들을 주된 독서의 대상으로 삼았던 의도는 단순한 것은 아니었던 것 같다. 앞서 방정환이 1919,20년부터 소년문제에 대해 관심을 지녀왔음을 살펴본 바 있다. 특히 소년운동에 대한 관심은 천도교소년회의 발족과 맞물려 천도교소년회의 실질적인 지도를 담당하는 것으로 구체화되게 되었다. 하지만 기존의 소년회는, "자미잇는遊戱와運動도하고 여러先生님의 조흔말슴을 듯"거나, "智識을넓혀가고 心身의發育을도옵기에게으르지아니하"려고[52) 애쓰고 있었지만, 그들의 "天使갓흔마음 깨씃한가슴에가장適合하난깨씃한神聖한것"[53)을 찾지는 못했었다. 이렇게 볼 때 방정환에게 일본에서 접하게 된 아동서적들은 천도교소년회를 기반으로 한 소년운동을 활성화시킬 수 있는 돌파구로 다가갔을 것이다.

또 방정환이 동경에 체류했을 때는 일본에서 아동문학이 전성기를 맞고 있을 시기였다. 이와야 사자나미[巖谷小波]의 오토기바나시[お伽噺]가 아동의 독서 대상으로 확고한 위치를 정초한 가운데 스즈키 마에키치[鈴木三重吉], 오가와 미메이[小川未明] 등이 주도한 예술적 동화・동요운동 역시 큰 호응을 받고 있었다.[54) 이러한 흐름과 맞물려 일본 아동

한사람을맛고」, 『天道教會月報』 제126호, 1921.2, 73면; 민윤식, 앞의 책, 208면 참조.

50) 민윤식, 앞의 책, 212면.

51) 仲村修, 앞의 글, 86면.

52) 李定鎬, 「『어린이』가發行되기까지 이러케지내여왓슴니다」, 『어린이』 제2호, 1923.4, 1면.

53) 牧星, 「童話를쓰기前에어린이기르는父兄과教師에게」, 『天道教會月報』 제126호, 1921.2, 92~94면.

문학은 아동문학이라는 범주를 뛰어넘어 문학 자체의 중심에 위치하게 되었다. 시마자키 도손[島崎藤村]·다야마 가타이[田山花袋]·아리시마 다케오[有島武郎]·다니자키 준이치로[谷崎潤一郎]·아쿠타가와 류노스케[芥川龍之介]·기쿠치 칸[菊池寛] 등 당대의 대표적인 작가들 중 동화를 쓰지 않은 작가가 없었을 정도였다는 것 역시 이를 반증하고 있다.[55)]

또 아동잡지 역시 잡지 매체의 중심에 놓여 있었다. 이와야 사자나미가 주필이었던 『소년세계』가 아동잡지의 중심에 위치하는 한편, 1918년 스즈키 마에키치의 『赤い鳥』가 창간되어 좋은 반응을 얻게 된다. 이어 1919년에는 『おどきの世界』·『金の船』·『こども雑誌』 등이 창간되고, 1920년에는 『동화』·『お話』 등이 등장했다. 이렇듯 당시 일본에서는 아동잡지의 창간이 홍수를 이루었는데, 판매 부수 역시 잡지 판매의 중심에 놓였다. 실업지일본사(實業之日本社)에서 만든 『소년구락부(少年俱樂部)』 같은 아동잡지는 1920년대 초 100만 부 가까이 팔렸다고 한다.[56)]

일찍부터 『청춘』·『유심』·『신청년』 등을 통해 문학에 대한 열의를 키워왔던 방정환에게 일본에서 목도한 아동문학의 번성은 관심의 대상이었을 것이다. 한편 현상문예에의 투고와 선정되는 경험을 통해 문학 활동을 하는 데 매체가 지니는 중요성을 알았고, 매체 운영의 중심에 위치해 그 어려움을 경험했던 방정환에게 일본 아동잡지의 영화(榮華)는 큰 자극으로 다가갔을 것이다. 요컨대 당시 방정환에게 아동문학은 소년운동을 활성화시키는 효율적인 방안이자, 그 자신의 문학과 매체에 대한 열망을 해결할 수 있는 존재였던 것이다. 따라서 아동서적을 대상으로 한 방정환의 독서는 앞선 두 가지의 지향을 실현할 수 있는 기반

---

54) 'お伽噺' 곧 오도키바나시는 옛날이야기를 뜻하며, 이와야 사자나미에 의해 만들어진 개념이다. 사자나미는 일본의 옛날이야기뿐 아니라 서양의 메르헨이나 창작된 작품도 오도키바나시라고 불렀다. 藤田圭雄, 「「童話」という呼び名」, 『兒童文學』, 有精堂, 1977, 118면.

55) 河原和枝, 『子ども観の近代－『赤い鳥』と「童心」の理想』, 中央公論社, 1998, 75~76면.

56) 鳥越信, 『近代日本兒童文學史研究』, おうふう, 1994, 36~39면.

을 정초하는 길이었다고 할 수 있다.

그렇다면 실제 방정환은 어떤 책을 읽었을까? 아동문학을 하겠다는 결심을 밝힌 방정환은 "예술(藝術)중에도 가장어렵다는 동화창작(創作)을 그리함부로쓸슈도업고하야", "내가生覺하난것을 먼저쓰기前에 外國의 童話를 먼저紹介하"겠다고 해, 외국동화의 번역에 손을 댄다. 그리고는 1921년 2월 『천도교회월보』에 「왕자와제비」를 번역하고, 또 5월에는 「귀먹은, 집오리(家鴨)」와 「짜ㅡ치, 의옷」을 발표했다.[57] 이어 1922년 7월에는 개벽사에서 세계명작동화집 『사랑의선물』을 출간한다. 『사랑의 선물』은 세계 각국의 동화 10편을 번역·편집한 것으로, 「란파션」, 「산드룡의류리구두」, 「왕자와제비」, 「요술왕아아」, 「한네레의죽음」, 「어린음악가」, 「잠자는왕녀」, 「텬당가는길」, 「마음의꼿」, 「꼿속의작은이」 등의 동화가 수록되어 있다. 이들 중 「왕자와제비」만 『천도교회월보』에 실렸던 것이고 나머지는 처음 발표된 것이었다. 이러한 상황을 고려할 때 방정환은 『世界お伽噺』·『세계동화보옥집(世界童話寶玉集)』·『세계소년문학명작집』·『세계소녀문학』 등 당시 일본에서 출간된 세계명작동화집을 읽었던 것으로 보인다. 또 오스카 와일드·그림 형제·안데르센·아미치스 등 저명한 작가의 동화는 단행본으로 접했던 것으로 파악된다.[58]

또 하나 방정환의 주요한 독서 대상으로는 일본의 아동잡지를 들 수 있다. 앞서 언급했듯이 방정환이 동경에 체류할 무렵 일본에서는 『소년세계』를 필두로 『赤い鳥』·『おどきの世界』·『金の船』·『こども雜

---

57) 牧星, 「왕자와제비」(번안), 『天道教會月報』 제126호, 1921.2, 95면; 牧星, 「리약이두조각」, 『天道教會月報』 제129호, 1921.5, 93면.

58) 당시 일본에서 간행된 주요한 세계명작동화집은 다음과 같다. 먼저 이와야 사자나미는 1899~1908년에 걸쳐 『世界お伽噺』 100편, 또 『世界お伽文庫』 50권을 博文館에서 펴냈다. 또 1914년에는 같은 출판사인 博文館에서 『世界少年文學』과 『世界少女文學』을 간행했다. 스즈키 마에키치(鈴木三重吉)도 1917년 『世界童話集』 20편을 간행했다. 또 이솝·그림·안데르센·아미치스 등의 동화는 단행본의 형식으로 출간되기도 했다. 山內秋生, 「明治大正の童話界」, 『兒童文學』, 有精堂, 1977, 65~67면 참조.

誌』·『동화』·『お話』 등 많은 아동잡지들이 발간되고 있었다. 일찍부터 문학을 하는 데 매체가 지닌 위상을 파악했던 방정환에게 당시 판매의 중심에 놓여있었던 이들 아동잡지 역시 매력적인 독서의 대상이었을 것이다. 일본 아동잡지가 방정환의 독서 대상이 되었을 것이라는 근거는 잡지 『어린이』에서도 찾을 수 있다. 방정환은 1923년 3월 『어린이』가 창간되는 데 주도적인 역할을 하는데, 여기에도 일본 아동잡지의 영향이 미쳤을 것임은 부정할 수 없다. 그것은 『어린이』 제34호에 실린 방정환이 "어린이표지사진을 구하러" "대판옥(大坂屋)책사로가" 일본 아동잡지 『金の星』을 샀다는 내용이나,[59] 제87호에 수록된 "方선생님이 발서 여러달 전부터 別乾坤·學生·어린이의일로 동경(東京)에 건너가 게시는중인데 이번신년호의 부록과표지는 일본서 아주훌륭한것을구해가지고 나오신다"[60]고 하는 기사에서 잘 드러난다.

여기서 한 가지 문제로 제기되는 것은 방정환이 이와 같은 아동서적이나 아동잡지를 어떻게 구해서 읽었을까 하는 점이다. 구매를 해서 읽은 것은 아닌 것으로 보인다. 경제적인 문제도 있지만, 『世界お伽噺』과 같은 경우는 이미 출간된 지 10년도 넘었기 때문이다. 이러한 정황을 고려할 때, 방정환이 이들 책들을 접한 곳은 박문관(博文館)에서 운영했던 '대교도서관(大橋圖書館)'이었던 것으로 보인다. 박문관은 춘양당(春陽堂)·신조사(新潮社) 등과 함께 일본 메이지 시대를 대표하는 출판사였다. 1887년 창업과 함께 각종 잡지의 기사들 중 뛰어난 글을 취합해 간행한 『일본대가논집』으로 호평을 받은 이후 『태양』·『문예구락부』 등 당대를 대표하는 잡지를 출간했다. 또 『소년문학총서』·『日本お伽噺』·『世界お伽噺』·『世界お伽文庫』·『세계소년문학』·『세계소녀문학』 등을 간행해 아동서적 출판의 중심에 위치하기도 했다.[61] '대교도

59) 『어린이』 제34호, 1925.11, 46·57면.
60) 『어린이』 제87호, 1929.12, 68면.
61) 『日本近代文學大事典』 第4卷, 講談社, 昭和52年, 195~197면.

서관(大橋圖書館)'은 박문관이 아동서적 등 자신이 간행한 책들을 중심으로 운영한 도서관이었다. 최남선이 1904년에 1달, 1906~7년에 걸쳐 1년 동안 일본에 유학하면서 공부했던 곳도 '大橋圖書館'이었다.[62] 방정환 역시 '大橋圖書館'을 독서의 공간으로 삼았던 것으로 추정된다.

5. 남은 문제

아동문학에 매진하기로 결심한 방정환은 먼저 외국 동화의 번역에 착수했다. 앞서 확인한 「왕자와제비」, 「귀먹은, 집오리[家鴨]」, 「까―치, 의옷」, 『사랑의선물』 등이 그것이다. 특히 『사랑의선물』은 출간된 지 10일만에 초판이 다 팔리고 한 달만에 재판이 매진된다.[63] 또 이후 적어도 11판까지 발간되었으며 20,000부 이상 팔려 당대의 베스트셀러가 되었다. 방정환은 이를 통해 동화라는 새로운 개념을 확산시켰으며, 한편으로 『개벽』을 통해 조선 고래동화(古來童話)를 현상모집해 전래동화로 관심의 폭을 넓혀나갔다.

또 방정환은 '동화회'라는 형식으로 아동문학을 소년운동에 끌어들였다. 동화회 역시 만원이라는 이유로 못 들어갔다는 한 청중의 한탄에 "二千餘名씩모여오닛가 엇더케할수가없서서 千名만 드리려고 入場券을千枚맨들어분배하엿"다고 할 만큼 큰 호응을 받았다.[64] 이러한 호응에 힘입어 1925년부터 동화회는 매주 토요일 천도교 기념관에서 정기

62) 大竹聖美, 「근대 한일 아동문화교육 관계사 연구」, 연세대 박사논문, 2002, 3장 1절 참조.

63) 『開闢』 제26호, 1922.8, 표지 뒷면; 『東亞日報』 1922.8.13.

64) 「독자담화실」, 『어린이』 제26호, 1925.3, 49면.

적으로 열리게 되었다. 그때까지 몇몇의 소년들이 천도교당에 모여 유희와 운동을 하는 데 머물렀던 소년회의 활동 역시 동화회를 통해 하나의 전기를 맞게 된 것이다.

방정환은 앞서 살펴본 대로 아동을 대상으로 한 잡지 『어린이』가 창간되는 데도 주도적인 역할을 한다. 『어린이』는 이후 "다른잡지의 세갑절네갑절이나되"는 "백히는수요"로 12년에 걸쳐 총 122호를 간행하게 된다.[65] "대개는 한두호하다가폐간되 고길어야 삼사호출판하다가 폐간되거나계속출판한다야불과몃부를박지못하는" 당시 잡지의 상황을 고려할 때,[66] 『어린이』의 위상은 잡지 매체 전체에 있어서도 획기적인 것이었다. 이러한 『어린이』의 위상은 이후 방정환으로 하여금 『신여성』·『별건곤』·『학생』 등의 매체를 운영하는 중심에 위치할 수 있게 했다.

이렇듯 방정환은 아동문학에 진력하는 것을 통해 문학에 대한 열망을 성취하고 소년운동의 활성화를 꾀할 수 있게 되었다. 또 한편으로 개벽사를 중심으로 한 출판 문화운동의 중심에 위치하게 되었다. 그런데 외국동화의 번역과 전래동화의 발굴, 동화회를 기반으로 한 소년운동, 『어린이』라는 아동 잡지의 발간 등은 조선에 근대적 아동이라는 표상을 발아시키는 과정이기도 했다. 실제 그것은 미래의 일꾼을 키우고자 하는 조선의 욕망과 식민지 아동을 신민으로 전화시키려는 일제의 욕망이 길항하면서 진행되어 나갔다.

동경에서의 방정환의 활동은 이렇듯 문학에 대한 열망과 소년운동에 대한 관심을 아동문학에 진력하는 데로 나아가는 계기로서 작용했다. 특히 아동서적을 중심으로 한 독서 경험과 번역은 그 첫머리에 놓여 있다. 그런데 당시 전래동화와 함께 아동문학의 주류로 자리잡아 갔던 번역동화는 단순히 원작을 '초역(抄譯)'한 것이 아니라 번역자의 의도에 따라 원작을 고쳐 짓는 '번안(飜案)'에 가까운 것이었다. 원작과 번역본의

65) 「독자담화실」, 『어린이』 제17호, 1924.7, 42면.
66) 『時代日報』, 1925.1.23.

낙차는 분명한 것이었으며, 이는 방정환에 의해 이루어진 번역에서도 마찬가지였다. 나아가 방정환이 행한 독서와 번역의 낙차는 이후 조선에 아동이라는 표상을 조형하는 계기로 작용하게 된다. 따라서 원작, 일역본, 방정환이 행한 번역본 사이에서 발생한 이중의 굴절, 또 각각의 그것들이 주조한 아동의 표상 등은 구명을 필요로 하는 과제라고 할 수 있다. 이들은 보다 엄밀한 접근이 요구되는 과제이며, 여기에서는 과제로 남겨두고자 한다.

동인지에서 신춘문예로

등단제도의 권력적 변환

박헌호

1. 시작하며

'작가'라 불리는 사람들이 있다. 그들은 어떻게 작가가 되었나? 이 질문은 외형과 달리 지극히 복잡한 대답을 요구한다. 우선 두 가지 하위 질문이 내포돼 있다. 작가라는 말 자체가 근대의 소산이니 그 근대적 의미를 따져 묻는 일이 하나일 것이고, 다음으로 '어떻게'의 문제 즉 제도적 실상을 소상하게 밝히는 일이 요청된다.

실로 '작가가 된다'는 말의 의미는 넓고 묘연하다. 근대적 작가의 탄생은 문학의 사회적 위상의 변화와 떼려야 뗄 수 없는 관계를 지닌다. 그것은 종종 문학이란 무엇인가라는 질문으로 달음질치며 광활한 추상의 세계로 초월해 버릴 수 있다. '어떻게'의 문제는 어떠한가. 문학은 근대가 창안한 제도의 하나라는 명제에 의지해 본다면, 작가가 '되는' 일 역시 근대가 창출하고 옹호하며 재생산해 온 제도의 소산이다. 제도의 기원을 묻고 따지는 일을 거를 수 없는 것이다.

최근 제도사적 연구에 힘입어 등단제도에 대한 몇몇 연구들이 제출되었다.[1] 등단제도의 실상이 복원되고 확인돼가고 있는 것이다. 여기서 제도는 절차적, 형식적 실체만을 뜻하지 않는다. 그것은 "어떤 특정한 활동영역에 있어서 정통성, 혹은 정당성을 규정하는 규범의 총체를 뜻한다."[2] 등단제도도 다르지 않으니, 특정한 등단제도는 그 자체로 정통성 획득의 방법이 됨과 동시에 다른 가능성을 무시하거나 권위를 약화시키는 방식을 통해 자신을 특권화 한다.[3] 특정한 제도가 어떻게 자신의 정당성을 창출해갔는가 하는 문제는 제도사 연구가 간과할 수 없는 중요한 지점이다.

새해 첫 날, 거의 모든 신문은 '신춘문예'[4] 당선자를 발표하는 것으로 신년벽두를 장식한다. 이야말로 몹시 의아한 일이다. 문학이 무엇이관데 많은 신문사들이 똑같이, 매년 이리 하는 것일까? 우리는 이런 현상을 관성적으로 받아들이고 있으되, 생각해보면 한국 근대사에서 문학의 사회적 위상을 이보다 더 웅변적이고 압축적으로 보여주는 사례도 드물다. 신춘문예는 새로운 작가의 탄생이 — 문학계 내부의 통과의례만이 아니라 — 전 사회적으로 축하할만한 행사라는 사실을 공공(公共)의 방식으로 표상한다. '1월 1일'이라는 상징성으로 인해 문학의 권위는

1) 대표적인 것을 들면 다음과 같다. 김석봉, 「식민지시기 『조선일보』 신춘문예의 제도화 양상 연구」, 『한국현대문학연구』 16집, 한국현대문학회, 2004.12; 임원식, 「신춘문예의 문단사적 연구」, 조선대 박사논문, 2003; 김춘희, 「한국 근대문단의 형성과 등단제도 연구」, 동국대 석사논문, 2000; 김영철, 「신문학 초기의 현상 및 신춘문예제의 정착과정」, 『국어국문학』 98호, 국어국문학회, 1987.

2) 김화영, 「문학이라는 제도」, 『세계의 문학』, 1986년 여름호, 33면.

3) 등단제도에 관한 연구의 한 축은 이러한 점들을 조명해왔다. 심진경, 「문단의 여류와 여류문단」, 『한국 근대문학의 형성과 문학 장의 재발견』(민족문학사연구소 편), 소명출판, 2004; 한기형, 「최남선의 잡지발간과 초기 근대문학의 재편」, 『대동문화연구』 45호, 성균관대 대동문화연구원, 2004.3; 김춘식, 『미적 근대성과 동인지 문단』, 소명출판, 2003; 차혜영, 「1920년대 초기 동인지 문단형성과정」, 『상허학보』 7집, 상허학회, 2001; 박헌호, 「한국 근대단편양식과 김동인 1」, 『작가연구』 2호, 새미, 1996.

4) '신춘문예'의 의미는 현재 신문사가 매년 연초에 시행하는 신인문인 등단제도를 지칭한다. 이 용어의 역사적 변천과정에 대해서는 김춘희와 김영철의 앞의 논문을 참고할 수 있다.

반복적으로 확인된다. 듣건대, 미국이나 유럽은 물론 일본에도 우리와 같은 신춘문예는 존재하지 않는다 한다.[5] 일본의 경우 동인지에 발표된 작품들이 중앙 출판사의 잡지에 의해 다시 한 번 걸러지는 방식을 통해, 그리고 서구의 경우에는 주로 단행본 출판을 통해 작가로 등단한다는 것이다.

최근의 연구에 따르면, 전문가 집단이나 일반인 모두 가장 영향력 있는 등단제도로 '신춘문예'를 꼽았다고 한다. 73.1%였다.[6] 가장 바람직한 등단제도로도 신춘문예가 42.3%를 차지했다. 현상과 가치판단 사이에 편차가 존재하지만, 여전히 차석(次席)인 '문예지'(28.5%)와 비교하면 상당한 차이가 난다. 여타의 등단방식, 예컨대 동인지(5.5%), 추천제(5.5%), 단행본 출간(13.8%)에 대한 신뢰 역시 낮은 편이다. 그렇다면 한국 근대문학사의 등단제도는 '신춘문예'가 권위를 획득하는 양상으로 귀결됐다고 해도 과언이 아니다. 물론 20세기의 끝자락에 이루어진 이와 같은 설문조사를 절대시 할 필요는 없겠다. 그 자체가 역사적 변천의 결과이며 앞으로 변화될 가능성이 상존하기 때문이다. 그러나 바로 그렇기 때문에, 신춘문예를 가장 강력한 등단제도로 군림하게 만든 역사적 과정과 특권화 방식은 탐구돼야 한다. 그리고 그것이 야기한 문학사적 의미에 대해서도 심도 깊은 논의가 있어야 한다.

신춘문예의 권력화로 귀결되는 등단제도의 변천과 헤게모니의 이동 과정을 추적하는 것이 이 글의 관심사다. 그렇지만 '등단제도의 권력적 변환'이라는 주제영역 전체를 탐구할 수는 없었다. 왜냐하면 이 주제가 제대로 탐색되기 위해서는 문학제도의 하위범주(예컨대 출판, 유통, 독자, 교육, 식민권력, 검열, 미적 감수성 등등)에 대한 포괄적인 연구가 뒷받침돼야

5) 임원식, 앞의 논문, 제2장 제2절 참조

6) 임원식, 앞의 논문. 전문가 집단이란 작가 · 평론가 · 문학교수 및 문학관련 잡지나 신문의 기자, 출판 종사자 등을 대상(200명)으로 했으며, 일반인은 국문학과나 문예창작과 학생, 그리고 각종 문예 강좌를 수강하는 문인지망생을 대상(295명)으로 하였다고 한다. 115~124면 참조.

하며, 이들 각 범주 간의 변증법적 상호작용이 다루어져야 하기 때문이다. 특히 이 글은 식민지 시기만을 다루어 분단 이후 신춘문예의 권력화 과정을 추적하지 못한 한계를 안고 있다. 이런 한계 속에서 이 글은 식민지 시기 다양한 등단제도의 존재양상을 고찰하여 이후 논의의 초석을 마련하는데 초점을 맞추었다. 주목한 것은 등단제도를 '매체'의 성격과 관련하여 그 변환을 살피는 일이었다. 등단제도의 권력적 변환이란 곧 어떠한 매체가 누렸던 권력의 문제이며, 그러한 권력이 가능했던 사회적 조건의 문제라고 판단했기 때문이다.

2. 초기 현상문예와 동인지 시대

식민지 시기 전체를 일별했을 때, 등단제도는 매우 유동적이다. 현존하는 모든 등단제도가 출현했고 저마다의 역사적 문맥과 의미 속에서 작동했다. 한국 근대문학의 정립과정과 등단제도는 동일한 궤도를 밟았다고 말해도 좋다. 각각의 등단제도는 때로는 상호보완의 관계로 때로는 경쟁의 관계로 근대문학의 담당자를 배출했다. 처음부터 모든 형태의 등단제도가 동일하게 현상한 것은 아니다. 시대적 조건과 주체의 역량에 따라, 문학'장'의 구조적 변동에 따라 다양한 등단제도들이 부침을 거듭했다.

등단제도의 육체에서 살을 발라낸다면 투고자, 텍스트, 심사자, 매체, 포상이 남는다. 이들 각 요소를 분석하고 상호 관계를 따지는 것도 등단제도를 연구하는 주요한 방법이다. 하지만 형식적 구성요소로 등단제도의 성격을 이해하는 것은 '등단'이 통과의례의 성격을 갖으면서도 '권위'와 밀접한 연관을 갖는다는 사실을 고려할 때 핵심을 놓칠 위험이 있다. 등단제도가 사회 속에서 의미화 되는 구조를 놓칠 가능성이 높은 것이다.

본격적으로 등단제도가 형성되기 이전에도 그와 동일한 형식적 구성요소를 지닌 독자투고가 존재했다. 가령 『대한매일신보』의 「사회등 가사」가 대변하듯이 근대 계몽기 대부분의 신문은 여러 형태로 독자의 참여를 유도했고 상당한 성공을 거두었다. 하지만 이것은 '활자화의 기쁨'을 매개로 독자의 참여를 촉진하고 자기 논조의 보편성을 선전하려는 의도가 더 강했다. 계몽적 · 이념적 차원에서 독자의 참여를 유도하거나 또는 상업적인 차원에서 독자의 투고를 부추기는 것은 근대 계몽기뿐만이 아니라 식민지 시기 전체를 통해서 대중매체가 유지한 기본적인 존재전략이었다. 『동아일보』를 비롯한 민간지 대부분이 지속적으로 '漢詩'를 독자투고로 받는다든지, 신춘문예의 항목에 '용의 전설'이니 '소의 전설'이니 하는 식으로 그 해의 띠[十二 干支]에 해당하는 동물 이야기를 줄기차게 모집했던 것을 예로 들 수 있다. 소비자들의 경제적 · 지적 수준과 취향을 판별하여 그에 부응하는 것은 언론계에서도 가장 기본적인 판매 전략에 속한다.

> 〈懸賞募集〉
>
> 本社에서 各地 奇聞을 揭載ᄒᆞ야 讀者 眼前에 望遠鏡을 置ᄒᆞᆫ듯이 坊坊曲曲의 奇事 美談을 昭然히 知케 ᄒᆞ기 爲ᄒᆞ 左와 如ᄒᆞᆫ 記事 諸般을 募集ᄒᆞ오며 記事ᄒᆞ야 보닉시는 諸氏의게 1, 2, 3等을 選擇ᄒᆞ야 懸賞이 有ᄒᆞᆫ 同時에 俗謠, 詩, 笑話, 短篇小說, 敍情敍事 等도 募集ᄒᆞ오니 應募하실 이는 左開諸項 中에셔 隨意 投稿ᄒᆞ시옵[7]

1910년대 거의 유일한 조선어 신문인 『매일신보』에서도 3 · 1운동 이전에 1912년 2월 9일, 1914년 12월 10일, 1916년 12월 10일 현상문예를

7) 「현상모집」, 『매일신보』, 1912.12.10.

모집했다. 그러나 인용문에서 알 수 있듯이 '各地 奇聞'을 중점적으로 모집하면서 부차적으로 '속요, 시, 소화, 단편소설, 서정서사 등'을 모집했다. 『매일신보』와 더불어 현상문예의 효시로 꼽히는 『소년』의 경우도 유사하다. "本誌가 少年文學을 主張하야 發刊함이 아니라 다만 讀者의 글을 奬勵도 하고 구경도 할 次로"[8] '소년문단'을 모집하고 있다. 이처럼 다양한 방식으로 존재했던 독자투고 형식들은 등단제도의 골격을 창출해가는 과정으로서 의미를 지닌다. 그럼에도 이 시기의 독자투고를 본격적인 등단제도로 보기에는 미흡한 점이 많다.

오히려 이 시기의 독자투고는 한글로 자신의 생각을 표현하는 '모국어 훈련'의 계기가 되었다는 점에 보다 획기적인 의의가 있다. 모국어로 긴 글을 쓰는 훈련은 한국 근대문학이 탄생하기 위해 반드시 거쳐야 할 과정이었다. 김동인이 춘원의 『무정』을 "조선 구어체로써 이만치 긴 글을 썼다 하는"[9] 사실을 들어 칭찬했는데 이러한 지적을 폄하적인 뉘앙스로 받아들일 필요는 없다. 근대적 글쓰기(모국어)의 차원에서 『무정』의 위치를 깎아내릴 요령은 없는 것이다. 그러므로 현상문예 등의 방식을 통해 당시 매체들은 의도와 상관없이 민족 구성원들에게 모국어로 긴 글을 쓰는 훈련을 시킨 셈이다. 이 시기의 현상문예는 등단제도의 맹아로서 뿐만 아니라 한국어가 근대 문어(文語)로 정착하는 과정적 차원에서도 평가해야 한다.

본격적인 등단제도는 근대문학에 대한 관념의 형성과 함께 전문적인 작가를 생산해내려는 의식적인 의도가 결부될 때 시작됐다고 봐야 한다. 근대문학의 전문성과 자율성에 대한 인식은 물론 전문 작가들의 사회인 '문단'에 대한 감각 등이 명확해질 때 본격적인 등단제도가 작동할 수 있는 것이다.

---

8) 『소년』 창간호, 1908.11, 78면.

9) 김동인, 「춘원연구」, 『김동인전집』 16권, 조선일보사, 1988. 62면.

〈每號懸賞文藝〉

懸賞文藝 欄을 두기는 一邊 讀者허고의 思想上 交際의 機會를 짓는 同時에 또 一邊으로는 바야흐로 勃興하려 하는 新文壇에 意味잇는 一波瀾을 寄與코자 함이온 바 아즉 成績의 如何를 말할 수 업슴은 毋論이어니와 當初에는 좀더 活潑히 應募되고 좀더 燦爛한 詞藻를 보리라 하얏더니 이제까지 分量으로든지 內容으로든지 그다지 著大한 것이 업슴은 遺憾 아니라 할 수 업사온지라 생각건대 靑年學生으로 讀者의 大部를 차지하는 터이매 試驗 其他 學事의 事情이 응당 多大한 影響을 波及하얏겟지오마는 熱心과 誠意의 넉넉지 못한 것도 얼만큼 關係잇지 안타 할 수 업는지라 諸君의 一大 奮發과 一大 努力을 懇切히 希望하노이다.[10)]

'바야흐로 발흥하려 하는 신문단에 의미잇는 일파란을 기여'하려는 목적으로 현상문예를 실시한다는 『청춘』의 말은 명확한 목적성을 지녔다. 이 같은 양상은 춘원과 현상윤 등의 가세로 이른바 '『청춘』그룹'이 형성되면서 문학의 비중이 커진 점도 이유로 들 수 있겠지만, 1917년 현재 점차 숙성해가는 근대문학에 대한 열망도 원인 중 하나일 것이다. 이광수 등의 작가들이 보여준 선구적인 작품과 문필활동이 그 바탕을 깔아주었다. 뿐만 아니라 국가가 사라진 식민지 사회에서 매체가 지닌 남다른 의미도 한몫을 했다.

1896년 『독립신문』 창간 이후 여러 신문들이 보여준 사회적 영향력은 막강한 것이었으며 삶의 양식을 다양하게 변모시켰다. "미일 신문을 보다가 몃칠을 그치믜 각급ᄒᆞ여 견댈슈 업"[11)]다는 말이 나올 정도로 신문은 삶에 깊숙이 침투했다. 1900년 현재 『대한매일신보』는 1만 부 가까운 판매량을 자랑하며 여론을 주도하고 있었다.[12)] 대중매체가 지닌 위력과 의미에 대한 감각은 이미 한일합방 이전부터 경험화돼 있었다고 봐야 한다.

10) 「매호현상문예」, 『청춘』 9호, 1917.7, 126면.

11) 「논설」, 『매일신문』, 1898.7.19.

12) 권보드래, 『한국 근대소설의 기원』, 소명출판, 2000, 205~206면.

그런데 한일합방으로 총독부 기관지 『매일신보』만이 남은 상황에서 조선인들은 자신의 언로를 갖기 어려웠다. 1910~1919년 사이에 발간된 잡지 총 98종 중에서 거의 반수에 해당하는 48종이 종교잡지(그밖에 학술잡지 7종, 여성지 2종, 소년지 2종, 청년지 4종 등)였다는 사실은,[13] 무단통치 시기 식민권력의 언론출판정책의 성격을 예증한다. 1910년대 『청춘』이 지녔던 사회적 위상은 이러한 식민정책과의 관련 속에서 이해돼야 한다. 당시 청년과 지식인 계층은 『청춘』을 통해서야 자신들의 목소리를 들을 수 있었다. 정치적 발언은 고사하고 자신을 표현하는 행위 자체에서 조선인이 가진 채널은 희소했다.

> 최남선 · 이광수 · 현상윤 등 당대 일급 계몽운동가들이 모두 작가의 칭호를 얻으려고 했던 것은 확실히 문학의 근대적 위치확보와 관련된 현상이다. 더구나 1910년대는 근대적 열망의 표출이 모두 봉쇄되어 있던 시대였다. 이러한 상황에서 문학은 당대인의 의식과 감정을 표현하는 거의 유일한 회로였다. 그것이 1910년대 한국문학이 지녔던 특수성인데, 그러한 상황에 의해 문학의 사회적 관심은 더욱 증폭되었다.[14]

짚고 넘어가야 할 것은 식민지 조선의 상황에서 문학이 남다른 사회적 위상을 차지할 수밖에 없었다는 것이다. 합법영역에 머무는 한, 식민지 치하의 지식인이 선택할 수 있는 영역은 많지 않았다. 문학과 언론, 교육계가 유력한 대안이었는데, 그 중 언론계는 현실에 대한 작용가능성이 가장 높다는 점에서 매력적인 영역이었다.[15] 그러나 1910년대는 조선인에 의한 언론계가 존재하기 어려웠다. 10년대의 가장 영향력 있는 매체가 최남선 1인이 주도했던 『소년』과 『청춘』이었다는 사실은 당시의 상황을 역설적으로 증명한다. 이러한 상황이 문학의 사회적 존재

13) 김근수, 『한국 잡지개관 및 호별 목차집』, 영신아카데미 한국한연구소, 1973, 113면.
14) 한기형, 「최남선의 잡지발간과 초기 근대문학의 재편」, 『대동문화연구』 45집, 2004.3, 230면.
15) 이에 대해서는 이 책에 실린 박헌호의 「식민지 조선에서 작가가 된다는 것」 참조.

가치를 확장시켰다고 봐야 한다. 문학은 공사(公私)의 영역을 수시로 넘나들 수 있는 표현양식이란 점에서 식민지 지식인의 매력적인 출구였다. 또한 그것은 근대적 개인의 의식과 감정을 표현하는 거의 유일한 회로였다는 점에서 지식인의 개인성과 사회성을 결합시킬 수 있는 적절한 표현양식이었다. 문학은 지식인이 자신의 개인성을 유지한 채 사회와 소통하는 유력한 대화양식이었던 것이다.

등단제도의 측면에서 『청춘』이 지닌 의미는 이와 같은 역사적 상황의 변화와 발전에 근거한다. 강력한 영향력을 지녔던 매체 『청춘』이 독자들을 향해 내밀었던 참여와 대화의 양식이었던 현상문예는 '모국어로 쓰는 개성적 글쓰기'의 의미를 폭발적으로 확산시켰다. 우리는 많은 현상문예작품들이 『청춘』 지면을 통해 발표됐고 김명순, 방인근, 방정환, 이상춘과 같은 작가들이 『청춘』을 통해 등단했다는 사실을 알고 있다.[16] 지식인의 사회적 발언욕구가 문학으로 쏠릴 수밖에 없는 상황에서 『청춘』은 '현상문예'를 통해 그것을 폭발적으로 신장시켰으며 적절하게 수렴해나갔던 것이다. 여기에 『청춘』의 현상문예가 지닌 문학사적 의의가 있는 것이지만 또한 그것은 『청춘』의 노력만으로 환원될 수 없는 한국 근대문학의 발전경로가 배어있는 것이기도 하다.

그 뒷자리에 1919년 『창조』의 창간으로 상징되는 동인지(同人誌)가 놓인다. 이전의 등단방식과 비교해볼 때 동인지란 그 자체로 역설적 지향을 담고 있다. 동인(同人)들은 매체를 통해 사회로부터 존재증명을 받길 원하며 자신들의 담론이 사회의 지배적인 담론으로 자리 잡기를 원하면서도, 그것이 현존하는 사회의 주류적 경향으로부터의 의식적인 분리를 통해서 만이 가능하다는 사실을 의식했다. 그들은 지배하기 위해 분리를 선행했던 것인데, 기존의 매체를 이용하지 않고 독자적인 출판물을 간행한다는 것은 이러한 의식의 물질적 표현이다.[17] 선배들의 권위

16) 『청춘』 현상응모의 결과는 한기형의 「최남선의 잡지발간과 초기 근대문학의 재편」의 부록으로 제시된 표를 통해 확인할 수 있다.

와 주도성을 인정하지 않기에 그들 '속으로' 들어가기를 꺼렸으며, 차별성을 강조함으로써 자신을 특권화 시켰다.

> 余는 남에게 지지 않는 예술욕과 소설에 대한 웬만한 자신까지는 가졌었지만 1918년 가을에 당시 유일의 조선 안의 언론기관이던 『매일신보』에 소설 한 편을 투고를 하였다가 무참히 沒書를 당하고 동경 유학생의 기관 잡지이던 『학지광』에도 무슨 글을 기고를 했다가 몰서를 당한-두 개의 쓴 경험을 가졌는지라 속으로 분하고 울울하기가 짝이 없던 때였다.[18]

두 번에 걸친 몰서(沒書)의 경험이 『창조』를 창간하는 데 개인적인 추동력으로 작용했다고 김동인이 고백하는 대목이다. 개인의 '자존심' '상처' 따위가 종종 역사의 물길을 돌려놓기도 하는 것이다. 그러나 이를 김동인 특유의 '오만함'의 발현으로만 이해한다면 역사적인 문제를 너무 사사화(私事化)하는 일이 될 것이다. 초점은 문학적 권위가 확립되지 못하고 여전히 유동적이었다는 사실과 함께 확장되는 문학에 대한 관심에 비해 발표매체가 너무 제한적이었다는 점에서 찾아야 한다.

이 시기는 근대문학의 확립기 곧 '문학'에 대한 다양한 견해들이 서로의 정당성을 주장하며 인정투쟁을 벌였던 시기이며 이를 조정해줄 사회적 인정 메커니즘이 정착하지 못했던 시기였다. 『청춘』이나 『학지광』·『매일신보』 등의 매체가 지닌 '종합적' 성격은 문학 내부의 다양성과 전문성을 포괄하기 어려웠으며 다양한 문학담론들이 자신의 의견을 표출할 마당을 제공하지 못했다. 이러한 사회구조와 매체의 한계는 역설적으로 문학의 자율성과 독자성을 자신의 표지로 삼은 동인지 세대의 정당성을 추인하는 기제로 작용했다. 동인지 신화는 폭발적으로 신장하는 근대문학에 대한 다양한 열정을 기존의 문학 '장'이 담아내지

17) 박헌호, 「한국 근대 단편양식과 김동인」, 『식민지 근대성과 소설의 양식』, 소명출판, 2004, 50면.
18) 김동인, 「문단 15년 측면사」, 『김동인전집』 16권, 조선일보사, 1988, 373면.

못했던 구조의 문제에서 비롯된 것으로 이해해야 한다.

이런 점에서 『창조』보다 열흘 앞서 발간된 『신청년』이 문학사 서술에서 사라지고 은폐된 것은 시사적이다.[19] 1919년 1월 20일 1호가 창간되어 현재 1921년 7월 15일 발간한 6호까지 존재가 확인된 『신청년』은 한국 근대문학 발흥기의 주요한 문학잡지로 자리매김하기에 충분한 매체였지만 오랜 세월, 문인들의 기억에서조차 지워져왔다. 방정환과 유광렬이 1기(1~3호)를, 회월 박영희와 나도향 · 최승일 등이 2기(4~6호)를 이끌었다는 사실을 볼 때 이러한 현상은 더욱 의아하다. 이러한 집단적 무의식의 근원은 보다 깊은 연구가 수행돼야 분석이 가능하다. 현재로서는 당시 사회운동세력과 밀접한 관련이 있던 '경성청년구락부'가 주도한 잡지였다는 점에서, 그리고 대중과의 연대의식을 보다 강하게 가졌다는 점에서 『창조』가 표방한 '단절적 충격'과 거리가 있었기 때문이 아닌가 추정해 볼 뿐이다. 과거와의 단절, 사회로부터의 고립을 통해 근대문학으로 나아간 한국 근대문학사의 궤적이 『신청년』에 대한 집단적인 기억상실증, 혹은 의미의 탈색을 유발한 것이 아닌가 여겨진다. 덧붙인다면 동인지가 신화화되면서 동인지로 묶이기 어려웠던 『신청년』의 존재가 의식적 · 무의식적으로 망각됐을 가능성도 배제할 수 없다.

동인지 방식은 자족적 폐쇄성을 지향함으로써 문학이라는 제도가 형성되는 과정에서 다양한 파장을 그려냈다. 그들이 주창한 '예술주의' 혹은 '참문학'은 문학을 사회로부터 상대화시킨다는 점에서 자족적 사유 방식이다. 게다가 동인지는 물질적 차원에서도 자족적이며 폐쇄적인 형식이다. 동인지라는 '책'의 존재는 문학적 창조의 자율성과 독자성을 물질적 형식으로 표현했다. 동인지 시대에 이르러서야 우리는 비로소 문학만으로 이루어진 매체를 만나게 되었다. 동인지에 이르러서야 개별 작가들의 작품만으로 구성된 책이 처음으로 출판되었으며, 문학이 다른

19) 한기형, 「근대잡지 『신청년』과 경성청년구락부」, 『서지학보』 26호, 한국서지학회, 2002.12 참조.

매체(신문/종합지)의 부속물이나 독자를 끌어들이는 매개물이 아닌 자신만으로 이루어진 완결된 세계를 창출했음에 유의하자. 동인지는 근대문학의 자율성이란 명제를 매체의 차원에서 구현한 것이다.

동인지는 권위의 근거를 자신들 안에서만 찾았다는 점에서도 자족적이며 폐쇄적이다. 이를테면 그들이 '작가'일 수 있었던 것은 스스로 선언했기 때문이다. 이들이 강조한 '예술주의' 혹은 '순문학'은 하나의 '태도이며 관점'일뿐 작품 생산의 규범이나 평가기준으로 구체화되지는 못했다. 이들의 관념성과 습작성, 나아가 장르적 규범의 미비 등은 누차 지적된 바 있다. 사실 이들이 예술사조 상의 혹은 창작방법론적인 측면에서 '같은 사람'들이 아니었다는 점은 잘 알려져 있다.[20] 동인을 구성하는 최대동력은 학연이나 지연과 같은 인맥이었다. 그럼에도 이들은 '고독한 선구자'로 자신들을 인식함으로써 집단적 특권의식을 강화시켰다. 선구자이기에 고립됐다는 집단적 의식은, 동인 내부의 결속력을 높일 뿐만 아니라 다른 동인지의 동인들에 대해서도 경쟁 속의 동지 의식을 만들었다. "오직 갓튼 者만 갓튼 者를 理解하는 것"[21]이라는 이들의 선언은, 동인지 내부의 결속력과 자긍심을 보여주는 선언임과 동시에, 동인지 세대 전반의 자긍심을 표출하는 언어로 이해돼야 한다. 그들은 "명예에 대한 투쟁"[22]을 벌릴 때는 타자였으나, 현실과의 투쟁에서는 서로에게 울타리였다.

『창조』로부터 비롯된 동인지 방식은 한국 근대문학사에서 끊이지 않고 출현하는 유효한 등단제도였다. 20년대 초반, 동인지를 통해 많은 수의 작가를 산출하고 이들이 이후 문학사의 주역으로 활동했던 기억이, 동인지의 자족적 인정방식을 수긍하는 역사적 관성이 되었을지도 모른

20) 박헌호, 「식민지 시기 '자기의 서사'의 성격과 위상」, 『대동문화연구』 48집, 성균관대 대동문화연구원, 2004.12, 155면.
21) 남궁벽, 「폐허잡기」, 『폐허』 2호, 1921.1, 152면.
22) 박영희, 「초창기의 문단측면사」, 『박영희전집』(이동희 · 노상래 편) 2권, 영남대 출판부, 1997, 302면.

다. 권위의 측면에서 보자면, 20년대 초반의 이른바 3대 동인지를 능가하는 동인지는 이후 없었다. '최초'에 대한 기억은 점차 신화화되어 집단의 무의식 속에 깊이 새겨졌다. 또한 근대문학의 발전에 따라 작품의 생산규범과 평가기준이 정밀해지면서, 최초의 미숙성이 용인 받을만한 여지는 그만큼 줄어들었다.

강조돼야 할 것은 '문화정치'의 실시와 이에 따른 매체의 폭발적 증가가 동인지 세대들의 권력을 강화하는 데 기여했다는 사실이다. '문화정치'의 실시는 언론매체의 상대적 융성을 초래했다. 그 결과 '문화정치'의 실시 직전이나 초입에 동인지를 발간한 이들은 출판물의 상대적 융성 속에서 각 매체의 주요 필진으로 대접받았다. 물론 작품 활동을 통해 자신들의 능력을 공인받은 것이 핵심 이유다. 작가의 권위는 늘 작품으로부터 비롯되는 것이다. 그러나 이러한 상황적 기득권도 동인지 세대의 특권화에 이바지했다. 어린 나이에 대가가 된 이들과, 동년배이면서도 이후 이들의 심사를 거쳐 등단한 작가들 사이의 간극을, 천재와 범재의 차이로 환원할 수 있겠는가?

"동인 잡지의 가장 큰 목적은 무명 동인들이 이름을 얻는 데 있다"[23)] 는 김동인의 말은 동인지의 목적을 압축적으로 표현한다. 그의 말대로, "창조 동인들은 이만하였으면 이제는 기관 잡지가 없더라도 자립할 수 있다. 그러니 폐간하여도 좋"았다. 20년대 초반의 동인지 방식은 '문화정치' 초입기의 무정형적 상황의 산물이라는 측면에서도 재고할 필요가 있다.

23) 김동인, 『김동인전집』 16권, 앞의 책, 320면.

3. 20년대 중반의 잡지와 프로문학

조사에 따르면 1920년대에 등단한 작가는 45명으로 1910년대의 10명과는 비교가 안 되며, 한국 근대문학의 활황기로 평가받는 30년대의 40명에 비해서도 많다.[24] 바야흐로 문학의 시대가 도래 했다고 할 만하다. 그런 만큼 1920년대의 등단제도는 현존하는 모든 제도의 전시장이라고 말해도 무방할 정도다. 초기에는 동인지가, 중기에는 잡지(전문지 / 종합지)의 시대가 있었고 1925년 이후에는 신문의 신춘문예가 등장했다. 이무영은 본명 '이용구' 이름으로 청조사에서 『의지없는 영혼』과 『폐허의 울음』을 출간(1927)함으로써 등단하였으니, '단행본 출간'에 의한 등단까지 이루어졌다.

20년대 중반의 대표적인 등단제도는 잡지의 현상응모였다. 『개벽』과 『조선문단』이 대표적인데, 그 중에서도 『조선문단』이 보다 적극적이었다. 그것은 『개벽』이 모두 4차례(당선작 발표기준, 1921.7(13호), 1924.7(49호), 1925.2(56호), 1925.7(61호)) 현상문예모집을 실시하는데 반해[25] 『조선문단』은 매호 독자투고를 받으면서 이를 등단과 연계시킬 것임을 분명하게 밝히고 있기 때문이다.

每號 男女 投稿募集規程 選者 李光洙 朱耀翰 田榮澤

特作은文壇에推薦한다는意味로「推薦」이라쓰고그다음은「入選」이라쓰고또다음은「佳作」이라고씁니다○얼마지나諸位中에卓越한분이게시면 新進作家로紹介합니다○[26]

---

24) 이선영, 『한국문학의 사회학』, 태학사, 1993, 109면.
25) 매호 공고가 나가는 간단한 독자투고는 여기서 제외했다.
26) 『조선문단』 창간호, 1924.10, 72면.

눈길을 끄는 것은 '선자(選者)'를 나란히 밝혀놓은 것이다. 이는 『조선문단』이 잡지의 표지에 '이광수(李光洙) 주재(主宰)'라는 사실을 표나게 내걸었던 방식과 관련이 있다. 『조선문단』이 대중 지향적이라는 사실은 선행연구를 통해 밝혀진 바[27] 있는데, 문제는 그 방식이 '선자(選者)'들 특히 이광수 개인의 권위에 기대고 있다는 것이다. 방식만으로 본다면 『청춘』의 그것으로의 회귀이지만 『조선문단』은 동인지 시대 이전부터 명망이 높았던 이광수와 동인지 세대인 주요한, 전영택을 첨가함으로써 신구 권력의 절충으로 문학적 정통성을 확보하려는 욕구를 드러냈다. 『개벽』이 '1주년기념 현상문대모집'에서 현상윤(김석송 · 장응진 · 현희운) 등을 선자로 하여 동인지 이전 세대의 권위에 의지한 것과 차이가 난다. 하지만 『개벽』도 이후 박영희 등으로 선자를 옮기면서 문학 장의 세대 교체를 완성시켰다.

이로써 문단권력의 중심이동이 뚜렷해졌다. 권력은, 먼저 새로운 언어가 필요하며 그 언어가 파급력을 미쳐 대중적 영향력을 획득할 때 발생한다. 특정한 사람(언어)을 통해 대중이 동원되며 그에 따라 의식의 변화가 야기될 때 권력은 창출된다. 방인근의 회고대로 '이광수 주재'라는 표식은 일부 문인들의 비난에도 불구하고 인기의 근원이었다.[28] 달리 말해 이것은 동인지 세대가 얻은 권력이 아직은 부분적이라는 사실을 나타낸다. 비판이 거세지면서 창간 1년 만에 이광수는 주재의 자리에서 사퇴하고 표지의 표식도 사라진다. 이광수로부터 동인지 세대로의 권력 변환 와중에 『조선문단』이 서 있었던 것이다.

『개벽』의 변화는 보다 복잡한 상황의 결과로 이해해야 한다.[29] 잘 알려져 있듯이, 박영희의 가세 이후 『개벽』은 신경향파의 주요매체로 자

27) 이경돈, 「『조선문단』에 대한 재인식」, 『상허학보』 7집, 상허학회, 2001.8 참조.
28) 방인근, 「『조선문단』 시절」, 『한국문단이면사』(강진호 편), 깊은샘, 1999, 126면.
29) 이에 대해서는 한기형, 「『개벽』의 종교적 이상주의와 근대문학의 사상화」, 『동아시아 근대지식의 형성에서 문학과 매체의 역할과 성격』, 성균관대 대동문화연구원 학술발표회 자료집, 2005.6, 참고.

리 잡는다. 천도교 내부의 변화와 식민지 조선의 이념적 지평의 변화가 『개벽』 편집진의 변화를 추동했던 것이다.

『조선문단』의 현상응모는 동인지 세대의 성장과 대중적 영향력의 증가라는 문학사적 흐름과 결부돼 있다. 이들이 『개벽』보다 지속적으로 작가 추천에 골몰했던 이유도 이러한 흐름에 부응했기 때문이라 판단된다.

표 1. 『조선문단』을 통해 추천된 소설가들30)

작품	작가	선자(選者)	호수	주제유형
故國	최서해	이광수	1호(추천)	빈궁문제 선외가작 2편
과부	백주(김태수)	이광수	2호(입선)	애정문제
도적질	이영섭	이광수	2호(입선)	빈궁문제
셰길로	채만식	이광수	3호(추천)	애정문제
일요일	若月(이순영)	이광수	3호(입선)	빈궁문제
아즈매의 死	元素	이광수	3호(입선)	빈궁문제
亂倫	임영빈	이광수	4~6호 연재(추천)	애정문제
그날밤(「절망」/「주림」도 투고)	한병도(한설야)	이광수	4호(추천)	애정문제
秋夕前夜	박화성	이광수	4호(추천)	빈궁문제
기럭이 날 때	春曙	이광수	4호(입선)	사상문제
사내들	白波	이광수	4호(입선)	애정문제
父親	정인철	이광수	5호(당선)	가정문제
相換	자아청년(계용묵)	?	8호(당선)	애정문제(불륜)
五夢女	이태준	이광수(?)	11호(당선)	시대일보(1925.7.13)
孵化	송순일	이광수	11호(당선)	애정문제
최첨지	곰보	?	12호(당선)	빈궁문제
解惑	이영섭	?	13호(당선)	가정문제
꿈	정영태	?	16호(당선)	사상문제
잠뱅이	채희목	방인근	17호(당선)	빈궁문제
최서방	계용묵	최서해	20호(당선)	빈궁문제

30) 이 도표는 성균관대 이봉범 선생의 도움으로 작성되었다.

『조선문단』은 최서해나 채만식 · 한설야와 박화성 · 계용묵 · 이태준 등 이후 한국소설사를 장식하는 작가들을 산출했다. 이들의 이후 작품 경향을 소급하지 않더라도, 『조선문단』의 문학적 폭이 상대적으로 넓었다는 사실은 인정할 수 있을 듯하다. 상징적 존재로서의 이광수와 순문예지를 표방한 『조선문단』의 위상, 그리고 동인지가 사라진 시대에 문학 지망생들의 발표창구가 제한적이었다는 사실 등이 『조선문단』의 현상문예를 성공시킨 요인이었다. 또한 문학 자율성의 물질적 실체로서의 순문예지라는 형식과 『조선문단』의 개방성도 이 잡지를 많은 작가지망생들의 고향으로 만든 주요원인이었다.

시의 경우에는 더 많은 작가를 배출했다. 많은 경우에는 5명 추천에 12명을 입선(4호)시키고, 22명(5호)과 20명(13호)을 당선시키는 사례도 있었다. 10호 이후에는 평균 매호 10명 가까운 사람들이 당선되었다. 한 편의 작품이 발표되면 작가로 행세하는데 부족함이 없었던 당시의 현실을 고려할 때 분명 과도하다는 느낌을 감출 수 없다.

여기서 『조선문단』의 등단제도가 '생산자이면서 동시에 소비자'인 문학대중을 창출하는 효과를 수행했다는 것을 알 수 있다. '문학판' 자체를 키움으로써 문학의 사회적 위상과 울타리를 공고히 하는 한편, 자신들의 권력도 강화하는 이중적 효과를 얻었다고 보인다. '예술주의'가 대중적 차원에서는 여전히 소수일 때, 작가들의 활동 무대도 그만큼 제한적일 수밖에 없다. 직업종사자(작가)의 양적 증가는 직업(문학)의 사회적 위상을 높이고 발언권을 강화하는 데 도움을 준다. 새로운 시장이 탄생하고 독자적인 사회(문단)가 건설되는 것이다. 등단제도의 상례화와 많은 작가의 배출은 문학판을 키우는 가장 확실한 재생산 제도이다. 문학은 소비하는 자에 의해 유지되며, 문학을 소비하는 자는 또한 생산자이기를 열망한다.[31] 소비자를 생산자로 전환시킴으로써 새로운 소비자

31) 이경돈은 『조선문단』이 문사들의 私的 이야기를 지속적으로 싣고, 합평회를 흥미중심으로 편집하는 것 등이 이러한 대중성의 표현이라고 읽고 있다. 날카로운 지적이다.

를 창출하는 순환은 근대문학 재생산의 가장 확실한 구조였다.

독자투고가 독자의 참여를 유도하면서 매체의 사회적 영향력을 확장하려는 의도와 관련 있는 것은 근대계몽기 이래 대부분의 매체에서 발견되는 현상이다. 그러나 『조선문단』은 독자투고를 등단제도와 결부시킴으로써 범문학적인 양상으로 확대시켰다는 차이를 갖는다. 『조선문단』은 자신의 이름처럼 '문단'의 조성자이기를 원했으며, 문학판 자체의 확대를 지향했다. 그리하여 여전히 소수자였던 '순문학'을 문학판의 확장을 통해 재생산하는 효과를 창출했다. 소비자에게 생산자가 될 가능성을 제시하면서 이를 통해 다시 소비자를 확대하는 방식은, 통속적인 문학을 거부하고자 했던 이들에게 거의 유일한 재생산의 방식이었는지도 모른다. 이광수라는 과거의 권력과 순문예지라는 새로운 형식의 결합을 통해, 또한 '문화정치'기 출판물의 상대적 활황과 맞물리면서 이러한 전략은 문학사적 의의를 지니게 되었다.

그런데 20년대 최대의 잡지인 『개벽』의 행로는 다르다. 『개벽』을 통해 등단한 주요작가로 김기진 · 김동명 · 송영 · 양주동 · 이기영 · 이은상 · 현진건을 들 수 있는데[32] 이 중 현상문예를 통해 등단한 작가는 이기영과 송영뿐이다. 물론 문학사에서 등단 이후에 보여준 행적을 기준삼아 결과론적으로 판단할 필요는 없다. 그러나 문학란을 따로 편집할 정도로 문학에 지대한 관심을 표명했던 『개벽』의 편집방침을 고려할 때, 현상응모의 횟수나 당선자의 수에서 『조선문단』에 미치지 못한다는 것은 의아한 일이다.

이것은 현철이 문학란을 담당하던 시기나 박영희가 담당하던 시기나 별다른 차이가 존재하지 않는다. 『개벽』이 잡지의 명성과 위상에 비해 신진작가의 등단에 대해 많은 애정을 쏟았다고 보기 어렵다. 박영희의 취임 이후 『개벽』이 신경향파와 초기 프로문학의 무대가 되고, 활발한

이경돈, 앞의 글 참조

32) 이선영, 앞의 책, 124면.

논쟁적 비평으로 한국 근대비평사를 개척한 시기에도 이러한 태도는 크게 달라지지 않았다. 반면에 『개벽』의 주요필진들은 화려하다. 앞에서 들었던 작가들 외에 김동인·이상화·염상섭·최서해·김동환·나도향·박종화 등도 『개벽』에 자주 글을 실었다. 현상만으로 본다면 『개벽』은 새로운 작가의 발굴보다는 기존 작가를 활용하는 전략을 채택한 것으로 보인다.

이를 설명하기 위해서는 잡지 『개벽』의 성격에 대한 보다 정치한 조사와 연구가 필요하다. 현재의 수준에서 추론한다면, 먼저 이것이 『개벽』의 종합지적 성격과 무관하지 않을 것이라 예측할 수 있다. 20년대 최고의 잡지로서 최대의 판매부수와 영향력을 지녔던 『개벽』은 현실 문제에 대응하면서 여론을 주도하고 논의를 확산하는 역할을 담당했다. 그런 점에서 『개벽』은 문학판의 확대재생산에만 주력했던 『조선문단』과 다를 수밖에 없는데, 말 그대로 식민지 조선의 다양한 논의를 '종합'하는 역할을 수행했다. 『개벽』은 제안과 평가에 주력하면서 문제의 초점화와 정리에 보다 주력했던 것이 아닌가 여겨진다.

신경향파의 등장과 더불어 이들이 문단의 논쟁적 중심에 서게 된다는 사실도 염두에 두어야 할 것이다. 새로운 이념의 대두는 그 이념의 정당성을 선전하고 기존 문학의 문제점을 공격하는데 치중하게 만들어, 자신을 양보다는 질적으로 고양시킬 가능성이 높다. 특히 프로문학의 경우 계급성의 획득이 중요한 변별자질이 되는 까닭에 '순문학'적 규범이나 형식적 숙련도를 중시하는 현상문예는 그 자체로 거부의 대상이 되기 쉬웠다. '계급'이라는 칼날이, 부르주아의 미학에 대해 얼마나 격렬하게 혐오감을 드러냈는지는 문학사가 증명하는 바다. 이를 반증하듯 프로문학 계열의 작가들은 제도화된 등단에 거리감을 드러냈다.

표 2. 프로문학 작가들의 등단 경로

이름	등단시기	등단매체	작품관련	등단방식
권구현	1926.11	『조선지광』	시조6장	
김기진	1923.7	『개벽』	Promeneade	자유투고
김남천	1930.6	『중외일보』	영화운동 평론	자유투고
김두용	1927 전후	『예술운동』, 『조선지광』 등	평론과 희곡 발표	동인적 활동과 자유투고
박세영	1927.1	『문예시대』	농부아들의 탄식	
박승극	1926.6	『조선지광』	농민	
송영	1925.7	『개벽』	늘어가는 무리	현상문예3등
안막	1930.3~6.	『조선문학』	평론 연재	자유투고
안함광	1930.11.8~	『조선일보』	평론 연재	자유투고
유진오	1927.5	『조선지광』	스리	자유투고
이기영	1924.7.	『개벽』	옵바의 비밀편지	현상문예3등
이북만	1927.8.11~	『중외일보』	평론 연재	자유투고
이원조	1929~31년	『동아일보』 등	투고기를 거쳐 평론연재	독자투고
윤규섭	1936.6.19~	『동아일보』	평론 연재	자유투고
윤기정	1927.3.25~	『조선일보』	평론 연재	자유투고
이갑기	1930.11.16~	『조선일보』	평론 연재	자유투고
이북명	1932.5.29~	『조선일보』	질소비료공장	추천연재
임화	1926.1.1~	『매일신보』	연애론 연재	
한효	1934.7.7~	『조선중앙일보』	평론 연재	자유투고

『조선문단』을 통해 등단한 한설야를 추가한다 해도, '카프'계열의 작가들이 당시 권위를 획득하기 시작한 등단제도로부터 얼마나 멀리 있었는지는 이로써 명백하게 드러난다. 운동으로서의 문학을 지향한 이들이 혁명돼야 마땅하다고 믿었던 '과거의 문학'에 자신을 기탁하지 않은 것은 당연하니, 이는 프로문학의 핵심인자들이 부르주아 문학에 대해 가진 대타성을 확인하는 증거이다. 동인지와는 다른 방식이지만 이들도 자신의 새로움을 과거의 제도에 대한 거리감을 통해 드러냈다. 물론 이들도 초기에 『염군』을 기획하고 이후에도 수많은 기관지들을 기획했으

며 출판했다. 자신들만의 목소리를 담을 수 있는 매체를 원했던 것이다. 하지만 검열이라는 난관에 부딪쳐 안정적인 매체를 유지하지 못했다. 그들은 동인지만큼 새로웠으나 동인지가 누렸던 최소한의 자유도 허락받지 못했다.

표 2가 암시하고 있는 것 중 하나는 한국 근대문학사에서 비평 장르가 차지하고 있던 위상과 관계된 것이다. 김동인과 염상섭의 논전(論戰)을 근대비평사의 효시로 보지만, 비평의 본격적인 출발이 프로문학의 출범과 함께한다는 사실은 문학사의 상식이다. 표 2가 흥미로운 것은 비평의 경우 등단의 제도적 규범이 확립돼있지 않았다는 사실을 보여주기 때문이다. 표에 등장한 작가 19명 중 12명이 평론을 자유투고함으로써 작가로 데뷔하며 그 중 9명이 신문에 자유투고의 형식으로 평론을 게재하고 있다. 잡지의 경우 오늘날의 수필에 해당하는 감상문의 현상모집은 일찍부터 발달했지만 본격적인 문예평론에 대한 의식은 희박했고, 신문의 신춘문예도 다르지 않았다.

『동아일보』가 신춘문예에 '문예평론'을 현상응모 하는 것은 1927년과 1930년, 1934년 세 차례에 그치며 그나마 당선자는 1934년에 윤고종과 송민을 겨우 가작으로 선출할 뿐이다. 『조선일보』는 1933년과 1939, 1940년에 문예평론을 현상응모할 뿐이고, 『매일신보』는 1940년에 이르러서야 현상응모에 문예평론을 신설하지만 당선자는 내지 못한다. 당연히 평론가 대부분이 특정한 등단절차를 밟지 않았다. 적어도 식민지 시기 동안 비평이 등단제도의 핵심적인 장르로 인식되지 못했다는 것은 사실의 차원에서 승인될 수 있다. 프로계열의 비평가에서 보듯, 대부분의 비평가들은 개인적인 인맥이나 자유투고로 등단하거나 다른 장르로 등단했다가 비평을 겸업하는 형태를 띤다. 식민지 시기 비평이 보여준 중요성을 염두에 둔다면, 등단제도에서 비평이 주된 영역을 차지하지 못했다는 것은 뜻밖일 수 있다.

왜 그랬을까? 다양한 각도에서 답변이 제시될 수 있으며, 제시되어야 하는 질문이다. 깊게는 유구한 '논설(論說)'의 전통과도 연관될 것이다. 주의주장을 담은 글의 가치는 그 글의 논리적 정당성 자체에 있다는 인식이 제도적 절차의 문제를 묵과하게 만들었을 법하다. 근대 계몽기에 들어와 이광수로 대표되는, 근대문학을 '정(情)'의 차원에서 파악했던 인식론도 작용했을 것이다. '情'의 강조와 동인지 세대의 '순문학' 주장 등이, 초창기 한국 근대문학에 문학에 대한 반지성적(反知性的)·작품주의적(作品主義的) 인식을 뿌리 깊게 깔아놓았던 것은 아닌지 의심스럽다. 계몽적 문학에 대한 반발과 '예술' '자기(自己)', '참인생' 등에 대한 몰두로 특징지어지는 동인지 세대의 문학인식은 넓게 보아 낭만주의적 지향으로 일괄할 수 있을 터인데, 여기에 빈약한 지적 토대와 습작기 상황이 맞물려 문학에 대한 반지성적 인식, 시와 소설의 '실제 작품' 중시, 전문비평의 부재라는 상황이 연출된 것으로 판단된다.

그러나 비평이 지닌 장르적 특성이 보다 본질적인 이유였을 것으로 보인다. 비평은 그 속성상 근대문학의 후발대로 등장할 수밖에 없다. 비평을 한다는 것은 텍스트에 대한 미학적 감식안을 작동시키고 이를 논리적으로 중층화 시킨다는 것을 뜻한다. 비평은 해석을 통해 창조를 지향하는 바, 창조적 해석이란 문학과 인접학문 그리고 세계 전체에 대한 체계적인 지식을 요구한다. 따라서 비평은 근대문학에 대한 상당한 식견과 이론적 지식을 겸비하지 않고는 불가능한 저술행위다. 비평은 문학에 열광하는 것만이 아니라 그로부터 걸어 나와 문학을 대상화시킬 수 있을 때 가능해진다. 비평이 곧 심사이며 인준(認准)이고 가치판단인 것이다. 비평은 근대문학에 대한 인식과 지식이 상당한 수준에서 성숙했을 때 개화하는 장르라고 할 수 있는 것이다.

그렇다면 20년대 식민지 조선의 상황을 고려했을 때 비평가를 지향했던 사람들이 스스로를 가치의 인준자로 설정했다는 것, 뒤집어 말해 자신은 평가받아야 할 위치에 있다고 생각하지 않았을 가능성이 높다. 당시 비평가들이 상당한 수준의 엘리트였다는 것은 주지의 사실이다.

이는 비평의 장르적 속성과 더불어 당시 비평가들의 지적 우월의식이 등단제도를 활성화시키지 못한 원인 중의 하나라는 추정을 가능케 한다. 게다가 당시는 제도적으로나 실질적으로 비평가를 재생산해내는 시스템이나 평가방법이 정립되지 못한 현실이었다. 그러므로 비평(가)은 자신을 사회 전체에 대해 증명하는 방법으로 존재를 천명하지 않을 수 없었다. 대부분의 비평가가 신문에 자유투고의 형식으로 데뷔했다는 것은, 이 같은 상황의 귀결이었다고 판단해야 할 것이다.

한국 근대문학사에서 본격적인 비평의 활성화가 프로문학 계열의 작가들에 의해 시작된 사정도 이와 연관이 깊다. 사회주의 사상의 특성인 지적 체계성은 근대비평이 담당해야 할 과제였던 체계적인 텍스트 해석의 가능성을 높였다. 메타지식으로서의 사회주의는 문학과 인접학문과 세계에 대한 인식을 작품 속으로 끌고 오기에 용이했다. 사회주의의 메타성은 문학의 경우에, 비평의 메타성과 가장 유사한 동심원을 만들어낼 수 있었다. 그들은 근대지식과 세계를 작품해석에 끌고 들어옴으로써 기존 비평의 수준을 수월하게 넘어설 수 있었다. 프로문학 계열의 비평가들은 문학에 과학적 이론이라는 무기를 들려줌으로써 한국 근대문학의 새 지평을 열어젖혔다.

과학으로서의 문학이라는 낯선 인식은 프로문학이 한국 근대문학사에 선사한 의외의 선물이다. 비평은 주류적 등단제도로부터 소외됨으로써 역설적으로, 한국 근대문학사에서 자신이 지닌 문제성과 의미를 증명했다. 프로문학 진영에 비평가가 풍성했던 것은 운동으로서의, 과학으로서의 문학을 지향했던 사회주의 자체의 속성과 연관시켜 이해할 수 있다. 하지만 이 문제가 여기에서 그치는 것은 아니다. 오늘날 문학적 권위의 확립에 비평이 차지하는 위상을 고려할 때, 이것은 날카로운 '전업' 비평가를 보유하지 못했던 당시 비프로문학 진영이[33] 어떠한 방

33) 1930년대에 들어와 김환태 · 김문집 · 최재서의 존재가 부각된다.

식으로 문학적 권위를 창출해갔는가의 문제와 연관된 것이어서, 근대문학의 권력형성과 주류적 미학의 성립과정에서 간과할 수 없는 주제가 된다.[34)]

4. 신문과 신춘문예

신문은 대중매체의 대표이다. 문자를 해독하고 경제적 능력이 있으면 누구나 신문을 구독할 수 있다. 그러나 식민지 조선에서도 그러했던가. 1930년 현재 한글 해독가능자는 인구의 15.44%였다. 한자 해독여부는 조사되지 않아 알 수 없으나, 당시 신문에 한자가 다수 사용된 것을 볼 때, 신문을 읽을 수 있는 사람은 이보다 더 적었다고 봐야 한다.[35)] 비용부담도 가벼이 볼 일이 아니다. 1925년 『동아일보』와 『조선일보』의 월 구독료는 1원이었다. 1937년에는 월 1월 20전으로 오른다. 1934년 현재 고용인 50인 이상의 대기업에서 일하는 조선인 남자 성년노동자의 하루 임금이 90전이었다. 월25일을 일한다고 봤을 때 월소득 22원 50전이다. 자기 소득의 22분의 1을 신문구독에 할애할 노동자는 없다. 대기업 노동자가 이러할 때 그보다 못한 수입을 올리는 대부분의 조선인들은 더 말할 나위가 없다.[36)]

식민지 시기 신문은 도시의 사무직/전문직 종사자들이나 관료, 학생계층, 그리고 지방의 유지나 식자층들이 주로 보던 매체였다. 그러나 대

---

34) 이에 대해서는 심선옥, 「비평을 통한 미적 감정의 생성과 변화」, 『한국 근대문학, 재생산 구조의 제도적 연원』, 성균관대 동아시아학술원 연구발표회 자료집, 2005.5, 참조.

35) 김영희, 「일제 지배시기 한국인의 신문접촉 경향」, 『한국언론학보』 46-1호, 한국언론학회, 2001.12, 44면.

36) 위의 글, 49면 참조.

중지로서의 성격도 지녔는데, 한 장의 신문은 여러 사람의 손을 거쳤고 글 모르는 사람을 위해 한 사람이 읽어주는 일도 흔했으며 20년대 중반 이후에는 『동아일보』가 주도한 '신문·잡지 종람소'가 생기면서 보다 많은 사람들이 읽을 기회를 가졌다. 민족의 표현기관을 자처했던 '문화정치'기 조선어 민간지는 '신문정부'라 지칭될 만큼 강력한 영향력을 지니고 있었다. 식민지 조선인의 대리정부를 자처한 신문은 사회 모든 영역에 관심을 기울이며 다양한 방식으로 식민권력과 맞섰다.[37] 신문은 나도향의 『환희』가 『동아일보』에 연재되는 것에서 확인되듯, 초창기 근대문학의 터전으로서도 기능했다. 하지만 이들이 등단제도에 본격적으로 뛰어든 것은 1925년 『동아일보』의 신춘문예가 시발이다.

총독부 기관지 『매일신보』는 일찍부터 현상문예를 실시했다. 대표적인 것이 1919년 7월 7일자를 시작으로 이듬해 1월 19일까지 매주 월요일, 한 면을 통째로 할애한 '매신문단'이란 기획이다. 모집기사를 보면 "半島 新文學의 發達을 助長ᄒᆞ며 文藝의 趣味를 一般에 普及케 ᄒᆞ기 위"[38]한다고 명시하면서 단편소설과 시조, 신체시, 일기나 기행문, 수필 등을 모집하고 있다. 상금이 일등 2원, 2등 1원이었다.

> 그 때 每日申報에 ……〈每申文壇〉이라는 것이 있어서 懸賞詩를 모집하였는데 그때 나는 「비오는 날」이라는 詩를 써서 훌륭이 一等當選이 되고 賞金으로 貳圓을 받았다. 시골서 貳圓의 小切手를 받을 때 나는 뛸듯이 기뻤다. …… 나는 그 돈 貳圓으로 紀念兼 두루마기를 해입고 敎會에 가서(그 때는 크리스찬)큰 자랑을 했으니 ……[39]

인용문은 노자영이 '매신문단'에 당선된 기쁨을 회고한 것인데 상금

37) 박헌호, 「'문화정치'기 신문의 위상과 반검열의 내적논리」, 『대동문화연구』 50집, 성균관대 대동문화연구원, 2005.6 참조.

38) 『매일신보』, 1919.6.22.

39) 노자영, 「나의 문단참회록」, 『유수낙화집』, 청조사, 1935, 57~58면.

으로 두루마기를 해 입을 수 있었다면 과히 적다 할 수 없다. 회고대로 노자영은 매신문단을 통해 가장 활발히 활동한 시인이었다. 매달 한 번 꼴로 작품을 실었고 작품수로도 가장 많았다.[40] 석송 김형원과 소설가로는 이익상 · 이성태 · 이서구, 그리고 평론으로 황석우의 이름도 보인다.

1919년 7월이라는 시기를 염두에 둘 때 '매신문단'은 '문화정치'로의 전환을 총독부 기관지가 몸소 보여줬다는 의미를 지닌다. 변화하는 정치상황에 대한 대응이면서 『신청년』이나 『창조』가 대중적으로 호평을 얻어가던 시점에서 신문학운동의 헤게모니와 관련된 기획이 아닌가 싶다.

이에 비해 1925년에 처음으로 '신춘문예'라는 이름으로 현상모집을 실시한 『동아일보』의 의도는 보다 대중적이었다. 『동아일보』는 1925년 1월 1일 편집국장 겸 학예부장인 홍명희의 이름 아래, '문예계' '부인계', '소년계'를 신설하고 각 계별로 신춘문예를 모집했다. 분야는 문예계의 경우 단편소설과 시로 한정했고, 부인계는 가정소설, 소년계는 동화극과 가극, 동요로 세분됐다. 그런데 "종래의 문예란(文藝欄) 부인란(婦人欄) 소년란(少年欄) 등으로 힘이 자라는 데까지는 보다 충실하게 하야 조곰조곰씩이라도 보람있게 하여보려고" 글을 모집한다는 취지를 볼 때, 신문 해당란의 읽을거리를 확충하려는 의도가 중심인 것으로 보인다. 등단제도로서의 자의식이 보이지 않는 것이다. 분량이 '무제한'이었다는 사실이 이를 뒷받침한다.

1928년에 첫 당선자를 내는 『조선일보』의 신춘문예도 등단제도로서의 자의식이 보이지 않는다. 1927년 12월 1일자에 실린 공고를 보면, 소재를 주고 소설체 · 희곡체 · 시체 중 하나를 선택해 글을 보내라면서[41] 소재로 "① 한 사람 이상을 위하여 싸와본 이야기 ② 룡(龍)의 이야기"를 제시하고 있다. 최근 한 연구자는 ①을 "식민지배의 부당성에 대한 조선인 일반의 각성이 무뎌져 가는 상황 속에서, 부조리한 현실에 저항하

40) 김영철, 「『매신문단』의 문학사적 의의」, 『국어국문학』 94호, 1984, 124면 참조.
41) 『조선일보 70년사』, 제1권, 조선일보사, 1990, 194~195면.

는 사람들의 이야기·경험담을 모집한다는 내용"[42]으로 해석했다. 작가의 재생산보다는 민족적 각성과 정의감의 자극을 주된 목적으로 삼았다는 것이다. 십이 간지(干支)에 관련된 이야기가 식민지 시기 내내 신춘문예의 응모분야로 빠지지 않았다는 사실은 이미 지적한 바 있다. 초기의 신춘문예도 문학을 대중 계몽 혹은 독자 견인의 목적으로 이용했음을 나타낸다.

당시 신문은 신춘문예에서 장르적 잡종성을 일관되게 유지했는데, 이는 신문이 신춘문예를 독자들을 대상으로 하는 일종의 '문화적 페스티벌의 장'으로 활용했다는 사실을 보여준다. 조선어 신문들은 단편소설, 신시, 시조, 가요(혹은 한시), 동화, 동요, 해당 干支 동물의 이야기(전설), 희곡을 빠트리지 않았고 야담, 사화(史話), 전설을 비롯하여 작문, 실화(實話), 콩트 등을 모집했다. 심지어 습자(習字), 아동화(兒童畵, 圖畵), 자유화(自由畵), 일기나 만화만문(漫畵漫文)까지 대상이었다.[43]

이러한 다양성은 다양한 대중을 독자로 포섭하기 위한 판매 전략의 일환일 것이며 또 30년대 이후 점차 활성화되는 대중사회화 경향과도 밀접한 연관이 있을 것이다. 그렇지만 신문이 모든 계층을 대상으로 '문화적 페스티벌'을 벌림으로써 자신의 영향력을 전방위적으로 확산시킬 수 있었다는 사실도 놓칠 수 없다. 거의 모든 계층과 문화영역을 대상으로 하는 문화적 페스티벌의 향연을 개최함으로써 신문은 스스로 조선민족의 '중앙'으로서의 역할을 과시했으며 대표성도 강화시킬 수 있었다. 신춘문예가 점차 작가 등단제도로서 권위를 획득해가던 시기에도 신문의 이러한 전략은 변하지 않았다. 문학은 신문을 이용했지만 신문은 문학을 포함한 문화 전체, 계층 전체에 대한 후원자/대표자로서의 위치를 버리려 하지 않았던 것이다.

42) 김석봉, 「식민지시기 『조선일보』 신춘문예의 제도화 양상 연구」, 『한국현대문학연구』 16집, 한국현대문학회, 2004.12, 194면.
43) 김춘희의 앞의 논문, 66~67면.

신춘문예의 권위는 이처럼 신문의 권위와 영향력이 강화되는 과정에서 탄생한다. 조선인에 의한 권력기관이 존재하지 않는 식민지 상황에서 신문은 조선민족의 대표자를 자임했고 상상의 '중앙'으로 기능했다. 신문의 영향력이 커가면서 신문사가 주도하는 신춘문예도 작가 재생산 제도에서 점점 강력한 권위를 획득하게 됐다.

표 3. 식민지 시기 한국어 신문 발행부수

	1929	1931	1933	1934	1935	1936	1937	1939
동아	37,802	41,293	49,947	52,383	55,924	31,666	55,783	55,977
조선	23,486	28,192	29,341	38,653	43,118	60,626	70,981	59,394
중앙	14,267	19,162	18,194	24,521	25,505	32,782		
매신	23,033	23,186	27,119	27,400	30,937	34,592	44,600	95,939
합계	98,588	111,833	124,601	142,957	155,484	159,666	171,364	211,310

※ 출전: 정진석, 『한국언론사』, 나남출판, 1990, 553면(전체 합계만 취했음)

위의 표 3이 보여주듯, 30년대 신문의 발행부수는 점차 늘어났고 당연히 영향력 역시 강화됐다고 봐야 한다. 1931년의 시점에서 김동인이 과거 『동아일보』 창간 당시 『창조』가 창간축사를 실었던 것을 회고하며, "그 동아일보가 자란 뒤에는 이런 빈문인(貧文人)은 안중에도 두지 않은 것은 예상도 못"[44]했다고 탄식한 것은 10여 년의 시차를 두고 신문의 문학판 장악능력이 얼마나 성장했는지를 잘 보여주는 사례이다.

『개벽』과 『조선문단』이 사라진 문학계의 현실도 고려해야 한다.[45] 20년대 중반 문학을 이끌었던 양대 잡지의 소멸은 권위 있는 등단제도의 소멸을 의미하는 것이기도 했다. 따라서 '중앙'으로서의 신문의 위상이 강화될 수밖에 없었다. 또한 카프와 비카프진영이 매체를 양분하여 활동하면서 야기된 '매체의 블록화' 현상도[46] 신춘문예의 영향력을 강

44) 김동인, 「문단회고」, 『김동인전집』 16권, 앞의 책, 314면.
45) 두 잡지의 폐간으로 신춘문예가 가장 유력한 등단제도가 됐다는 사실은 김춘희도 앞의 글(69면)에서 지적하고 있다.

화시켰다고 판단할 수 있겠다. 예를 들어 30년대의 문제적 문학단체인 '구인회'는 각 매체의 중심인물들로 구성되면서 단숨에 문단의 중심세력으로 부상[47]했는데 이러한 상황에서 신문이 표방하는 중립성—실제의 성향과는 관계없이—은 새로운 문학을 꿈꾸는 작가지망생들에게 선택할 수 있는 차선책으로 인식됐을 가능성이 높다. 기존의 권위를 부정하고 특정한 계파에 속하기 싫었던, 그럼에도 자신의 문학적 욕망을 구현할 분명한 사회적 인정표식을 획득하고자 했던 이들에게 신문의 신춘문예는 적절한 기회였을 것이다.

신문사가 내걸었던 상금과 여기에 이끌려 응모한 응모자의 숫자가 많았던 것도 초기부터 신춘문예를 대중적 주목의 대상으로 만들었다. 『동아일보』의 경우 처음부터 각 부문 상금이 1등 50원, 2등 25원(동요만 1등 10원)이었다. 원고분량도 무제한이었으니, 1925년 1월 16일자 신문에는 응모작이 폭주하여 당선발표가 부득이 3월 2일로 연기됐음을 알리는 기사가 실렸다. 신춘문예제도가 도입되는 당시에, 신문사 측에서는 기사 확충과 독자견인의 목적이 중심이었겠으나, 투고자의 입장에서는 상금이 주는 매력이 가장 강력한 것이 아니었을까? 이후에도 상금은 신춘문예를 대중적 관심으로 부상시키는 데 일등공신이었다.

> 應募小說 四百篇을 通하야 본 時代相은 참 참담하다. 시대가 安穩만 하면, 수판이나노코 장부나 뒤적일 사람, 혹은 색기나 꼬고 농사나 지을사람이 賞金 五十圓이라는 미끼에 걸려서 붓대를 잡고 小說을 써보려고 달려든 사람이 만헛다. 明年의 農資—나올 길이 업는 이 農資를 요행히여기서라도 求하여보려고 허미를 잡을손으로 서투른 붓대를 잡고 옛말을 지어보려는 그들의 勞力은, 文을 業으로 하는 우리들의 노력보다 몃十, 몃百배가들을지 측량할길이업다.[48]

46) 정지용·김남천 외, 「문인좌담회」, 『조선문단』, 1935.7 참조.
47) 박헌호, 「구인회를 어떻게 볼 것인가」, 『식민지 근대성과 소설의 양식』, 소명출판, 2004 참조.

상금 오십 원의 위력은 농부와 장사꾼을 투고자로 내몰았다.[49] 이를 근대문학 확립기의 해프닝으로 넘길 수도 있겠지만, 여기에는 한국 근대문학의 재생산에 신문이 끼친 영향과 신춘문예가 이후 강력한 영향력을 행사할 단초가 숨어 있다. 농자(農資)를 마련하려고 신춘문예에 투고하는 농부들의 물결은 신문의 대중적 영향력을 드러내는 증거이자, 문학이 대중들 속에서 자신의 위상을 확립하는 데 결정적인 기여를 했다. 대중의 인식수준으로 본다 해도, 이제 더 이상 소설을 쓰고 시를 '긁적이는' 것이 한량들의 소일거리로 치부되지 않게 된 것이다. 그것은 권위 있는 신문사가 50원이라는 거금을 내걸고 대상자를 기다리는 '무엇'으로 현상했다. 하여 많은 이들이 응모하게 된 것이지만 또한 대중들은 응모의 경험을 통해 작품 쓰는 일의 어려움과 '작가'라는 자리의 고귀함에 대해 학습하게 된다. 문학작품이란 대중들로서는 쓰려 해도 써지지 않으며 좀처럼 도달할 수 없는 어떤 '경지'에 속한 일이 되었다. 또 작가가 된다는 것은 수백 명 혹은 천 명이 넘는 경쟁자들을 물리쳐야만 도달할 수 있는 어떤 '자리'임이 공증되었다.

신문의 대중 매체로서의 속성에 힘입어 신춘문예는 문학의 전문성과 작가 되는 일의 어려움을 단번에 널리 홍보하였다. 신춘문예를 통해 문학의 대중적 위상이 보다 분명해졌으며 작가의 사회적 위치도 격상됐다. 이 점에서 신문은 잡지가 지닌 부분성, 전문성과 확연히 구분됐다. 잡지는, 특히 문학관련 잡지는 대중의 입장에서 보자면 접근가능성이 그리 높은 것이 아니다. 그것은 문학을 업으로 삼은 자 혹은 문학을 사랑하는 사람에게만 열려 있는 공간이다. 그러나 신문은 특유의 무차별성으로 인해 취미와 성향과 계급이 다른 모든 독자들에게 '문학'을 각인시킨다. 문학이, 작가가 되는 일이 신문에 대문짝만하게 자주 다루어지는 것을 보면서 독자들은 문학에 대한 자신의 호불호를 떠나 그것이

48) 選者, 「신춘문예 소설선후언」, 『동아일보』, 1932.1.15.
49) 당시 가장 높은 수준을 자랑했던 『동아일보』의 기자 월급이 50~60원이었다.

신문이 비중 있게 다룰 만큼 존귀한 것임을 인식하게 된다. 이제 작가가 되는 일은 동업자들 사이에서만이 아니라 전국적 차원에서 관심을 모으는 일이 된 것이다.

여기에 더하여 여러 유명 작가들이 신문에 취직하거나 선자(選者)가 됨으로써 신춘문예의 감식안이 높아진 점도 신춘문예의 권위를 높이는 데 기여했다. 1937년 1월 1일 『조선일보』에는 "신춘문예 당선되는 작품의 作風이 그 一年동안의 일반적 창작경향을 좌우한다고 해도 과언이 아니"[50]라는 말이 나타나는데, 분명 과장된 말이지만 달라진 신춘문예의 면모가 확연하다. 신춘문예가 신인의 발굴만이 아니라 창작의 경향을 지도하는 위치로까지 성장한 것이다. 신문의 영향력과 다른 권력중심이 존재하지 않는 문단상황에서 당선작품의 수준이 창작경향의 풍향계로까지 승격되면서 신춘문예는 30년대를 대표하는 등단제도로 뿌리를 내렸다.

주지하듯이 김동리는 세 차례나 신춘문예를 통과했고 정비석도 두 차례나 신춘문예에 당선됐다. 지방에 있는 작가지망생들이 중앙에 자신의 존재를 각인시키기 위해서도 신춘문예가 가장 적절한 매체였다는 사실을 예증하는 사례다. 자신의 문학적 역량을 객관적으로 증명 받고자 했던 신인들에게 신문이 지녔던 형식적 중립성과 '중앙'으로서의 상징성은 매력적이었다. 신문의 형식적 중립성은 작가지망생의 문학적 역량을 보편적인 것으로 인증하는 효과를 창출했다. 중앙으로서의 상징성은 새로운 작가의 등장을 전국적 차원으로 선포하는 효과를 창출했다. 동인지의 자족적 폐쇄성과 잡지의 이념적 섹트주의를 넘어 신춘문예가 가장 공정하며 대중적이고 가장 전국적인 등단제도로 공인되기 시작한 것이다.

신춘문예가 권위를 확보하면서 황순원이나 김정한 · 서정주처럼 이후

50) 일기자, 「考選의 경과」, 『조선일보』, 1937.1.1.

문학사에서 중심적인 작가로 성장할 사람들이 다수 배출된다. 신문에는 몇몇 당선자들이 친구들과 축하연을 베풀거나 신문사가 주최한 축하회에서 흥겹게 술을 마시는 기사가 큼지막한 사진과 함께 실리기 시작했다.[51] 새로운 작가의 등장이 문학계 내부의 문제만이 아니라 온 사회가 축하해야 할 일로 자리잡은 것이다.

마지막으로 신춘문예와 관련된 문학사적인 문제들을 간략하게 검토해보기로 하자.

> 選者가 뽑은 것은 入選으로 日寺作 「어머니」 選外로 文作 「明朗한 展望」 朴一作 「號外」 金「作「菊花」計四篇이었다. 그런데 「어머니」와 「號外」는 역시 檢閱에 페쓰할것가티 안어서다시 除外하고 選外首席이든 「明朗한 展望」을 入選作品으로 하얏다.[52]

검열은 식민지시기 한국 근대문학의 전제조건이다. 여기에서 검열의 고통을 되새길 필요는 없겠지만 검열에 대한 공포가 당선작도 바꿔버렸다는 인용문의 술회는 무겁게 되새겨야 할 것이다. '選外'가 入選이 되고 원래 입선은 사라졌다. 문제는 "그 內容價値如何는 論할배가 아니고 紙上에 揭載치 못할 作品은 눈꾹감고 除外"[53]한다는 원칙이다. 그럴 수밖에 없는 것이 신춘문예는 신문사 입장에서 본다면 당선작을 지상에 게재하여 지면을 채운다는데 일차적인 의의가 있으며, 당선작을 널리 홍보하여 신문사의 위상도 높인다는데 근본적인 의의가 있다. 게재가 불가능하다면 많은 경비와 시간을 지출하여 치러낸 행사의 효과를 살리기 어렵다. 신문사 입장에서는 당선작 선정의 첫 번째 기준이 검열의 통과이지, 작품의 문학적 수준이 아니었던 것이다. 많은 작품이,

51) 예컨대 『조선일보』 1934년 2월 15일자에는 「모범경작생」으로 등단한 박영준이 연희전문 동창생들에 싸여 축하회를 벌리는 사진과 기사가 실려 있다.

52) 選者, 「신춘문예 소설선후언」, 『동아일보』, 1932.1.15.

53) 위의 기사, 1932.1.15.

또한 그만큼 많은 새로운 작가들이 검열에 걸려 문학사에 등장할 기회를 박탈당했다.

문제적인 것은 신춘문예의 영향력이 강화되면 될수록, 또한 당선작의 작풍이 모범적 혹은 선도적인 것으로 인식되면 될수록 신춘문예의 당선작 선정에 개입된 자발적 검열이 야기한 문학사적 의미가 심대하지 않을 수 없다는 것이다. 앞서 신춘문예 당선작이 해당 일 년의 창작경향을 좌우한다는 언급을 인용했었다. 물론 이러한 언급에 자기 신문사가 주최하는 신춘문예의 권위를 과시하고 홍보하려는 의도가 개입돼 있음을 부정할 수 없겠다. 하지만 그럼에도 신춘문예 당선작이 하나의 '모범'이며 새로움의 상징이었다는 사실까지 부정할 수는 없다. 최소한, 그것은 뒤집어 말하면 당선작과 유사한 작풍의 작품은 검열에 통과할 개연성이 높다는 사실을 반증하는 것이다.

검열에 통과할 만한 작품들이 '모범'으로 혹은 '새로움'으로 평가되면서 한국 근대문학사의 미학적 지향은 스스로도 헤아리지 못할 깊은 수렁으로 빠져 들었다. 이를 고려하지 않은 상태에서 30년대, 나아가 식민지 시기 문학의 미학적 경향을 논의하기 어렵다. 특히 30년대 중반 이후 현실상황이 가혹해지면서 향토적이며 서정적인 작품들이 우리 소설사를 풍미하게 되는 이면에 검열과 자기검열의 소산인 신춘문예의 당선작이 야기한 영향들이 스미어 있지 않다고 말하기는 어렵다.[54]

아울러 신춘문예를 통해 단편양식의 주류성이라는 한국 근대소설사의 특정한 경향이 공고해졌음을 강조하고자 한다. 신문의 소설 '선후평'에 단골로 등장하는 '깨우침'은 투고자들이 단편의 양식적 특질을 이해하지 못한다는 내용이었다. "단편소설이란 단편소설로서 엄연한 규율과 형식이 있다. 길이가 길다고 장편소설이 아니오 길이가 짧다고 단편소설이 아니라~" 운운하는 선후평은 그대로 소설 창작의 규범이자, 작가

54) 나는 이 문제를 『한국인의 애독작품—향토적 서정소설의 미학』(책세상, 2001)에서 다루어 보았다.

지망생의 필수 이해사항이 된다. 그가 신춘문예를 통해 작가가 되고자 한다면 — 지금껏 살펴봤듯, 잡지의 경우도 다르지 않다 — 그는 단편의 형식적 원리를 체화해야 하며, 단편을 통해 자신의 문학적 재능을 선보여야만 했다. 소설이 구현할 '문학성'을 주로 단편을 통해서 담보하려 했던 한국 근대소설사의 성향은 신춘문예로 인해 확대되고 재생산되었다.[55]

'선후평'의 영향력은 수치로 환산할 수 없다. 신춘문예의 영향력이 커질수록 선후평의 영향력도 크다고 말할 수 있을 뿐이다. 신문사와 또 선자(選者)에 따라 선후평의 색깔과 의미는 달랐다. 당시의 선후평에는 모국어 글쓰기에 대한 지속적인 훈련을 강조한다든지 기법 차원에서 여러 지도를 해주고, 방언과 같은 지방색의 처리문제에 대한 충고가 담겨 있다. 또 30년대 거의 대부분의 시기에도 응모작의 90% 가까이가 '계급투쟁'을 다루고 있다는 정황보고 등을 채취할 수 있다. 이러한 내용들은 신춘문예가 한국 근대문학, 나아가 근대적 글쓰기 일반에 미친 무시할 수 없는 영향을 미쳤다는 사실을 증명하기에 충분하다.

30년대 문학은 한국 근대문학의 활황기로 기억된다. 그런 점에서 한국 근대문학의 문체와 미학적 장치의 발전과정에서 신춘문예가 끼친 유무형의 영향은 보다 깊은 차원에서 검토돼야 할 것이다. 나아가 '모국어로 글을 쓴다'는 일반적인 행위의 원천으로서 신춘문예와 등단제도 일반이 끼쳤던 영향은 새로운 각도에서 검토돼야 할 것이다.

55) 한국 근대소설사에서 단편양식의 주류성이 발생하고 강화된 이유에 대해서는 박헌호의 「한국 근대소설사에서 단편양식의 주류성 문제」(『식민지 근대성과 소설의 양식』, 소명출판, 2004)를 참조하라.

5. 나오는 말

등단제도는 근대문학의 주체인 작가를 사회적으로 공인하는 근대제도의 일환이다. 그것은 근대문학에 대한 사회적 인식의 증가와 더불어 전문작가의 사회적 위상이 확립돼가는 과정과 밀접한 연관이 있다. 초창기 등단제도가 다양한 양태를 띄고 나타나는 것은 한국 사회의 근대적 제도의 형성과정과 관련이 있음은 물론 다양한 등단제도 자체가 상호간의 인정투쟁을 통해 보다 권위 있는 제도로 자리잡아가는 과정이기도 하다.

특히 등단제도는 근대문학의 재생산 구조와 관련하여 주목할 만한 가치가 있다. 우리는 근대문학의 장(場)을, 독자가 독서나 학습을 통해 문학에 대한 열망을 갖게 되고 이를 주체화하여 새로운 작가로 탄생하는 하나의 순환적 구조 속에서 상정할 수 있다. 독자는 출판 유통된 매체를 통해 작품을 만나고 이를 향유하여 특유의 문학성을 내면화할 뿐만 아니라 그 작품의 가치를 승인하는 제반 구조를 습득하면서 자신만의 문학세계를 지닌 새로운 작가로 탄생한다고 볼 수 있는 것이다. 이러한 순환구조를 상정했을 때 등단제도란 과거의 독자가 새로운 문학성의 보유자 혹은 창조자로 공인되는 사회적 권위의 장임을 인지할 수 있다. 말하자면 등단제도는 근대문학 재생산 구조의 시작이자 종결점에 해당하는 위상을 갖는다.

따라서 등단제도에 대한 분석은 한국 근대문학 장의 형성과 변천에 대한 구조적, 제도적 실상을 파악하는 데 매우 근본적인 의미 요소들을 지니고 있다. 특정 등단제도의 권위가 형성되고 쇠퇴하는 과정에는 사회의 구조적 변화와 함께 근대문학 내부의 다양한 권력관계(이념적 · 미학적 · 조직적)의 변화가 내장돼 있게 마련이다. 등단제도의 권력적 변환은 궁극적으로 문학관과 문학이념의 변화이며 작품의 미학적 지향에 대한 변화를 수반하는 것이다. 20년대 초반의 동인지 시대가 그러했고 30년대 이후 신춘문예로의 권력적 변환과정 역시 그러했다. 이는 특정 제도에 권력을 부여하고 회수하는 사회적 · 문학적 제반 구조의 변화를 반영했던 것이다.

한국에 근대매체가 도입된 이래 문학은 잡지 / 신문과 더불어 상호 영향을 주고받으며 발전해왔고 변화해왔다. 근대 미디어와 근대문학의 관계는 보편적인 차원에서도 밀접한 관계가 있는 것이지만, 한국 근대문학은 열악한 출판시장과 근대문학에 대해 무지한 대중들로 말미암아 단행본에 의한 영토 확장보다는 잡지 / 신문에 절대적으로 의지하는 풍토를 창출했다. 한국 근대문학사에서 잡지 / 신문은 단지 작품의 발표수단에 그치는 것이 아니라 대중들에게 근대문학을 계몽하고, 근대문학 장을 구성하며, 근대문학에 인적 · 물적 · 이념적 자양분을 공급하는 실질적인 리더였다. 근대 미디어야말로 한국 근대문학을 이끌어온 실질적인 주체라 해도 과언이 아닌 것이다. 더욱이 식민지로의 전락은 미디어의 사회적 위상을 강화하는데 이바지했다. 민족 구성원의 동의를 받는 중앙권력이 존재하지 않는 상태에서 미디어는 '상상된 사회'의 역할을 수행했으며, 하나의 '중앙'으로서 기능했다. 이런 점에서 한국 근대문학의 등단제도의 역사는 그 제도를 수행한 잡지 / 신문이 식민지 사회에서 지녔던 사회적 · 문학적 의미와 역할에 의해 변천을 거듭해온 역사라 하겠다.

이 글은 이러한 관점에서 초기의 현상문예로부터 동인지 시대를 거쳐 신문의 신춘문예로 등단제도의 권력이 변환되는 과정을 살펴보았다. 통사적인 차원에서의 경향분석이 중심에 있었던 관계로 의도했던 문제의식을 세심하게 분석하는 데까지는 이르지 못했다. 등단제도라는 주제 자체가 실증적으로나 분석적인 차원에서 여전히 밝혀야 할 과제가 많은 주제다. 따라서 이 글은 등단제도를 포함한 한국 근대문학 재생산제도 전반에 대한 본격적인 연구의 출발점에 해당할 뿐이다.

『개벽』의 '현상문예'와 '신경향파문학'

최수일

1. 머리말

이 글은 잡지 『개벽』에서 실시한 '현상문예'의 현황과 변모 양상을 분석하여, 그 제도사적 · 문학사적 의미를 조명코자 했다. 즉 『개벽』의 현상문예를 『청춘』에서 발원하여 『조선문단』에서 결실을 맺는[1] 현상문예의 제도적 진전과정 속에서 조망하는 한편, 이를 다시 『개벽』 문학의 전개과정, 특히 근대문학사의 쟁점인 '신경향파문학'의 탄생과 연관지어 설명코자 했다. 이를 위해 4차례에 걸쳐 실시된 『개벽』 현상문예의 현황을 재구성하여 『개벽』 이전과 이후의 제도적 진전 내지 변모 양상

1) 이는 현상문예와 관련된 학계의 보편적 입론으로 필자 역시 기본적으로 이에 동의한다. 『청춘』에서 『조선문단』으로 이어지는 현상문예의 진전과정에 대해서는 다음의 연구들을 참조했다. 김춘희, 「한국 근대문단의 형성과 등단제도 연구」, 동국대 석사논문, 2000; 이경돈, 「『조선문단』에 대한 재인식」, 『1920년대 문학의 재인식』, 상허학보 7, 깊은샘, 2001; 임원식, 『신춘문예의 문단사적 연구』, 국학자료원, 2003; 김미정, 「근대초기 현상공모 일고찰」, 『반교어문연구』 18, 보고사, 2005; 이봉범, 「1920년대 부르주아문학의 제도적 정착과 『조선문단』」, 『민족문학사연구』 29, 소명출판, 2005; 박헌호, 「동인지에서 신춘문예로-등단제도의 권력적 변환」, 『대동문화연구』 53, 성균관대 출판부, 2006.

에 주목했으며, 『개벽』 현상문예의 전(全)과정을 『개벽』의 문학적 '탐색' 내지 '모색'이라는 의미망 위에 녹여내고자 했다. 아울러 문예전문지가 아닌 『개벽』이 1920년대 현상문예의 '서막'[2]을 열었다는 점에서 현상문예와 '종합지'의 관계를 본원적으로 검토했다.

이 글의 새로움은 '현상문예'를 제도의 메커니즘 차원에서 조망하되, 문학제도의 진전이라는 의미망을 넘어서 '매체' 혹은 매체가 추구한 문학적 탐색 과정과 현상문예 제도를 연결시켜 이해하고자 한 데 있다. 이를 통해 『개벽』의 현상문예는 등단제도의 형성 과정이라는 '제도사의 측면'과 새로운 문학의 모색과 탄생이라는 '문학사의 측면'이 상호 연동하는 '장(場)'으로서 새롭게 평가될 수 있다. 한편, 이 글은 기존 연구의 보완이기도 하다. 『개벽』의 현상문예가 독자적인 연구대상으로 주목된 바가 적었고,[3] 또 현상문예에 대한 기존 논의가 그 '맹아'와 '결실'

2) 여기서 '서막'이라는 표현은 '최초'의 의미가 아니다. 그런 의미라면 『학생계』(1920.10)의 현상문예가 『개벽』(1921.7)에 앞선다. 다만 매체의 위상과 문학적 파장 등을 종합적으로 고려할 때 『학생계』가 『개벽』에 비할 바가 되지 못하고, 또 시기적 처짐도 크지 않다는 점에서 '서막'이라는 표현이 큰 무리가 없으리라 판단했다. 『학생계』의 현상문예의 현황과 성격에 대해서는 박지영의 「잡지 『학생계』 연구」(『상허학보』 20, 깊은샘, 2007)를 참조하기 바란다.

3) 『개벽』의 현상문예에 대한 서술이 포함된 논의로는 김춘희와 박헌호의 연구를 꼽을 수 있다. 김춘희는 『개벽』을 『조선문단』과 함께 "1920년대 현상문예제를 본격적인 등단제도의 정착으로 이끌었던 잡지로" 평가하고, 주요 등단작가와 투고 관련 사항(규정, 선자), 타 잡지와의 변별점(희곡 모집) 등을 한두 쪽에 걸쳐 개괄했다(앞의 글, 54~55면 참조). 한편 등단제도의 권력적 변환(현상문예에서 신춘문예로의)에 주목한 박헌호는 『개벽』의 현상문예 전반을 함축적으로 요약·평가하면서 『개벽』의 현상문예가 양적·질적으로 『조선문단』의 현상문예에 미치지 못한 원인을 분석했다(앞의 글, 17~25면 참조). 제도사의 흐름에 집중한 논의의 성격상 『개벽』 현상문예의 전모가 담기기가 어려웠다고 할 수 있다. 그런데 이처럼 『개벽』의 현상문예가 『청춘』이나 『조선문단』의 그것과 달리 독자적인 연구대상이 되지 못하고, 제도사를 개괄하는 논의에서나 언급되는 이유는 간단하다. 현상적으로 확인되는 빈약한 모습, 즉 "현상응모의 횟수나 당선자의 수에서 『조선문단』에 미치지 못"하기 때문일 것이다. 하지만 박헌호가 의문을 제기했듯이 『개벽』의 문학적 열정과 그 문학적 면모를 염두에 둔다면 이런 초라함은 오히려 문제적 사안으로 부각될 필요가 있다. 특히 『개벽』이 신경향파문학 탄생의 주요 계기이자 시원지였다는 것, 『개벽』의 현상문예가 신경향파문학의 탄생을 알리는 '선언의 장'이자 재생산의 구체적 계기이기도 했다는 사실은 문제의식을 더욱

로 평가되는 『청춘』과 『조선문단』에 집중되었다는 점에서[4] 이 글은 기존 연구의 '틈'을 메우는 작업이라고 할 수 있다.

실증한 후에 분석해야 하는 글의 성격상 현상문예의 '현황'과 '특징'을 재구성하는 데서 논의를 출발시켰다. 이는 현상문예의 제도적 진전 과정을 '사실의 차원'에서 검증하는 것이자, 이와 관련된 문학사적 변동의 단초들을 발견하는 과정이라고 하겠다.

2. 『개벽』 현상문예의 현황과 특징

『개벽』의 현상문예는 4차례 실시된다. 1주년 기념 「현상문대모집」과 4주년 기념 「소설 · 희곡 현상모집」, 1925년 2월의 「신춘독자문예대모집」과 5주년 기념 「현상소설대모집」이 그것이다.

『개벽』 발간 1주년을 기념하고 "반도의 은일한 논객과 문사를 소개"한다는 취지로 기획된 「현상문대모집」은 11호에 공지되어[5] 13호(1921.7)에

날카롭게 벼릴 수 있는 계기를 제공한다. 이 점을 감안할 때 박헌호가 제기한 의문을 해결하는 방식은 먼저 『개벽』의 문학적 면모와 진전과정을 살피고, 그 자장 안에서 '현상문예'라는 특정 사안을 조망하는 것이라야 한다. 즉 『개벽』의 문학과 현상문예를 별개의 사안으로 분리해서 보아서는 안 된다는 것이다(이 점에서 필자의 문제의식은 '현상문예' 자체가 아니라, 『개벽』의 문학이라는 차원에서 제기되어 현상문예에 이른 것이라고 할 수 있다). 문제는 이러한 전제를 충실히 따르기 어렵다는 데 있다. 『개벽』의 문학이 독자적인 의미망 위에서 연구된 바가 적었고, 따라서 이는 『개벽』의 현상문예에 접근하려는 연구자 개인의 몫으로 남기 때문이다. 『개벽』의 현상문예를 언급한 기존의 연구가 사실을 나열하는 데 그치거나, 아니면 매체의 성격(혹은 그에 따른 역할론)으로 구체적 사실들을 소급해 설명하는 것은 이 때문이다.

4) 『청춘』의 현상문예에 주목한 사례로는 김미정의 연구를, 『조선문단』에 주목한 논의로는 이경돈과 이봉범의 논의를 예로 들 수 있겠다. 이처럼 특정매체가 제도사의 관점에서 집중적으로 조망되기 시작한 것은 아주 최근의 일인데, 이런 연구의 역사가 일천하다는 점 또한 『개벽』이나 『개벽』의 현상문예가 독자적인 연구 대상으로 떠오르지 못한 원인이 되었다.

그 결과가 발표되었다. 시가 30편, 소설은 그 이상이 투고되었다.[6] 선자(選者)로는 문예부장이었던 현철(소설)과 현상윤(논문)・장응진(소품문)・김석송(시)이 참여했고, 심사를 통해 모두 11편의 글을 당선시켰다.[7] 논문과 소품문에서 각각 3등 1편과 선외가작 1편이 나왔고, 시에서는 2등과 3등이 각 1편 그리고 선외가작이 2편 나왔으며, 단편소설에서는 2등에서 선외가작까지 각각 1편씩 뽑혔다. 그 결과를 표로 제시하면 아래와 같다.

표 1. 1주년 기념 현상문예 당선자 및 작품[8]

부문	작가	작품	선자	등급 및 게재	비고
소설	KS생	달	현희운(현철)	이등 / 13호	보성전문학교
	허영호	모순		삼외 / 13호	재동경
	향월	H교사의 3일간		선외 / 13호	함흥
신시	조정호	넓은 뜰에 섯는 자	김석송	이등 / 13호	곡산군
	한사배	고독		삼등 / 13호	
	한현상	옛날의 느낌		선외 / 13호	
	박판종	저녁		선외 / 13호	영암
소품문	노문희	석양	장응진	삼등 / 13호	정주
	낭엽	고범형에게		선외 / 13호	중국 소주
논문	김영희	청년제군에게 시간의 귀함을 고함	현상윤	삼등 / 13호	연희전문학교
	정기원	희망론		선외 / 13호	

『개벽』 최초의 현상문예인 「현상문대모집」은 몇 가지 주목할 만한 특징을 갖고 있다. 첫째는 『개벽』의 매체적 성격, 즉 '정론지' 내지 '언

5) 「현상문대모집」, 『개벽』 11호, 1921.5, 86면.

6) 현철 외, 「고선여감」, 『개벽』 13호, 1921.7, 문예면 58, 62면 참조.

7) 필자는 일찍이 『개벽』 유통망의 현황과 담당층을 분석하여 유통의 주된 담당층이 '청년・학생층'이었고, 이들이 주된 독자층이기도 했다고 주장한 바 있는데(최수일, 「『개벽』 유통망의 현황과 담당층」, 『대동문화연구』 49, 성균관대 출판부, 2005), 현상문예 당선자의 면면은 이 주장과 어느 정도 통하는 바가 있다. 표 1의 비고란과 실제 작품의 성향을 분석하면 현상문예 당선자의 상당수가 학생(유학생)들이었음을 알 수 있으며, 현상문예 응모자의 상당수가 이들 계층이었음을 미루어 짐작할 수 있기 때문이다.

8) 『개벽』 13호에 발표된 「현상문발표」(문예면)의 내용을 정리한 것이다.

론잡지'라는 기본 성격을 상징적으로 드러낸다는 것이다. 소설과 신시로 대표되는 정통 문예물과 '사회문제'에 관한 논설(논문)이 '현상문모집'의 형식 속에 공모됐다는 것이 그 단적인 표지다.[9] 더구나 논문은 모집대상을 소개하는 맨 앞자리를 차지하고 있었고, 상금에서도 원고분량이 더 많은 소설과 어깨를 견주었다. 500행짜리 소설 한편의 상금이 10원이었는데, 이보다 적은 300행짜리 논문의 당선금이 8원이었으니 논설의 상대적 비중을 짐작할 수 있다. 그런 의미에서 「현상문대모집」은 엄밀히 말해 완벽하고 순연한 형식의 '현상문예'는 아니었다.

懸賞文大募集
(…중략…)
問題
論 文 一行 二十三字 三百行以內(政治에 關치 아니한 社會問題)
小品文 一行 二十三字 五十行以內(隨意 題)
新 詩 短篇 二章以內(隨意 題)
小 說 一行 二十三字 五百行以內(隨意 題)
賞金
論 文 一等 八圓 二等 五圓 三等 開闢 六個月分
小品文 一等 五圓 二等 三圓 三等 開闢 三個月分
小 說 一等 十圓 二等 六圓 三等 開闢 六個月分
新 詩 一等 五圓 二等 三圓 三等 開闢 三個月分
但 各問題에 對하야 一等 一人 二等 二人 三等 三人 以內로 選定함

9) 이는 한편으로 『개벽』 내에서의 '문학'과 '정론'의 밀접한 상관성을 암시하는 것이기도 했다. 1920년대 최대의 대중정론지라는 『개벽』의 성격과 그 편집원리가 이를 견인했기 때문이다. 실제로 『개벽』의 문학은 '잡문'(보고문 등)과 함께 '정론'의 현실성을 보완하는 방식으로 '배치'되었고, 경우에 따라서는 '계몽성' 자체가 특정 문학양식의 생성원리로 발전하기도 했다. 예를 들어 『개벽』에 산재한 '기록서사물'은 '논설'이 그 양식적 출발점이었다. 『개벽』 내에서의 '문학'과 '정론(이념)'의 밀접한 상관관계에 대해서는 한기형의 「『개벽』의 종교적 이상주의와 근대문학의 사상화」(『상허학보』 17, 깊은샘, 2006)를 참조하고, 『개벽』의 편집원리와 문학의 '배치' 그리고 기록서사의 양식적 기원에 대해서는 최수일의 「1920년대 문학과 『개벽』의 위상」(성균관대 박사논문, 2001) 2장과 4장을 참조할 것.

其他 佳作品은 定員이 無限이고 그에게는 記載된 開闢 當月號를 進呈함 (…중략…)[10]

둘째는 그럼에도 제도사적 진전을 보인다는 것이다. 즉 『개벽』의 현상문예는 이전 시대의 제도적 미숙성을 돌파하는 계기였다. 먼저 응모자격과 관련하여 『청춘』은 "반드시 본지의 독자인 후에 허"한다는 의미에서 잡지에 실린 "청춘독자증"을 현상응모시 첨부토록 했는데,[11] 『개벽』에서는 이런 제한규정이 완전히 사라졌다. 현상문예가 '판매수완'이라는 꼬리표를 떼는 순간이다. 분량과 등급에 따른 상금규정에도 변화가 있었다. 『청춘』에서 '1행 23자 100행 이내'였던 단편소설의 분량이 『개벽』에서는 '500행 이내'로 늘어났으며, 단편소설과 '보통문'에만 적용되던 등급구분을 전체부문으로 확대하고, 상금도 최고 3원이던 것이 10원으로 커졌다.[12]

무엇보다 부문별로 전문 선자를 배정하고, 당선작의 등급을 세분화한 것은 '현상문예'의 제도적 정착과정에서 주목을 요하는 것이다. 이는 현상문예가 전문적이고 엄격한 심사 과정을 통해 이루어진다는 인식을 독서대중에게 심어주었고, 결과적으로 현상문예의 제도적 '권위'를 창출하는 데 기여했기 때문이다. 물론 이 과정이 순탄치만은 않았다. 『개벽』이 결과를 내지 못한 등급에 배정되었던 '상금'을 당선자들에게 나누어 지급하기로 결정한 일은 문학제도의 형성과 정착이 쉽지 않았음을 역설적으로 드러내는 사건이다.

編輯部啓事

(…중략…) 當任諸氏의 熟考精選한 바에 依하면 論文에 一二等, 小品文에

10) 「현상문대모집」, 『개벽』 11호, 1921.5.1, 86면 참조.

11) 「매호 현상문예쟁선응모」, 『청춘』 7호, 1917.5, 판권간기 앞면.

12) 물론 『청춘』 7호에 공지되어 11호에 결과가 발표된 「특별대현상」의 경우, 상금은 최고 10원이었고 육당과 춘원 두 사람이 부문을 나누어 심사했다. 한진일, 「근대 단편소설의 형성과정 연구」, 성균관대 박사논문, 62면 각주 144번 참조.

一二等, 新詩에 一等, 小說에 一等이 업는 것은 참 意外요, 자못 遺憾이 만습니다. (…중략…) 我社는 결코 經濟에 汲汲하는 것이 아니오, 우리 民族의 文化를 爲하야 讀者를 本位로 하는 故로 論文에 所定한 一二等 賞金은 三等과 選外當選者에게로, 小品文의 一二等 賞金은 三等과 選外當選者에게, 新詩의 一等 賞金은 二等 三等 選外 二人 合 四氏에게, 小說의 一等 賞金은 二等 三等 選外 三氏에게로 所定 本 賞金 外에 平均하여 進呈하기로 하엿습니다. 이것이 本部에서 受賞諸位와 한가지로 깃버하는 바이올시다. 開闢編輯部[13]

이는 표면상 고선의 전문성과 엄밀성을 사후적으로 보완하는 조치로 보이지만, 한편으로는 그렇게라도 해야 할 정도로 제도적 기반이 허약했고 또 그 제도적 '권위'가 쉽게 의심되는 상황이었음을 방증하는 것이기도 했다. 주목할 점은 이것이 당대 문학계의 보편적 상황이기는 했지만, 『개벽』이 처한 특수한 상황 혹은 『개벽』이기에 발생한 문제적 상황일 수 있다는 것이다. 그러고 보면 결과를 내지 못한 등급에 배정되었던 상금을 당선자들에게 나누어주는 사례가 흔치 않았고, 현상문예를 시작하자마자 3년간의 '휴지기'를 둔 예는 『개벽』 이외에 본 적이 없다. 여기에는 『개벽』의 매체적 성격과 문학적 지향이 중첩되어 '한계'로 작용했다는 것이 필자의 판단이다. 이에 대해서는 뒤에서 상론하겠다.

『개벽』의 지면에서 '현상문예' 공고가 재등장한 것은 3년이 흐른 뒤였다. 창간 4주년을 기념하는 취지로 기획된 이 「소설 · 희곡 현상모집」은 45호(1924.3)에 공지되어, 49호(1924.7)에 결과가 발표되었는데, 문예의 인기를 반영하듯 소설에서만 41편이 응모되었다.[14] 선자로는 염상섭(소설)과 '운정(雲汀)' 김정진(희곡)이 참여하여, 소설 5편과[15] 희곡 3편을 당

13) 「편집부계사」, 『개벽』 13호, 1921.7.1, 문예면 62면 참조.

14) 염상섭, 「선후에」, 『개벽』 49호, 1924.7, 179면 참조.

15) 『조선문단』 22호(207면)에 실린 「昨今兩年各新聞雜誌懸賞文藝當選者」에 따르면, 선외가작으로 尹宙宰의 「慰藉金」이란 작품이 더 있었던 것으로 나온다. 하지만 『개벽』의 '선후평'이나 작품발표 목록에서는 이 작품을 찾을 수 없었다. 따라서 이 작품은 통계나 표에 반영하지 않았다.

선시켰다. 당선자 중에는 훗날 카프의 대표작가가 되는 이기영과 『개벽』에서 희곡작가로 성장하여 카프에 참여하는 김영팔이 있었고, 이미 『동아일보』의 현상문예에 당선된 바 있는 신필희[16]와 『조선문단』을 통해 소설가로 등단하게 되는 '백주(白洲)' 김태수[17] 등이 눈길을 끈다.

표 2. 4주년 기념 현상문예의 당선자와 작품

부 문	작 가	작 품	선 자	등급 및 게재	비 고
소 설	최석주	파멸	염상섭	이등 / 49호	
	이기영	옵바의 비밀편지		삼등 / 49호	
	신필희	입학시험		선외 / 50호	등위 논란
	최 빙	사진구경		선외 / 50호	등위 논란
	윤귀영	흰달빛		선외 / 52호	
희 곡	匿名생	버림바든 자	김정진	삼등 / 49호	
	김태수	희생자		선외 / 50호	
	김영팔	미처가는 처녀		선외 / 52호	

16) 한 작가가 여러 매체에 당선되거나 혹은 한 매체에 여러 번 당선되는 현상은 식민지 시대에 흔한 일이었다. 예를 들어 방정환은 『청춘』과 『유심』 등에 여러 차례 투고하여 『청춘』에서만 9편의 작품이 당선되기도 했다(박현수, 「한국 근대문학의 재생산 과정과 그 의미–방정환을 중심으로」, 『대동문화연구』 53, 성균관대 출판부, 2006). 근대문학 초기 현상문예의 제도적 정착과정의 과도적 산물로 이해할 수 있을 것이다. 문제는 1920년대 중반까지도 이런 현상이 지속되었다는 데 있다. 신필희의 사례가 그 증거다. 그는 이미 『동아일보』의 "지령 1천호 기념 1천원 현상 모집"(1923.5)에서 소설 「사진」으로 2등 당선된 경험이 이미 있었고(김석봉, 「식민지 시기 『동아일보』 문인 재생산 구조에 관한 연구」, 『민족문학사연구』 32, 소명출판, 2006, 167면), 같은 해 단편소설 「산촌에서」(『동아일보』, 1923.9.2)로 "독자문단"에 뽑힌 바 있으며, 『개벽』에서도 '선외가작'이지만 2차례나 당선된다. 1925년의 '신춘문예'에 이르러서야 '신인발굴'이라는 본연의 궤도를 발견하게 되는 『동아일보』는 그렇다고 해도(김석봉, 위의 글, 167~173면) 『개벽』의 경우는 이해가 쉽지 않다. 선외가작으로 당선된 김영팔을 기성작가로 대접했고, 독자문예에 당선된 김창술을 시인으로 대접한 경우와 편폭이 크기 때문이다. 현재로서는 이것이 매체간 정보소통의 어려움에서 비롯되었는지, 아니면 작품의 질이나 성향 혹은 작가의 이념적 성향의 문제에서 비롯된 결과인지를 판단하기 어렵다. 비슷한 사례들을 풍부히 모아 비교·분석하는 작업이 이루어져야 하겠다.

17) 백주 김태수는 『조선문단』 2호(1924.11)에 소설 「과부」로 입선하여 「영생애」(7호) 등 3~4차례 작품을 발표한다. 이봉범, 「1920년대 부르주아문학의 제도적 정착과 『조선문단』」, 『민족문학사연구』 29, 소명출판, 2005, 194면 참조.

앞선 「현상문대모집」에 견주어 4주년 기념 현상문예의 가장 두드러진 변화는 큰 비중을 차지하던 '논설'이 모집부문에서 제외되고, 희곡이 소설과 나란히 현상문예의 주요대상이 되었다는 것이다. 『개벽』이 여타의 글쓰기와 구별되는 문예의 전문성을 인식하고 이를 적극 추구했고, 희곡(연극)의 '문학적 선동력'을 통찰하고 있었음을 짐작할 수 있다. 『개벽』이 창간 초기부터 '학예부장' 현철을 중심으로 「문림」이라는 독자문예란을 마련하는 등 문학에 지속적인 관심을 기울였고, 19호에 이르러 문예면을 일반기사와 구별해 편재할 정도로 문학에 열정적이었던 바, 그 연장선상에서 이해할 수 있을 것이다.

한편으로는 '현실에 착목하라'는 슬로건 아래 문학과 현실의 긴밀한 영향관계를 주장했던 『개벽』이 1923년 중반부터 시작된 매체의 방향전환(사회주의로의 경도)[18]을 계기로 문학의 현실 재현성과 '희곡'의 '민중교화력'에 재차 주목했음을 짐작할 수 있다. 『개벽』이 초대 문예부장으로 극예술 전공자인 현철을 기용한 점, 희곡을 소설과 나란히 현상문예의 중심에 올리게 된 사실은 '희곡'의 문학적 속성과 관련하여 일관되게 통하는 바가 있다.

또 다른 변화는 분량과 상금이다. 원고지 '50매 이내'였던 소설분량이 '70매 내외'로 크게 늘었고, 10원이었던 1등 상금이 '100원'으로 무려 10배나 커졌다. 1등은 실제 당선자가 없었다는 사실을 고려해서 그 기준을 2등으로 잡아도 최소 5배가 증가한 셈이다.

> 懸賞募集
>
> 小說 戱曲을 懸賞募集합니다. 小說은 一行 二十三字 十行의 七十枚內外로, 脚本은 一幕物에 限햇스며, 期限은 四月 十五日까지이오, 賞金은 一等 百圓, 二等 五十圓, 三等 二十圓이외다. 編輯局[19]

---

18) 1923년 중·후반(37~38호)을 기점으로 이루어진 『개벽』의 담론적 변화, 즉 '사회주의로의 경도'를 말한다. 이 과정에 대해서는 최수일, 「1920년대 문학과 『개벽』의 위상」, 성균관대 박사논문, 2001, 3장 참조.

필자가 아는 한 이 시기에 일등 상금 100원을 걸고 문학작품을 현상하는 신문·잡지는 거의 없었고,[20] 동일한 조건에서 희곡을 현상한 경우는 더더욱 찾기 힘들다는 점을 감안할 때, 당시 인구에 크게 회자할 만한 사건이었을 것이다. 흥미로운 점은 비슷한 시기의 문예전문지들, 특히 『조선문단』의 현상문예의 경우 '등단(신진작가)'이라는 '상징자본' 이외에 직접적인 상품이나 상금을 내세우지 않았다는 사실이다.

4주년 현상문예가 주목되는 이유는 그 외에도 몇 가지가 있다. 매체의 방향전환 이후에 처음으로 실시한 현상문예였다는 것, 『조선문단』의 창간과 그에 따른 '문예지' 현상문예의 탄생을 예고하는 시점이었다는 사실 등이 모두 중요한 사안이다. 이들은 『개벽』 현상문예, 나아가 『개벽』 문학의 사적 흐름과 의미 맥락을 되짚는 계기이자 단초이다.

1925년 2월에 실시된 「신춘독자문예대모집」(56)은 54호의 예고[21]와 55호의 공고[22]를 거쳐 56호에 결과가 발표되었다. 소설·희곡·시·소품 등 네 부문이 모집되었고 상금은 제시되지 않았으며 분량은 '23자 250행 이내'로 일괄 부여되었다. 선자는 1924년경부터 『개벽』의 편집에 참여하여 1925년 1월에 정식 문예부장이 된 '회월(懷月)' 박영희였고,[23)

19) 「현상모집」, 『개벽』 45호, 1924.3.1, 111면(문예 표지면) 참조.

20) 비슷한 시기 『동아일보』가 실시한 「지령 1천호 기념 상금 1천원 현상 모집」(1923.5.4)과 「2,000원 대현상」(1924.12.17)은 상금의 액수 면에서 『개벽』을 크게 압도한 듯 보이지만 실상을 들여다보면 전혀 그렇지 못했다. 전자의 경우 문예물에 한정한 행사가 아니었고, 문예부문에서도 각 분야의 1등 상금은 단편소설과 일막 각본이 15원, 신시와 감상문 및 논문 등이 10원에 그쳤으며, 전체 포상 상금 중 실제 지급된 일등 상금의 총액은 106원에 그쳤다. 말 그대로 『동아일보』의 "상표가치"를 높이려는 얄팍한 이벤트였다고 할 수 있다. 이는 후자도 마찬가지였으니, 논문과 소설 두 부문에 각각 1,000원의 상금을 배정했지만 응모 후 반년이 지나 행사 자체를 취소해 버린다. "신인 발굴이라는 목적의식 없이 이벤트적인 성격을 가지고 진행되었다고 밖에 달리 평가할 여지가 없다." 이에 대해서는 김석봉, 「식민지 시기 『동아일보』 문인 재생산 구조에 관한 연구」, 『민족문학사연구』 32, 소명출판, 2006, 163~167면을 참조할 것.

21) 54호(1924.12)의 「여언」 말미에 있는 "신년호부터는 독자와 공히 숙제로 잇든 독자문예를 실시하랸다"는 박달성의 언급을 가리킨다.

22) 「신춘독자문예대모집」, 『개벽』 55호, 1925.1, 98면 참조.

23) 박영희가 방정환의 소개로 개벽사에 입사한 것은 1924년 4월이고(손해익, 『박영희의

모두 4편[24)]의 시를 당선시켰다. 회월의 '선후감'[25)]에 따르면 한정된 지면과 작품의 질이 떨어지는 관계로 다른 부문에서는 당선작을 내지 못했다고 한다.

표 3. 「신춘독자문예대모집」의 당선자와 작품[26)]

부문	작 가	작 품	선 자	등급 및 게재	비 고
시	김창술	**대도행**	박영희	등급 없음 56호	다른 부문 당선자 내지 못함
	想 無	**조선혼아**, 사의 이별, 외로운 혼			
	정래동	**눈오는 아츰**, 겨울달			
	김영수	**녯 환경으로부터**, 새해로 옴기는 째의 소리			

「신춘독자문예대모집」의 가장 큰 특징은 '독자투고'와 본격적인 '현상문예'의 중간 형태라는 것이다. 박영희의 지적처럼 '독자문예'라는 이름부터가 "문예를 전문으로"하는 차원에는 미치지 못함을 드러내는 것이지만,[27)] 그렇다고 『개벽』이 창간호부터 실시해온 단순한 '독자투고'[28)]의 차원에 머무는 것은 아니었기 때문이다. 예를 들어 "신시대의 신진작가를 환영하기 위하야"[29)]라는 취지를 분명히 했고, 당선자의 한 사람인 김창술이 이후 『개벽』에서 기성시인으로 인정받으며 경향성 짙

문학 연구』, 시문학사, 1994, 58면), 『개벽』의 편집에 관여한 것은 1924년경이며(박영희, 「신흥문학의 대두와 개벽시대 회고」, 『조광』 32호, 1938.6, 54면), 정식으로 문예부장이 된 것은 1925년 1월의 일이다(「여언」, 『개벽』 55호, 1925.1, 판권간기면).

24) 당선자은 4작품이지만 결과 발표시 게재된 작품의 총 수는 표 3에서 보듯이 8편이었다. 보통 한 사람이 여러 편을 공모하는 시부문의 특성상 당선자의 나머지 작품들도 게재한 것으로 보인다.

25) 박영희, 「독자문예를 발표하면서」, 『개벽』 56호, 1925.2, 87면 참조.

26) 강조된 4편이 당선작이고, 나머지는 당선자의 다른 작품들로 당선작과 함께 게재되었다.

27) 박영희, 앞의 글, 87면 참조.

28) 『개벽』은 창간호부터 '독자투고'를 모집했고, 5~12호까지 8회에 걸쳐 「독자교정란」 안에 「문림」이라는 독자문예란을 운영했다.

29) 「신춘독자문예대모집」, 『개벽』 55호, 1925.1, 98면.

은 작품을 게재했다는 것은 '독자문예'가 본격적인 '현상문예'에 접근했다는 표식으로 읽힌다.[30]

문제는 이런 '과도적 형식'이 왜 몇 차례의 현상문예가 실시된 이후에 등장하느냐 하는 것이다. 얼핏 '시계추를 뒤로 돌리는 듯한' 이 현상 앞에서 우리가 주목할 것은 「신춘독자문예대모집」이 시행된 '시점'이다. 박영희가 문예부장으로 등극한 후 벌인 첫 사업이 '독자문예모집'이며, 당당히 '고선자'로 등장하게 된 것도 이때가 처음이다. 아울러 '서민적·민중적 문학시대'의 도래를 천명하며 『개벽』이 그 문학적 지향을 선명히 드러낸 것도 이 시점이다.

> 文藝라는 것이 人生의 感情을 혹은 情緖를 純化시키는 데에 큰 勸力을 가젓다는 것보다도 文藝는 人生生活에 確平한 根據를 두어 가지고, 思想向上과 生活啓發에도 多大한 影響을 주는 時代는 왓다. 그런 故로 文學은 智者들의 苦悶을 慰勞하려는 一部 혹 一團의 全用的 手段이 아니라 全民衆的 또는 全人類의 普遍的 文藝가 되어야겟다. 그러나 우리에게는 現今 文藝라 하는 것은 知識階級 一部의 것인 外에는 一般으로는 文藝를 사랑할 줄 몰으고, 理解할 줄도 몰낫다. 이에 비롯해서 우리 開闢은 할 수잇는 대로 紙面을 犧牲하면서도, 一般으로 讀者 諸氏의 文學的 趣味를 增進케하며 짜러서 讀者 諸氏의 創作的 才能을 熟練케함으로써 朝鮮이 찻는 新進作家를 歡迎하기 爲해서 二月號부터 紙面을 公開하겟으니 機會를 일치말고 原稿를 보내주시오.[31]

문학사적으로 1925년이 '신경향파문학'이 본격화되고 또 카프가 결성된 해였다는 점을 감안할 때, 앞서 언급한 제반 사항들이 '신경향파문학'의 탄생과 밀접한 연관이 있음을 알 수 있다. 물론 이 점은 「신춘독자문예대모집」 직후에 있었던 5주년 기념 현상문예에 이르면 좀더

30) 반대로 명칭이나 분량 등의 세부규정은 '독자투고'에 가깝다. 분량의 경우 일반적 독자투고가 50행, 현상문예의 경우는 500~700행이었는데, 독자문예는 250행이었다.
31) 「신춘독자문예대모집」, 『개벽』 55호, 1925.1, 98면.

또렷해진다.

5주년 기념 「현상단편소설모집」은 58・59호(1925.4~5)에 연속 공지되고 61호(1925.7)에 그 결과가 발표되었다. 분량과 상금 규정은 4주년 기념 현상의 경우와 같았고, 문예부장 박영희가 주관하여 40여 편의 응모작 중 4편의 소설을 당선시켰다. 당선자 중에는 신경향파문학의 대표작가로 성장하는 송영(송동양)이 있었고, 4주년 기념 현상문예에서 「입학시험」으로 이미 당선되었던 신필희가 있었다.

표 4. 5주년 기념 「현상단편소설모집」의 당선자와 작품

부문	작 가	작 품	선 자	등급 및 게재	비 고
소설	박길수	짱 파먹는 사람들	박영희	이등 / 61호	
	송동양	느러가는 무리		삼등 / 61호	*송영
	최 문	두 젊은 사람		선외 / 62호	
	신필희	살해		선외 / –	게재 안 됨

「현상단편소설모집」은 '신경향파문학'이 반도문단의 한 분파로서 궤도에 안착했음을 알리는 신호탄으로 볼 수 있다.[32] 그만큼 현상문예의 면면들이 강하게 '신경향파문학'을 환기하는 것이다. 실제로 신경향파문학의 거두인 박영희와 송영이 나란히 선자와 당선자로 이름을 올렸고, 당선된 작품들은 '빈곤・계급・사상'문제의 형상화에 초점을 두고 있다. 특히 강한 어조로 작성된 취지문은 "문예는 시대정신의 산물이며, 그 시대에 처한 인간고의 부르지짐"이라 하여 '사상운동'으로서의 문학을 천명하고 있으니,[33] 그 자체가 '신경향파문학'의 이념지향이자 현상

32) 이런 점에서 보면 2~3달 전에 있었던 「신춘독자문예대모집」은 5주년 기념 현상문예를 위해 급조된 하나의 '예행연습'이었을 가능성이 높다. 이는 새로운 문예부장의 등극과 『개벽』의 문학적 지향에 걸맞은 '선자'의 탄생, 즉 박영희의 등장에 맞대어진 사업이었고, 또 지속적이지도 못했다. 실제로 매월(매호) 실시하기로 한 이 '독자문예'가 단 일회 실시에 그쳤다.

33) 이런 자신감의 이면에는 사회 전반을 풍미했던 사회주의의 열풍과 카프의 결성으로

문예의 선별기준이기도 했다.[34)]

한편, 「현상단편소설모집」은 문학의 '정치성 혹은 이념성'을 선명히 드러낸 사례로 볼 수 있다. 즉 제도적 장치 뒤로 숨곤 하는 '문학의 정치성'을 드러내어, 제도적 진전이 곧 정치성의 '고도화'이기도 하다는 점을 선명히 했다는 것이다. 실제로 앞서 언급한 「현상단편소설모집」의 면면들은 현상문예의 취지와 선자와 작품 성향을 '이념성'에 의거해 조율한 결과이며, 따라서 1925년의 현상문예는 '이념적 명료함'과 그것의 '제도내적 완결'의 추구로 요약될 수 있다.

흥미로운 것은 『개벽』의 현상문예가 「현상단편소설모집」을 마지막으로 지면에서 사라진다는 것이다. 관례대로라면 6주년 기념호인 71호에 '현상문예'가 실려야 하지만 그러지 못했고,[35)] 『개벽』은 그 한달 뒤에 강제폐간 된다. 왜 '현상문예'를 통해 표출된 『개벽』의 자신감은 선언에 그치게 된 것일까? 이는 1926년을 전후한 '프로문학' 진영의 시선전환, 즉 문예전문지 창간에 직접적인 원인이 있을 것이다. 즉 『문예운동』 등의 창간을 통해 '프로문학' 재생산의 무게중심이 전문지를 향했고, 『개벽』은 '등단제도'의 중심에서 한발 물러서야 했던 것이다. 현상문예(등단제도)와 '종합지'의 관계가 날카롭게 재정립되는 순간이 온 것이다.

전체적으로 볼 때 『개벽』의 현상문예는 『청춘』의 실험적 한계를 극복하여 좀더 완결되고 원숙한 제도의 기틀을 마련했다고 할 수 있다. 이처럼 『개벽』의 현상문예가 『청춘』과 『조선문단』의 매개물로 기능할

대표되는 조직적 성장이 중요하게 작용했지만, 무엇보다도 1925년을 전후로 이루어진 신경향파문학의 양적 · 질적 성장이 크게 작용했다. 이는 『개벽』의 지면을 통해서도 쉽게 확인되는데, 1925년을 전후해 신경향파문학의 대표적 작품과 저술들이 집중적으로 양산되고 있음을 볼 수 있다.

34) '신문학의 건설'이나 '신진작가의 발굴' 등의 당대 보편적인 현상문예의 취지였지만, 『개벽』의 경우는 이를 넘어서 작품의 경향과 이념성까지도 선명히 하고 있다는 점에서 차별화된다.

35) 6주년 기념호의 문학기획은 '현상문예'가 아니라 '해외문학특집(번역)'이었다. 영국 · 러시아 · 독일 · 일본 등의 대표적 혁명문학 작품들과 문학론을 번역해서 실었다.

수 있었던 원인은 먼저 그 특수한 문학사적 위치 때문이었다. 『청춘』과의 매체·문학적 친연성[36)]은 『개벽』으로 하여금 『청춘』의 문학과 현상문예를 주목하게 했고, 『개벽』의 경험은 곧바로 『조선문단』에 의해 '벤치마킹'되었던 것이다.[37)] 하지만 그것이 전부는 아니다. 『개벽』의 문학(현상문예)을 기획하고 추동한 편집진의 열성과 노력을 감안해야 한다. 『개벽』의 현상문예의 전개과정에 우여곡절이 많았던 만큼 편집진의 고뇌와 분투의 시간이 늘었을 것이기 때문이다.

한편으로 『개벽』의 현상문예는 『개벽』이라는 매체의 성장과정의 산물이며, 『개벽』의 문학적 성장과정을 드러내는 단면으로 볼 수 있다. 앞서 보았듯이 『개벽』의 현상문예의 제도적 진전과정이 『개벽』의 문학적 탐색과정, 특히 '신경향파문학'의 탄생 과정과 떼려야 뗄 수 없는 관계에 있었다는 표식들을 발견할 수 있었다. 남은 과제는 이 표식들을 엮어 신경향파문학의 탄생에 대한 새로운 관점과 시각을 제시하는 것이다.

---

36) 『청춘』과 『개벽』의 친연성은 양자가 공히 문학의 사회적 기능(역할)을 강조했고, 대중적이고 계몽적인 편집체계를 구축했으며, 모두 기성 문학과 구별되는 새로운 문학을 시도했다는 점에서 확인된다. 더구나 『개벽』이 32호(1923.2)까지 『청춘』의 발행소였던 '신문관'에서 인쇄되었다는 사실은 양자의 밀접한 연관을 암시한다.

37) 이는 '현상문예실시'나 '외국문학소개' 등 문학의 특정 영역에서만 일어난 사안이 아니었다. '개방성과 대중성'으로 요약되는 『조선문단』의 매체적 특성이나 대중적 기획사업, 그리고 유통체계에 이르기까지 『조선문단』은 총체적으로 『개벽』의 경험에 기댄 바가 컸다. 이에 대해서는 최수일, 「1920년대 문학과 『개벽』의 위상」(성균관대 박사논문, 2001, 207~212면)과 이경돈, 「『조선문단』에 대한 재인식」(『1920년대 문학의 재인식』, 상허학보 7, 깊은샘, 2001, 73~82면), 이봉범, 「1920년대 부르주아문학의 제도적 정착과 『조선문단』」(『민족문학사연구』 29, 소명출판, 2005, 179~187면)을 비교·참조.

3. 『개벽』 문학의 지향과 '신경향파문학'의 탄생

한 매체가 추구한 문학의 '흐름'과 '기저(基底)'를 탐색하는 작업은 무척 흥미롭지만 쉽지 않은 일이다. 매체에 게재된 문학 관련 글들에 대한 계통적 통계를 뽑고 문학을 둘러싼 인적 소통관계를 재구성하는 일은 기본이고, 매체의 성격과 그 문학의 '재생산 회로'[38] 전반을 장악해야만 '속살'을 엿볼 수 있기 때문이다. 『개벽』은 자타가 공인하는 '문단적 공기'[39]였기 때문에 그 문학적 궤적에 특정한 경향이나 '흐름'을 얹어 이해하는 것이 더욱 어렵다.[40] 당대에 활동했던 거의 대다수의 작가들이 이름을 올렸고, 그런 만큼 인적 소통관계 또한 다양하고 복잡했기 때문이다. 이런 때에는 기본 자료 작업을 전제로 매체의 성격이나 그 문학의 '재생산 회로'를 접근 코드로 활용하는 것이 효과적이다. 예를 들어 '정론성'이라는 『개벽』의 핵심 표지를 통해 문학관련 통계나 인적 소통관계에 나타나는 표면적 '무작위성'을 갈무리하는 것이다. '현상문예'를 통한 접근은 좀더 실증적이고 직접적이다.

'현상문예'란 그 자체가 '문학기획'이고, 따라서 기획안의 방향 표지들을 좇아가면 통계나 인적 소통관계가 가진 표면적 '모호함'을 극복할 수 있기 때문이다. 더구나 '등단제도'로서의 '현상문예'는 어떤 식으로든 『개벽』의 문학적 재생산 방향을 표지할 수밖에 없었다. 앞장에서 보았던 현상문예의 현황과 변모양상은 이런 판단이 잘못되지 않았다는 것을 말해준다. 무엇보다도 5주년 기념 「현상단편소설모집」의 면면들,

---

38) '등단—승인—향유—등단(독자→작가)'으로 연속되는 근대문학의 재생산 메커니즘을 가리킨다.

39) 김동인은 「문단회고」(『김동인전집』 6, 삼중당, 1976, 283면)에서 "조선의 전문인이 『개벽』을 무대로 놀았"고 그런 의미에서 "『개벽』이 조선 문예계에 끼친 공로를 결코 몰각할 수 없다"고 말한 바 있다.

40) 특히 '신경향파문학'의 발생 이전, 즉 『개벽』 전반기에는 이런 어려움이 두드러진다.

즉 선자와 당선자 그리고 당선작품의 경향은 이 시기 『개벽』 문학의 '지향점' 내지 재생산의 '방향'을 명확히 드러내는 것이라고 할 수 있다. 특히 '신경향파문학'을 강하게 환기하는 그 '취지문'은 『개벽』 문학의 '현실지향성' 내지 '정론지향성'을 선명하게 드러내 준다. 요컨대 '신경향파문학'은 『개벽』의 문학적 지향의 '최대치'였다고 할 수 있다.

그런데 '신경향파문학의 탄생'이라는 근대문학사의 쟁점과 관련하여 우리가 꼭 염두에 두어야 할 사항은 '신경향파문학'이 『개벽』의 문학적 지향의 최대치라는 사실 자체가 아니라, 이것이 『개벽』의 문학적 모색 내지 지향의 연장선 위에 존재한다는 것이다. 즉 1924~25년의 신경향파문학과 이전 시기의 『개벽』 문학이 밀접한 연관성 내지 일관성을 가지고 있었다는 것이다. 이러한 연관성 내지 일관성을 부정할 때, 논의는 과거의 틀로 회귀할 가능성이 높아진다. 즉 '신경향파문학의 탄생'을 사조론적 의미망 위에 재구하거나,[41] 동인지문학의 전통 속으로 '환원'시키는[42] 것이다.[43] 이는 『개벽』이 '신경향파문학'의 시원지가 되기까지의 치열한 내적 고투의 과정을 무화시키는 것이고, "근대문학사의 흐름을 매체와의 관계 속에서 새롭게 포착"[44]할 수 있는 계기를 부정하는 일이며, 결국 신경향파문학의 탄생을 객관적으로 재구성할 수 있는 중요한 단서들을 방기하는 일이다.[45] 따라서 필자는 『개벽』 문학의 연속

41) '신경향파문학'을 낭만주의와 자연주의의 '혼탁한 교류'로 설명한 임화의 논지가 대표적 사례이다. 임규찬·한진일 편, 『임화 신문학사』, 한길사, 1993, 351~369면 참조.

42) '경향문학'의 출발을 동인지문학 특히 『백조』의 해체와 연관지어 파악하는 김윤식·정호웅의 논지가 대표적 사례이다. 김윤식·정호웅, 『한국소설사』, 예하, 1993, 107~114면 참조.

43) 지극히 문예지 중심적이고 획일적인 기존의 논의 구도는 종합지(『공제』·『신생활』·『개벽』 등)의 문학이 끼어들 입지를 제한한다. 그런데 이들 매체들, 특히 『개벽』은 그 시원지로서 신경향파문학의 육체성 내지 물질성을 구현한 주요 '매체'로 평가받는다. 따라서 신경향파문학의 탄생과 관련된 매체의 문제는 문예지와 종합지를 아우르는 '균형잡힌 시각 내지 구도' 위에서 재구성될 필요가 있다고 본다. 그리고 이것이 필자가 『개벽』의 문학을 주목하는 이유이기도 하다.

44) 한기형, 「『개벽』의 종교적 이상주의와 근대문학의 사상화」, 『상허학보』 17, 깊은샘, 2006, 52면 각주 23번 참조.

성을 부정하거나 '신경향파문학'을 『개벽』과 분리하여 이해하려는 관점에 반대한다. 그렇다면 『개벽』 문학의 내적 연속성을 드러낼 만한 증거가 있는가? 결론부터 말하면 '그렇다'.

우선 신경향파문학 탄생의 저변이라 할 수 있는 『개벽』의 사상적 변모 과정[46]이 말해주는 바가 적지 않다. 1923년 중·후반(37호)을 경계로 사회주의적 풍조가 확산되는 것은 사실이지만, 최근의 연구 결과가 보여주듯이 이는 『개벽』에 본원적으로 내재했던 '지향'의 자연스런 발화이지 없던 것이 갑작스럽게 생겨난 것이 아니다.[47] 일찍이 필자는 『개벽』의 '사회주의 전면화'를 『개벽』의 내적인 사상투쟁의 산물, 즉 '개조

---

45) 필자가 보기에 신경향파문학의 탄생을 재구성하기 위해서는 1920년대 초중반의 사회주의 열풍과 '파스큘라'와 '염군사'로 대표되는 문예운동의 조직적 측면 외에 좀더 직접적인 계기들을 언급할 필요가 있다. 첫째는 사회 역사적 현실과 문학이 만나는 접점으로서의 '매체'(『백조』와 『개벽』 등)이고, 둘째는 신경향파문학의 탄생과 직접적인 연관이 있는 인물(김기진·박영희)이며, 셋째는 매체(『백조』)와 매체(『개벽』)를 넘나들며 이루어진 인물들(방정환·김기진·박영희)의 소통이다. 즉 신경향파문학의 탄생을 해명하기 위해서는 『백조』와 『개벽』이 균형감 있게 다루어져야 함은 물론이고, 『백조』의 핵심 멤버였던 박영희가 친분을 바탕으로 김기진과 방정환을 동인으로 끌어오고(「육호잡기」, 『백조』 3호, 1923.9의 월탄의 언급 참조), 반대로 『개벽』의 핵심 멤버였던 방정환이 김기진을 통해 박영희를 『개벽』과 관계시키는 소통관계에 주목해야 한다는 것이다. 특히 1924년부터 『개벽』의 편집에 관여했고, 1925년 문예부장으로 취임한 박영희가 신경향파문학의 거두로 성장한다는 사실을 염두에 두면, 방정환과 김기진, 그리고 박영희의 소통은 단순한 교우관계로 보기 어려운 대목이 있다. 무엇보다도 이들 관계의 중심에 소파 방정환이 있었다는 점에서 『개벽』측이 의식적으로 김기진과 박영희를 포섭하려 했다는 추론도 가능해진다. 물론 『백조』측이 『개벽』을 염두에 두고 방정환을 동인으로 삼았다는 가설도 가능할 것이다. 이에 대해서는 좀더 세밀한 접근이 필요하다고 생각한다. 이 세 사람의 소통에 대해서는 김기진과 박영희의 '회고'를 참조할 것. 홍정선 편, 『김팔봉문학전집』 2－회고와 기록, 문학과지성사, 1988; 이동희·노상래 편, 『박영희전집』 2, 영남대 출판부, 1997.

46) 더 넓게는 1923년을 경계로 전 사회에 불어닥친 '사회주의의 대두'와 '문화운동'의 몰락이 더 큰 사회·역사적 저변이었음은 물론이다.

47) 한기형은 『개벽』이 초기부터 천도교 인민주의의 시각에 입각하여 자연스럽게 사회주의적 가치에 접근해 나갔다는 관점에서 『개벽』 초기의 사회주의적 면면을 날카롭게 실증한 바 있다. 미세한 결의 차이는 있지만 '사회주의의 전면화'를 발전론적 도정에서 바라보려는 관점은 필자와 정확히 일치하고 있다. 한기형, 「『개벽』의 종교적 이상주의와 근대문학의 사상화」, 『상허학보』 17, 깊은샘, 2006, 49~60면 참조.

론' 내의 사상 분파의 하나였던 사회주의가 치열한 사상투쟁의 과정을 거쳐 '우이'를 잡는 과정으로 설명한 바 있는데,[48] 이 역시 전·후기 『개벽』의 사상적 연결성을 방증하는 것이라고 할 수 있다.

4차례에 걸친 『개벽』의 현상문예는 『개벽』의 문학이 일관된 '흐름' 내지 '기저'를 가지고 있었음을 좀더 직접적으로 드러낸다. 이런 점에서 '신경향파문학선언'으로 볼 수 있는 「현상단편소설모집」의 '취지문'은 중요하다. 신경향파문학의 내적 논리가 선연히 드러나기 때문이다.

> 현상소설대모집(본지 창간 오주년 기념으로)
>
> ……이와 가티 現今까지에 朝鮮文藝의 多數는 그들의 外的 生活苦와 아울러 그 苦悶이 漂하는 엇더한 한 偉大한 眞理 사이에서 부듸쳐 나오는 光明을 發揮시키기에는 너무나 思索이 不足하엿다. 아니다 너무도 文藝를 樂享的으로 獨立시키려 하엿으며 文藝를 技巧化하려고 하엿든 例도 事實이다. 얼는 말하면 이제 懸賞文藝募集을 하는 本社의 目的은 沈滯와 倦怠의 港口에서 헤매는 우리 思想에 새로운 光明을 빗치게 하며 時代的眞理를 차지려 함이다. 卽 말하면 諸氏의 文藝에서 새로운 時代를 發見하려 함이요, 새로운 眞理를 構成하려 함이며, 새로운 躍動을 엿보라는 것이다. 그럼으로 그 時代에 잇는 사람은 그 時代에 苦悶을 遺憾없시 發表하려고 努力하려는 데에 그들의 生에 對한 使命이 잇다. 文藝는 時代精神의 産物이며 그 時代에 處한 人間苦의 부르지짐이다. ……[49]

인용문의 강조한 부분을 '복기(復棋)'하면 '신경향파문학'은 현실과 동떨어진 '향략적이고 기교적인' 기성 문학을 비판하고, 문제적 현실의 한가운데서 이를 형상화하고 개척하는 '새로운 문학'이라고 정리할 수 있다. 즉 '신경향파문학'은 현실지향성(정합성)과 '反예술지상주의'를 내적 논리의 근간으로 삼고 있다고 할 수 있다. 주목할 점은 동전의 양면 같은 이 두 가지 지향이 『개벽』의 현상문예의 전(全) 과정에 관류하고 있

48) 최수일, 「1920년대 문학과 『개벽』의 위상」, 성균관대 박사논문, 2001, 3장 참조.
49) 「현상소설대모집」, 『개벽』 58호, 1925.4.1, 60면.

고, 나아가 『개벽』의 문학 전반을 통어한다는 사실이다.

돌이켜보면 『개벽』의 현상문예는 출발부터가 그러했다. 『개벽』의 1주년 기념 현상문예의 선자 배정은 『개벽』의 편집진이 이 두 가지 원칙에 매우 충실했음을 보여준다. 4명의 선자, 즉 『개벽』의 문예부장 현철과 『청춘』 시대를 환기하는 현상윤과 장응진 그리고 「무산자의 절규」를 쓰고 훗날 '파스큘라'의 성원이 되는 김석송[50]은 모두 동인지문학과 어느 정도 거리가 있는 존재들이었고, 동시에 문학의 사회적 기능 혹은 문학과 현실의 긴밀한 관계를 '환기'하는 존재들이었던 것이다. 물론 이런 선자 배치가 『개벽』 편집진의 의도된 '기획'이었다는 것을 단박에 입증할 수는 없다. 다만 이것이 『개벽』이 출발부터 동인지 작가들에게 널리 지면을 개방했던 사실과 '배치'되는 면이 있음은 분명해 보인다. 더구나 '현상문예'의 성패를 가늠할 수 있는 작가적 '지명도'에 있어서 이 세 사람은 『개벽』에 이름을 올리고 있었던 여타 동인지 작가들에 미치지 못했다. 『개벽』 전반기(1~30호)에 총 18회 글을 게재한 김석송은 32회 글을 게재한 김억의 문명(文名)을 따르기 어렵고, 소설 전공자도 아닌 현철(55회)보다는 염상섭(13회)과 김동인(1회)이 소설 쪽에서는 대중적 명성이 높았다. '대중성의 문제'를 깊이 고민했던[51] 『개벽』의 편집진이 선자의 대중적 '지명도'를 무시했다는 것은 그 속에 다른 의도를 담고 있었음을 말한다. 요컨대 『개벽』은 '새로운 문학'을 꿈꿨던 것이다.

4주년 기념 현상문예는 『개벽』이 '새로운 문학'을 기획했다는 또 다른 증거이다. 4주년 기념 현상문예에서 『개벽』의 편집진은 선자로 염상섭과 「복어알」의 작가 김정진을 내세우는데, 이는 1주년 기념 현상문예의 참담한 실패[52]를 곱씹은 결과였다. 즉 3년간의 '와신상담'을 통해 마

50) 김석송의 생애와 활동 그리고 작품 경향에 대해서는 주근옥, 『석송 김형원 연구』, 월인, 2001 참조.

51) 대중성 · 계몽성 · 현실성은 『개벽』의 편집원리였고, 대중성은 『개벽』의 매체적 성공의 결정적 디딤돌 역할을 했다. 이에 대해서는 최수일, 「1920년대 문학과 『개벽』의 위상」, 성균관대 박사논문, 2001, 2장을 참조할 것.

련한 현실적인 조치이자 '고육책'이었다고 할 수 있다. 그러나 『개벽』의 본질이 바뀐 것은 아니었다. 출발부터 '현실에 착목하라'는 모토를 가지고 있었던[53] 『개벽』은 정치·시사가 허가된 28호(1922.9) 이후에는 좀더 직접적으로 민족 현실을 형상화하는 '새로운 문학'의 기획을 구체화하고 있었던 것이다. 연애 일변도의 독자투고를 비판하고 '현실문제'에 눈을 돌리라고 독자들에게 고언(苦言)하는 아래의 글은 그 방증이다.

> ……投稿 中에는 文藝에 關한 것이 第一 만흐며 文藝의 投稿 中에도 戀愛中心의 것이 第一 만흔 바 우리는 그런 部類에 屬한 글을 歡迎치 아니하며 더좀 實地 잇는 方面에 着眼함이 잇기를 바라는 바이다.[54]

문제는 선자들의 고선 방향과 『개벽』 편집진의 이런 '속뜻'이 일치하지 않았다는 것이다. 동인지문학의 대표작가인 염상섭은 '작가적 수완'과 '심리묘사'에 방점을 두어 작품을 선별했고, 김정진 또한 기교와 조직에 초점을 두었다. 더구나 김정진은 '성애의 혁명'을 '사상운동의 최신한 자'로 적극 평가했고, 정치적 성향이 짙은 작품은 검열을 핑계로 고선에서 아예 제외해버렸다. 이는 결국 당선작의 등위가 뒤바뀌는 결과를 낳았다. 염상섭이 응모된 '41편 중에서 제일 우수'하여 '1등의 가치가 있는' 작품으로 극찬하며 2등으로 뽑았던 「입학시험」과 '3등으로 뽑기에는 오히려 아까울 만한 훌륭한 작품'이라고 평했던 「사진구경」이 모두 '선외가작'으로 처리된 것이다. '순조선문'을 쓰라는 응모규정을 지키지 않았다는 것이 그 이유였다.

---

52) 응모된 작품들의 수준이 기대 이하였고, 또 이렇다 할 작가를 발굴하지도 못했기 때문이다. 작품의 수준이 낮았다는 것은 선자들의 공통된 의견이기도 하지만 필자의 판단 또한 그렇다. 현상윤 외, 「고선여감」, 『개벽』 13호, 1921.7.1의 문예면 57~62면 참조.

53) 방정환과 박달성의 소설과 기록서사, 그리고 현진건의 소설은 『개벽』의 전반기 문학이 '현실에 뿌리를 두라'는 매체의 슬로건에 충실했음을 방증하는 것이라고 볼 수 있다. 이에 대해서는 최수일, 「1920년대 문학과 『개벽』의 위상」, 성균관대 박사논문, 2001, 4장의 2~3절 참조.

54) 「척필지여」, 『개벽』 34호, 1923.4.1의 판권간기면 참조.

그런데 大體의 成績으로 말하면 一等이 업섯슴이 유감이나, 二等으로 崔錫周 君의 「破滅」과 申必熙 君의 「入學試驗」을 뽑으랴하얏고, 三等으로는 최빙 君의 「사진구경」과 李箕永 君의 「옵바의 비밀편지」를 뽑으랴하얏다. 事實 申必熙 君의 「入學試驗」으로 말하면 四十一 篇 中에서 第一 優秀할 쑨만 아니라 數三處의 不滿한 点이라든지 大體로서 엇더한 缺点(이것은 追後로 原作을 發表할 때에 쓰랴고 한다)만 除하면 實로 一等의 價値가 잇는 作이엇고 또 최빙 군의 「사진구경」으로 말할지라도 「入學試驗」이나 「破滅」보다는 어썰까하지만 오히려 三等으로 아까울 만한 훌륭한 作이엇다.

그러나 섭섭한 일은 開闢社에서 發表한 規定에 違反되엇다는 것, 다시 말하면 「純朝鮮文」이라는 規定을 無視하고 「朝漢文」을 使用하얏다는 것이 問題가 되어서 「選外佳作」으로 밀게 된 것은 選者로서는 아깝기 짝이 업는 일이다. 그리하야 大體의 豫選을 마치고 開闢社의 責任者에게 議論하야 보앗스나 到底히 規定을 無視할 수 업슬 쑨만 아니라 다른 作者에게 不平이 잇슬까하야 못하겟다는 意見도 一理가 업지 안키로 同社의 要求대로 그리한 것이다. 그러나 그 中에도 申 君이 「入學試驗」을 쓰면서 規定을 無視하야 겨우 落選을 勉하얏다는 것이 一種의 「아이로니」를 늣기게 하얏다.[55)]

하지만 '순조선문' 규정은 표면적인 이유였을 가능성이 높다.[56)] 현재로서는 그런 응모규정이 공시되었는지도 의문이고,[57)] 한자를 섞어 쓰는 일이 상례화되어 있었던 『개벽』에서 그런 규정을 갑자기 내세웠다는 점도 의심을 불러일으킨다. 실제 『개벽』에 실린 작품들에는 논설이나

55) 염상섭, 「선후에」, 『개벽』 49호, 1924.7.1, 179~180면 참조.

56) 『개벽』은 '순조선문' 규정을 들어 '고선결과'를 뒤집음으로써 두 가지 결과를 얻었다. 첫째는 '현상문예'와 관련된 편집진의 '속뜻'을 분명히 펼쳤고, 둘째는 '순조선문' 규정을 통해 당대 보편적 문학규범을 실현이라는 '합리성'도 획득할 수 있었다. 1924~25년이 '순조선문'이라는 문학규범이 보편화되는 시점이었다는 점을 감안할 때, 『개벽』의 편집진은 문단의 보편적 합리성에 의거해 자신들의 의도를 관철할 수 있었던 것이다. '문학어의 형성과정'에 대해 세세한 조언을 해준 동아시아학술원의 이혜령 선생에게 감사의 인사를 드린다.

57) 필자는 4주년 기념 현상문예와 관련하여 '순조선문' 규정을 『개벽』에서는 발견하지 못했다. 여타 잡지와 신문에는 그런 공고가 실렸을 가능성이 없지 않으나 아직까지는 발견하지 못했다. 흥미로운 것은 '순조선문' 규정이 문제가 되자 5주년 기념 현상문예 공고(58호, 문예면 60면)에는 '순조선문'이란 글자가 선명히 새겨진다는 것이다.

잡문 등에 비해 한자가 상대적으로 덜 쓰이는 것이 보통이지만, 그렇지 않은 사례도 많다.[58] 더구나 필자가 본 바로는 「입학시험」에 한자가 많은 것은 사실이지만 '난독'을 초래할 정도의 '고어투'는 아니었다. 여러모로 미루어 보아, 이는 고선의 입각점과 결과에 대한 편집진의 불만에서 야기된 사건일 가능성이 높다. 즉 고선 방향과 현상문예를 통한 『개벽』의 문학 기획이 충돌한 것이다. 『개벽』 편집진의 '속뜻'이 '새로운 문학'에 걸맞은 '고선'에 있었음은 물론이다.

『개벽』이 주류문단에 각성을 촉구하고 현실에 착목하는 새로운 문학을 꿈꾸었고, 그 결과 신경향파문학의 '산실'이 되었다는 것을 방증하는 사례는 그 외에도 더 있다. 무엇보다도 『개벽』의 문학적 바탕이 신경향파문학과 통하는 바가 많다. 필자는 일찍이 『개벽』에 산재해 있는 '기록서사양식'에 주목했는데, 정론(논설)의 '현실감(현실성)'을 보완하기 위해 모색된 이 문학 양식은 어떤 측면에서는 『개벽』이 추구한 새로운 문학의 '원초적 양식'이라고 할 수 있다. 신경향파문학의 대표작인 최서해의 「탈출기」가 바로 이 양식에서 비롯되었고,[59] 『개벽』에서 현진건이 개척한 새로운 리얼리티의 경지가 '체험의 사실적 기록'인 '기록서사'와 맥을 대고 있기 때문이다.[60] 아울러 전반기 『개벽』 문학과 사회주의와의 '친연성'을 인적 소통과 작품 경향을 통해 실증한 최근의 연구[61]는 『개벽』 문학의 연속성과 새로움을 보여주는 것이라고 할 수 있다.

따라서 '신경향파문학'을 『개벽』의 문학적 모색 과정으로부터 분리

58) 비슷한 시기에 실린 희곡 「왕소군」(양백화 역, 55호), 박영희의 수필 「불이야! 불이야!」(55호), 희곡 〈인조노동자〉(박영희 역, 56호) 등의 한자 사용 빈도는 「입학시험」의 그것과 큰 차이가 없다.

59) 최서해의 「탈출기」의 원본이 '기록서사물'이었는지에 대해서는 이경돈, 「1920년대 기록서사와 근대소설」, 『상허학보』 8, 깊은샘, 2002 참조.

60) 기록서사와 최서해의 「탈출기」 그리고 현진건의 「빈처」 사이의 밀접한 상호관계에 대해서는 최수일, 「1920년대 문학과 『개벽』의 위상」, 성균관대 박사논문, 2001, 4장 2~3절을 참조할 것.

61) 한기형, 「『개벽』의 종교적 이상주의와 근대문학의 사상화」, 『상허학보』 17, 깊은샘, 2006.

해서 설명하려는 시도는 신경향파문학의 발생론적 계기들 중의 하나를 부정하는 것이자, 그 대지이자 모태가 제공하는 유전적 키워드를 방치하는 것이 될 수 있다.[62]

4. 종합지와 '문학' 그리고 '현상문예'

『개벽』 현상문예의 전개과정을 돌아볼 때, 단박에 드는 인상은 '너무 초라하다'는 것이고, 그래서 '의구심'이 생긴다. 7년 동안 통권 72호가 발행되고, 당대 최고의 발행부수와 독자수를 자랑했던 『개벽』의 매체적 위상과 명성을 감안할 때 그렇고, 『개벽』이 문학에 쏟은 지속적인 열정과 그 결과로서의 문학적 면모[63]를 염두에 두면 더더욱 그러하다. 더구나 『개벽』 현상문예의 초라한 성적표는 『개벽』이 "종합지이면서 동시

62) 신경향파문학의 탄생을 『백조』의 분열과정이나 '박영희' 혹은 '김기진' 개인의 문학기획으로 바라보는 관점은 『개벽』이 신경향파문학의 '시원지' 내지 '모태'였다는 기본 사실을 인정하지 않는다. '박영희'와 '김기진'이 『개벽』에서 그 문학적 꽃을 피웠다는 사실을 부정할 수는 없고, 따라서 이를 인정하더라도 말 그대로의 의미는 아니다. 즉 신경향파문학의 씨앗이 옮겨져 싹튼 곳이 『개벽』일 뿐, 신경향파문학에는 『개벽』의 문학적 유전자가 전혀 섞이지 않았다고 보는 것이다. 다시 말해 신경향파문학은 일종의 '시험관 아기'인 셈이다. 필자가 대지이자 모태(『개벽』)가 제공하는 유전적 키워드라는 '평론적' 표현을 쓴 것은 『개벽』이라는 매체를 단순한 그릇으로 바라보려는 위의 관점과 필자의 시각을 구별하기 위함이다.

63) 『개벽』에는 1호부터 72호까지 전체적으로 가장 많은 788개(전체기사 대비 37.9%)의 문학기사가 실렸고, 작품으로는 시가 552편(183회), 소설이 115편(160회), 희곡이 17편(49회), 수필이 153편(165회), 문학론 및 비평이 138편(162회) 실렸다. 작가 면에서도 고한승 김기진 김동인 김석송 김소월 김억 김유방 김정진 나도향 노자영 박영희 방정환 백기만 변영로 양건식 양명 양주동 염상섭 오상순 유완희 이광수 이기영 이상화 이익상 임장화 조명희 주요섭 주요한 최남선 최승일 한용운 현상윤 현진건 현철 황석우 홍명희 등 근대문학사의 주요 이름들이 대거 목록에 올라 있다. 최수일, 「1920년대 문학과 『개벽』의 위상」, 성균관대 박사논문, 2001, 71~75면 참조.

에 문학지였다"[64]는 평가나 "『개벽』이 조선 문예계에 바친 그 공로를 결코 몰각할 수 없다"[65]는 문학사적 평가를 무색하게 한다. 이런 괴리를 어떻게 이해할 것인가?

필자가 보기에는 두 가지 전제를 염두에 둘 필요가 있다. 하나는 『개벽』이 문예지가 아니라 종합지였다는 사실이고, 다른 하나는 『개벽』의 현상문예가 '새로운 문학 경향의 창조 및 재생산'과 밀접한 연관을 보인다는 사실이다. 그 중에서도 종합지의 문제는 『개벽』에서 이루어진 현상문예의 과정과 결과를 이해하는 데 꼭 필요한 사안이다. 새삼스레 종합지의 문제를 제기하는 것은 종합지와 문예지의 역할 초점이 달랐다는 주장[66]을 되풀이 하려는 의도가 아니다. 이는 종합지에서 '문학'을 한다는 것, 나아가 '현상문예'를 한다는 것의 본원적인 어려움과 한계를 조명키 위한 키워드일 뿐이다.

우선 1920년대 초·중반 『개벽』이 문학을 게재함으로써 근대문학의 재생산 과정에 진입하는 과정을 재구성해 보자. 먼저 이름 있는 문예부

---

64) 김근수, 「개벽지에 대하여」, 『개벽』 영인본 1, 개벽사, 1969, 8면.

65) "상섭과 빙허-이 두 소설작가가 『개벽』을 무대로 하여 출세하였다는 점만으로 『개벽』이 조선 문예사상에 공헌한 바는 크다. 그러나 그뿐이 아니었다. 그때엔 온갖 잡지가 모두 폐간되고 『개벽』 혼자가 든든한 기초 위에서 발행을 계속하던 때인지라 한때는 조선의 전문인이 『개벽』을 무대로 놀았다. 소월도 『개벽』을 요람으로 삼고 출세한 시인이었다. 폐허파의 석송, 백조파의 도향 모두 『개벽』을 무대로 이름을 높였다. 지금 프로 문단의 선두로 꼽는 팔봉씨며 박영희씨도 『개벽』에서 그 문단적 첫걸음을 내어놓았다. (…중략…) 하여튼 문예품의 발표기관이라고는 『개벽』 하나밖에는 없는 시절인지라 유명 무명간에 글을 발표하려면 『개벽』의 힘을 빌었다. 따라서 『개벽』 그 첫걸음으로 삼아서 문단에 출세한 문인들이 꽤 많다. 이러한 의미로 『개벽』이 조선 문예계에 바친 그 공로를 결코 몰각할 수 없다." 김동인, 「문단회고」, 『매일신보』, 1931.8.23~9.2·1931.11.11~22, 『김동인전집』 6, 삼중당, 1976, 283면 재인용.

66) 이 문제에 대해서는 이미 박헌호가 『개벽』의 역할이 "당대적 문제에 대응하면서 여론을 주도하고 논의를 확산하는 역할" 즉 "종합하는 역할"에 집중되어 '문학판의 확대재생산'에 적극적이기 어려웠다는 날카로운 지적을 한 바 있는데(박헌호, 「동인지에서 신춘문예로」, 『대동문화연구』 53, 성균관대 출판부, 2006), 필자는 이를 조금 다른 각도에서 보고 있다. 즉 종합지와 문학이 맞닥뜨릴 때 발생하는 본원적인 한계에 대해 언급하려 한다.

장을 섭외하고, 글을 써 줄 문인들에게 청탁을 넣었을 것이지만 작품을 수집하는 일은 어려움의 연속이었을 것이다.

> …… 또 어려운 것은 原稿蒐集이다. 요새는 文士들에게 나 或은 著作業者들에게('이'의 오식－인용자) 葉書나 封緘으로 題와 紙數를 써서 보내면 그만이다. (…중략…) 그러나 그때는 一一히 尋訪을 해서 原稿를 얻었다. 全然히 편지가 없는 것이 아니나 이것은 特히 親友인 境遇에 하는 일이다. 몇 번 가고도 그 다음 給仕만 보내도 그 無禮함을 말하게 된다. 한번 만나서 써주는 것이 아니고 적어도 每人 앞에 三, 四次 가서 졸라야한다. 그때 만일 지금처럼 原稿請求를 편지로만 하고 시침이를 뚝 떼고 있으면 雜誌는 그만 斷念해야 될 것이었다. (…중략…) 그때 나는 尋訪을 하면서 原稿부탁하기에 대단이 괴로웠다.[67]

작가나 작품이 절대적으로 부족했고, 글이 있더라도 문예지가 아닌 잡지에 선뜻 글을 보내주는 경우는 더욱 드물었을 것이다. 기왕이면 문예지에 글을 보내려 했을 것이기 때문이다. 따라서 편집자는 학연과 지연을 총 동원해서 청탁을 넣고 집 앞에서 기다려 원고를 챙겼을 것이고, 원고료는 다른 잡지에 비해 상대적으로 높게 책정하고,[68] 선불 혹은 말이 나기 전에 챙겨주는 예의도 갖추어야 했을 것이다. 종합지라는 본원적인 약점을 다른 방식으로 보완하는 것이다.

> 아마 雜誌로서 原稿料를 支拂하기 시작한 것은 開闢誌가 嚆矢일 것이다. 新聞社에서 原稿料를 支拂하였으나 雜誌社에서는 開闢 以外의 稿料를 支

67) 박영희, 「신흥문학의 대두와 개벽시대회고」, 『조광』 32호, 1938.6, 59~60면 참조.

68) 화폐로 지급하는 원고료의 효시에 대해서는 월탄(『동아일보』)과 회월(『개벽』)의 주장이 엇갈리지만, 『개벽』이 후한 원고료를 지급했다는 데에는 이견이 없었다. 박종화의 회고에 따르면 대다수의 신문사와 출판사가 시 한편에 3원, 단편소설 한편에 5원 정도를 원고료로 지불했던 반면, 『개벽』은 시 한편에 10원, 산문은 1장에 1원을 주었다고 한다(윤병로, 『박종화의 삶과 문학』, 성균관대 출판부, 1992, 59~62면 참조). 한편 『개벽』의 문예부장이었던 박영희는 『개벽』이 시 한편에 5원, 산문은 한 페이지(40자 원고지 2매)에 2원에서 2원 50전을 지불했다고 회고했다. 위의 글, 61~62면 참조.

拂하는 데는 적었다. (…중략…) 이런 때 開闢社에서는 原稿料를 貨幣로 支拂하기 시작한 것이다. (…중략…) 社에서는 돈을 封套에 넣어서 보내는 것이다. 돈을 그냥 알몸둥이로 보낸다든지 혹은 더구나 꾸겨서 함부로 그냥 보내는 일같은 것은 없었다. 如何間 最後까지 예의를 직히려든 것이다. (…중략…) 原稿부탁을 하려하면 그 사람의 生活이 말 아닌 사람이 많았고 또 稿料先拂를('을'의 오식－인용자) 請求하니 需應치 않을 수 없는 일이다. (…중략…) 어느 때는 전당을 잡헤('혀'의 오식)서 原稿先拂를 갖다준 일도 없지 않었다.[69]

요컨대 『개벽』은 문학적 전문성이 부족한 존재로 인식됐고,[70] 이런 결핍을 어떤 식으로라도 보완해야만 '문학하는 것'이 가능했다. '종합지 『청춘』의 경험이 있지 않은가?' 할 수도 있지만 시대가 달랐고, 문학의 대세는 '전문화'였다. 이미 근대적 학제에 바탕을 둔 전문적 문학수업이 동경유학생층을 중심으로 이루어지고 있었고, 문화운동의 자장 속에서 문학적 소양을 닦는 작가지망생들이 폭발적으로 증가했다. 문학계에서는 문학의 근대적 체계화 작업이 한창이었다.[71] 전문적 지식과 소양을 갖춘 새로운 '문인의 상'이 제출되고, 계통적 학업의 부재를 자성하는[72] 담론들이 출현한다는 사실 자체가 『청춘』의 시대를 넘어서고 있음을 방증한다고 할 수 있다. 게다가 『창조』·『폐허』·『백조』로 대표되는 문

69) 위의 글, 60~62면.

70) 이는 당대 작가들의 보편적 인식이 아니었나 싶다. 여러 회고록이나 문학관련 언급들에서 손쉽게 이런 인식의 편린들을 발견할 수 있기 때문이다. 문예전문지가 아닌 매체, 즉 종합지나 여성지의 문학을 대수롭지 않게 여긴다든가, 혹은 거기에 글을 게재했다는 사실을 변명하듯 자조한다든가 하는 것은 그 대표적인 양상으로 보인다.

71) 1920년대 춘원의 '문학론'들이 그 대표격이라고 할 수 있다. 「문사와 수양」(1921.1)·「예술과 인생」·「문학에 뜻을 두는 이에게」(1922.3)·「문학강화」(1924.10) 등으로 이어지는 일련의 저작들은 춘원의 체계화 작업이 작가·작가론에서 비롯되어 문학사와 문학개론으로 번져나갔음을 보여준다.

72) 춘원은 근대적 문인의 자격과 수양문제에 대해 논하면서 당대 문인들의 '학업 부재'에 대해 자성을 촉구한 바 있다. "現今 우리 文士 中에서 李東園, 玄小星 兩君을 除ᄒᆞᆫ 外에 내가 아는 限에서는 系統的으로 學業을 畢ᄒᆞᆫ 이가 업스며 甚至에 杜翁과 갓히 大學科程을 中途ᄭᆞ지 밟아본 이조차 드믑니다."(「문사와 수양」, 『창조』 8호, 1921.1, 15면)

예 전문지의 동시대적 체험은 강렬하고 강력한 것이었다. 『개벽』이 '문학'쪽에 명함을 꺼내기 쉽지 않은 상황이었다고 할 수 있다.

따라서 '결핍된 존재'로서의 『개벽』이 보인 문학적 성취는 놀라운 것이고, 문학사의 특수한 사례라고 할 수 있다. 매월 평균 6~7천 부가 팔려 수만의 독자를 자랑하는 매체의 대중적 성공이 '종합지'라는 한계를 돌파한 경우이기 때문이다. 흥미로운 것은 『개벽』의 문학적 성과가 매체의 '대중적 흥행'에 긴박되어 있다는 것이다. 『개벽』의 문학 지면이 주로 '기성작가'들의 기고에 의해 채워지고, 그에 따라 문학의 대중화(대중적 유통과 향유)란 차원에 그 성과가 집중되어 있는 것이다. 기성작가들에게 『개벽』이 매력적일 수 있었던 데에는 앞서 말한 『개벽』의 대중적 흥행이 결정적인 원인이었고, 비슷한 시기 문예지들이 '조기명멸'하는 상황에서 안정적으로 작품을 게재할 곳이 많지 않았던 상황, 즉 '문단적 공기'로서의 『개벽』의 역할이 두드러지는 상황도 작용했다.[73] 아울러 대중으로부터 유리된 동인지 문학의 아픈 경험[74]은 문학의 대중성에 대한 각성을 불러왔을 것이다. 기성작가들에게 『개벽』의 매체적 성격은 결정적인 '하자'는 아니었던 셈이다.

하지만 '현상문예'는 기성 작가들의 '일반기고'와는 차원이 달랐다. '새로운 작가를 발굴하고 이를 통해 문학판을 재생산한다는' 현상문예의 제도적 성격상, 이에 응모하는 문학지망생들은 매체의 '문학적 권위'에 매우 민감했고, 이런 예민함은 그 열정의 크기에 비례했다. 즉 문학적 재능과 자질이 뛰어날수록 '어디를 통해' 등단할 것인가란 문제가

73) 물론 '원고료의 문제'를 빼놓을 수 없다. 당대 대다수의 문인들이 생계에 곤란을 느끼고 있었고, 『개벽』의 높은 원고료는 훌륭한 '유인책'이 될 수 있었다.

74) 김동인은 "일반대중은 우리의 노력의 結晶인 신문학을 아주 무시하여 버렸다. 새 문학이 없는 새 문학을 건설해 보겠다고 나선 우리들에게 일반 사회의 이 냉대는 과연 적적하고 가슴 아팠다"고 회고한 바 있다(「문단 30년의 자취」, 『김동인평론전집』, 삼영사, 1984, 447면; 「문단 30년의 자취」가 원제이고, 『김동인전집』 6(삼중당, 1976, 29면)의 「문단삼십년사」는 전집편자가 改題한 것이다).

쟁점이 되었다. 따라서 종합지는 '현상문예'에 있어서는 문예전문지보다 훨씬 불리한 조건에 놓여 있었다. 이는 1924~26년을 기준으로 공존했던 『개벽』과 『조선문단』의 비교를 통해 확연히 알 수 있다.

우선 형식이나 규정이 아주 대조적이다. 당대 최고의 독자수를 자랑하는 『개벽』이 '창간 4주년 기념'이라는 거창한 타이틀을 걸고, 당대 최고의 상금 100원 내세워 '현상문예'를 실시하는데, 이제 막 창간된 『조선문단』은 상금 한 푼 내걸지 않고, 매월 있는 '독자투고' 형식으로 '가볍게' 현상문예를 실시한다. 과정이나 결과도 보기에 따라 충격적이다. 수년을 준비해서 시험적으로 실시한 『개벽』의 현상문예(4주년기념)가 부문별로 수십 편의 응모 성적을 거둔 반면, 『조선문단』은 "한달에 5백~6백여편",[75] "큰 궤작으로 하나 가득"[76] 투고 원고가 넘친다. 아울러 『조선문단』이 소설부문에서만 20여 명의 작가들을 발굴하여,[77] 최서해·채만식·한설야·박화성·계용묵·이태준 등 이후 한국소설사를 장식하는 작가들을 탄생시킨 반면, 『개벽』의 "현상문예를 통해 등단한 주요 작가는 이기영과 송영뿐이다."[78] 춘원과 동인지 출신 작가들의 연합으로 탄생한 순문예지의 '권위'가 당대 최고의 독자수와 상금을 압도하는 순간이다.

요컨대 현상문예에 있어 '문학적 권위'는 능력있는 작가 지망생들이 매체를 선택하는 기준이었고, '권위'를 보강할 만한 이렇다 할 대안을 제시하지 못하는 이상 『개벽』의 종합지적 성격은 치명적인 약점이었다고 할 수 있다. 문학의 '전문성' 혹은 '권위'를 총체적 경험 속에서 객관화하기 어려웠던 시대였고, 그런 만큼 순문예지라는 형식은 문학적 권

75) 이봉범, 「1920년대 부르주아문학의 제도적 정착과 『조선문단』」, 『민족문학사연구』 29, 소명출판, 2005, 195면.

76) 「투고하신 제위께 특고」, 『조선문단』 2호, 1924.11.1, 50면.

77) 이봉범, 앞의 글, 206면의 「부록—현상추천제 당선자목록」 참조.

78) 박헌호, 「동인지에서 신춘문예로」, 『대동문화연구』 53, 성균관대 출판부, 2006, 21면. 물론 자유기고나 여타의 방법으로 등단한 작가로는 김기진·김동명·양주동·이은상·현진건 등이 더 있었다. 이선영, 『한국문학의 사회학』, 태학사, 1993, 124면 참조.

위를 판단하는 무게 중심이었던 것이다.[79)]

이런 점에서 『개벽』에서 4차례의 '현상문예'가 실시됐다는 사실은 '『개벽』이 현상문예에 상대적으로 소홀했다'[80)]는 일반적 평가를 부분적으로 상쇄한다. 더구나 『개벽』의 '현상문예'는 신경향파문학으로 상징되는 새로운 문학 경향의 탄생 및 재생산의 주요 계기였다는 점에서 새롭게 조명될 가치가 있다. 주목할 점은 이 '새로운 문학의 추구'가 『개벽』의 현상문예를 더욱 어렵게 했다는 사실이다.

현실적으로 『개벽』의 문학적 '권위'를 보강하는 최선의 방법은 지명도 있는 문학계 인사, 즉 춘원이나 김동인과 어깨를 겨룰 만한 인물을 문예부장이나 '선자'로서 내세우는 것이었다. 하지만 '새로운 문학의 건설'이라는 원칙을 지키면서 이를 실현하는 것은 불가능했다. 앞서 보았듯이 원칙적이고 공격적인 인물 배치를 통해 기성문학의 벽을 깨려는 시도는 참담한 결과를 안겨주었고(1주년 기념현상), 고육적인 타협으로는 바라는 '좌표'에 도달할 수 없었다(4주년 기념현상). 『개벽』에서 기획된 '새로운 문학'의 저변은 너무 엷었고, 새로운 '인물'의 탄생에는 적지 않은 시간이 필요했던 것이다.

하지만 불리한 조건 속에서도 『개벽』 편집진의 문학적 모색은 지속되었던 듯하다. 1924~25년에 이루어진 '박영희의 등장' 과정은 『개벽』의 편집진이 독자적인 문예부장과 권위있는 '선자'를 염원했고, 이를 무척 세심하게 '준비'했다는 것을 잘 보여준다. 예를 들어 1925년의 벽두에 실시된 「신춘독자문예대모집」(1925.1)은 새로운 문예부장 박영희를 위해서 기획된 행사였고, 곧 있을 5주년 기념 현상문예(1925.7)를 대비

79) 오늘날 신문의 '신춘문예'가 가장 영향력 있고, 바람직한 등단제도로 인식된다는 것은(박헌호, 위의 글, 7~8면 참조) 작가로서 인정받는 문제, 혹은 작가적 권위를 부여받는 데 있어 '문예전문지냐의 여부'가 매체선택의 결정적인 기준이 아니라는 것을 잘 보여준다. 이미 문학적 권위나 위상 자체가 복합적 구성물로 '현상'했고, '매체의 성격 문제'는 이를 구성하는 한 인자로 그 위상이 바뀌었다고 할 수 있다.

80) 이봉범, 앞의 글, 196면 참조.

한 예행연습이었다.[81] 현철의 사임 이후로 문예부장 없이 보낸 2년의 시간(1922.8~1924.12)[82]도 비슷한 문맥에서 이해할 수 있다. 이 또한 '새로운 문학 건설'이란 슬로건에 걸맞은 문예부장을 얻기 위한 탐색과 숙고의 기간이라고 할 수 있다.[83]

결과론적인 추론이지만 만약 『개벽』의 편집진이 '새로운 문학'을 기획하지 않았다면, 즉 기성문학에 대한 대안적 입장을 취하지 않았다면 그들이 경험한 고뇌와 분투의 과정은 많은 부분 생략될 수 있었을 것이다. 『개벽』의 대중적 명성을 바탕으로 적극적인 '섭외'가 가능했을 것이고, 이를 통해 체계적인 문학 재생산 시스템을 갖추었을 가능성이 높기 때문이다. 하지만 반대로 『개벽』이 '신경향파문학' 탄생의 주요 계기이자 '시원지'가 되지 못했을 가능성이 높다. 이런 점에서 신경향파문학의 탄생과 재생산은 매체로서의 『개벽』, 그 주체로서의 편집진의 문학적 열정과 기획력에 기댄 바가 적지 않다고 할 수 있다.

5. 맺음말

『개벽』의 문학적 성과는 크게 두 가지다. 하나는 가시적인 것으로 『개벽』이 근대문학의 '대중화(유통과 향유)'에 큰 역할을 했고, 이를 통해 문단의 '호흡기' 구실을 했다는 것이다. 다른 하나는 '새로운 문학의 건

81) 앞(2장)에서 보았듯이 이 독자문예는 일회성 행사에 그치는데, 그 시행 시점이 박영희의 취임 및 5주년 기념 현상문예와 맞대어져 있다는 점에서, 새로운 문예부장을 문단에 공개하는 『개벽』 편집진의 조심스러운 '호흡'이 느껴진다.

82) 현철의 사임부터(1922.7.31) 박영희의 정식 문예부장 취임(1925.1) 사이의 공백기를 가리킨다.

83) 박영희로서는 일종의 수습기간이었고, 『개벽』으로서는 관찰과 숙고의 기간이었을 것이다.

설'과 '재생산'의 주요 계기로 작동했다는 것이다. 즉 『개벽』이 '신경향파문학'의 탄생에 비중있는 역할을 했고, 그 재생산의 초기 시스템을 가시화했다는 것이다. 이 글이 주목한 것은 후자다. 전자와 관련해서는 기존 연구가 어느 정도 『개벽』의 성과를 인정하고 있지만, '신경향파문학'의 탄생과 재생산에 대해서는 『개벽』의 몫을 인정하는 예가 드물기 때문이다. 필자는 이를 위해 『개벽』에서 이루어진 현상문예의 전 과정을 추적했고, 이것이 『개벽』에서 보여지는 문학적 모색과정과 맥이 닿아 있음을 입증코자 했다. 그리고 그 과정에서 『개벽』의 새로운 문학적 면면들을 발견할 수 있었다.

문학 자체의 저변이 넓지 못한 상황에서 '새로운 문학'을 모색하는 『개벽』의 역동적인 모습은 여느 문예지의 성과를 압도하는 무엇이 있었다. 특히 신경향파문학의 탄생이라는 문학사의 결절에 일개 종합지였던 『개벽』의 문학과 '현상문예'가 관여했다는 사실에는 새삼 놀라는 바가 있었다. 하지만 이는 '신경향파문학' 탄생의 한 계기를 지적하는 것일 뿐 그 이상이 아니다. 신경향파문학 탄생의 전모를 드러내기 위해서는 앞에서 언급했듯이 그 탄생과 연관된 주요 매체들의 면모나 핵심적인 인물들의 소통관계, 또 그와 관련된 문예운동 및 조직적 측면들이 종합적으로 재구되어야 한다. 필자의 생각에는 지금까지 독자적인 조명을 받지 못했던 『백조』와 『개벽』을 둘러싼 박영희 · 김기진 · 방정환의 소통관계에 대해 방점을 둘 필요가 있다.

식민지 시기 『조선일보』 신춘문예의 제도화 양상 연구

김석봉

1. 문제 제기 및 논의의 범위

근대문학을 전대의 독물(讀物)과 구별할 수 있는 기준과 근거는 여러 가지를 제시할 수 있는데 그 중에서도 근대문학과 대중적 언론 매체(미디어)와의 관계는 제도로서의 (근대)문학이 지닌 근대적 성격을 논의함에 있어 빠뜨릴 수 없는 부분이다. 1990년대 말부터 2000년대 초반, '한국 근대문학의 정립' 양상에 대한 논의와 연구는 소장 연구자들 사이의 주된 관심사였으며 상호 자극과 지양의 과정을 통해 주목할 만한 연구 성과들도 배출되었다.[1)] 이들 선행 연구의 성과를 통해 확인할 수 있는 것처럼 근대문학의 정립에 있어서 미디어의 역할은 지대한 것이었으며, 조금 과장해서 표현한다면 미디어를 통해 형성된 공공성(publicity)과 공공 영

---

1) 정선태, 『개화기 신문 논설의 서사 수용 양상』, 소명출판, 1999; 김동식, 「한국의 근대적 문학개념 형성과정 연구」, 서울대 박사논문, 1999; 권보드래, 『한국 근대소설의 기원』, 소명출판, 2002 등을 대표적인 성과로 제시할 수 있다.

역(public sphere)에 대한 인식이 개인(individual)에 대한 성찰과 조우함으로써 근대문학이 정초될 수 있는 근거를 확보하였다고도 할 수 있을 것이다.

그런데, 미디어와의 밀접한 관련 속에서 정립된 한국의 근대문학이 독자적인 자기 발전의 경로를 모색하는 1920년대 이후 상황에 대한 논의 과정 속에서, 이 연관성은 상대적으로 소홀히 다루어져 왔다는 평가를 내릴 수밖에 없다. 즉 지난한 과정을 거쳐 정립된 한국의 근대문학은 일단 자기 정립 단계에 들어선 것으로 간주되자마자 주변으로부터 자립적인 존재로 인식되었으며 이에 따라 문학이 지닌 내적 규칙성에 의거한 텍스트 분석과 의미 부여만이 학제적으로 가치 있는 연구 영역으로 설정되었던 것이다. 그 결과 한국 근대문학에 대한 논의, 특히 1920년대 이후의 텍스트에 대한 연구는 주로 텍스트 자체의 문학성과 문인의 사상성・내면 풍경에 대한 논의가 주류를 이루어 왔다고 해도 과언이 아니다.

그럼에도 불구하고 문학 연구자들의 관심 영역에서 빗겨난 부분에서 문인의 재생산과 문학 관련 담론의 장을 제공하고 문학 텍스트와 일반 수용자들을 매개하는 또 다른 의미 영역 역시 계속하여 존재하여 왔다. 이 중 문인의 재생산 과정은 문학 자체의 지속성을 보증할 수 있는 인적 토대에 해당한다. 이 재생산의 과정을 유형에 따라 나누어보면 각종 신문 잡지의 신춘문예에 입선되거나, 문단 원로의 추천을 받는 경우 혹은 신문과 잡지의 신인 공모 현상 모집에 응모하여 문단에 등단하는 경우 등으로 구분할 수 있다. 정확한 통계 수치를 제시하는 것은 불가능하지만 현재 활동하고 있는 대다수의 문인들 역시 이러한 제도적 과정을 거쳐 문단의 한 자리에 자신의 이름을 올려놓은 것으로 볼 수 있다.

이들 개별 유형의 문단 입문 방식들은 그 발생 초기에 있어서 문제의식의 상이함 혹은 발전 과정에서의 운영 방식의 이질성, 사회적 영향력의 차이에도 불구하고 20세기 초반 이후 약 한 세기 동안 한국문학의 생산자 집단을 배출하는 유력한 통로로 기능하여 왔고 시간의 경과에 따라 일종의 제도화된 힘으로 성장했다. 즉 어떤 경로를 거쳐 어떤 미디어를 통해 문단에 등단하였는지, 그 과정에서 심사를 담당한 기성 문인은 누구인지 등 각각의 변수에 따라 다양한 방식의 인적・물적 네트워크가 형성되었고 종횡으로 상호 연관된 이들 네트워크가 이른바 문단이라는 또 다른 이름의 제도를 형성한 것으로 볼 수 있는 것이다. 또한 100년에 가까운 시간이 경과하는 동안, 문인 재생산의 과정과 이에 근거하여 형성된 문단은 시행 초기의 인위성이 차츰 탈각되고 자연사적인 과정을 거친 그 어떤 것으로 간주되고 있음 또한 현실이다.

이러한 영향력과 제도적 견고함에도 불구하고 한국 근대문학 연구의 영역에서 문인 재생산 구조에 대한 논의는 극히 드물다. 물론 이들 구조에 대해 전혀 언급이 없는 것은 아니나 간헐적으로 발견되는 논의들은 대부분 문인 자신의 회고담 가운데서 개략적으로 언급되거나 시평(時評)에 그치고 있다. 이 같은 상황 속에서 현재까지의 한국문학 관련 연구 성과 중에서 이 문제를 학적인 차원에서 본격 논의한 것으로 김영철의 「신문학 초기의 현상 및 신춘문예제의 정착 과정」이 주목된다.[2)]

위의 연구는 갑오경장에서 1910년대 말까지 진행된 문단 등용의 제 현상들을 광범위하게 고찰하고 있다. 이른바 개화기로 범칭 되는 이 시기에 각종 미디어(신문・잡지)를 통하여 학예・문예라는 새로운 섹션이 정착되는 과정, 현상문예(懸賞文藝)와 독자투고제도의 성장과 발전, 1910년대 『매일신보』를 통한 각종의 문예물 현상제도 등이 이 연구를 통해 검토되고 있다. 특히 『매일신보』가 1910년대에 실시한 13회의 각종 문예현상모집 상황을 소상히 밝힘으로써 신문학 초기의 문학의 생산과 수용 측면에서의 기층 형성과 저변 확대의 과정이 재구성되었다.

1900년대 후반 급속히 불어난 각종 학회의 회지 지면을 독자에게 개방하는 이른바 '독자(讀者) 투고'로부터 출발한 문예물 모집의 방식은

2) 김영철, 「신문학 초기의 현상 및 신춘문예제의 정착 과정」, 『국어국문학』 98, 1987.

『태극학보』 편집진이 채택된 원고의 필자에게 학보 1부를 증정함으로써 현상(懸賞) 모집의 초기 형태를 갖추었으며 독자 투고를 모집하는 개별 잡지 편집진의 성향에 따라 해당 잡지의 독자 투고는 운문과 산문 가운데 한 분야에 집중하는 경향을 보이기도 했다. 한편 『매일신보』는 1912년 2월 9일자 「현상모집」 광고를 통해 속요(俗謠)·시(詩)·소화(笑話)·단편소설(短篇小說)·서정서사(敍情敍事) 등 다양한 형식의 독자 문예물을 모집하면서 우등 당선자에게는 6개월간의 신문 구독권, 1등에는 3개월, 2등에는 2개월, 3등에는 1개월의 구독권을 상품으로 제시하고 있다. 특기할 점은 1912년 2월 9일 첫 광고가 게재된 이래 동년 6월 20일까지 100일이 넘는 기간 동안 동일한 내용의 광고가 간헐적이나마 지속해서 게재되고 있다는 점인데 이는 『매일신보』가 이 행사에 부여한 나름의 의의를 짐작케 한다.[3)]

김영철의 연구 성과를 수용할 경우 근대 초기 문학은 미디어의 적극적인 후원 속에서 자기 존재의 인적·물적 근거를 마련해 간 것으로 판단된다. 한편 연구자는 시간의 경과와 함께 현상모집 요건을 통하여 투고할 수 있는 글의 형태(장르)와 분량에 대한 제한 조건이 점차 치밀해지고 현재의 그것과 유사해 감을 지적하고 있다. 이에 대해 당대 필자들 사이에서 근대적 장르에 대한 인식의 정립 과정을 보여주는 것이라는 평가는 과도한 부분이 없지 않으나[4)] 문예적 독물(讀物)이 지닌 내용·형태적 특성에 대해 생산-수용 과정에서의 인식 분화가 이루어졌다는 사실에 대한 실증적 증거로 간주되기에는 부족함이 없을 것으로 판단된다. 하지만 한편으로 이 연구는, 연구자 스스로 결론 부분에서 밝히고 있듯이, 1910년대까지로 연구의 범위를 제한함으로써 본격적인 근대문학의 전개 속에서 찾아볼 수 있는 제반 양상을 다루지 못하고 있다는 점에서 아쉬움을 남긴다.

---

3) 위의 논문, 222~223면 참조.

4) 위의 논문, 234~235면.

이후 별다른 성과를 보이지 않던 이 분야에 대한 논의는 2000년대에 들어와서 두 편의 학위 논문을 통해 새로운 시도를 찾아볼 수 있게 되었다.[5] 이중 임원식의 논의는 본고가 대상으로 삼은 신춘문예의 문제를 전면에 내세우고 있어 검토에 주의를 요한다. 다양한 유형의 문인 재생산 구조 가운데 신춘문예가 가장 중심적인 지위를 점하게 된 원인에 대해 임원식은 "근대문학이 성립되는 초기에 문학 시장이 확립되지 못하여 출판 매체나 순수 문예지를 통한 작품의 발표가 활발할 수 없었던 데서 그 원인을 찾을 수 있다"고 주장한다.[6] 이러한 지적은 시대적 조건에 다라 조금씩 달라지는 문학 텍스트의 생산과 수용의 조건에 관련된 변수를 면밀하게 고려하지 않은 판단이라는 비판을 받을 수 있으나, 신문을 통한 신춘문예 제도의 정착과 확대 양상 일반을 요령 있게 요약한 것으로 볼 수 있다.

한편으로 임원식의 논의는 그 시기와 대상의 설정, 그리고 연구의 진행 방법에 있어 이 논문이 의도하는 바와는 몇 가지 상이한 접근 방식을 보이고 있다. 먼저 그의 논의는 연구의 대상을 신춘문예에 당선된 소설로 한정하고 있다. 그런데 1930년대에서부터 시작하여 1990년대에 이르는 약 60여 년의 시간 동안 신춘문예에 당선된 전체 소설을 논의 대상으로 설정함으로써 심도 있는 연구 자체가 불가능하게 되어버렸다. 그 결과 주제·형태·배경이라는 표피적인 요소를 중심으로 작품을 '분류'하고 이를 통계적으로 처리하여 그 결과만을 제시하는 선에서 논의가 종결되고 말았던 것이다.

이 같은 상황은 연구의 대상과 방법론에 관련된 것이기에 본격적인 비판의 대상으로는 부적절할 수 있으며 오히려 중요하게 지적하고 싶은 것은 1930년대 중반이라는 연구의 기점(起點)과 관련된 문제이다. 임

5) 김춘희, 「한국 근대문단의 형성과 등단 제도 연구」, 동국대 석사논문, 2000; 임원식, 「신춘문예의 문단사적 연구-소설작품을 중심으로」, 조선대 박사논문, 2003.

6) 임원식, 위의 논문, 43면.

원식은 연구의 출발 시기로 1934년을 설정한 것에 대해 "신춘문예를 통한 등단은 1930년대 중후반 5~6년간 각광을 받는다"는[7] 지적 외에 별다른 언급을 하지 않는다. 이러한 태도는 신춘문예라는 인위적 제도를 자체로서 승인하고 있다는 점에서 본고의 문제의식과 분기한다.

본고는 신춘문예라는 문인 재생산 구조가 20세기 한국적 상황 하에서 발생·정착·성장한 특수자라는 인식과 전제 위에서 출발한다. 다시 말해 그것은 원래부터 있어왔던 자연스러운 그 무엇으로 간주되기 힘들다는 것이다. 신춘문예라는 제도의 발생과 성장의 과정에 대한 논의는 20세기(특히 식민지 시기의) 한국문학이 놓인 문화 생산의 장과 수용 구조의 상관관계를 살펴볼 수 있는 여지를 제공한다. 이는 대중 언론 매체인 신문이 주도하는 신춘문예에 본고가 주목하고 있는 이유이기도 하다. 앞서 살펴본 것과 같이 다양한 형식으로 존재하는 문인 재생산 구조 가운데 본고가 신춘문예라는 특정 형식에 주목하는 이유는 그것이 지닌 안정성과 전국적 포괄성에 기인한 바 크다.

이 때, 안정적인 재생산의 틀이 보장되기 위해서는 제도의 지속성이 무엇보다도 중요하다고 할 수 있다. 이 지속성의 문제를 제도를 시행하는 측의 입장에서 고려할 때 지속적인 제도의 시행을 위해서는 재정적인 뒷받침이 필수적이다. 이 경우 제도가 지닌 세부적 엄밀성은 2차적 고려 대상일 수밖에 없다. 특히 1920년대 초·중반의 식민지 조선과 같이 문학을 둘러싼 담론장이 정형성을 지향하는 상황에 놓여 있을 경우 제도의 엄밀성과 정확성은 해당 제도의 정합성 여부를 평가하는 근거로 파악하기보다는 시행착오를 거쳐 개선해야 할 대상으로 간주하는 것이 보다 합리적인 접근 방식일 것이다.

안정적인 재정 지원을 통해 정기적인 시행이 보장 되었을 경우 두 번째로 문제되는 것은 제도가 지닌 영향력이라고 할 수 있다. 신춘문예와

---

7) 위의 논문, 46면.

같은 제도를 입사구조의 일종으로 간주했을 때 이를 통과한 신참자들에게는 일종의 보상이 주어져야 하는데, 신춘문예의 경우 피선자가 문인으로서의 일정한 자질을 갖추었다는 사실에 대한 기성 문인들의 보증이 이에 해당할 것이다. 이 경우 응모와 심사, 그리고 그 공인의 과정이 어느 정도까지 광범위하고 포괄적인가 하는 문제가 관건적인 요소로 제기될 수밖에 없음은 당연한 일이다. 따라서 전국을 포괄하는 신문에 비할 때 동인지 혹은 문예 전문 잡지를 통한 등단 과정은 규모의 수준에서 비교의 대상이 되기 힘들다.8)

이러한 두 가지 조건이 일정 수준에서 충족된다면 그 제도는 지원자들에게 특정한 기대 심리를 동기화할 수 있게 되며 이 기대 심리로 인해 시간의 경과와 함께 지원자 수의 증가라는 효과를 낳게 된다. 이 같은 상황이 현실화 될 경우 이른바 '규모의 경제학'이 작동할 수 있는 토대가 마련된 셈인데, 전국적 영향력을 지닌 제도가 정기적·안정적으로 시행되고 그 제도의 지원자 수가 경향적으로 증가한다면 자체의 내적 정합성 여부와는 무관하게 해당 제도가 표준·기준으로 간주되는 것이다.

이상과 같은 문제의식 하에서 본고는 식민지 시기 『조선일보』가 시행하였던 신춘문예 제도의 발생과 정착 과정에 대해 실증적으로 검토하고 언론 기관을 통한 이 같은 문인 재생산 구조의 정착과 발전이 한국 근대문학의 정립, 문학을 매개로 한 문화 생산·수용의 장에 끼친 영향 등에 대해 논의하게 될 것이다.9) 주관 기관을 특정 언론으로 한정한 것은 다분히 자의적인 것이며 따라서 본고를 통해 규명되는 몇 가지 사실들이

8) 이러한 관점은 신춘문예 제도의 초기 단계인 1920년대 초·중반이 언론(미디어)과 문학 사이의 관계 설정이 엄밀히 분화되지 않은 상황이라는 사실이 전제될 때에만 성립 가능한 것으로 제한될 필요가 있다. 또한 일단 제도가 정착 단계에 접어든 시점이라면 양자의 관계가 일정한 분화 과정을 경과한다고 하더라도 제도 자체의 영향력이 상황 변화가 제기하는 문제를 충분히 수용할 수 있게 된다.

9) 구조의 발생과 변화, 정착 과정에 논의를 집중하기 위하여 현상 모집을 통해 당선된 텍스트의 내용에 대해서는 가급적 검토에서 배제할 수밖에 없었음을 미리 밝혀 둔다.

식민지 시기에 진행된 문인 재생산 구조의 정착 과정을 모두 포괄할 수는 없다. 오히려 본고는 신춘문예를 필두로 하는 문인 재생산 구조 전반을 논의하기 위한 출발점으로서의 위치를 지닌다고 할 수 있다.

2. 현상 공모와의 분화 및 신춘문예의 정착 과정

1) 『조선일보』 최초의 신춘문예

『조선일보』 지면을 통해 신춘문예라는 표현이 처음 등장한 것은 1927년 11월로 이듬해인 1928년 신년을 맞아 문예 작품을 모집하는 광고를 통해 이 표현이 사용되었다. 예년과 마찬가지로 학예부가 주관한 이 행사는 '신춘문예계(新春文藝係)'를 따로 두어 관장하도록 함으로써 그 이전의 일반 공모에 비해 형식상 독립적인 모습을 띤다.

> 新 春 文 藝 募 集
>
> □우리는 어머님의 배에서 나오는 날부터 싸화 왓습니다. □그것은 자긔 일신을 위한다거나 자긔의 집안을 위한다거나 리웃을 위한다거나 사회를 위한다거나 나라를 위한다거나 기타 모—든 인류를 위하야 싸화 왓습니다. □그러나 여긔 이 모—든 싸홈에 끼지 못한 사람이 만약 한 사람이라도 잇다면 그것은 백치며 인간이 안인 동시에 아모 것도 아닐 것임니다. □그런데 이러한 싸홈에 익인 사람이 잇는 때에는 모—든 희생당한 무리가 잇고 또한 희생이 잇는 반면에는 한편에서는 큰 즐거움을 엇게 됩니다. □그러나 이 모—든 싸홈에 영원히 익이는 사람이 잇다면 그것은 정의(正義)를 위하야 싸웟다 할 거시오 불의의 싸홈에 익인 자는 그 익인 것에 몃 만 배에 큰 랑패가 오는 것임니다. □그러면 여러분은 얼마나 만흔 싸홈에 얼마나 힘차게 익여 너머들렷습니

까? 당신 자신만을 위함이 아니고 한 사람 이상을 위하야 말입니다. 그것을 한 번 긔록해 두시라는 말이올시다. □긔록해 두시지만 말고 만 천하 독자 ―― 원한과 울분과 격분에 찬 흰 옷 입은 동무들이 힘찬 형세로 싸홈터에 나아갈 수 있는 데에 큰 도움이 되게 하십시오. □몃 번이고 싸호고서도 패한 긔록도 좃습니다. 그것은 우리가 싸화 나아가는 데에 큰 참고가 될 것이니싸요. 그런데 이것을 소설(小說)체로나 희곡(戱曲)체로나 일긔체(日記) 긔타 시체(詩體)로 쓰시되 X자(字)를 실를 만한 문구(文句)는 될 수 잇는대로 달리 피(避)하기를 바랍니다.

◇ 詳細事項 ◇

1. 1행 14자로 100행 이내

1. 순 우리 글로 쓸 일

1. 住所와 姓名을 明記하시고 皮封에는 新春文藝係라 朱書할 일

1. 期限은 12월 20일싸지

1. 한번 投稿한 바에는 取捨를 勿論하고 絶對로 返還치 안습니다.

1. 當選된 분에게는 謝禮進呈 함니다.

◇ 投稿 期限 12월 20일싸지 ◇

◇ 朝鮮日報 學藝部 新春文藝係 ◇[10)]

이상과 같은 모집 요강 광고를 통해 몇 가지 흥미로운 사실을 확인할 수 있다. 가장 먼저 눈에 띄는 점은 형식은 신춘문예라는 명칭을 걸고 현상 모집을 하고 있으나 실질적인 내용은 그 이전의 일반적인 독자 문예 모집과 크게 차이를 보이지 않고 있다는 점이다. 이는 "한 사람 이상을 위하여 싸워 본 이야기"라는 특정 주제를 제시하고 이와 관련된 각종 형식(소설, 희곡, 일기, 시)의 작품을 모집하고 있다는 사실로부터도 확인된다. 더구나 주관 기관이 특정 주제를 선정한 이유에 대해 누구나 쉽게 짐작할 수 있는 이유를 위의 문안과 같이 노골적이고 상세하게 언급함으로써 응모되는 작품들도 대체로 어떤 내용들일지 미루어 짐작할 수 있다는 점 역시 현재 진행되는 신춘문예 제도의 운영 방식과는 뚜렷

10) 『조선일보』, 1927년 11월 17일자 광고.

이 구분되는 것이라고 할 수 있다.

1927년 당시 조선일보사(학예부)는 총독부의 변화된 정책의 성과로 차츰 식민지배의 부당성에 대한 조선인 일반의 각성이 무뎌져 가는 상황 속에서, 부조리한 현실에 저항하는 사람들의 이야기·경험담을 광범위하게 모집한다는 내용을 광고의 형식을 빌어 대대적으로 홍보함으로써 그 자체만으로도 이미 소기의 목적을 달성하고 있는 것으로 판단된다. 『조선일보』의 지면을 접한 사람들이라면 위의 문안을 읽는 것만으로도 행간에 숨은 뜻을 분명히 파악할 수 있을 만큼 광고 내용은 노골적이다.

또한 요강 광고 말미에 '검열에 저촉되어 복자 처리 당하지 않도록 작품 내용에 주의를 기울여 줄 것'을 당부하는 내용이 삽입되어 있다는 점은 문안의 작성자 역시 이러한 사정을 이미 짐작하고 있었다는 사실에 대한 방증이다. 『조선일보』 학예부 내부에서도 이에 관해 우려의 목소리가 있었던 것 같다. 그 결과 약 20일 뒤에 실린 광고 문안에는 "그리고 새 해는 龍의 해라 합니다. 룡에 대한 이약이는 무엇이던지 적어 보내 주심 바라나이다. 그 이약이는 될 수 잇는 대로 풍자뎍(諷刺的)으로 쓰십시오"라는 내용이 삽입된다.[11] 용과 관련된 이야기를 어떤 규칙에 따라 작성하라는 언급은 전혀 없는 것으로 미루어 세부적인 형식 사항은 '한 사람 이상을 위해 싸워본 이야기'와 동일한 것으로 보인다. 그런데 이 역시 '풍자적'으로 작성할 것을 유달리 강조하고 있다는 사실은, 1차로 제시된 주제에 따라 창작된 텍스트들이 야기할 사회적 파장과 당선작을 발표해야 하는 1928년 신년호의 지면이 복자나 삭제로 얼룩질 수 있다는 편집상의 문제도 함께 고려되고 있는 것으로 판단된다.

1920년대 말 상황에서 『조선일보』가 이처럼 과감하게 대(對) 독자 메시지를 지면에 실을 수 있었던 데에는 당시의 정치·사회·문화적 조건의 변화와 함께 조선일보사 내부의 변화 역시 무시할 수 없는 요소로

11) 『조선일보』, 1927년 12월 7일자 3면 광고.

작용했던 것으로 보인다. 주지하는 바와 같이 『조선일보』는 대정친목회의 주요 인사들이 출자를 약속하고 창간되었다. 그러나 신문사와 같은 대규모의 기업 경영이 전무한 인사들이 경영권과 편집권, 인사권을 장악함으로써 회사 운영에 심각한 문제가 있었으며 더욱 핵심적으로는 초기 주주들이 약정한 주금(株金) 납입을 차일피일 미루면서 회사의 재정은 파탄 지경에 이르게 된다. 민간지가 창간된 지 얼마 되지 않은 상황에서 당대의 지식인들이 이들 민간지에 대해 어떤 생각을 가지고 있었는지, 민간지의 문제점은 무엇이라고 생각하는지에 대해 다음 인용문은 여러 시사점을 제공한다.

> 伊時 發起人은 趙鎭泰, 芮宗錫, 崔岡, 劉文煥 等外 32人이라든가? 한다. 資本金 50萬圓인 一大 株式會社를 맨들고 社長에 趙鎭泰, 副社長에 芮宗錫을 選定하얏고 編輯局長에는 崔岡을 任命하얏다. (…중략…) 그러나 때마츰 經濟界에는 一大變動이 생기어 泡沫會社가 서로 이어 顚倒, 破産을 告하는 中이라 金融이 破塞되야 株金拂入이 困難하야 實로 新聞 經營難이 極度에 達하얏다. (…중략…) 大正 10年 4月 8日에 朝鮮日報는 伯爵 宋秉畯君에 그여히 賣渡되고 말엇다. (其時 社長 劉文煥) 社長은 勿論 宋伯爵 自身이다. 그러나 看板上 關係로 時代遲한 人物이나마 南宮薰을 代理社長으로 選任하고 鮮于日君은 또 編輯局長에 任命하얏다. 南은 社中 大小事務를 總括하야 處理함은 勿論이어니와 零零細細한 記事에까지 添削을 行하야 無不干涉의 態度를 取함으로 於是乎 鮮于君과 軋轢이 나기 始作하얏다. (…중략…) 其後에 鮮于日君 外 社員 7,8人이 또 連袂 辭免하니 朝鮮日報는 亂脈이 其極에 達하야 一時 形言치 못할 狀態에 至하얏다.[12)]

위 인용문은 『개벽』에 실린 「각종 신문잡지에 대한 비판」이라는 특집성 기사 가운데 『조선일보』 관련 부분 중 일부이다. 특집 기사의 목적이 당시 민간지의 문제점을 (조금은 과장되게) 드러내는 데 있다는 점을

12) 申澈, 「所謂 八方美人主義인 朝鮮日報에 對하야」, 『개벽』 37, 1923.7, 45~47면.

충분히 감안하더라도 창간 3년을 갓 넘긴 『조선일보』의 재정과 경영의 난맥상이 고스란히 드러나 있다. 비슷한 시기 창간된 『동아일보』가 김성수 계열의 자본이 착실히 유입되어 탄탄한 재정 상태를 유지했던 것에 비해 『조선일보』는 재정의 압박과 동시에 경영·편집권 쟁탈전만이 난무하는 일대 혼돈 상태를 보여주고 있는 것이다. 이는 초대 조진태와 2대 유문환의 사장 재임 기간이 각각 5개월과 8개월 이었다는 사실로부터도 미루어 짐작할 수 있다.[13)]

이후 『조선일보』 3대 사장으로 취임한 남궁훈은 3년 5개월 동안 재직하면서 초기의 혼란상을 수습하려고 노력하였지만 회사 설립 초기 입사한 세력과 그 후 난마처럼 얽힌 사내 인맥으로 인해 신문사를 겨우 유지하는 역할에 머물고 만다. 이러한 상황 속에서 당대의 식자층이 민간지에 기대하였던 일련의 역할을 제대로 수행할 수 없었으리라는 점은 자명하며 그 결과 신철과 같은 비판자들을 양산할 수밖에 없었던 것이다.

> 大正 13년에는 申錫雨 崔善益 일파가 宋씨로부터 매수하야 李商在옹을 사장을 삼는 동시에 지면의 대혁신을 단행하고 『朝鮮民衆의 新聞』이란 표어를 목표로 一路邁進하엿다. 大正 14년경에는 朝鮮日報는 사회주의적 색채가 농후하야저서 민족주의의 낙인을 받은 東亞日報를 일시 압도하는 기세를 보이드니 大正 14년 9월에 『勞農露國과 朝鮮의 政治的 關係』라는 사설로 인하야 제2차의 정간을 당하엿스며 필자 辛日鎔씨는 피신을 하고 발행인은 체형을 당하고 윤전기는 압수되엇다.[14)]

---

13) 인용문을 통해 알 수 있듯이 1920년 당시 『조선일보』는 자본금 500,000원 규모의 회사를 창립하려고 시도하였다. 당시 80kg 쌀 한가마 가격이 23원 81전인데 이를 25원 근사치로 변환하면 회사의 규모는 백미 20,000가마에 해당한다. 2004년 5월 현재 쌀 80kg의 소비자 가격은 약 200,000원으로 현재 가치로 『조선일보』는 약 40억원의 자본금으로 회사를 설립하려고 했던 것이다. 그리고 이 약정액 가운데 50,000원 정도만이 납입되었다. 발기인들의 재정 상태를 고려하지 않은 무리한 회사 설립 계획이 초기 『조선일보』 경영·편집의 난맥상을 초래한 한 원인이라고 파악할 수도 있는 대목이다.

14) 車相瓚, 「朝鮮 新聞發達史」, 『개벽』 속간4호, 1935.3, 10면.

남궁훈의 재임 기간 동안 재정상의 압박은 여전하였지만 초기 『조선일보』 경영·편집 과정에서의 혼란상은 어느 정도 수습되었으며 신석우와 최선익이 경영에 참여한 1924년 하반기부터는 재정 상태도 과거에 비해 개선되었다. 또한 이들은 사회 원로인 이상재를 사장으로 영입, 신문사의 외형적 성장을 도모하였으며 이러한 일련의 쇄신책들은 "조선 민중의 신문"이라는 캐치프레이즈와 상승 작용을 일으켜 신진 인력의 충원에도 성과를 보인다.

이상재는 1924년 9월부터 1927년 3월까지 사장으로 재직하였으며 그 뒤를 이어 자금을 담당했던 신석우가 사장으로 취임한다. 그는 동제사(同濟社)라는 독립운동 단체의 일원이었고 상해 임시정부의 교통총장을 역임했던 인물로 이러한 활동 때문에 투옥되었다가 출감한 후 향리(鄕里)의 토지를 팔아 신문 사업에 투자한 것으로 알려져 있다. 신석우와 함께 주요 자금원이었던 최선익 역시 개성의 지주로 알려져 있는데 이처럼 이상재와 신석우의 사장 재임 당시 『조선일보』의 재원은 토지 판매대금으로 충당되었을 만큼 근대적인 기업 운영 방식과는 거리가 먼 것이었다. 그러나 이러한 자금의 성격이 오히려 『조선일보』의 민족적·민중 지향적 성격을 강화하는 계기가 되었으니, 대지주·민족 자본의 상층이라고 할 수 있는 김성수 계열의 자산이 주요 자금원이었던 『동아일보』와 달리, 이 시기(1920년대 말) 『조선일보』가 비타협적 민족주의 혹은 민족주의 좌파의 색채를 비교적 분명히 드러낼 수 있었던 물적 기반이 이로부터 연원하는 것이다.[15)]

『조선일보』는 창간 3년 6개월 여가 지난 1924년 하반기에 접어들어서야 비로소 안정적인 회사 운영의 틀을 마련하게 되었다. 이상재와 신석우가 사장으로 재임하던 이 시기에 재정적인 압박은 여전했으나 설립 초기의 난맥상은 어느 정도 해소된 것으로 판단할 수 있다. 1927년

15) 박용규, 「일제하 민간지 기자 집단의 사회적 특성의 변화 과정에 관한 연구－직업의식과 직업적 특성의 변화를 중심으로」, 서울대 박사논문, 1994, 82~83면.

하반기에 『조선일보』가 의욕적으로 신춘문예라는 정기적인 제도의 시행을 결정할 수 있었던 데에는 이러한 내부적 변화 역시 무시할 수 없는 요소로 작용하고 있었던 것으로 파악해야 한다.

한편, 1927년 당시 공지된 신춘문예 모집이 여전히 불완전한 과도기의 것임을 보여주는 또 하나의 지표는 당선자에 대한 시상 내역이 불분명하다는 사실이다. 다음에서 다시 살펴보겠지만 그 이전에 실시된 몇 차례의 현상 모집 광고 문안에는 포상 내역이 어떠하며 어떤 내용의 시상이 이루어지는지 명기 되어 있는데 1927년의 신춘문예 공모 문안에는 "사례진정(謝禮進呈)"이라는 표현으로 대체되어 있음이 눈에 띈다.

『조선일보』는 1928년 1월 1일자 별지 지면을 통해 신춘문예 시 부분 당선자를 발표한다.[16] 당선자는 모두 일곱 명이고 선외가작이 세 편으로, 거주지와 성명이 병기된 후 작품이 수록되어 있는데 그 명단만 간추려 보이면 다음과 같다.

> 當選 詩歌 發表
> 장지영 『새 해의 宣言』
> 이원조 『餞迎辭』
> 하태용 『이 거리로』
> 백담 『朝鮮의 마음』
> 배상철 『새(鳥)』
> 미상 『嗚呼 大奈翁』
> 김해균 『겨울과 봄』
> 이정구 『호미 들고』 (선외가작)
> 김홍주 『불음』 (선외가작)
> 이기영 『龍』 (선외가작)[17]

16) 시 이외 분야의 당선자는 지면 검열로 인해 확인할 수 없는 상태이다.
17) 『조선일보』, 1928.1.1, 3면.

이 해 당선자 발표 지면은 당국의 검열로 인해 난장판이 되어 있다. 시가만 하더라도 첫 번째로 지면을 배정받은 장지영의 「새 해의 선언」 같은 경우 "동무여! / 새 해가 왓다"는 첫 두 행을 제외하고 모두 삭제되어 작품의 전모를 파악할 길이 없으며 시가 이외의 분야 역시 작품의 대다수가 삭제되기는 마찬가지이다. 이는 앞서도 잠시 지적했지만 "한 사람 이상을 위해 싸워 본 이야기"라는 주제의 특정이 초래한 어쩔 수 없는 상황으로 판단할 수밖에 없다. 하태용의 「이 거리로!」 역시 작품 중간 중간에 검열로 인한 복자의 흔적을 찾을 수 있는데 그 와중에 요행히 검열을 피한 다른 작품들은 새로운 한 해를 맞는 감회를 표현하는 우회적인 형상화 방식을 사용하고 있음이 확인된다.

이처럼 주제의 제한이나 시상 내역의 불명료성 그리고 심사 위원의 구성이 분명히 밝혀지지 않은 것과 같은 제도상의 몇몇 불비함에도 불구하고 1927년 공지되고 1928년 시상된 이 시도가 나름의 충분한 의의를 지닐 수 있게 된 것은 "고선(考選)"과 입상자 발표에 이어진 후속 작업 때문이라고 말할 수 있다. 『조선일보』는 당선작품을 발표한 후 1월 31일, 2월 1일 2회에 걸쳐 이허천의 「1928년의 조선 시단의 첫 소리 — 본보 신춘문예 당선 시를 읽고」라는 제하의 "선후(選後) 우감(愚感)"을 연재하였다. 필자 이허천의 고선 과정 참여 여부는 확실치 않으나 글의 서두 부분에 밝힌 대강의 소감은 심사 과정에 참여했던 인사들의 의견과 대체로 일치하는 것으로 파악하는 것이 자연스러울 것이다.

> 우리가 要求하는 詩歌는 『빠이른』의 詩도 아니요 『하이네』의 詩도 아니다. 다만 朝鮮이 要求하는 純朝鮮詩일 것이다.
>
> 1928년 일즉이 우리 朝鮮 詩壇에 첫 소리를 지른 朝鮮日報 當選 新春 詩는 고맙게도 이 뜻을 잘 일어 주엇다. 그야말로 朝鮮이 요구하는 詩로서 眞實한 切勞가 잇섯다고 筆者는 생각한다.
>
> 選者는 이 詩歌가 어느 해 어느 곳에 成績보다도 卓越햇다는 것을 늣겻다. 筆者 亦是 同感이다.

實로 1928년의 朝鮮 詩壇은 이로부터 첫 소리를 發하엿다.

모다 朝鮮의 괴로운 X줄을 다리 놋코 부른 詩歌이엿다. 갈망스러운 新生에 핏기가 펄펄 날니는 詩歌이엿다.

이로부터 우리의 詩壇의 압길은 展開될 것이다.[18]

1920년대 후반 당시 조선이 요구하는 시는 바이런의 시나 하이네의 시가 아니라 '순 조선 시'라는 지적은 이 해 당선 작품의 선정 기준이 어디에 있는지 분명하게 밝혀준 셈이다. 그 결과 검열과 삭제로 지면이 얼룩질 것을 예측하면서도 그토록 과감하게 시사적인 (혹은 정치적인) 성격이 강한 작품들을 당선작으로 선정하였던 것이라고 짐작할 수 있다.

앞서 내부의 변동 과정을 살피면서 드러났듯이 이상재-신석우 체제에 의해 주도된 『조선일보』는 조선 '민중'의 신문임을 자임했는데 이는 단지 구호로서만 그친 것이 아니었다. 『조선일보』는 1925년 9월 세 번째 정간을, 1928년에는 네 번째 정간 처분을 받을 만큼 식민 지배의 문제점에 대해 날카로운 비판을 가하고 있었다. 이러한 사내(社內)의 분위기가 1928년 신춘문예 당선작 선정 과정에도 은연중 영향을 끼쳤으리라는 점은 쉽게 짐작할 수 있다. 그 결과 때문이라고는 할 수 없으나, 이허천이 기고한 위의 글 역시 텍스트 자체의 완성도와 같은 문학 내적 논리에 의한 평가보다도 내용과 작가의 사상성에, 수용자에게 제시되는 메시지와 같은 측면에 보다 많은 비중을 두고 있다.

정치적으로 민감한 특정한 주제를 제시하고 검열과 삭제를 각오하면서까지 문제적인 작품을 당선작으로 선정한 1928년의 『조선일보』 신춘문예는, 회사의 입장에서 볼 때 첫 시도치고는 세인의 이목을 집중시킬 수 있는 사회적 이슈를 생산했다는 평가를 내릴 수 있다. 그러나 그 결과물로 주어진 작품들이 1920년대 후반 식민지 조선의 문학에 어떤 기

18) 이허천, 「1928년의 朝鮮 詩壇의 첫 소리－本報 新春文藝 當選 詩를 읽고」, 『조선일보』, 1928.1.31.

여를 했는지에 대해서는 별도의 고찰이 필요할 것이다.

2) 문예 작품 모집과 현상 공모

1928년의 『조선일보』 신춘문예가 평지돌출 격으로 등장한 것이 아니라는 사실은 김영철의 논의를 통해 상당한 부분에서 규명되었다. 독자의 작품을 모집하여 이를 자신들의 지면에 게재하고 선택된 작품의 필자에 대해서 일정한 보상을 제공하는 일련의 과정은 1900년대 후반부터 지속적으로 시행되어 왔던 일련의 과정이다. 특히 『매일신보』의 경우 언론매체를 통한 문예작품 모집공고에 최초로 '신춘문예'라는 표현을 사용하고 있다.

> 小品文藝 懸賞募集
>
> 半島 新文學의 發達을 助長ᄒᆞ며 文藝의 趣味를 一般에 普及케 ᄒᆞ기 爲ᄒᆞ야 每週 一次 本報에 『文藝 페-지』를 設ᄒᆞ야 紙面의 一部를 公開ᄒᆞ야 讀者의게 提供코져 左記 條件으로 繼續ᄒᆞ야 原稿를 募集홈
>
> 一. 作品의 種類ᄂᆞᆫ 短篇小說, 詩歌, 新體詩, 日語 及 紀行 其他 隨筆 等 小 品 文藝
>
> 一. 賞은 甲 (二圓), 乙 (一圓), 丙(五十錢)으로 定員을 設치 안이ᄒᆞ며 入賞以外라도 秀逸로 採用ᄒᆞᄂᆞᆫ 者ᄂᆞᆫ 若干의 賞을 贈呈
>
> 一. 每週 繼續ᄒᆞ야 募集홈으로 期限을 設치 안이ᄒᆞ얏스며 短篇小說은 一行 終 二十字 一編 一白行을 超過치 안이홈을 要홈.
>
> 一. 皮封에 반다시 『懸賞 文藝 募集』이라 朱書홈을 要홈
>
> 每日新報社[19]

그 이전까지 사고(社告)라는 간략한 형식으로 문예 작품 모집 공고를

19) 『매일신보』, 1919.11.30, 1면.

계속해 왔던 『매일신보』가 12월을 앞두고 보다 체계화된 현상 모집 공고를 선보이고 있다. 응모 작품의 장르 구분, 시상 내역 등 일반적인 모집 요강을 충실히 보여준 이 공고는 이후 모든 모집 공고의 기본 형식을 이룬다. 그러나 여기에는 어느 구절에도 '신춘문예'라는 표현이 사용되고 있지 않는데, 이틀 뒤 12월 2일자 1면 하단에 이 용어가 사용된 다음과 같은 공고가 게재된다.

> 新春文藝
> 投稿 歡迎
> 一. 漢詩 賦得田家早梅 (不限體)
> 一. 新體詩 (新春雜詠)
> 一. 詩調 (題 隨意)
> 一. 謎語 (수々걱기)
> 一. 漫畫 (用紙 畫用紙)
> 注意 締切 (十二月 十五日)
> ▲每日新報 新春文藝部로 送付홀 事[20]

비록 '신춘문예'라는 표현이 사용되고 있으며 응모기한이 명시된 점 등 몇 가지 특이점이 있지만 응모요강 등에 있어서 이틀 전의 '현상모집' 공고에 비해 상당히 허술한 부분이 많이 엿보인다. 더구나 '현상모집' 공고에서는 분량까지 세밀하게 규정했던 '단편소설' 항목이 '신춘문예' 공고에서는 누락되어 있다. 이러한 사정을 놓고 볼 때 위의 공지사항은 '신춘문예'라는 특정한 용어가 사용되고 있을 뿐 실상 이틀 전 게재된 '문예현상모집'의 연장선상에 놓여있는 것이라고 평가할 수 있다.

그런데 1920년 1월 3일자 별보(別報) 지면을 통해 "신춘문예 단편소설 부분 1등"으로 의주 출신의 취몽생(醉夢生, 작품명 「動搖」), 2등에 고범생(孤帆生, 이서구, 작품명 「孤獨에 우는 母女」), 3등에 질그릇生(주요섭, 작품명

20) 『매일신보』, 1919.12.2, 1면. '詩調'는 원문의 표기임.

「임의 떠난 어린 벗」) 등 당선자를 발표하였고 이들 작품에 대한 심사 소견을 담은 「考選을 맛치고」라는 글도 함께 실었다. 이 같은 형식상의 완성된 모습 역시 '신춘문예'가 지닌 독자성이라기보다는 1910년대에 지속적으로 진행되어온 독자현상문예 운영방식을 그대로 따르고 있는 것으로 보인다.

결과적으로 1919년 신문 지면을 통해 최초로 사용되기 시작한 '신춘문예'라는 표현은 그 용어 사용에 있어 별다른 의미를 부여하기 어려운 것으로 판단된다. 즉, 12월 2일자 공고 문안은 11월 30일 공고의 보완적인 것에 지나지 않으며 이 때 사용된 '신춘문예'라는 표현 역시 그 동안 『매일신보』가 사용하여 오던 '신년문예'라는 용어의 다른 표현에 불과하다고 할 수 있겠다.21)

이러한 사정은 1920년대 민간지가 창간되면서 확인되는 용어 선택에서도 드러난다. 앞서 살핀 것처럼 『조선일보』는 1927년 11월에서야 신춘문예라는 표현을 사용하며 『동아일보』는 이보다 앞선 1924년말에 와서야 이 용어를 쓰고 있다. 그러나 용어의 사용 여부와는 무관하게 연말에 즈음하여 대대적으로 신인의 작품을 공모하고 이듬해 1월 1일 신년호를 통해 당선자와 작품, 가능한 경우 심사평까지 공개하는 일련의 절차를 지닌 문예작품 공모 절차는 1920년대 민간지를 통해서도 지속된다.

新年文藝 懸賞募集

應募期限 12월15일 以內

短篇小說 題 隨意 文體 純 國文 14자 200행 이내. 상 1등 10원 1인, 2등 3월 2인.

新詩 題 隨意. 상 1등 3월 1인, 2등 2원 2인.

童話 文體 順國文. 14자 100행 내외. 상 1등 3원 1인, 2등 2원 2인

---

21) 문구에 과도하게 집착한 면이 있으나 1920년 신춘문예의 전반적인 상황에 대해서는 김영철, 앞의 논문, 231~234면 참조.

感想文 文體 國漢文 14자 50행 내외. 상 1등 3원 1인, 2등 2원 2인

自由畵 題 隨意, 應募資格 普通 學校 男女 學徒에 限함. (要 學校 證明 添附). 상 1등 3원 1인, 2등 2원 2인

주의 投稿 皮封에는 "朝鮮日報 新年文藝系"라 명기할 事

投稿者 住所 姓名을 明記할 事

賞金은 發表 後 10일 以內에 發送[22)]

앞서 살펴본 1927년의 공고와 비교해 볼 때 1924년의 이 모집 공고가 그 세부적인 정밀함에 있어서 보다 진전된 것이라는 점은 명확하다. 그러나 1926년 12월 상황은 조금 달라지는데 이듬해를 준비하는 이해의 모집 공고에는 1927년이 토끼의 해이기 때문에 토끼와 관련된 이야기를 12월 15일까지 보내달라는 내용 외에 작품의 형식적 분류 등 현상모집에 필수적이라고 할만한 많은 요건들이 누락되어 있다.[23)]

이상의 상황들을 종합해 볼 때 1910년대 『매일신보』를 중심으로 간헐적으로 진행되던 신년기념 문예작품 현상모집의 전통이 1920년대 동아·조선 등의 민간지에도 전승된 것으로 판단된다. 하지만 이들 민간지를 중심으로 약 4~5년간 진행되던 '신년문예모집'이 어떠한 이유로 '신춘문예'라는 명칭으로 변경하여 작품을 모집하게 되었는지에 대해서 현재로서는 명확히 답변할 수 없다. 다만 당시 행사 주관자들에게 있어서 '신년문예', '신춘문예' 양자는 아무런 차이 없이 인식되었던 것이 아닌가라는 추측이 가능한데, 『조선일보』의 경우 1928년 모집 공고에는 신춘문예라는 표현을 사용하고 있으며[24)] 이듬해인 1929년에는 다시 "신년문예현상모집" 공고를 내보내고 있다는 점이 이를 뒷받침한다.[25)]

이처럼 용어의 혼란을 거듭하던 상황은 1930년대에 들어서면서 비교

22) 『조선일보』, 1924.11.29, 3면.
23) 『조선일보』, 1926.12.3, 3면.
24) 『조선일보』, 1928.11.18, 3면.
25) 『조선일보』, 1929.12.3, 3면.

적 새로운 표현인 신춘문예라는 표현으로 정리되며 시상 내역을 명기하고 당선자 발표 이후 심사 내역을 공개함으로써 제도 시행 과정의 공정성을 유지하기 위한 노력을 보이면서 차츰 그 입지를 확고히 한 것으로 판단된다.[26] 그리고 그 배후에는 1930년대에 접어들면서 『조선일보』를 비롯한 민간지들이 창간 초기의 정치 · 이념성을 탈피하여 차츰 민간 기업의 운영 시스템을 도입, '이윤 추구'라는 경영 노선을 채택하는 것과 같은 미디어 자체의 성격 변화가 놓여 있는 것으로 판단할 수 있다. 즉 구독료에 의존하던 수익 구조가 광고 판매 대금에 보다 많은 비중을 두는 방향으로 변화하고, 특히 『조선일보』의 경우 광산 재력가 방응모가 조만식을 앞세워 경영에 관여하기 시작하면서 만성적인 재정 압박으로부터 벗어날 수 있는 돌파구를 찾은 것이다.[27]

한편, 신춘문예 제도와는 별개로 『조선일보』 등 민간지는 수시로 독자들의 문예 작품을 모집하고 당선자에 대해 시상하는 현상 모집 제도를 지속적으로 운영한다. 그 종류와 범위는 무척 다양하였으며 당시까지의 신춘문예가 응모 자격에 제한을 두지 않은데 비해 수시로 실시되는 현상 모집은 응모 자격을 제한하거나 작품의 종류를 제한하는 방식을 통해 특정 계층의 독자를 직접 겨냥하려는 의도를 솔직하게 드러낸다.

> 文藝作品 讀後感 募集
> 小說 詩歌 評論 其他
> 우리들은 모든 方面에 잇서서 眞正한 指導者를 갓지 안흐면 안 될 것이며 그러한 人物이 우리들에게서 나고 또한 우리들이 맨들지 안흐면 안 될 것입니다. 그러면 다른 것은 다른 方法으로써 하드래도 우리들의 生活을 記錄하고 우리들의 生活 精神을 向上식힐 朝鮮의 文藝는 그 內容으로서나 題材로

26) 임원식, 앞의 논문, 40~42면.

27) 박용규, 앞의 논문, 99~105면. 다시 말해 신문사 재무 구조의 건전화는 양가성을 지닐 수밖에 없는 것인데, 안정적인 재정 지원이 보장됨으로써 신춘문예와 같은 독자 획득 · 확장 · 유지 프로그램을 지속할 수 있는 장(場)이 마련된 것이라고 할 수 있다.

서나 그 作家의 態度로서나 엇더하엿슬가. 이것은 惟獨 文藝評家에게만 一任한다는 것보다도 讀者 一般의 讀後感이 必要할 것입니다. 어쟷든 沈滯한 現 文壇은 讀者의 소리를 기대리고 잇슴니다. 이에 本社 學藝部에서는 朝鮮文人의 作品에 대한 讀者의 公正한 讀後感을 世上에 쏘는 文人들에게 傳達코저하는 바입니다.

규정

詩歌 小說 評論 戱曲 童謠 及 作家에게 보내는 말

讀後感 問題되는 句節을 引用할 일

14자 1행, 100행 이내로 할 일

發表는 原稿 도착 되는대로 하되 取捨는 編輯者에게 一任할 일 / 應募者는 반드시 住所와 氏名을 明記할 일

發表된 분에게는 薄謝를 進呈함

조선일보 학예부[28]

學生 婦人 文藝 募集

본보는 그동안 독자 제씨의 은힘엄는 크나큰 성원으로 지금과 가튼 발전을 보게 되엿슴을 깃버하는 바입니다. 이제로부터 본보는 될 수 잇는대로 지면을 독자제씨에게 제공하기로 되엿슴애 본보 학예부에서는 먼저 부인 문예란(文藝欄)을 신설(新設)하게 되엿슴니다. 그리고 그동안 지면 관계로 중지하얏든 학생 문예란을 부활하게 되엿사오니 만히 리용하야 주십시오. 자세한 것은 아래와 갓슴니다.

規定

婦人 文藝

詩, 小品文, 日記, 수필, 紀行文 등

學生 文藝

詩, 日記, 콘트, 小品文, 紀行文 등

原稿 到着 되는대로 發表하되 取捨는 編輯者에게 一任할 일

投稿하는 때는 1행 14자로 120행 이내로 할 일

應募者는 반드시 住所와 氏名 校名을 明記할 일

---

28) 『조선일보』, 1929.9.10, 3면.

但 優秀한 作品에는 施賞함

조선일보사 학예부[29)]

이러한 수시 모집에 대해 독자들은 비교적 좋은 반응을 보였던 것 같다. 특히 문예 작품의 독후감 모집에는 일정한 수준에 도달한 학생들의 글이 응모된 것으로 여겨지는데 1929년 10월 3일 3면에는 염상섭의 평론 「명일의 길」에 대한 강경애의 비평에 가까운 독후감이 게재되기도 한다. 계속해서 류촌학인이라는 필명의 필자가 작성한 조명희의 『낙동강』에 대한 평문이(10월 9일), 박기섭은 한설야의 창작방법론에 대한 비판문 형식의 독후감을 투고하여 지면에 게재(10월 11일)된다.

1930년대에는 별도의 모집 공고를 하지 않은 상태에서도 학생 독자를 중심으로 활발한 투고가 이루어진다. 또한 신문사는 "학생란"이라는 별도의 지면을 할애하여 학생 독자들의 투고를 유도하고 자체 기준에 따라 선정된 투고문을 계속해서 활자화 시켜줌으로써 잠재적인 투고자들을 자극하는 방식을 취함도 확인된다. 그러나 이들 학생·부인 독자 기고문들이 어떠한 기준과 원칙에 의해 선발되었고 활자화되었는지에 대해 지면을 통해 공개하는 경우는 찾아보기 힘들며 이 지점이 신춘문예와 일반 독자 투고의 차이를 가늠할 수 있는 한 가지 기준이 된다.

『조선일보』를 통해 1930년대에 진행된 현상모집 가운데서 가장 눈에 띄는 행사가 1933년 5월경부터 시작된다. 이 행사에 주목한 이유는 전체 상금 규모가 1천 원에 달할 정도로 그 시상 규모가 엄청났으며, 신춘문예나 문예작품 현상모집을 담당했던 학예부가 아니라 조선일보사의 명의로 진행되었을 만큼 외형적으로는 전사적 차원의 역량이 투입되었던 행사라는 것이 첫 번째이다. 1935년 현재 『조선일보』 신입기자 첫 월급이 50원이었다는 점,[30)] 1930년대 신문기자의 월수입 규모가 의사와

29) 『조선일보』, 1929.10.1, 3면.

30) 조선일보 80년사 편찬실, 『『조선일보』 80년사』, 조선일보사, 2000, 523면.

변호사 다음 순위를 차지할 정도로 조선인 가운데서는 중간 이상의 수준을 유지하고 있었다는 사실[31] 등을 고려할 때 1930년의 현상모집의 상금 규모를 미루어 짐작할 수 있다.

이 현상 모집의 또 다른 특징으로 들 수 있는 것은 투고 작품의 장르를 신문 연재를 위한 장편소설로 제한했다는 사실과 함께 당선작 선정 절차의 독특함이다. 1933년 5월 관련 기사를 통해 1천 원 현상 장편소설을 모집한다는 내용이 공지된 이후 응모작은 처음 10회분과 전편(全篇)의 대체적인 개요를 투고 받아 이를 근거로 예심을 진행하였다. 7월 2일자 기사에 따르면 총 151편의 작품이 응모되었으며, 7월 16일자 기사에서는 이들 가운데 1차 예심을 통과한 작품이 모두 49편이라는 사실을 확인할 수 있다. 다시 이들을 대상으로 심사를 진행하여 7편의 작품이 2차 예심을 통과하였는데[32] 이들 7편은 11월 15일까지 완성된 작품을 제출하도록 하였다. 예심 통과 7편 중 5편만이 완성작을 제출하여 이 작품을 대상으로 본심 심사가 진행되었으며 그 결과 입선작은 뽑지 못하고 선외가작 제1석에 이파촌의 『폭풍우(暴風雨) 지난 후(後)』가 당선되어 상금 500원을, 상금 250원의 2석에는 현경준의 『마음의 태양(太

---

31) 천정환, 『근대의 책읽기』, 푸른역사, 2003, 496면.

32) 「懸賞 小說 選後感」, 1933.8.1. 이 현상 공모가 문단의 관심사가 되었음을 알게 해주는 다음 기사는 심사 위원으로 홍명희 · 윤백남 · 주요한이 참여한다는 사실을 전한다. "1,000원 현상을 내걸고 소설 모집하는 朝鮮日報의 태도는 문예작품의 가치를 사회적으로 고조식혀놋는 의미에서 유쾌하다, 더욱 이번은 1등이 업서 云云式의 인치끼를 아니하리라 밋어지는 점에서 더욱 유쾌하다, 만일 발표기일을 연기하거나 상금을 遷延하는 擧措가 잇다면 신문사는 사회의 激怒를 사서 그 명예의 殆半을 이름에 이르리라. / 그런데 選者로써 洪命憙, 尹白南, 朱耀翰 3氏가 발표되엇다, 이 중에 文藝評論이라고써 못 본 이가 더러 잇고, 예술작품적 소설을 만히 발표하여 보지 못한 이가 또한 잇다. 이 사실은 주관적으로 보아 이 세분에 한하여 추천한 신문사의 태도에 유감스럽고 또 이 選의 重任을 맛튼 選者諸氏의 고독에 동정하고 십흐며 객관적으로 보아 刻苦精勵하여 작품을 만들고 잇든 숨은 幾多天才의 다소의 自失이 잇겟고, 당선작의 레벨을 예상할 수 잇서 鼎의 輕重을 미리 알고 안게 하는 유감을 주엇다. 모름직이 신문사는 권위잇는 文壇諸氏를 選者로써 補選發表하라, 그러치 안는다면 이번 일은 「事半功半」에 갓갑지 안케 되지 안을가."(「文壇春秋」, 『삼천리』 5권 9호, 1933.9, 11면)

陽)』이, 3석을 차지한 이고려의 『창궁(蒼穹)』 역시 250원의 상금을 받았다.[33] 그러나 이처럼 대단한 상금 규모와 수차(數次)에 걸친 심사과정 등 『조선일보』가 이 행사에 보인 열정과는 별개로 응모된 작품의 수준은 기대 이하였던 것으로 보인다. 기성과 신인 문인을 망라하여 당대 최고의 신문 연재 장편소설을 공모하겠다는 의지를 현실화하기 위해서는 많은 무리가 있었던 것이다.

> 첫재로 작품 전체의 플로트에 대하여는 물론 굴곡이 만흔 것이 조흐나 한편으로는 너무 神出鬼沒적인 취해 테마에 초점이 업고 클라이막스가 불분명한 것이 만타. (…중략…)
>
> 둘재로 매회 분에 잇서서 신문 소설이니만큼 매회 클라이막스가 잇고 따라서 차회를 보고 십게하는 견인력이 잇어야 할 것이다. 그리고 현대 독자는 템포가 빠른 것을 조하 한다는 것을 이저서는 안된다.
>
> 셋재로 묘사가 일체로 冗長한 감이 잇다. 특히 회화에 잇서서 그러하다. 회화는 반드시 출장 인물의 성격이나 감정을 표시하는 단적의 것이나 그러치 아니하면 사건의 진전을 암시하는 것을 선택하야 극적으로 배열해야 할 것이다.[34]

> 이번 심사에 당하야 선자로서 각기 따로이 보앗지만은 不期하고 대략 일치하게 세운 표준은 우선 습작 시대를 면한 작품이란 표준이엇다. 즉 첫재로 문장이 문법적으로 통할 것, 군소리가 아주 업슬 수 업드라도 비교적 적을 것, 테마가 분명할 것, 스토리의 구조가 과히 빈자리가 업슬 것—대략 요만한 정도엿다. 성격의 묘사라든가 독자의 스타일이라든가 파토스 유모어 풍자 기타의 菓子를 질적으로 구하려는 것은 처음부터 뜻도 아니 한 것이다. 그러나 불행히 우리가 읽은 작품에는 이만한 정도의 표준 이상으로 뛰어나는 것이 업섯다. 즉 다시 말하면 무수의 초학자적 결점을 차자낼 수가 잇섯다.[35]

---

33) 一考選者, 「千圓 懸賞 小說 選後感」, 『조선일보』, 1934.1.1.
34) 일 기자, 「懸賞 小說 選後感」, 『조선일보』, 1933.8.1.
35) 一考選者, 「千圓 懸賞 小說 選後感」, 『조선일보』, 1934.1.1.

습작을 면한 작품을 골라내는 것이 심사의 목적이었으며 과정 역시 이 의도에서 크게 벗어나지 않았다는 것, 시상 대상인 다섯 편의 작품에도 습작의 티를 벗지 못하는 결점들이 존재한다는 지적은 현재의 관점에서 쉽게 납득하기 힘든 지적일 수도 있다. 처음에 출품한 151편의 작가를 알 수는 없지만 심사 과정과 심사평 등을 종합할 때 기성 문인들은 이 현상 공모에 호기심 이상의 관심을 보이지 않고 신인들이 주로 응모했던 것으로 짐작된다. 하지만 작품 완성도의 여부를 떠나 신인들을 중심으로 150편이 넘는 작품이 응모되었다는 수치만을 기준으로 할 때 『조선일보』의 1,000원 현상 공모는 외형상 소기의 성과를 거두었다고 평가할 수 있다.[36)]

1년에 한 차례 진행되는 신춘문예만을 가지고는 개별 언론이 독자의 지속적인 관심을 유지하는 데에 많은 무리가 따르리라는 것은 미루어 짐작할 수 있다. 특히 제한된 독자를 두고 타사와 경쟁을 벌여야 하는 상황에서 독자의 관심을 유지하는 것은 신문의 운명이 걸린 문제라고

---

36) 1,000원 현상공모에 기성 문인들이 별로 관심을 보이지 않았다거나, 형식상의 완결성에도 불구하고 응모 작품을 심하게 폄하한 심사평을 액면 그대로 수용하여 응모 작품이 그 질적인 면에 있어서 심각한 문제가 있다고 단선적으로 이해하기 어려운 것은 신문을 통한 '현상문예'가 문인들에게 호응을 받지 못하도록 운영되었다는 점에도 기인한다. "「天下에 名作을 求한다」는 슬로-간 아래 「天下의 有無名作家」를 소리처 부르는 朝鮮日報社의 此擧. 沈滯한 文壇에 반가운 소리다. 어서 새 機運을 만들일. 다만 從來-이것은 어느 新聞社란 말이 決코 決코 아니다.-懸賞募集을 하여노코는 去頭切尾 依例 賞金이 만히 나가는 一等은 名作이 업습네 하고 업새버리는 弊와 또 한가지는 준다든 돈을 하로 이틀 或은 月賦 或은 年賦 或은 募集前의 「無」에 還元식히는 例가 잇다. 文壇은 監視하야 이제부터 이러한 態度업기를 바라자."(「文壇行進」, 『삼천리』 15, 1931.5, 71면) 이는 현상공모에 제시된 시상 내역이 철저히 준수되지 못하고 있다는 사실에 대한 지적인데 이 지적이 단지 문인들의 불평으로 간주될 수는 없다. 대개의 공모에서 입선작은 시상 대상이지만 선외가작은 별다른 시상 내역을 찾아볼 수 없다. 그러나 "투고된 원고는 반환치 않고", "게재 여부는 철저히 고선자에게 일임한다."는 사항은 각종 현상 공모를 통해 빠지지 않는 규정이다. '천 원 현상 공모' 역시 1933년 5월 공고에는 당선작 1편에 모든 상금을 주는 것으로 되어 있으나 1934년 발표 시점에는 세 편의 작품을 선외가작으로 선정하고 상금을 분배하였다. 주관사의 입장에서 볼 때 동일한 상금으로 세 작품의 판권을 확보한 셈이다.

도 말할 수 있을 것이다. 이러한 상황에서 1930년대 민간지의 기업화가 가속되는 가운데 신문사가 문예 작품 공모를 비롯한 문화적 이벤트를 주관함으로써 사회적 이슈를 생산하고 선점하는 것은 표피적으로 드러난 "문화 창달"이라는 구호에만 충실하려 함은 아닐 것으로 짐작된다. 활자화된 매체라는 신문의 특성상 정보의 일방적 전달이라는 왜곡된 의사소통 구조가 예상되는 상황에서 독자에게 지면을 개방하고 이를 매개로 그들의 참여를 유도하는 것은 단기간에 회수할 수 있는 유형의 성과에 집중하는 것이 아니라 보다 장기적인 안목에서의 투자로 볼 수 있는 것이다.

3. 핵심적 문인 재생산 구조로서의 신춘문예의 의의

지금까지 논의를 통해 『조선일보』 지면에 신춘문예라는 제도가 처음으로 출현하게 된 배경과 이를 둘러싼 주변 상황에 대해 살펴보았다. 오해의 여지를 없애기 위해 첨언하자면 신춘문예와 문예 작품 현상 공모는 배타적 경쟁 관계에 놓여 있었다기보다는 보완적 대체제로서의 성격을 지녔다고 이해하는 것이 정당하다. 신문 기업이 지속적으로 주관하는 독자의 지면 참여 행사는 사회적 관심과 이목을 집중시켜 자사의 브랜드 가치를 상승시킴으로써 광고 판매를 비롯한 일반 영업 활동에도 긍정적인 영향을 끼쳤을 것이라는 점은 쉽게 짐작할 수 있는 일이다.

그런데 시간의 경과와 함께 상호 보완적이었던 양자(신춘문예와 문예작품 현상공모)의 구도가 균열되는 조짐을 확인할 수 있는데 그 과정에서 신춘문예가 현상 공모를 흡수 통합하는 양상이 나타난다. 이러한 양상이 전개되는 것과 관련하여 몇 가지 지점에서 그 원인을 추론할 수 있는데 가장 중요한 사실로 심사 과정 자체가 정형화되고 정착되었다는 점을 지적할 수 있다. 앞서 살펴본 김영철의 연구 성과에 따르면 1900년대와 1910년대에도 문예 작품을 현상 공모하는 일이 자주 있었지만 대개의 경우 투고된 원고를 자체 기준에 따라 선별하고 이를 지면에 활자화하는 선에서 과정이 종료됨을 알 수 있다. 그 과정에서 원고 투고 기준은 점차 세련되어 가지만 해당 원고를 어떠한 기준에 따라 선별, 입선과 낙선을 구분하였는지를 밝히는 심사평[考評]의 게재 상황은 극히 부정기적이다.[37] 이러한 사정은 1920년대 『조선일보』가 주관했던 일반 현상 공모에서도 마찬가지로 확인된다.

앞서 살펴본 인용문들을 통해서도 알 수 있는 것처럼 원고의 투고 규정들은 작품 창작 과정에서의 극히 형식적인 측면과 함께 행사의 원활한 진행을 위한 절차적인 단계들을 밝히고 있다. 그런데 응모자의 입장에서 생각해 본다면 투고 규정을 모두 준수하여 제출한 자신의 작품이 어떠한 근거로 낙선하였는지, 입선된 작품들은 어떤 지점이 높게 평가되어 지면에 게재될 수 있었는지에 대해 의문을 지닐 여지는 충분하다. 또한 투고를 준비하는 잠재적인 응모자들 역시 자신이 응모하고자 하는 행사의 심사 경향을 파악하고 그에 준하여 작품을 준비해야할 필요성이 제기될 가능성도 있다. 따라서 개개의 행사가 종료된 후 해당 행사의 진행 과정과 심사 과정을 공개적으로 천명하는 것은 불완전하나마 이러한 의문에 대한 답변을 제시하는 것이라고 볼 수도 있을 것이다. 결과적으로 심사평의 게재는 행사의 공정성과 객관성에 대한 주최측의 자신감을 보여주는 것으로서 해당 행사의 신뢰도를 신장시킬 수 있는 토대가 되는 셈이다.

일반적인 현상 공모와 달리 신춘문예 제도가 응모자들의 호응을 받

37) 김영철, 앞의 논문, 214~227면.

을 수 있었던 데에는 지면을 통해 공개되는 고평(考評)의 영향, 즉 심사 과정과 내용에 대한 주최측의 자신감 표현이 한 원인을 형성한 것이라고 할 수 있다. 실제로 『조선일보』는 처음으로 신춘문예라는 명칭을 사용한 1928년부터 부분적인 것이든 전반적인 평이든 자사 신춘문예의 개황과 심사 경위를 밝히는 기고문을 빠뜨리지 않고 게재하고 있다.

(1) 考選系에서 32편 중으로 하엿슬지라도 그 文章 質에 잇서서 水準以下의 것만 아니면 規定違反을 不顧하려 한 方針이 잇섯다. 그러하건만 可히 紙面에 發表할만한 하다는 것으로 그것들에서 優劣을 擇하라고 나에게 넘어온 것은 먼저 말한 바와 가티 두 篇에 지나지 안엇다. 그리고 이 事實은 두말할 것 업시 一般 文藝讀者의 文藝評論에 대한 關心이 稀薄하다는 것과 또는 文藝的 製作品 中에서 評論은 더욱 特殊한 敎養과 技術을 要하는 것이라는 두 가지의 現實的 事實의 反映이라고 본다.[38]

(2) 273편의 短篇小說과 169편의 콩트는 短時日에 應募된 量으로써 결코 적지 안타. 그러나 質에 잇서서는 遺憾이나마 水準을 바라보는 作品이 거의 업섯다. 이제 發表하는 入選 作品이 지난 수 삼년 내의 어느 當選作에 비하야도 遜色이 업지못한 곳에 選者는 섭섭을 늣기엇다.[39]

(3) 금번 본사의 신춘문예 현상모집에 대하야 응모하신 분은 논문 50인, 단편소설 462인, 콩트 231인, 극본 280인, 신시 470인, 시조 203인, 민요 194인, 동요 187인, 동화 자유화 62인으로 전부 합하야 2,390인이다.[40]

(4) 신춘문예에 당선발되는 작품의 작품이 그 일년 동안의 일반적 창작 경향을 좌우 한다고해도 과언이 아닐 정도에 이른 것이 사실이다. / 그럼으로 이러한 현상은 자연히 작품 고선에 잇서서 엄선이라는 결과로 나타나게 되니 년래에 와서 넘우 가혹하다는 비난 가튼 말이 외부로부터 들리지 안는 바는 안이고 우리 자신이 생각해 보아도 좀 애석하다는 생각이 드지 안는 바도 안이나 마침내 우리의 이 신념을 굽힐 수가 업슴으로 금년만 해도 응모된 작품 총수 3,658편 중에서 소설 한 편, 의곡 한 편이 입선되엇고 그 박에 선외가작으

38) 김팔봉, 「朝鮮 文藝 思潮論 選後評」, 『조선일보』, 1933.1.1.
39) 최독견, 「短篇小說과 콩트 選後感」, 『조선일보』, 1933.1.1.
40) 일 기자, 「신춘 문예 선후감」, 『조선일보』, 1935.1.1.

로 동화 한 편, 동요 세 편, 민요 한 편 박에는 문제되지 안엇다.[41)]

인용문들은 1930년대에 진행된 『조선일보』 신춘문예의 심사평 가운데 일부를 무작위로 뽑아 보여 본 것들이다. 해마다 진행되는 행사이기 때문인지는 몰라도 대부분의 심사평은 일정한 패턴을 공통적으로 지니고 있다. 먼저 그 해 응모 현황을 소개하고 다음으로 심사위원단의 전반적인 소감을 밝힌 후 당선 작품 하나하나에 대한 간략한 평을 곁들인다. 이 과정에서, 문학개론 수준에서 지적될 수 있는 것과 같은, 작품을 바라보는 원칙적인 문제들에 대한 이론적인 설명이 덧붙여지기도 한다.

심사평의 서두를 점하는 응모 현황에 대한 소개는 자사가 주도한 당해년도의 신춘문예가 얼마나 성황을 이루었는지에 대해 광고하는 내용이 주를 이룬다. 행사 주관지의 지면을 통한 기사 형식의 심사평이라는 점을 감안하더라고 이를 통해 전체 응모 편수의 증감 양상을 확인할 수 있다. 이를 『조선일보』의 상황을 통해 알아보자.

구분	논문	소설	콩트	극본	신시	시조	민요	동요	동화	계
35년	50	462	231	280	470	203	194	187	62	2,390
36년	0	486	0	240	1,296	204	261	390	276	3,153
37년	세부 자료 없음									3,658
38년										4,525
39년										5,362

위의 자료는 해당 연도 심사평을 통해 정리한 것인데 5년 동안의 시행 과정을 통해 응모자 수가 두 배 이상 증가하고 있음이 확인된다.[42)]

41) 일 기자, 「신춘 현상문예 고선의 경과」, 『조선일보』, 1937.1.1.

42) 1931년 단편소설 부분 응모작은 약 200편 가량이다. “조선에서는 문학 연령이 얇은 것과 국민 일반의 문학 내지 문화의 보급 정도, 인구의 多寡등 사적으로 생각할 제 170~180편 내지 200편이라는 응모가 결코 소수일 리 없을 뿐 아니라 큰 소리는 아니라도 종내 조선 내의 각 신문 잡지사에서 모집하는 단편의 응모수로는 파기록이 되리

『조선일보』가 지면을 통하여 본격적으로 신춘문예를 실시한 지 10년 정도의 시간이 경과한 후 신춘문예는 문인 재생산을 위한 가장 유력한 제도로 자리하게 된 것이다. 물론 이러한 양적 증가가 곧바로 질적 수준의 향상으로 이어지는 것이 아님은 물론이다. 그러나 연례행사로 정례화 된 이 제도에 대해 5,6천의 응모자가 관심을 기울인다는 것은 근대문학에 대한 적극적인 관심을 지닌 독자층이 그 만큼 확대되고 있다는 사실을 뜻한다.

선행 연구에 따르면 1937년 당시 『매일신보』를 제외한 민간지의 총 발행 부수는 126,764부이며 이 중 『조선일보』는 약 56%에 해당하는 70,981부를 점하고 있었는데,[43] 이 독자 중 5.2%에 해당하는 응모자가 신춘문예에 관심을 갖고 적극적으로 참여하는 현상을 보였다는 사실은 단순 통계 수치만으로도 상당한 의미가 있는 것이라고 평가할 수 있다. 이러한 상황 변화를 통해 볼 때 신춘문예 심사과정 및 작품 선발 기준 등에 대한 공개는 행사 주최측의 내적 자신감을 드러내는 것임과 동시에 해당 행사가 지닌 사회적 영향력 등에 대한 유력한 선전 방식으로도 기능하고 있음을 확인할 수 있다.

또 한편으로 단순 수치상 수백 대 일의 경쟁을 뚫고 당선되었다는 것만이 아니라 당선 작품의 질적인 측면 역시—선후감(選後感)에서의 냉정한 평가에도 불구하고—일정한 수준에 도달했음을 심사평을 통해 적극적으로 밝히고 있다.

> 그럼으로 금번에는 처음부터 고선 방침을 정하는 데에 미리부터 일정한 고선 수준을 세운 것이었다. 다시 말하면 한 작품을 어느 급차로나 입선을 식힐 때에는 그 작품이 비록 완벽은 못되드래도 이만하면 현 문단의 수준에 그다지 떨어지지 안는다는 것과 또 하나는 이만한 역량을 가젓스면 얼마 안되어

라고 확신한다."(염상섭, 「신춘문예 현상 작품 선후감」, 『조선일보』, 1931.1.4)

43) 박용규, 앞의 논문, 100면.

서 작가로 행세할 수 잇다는 것을 고선의 수준으로 한 것이다. 그러니까 이것은 예년의 관례로 보면 넘우나 가혹한 엄선이라고 할는지 모르겟스나 우리는 본래부터 한 개의 완벽에 가까운 작품이나 한 사람의 유망한 신인을 발견하는 것이 목적이지 결코 되나 안되나 그 중에서 제일 낫다는 것을 뽑을 필요는 업섯는 때문이다. / 그럼으로 떨어진 분은 섭섭할지 모르겟스나 또한 적으나마 입선된 분은 그 앞길에 대해서 책임잇는 추천을 하엿다는 의미에서 우리는 오히려 만족하는 것이다.[44]

이 신춘문예의 당선이야말로 광고적 문구로서 문단 등용문을 만들 것이 아니라 정말 사실적인 문단 등용문을 만들어야 하겟다는 것이 고선의 첫 목표이엿다. 그래서 고선의 수준을 응모된 작품에서 세우는, 말하자면 작품 추수적인 일등 나열주의를 사용하지 안코 미리 현 문단의 수준을 기준으로 해서 그 수준을 초과하지는 못해도 적어도 그 수준에 접근하는 표준으로 고선에 임한 때문에 여러 가지로 모집한 작품 부류 중에서 혹은 일등이 잇는 것도 잇고 업는 것도 잇스며 엇든 것은 선외에 뽑힌 것도 잇고 또 엇든 것은 아주 업는 것이 잇는 것은 당연한 귀착이라고 생각하는데[45]

인용문들의 요지는 다음과 같이 정리될 수 있다. "심사위원의 관점에서 보았을 때 당선작들 역시 여러 가지 심각한 문제점을 지닌 작품들이지만 현재 문단의 수준에 비추어 볼 경우 그다지 심하게 기우는 것은 아니다." 문단의 기성 문인들의 작품과 신춘문예 당선작의 거리는 오십보 백 보라는 지적, 뒤집어 생각하면 당선 문인들 역시 지금 당장 문단의 작가로 이름을 올려놓을 수 있다는 지적이다. 다만 이 모든 작품들이 심사를 담당한 자신들의 수준에서 보았을 때 흡족하지 못하며 이는 당대 조선 문단 전반의 한계인 것이다. 그와 같은 지적이 작품에 입각한 객관성을 확보하였는지는 차치하고 문단의 초심자들에게 이보다 더한 격려와 상찬(賞讚)은 없을 것이다. 더구나 당선자의 앞길에 대해 "책

44) 학예부, 「신춘 현상문예 고선의 경과」, 『조선일보』, 1936.1.3.
45) 일 기자, 「신춘문예 선후감」, 『조선일보』, 1938.1.7.

임 있는 추천"을 하였다는 언급은 실현 여부를 떠나 영향력 있는 발언으로 받아들여지기에 충분하였다고 볼 수 있다. 실제로 1934년 박영준의 「모범 경작생」, 1935년 김유정의 「소낙비」, 1936년 김정한의 「사하촌」, 1937년 정비석의 「성황당」 등 1930년대 『조선일보』 신춘문예의 소설 분야는 이후 한국문학사에서 주목할만한 업적을 남긴 소설가들을 다수 배출하였다. 그리고 이들 모두 등단 당시 냉혹할 정도의 심사평을 들었고 일부의 경우 당선작이 아닌 차석 혹은 선외가작 상태로 문단에 나왔던 것이다.

초기의 시행착오를 정비한 신춘문예 제도는 독자 문예 작품 현상 모집에 비해 상대적 우위를 점하게 되고 차츰 문인 재생산 과정에 있어 핵심적인 구조로 부상하게 된다. 1930년대 중반에 이르면 신춘문예의 지위는 이제 누구도 이의를 제기하지 못하는 상황에 이른다. 여기에는 신춘문예가 가진 정례성과 공개성이 가장 핵심적인 역할을 담당했던 것으로 판단된다. 즉 매년 정해진 시기에 작품을 모집하고 내부에서 정한 절차에 따라 심사가 진행된 후 그 결과가 공개적으로 발표됨으로써 입사구조로서의 신춘문예의 안정성이 보장되었던 것이다. 이는 응모자들의 적극적인 참여를 유도하는 기본적이면서도 가장 중요한 요소 가운데 하나로 기능하였다.

또 하나 신춘문예의 정착에 있어서 빠뜨릴 수 없는 것은 이 제도가 전국적 단위의 언론 기관인 신문사에 의해 주도되었다는 사실이다. 서두에서 지적한 것처럼 다양한 형태의 문인 재생산 구조 가운데 가장 대중적이고 일반적인 제도를 지적하라면 누구나 신춘문예를 들 것이다. 문학에 관심을 기울이는 독자건 그렇지 않건 정해진 시기가 되면 신문 지면을 통하여 신춘문예 관련 기사 · 광고를 접하게 되고 매년 1월 1일 두툼한 별쇄 지면을 통해 그 당선자들의 면면과 작품의 전부 혹은 일부를 볼 수 있게 된다. 그 규모와 동시성, 그리고 영향력 면에서 신춘문예는 여타 문인 재생산 구조에 비해 우월한 지위를 점하고 있는 것이다.

주관 기관의 입장에서 보았을 때도 최소의 비용만으로도 자사의 브랜드 가치를 상승시킬 수 있다는 측면에서 신춘문예는 상당한 매력이 있는 행사이다. 문학에 대한 언론의 박애주의・자선행위의 일환으로 실시되었던 독자에 대한 지면 할애 및 문예물 모집이[46] 어느 시점에 이르러 언론의 일부분을 보완하는 정도로까지 변화된 것이다.

4. 결론

이 글은 문인 재생산 구조의 여러 유형 가운데 신춘문예 제도가 정착되는 과정을 식민지 시기 『조선일보』를 중심으로 살펴보는 것에 일차적인 목적을 두었다. 이는 근대문학을 자체로서 자족적이고 완결적인 구성물로 보는 것이 아니라 사회적으로 공유되는 문화의 일종으로 파악하려는 관점에서 출발한다. 따라서 문학은 사회의 변화, 그 중에서도 문학과 가장 밀접하게 연관된 신문 언론의 변화에 많은 영향을 받을 수밖에 없음은 주지의 사실이다. 문학 자체만이 그러한 것이 아니라 문학을 생산하는 문인 역시 사회와 언론의 영향권 안에 놓여 있으며, 언론을 통해 문인들의 재생산이 이루어지는 과정 역시 문인 개개인의 상상력의 결과물인 작품의 완성도뿐만이 아니라 언론사의 내・외적 환경의 변화에도 크게 영향을 받는 것이 당연한 일이다.

본고를 통해 식민지 시기 진행된 문인 재생산의 과정 역시 주관 언론기관과 사회 환경의 변화의 영향권 내에 놓여 있었음을 확인할 수 있었다. 그 과정에서 본고는 신춘문예라는 제도의 발생・성장・정착에 주목

46) I. 와트, 전철민 역, 『소설의 발생』, 열린 책들, 1988, 69면.

하였다. 이는 철저히 형식적인 측면으로 제한되었고 그 결과 해당 과정을 통과하여 산출되는 작품의 내용적인 측면에 대해서는 의식적으로 논의과정에서 배제하였다. 따라서 이 글은 식민지 시기 『조선일보』를 통해 진행되었던 문학 관련 이벤트들 가운데 극히 일부만을 다루고 있으며 신춘문예로 그 논의 범위를 한정할 경우에도 절반의 영역 밖에 포괄하지 못하고 있다.

그러나 언제부터인가 자연스러운 그 무엇으로 수용되는 신춘문예라는 제도가 사실은 수많은 시행착오와 20세기 한국 사회의 특수성이 낳은 산물이라는 점을 이 글을 확인할 수 있었다면 그 절반의 영역에서는 나름의 성과를 거두었다고 자평한다. 서론에서도 밝혔듯이 본고는 『조선일보』와 신춘문예를 포함하는 보다 포괄적인 연구를 위한 여러 시도 가운데 하나로 자리할 수밖에 없으며 이후 연구를 통하여 많은 부분이 보충되어야 할 것이다.

제2부
문학 '장'의 구축과 문화제도

근대시 형성과 번역의 상관성

김억(金億)을 중심으로

심선옥

1. 머리말

한국 근대시 형성기에 서구시의 번역으로부터 자양을 얻었음은 잘 알려진 사실이다. 근대시의 번역은, 기존의 연구에서 대체로 '창조/모방', '전통의 주체성/수용의 외래성'이라는 이분법적 구도 속에서 다루어졌다. 일찍이 김용직은 한국 근대시의 이상을 실현하기 위해서는 "우리 주변에 조성, 전개되어 온 자생적 요소를 수용, 자양화하는 일이 그 하나였다. 그리고 다른 하나의 경우가 외래 요소를 우리 나름대로 수입, 수용해서 그것으로 우리 시의 동력원을 만드는 길"이라고 두 가지 방법을 전제한 뒤, "어느 의미에서 한국 근대시의 전개과정은 이들 해외시의 수용과 반발로 이루어진 역사"[1]라고 규정하였다. 근대시를 '자생적 요소'와 '외래 요소'로 구분하는 이러한 관점은 근대문학사에서 전통의 창조적 계승을 실현하고자 하는 민족주의적 문학론에 근거해 있다. 이때 번역 그 자체는 부차적인 요소로 취급되고, 번역을 통한 외래성의

1) 김용직, 『한국근대시사』(上), 학연사, 1994, 458면.

주체적인 변용이 부각된다.

그러나 근대문학의 형성에서 번역은 민족적 특수성의 문제가 아니라 본질적이며 보편적인 문제이다. '문학'이라는 용어의 기원이 "서양문화가 일본에 수용되는 과정에서 만들어진 영어 리터래처의 譯語"이며 "동아시아 문화에서 근대는 서양의 담론들을 수용하고 그것에 비추어 자신을 재인식하고 재구축하는 과정과 함께 시작되었다"[2]라는 주장에서 나타나듯이, 번역은 한국 근대문학을 구성하는 본질적인 요소일 뿐 아니라, 동아시아에서 문화의 공통성과 연대를 논의할 수 있는 토대를 형성한다. 나아가 번역은 인류의 모든 문화적 소통을 중개하며, 새로운 삶과 사유를 가능케 하는 기제[3]로 확장된다.

근대시의 형성과 번역의 관계가 1920년대 문단 내외에서 어떻게 인식되고 있었는지, 최초의 번역시집 『오뇌의 무도』에 대한 반응을 통해 살펴볼 수 있다.

> 西洋詩人의 作品을 만히 參考하야 詩의 作法을 알고 兼하야 그네들의 思想作用을 알아 써 우리 朝鮮詩를 지음에 應用함이 매우 必要하니라.[4]

> 번역이라 함은 더구나 우리 조선 사회에서는 閑却하고는 살 수 업는 사회적 또는 민족적 생명이겟다. 왜 그런고 하면 우리는 일상생활에 무엇을 물론하고 번역 안임이 업다. 또한 우리가 장차 마즈려 하는 생활 또는 사상 즉 — 물질적으로나 정신적 양 방면의 모든 문명은 오직 그 위대한 번역의 손을 거치지 안코는 우리 압헤 도달치 못하겟다[5]

---

2) 황종연, 「문학이라는 譯語」, 문학사와비평연구회, 『한국문학과 계몽담론』, 새미, 1999, 10~12면 참조.

3) 정선태, 「근대 계몽기의 번역론과 번역의 사상」, 『근대어 · 근대매체 · 근대문학』(한기형 외), 성균관대 대동문화연구원, 2006, 66면. "번역의 역사는 곧 문명화의 역사라고 해도 지나치지 않다. 번역의 개념을 좁혀서 서로 다른 문자간의 '교환'으로 정의하면, 인류의 모든 문화/문명은 번역을 통해 교환되었고, 번역을 빌어 새로운 삶과 사유의 가능성을 확충해왔다."

4) 장도빈, 「序」, 『오뇌의 무도』(김억), 광익서관, 1921, 5면.

앞의 글은 『서울』의 발행인 겸 편집장이었던 장도빈이 『오뇌의 무도』 서문에 쓴 것으로, 번역은 '우리 朝鮮詩를 지음'에 참고하여 응용하기 위한 도구적인 역할로 규정되고 있다. 뒤의 글은 김찬영이 『오뇌의 무도』 출간을 기념하여 『동아일보』에 기고한 서평이다. 김찬영은 문명화 과정에서 번역이 "사회적 또는 민족적 생명"을 영위하는 필연적 요소이며, 당대의 정신적 물질적 부문뿐 아니라 일상생활에까지 그 영향을 미치는 핵심적 요소라고 주장하고 있다. "오직 번역이라 함을 外國文 外國語를 자국의 그것으로 改作하는 것으로만 생각하여서는 實노 중대한 과실"이며, 번역자는 번역하고자 하는 외국의 모든 생활상 양식, 습관, 기타 예의, 도덕, 관념에 대한 풍부한 이해력을 갖추어야 "그 작품의 흐르는 생명의 감정을 이입"할 수 있다. 김찬영은, 번역이 '두 개의 다른 언어 사이의 옮김'을 넘어 주체와 타자의 문화적 소통과 새로운 문화 창조의 조건임을 간파하고 있다.

최근, 번역이 원작에 비해서 부차적이고 지엽적인 것이라는 일반적인 관점을 넘어, 번역의 독자성 및 원작과 번역의 차이에 내재한 창조적 가능성이 주목받고 있다. 이와 함께 번역가의 자질도, 원작을 충실하게 재현하는 언어능력보다 "타자와 대면하여 자신을 성찰하고 비판하는 정신"[6]이 더 중시된다.

김억은 1910년대 후반~1920년대 중반까지 외국 시의 번역과 대중화에 독보적인 역할을 했던 인물이다. 한국 근대시문학사에서 김억은 전방위 활동가였다. 그의 활동은 번역, 문예이론, 비평, 창작, 매체의 편집과 출판, 어학 강습 등 문예적 실천의 모든 영역에 걸쳐져 있었다. 번역은 이러한 활동의 바탕이었다. 김억은 일본 유학시절 『학지광』과 『근대사조』에 창작시와 문예비평을 발표하였고, 이후 1920년대 중반까지 번역에 주력하였다. 『태서문예신보』와 『창조』·『폐허』·『개벽』·『신민공

5) 抱耿生, 「『오뇌의 무도』의 출생에 際하야」, 『동아일보』, 1921.3.29.
6) 정명환, 「번역을 위한 변명」, 『번역비평』 1, 2007년 가을, 9면.

론』·『개벽』·『계명』·『영대』 등에 번역시를 발표하였으며, 번역시집 『오뇌의 무도』·『일허진 진주』·『기탄자리』·『신월』·『원정』 등을 발간하였다. 김억은 작품 번역과 함께 작가론, 문학이론과 문학사에 대한 소개, 문학비평을 병행하여, 독자들에게 번역 작품을 둘러싼 문화적·문학적 상황에 대한 이해의 기반을 마련해주었다. 또한 번역 활동은 그의 창작시와 문학론, 시론에도 변화를 영향을 주었다.

지금까지 김억의 번역활동에 대한 연구는, 프랑스 상징주의 시의 소개를 통해 한국 근대시의 기틀을 마련하였다는 긍정적 평가와, 베를렌 중심의 감상적인 서정시의 편향을 초래하였다는 비판이 공존하였다.[7] 정한모는 번역시집 『오뇌의 무도』가 한국적인 자유시(근대시)의 틀을 확립하는 토대가 되었지만, '영탄어조(詠嘆語調)'와 '가늘고 고운 어감(語感)'을 선호하는 "김억의 취향이 서구의 근대시를 더욱 감상적인 측면에서 받아들인 결과"[8]로 나타난 점을 문제로 지적하였다. 김재홍은, 육당의 계몽주의와 비교하여 김억의 상징주의 소개가 "집단의식과 개인의식, 현실주의와 예술주의의 대립과 갈등을 통해서 전통시가 지녀오던 소리 내어 읊조리는 시, 노래하는 시의 특성을 어느 정도 내면적으로 유지하면서도 근본적인 감수성과 표현체계를 상이한 각도와 흐름으로 바꿔가게 된" 의의를 가진다고 평가하였다.[9] 그 연장에서 김진희는 김억의 상징주의 수용이 공리주의적 문학관에 대응하여 개인적 서정을 추구하고, 전통적 시가 형식의 구속을 벗어나 근대시의 새로운 호흡에 맞는 율격을 찾기 위한 주체적인 대응의 결과였다고 평가하였다.[10] 구

7) 주목할 연구로 정한모, 『한국현대시문학사』, 일지사, 1974; 한계전, 「자유시에 대한 인식의 발전」, 『한국 현대시론사 연구』(한계전 외), 문학과지성사, 1998; 김은전, 「프랑스 상징주의 수용과 문제점」, 『한국 현대시사의 쟁점』(김은전 외), 시와시학사, 1992; 김재홍, 「20세기 한국시의 근대의식 형성과 전개」, 『현대 한국문학 100년』(유종호 외), 민음사, 1999; 김진희, 「근대문학의 場과 김억의 상징주의 수용」, 『한국문학이론과 비평』 22, 한국문학이론과비평학회, 2004.3 등이 있다.

8) 정한모, 앞의 책, 356면.

9) 김재홍, 앞의 책, 21면.

인모는 『조선문단』 중심의 국민시가운동이 일본의 구어자유시(口語自由詩)운동의 영향 속에서 이루어진 점을 강조[11]하고, 김억의 베를렌 시 번역이 구어자유시론을 주창했던 가와지 류코[川路柳虹]의 번역을 참조했음을 정밀하게 고찰하였다.[12]

근대시의 번역은 여러 겹의 관계로 구성되어 있다. 원작자와 작품, 원작과 번역가, 번역과 독자의 관계가 중층적으로 연결되어 있으며, 각 관계들을 둘러싼 상황이 번역에 개입한다. 김억의 번역활동도 당대의 문단과 독자들과의 상호관계 속에서 지속적으로 재조정되고 변화되는 과정이었다. 이 논문은, 김억의 번역활동의 정점이었던 1920년대 초반, 『오뇌의 무도』 발간 전후를 연구 대상으로 삼았다. 먼저 1910년대 근대시 번역의 상황을 『학지광』과 『태서문예신보』를 중심으로 검토하였다. 다음으로 김억의 번역의식과 근대시론의 관계, 번역시집 『오뇌의 무도』의 수용 양상, 김억이 창안한 번역문체의 영향과 의의 등을 고찰하였다. 이를 바탕으로 근대시 형성기에 번역의 역할과 의미에 대해서 살펴보고자 한다.

2. 번역활동의 배경

1910년대 중반까지 김억은 번역에 대한 의식적인 자각을 드러내지 않는다. 당시 그의 중심 발표지였던 『학지광』에서도 번역의 중요성은

10) 김진희, 앞의 논문, 352면.
11) 구인모, 「한국 근대시와 '국민문학'의 논리」, 동국대 박사논문, 2006.
12) 구인모, 「베를렌느, 김억, 그리고 가와지 류코(川路柳虹)」, 『비교문학연구』 41, 한국비교문학회, 2007.

부각되지 않았다. 1910년대 『학지광』에 발표된 근대시 번역은 몽몽(夢夢)의 투르게네프 산문시 「걸식(乞食)」, 트렌취 「신성한 물건」, 히로시 「신조」의 번역과 김억의 베를렌 「도시에 내리는 비」, 노촌(鷺村)의 베를렌 「가을노래」 등의 번역 정도이다. 김억의 베를렌 시 번역은 「요구와 회한」이라는 비평에 삽입된 것으로, 시의 제목은 생략하고 "大意 …… 옴길 수 업어서"라는 역자 주를 달고 있다. 따라서 독자적인 번역 작품으로 보기에는 미흡하며, 비평의 내용 이해를 돕기 위한 보충 진술로서의 역할을 하고 있다.

김억이 근대문예의 형성에서 번역의 중요성을 자각하고 번역에 대한 기본 의식을 확립하게 된 것은 『태서문예신보』를 통해서였다. 부친의 급서(急逝)로 학업을 중단하고 귀국한 김억은 한동안 정주의 오산학교에서 교사생활을 하며 지냈다. 1918년 여름, 황석우는 동경에서 당시 조선의 문단을 비판하는 글을 『매일신보』에 기고하면서, 김억의 빠른 문단 복귀를 촉구하고 있다.

> 나는 이 点에셔 岸曙 君의 出馬를 勸혼다. 促혼다 君이여! 나오라 君을 진실로 了解ᄒᆞᄂᆞᆫ 者 아직 살아 잇다. 그 者의 눈에ᄂᆞᆫ 天才를 익끼ᄂᆞᆫ 눈물이 縱橫ᄒᆞ고 그 손에ᄂᆞᆫ 懺悔와 慰安의 墻薇를 들엇다. 天才에ᄂᆞᆫ 精神의 跛者가 만타. 天才람은 結局 精神의 跛者者 그를 意味홈일다. 그딕ᄂᆞᆫ 확실히 가장 현져훈 한 精神의 跛者일다. 나ᄂᆞᆫ 남의게 先하여 그것을 愛하며 慕ᄒᆞ려 한다.[13)]

이 글이 발표된 후, 김억은 『태서문예신보』에 투르게네프의 산문시를 번역하면서 문단활동을 재개하였다. 1918~19년 사이에 『태서문예신보』에서 김억은 번역과 창작, 비평 활동을 왕성하게 펼쳤다. 『태서문예신보』는 근대문예의 형성에서 번역의 필요성과 의의를 공식화하고, 번

13) 황석우, 「현대조선문단」, 『매일신보』, 1918.8.28.

역을 편집의 중심에 배치한 최초의 번역 전문지였다. 김억은 『태서문예신보』의 단순한 필자를 넘어, 신문의 편집과 발행에도 적극 관여하였다.[14] 『태서문예신보』에서의 활동은 이후 김억이 번역의 사회적 역할과 번역에 대한 기본 원칙을 세우는 바탕이 되었다.

『태서문예신보』는 「창간사」에서 "태셔의 유명한 쇼셜, 시됴, 유행가곡, 음악, 미슐, 각본 등 일반 문예에 관한 기사를 문학 대가의 붓으로 즉접 본문으로붓터 충실하게 번역하야 발힝할 목젹"[15]을 명시하였다. 실제 번역에서 이 원칙이 확고하게 지켜지지 못했다는 사실은 이미 여러 연구자들에 의해 지적된 바 있다. 그렇다고 해서 『태서문예신보』가 원문 번역을 주장했던 의의가 사라지는 것은 아니다. 여기서는 김억의 번역활동과 관련하여 원문 직접 번역의 원칙이 갖는 의미를 살펴보고자 한다.

먼저 원문 직접 번역은, 당시 번역의 주류였던 일역본을 통한 중역(重譯)[16]으로 인해 일본이 문명의 수입창구로 일원화하는 현상[17]을 벗어나, 서구문명의 원류와 다양성에 접속할 수 있는 계기를 마련하는 데 그 의의가 있었다. 그리고 원문 직접 번역에는, 서구의 근대문예를 지식의 차원에서 수용하는 것을 넘어, 삶의 실감으로 체험하려는 욕망이 작용하고 있었다. 1910년대 문예물의 번역을 선도했던 최남선은 『소년』과 『청춘』에서 문학을 '근대지(近代知)'의 한 영역으로 재편하고자 기획하

14) 김억, 「처녀작 발표 당시의 감상」, 『조선문단』 6, 1925.3, 61면. 김억은 이 시기를 회고하면서 "셔울셔 『태서문예신보』라는 것이 매주 1회로 발행하엿슬 때에 그곳에 좀 관계를 매즌 까닭"이라고 말하였다.

15) 「창간사」, 『태서문예신보』, 1918.9.28.

16) 김병철, 『한국근대번역문학사연구』, 을유문화사, 1975, 370~371면. 김병철은 실증적인 자료를 통해 1910년대까지 일역본을 통한 중역(重譯), 경개역(梗概譯), 초역(抄譯) 또는 번안(飜案) 등의 번역 태도가 대부분이었음을 확인하였다.

17) 일본이 근대화와 문명화의 모범으로 인식되고, 문명의 수입 창구가 일본으로 일원화하는 것에 대한 비판은 애국계몽기부터 제기되었다. 정선태, 「근대계몽기의 번역론과 번역의 사상」, 『근대어·근대매체·근대문학』(한기형 외), 성균관대 대동문화연구원, 2006, 58면 참조.

였다.[18] 최남선은 문학을 근대지식의 내부로 끌어들이기 위해 고품격의 문학, 즉 근대문학의 전범이 된 서구 작품들을 번역/번안하여 잡지에 수록하는 방식을 택했다. 이때 번역의 목표가 문학성의 향유보다 계몽의 실천에 있었기 때문에, 원작의 예술적 가치를 전달하지 못해도 대의(大意)를 전달할 수 있다면 중역(重譯), 경개역(梗槪譯), 초역(抄譯) 또는 번안(飜案)도 문제가 되지 않았다.

이와 달리 『태서문예신보』는 발행 목적을 '취미와 실익',[19] '고상한 취미와 실익적 니용'[20]을 추구하는 데 두었으며, 이것은 곧 번역의 원칙이 되었다. 여기서 '취미'와 '실익'은, 오늘날 일반적으로 말하는 '대중적인 오락거리'나 '경제적인 이익'이 아니라, '교양'이라는 넓은 의미로 사용되었다. 『태서문예신보』는 「에디토리얼」에서 독자 대중들에게 근대사회의 주체, 문명의 주체로서 갖추어야 할 덕목들을 강조하였는데, 그 내용은 읽고 쓰는 능력, 행복 추구의 의무, 자립, 이상과 희망, 인격의 확립, 진취주의 등이었다. 이를 참고할 때 『태서문예신보』가 표방한 '취미'와 '실익'은 근대문명을 이해하고 생활 속에서 향유하는 능력으로서 '교양'과 같은 의미이며, 예술에 대한 감상력과 이해력이 그 핵심내용이었음을 알 수 있다.[21]

'취미와 실익' 또는 '교양'의 강조는, 3·1운동 직전 국내 지식인들의 정세 인식을 반영하는 것으로, 근대문명의 진보와 발전에 대한 낙관적인 전망을 기반으로 하고 있다.[22] 김억도 이러한 낙관적인 정세 인식을

18) 한기형, 「최남선의 잡지 발간과 초기 근대문학의 재편」, 위의 책, 319면.

19) 「발간사」, 『태서문예신보』 1, 1918.9.28.

20) 「바람니다」, 『태서문예신보』 9, 1918.11.30.

21) 취미와 교양에 대한 이러한 인식은 당시 일본에서 유행하던 다이쇼 교양주의의 영향을 보여준다. 신인섭, 「교양 개념의 변용을 통해 본 일본 근대문학의 전개양상 연구 -다이쇼 교양주의와 일본 근대문학」, 『일본어문학』 23, 일본어문학회, 2004 참조.

22) 『태서문예신보』는 「에디토리얼」에서 "인생의 행복과 성공은 결코 우리의 형편과 계제에 매인 것이 아니라 우리에게 직접 매인 것이다"(3호), "낙관하여라, 어둠, 어려움, 비애를 이겨내라, 어둠 뒤에 희망이 있다."(9호), "재능보다 堅確한 뜻과 충실한 인격이 더 도움이 된다"(10호), "진취주의"(14호), "씨여라 눈을 써라"(16호) 등의 주체적이

공유하고 있었다. 그가 『태서문예신보』의 독자 청년들을 위해 쓴 두 편의 산문은, 새로운 시대와 생명에 대한 기대와 열망을 고취하는 내용으로 채워져 있다.

어린 벗들아, 나의 벗들아, 눈을 쓰거라, 그리ᄒᆞ고 새 늣김과 부드러운 希望이 가득ᄒᆞᆫ 空氣를 힘껏 마시라, 그리ᄒᆞ고 오리동안 무겁고 괴로온 빗만 가득ᄒᆞᆫ 집안에 窓을 열고 가득이 채우라. 黃昏의 天地만 그대의 永住ᄒᆞᆯ 곳이 안이다. 긋치지 안는 새 活泉의 흐름에 그대의 가슴과 맘을 젹시라, 새 生의 뜻깁흔 불 洗禮를 바다 그대들에게만 許諾된 모든 特權을 享有ᄒᆞ라. 이것이 내가 그대들에게 가장 쓰거운 心情을 表現ᄒᆞ는 것이다.[23]

아, 가난한 이여, 걱정 말아라. 희망을 일흔 이여, 슬퍼 말아라. 꼿다운 生命의 샘이 일즉 끗지 아니하고 그대의 가슴에 물결지어 솟나니, 깃버하거라! 그대의 설은 運命을 헤치고 그대의 생에서 오는 '悲哀를 뚤코의 歡喜를 맛보거라.' 눈에 보이지 아니하는 불행이라는 大敵과 싸호며, 한거름, 한거름식 압흐로 慰安의 새 길을 발버야 합니다. 그 갓튼 ᄣᅢ에 眞正한 '나'를 차자 그 '나'를 살니지 아니하면 안 됩니다.[24]

김억이 구상한 새 시대와 새로운 생명은, 어둠과 불행에 빠진 현재의 "설은 運命"을 뚫고 희망으로 채워진 "진정한 나"를 찾는 삶이다. 그는 "生命에서의 眞理, 眞理에서의 사랑, 사랑에서의 理解!"를 얻는 삶을 지향하며, 궁극적으로는 "남과 나와를 논호지 아니하고 서로 지배나 서로 지배 밧음도 업시 '한아'되는"[25] 세상을 꿈꾸었다. '이성', '진보', '행복' 등을 추구하는 근대문명의 힘을 신뢰하였으며, 이에 따라 조선에

고 진취적인 비전을 제시하는 주장을 펼쳤다.

23) 김억, 「나의 어린 벗들아」, 『태서문예신보』 6, 1918.11.9.

24) 김억, 「가난한 벗에게」, 『태서문예신보』 16, 1919.2.17. 이 글은 1918년 4월 20일에 쓴 것으로 약간의 문구를 수정하고 뒷부분을 보충하여 『서울』 4호(1920.6)에 다시 발표되었다.

25) 김억, 「가난한 벗에게」, 『태서문예신보』 16, 1919.2.17.

서 문명화한 근대적 주체를 창안하는 것을 문예의 과제로 설정하고 있었다. 그의 번역활동은 근대문예의 정수를 대중화하고, 근대적 주체를 창안하는 활동의 일환이었다.

『태서문예신보』는 발전된 서구 문예를 번역·소개함으로써 조선에 근대문예를 형성·보급하고, 조선의 사상계를 통일시키고자 하였다. 이를 위해 '번역'과 '창작'을 동시에 진행하는 방법을 제시하였다. "數百年을 繼續ᄒᆞ야 進步 發展ᄒᆞ야 거의 絶頂에 이른 유롭(歐羅巴)의 文藝를 選又擇ᄒᆞ야 輸入함과 同時에 我의 文藝를 創作"[26]한다는 것이다. 번역의 역할을 근대적 지식의 습득을 위한 서구 문예의 수입·소개에 한정하지 않고, 새로운 작품 창작의 동력으로 규정한 것이다. 실제로 『태서문예신보』의 중심 필자였던 장두철과 김억은 번역과 창작의 병행 원칙을 실천하였다. 김억의 경우, 번역은 시 19편, 소설 2편, 비평 1편이며, 창작은 시 12편, 비평 2편, 산문 2편을 발표하여 번역과 창작이 양적으로 균형을 이루고 있다.[27] 이때 눈에 띄는 것은 창작시의 변화이다. 김억이 『학지광』에 발표했던 창작시들은 시인의 주관적인 감정을 형식적인 제약 없이 자유롭게 고백하는 산문시가 중심이었다. 이와 달리 『태서문예신보』의 창작시들은 절제된 시어와 운율을 갖춘 단형의 서정시로 변화하였다. 이는 김억의 번역이 투르게네프의 산문시에서 베를렌의

26) 「작품첨삭부 개시」, 『태서문예신보』 9, 1918.11.30.

27) 김억이 『태서문예신보』에 발표한 작품목록을 보면, 번역시는 투르게네프, 「명일? 명일?」, 「무엇을 내가 싱각ᄒᆞ겟나?」(4호), 투르게네프, 「ㄱ]」, 「비렁방이」(5호), 베를렌, 「거리에 나리는 비」, 「검은 씃업난 잠은」」, 「아름답은 밤」(6호), 베를렌, 「가을의 노릭」, 투르게네프, 「늙은이」, 「N.N」(7호), 이옛츠, 「쑴」, 안낙 크레온, 「죽음의 恐怖」, 쯔래후, 「午後의 달」, 보칸스, 「明日의 목숨」, 탭프, 「蒲公英」, 베를렌, 「作詩法」(11호), 먼스키, 「세레나드」, 쿠르몬, 「落葉」, 프리바트, 「마즈막 키쓰」(13호), 번역소설은 모팟산, 「고독」(14~15호), 투르게네프, 「密會」(15~16), 번역 비평은 「쏘로쉽의 인생관」(9, 10, 12~14호)이다. 창작시는 「밋으라」, 「오히려」((5호), 「봄」, 「봄은 간다」, 「무덤」(9호), 「나의 몸을 比하면」(10호), 「겨울에 黃昏」, 「나리는 비」, 「六月의 낫잠」(13호), 「北方의 짜님」(14호), 「樂群」 「除夕의 游者」(16호), 비평은 「프란스 詩壇」(10~11호), 「詩形의 音律과 呼吸」(14호), 산문 「나의 어린 벗들아」(6호), 「가난한 벗에게」(16호) 등이 있다.

상징시로 옮겨가는 것과 같은 변화의 경향으로, 그의 번역과 창작이 유기적으로 연결되어 있음을 보여준다.

『태서문예신보』는 "언문쓰기를 연구ᄒᆞ고 언문읽기를 단련ᄒᆞ야 언문을 보급식히어야 우리 됴션의 예술은 근본젹으로 수립될 것"[28]이라고 하여 번역과 창작에서 '언문 중심주의'를 추구했다. 『태서문예신보』의 '언문 중심주의'는 인쇄매체를 근거로 '국문'의 보급과 실현을 추구했다는 점에서, 에릭 홉스봄이 주장한 '언어적 민족주의'의 이념과 일치한다. 에릭 홉스봄은 "언어적 민족주의는 그 말을 할 줄 아는 성원들을 창조해내는 것이 아니라 그 말을 읽고 쓸 수 있는 성원들을 창조해내는 것이었다"[29]라고 주장하였다. 1910년대 조선의 언어적 상황은 국문과 한문, 국한문혼용, 번역어, 외래어, 그리고 제도권 내에서 '국어'의 지위를 차지하고 있던 일본어 등이 뒤섞여 있었다. 다양한 언어들이 뒤섞인 채 균열하고 갈등하고 충돌하는 혼종의 상황 속에서, '국문'은 민족의 성원으로서 자기 동일성을 확인하고 유지하는 가장 강력한 '문화적 도구'였다. '국문'과 문학의 관계에 대해, 이혜령은 "식민지 조선에서 문학에 부여된 민족어 창안과 보전의 사명은 '국어'가 아니었던 '조선어'의 지위와 제도적 기반의 결여 때문에 더욱 도드라진 것"[30]이었다고 설명한 바 있다.

김억은 『태서문예신보』의 '언문 중심주의'를 제도적인 '국어 / 국문'의 차원을 넘어 생활과 정서 속에 육화된 모국어인 '말'의 차원으로 심화시켰다. 그리고 그것을 시의 언어로 전유하였다. 김억은 "시인의 호흡을 찰나에 표현한 것이 詩歌"인데 "언어, 또는 문자의 형식을 알게 되면 詩味의 반분은 없어진 것"[31]이라고 하였다. 이것은 시를 제도화된

28) 「바람니다」, 『태서문예신보』 6, 1918.11.9.

29) 에릭 홉스봄, 김동택 역, 『제국의 시대』, 한길사, 1998, 290면.

30) 이혜령, 「언어=네이션, 그 제유법의 긴박과 성찰 사이」, 『상허학보』 19, 상허학회, 2007.2, 255면.

31) 김억, 「詩形의 音律과 呼吸」, 『태서문예신보』 14, 1919.1.13.

언어와 문자의 표현이 아니라, 시인의 정신(마음, 靈)으로부터 육화(肉化)되어 솟아난 '말' 즉 직접적이고 순수한 내면의 목소리로 규정하는 시론(詩論)이다. 이 논지를 발전시켜 김억은 "조선말로의 어떠한 시형이 적당한 것을 먼저 살펴야 합니다"[32]라는 주장에 이른다. 이로써 근대시의 바탕을 시인의 마음과 육체의 조화, 민족의 마음과 육체, 내부와 외부의 조화로서 모국어인 '말'과 그것의 음률적(音律的) 표현에서 찾는 시론의 틀이 형성되었다.

김억은 1920년대 초반까지 창작과 번역에서 '말'의 어려움을 토로하고 있다.

> 싱각에서 싱각으로 밋기는
> 더운 가슴의 **曲調야 잇스나**
> **나타나일 말은 업서라**[33]

> 복기는 가슴의, 내 맘의 설음과 깃븜을 갓튼 동무들과 함끠 노래하랴면 나면서부터 **말도 몰으고** '라임'도 업는 이 몸은 가이업게도 내 몸을 내가 비틀며 한갓 쩟다 잠겻다 하며 복길 짜름입니다. 이것이 내 노래입니다. 그러기에 내 노래는 설고도 곱습니다.[34]

> 이것은 譯筆이 나로 하야금 뮤즈 여신에게 들이는 모든 崇敬의 恍惚엣 讚辭를 다 빼앗게 한 까닭입니다. 원문의 美音玉韻은 고사하고 그 다치면 슬어질 듯도 하고 바람에 풍기며 곱은 노래를 짓는 그 곱은 말! **그 말을 그려내일 문자가 내게는 하나도 업슴에** 놀래엿습니다. 이렇케 말을 하면 조선어학자에게는 적지 아니한 꾸지람을 밧겟습니다만은 조선말처럼 단순한 것은 업습니다. 형용사와 부사가 여만 부족이 아닙니다.[35]

---

32) 위의 글.
33) 김억, 「北方의 짜님」, 『태서문예신보』 14, 1919.1.13. 강조는 인용자.
34) 김억, 『해파리의 노래』, 조선도서주식회사, 1923, 1면
35) 김억, 「서문 대신에」, 『일허진 진주』(아서 시몬스, 김억 역), 평문관, 1924; 박경수 편, 『안서 김억전집 2−1』, 한국문화사, 1987, 446면 재인용.

시인의 생각과 정조를 표현하는 창작뿐 아니라, 외국의 언어를 자국의 언어로 옮겨야 하는 번역에서 '말'은 더욱 어려운 문제였다. 일상용법의 단어와 문장에서도 국어/국문의 사용이 보편화되지 않은 상황에서, 시의 창조적인 상상력과 비유의 언어를 번역하는 일은 새롭게 단어와 문체를 만들면서 길이 없는 곳에 길을 만들어야 하는 작업이었다. 김억의 번역은 이러한 노력과 창안의 산물이었다. 그가 번역에서 사용한 시어와 문체가 당대의 문학청년들에게 급속히 확산될 수 있었던 것은, 그것이 이전까지 존재하지 않았던 '말'의 새로운 형식과 언어와 문체였기 때문이었다.

3. 근대시론과 번역의식의 관계

김억은 1921년 3월 번역시집 『오뇌의 무도』를 발간하였다. 한국에서 최초로 발간된 근대시집이 번역시집이었다는 사실은 근대시의 형성에서 번역의 역할을 웅변해 주는 것이다. 『오뇌의 무도』는 그간 김억이 이룩한 번역활동의 성과와 번역의식을 집약해 놓은 기획물이었다. 먼저 『오뇌의 무도』가 발간된 뒤 잡지와 신문에 실린 시집 광고와 서평, 신간 소개를 살펴보자.

> ① 이 譯詩集은 譯者의 10년간 奮鬪한 收穫인 동시에 우리 詩壇의 첫 거둠이라 할 수가 잇다. 그 譯文을 보아 譯者의 노력을 알 수가 잇스나 간혹 방언을 사용하야 文意가 不美한 점이 有홈은 매우 유감이라 하겟다. 그 내용은 佛國 近代詩人 — 이른바 자유시의 開祖라 할만한 베르렌을 비롯하야 쑤르몬, 싸멘, 쏘드레르, 이엣츠 등 반항파의 자유적 정조를 싸아닌 불길 갓고도

비단결 가튼 시를 번역하야[36)]

② 이에 한 가지 반가운 소식은 譯詩集 『懊惱의 舞蹈』가 出來한 것이니 譯者 金億 君은 詩에 造詣가 만흔 터이라. 歐米의 名詩를 모음이 80여 수요, 그 譯筆의 妙趣가 족히 原詩에 어김이 업고 그 음조의 佳響이 능히 독자를 陶醉케 할 것 갓다. 그 중에도 金惟邦 군의 裝冊圖案은 異彩 중 異彩라고 할 수가 잇다. 문학의 취미를 가지신 이는 누구나 다 한번 읽기를 勸勵합니다.[37)]

③ 近代 南歐의 쑴 詩人들의 펴 노흔 代表的 詩 八十有三篇의 寶玉을 言語의 魔術師라고 할 만흔 譯者가 一句一字에 熱血을 부어너허, 朝鮮文으로 꿰여 매즌 이 詩集 흔 券이야말로 우리 文壇의 寶배이다. 우리 詩壇은 이로 因ᄒᆞ야 흔 줄기의 새 길을 찻게 됨에 對하야는 무엇보다 詩集 自身의 內容이 이를 保證흔다.[38)]

①은 『동아일보』의 신간 소개, ②는 『개벽』의 신간 소개, ③은 『창조』에 실린 시집 광고이다. ①과 ②는 매체의 편집자가 쓴 것이며 ③은 출판사에서 제공한 광고문으로 추정된다. 이 광고들은 공통적으로 『오뇌의 무도』가 문단의 첫 시집이며, 번역의 대상이 프랑스 근대 시인들의 시라는 점, 그리고 번역자의 노력과 능력을 강조하고 있다. 그 외 조선문(朝鮮文)의 사용, 번역시의 묘미와 아름다운 음조, 시집 장책(粧冊)의 우수함 등을 예찬하고 있다.

광고는 독자 대중들의 요구를 적절히 파악하여 그것을 출판물의 특징과 연결시키고, 나아가 출판물의 성격과 연결되는 방향으로 독자 대중들의 취향을 창안하고 조정하는 역할을 한다. 『오뇌의 무도』의 광고가 프랑스[歐米] 근대 시인들의 번역시집이라는 점을 강조한 것은, 그것

36) 「신간소개」, 『동아일보』, 1921.3.28.
37) 「신간소개」, 『개벽』 10, 1921.4, 137면.
38) 『창조』 9, 1921.6, 속표지.

이 독자 대중들의 요구와 일치하였기 때문이다. 『오뇌의 무도』는 당시 문명 · 문화 · 문예의 대명사였던 '근대', '프랑스', '명시'라는 세 가지의 조건을 모두 충족시켜주는 번역시집이었다. 광고에서는 그 사실을 적극적으로 강조하여 시집의 상품가치를 부각시킨 것이다. 이는 김억의 기획의도와도 분명히 일치하는 것이었다. 김억은 『오뇌의 무도』의 기획과 편집에서, 기존의 번역시들 중 프랑스 상징주의 시를 선택하고 다른 시들은 배제하였다. 이것은 김억의 번역의식, 근대문학론, 근대시론을 반영한 것이다.

1910년대 후반~20년대 초반, 김억이 기획했던 근대문학의 성격은 세 가지로 규정된다. 첫째, 문학은 모든 사람이 참여할 수 있는 열린 제도이며, 둘째, 문학은 종교 · 도덕 · 정치 · 경제를 모두 포괄하는 상위의 제도이며, 셋째, 문학이 시대의 정신과 요구를 충족시킬 때 존재의의를 갖는다는 점이다.

> 文學이란 사람이 할 學文이다. 하나님이나 鬼神이나 또는 人性을 뛰어난 物件이 하는 것이 아니라 專門的 科學도 아무 것도 아니다. 사람으로 누구나 하면 그만이다. 아무나 하여도 관계치 않다. 그 時代의 要求에 應하여 그 時代 全體의 맘을 滿足시켰으면 그만이다 宗敎, 道德, 政治, 經濟의 모든 材料를 다 文學에 집어 넣서 時代의 要求 또는 맘에 滿足만 시켰으면 그만이다. (…중략…) 藝術이라는 것은 그 時代의 精神 如何에 左右된다. 그 時代의 心情, 늣김에 쌀아 左右된다. 한데 우리들은 '只今'이라는 昨日도 아니고 今日이라는 時間에 섯다. 우리에게는 今日이라는 現在처럼 貴하고 깁흔 意味를 가진 것은 업다.[39]

이 글에서 근대문학의 필요충분조건으로 제시된 시대정신("時代의 要求", "時代의 心情")은 서구의 근대문명을 중심으로 구상된 것이다. 김억은 서구의 근대문명을 가능케 한 시대정신, 역사 발전과 진보의 경향을

39) 김억, 「문학이야기」, 『학생계』 1, 1920.7, 15면.

추출하고 이해하기 위한 노력을 지속하였다.[40] 프랑스 상징주의와 근대시에 대한 그의 관심도 시대정신에 호응한 것이었다. 정우택은 "1910년대 시인들에게 데카당스·상징주의·자유시는 단순한 시의 '기법'이나 '형식'이 아니라 '전 세계의 근대'에 대응하는 시대정신으로 수용"되었으며 이를 통해 "세계와 호흡하는 자부를 표현"[41]했다고 설명한 바 있다. 프랑스를 중심으로 근대문명의 시대정신을 구상하는 의식은, 당시 일본에 유행하던 '문명론'의 자장 속에서 형성된 것이었다.[42]

김억에게 프랑스 상징주의 시인들은 근대 예술인의 표상이자 근대적 주체의 전범이었다. 김억은 일본 유학시절부터 바이런과 오스카 와일드, 베를렌과 보들레르에 심취하였는데, 그 까닭은 그들이 '예술을 통한 구원'을 삶과 예술에서 실현한 시인들이었기 때문이다. 그에 따르면, 모든 인간은 태어날 때부터 죽음과 결합되어 있는 원초적인 고통을 안고 있다. 여기에 근대문명의 그늘 — 자연과학의 발달과 기계중심주의, 지배와 억압, 전쟁 등으로 인한 고통이 더해진다. 프랑스 상징주의 시인들과 데카당스 시인들은 이러한 고통을 온몸으로 체현하며 살아가야 할 운명을 지닌 사람들이었다. 그들의 삶과 의식을 관통하는 것은 '아이러니'이다. 외적 생활과 내적 생활, 약함과 강함, 도덕적 타락과 영혼의 순수함 등의 이중적 가치의 충돌에서 빚어지는 '아이러니'는 근대시인, 나아가 근대적 주체의 특징으로 부각되었다.

---

40) 그 성과가 「프란스시단1~2」(『태서문예신보』 10~11, 1918.12.7~14), 「文學이야기 1~4」(『학생계』 1~5, 1920.7~12), 「근대문예1~8」(『개벽』 12~21, 1921.6~1922.3)이다.

41) 정우택, 「한국 근대 초기시에서 '외래성'과 '민족성'의 문제」, 『한국시학연구』 19, 한국시학회, 2007.8, 40면.

42) 니시카와 나가오(西川長夫), 『국경을 넘는 방법』(한경구·이목 역), 일조각, 2006, 171면. 일본 메이지 시대 초기 '문명' 개념의 형성에 중요한 영향을 끼쳤던 기조(François-Pierre-Guillaume-Guizot)의 『유럽문명사』는 유럽 문명의 우월성과 독자성을 주장하였다. 유럽 문명에서도 프랑스의 위치는 특수한데, 기조에 따르면 "각지에 존재하는 문명의 뛰어난 요소는 프랑스를 통과함으로써 한층 높은 보편성을 획득한다"라고 하여 프랑스가 유럽 문명의 중심이자 원동력이며 최상급으로 규정되었다

善의 熱烈한 憧憬者이기 때문에, 쌀아 忠實한 惡의 奴僕되게 됨이며, 理想的이기 때문에 現實的 아니 될 슈 업는, 善과 惡의 混合인 絶對者임으로 써라. 그러기에 瞬間瞬間의 生活은 悔恨이며 悲愁며 暗悶이며, 追求的 追懷的 生活은 쓴 心情을 맛보는 不安이리라. 포울 베루렌느의 心情이며, 샤레 쏘우드레일의 心情이 이것에 밧하지 아니하는 바[43]

그들은 弱者이면서도, 强한 사람이엿습니다. (…중략…) 아모리 그들의 生活을 가르치어 — 아니 전부를 가르치어 病的이니, 不健全이니 하여도 그들의 心情에는 偉大한 人生苦가 잇스며, 道學先生들이 잘 말하는 酒色의 一時의 享樂을 求하랴고 단이는 放蕩兒의 生活과는 그 根本이 크게 다르다 합니다.[44]

김억은, 프랑스 상징주의 시인들이 외적으로 보여주는 방황과 타락, 권태 등의 비도덕적인 생활은 현실의 모순에 대한 반발과 저항에서 나온 것이며, 반대로 그들의 내면과 정신은 순수하고 강인하였다고 주장한다. 그들은 현실적인 가치에는 무력하지만(또는 무력할수록) 예술적 가치로는 더욱 높은 삶을 살고 있다. 또한 외적으로는 아무런 생산적인 활동을 하지 않으면서 내적으로는 인류 문명의 진보와 발전에 가장 중요한 역할을 하는 사람들이다. 이러한 근대시인의 '아이러니'는 근대시, 근대문예의 '아이러니'로 이어진다. 김억은 예술의 성격으로 "불완전한 실재를 항상식이며, 창조식이며, 발전식이며, 완전한 곳으로 잇끄는 힘"[45]을 부여한다. 예술을 매개로 개인적 생활과 사회적 생활은 긴장·갈등관계를 벗어나 조화를 이룰 수 있다고 보았다.

個人의 中心的 生活을 藝術的되게 하여라. 그러면 社會的 生活도 藝術的 되리라. — 몬져 個的 生命의 斷片을 모아, 藝術的되게 하여라. 그러면 藝術

43) 김억, 「要求와 悔恨」, 『학지광』 6, 1915.7, 43~44면.
44) 김억, 「근대문예 5」, 『개벽』 18, 1921.12, 130면.
45) 김억, 「예술적 생활」, 『학지광』 6, 1915.7, 62면.

은 人生로의 藝術的되리라. 아, 나로 하여금 藝術的 生活을 맛보게 하여라. 사랑의 生活로의 藝術의 陶醉에서, 生命의 滿足的 享樂을 엇게 하여라.[46]

이 글에서 김억은 예술(적 생활)의 정점에 사랑(의 생활)을 위치시키고 있다. 사랑은 가장 완전하며, 가장 큰 자기만족이며, 환락이며, 생명의 全긍정자이기 때문이다. 예술과 사랑을 일치시키는 이 논리에 따르면, 근대예술은 이타주의(利他主義), 도취(陶醉)와 자기만족(自己滿足), 무보상성(無報償性)의 성격을 얻게 된다. 여기서 근대예술의 '아이러니'가 발생한다. 외적으로는 예술을 통한 개인과 사회, 개인과 국가의 조화, 세계와 민족의 진보를 추구하면서 내적으로는 인생의 예술로의 합일, 즉 개인의 자기만족과 도취, 무보상성을 예술의 최고 가치로 강조하는 이중적인 태도가 공존하게 되는 것이다. 근대문예(그리고 근대시)에 대한 이중적인 태도는 그가 1924년을 전후하여 유럽 근대문명의 보편성과 역사발전 전망을 회의(懷疑)하게 될 때까지 계속된다.

한편, 선택된 것들이 아니라 배제된 것들을 통해 『오뇌의 무도』의 성격을 살펴볼 수 있다. 배제된 번역시들 중에서 단연 주목되는 것은 러시아문학 계열, 특히 투르게네프의 산문시이다. 투르게네프는 1910년대 일본과 조선의 지식인들이 가장 애독하였던 작가이다. 김억은 『오뇌의 무도』를 발간할 당시까지도 투르게네프에 대한 각별한 공감과 애정을 보여주었다. 『태서문예신보』에 투르게네프의 산문시 6편, 단편소설 1편을 번역・소개하였으며, 『창조』에 투르게네프의 산문시와 소설을 번역하였고, 『서울』에 투르게네프에 대한 비평을 게재하였다. 김억의 초기 번역활동에서 투르게네프는 베를렌 다음으로 많이 번역된 작가이다. 그 자신이 "투르게네프의 작품에는 무삿 반햇노라고 고백치 아니할 수가 업스니 나의 사상과 감정에 제일 만흔 영향과 감화를 주엇다 할 것이외다"[47]라고 고백할 정도였다.

46) 위의 글.

『오뇌의 무도』에서 투르게네프가 배제된 것은, 근대시의 형성과정에서 산문시의 가능성이 배제되는 중요한 시사적(詩史的)인 사건이다. 산문시는 1910년대 『학지광』과 『근대사조』에 발표된 근대 자유시의 핵심 경향이었다. 김억도 근대 자유시와 상징주의 시의 특징을 산문시로 정의한 바 있다.

> 在來의 詩形과 定規를 무시하고 자유자재로 思想의 微韻을 잡으려 하는 — 다시 말하면 平仄이라든가 押韻이라든가를 중시치 아니하고 모든 制約, 類形的 律格을 버리고 微妙한 '언어의 음악'으로 직접, 시인의 내부 생명을 표현하려는 산문시다.48)

1910년대 산문시를 창작했던 시인으로 김억·김여제·현상윤·최승구·김찬영 등이 있었다. 김억의 「이별(離別)」, 「내의 가슴」, 「밤과 나」, 김여제의 「산녀(山女)」, 최승구의 「긴—숙시(熟視)」 등이 대표적인 작품이다. 1910년대 산문시들은 현실과 환영, 밤과 낮, 환상과 실재, 꿈과 깨어남을 뒤섞고 경계를 허물어 내는 특징을 갖고 있었다. 이를 통해 시의 고정된 형식을 흔들고, 사상과 정신의 질서를 흔드는 전복적(顚覆的) 역할을 수행하였다. 자유시의 선구로 알려진 주요한의 「불노리」(『창조』 1, 1919.2)도 이러한 산문시의 계보를 이은 것이었다.

『오뇌의 무도』가 산문시를 배제한 것은, 한국 근대시의 형성에서 산문시의 영향과 의의를 배제하는 것이었다. 산문시는 근대시 이전의 형식이거나 과도기적인 형식으로 그 의의가 제한되었다. 이러한 산문시의 배제는, 이후 근대시의 전망을 자유와 낯섦의 에너지를 지닌 변혁의 형식이 아니라, 심미적으로 형식화된 서정시 중심으로 재편하는 계기가 되었다. 김억은 이후 1920년대 중반에 타고르의 산문시들을 번역하지

47) 김억, 「내게 감화를 준 인물과 그 작품—투르게네프의 작품이겟지오」, 『동아일보』, 1932.2.28.

48) 김억, 「프란스 시단 3」, 『태서문예신보』 11, 1918.12.14.

만, 그것은 1910년대 산문시와 같이, 고정된 의식의 경계와 질서를 허무는 변혁의 형식이 아니었다.

4. 번역문체의 특징과 수용 양상

『오뇌의 무도』는 당대의 문학청년들에게 근대시의 살아있는 모델로 받아들여졌다. 이광수와 이은상의 회고를 통해 당시 『오뇌의 무도』의 영향력을 확인할 수 있다.

> 『오뇌의 무도』가 발행된 뒤로 새로 나오는 청년들의 시풍은 '오뇌의 무도화' 하였다 하리만큼 변하였다. 다만 표현법에서만 그러한 것이 아니라 사상과 정신에까지 놀랄 만한 영향을 미치었다. 말하자면 空谷의 傳聲이라 할 만하였다. 심지어 '여라' '나니'하는 안서의 특수한 용어의 예까지도 많이 모방하게 되었다. 아마 1권의 譯書로 이처럼 큰 영향을 일으킨 일은 실로 희한한 일이라 할 것이다.[49)]

> 우리의 신시단에 詩體로 또는 語套로 피어나오는 문학청년들에게 가장 영향을 만히 가진 이는 안서 김억 씨다. 그가 譯詩로써 최초의 명망을 어든 것은 시단을 짐작하는 이 누구나 다 알 것이외다. 그의 역시집 『오뇌의 무도』은 譯詩集的 가치를 띈 것이 아니엇고 오히려 말하면 '詩教科書'적 존재이엇든 것이라 생각하는 것이니, 당시 그 1권 詩集이 신시라는 것은 이런 것이라고 보여주는 職掌을 한 것이엇슴은 아주 우리의 뇌리에 새로운 바다.[50)]

이광수와 이은상이 '오뇌의 무도화', '시교과서적 존재'라고 표현했을

49) 이광수, 「문예瑣談」, 『동아일보』, 1925.11.12.
50) 이은상, 「십년간의 조선시단 총관 4-안서와 신시단」, 『동아일보』, 1929.1.16.

만치 『오뇌의 무도』가 당대의 문학청년들에게 미친 영향은 지대했다. 『오뇌의 무도』는 시의 사상·정조·언어·형식의 모든 부분에서 영향을 주었는데, 특히 문체의 영향이 주목된다.

문체는 인간과 세계의 관계를 바라보는 작가의 시선과 인식을 표현하는 것으로, 문학의 성격과 작가의 개성을 구현하는 핵심적인 방법이다. 또한 문체로 표현된 작가의 시선과 인식은, 인간과 세계에 대한 독자들의 시선과 인식의 방향을 변화시킨다. 장르적 특성상 소설보다 시에서 문체의 비중이 더 크다. 김억도 실제 번역과정에서 "무엇보다도, 譯出할 때에 짝한 것은 문체엿읍니다. 어떠한 문체를 취할가 하는 것이 지금도, 다 譯必한 지금도, 의심으로 잇읍니다"[51]라며 문체를 강조하였다.

김억은 『오뇌의 무도』에서 새로운 형태의 개성적인 번역문체를 실현하였다. 그의 번역문체는 단번에 창안된 것이 아니라 수정과 변화를 거듭하며 개발된 것이었다. 베를렌의 시 「도시에 나리는 비」의 번역을 대비하여, 번역문체의 변화과정을 확인할 수 있다. 김억은 이 시를 『학지광』(1916), 『태서문예신보』(1918), 『폐허』(1920), 『오뇌의 무도』(1921)에 발표했는데, 그때마다 조금씩 단어와 어법을 수정하여 문체의 변화를 시도하였다.

51) 김억, 「譯者의 人事」, 『기탄자리』, 이문관, 1923, 1~2면.

①	② 거리에 나리는 비
『학지광』 10, 1916.9	『태서문예신보』 6, 1918.11.19
눈물 흐르는 내가슴 都巷에 비옴 갓쇠다 가슴안을 뚫고 드는 이 哀衰! 무슨 理由요? 아아 거리에 지붕의 우, 맘죳케 나리는 빗소리! 내가슴의 실흔 설름이매 아아 퍼붓는 비의 노래! 덥고타는 이 가슴안에 ᄭᅡ닥업시 나리는 비은 뭇기에 바이 업슨데 ᄭᅡ닥업슨 이 悲哀은 웨? 웨라고 말지 못할쓴 苦痛! 斷念이나 되면은. 사랑도 憎惡도 업는데, 웨 내 가슴은 이 압흠이요.	거리에 나리는 비인듯 내가슴에 눈물의 비 오나니, 엇지ᄒᆞ면 이러ᄒᆞᆫ 셜음이 내 가슴 안에 숨여들엇노? 아, ᄯᅡ에도 지붕에도 나리는 고은 비소리, 애닯은 맘 ᄯᅢ문이라고, 오, 나려오는 비의 노ᄅᆡ 이 쓰거운 ᄂᆡ가슴에 ᄭᅡᄃᆞᆰ업시 나리는 비눈물, 거슬리는 맘도 업는데 애닯아라, 이 셜음은 무슨 ᄭᅡᄃᆞᆰ? 사랑도 아니요, 미움도 업는 가쟝 압흔 이 셜음은 뭇기 좃ᄎᆞ 바이 업나니, 엇지ᄒᆞ면 내 가슴 압하?
③ 都市에 나리는 비	④ 都市에 내리는 비
『폐허』 1, 1920.7	『오뇌의 무도』, 1921
都市에 나리는 비인듯 내가슴엔 눈물의 비가 오아라, 엇지하면 이러한 설음이 내 가슴 속에 숨기엿으랴. 아, ᄯᅡᆼ우에도 지붕우에도 나려퍼붓는 고흔 비소리! 이는 애닯은 맘의 괴롭음이라고, 아, 내려붓는 비의 노래여! 이 쓰거운 내 가슴의 속에 ᄭᅡ닭업는 눈물의 비가 오아라, 조곰이나 拒逆함도 업건만 이 설음은 ᄭᅡ닭좃차 업서라. 사랑도 미움도 아닌 가쟝 압흔 이 설음은 뭇기좃차 바이 업서라, 엇제면 내 가슴은 이리 압흐랴.	都市에 나리는 비인듯 내가슴엔 눈물의 비가 오아라, 엇지하면 이러한 설음이 내 가슴속에 숨어 잇으랴. 아아 ᄯᅡᆼ우에도 지붕우에도 내리퍼붓는 고흔 비소리! 이는 애닯은 맘의 괴로움이라고, 오오 내려붓는 비의 노래여! 이 쓰거운 내 가슴의 속에 ᄭᅡ닭업는 눈물의 비가 오아라. 죠곰이나 拒逆함도 업건만 이 설음은 ᄭᅡ닭좃차 바이 업서라. 사랑도 미움도 아닌 가장 압흔 이 설음은 뭇기좃차 바이 업서라, 엇제면 내 가슴은 이리 압흐랴.

①은 「요구와 회한」에 삽입된 번역시로, 제목도 없이 "大意 …… 옴길 수 업어서"라는 역자 주를 달고 있는 만큼, 번역에 대한 특별한 의식은 나타나 있지 않다. 시어와 어법에서 도항(都港), 애쇠(哀衰), 이유, 비애, 고통, 단념, 증오 등의 한자어를 그대로 노출하였고 '갓쇠다' '~이매' '~(이)요'와 같은 의고적인 종결어미를 사용하고 있다. 『태서문예신보』의 ②는 ①에 비해 시어와 문체가 한결 다듬어져 있다. ①의 한자어가 모두 국문 단어로 바뀌었으며, 각 연의 종결부가 '~들엇노?' '~ 비의 노릐' '무슨 까닭?' '압하?'와 같이 의문형이나 명사형으로 끝나면서 단호하고 힘이 있는 느낌을 준다.

김억의 개성적인 번역문체가 나타나기 시작한 것은 ③과 ④인데, 특히 각 연의 종결부와 종결어미에서 변화가 두드러진다. 연의 종결부는 그 연의 전체적인 정서와 의미를 결정하는 중요한 요소이다. ①과 ②가 의문형과 명사형으로 연을 종결했던 것과 달리 ③과 ④는 감탄형 종결어미를 사용하여 독자의 감수성에 호소하는 효과를 높이고 있다. 그리고 '~아라' '~으라' '~서라'와 같이 비슷한 어감의 종결어미를 반복하여 리듬감을 높이고 있다. 이러한 유형의 종결어미는 『오뇌의 무도』뿐 아니라 『일허진 진주』(번역시집)와 창작시집 『해파리의 노래』에까지 폭넓게 사용되면서, 김억의 고유한 문체로 알려지게 되었다.

당시 김억의 번역문체는 큰 반향을 불러일으켰으며, 당대의 많은 문학청년들에 의해 반복적으로 재생산되었다. 『동아일보』의 「독자문단」에 투고된 작품들에서 그 예를 쉽게 찾을 수 있다.[52]

> 봄노릐의 달콤하던 지나간 그날은
> 참으로 하도 깃벗서라

52) 『동아일보』는 1차 무기정간(1920.9.25~1921.1.10)이 해제된 후 속간호(1921.2.21)부터 4면에 독자문단을 신설하였다. 1921년 9월까지 정기적으로 독자문단이 지속되다가 10월에 2회로 줄어든 다음 중단되었다. 그후 1923년 9월에 다시 시작하여 매달 두 차례씩 12월까지 진행되었다.

님의 가느른 손을 붓잡고서는
별갓흔 그 눈동자를 볼 째
내 영은 고요히 천국을 소요하엿서라
아아 그러나 봄잠을 설 쌘 오늘에는
님의 고흔 자태는 어듸로 가고
뜰우에 애닯은 가을 한숨만 긋 업서라

—柳鳳, 「추억」, 『동아일보』 1921.4.24 전문

황혼은 차저오아라
秋草가득한 내 마음 속에
○條한 悲風 모라 가지고
눈물지우는 벗님들과
革笛불너오아라

—柳鳳, 「황혼」, 『동아일보』 1921.6.13 전문

뷘들의 암야, 암야의 뷘들
이는 피비린내나는 전장이러라
사위는 죽은듯이 고요한데
일흠 몰을 풀버레소리만
아차롭이 울어나아라

—박서몽, 「곤비한 용사」, 『동아일보』 1921.6.27 부분

위의 시들은 시적 제재와 정서가 다름에도 불구하고, 공통적으로 '~서라' '오아라' '~러라' '~아라' 등의 종결어미를 사용하고 있다. 『오뇌의 무도』가 발간되기 이전에 실시된 『매일신보』의 「매신문단」(1919.7.7~1920.1.19)과 『학생계』 현상문예(1920.10~1921.8) 작품들과 비교해 볼 때, 『동아일보』의 「독자문단」에서 이러한 종결어미의 사용빈도가 확연히 높은 것을 볼 수 있다.

누구보다 김억의 문체를 창조적으로 변용한 시인은 김소월이다. 오

산학교 시절, 김억의 창작 지도를 받았던 김소월은 김억 식의 종결어미 문체를 이어받으면서 개성적으로 변형시켰다. 김소월은 1920~21년까지 『학생계』 현상문예와 『동아일보』 「독자문단」의 단골 투고자였다. 이 무렵 그의 시들은 '~여라' '~어라' '~허라' 등의 종결어미를 자주 사용하고 있다.

> 소리도업시 바람은불며歎息하여라 한숨지어라
> 아모 까닭좃차업시 설고그리운식캄한 봄밤
> 보드라운濕氣는 써돌며 짱을 덥허라
>
> —김소월, 「봄밤」, 『동아일보』 1921.4.9 전문

김소월은 이러한 습작과 초기시의 과정을 거쳐 「진달래꽃」에서 '~우리다 / ~우리다 / ~옵소서 / ~우리다'와 같은 자신만의 종결어미를 창안했던 것이다.

김억의 문체는 많은 추종자를 얻었던 한편, 비판의 대상이 되기도 하였다. 박종화는 '~엇서라'가 비문법적일 뿐 아니라, "예의 그 '여라' '서라' '러라'가 공연히 독자를 고롭게 할 뿐이다. (…중략…) 대개 그의 시는 전체를 통하야 앨써 넘우 기교를 취하랴 하는데 큰 흠점이 잇다"53) 라고 하여 김억의 문체가 지나치게 기교적이라고 비판하였다. 김동인은 주요한의 문체와 김억의 문체를 비교하여 "요한의 시작한 구어체의 신시는 조선의 신시의 표준형이 되었다. 이 구어체 신시와 대립하여 안서는 '하여라' '하였서라'의 한 길을 안출"54)하였는데 전근대적인 문체에 지나지 않았다고 폄하하였다. 후대의 연구자들도 김억의 문체를 감상적인 시풍(詩風)이라고 비판하였다.55)

53) 박종화, 「문단의 1년을 추억하야」, 『개벽』 31, 1923.1, 8~9면.

54) 김동인, 「문단 30년의 발자취」, 『신천지』, 1948.4; 김치홍 편저, 『김동인평론전집』, 삼영사, 1984, 437면.

55) 정한모, 『한국현대시문학사』, 일지사, 1974, 355~356면. "안서가 애용한 이러한 어조는 시어의 서정성을 살리는 데 크게 기여했다고 할 수 있으며 한편 이러한 어조의 과

그러나 근대시 형성기에 김억의 번역문체가 미친 영향은, 단순한 기교나 정서의 차원을 넘어서는 시 형식의 본질적인 문제와 관련되어 있다. 그것은 종결어미의 기능을 중심으로 살펴볼 수 있다. 종결어미는 화자와 청자의 관계를 지시하는 문장성분이다. 종결어미의 존재가 부각되는 문장은 화자와 청자의 관계, 즉 화자가 청자를 향한 대화의 성격이 강하다. 따라서 종결어미의 활용에 집중된 김억의 문체는 화자와 청자(독자)의 대화적 관계를 지향하고 있으며, 비슷한 유형의 종결어미를 반복함으로써 청자(독자)에게 시적 화자의 존재를 지속적으로 환기시키는 효과를 조성한다. 이것은 자기 완결적이며 독백적인 산문시의 효과와 뚜렷하게 구분된다. 시적 화자는 청자(독자)에게 말을 거는 음성으로 시의 내부에 존재하며, 청자(독자)는 시를 읽으면서 비슷한 뉘앙스로 말을 거는 시적 화자의 목소리를 계속해서 듣게 되는 것이다. 특히 김억이 즐겨 사용한 '~엇서라' '~러라' '~어라' 등의 종결어미는, 시적 화자가 현재의 시간 속에 과거의 사건과 정서를 중개하는 일종의 '이야기성'을 유발한다. 김억 스스로 자신의 문체에 대해 "'엇'은 과거이며 '서라'는 부정법(不定法)이라는 것입니다. 말하자면 동사가 시간의 제한을 밧지 아니하는"56) 형태라고 설명하였다. 이 설명에 따르면, 그의 시에서 시인과 시적 화자는 현재와 과거라는 서로 분리된 시간과 공간 속에 존재하며, 시인과 시적 화자의 사이에는 일종의 '틈'이 생기게 된다. 시인과 시적 화자의 이러한 분리와 '틈'은, 번역에서 원작자와 번역자(또는 원작의 목소리와 번역자의 목소리) 사이에 존재하는 분리와 '틈'을 연상시킨다. 이 '틈'은 시에서 '연극적 효과'를 창출한다. 즉 시인으로부터 독립된 어조와 성격을 지닌 시적 화자가 청자(독자)들에게 한 편의 이야기를 들려주는 형식의 시가 만들어지는 것이다. 김억과 김소월의 민요시에 사용된 여성 화자의 존재를 이와 같이 설명할 수 있다.

용은 우리의 근대시를 感傷化하는 데 한 몫을 차지했다."

56) 김억, 「무책임한 비평」, 『개벽』 32, 1923.2, 4면.

김억의 번역문체는 당대 문학청년들과 시인들에게 많은 영향을 주었다. 김억의 번역문체는 인간과 세계를 새로운 시각으로 인식하고 소통하는 시의 형식을 창안하는 데 기여하였다. 그것은 시인과 시적 화자의 분리, 과거와 현재가 교차하는 복합적인 시·공간의 구성, '이야기성'으로 요약된다. 이러한 시의 새로운 형식은, 시인의 내면을 직접적으로 진술하는 양식이었던 1910년대 시와 구분하여, 1920년대 시를 특징짓는 요소가 되었다.

5. 맺음말

김억의 번역활동은 근대문명의 정수(精髓)를 대중화하고, 그를 바탕으로 근대적 주체를 창안한다는 기획이었다. 여기에는 '이성', '진보', '행복' 등을 중심으로 전개되는 근대문명의 보편화하는 힘, 역사 발전법칙에 대한 낙관적인 전망과 신뢰가 깔려 있었다. 이러한 보편성에 대한 신뢰와 요구는 차이를 무화(無化)시킨다. 보편성의 절대 명제 아래 주체와 타자의 경계와 차이는 사라져 버린다. 또는 차이를 알아챘다 하여도 그것은 극복 가능한 차이일 뿐이다. 차이가 사라진 자리에 '동일화'의 욕망이 주체와 타자의 관계를 지배하게 된다. '동일화'는 김억의 번역에서 가장 유력한 이데올로기였다. 타자와의 차이에서 오는 낯섦은, 타자에 대한 완전한 감정이입과 타자의 완벽한 재현을 목표로 한 '동일화'의 욕망에 의해 대체(또는 극복)되었다. 김억이 주장한 '번역은 창작'이라는 번역론은 '동일화'의 욕망에 뿌리를 두고 있다.

詩歌의 譯文에는 逐字, 直譯보다도 **意譯 또는 創作的** 무드를 가지고 할 수

박에 없다는 것이 譯者의 가난한 생갓엣 主張입니다.[57)]

> 詩의 飜譯이라는 것은 飜譯이 아닙니다. 創作입니다. 나는 創作보다 더한 精力드는 일이라 하지 아니할 수가 업습니다. (…중략…) 原詩는 原詩요 譯詩는 譯詩로 독립된 것임을 생각하면 譯者의 功罪에 대하야는 서로 갓틀 줄 압니다. 웨 그러냐 하면 原詩보다 죠흔 譯詩가 잇다하면 그것은 原作者보다 큰 詩想이 譯者에게 잇섯음이며 만일에 原詩보다 못한 譯詩가 되엿다하면 그것은 譯者의 詩想이 原作者만 못한 것이기 째문입니다. 이 의미에서 다른 作品보다 詩의 譯者되기에는 만흔 難關이 잇습니다. 내가 첨에 詩의 飜譯은 創作이며 가장 個性的意味를 가진 것이라 하엿습니다. 그럿습니다. 아모리 譯者가 原詩의 餘韻을 옴겨 오랴고 하여도 亦是 譯詩는 譯者 그 사람의 藝術品이 되고 맙니다.[58)]

김억의 번역론은 두 가지로 요약된다. 첫째는 시의 장르적 특성에서 오는 번역 불가능성을 주장한 것으로, 시인 내면의 순수한 목소리로 표현된 시의 언어와 리듬을 다른 언어로 옮기는 것이 애초부터 불가능하다는 것이다. 둘째는 언어와 언어의 차이에서 오는 결핍의 문제이다. 이는 원작의 풍부한 시어와 리듬을 번역하기에 조선어가 너무 단순하다는, 조선적 특수성에 대한 자각에서 나온 것이다. 이러한 부족과 결핍을 해결하기 위해 번역자의 창작적 재능이 요구된다.

김억은 번역에서 원작의 정조와 리듬, 언어와 형식을 완벽에 가깝게 재현하는 것을 목적으로 하였다.[59)] '번역은 창작'이라는 김억의 관점은,

57) 김억, 「譯者의 人事 한 마듸」, 『오뇌의 무도』, 광익서관, 1921, 10면.

58) 김억, 「서문 대신에」, 『잃어진 진주』, 평문관, 1924; 박경수 편, 앞의 책, 447~448면 재인용.

59) 조재룡, 「번역을 통한 상호주체성」, 『앙리 메쇼닉과 현대비평』, 길, 2007, 279면. 불문학자인 조재룡은 베를렌의 「가을의 노래」 원문과 번역시를 대조하여 "김안서의 프랑스 상징주의 시 번역에서 볼 수 있는 가장 큰 특징은 원텍스트의 형식을 파괴하지 않고 오히려 최대한 번역하려 했다는 점", "음절수를 유지하려는 노력의 일환으로 김안서는 (원텍스트에는 없는) 행절을 일부러 반복한다거나, 적절히 한자어를 사용하여 음절수를 맞춘다거나, 행갈이의 특징을 부각시키는 방법을 두루 사용"했다고 지적했다.

원작과 번역의 차이를 최소화하고 원작의 언어와 형식을 최대한 살리기 위해 번역자의 창조적 개입을 적극적으로 인정하는 태도이다. 그 바탕에는 번역을 통해 발전된 서구의 근대문명에 대한 '동일화'를 실현하고자 하는 욕망이 놓여 있다. 실제로 김억의 번역시와 창작시들은 시상(詩想)이나 상상력의 구조, 언어와 비유, 문체 등이 구분되지 않고 섞여 있는 예가 많다. 번역시의 시상이나 상상력, 비유 등이 자연스럽게 창작시로 흘러 들어가고, 또 시어와 문체가 번역시와 창작시의 경계 없이 넘나든다. 이는 원작에 대한 '동일화'의 욕망이 나중에는 번역자가 원작의 주체를 빼앗게 되는 결과로 나타난 것이다. 고모리 요이치[小森陽一]은 이러한 현상을 경계하여 "그 번역자가 모국어 권에서의 뛰어난 언어사용자일수록 번역된 말은 커다란 힘을 발휘하므로 그 영향력은 매우 큰 것이 될 것"[60]이라고 지적하였다.

번역은 타자와의 만남을 통해 기존의 인식과 질서에 충격을 주어 새로운 의미의 형태를 재창조하고 변화시키는 동력으로서 그 의의를 갖는다. 따라서 번역자의 자질로 원작을 충실하게 재현하는 언어능력보다 '타자와 대면하여 자신을 성찰하고 비판하는 정신'이 중시되는 것이다. 김억의 번역활동은 프랑스 상징주의에 근거하여 근대시의 전형을 창출하고 개성적인 문체를 통해 근대시의 새로운 형식을 창안했다는 의의가 있다. 하지만 타자를 타자로 인식하고 타자와의 긴장 속에서 자신을 성찰하는 정신, 즉 번역의 대상인 근대문명에 대한 성찰과 비판의 정신을 주체의 창조적 가능성으로 전환시키는 부분이 결여된 것은 한계로 지적할 수 있다.

60) 고모리 요이치(小森陽一), 「번역이라는 실천의 정치성」, 『번역의 방법』(가와모토 고지(川本浩嗣)·이노우에 겐(井上 健) 편, 이현기 역), 고려대 출판부, 2001, 302면.

동인지 『창조』와 소설이라는 글쓰기

재생산 제도로서의 번역

박현수

1. 논의의 초점

김동인(金東仁)은 1929년 발표한 「조선근대소설고(朝鮮近代小說考)」에서 자신의 소설에 관해 언급하면서 흥미로운 얘기를 한다.

> 不完全口語體에서 徹底的口語體로-同時에 가장귀하고우리가가장자랑하고 시픈것은敍事文體에대한 一大改革이다. (…중략…) 讀者는여긔서 徹底히『그』라는代名詞로 변한것을보는동시에 또한在來의現在詞를쓰든곳이 完全히過去詞로변한것을發見할수잇다.[1)]

『창조(創造)』 1, 2호에 연재된 「약한者의 슬픔」에서 자신이 처음으로 과거시제와 3인칭대명사를 사용했으며, 그것이 서사문체에 대한 일대 개혁이었다는 것이다. 이광수(李光洙)의 「少年의悲哀」나 「尹光浩」에 이르기까지 소설에는 '한다', '이라', '인다' 등의 현재사(現在詞)가 사용됐

1) 『朝鮮日報』, 1929.8.11. 이하의 인용문은 원문의 표기법과 띄어쓰기를 따르기로 한다.

으나, 자신이 쓴 「약한者의 슬픔」에서는 완전히 과거사(過去詞)로 변했다는 것이다. 또 당시에는 He와 She에 해당하는 조선말조차 없었으나, 자신은 He와 She 모두를 '그'라고 하여 '보편적'으로 사용했음도 강조했다.[2)]

이러한 김동인의 언급은 사실에 가깝다. 먼저 과거시제를 살펴보면 물론 이전 소설에서도 과거시제는 사용되었다. 이광수는 『무정(無情)』(1917.1.1~6.14)이나 「윤광호」에서 박영채의 내력을 이야기가 하는 부분이나 윤광호의 선배인 준원이 과거를 떠올리는 부분 등에서 과거시제를 정확하게 구사한다. 또 양건식(梁建植)의 「슯흔矛盾」(1918.2)에서도 과거시제는 사용되었다. 문제는 소설의 중심 시제가 현재라는 점이다. 현재시제를 중심으로 소설이 전개되다가 회상의 부분에서만 과거시제가 등장한다. 이와는 달리 「약한者의 슬픔」은 과거시제가 소설을 지배하고 있다. 또 3인칭대명사 '그'가 '보편적'으로 사용된 소설 역시 「약한者의 슬픔」이다. 3인칭대명사 역시 김동인의 말대로 'He', 'She'나 'カレ', 'カノ女' 등 영어나 일본어를 '그'로 번역한 정도는 아니었다. 이광수의 「금경(金鏡)」(1915.3)이나 「少年의悲哀」(1917.6) 등에서도 '그'는 사용되었다. 하지만 '그'가 소설의 중심에 놓인 것 역시 「약한者의 슬픔」이 처음이었다.

김동인의 언급은 '진지하고도 혁신적인 신문장운동'으로 '근대문장의 양식을 확립하는 데로 발전되었다'고 해 몇몇의 문학사가들에게 별 이견 없이 인정되었다.[3)] 김동인이 근대소설의 개척자나 확립자로 평가되는 것 역시 여기에 기대고 있는 바 크다. 한편 소설에서 과거시제가 사용되어야 할 이유가 없으며 3인칭대명사는 이미 이광수가 사용했다는

2) 1948년에 발표된 「文壇三十年의자최(二)」(『新天地』 제3권 제4호, 1948.4, 148~149면)에서도 자신이 과거시제와 3인칭대명사를 처음으로 사용했음을 반복해서 강조한다.
3) 白鐵, 『朝鮮新文學思潮史(近代編)』, 首善社, 1948, 143~148면; 趙演現, 『韓國現代文學史』, 현대문학사, 1957, 315~319면 참조.

등 반대편의 폄하 역시 존재했다.[4)] 이후의 논의는 김동인 소설이 보인 형식주의나 유미주의로의 경도에 대한 평가에 집중되어, 이 문제에 대한 접근은 답보 상태에 머무르고 있다. 그런데 앞선 논의들은 정당한 논의와는 일정한 거리를 지니는 것으로 파악된다.

과거시제와 3인칭대명사라는 존재가 일정한 시기에 등장해 소설이라는 양식에 통일성과 질서를 부여하는 기제로 자리 잡았다고 할 때, 논의의 초점은 먼저 과거시제와 3인칭대명사라는 기제가 등장하고 의미화되는 과정에 놓여야 할 것이다. 「약한者의 슬픔」은 1919년 2월 발간된 『창조』에 그 첫 회가 실린다. 주지하다시피 『창조』는 김동인 자신이 주도적으로 발간한 매체로, 『폐허(廢墟)』·『백조(白潮)』 등 동인지 문학의 서막을 여는 존재이기도 했다. 이는 동인지라는 새롭게 등장한 문학 제도를 통해 과거시제와 3인칭대명사를 소설의 중심에 위치시키는 작업이 이루어졌음을 의미한다. 여기에서 과거시제와 3인칭대명사의 등장과 의미화 과정을 구명하기 위해서는 동인지라는 매체가 근대문학의 (재)생산 제도 속에서 어떻게 자리잡게 되는지에 대한 논구가 필요함을 알 수 있다. 또 김동인이 과거시제와 3인칭대명사를 소설의 중심에 위치시키는 일은 소설이라는 글쓰기 방식, 곧 소설적 에크리튀르를 구축하는 과정과 맞물린다. 따라서 그것의 의미와 역할에 대한 질문 역시 방기할 수 없을 것이다. 이 글의 초점은 여기에 놓인다. 과거시제와 3인칭대명사가 등장하는 지점에 대한 천착을 통해, 그것이 어떠한 경계의 설정을 통해 다른 담론들과 차별화되어 나갔으며, 또 어떻게 가능했고 그 의미는 무엇이었는가를 밝히고자 하는 것이다.

4) 김우종, 『한국현대소설사』, 성문각, 1982, 115~128면 참조.

2. 독서 경험과 번역이라는 매개

「약한者의 슬픔」의 전반부가 실린 『창조』 제1호가 발표된 것은 1919년 2월 1일이었다. 김동인이 주요한(朱耀翰)과 함께 동인지 발간에 대해 이야기한 때가 "大正七年(西紀一九一八年)크리쓰마쓰 저녁이었"[5]음을 고려할 때, 「약한者의 슬픔」은 1918년 12월 말에서 1919년 1월 사이에 쓰였다고 할 수 있다. 『창조』 제1호에 실린 다른 글들의 말미에 부기된 날짜를 살펴보면, 주요한의 「불노리」가 1919년 1월 3일, 백악(白岳)의 「神秘의幕」이 1918년 12월 18일, 장춘(長春)의 「惠善의死」가 1919년 1월 9일로 되어 있다.[6]

당시는 김동인이 일본 동경의 "川幡畫學校에 籍을 두고, 藤島氏의 門下에서 美學에 관한 상식을 구하러 다니"[7]고 있던 때였다. 김동인이 문학에 관심을 가지게 된 것은 1915,6년 명치중학(明治中學)에 다녔던 무

---

5) 김동인, 「朝鮮文學의黎明 「創造」回顧-創刊에서廢刊까지」, 『朝光』 제4권 제6호, 1938.6, 42면.

6) 여기서 백악은 金煥이고, 장춘은 田榮澤이다. 그런데 極熊 崔承萬의 「黃昏」은 "今番學友會忘年會時에 實演하여던것"이라고 했다. 곧 1918년 12월 청년학우회의 송년회에서 공연했던 것을 다시 옮긴 것이라는 언급이다. 한편 김윤식은 하나의 잡지를 만들기까지는 일정한 준비기간이 필요하다는 것, 원래 『창조』 창간호를 1919년 1월 발간하려고 했다는 김동인의 언급, 또 明治學院 졸업 직전부터 『창조』 창간을 계획했다는 주요한의 언급 등을 근거로 해, 『창조』가 실제로는 발간 4,5개월 전부터 계획되었을 것이라고 한다. 하지만 『창조』 제1호에 실린 글들에 부기된 날짜를 고려할 때, 『창조』 발간을 결정한 것은 김동인의 언급대로 1918년 12월 25일 전후일 가능성이 크다. 실제 1918년 12월 25일이라는 날짜는 김동인의 다른 글에서도 몇 번씩 반복되고 있다. 同人, 「남은말」, 『創造』 제1호, 1919.2, 81면; 김윤식, 『김동인연구』, 민음사, 1987, 104~105면 참조.

7) 다른 글에서 김동인은 주요한과 동인지 발간에 대해 이야기를 나누었을 때, 자신은 "川幡畫學校라는 私立學校의 初年級이였"고, 주요한은 "第一高等學校 1學年"이었음을 회고하고 있다. 여기에 관해서는 金東仁, 「文壇十五年裏面史-余를主人公삼고」, 『朝鮮日報』, 1934.4.1; 「朝鮮文學의 黎明 「創造」 回顧-創刊에서 廢刊까지」, 『朝光』 4권 6호, 1938.6, 42면.

렵으로 보인다. 김동인은 1914년 "장내의 목표를 의학이나 법률에 두"고 "열다섯 살의 어린몸으로 청운에 뜻을 두고 만리밖 외국에 공부하러" 갔다. 東京에서 만난 주요한이 장차 문학을 전공하겠다고 하자 "문학이란 장차 무엇이되며 무엇을하는 학문인지 어떻게 생긴 학문인지 그윤곽이며 개념조차 짐작할수도 없"었다는 언급에서 그때까지 문학에 대한 지식이 없었음을 알 수 있다.[8] 처음 일본에 가 "동경학원 一학년에 입학을" 했는데 "이듬해에 동경학원은 웨 인지 폐쇄되며 재학생들은 명치학원과 청산학원에 각각 분배 전학시키는 바람에", 김동인은 1915년 "명치학원二년생이 되었다."[9] "明治中學에 다니며부터 文藝書籍을 많이읽었고 따라서 그中에도 小說을 좋아하야 西洋作家와其他作家들의 冊을 많이 읽"[10]게 된다.

당시 김동인이 읽은 '서양 작가와 기타 작가들의 책'은 어떤 것들이었을까? 김동인은 "신전(神田)의 고책자를 뒤적이다가 톨스토이의 『은둔』이라는 단편집을 발견"했다고 한다. 그전 형인 김동원(金東元)이 "모 사건에 걸려서 윤치호씨 등과 영어의 몸이 되었을 때 『톨스토이 부활』이라는 책자를 차입하여 달라는 편지 때문에 그 책을 구하러 다니노라고 톨스토이라는 이름을 기억하"고 있었다. 김동인은 "그 뒤부터는 톨스토이작이라면 책가의 고하를 무론하고 책 제호의 호오를 무론하고 사들"이게 된다.[11] 1912년 신민회(新民會) 105인 사건으로 검거된 김동원에게 책을 차입해 주느라 톨스토이를 알았으며, 문학에 관심을 가지게 되면서 톨스토이의 소설을 열심히 구해 읽었다는 것이다. 이후 톨스토이의 작품을 계기로 도스토예프스키 · 체홉 · 투루게니에프 · 고리키

8) 김동인, 「文壇三十年의자최(2)」, 『新天地』 제3권 제4호, 1948.4 · 5, 144면.
9) 이러한 사실은 "東仁이 明治學院 中等部로 轉學한 1915년 7월에 刊行된 『白金學報』 第36號는 轉入生 난에 東仁의 이름을 게재하고 있다"는 데서도 확인된다. 김동인, 앞의 글, 145면; 金春美, 『金東仁硏究』, 高麗大學校民族文化硏究所 出版部, 1985, 149면.
10) 김동인, 「나의文壇生活二十年回顧記」, 『新人文學』, 1934.11, 53면.
11) 김윤식, 『김동인연구』, 민음사, 1987, 26면.

등 러시아 소설을 접하게 되었고,[12] 또 괴테의 「젊은 베르테르의 슬픔」, 던튼의 「에일윈」 등도 읽어 나갔다.[13] 이렇듯 독서를 해 나가며 "日記를쓰고, 小說을쓰고, 그리고 썼다찢었다하며 文學青年이 하는버릇을 나亦免할수가 없"[14]게 되었다고 한다.

김동인이 주요한과 동인지 발간에 대해 이야기한 것은 이 무렵이었다. 당시까지 김동인은 소설 등을 읽으며 습작을 하고 있었을 뿐, 등단을 목적으로 소설을 창작하거나 또 그것을 위해 소설에 대한 공부를 한 경험은 없었던 것으로 보인다. 이는 동인지 발간을 결정했을 때까지, "明治學院時代에 클래쓰會에서 發行하는 回覽雜誌에 小說한편과 수필한편을 써 본 뿐, 아직것 余의 글이 活字化하여 본적이 업섯다"[15]는 언급을 통해서도 알 수 있다. 따라서 주요한과 함께 동인지 발간을 결정한 김동인이 「약한者의 슬픔」을 쓰는 데 주된 기반이 되었던 것은 당시 접했던 소설들이었음을 알 수 있다.

그런데 당시 김동인의 독서 대상들은 공통점을 지니고 있었다. 앞서

---

12) 주요한, 『주요한문집』 1. 여기서는 김윤식, 앞의 책, 54면 재인용.

13) 김동인의 독서 경험은 영화를 보는 것으로부터 출발하고 있어 흥미롭다. 당시 김동인은 "공일날은빠지지않고 아사쿠사에 영화를 보러 갔"는데, 당시 영화 판도는 "아메리카의 영화가 차차 불란서며 이타리영화를 압두하여 세력을 잡기시작하는 초기이며 탐정활극이 영화계의 주조였으며, 몇十권짜리 연속대장편이 등장하려는 무렵"이었다. 그리고 "영화의 탐정극에 공명과 고혹을 느낀" 김동인은 "차차 탐정소설을 읽기 시작하였다"고 한다. 金春美는 東仁의 文學과의 接點이 기복이 심한 플롯(plot) 중심의 탐정소설에서 음울하고 무게있는 러시아 문학으로, 거기에서 一轉하여 낭만적이고 신비적인 「에일윈」으로 이어지고 있음은 흥미로운 현상이라고 한다. 여기에 관해서는 김동인, 「文壇三十年의자최(2)」, 『新天地』 제3권 제4호, 1948.4・5, 145~146면; 김윤식, 앞의 책, 52~54면; 金春美, 앞의 책 22~24면 참조.

14) 주요한은 명치중학 3학년 때 김동인이 "일본 말로 된 『세계문학전집』이란 것을 헌책방에서 사왔기 때문에 저녁마다 돌려가며 탐독했"으며 "동인은 소설을 써 본다고 원고지를 많이 허비하기 시작했다"고 했다. 또 김동인이 "하숙집 이층방에서 커피 시럽을 뜨거운 물에 타먹으면서 방에 엎드려 소설을 쓰던 모습" 등이 기억에 남는다고 했다. 김동인, 「나의 文壇生活二十年回顧記」, 『新人文學』, 1934.11, 53면; 주요한, 「創造時代」, 『新天地』, 1954.2. 여기에서는 강진호, 『한국문학이면사』, 깊은샘, 1999, 45~47면.

15) 김동인, 「文壇十五年裏面史－余를主人公삼고」, 『朝鮮日報』, 1934.4.1.

살펴본 바와 같이 톨스토이, 도스토예프스키, 투르게네프 등의 러시아 작가와 괴테, 던튼 등 서구 작가의 소설이었다. 김동인이 러시아와 서구 소설에 심취한 데는 일본문학에 대한 부정적인 견해가 작용하고 있었다. 김동인은 "일본문학 따위는 미리부터 깔보고듣었으며",[16] 심지어 "명치유신 이후에 신문학 발발 흥기기에 있어서 '오자끼[尾崎]' '도구토미[德富]' '야나가와[柳川]』' 등의 흥미치중(置重) 작가들이 지도권을 잡기 때문에 일본문학은 대정(大正) 초엽까지도 『답보로』 상태에 있다하여 조선 신문학 발아(發芽)의 초기에 가장 피할 것이 『대중적 흥미치중』"[17]으로 파악했다고 한다. 실제 이러한 일본문학의 흐름에 대한 김동인의 견해는 타당하다고 보기는 힘들다. 당시 일본문학은 김동인의 언급과는 달리 『시라카바(白樺)』를 중심으로 한 시라카바파와 『スバル』·『신사조(新思潮)』·『명성(明星)』 등을 중심으로 한 탐미파가 전성을 이루던 시기였다. 그리고 그 근본을 이루는 특질은 '문단'이라는 온실적 장치와 '사소설'이라는 서사양식을 통해 자기 해방의 달성과 표현을 시도하는 데 있었다.[18] 하지만 이렇듯 일본문학의 상황에 대한 정확성이 결여된 언급 역시 김동인이 일본문학에 대해 관심이 없었음을 반증하는 것으로 볼 수 있다.[19]

또 김동인은 「약한者의 슬픔」에서 자신이 처음으로 과거시제를 사용했음을 강조하면서 "日本서는 아직도 『した』와 『する』가 徹底히 區劃되지안헛"[20]다고 했다. 이 역시 당시 일본문학의 상황과는 부합되지 않는다. 일본에서는 1886년 후타바테이 시메이[二葉亭四米]가 『부운(浮雲)』을 쓰면서부터 과거시제가 사용되었고, 1906년 시마자키 도손[島崎

16) 김동인, 「文壇三十年의자최(2)」,『新天地』 제3권 제4호, 1948.4·5, 147면.
17) 김동인, 앞의 글, 150면.
18) 中村光夫, 유은경 역, 『일본의 근대소설』, 영한, 1995, 154~160면 참조.
19) 김동인은 아사쿠사에서 영화를 볼 때도 "제국관, 전기관 등의 양화 전문관만 다녔지, 일본영화는 보지 않었다"고 해 일본영화에 대한 거부감을 드러내기도 했다. 김동인, 「文壇三十年의자최(2)」, 『新天地』 제3권 제4호, 1948.4·5, 145면
20) 김동인, 「朝鮮近代小說考」, 『朝鮮日報』, 1929.8.13.

藤村]의 『파계(破戒)』를 통해 일단의 확립을 이루게 된다.[21] 오히려 이와 관련해서는 마사오 미요시가 일본소설, 곧 '쇼세츠(しょせつ)'는 과거시제가 불가능하다고 한 언급에 주목할 필요가 있다. '쇼세츠'는 추론적인 발단과 전개 그리고 결말을 거부하며 병렬적, 산술적이기에 소설과 같이 질서와 억압을 드러내기보다는 공간의 해체와 분산을 표현한다는 것이다. 마사오 미요시는 그 결과 '쇼세츠'는 서술된 역사라기보다는 연대기에 가깝게 된다고 했다.[22] 4장에서 상술하겠지만 당시 일본소설에 인과율에 의한 스토리의 선택·계량·배치 등을 가능하게 하는 과거시제에 대해 반발하는 흐름이 존재했다는 것이다. 이는 가라타니 고진[柄谷行人] 역시 나츠메 소세키[夏目漱石]를 예로 들어 언급한 바 있다.[23)

하지만 김동인의 주된 독서 대상은 일본문학이 아니라 러시아, 서구 등의 그것이었다. 물론 그 소설들 역시 '앙리 발뷰스의 『총살당하고 산 사람들』이란 단편집을 소목근강(小牧近江)의 일역(日譯)으로 읽었다'는 데서 알 수 있듯이 일본어로 번역된 소설이었을 것이다. 다시 말해 김동인은 일본어라는 매개를 통해 러시아나 서구의 소설을 읽어 나갔다는 것이다. 이들 소설들은 비록 일본어로 번역되어 있었지만 마사오 미요시 등이 언급한 '쇼세츠'의 움직임과는 일정한 거리를 지니고 있었다. 이렇듯 독서 대상의 성격을 분명히 하는 이유는 김동인이 「약한者의 슬픔」을 쓰기 위해 도움을 받았던 것이 그 내용보다는 방식이었다는 데 기인한다. 곧 김동인은 이들 소설을 통해 소설이라는 글쓰기 방식, 곧 소설의 에크리튀르를 자기화했던 것이다.

김동인은 동인지를 발간하기로 하고 창간호에 싣기 위해 소설을 쓰려 원고지를 대하니 앞이 딱 막혔다고 했다. 혼자 머릿속으로 구상하던

21) 柄谷行人 外, 송태욱 역, 『근대일본의 비평』, 소명출판, 2002, 94~101면 참조.
22) 마사오 미요시, 「고유한 특성에 대항하기-일본소설과 '포스트 모던' 서양」, 『포스트 모더니즘과 일본』, 시각과언어, 1997, 182~184면 참조.
23) 柄谷行人 外, 송태욱 역, 『근대일본의 비평』, 소명출판, 2002, 102~103면.

소설들은 모두 일본말로 상상하던 것이었는데 조선말로 글을 쓰려고 하니 막막했던 것이다. 그런데 김동인은 이러한 난관 역시 일본어라는 매개를 통해 해결하고자 했다.

> 이 때에 있어서 『일본』과 『일본글』 『일본말』의 존재는 꽤 큰 편리를 주었다. 그 어법(語法)이며 문장변화며 문법변화가 조선어와 공통되는 데가 많은 일본어는 따라서 선진의 역활을 하게가 되었다. (…중략…) 소설을 쓰는데 가장 먼저 봉착하여－따라서 가장 먼저 고심하는 것이 『용어』였다. 구상은 일본말로 하니 문제 안되지만, 쓰기를 조선글로 쓰자니, 소설에 가장 많이 씨우는 『ナツカシク』 『－ヲ感ジタ』 『－ニ違ヒナカッタ』 『－ヲ覺エタ』 같은 말을 『정답게』 『을 느꼈다』 『틀림(혹은다름) 없었다』 『느끼(혹깨달)었다』 등으로－한귀의 말에, 거기 맞는 조선말을 얻기 위하여서 많은 시간을 소비하고 하였다. (…중략…) 지금은 『말』들이 회화체에까지 쓰이어 완전히 조선어로 되었지만 처음 써볼때는 너무도 직역식같어서 매우 주저하였던 것이다.24)

일본어로 구상을 한 것을 조선어로 쓰는 데 어려움을 겪었는데, 그 어려움의 해결에도 일본어가 도움이 되었다는 것이다. 그리고 그 구체적인 예로 용어를 들고 소설에서 가장 많이 쓰던 'ナツカシク', 'ヲ感ジタ', 'ニ違ヒナカッタ', 'ヲ覺エタ' 등을 '정답게', '을 느꼈다', '틀림(혹은 다름) 없었다', '느끼(혹 깨달)았다' 등으로 바꾸었음을 언급하고 있다. 흥미로운 것은 예로 들고 있는 용어들 대부분이 과거시제로 되어 있으며 등장인물의 내면을 표현하는 것이라는 점이다. 3인칭대명사 '그' 역시 그리 다르지 않은 과정을 통해 「약한者의 슬픔」에 자리 잡게 되었을 것으로 보인다. 요컨대 과거시제 '~았/었다'와 3인칭대명사 '그'는 일본어를 조선어로 바꾸는 과정, 곧 '번역'이라는 매개를 통해 「약한者의 슬픔」의 중심에 위치하게 되었다는 것이다. 그런데 김동인이 한 '번역'은 단지 일본어를 조선어로 바꾸는 데 한정되는 것이 아니었다. 그것은 번

---

24) 김동인, 「文壇三十年의자최(2)」, 『新天地』 제3권 제4호, 1948.4・5, 149면.

역의 대상이 된 언어가 담고 있는 사고 체계를 새롭게 창안하는 일이었다. 여기에 관해서는 4장에서 상술하도록 하겠다.

3. 『창조』, 동인지, 그리고 또 하나의 번역

앞서 살펴본 바 있듯이 김동인이 주요한과 함께 동인지 발간을 결심한 것은 1918년 12월 25일이었다. 그리고 그 결과물로 『창조』라는 동인지가 발간된 것은 1919년 2월 1일이었다. 일반적으로 『창조』는 『폐허』·『백조』·『영대(靈臺)』 등으로 이어지는 동인지 문학 시대의 막을 연 존재로 파악된다. 동인지 문학이 문학을 정치·과학·도덕 등 다른 영역들과 분리시키고 그 분리 자체를 문학의 존재 이유로 삼았다고 할 때, 『창조』는 그 첫머리에 놓인다는 것이다. 실제 이는 "區區한 朝鮮社會風俗改良에두지안코 『人生』이라하는 문뎨와 사라가는苦痛을 그려보려"한 "『創造』가朝鮮文藝雜誌의 嚆矢인同時에 具體的 藝術運動의 始初"[25]라는 김동인 자신의 언급에 연원을 두고 있기도 하다.

그런데 김동인이 동인지 『창조』를 발간하게 된 데는 보다 내밀한 이유를 지니고 있어 주목을 필요로 한다. 1918년 12월 25일 밤 "文藝잡지를 하나해 보"자는 주요한의 말에 김동인은 "雜誌社란? 돈이 어듸 그리 만히 잇나?"라고 해 부정적인 뜻을 내비친다. "무슨 雜誌社를 하나 경영한다면적어도 十萬圓의基本金은 예산하"고 있었기 때문이었다. 그런데 주요한은 돈이 "무얼 만하야 쓸데도 업지"라며,[26] 다음과 같이 이야기한다.

---

25) 김동인, 「朝鮮近代小說考」, 『朝鮮日報』, 1929.8.4~6.

26) 김동인, 「文壇十五年裏面史－余를主人公삼고」, 『朝鮮日報』, 1934.4.1.

> 二百圓이면 創刊號를 내일수가잇다. 만약 요행히 創刊號의 성적이 조흐면 創刊號를 판 돈으로 第二號를 내일수가잇다. 不幸히 만히 팔리지 안트라도, 第二號부터는 한 百圓씩만가젓스면 유지하여 나아 갈수가 잇다.[27]

주요한은 "明治學院中學部에籍을 두엇슬때에 그學校의 校報인『白金學報』를담당하여 編輯하기때문에" "거기대한 경력은 가진사람이엇다."[28] 그런 주요한이 잡지를 하나 간행하는 데 처음 二百圓이 들고, 다음 호부터는 百圓 정도만 든다고 하자, 김동인은 흔쾌히 찬성하고 자신이 그 돈을 감당하겠다고 한다.

그런데 김동인이 주요한의 제언에 적극적으로 찬동한 데는 보다 또 다른 이유가 작용하고 있다.

> 一九一八年가을에 當時의 唯一의 朝鮮안의言論機關이든 每日申報에 小說한편을 投稿를 하엿다가 無慘히 沒書를當하고 東京留學生의 機關雜誌이든 「學之光」에도 무슨 글을 寄稿를하엿다가 沒書를當한一두개의 쓴 경험을 가젓는지라 속으로 분하고 울울하기가 짝이 업든 때엇다. (…중략…) 余의 自尊心은 여간 傷하지 안헛든 것이엇다. 그런 때에, 요한의 입에서「우리의 손으로 雜誌를 하자. 그것도 몃萬圓의 金錢이 필요한 것이 아니라 一二百圓이면 넉넉하다」하는 말이 나오매 余의 귀가 솔깃하지 안흘 수가 업섯다."[29]

1918년 가을 무렵 『매일신보』와 『학지광』에 투고를 했으나 둘 다 몰서(沒書)를 당했다는 내용이다. 『청춘』이 1918년 9월에 발간된 제15호를 마지막으로 종간되었음을 고려할 때, 당시 『매일신보』와 『학지광』은 문학에 뜻을 품은 김동인이 투고할 수 있는 매체의 전부였다고 할 수 있다. 따라서 『매일신보』와 『학지광』에 투고한 글이 몰서를 당했다는 것은 자신의 문학적 진로의 좌절과 같은 의미를 지닌 것이었다.

---

27) 김동인, 앞의 글, 1934.4.1.
28) 김동인, 앞의 글, 1934.4.1.
29) 김동인, 앞의 글, 1934.4.3.

물론 위의 언급을 사실로만 받아들이기에는 무리가 있다. 『매일신보』는 1910년 12월 '신시현상모집(新詩懸賞募集)'을 시작으로 하여 1919년 7월 '매신문단(每新文壇)'에 이르기까지 13회의 각종 현상문에 제도를 실시했다. 현상모집(懸賞募集), 신년문예모집(新年文藝募集) 등을 통해 시, 문, 시조, 언문줄글, 언문풍월, 웃음거리, 가(歌, 唱歌), 언문편지, 단편소설 등의 글을 모집했으며, 글을 뽑고 나서는 고선평(考選評)을 곁들이기도 했다.[30] 하지만 문제는 김동인이 투고했다고 한 1918년 가을 무렵 『매일신보』가 시행한 현상문예는 1918년 9월 24일 공고한 '현상한시모집(懸賞漢詩募集)'뿐이었다는 것이다. 독자투고 역시 1916년 2월 16일부터 1919년 6월 15일까지는 잠정적으로 폐지되어 모두 36일간 게재되는데 그쳤으며 그것을 메운 사람 역시 이상협 등 기존의 문인들이었다. 『학지광』의 경우 제17호가 1918년 8월 15일에 발간된다. 그리고 제18호가 신년특별호로 발간되는데 판권간기가 없어 발행 날짜를 확인하기가 힘들다. 하지만 1919년 2월 1일에 발간된 『창조』 제1호 「신간소개」에 있는 "新年一月에 發行한 學之光特別號를 寄來하니"라는 문구를 볼 때 1919년 1월에 발행되었음을 알 수 있다. 그렇다면 1918년 가을에 김동인이 투고했던 『학지광』은 제18호라고 할 수 있다. 문제는 『학지광』 제18호에 「小說에對한朝鮮사람의思想을」이라는 김동인의 글이 게재되어 있다는 것이다.

이렇게 볼 때 김동인의 언급이 사실에 정확히 부합된다고 보기는 힘들다. 하지만 『매일신보』·『학지광』 등에 글을 투고한 후 선정되거나 몰서되는 과정에서 겪은 어려움이 기억에 각인되어 있었던 것만은 분명하다. 이와 같은 각인은 김동인에게 매체가 지니는 의미와 고선자(考選者)·편집자(編輯者) 등 매체 주체의 위상을 감지하게 만들었을 것이다.

30) 김영철, 「신문학 초기의 현상 및 신춘문예제의 정착과정」, 『국어국문학』 98, 국어국문학회, 1987, 221~234면; 전은경, 「1910년대 『매일신보』 소설 독자층의 형성과정 연구 –'독자투고란'을 중심으로」, 『현대소설연구』 29, 현대소설학회, 2006, 110~113면 참조.

곧 매체는 자신의 문학 작품을 활자화하고 또 그것을 통해 자신의 진로를 개척할 수 있는 물리적 기반이었던 것이다. 또 고선자, 편집자 등 매체 주체의 선택에 따라 투고자는 "꿈갓치생각하엿"던 "天堂에나 올은듯"[31] 하게도 되고, "창피하고 쓴 經驗을"[32] 겪기도 했다. "投書해놋코는마음이퍽조이엿"고, 당선 결과를 알기 위해 잡지를 펼쳐볼 때는 "學校에서成績發表를기다리든때나 족곰도달르지안은마음"[33]이었다는 토로 역시 이와 연결된다.

그런데 어려움이 기억 속에 각인되는 과정에서 『매일신보』와 『학지광』은 일정한 차이를 지니고 있다. 『매일신보』는 '당시의 유일의 조선안의 언론기관'이라는 표현이나, 인용문 뒤에 이어지는 "投稿가山積하는지라, 웬만한無名人의 글은 보지도 안코 쓰러기통에 집어넣었다"는 언급 등에서 상징적으로 드러나듯, 당시 조선에서 문학이나 그것과 관련된 글들을 활자화할 수 있는 기회가 극히 제한적이었음을 시사하고 있다. 또 거기에는 문학을 "할일업슨者의消日써리라고" "얼굴을찌푸리고계신 道學先生"[34]으로 가득한 조선의 문학적 토양에 대한 불만 역시 자리하고 있다. 『학지광』에 투고를 하고 몰서를 당했다는 기억은 『매일신보』의 그것과는 일정한 차이가 있다. 『학지광』은 1914년 4월 2일 창간된 '재일본(在日本) 동경조선유학생학우회(東京朝鮮留學生學友會, 이하 학우회로 칭함)'의 기관지였다. 1918년 당시 『학지광』을 비롯한 학우회의 중심 세력은 최팔용(崔八鏞)·이광수·김도연(金度演)·서춘(徐椿) 등이었으며, 이들은 당시 대개 26,7세의 나이로 다음해 2·8독립선언을 주도한 인물들이기도 했다. 김동인과 주요한은 학우회 내에서 이들보다 한 세대 아래에 위치하고 있었다. 김동인은 『학지광』에 투고를 하고 몰서를

31) 春城, 「첨업는깃봄」, 『朝鮮文壇』 제6호, 1925.3, 69면.
32) 늘봄, 「神通스러운일이업소」, 앞의 책, 73면.
33) 方定煥, 「사라지지안는記憶－處女作發表當時의感想」, 앞의 책, 66면.
34) 同人, 「남은말」, 『創造』 제1호, 1919.2, 81면.

당하는 과정을 통해 『학지광』 및 학우회의 중심 세력의 위상에 대해 감지했을 것으로 생각된다. 학우회가 동경은 물론, 일본 전체에 있는 유학생의 대표적인 모임이었다는 것을 고려할 때, 그 기관지인 『학지광』에 투고한 글이 몰서를 당했다는 것은 학우회 나아가 일본 유학생 집단 내에서 자신의 존재를 인정받기 힘듦을 의미하는 것이다.

이러한 상황 속에서 매체를 창간하는 것은 자신이 문학 활동을 할 수 있는 기반을 획득하는 것인 동시에 스스로 고선자, 편집자 등 매체의 주체가 되는 길이었다. 또 그것은 '학우회'로 대표되는 유학생 집단 속에서 스스로의 자리를 확보하는 계기일 수도 있었다. 김동인에게 1,2백 원이면 만들 수 있는 동인지는 이와 같은 여러 가지 가능성을 동시에 열리게 하는 매개였다. 그런데 여기서 새롭게 발간하려고 한 매체가 '동인지' 형식이었다는 것은 또 다른 주목을 필요로 한다. 앞서 살펴본 것처럼 동인지라는 형식은 주요한이 제언에 따른 것이었다. 실제 이와 같은 주요한의 제언은 동인지가 중심을 이루고 있었던 당시 일본의 문학적 상황과 관련된 것으로 보인다.

일본에서는 1910년을 전후로 해 문학의 중심이 현상 제도 등에 기반한 신문에서 동인지로 옮겨간다. 이는 활자문화가 급속하게 사회에 침투해 일정한 자금과 의도만 있으면 자신들의 글을 활자화해 잡지로 만들 수 있는 동인지의 시대가 열린 것과 맞물리는 현상이었다. 이를 통해 무명의 필자가 등장하는 일반적인 언설의 장이 마련되고 또 동인지를 둘러싼 문학 독자의 공동체도 일정한 형태를 이루게 된다.[35] 일본의 동인지는 연우사(硯友社)의 『아락다문고(我樂多文庫)』(1885)를 시초로 『문학계(文學界)』(1893), 『신조(新潮)』(1904), 『신사조(新思潮)』(1907), 『スバル』(1909), 『백화(白樺)』(1910), 『삼전문학(三田文學)』(1910), 『청탑(青鞜)』(1911), 『개조(改造)』(1919) 등으로 이어져 1925년 그 전성시대를 맞이하게 된

35) 紅野謙介, 「投機－思索の對象としての文學－懸賞・小説・相場」, 『文化の市場－交通する』, 東京大學出版部, 2001, 137~139面.

다.[36] 이렇게 볼 때 1918년은 일본문학에서 동인지가 중심을 이루어 가던 시기였다. 이미 조선에 있을 때 "『아이들보이』에 동요를 한 편 투고해서 게재되었고, 『청춘』에는 단편소설을 투고해서 당선이 되고 상금 5원을 탔"[37]으며, 또 일본에 가서도 명치중학의 교지인 『白金學報』의 편집위원을 지냈던 주요한이 일본의 문학적 상황을 모를 리 없었을 것이다. 이렇게 볼 때 김동인과 주요한의 논의 끝에 발간하게 된 매체가 동인지라는 형식을 띠었다는 것 역시 일종의 번역이었다고 할 수 있다.

흥미로운 것은 번역의 자장이 그 형식뿐만 아니라 의도와 역할에까지 미치고 있다는 점이다. 신문이나 상업 잡지 등에서 벗어나 3천 내지 5천 정도의 극히 한정된 발행부수의 매체를 통해 '순문학(純文學)'을 지향한 움직임을 동인지 문학으로 본다면, 일본에서 동인지의 출발은 오히려 겐유샤를 벗어나는 것과 맞물린다. 오자키 고요(尾岐紅葉), 고다 로한(幸田露伴) 등의 겐유샤 동인들은 그 출발만이 『我樂多文庫』였을 뿐, 주된 활동 무대는 『讀賣新聞』 등 신문이었기 때문이다.[38] 온전한 의미에서 동인지는 신문 독자를 의식하지 않고 동인지를 통한 문학만으로 생활을 도모했던 시마자키 도손·다야마 가타이[田山花袋]·도쿠다 슈세이[德田秋聲] 등 자연주의 문학으로부터 비롯되었다. 그런데 동인지 문학의 성립과 맞물려 문단은 사회로부터 도피한 곳이라는 사고가 형성되고 확산되어 나갔다. 일본의 작가를 "빈약한 자원과 악질적 사회제도 속에서 서로 경쟁하면서 사는 현실을 탈출하여, 현세의 권력과 반드시 연결되어 있는 문화적 사회를 버"[39]린 '도망노예'라고 한 이토 세이

36) 『日本近代文學大事典』 第四卷, 講談社, 1977, 298面.

37) 주요한, 「創造時代」, 『新天地』, 1954.2. 여기에서는 강진호, 『한국문학이면사』, 깊은샘, 1999, 46면.

38) 고요와 로한은 그 작가 생활의 초창기부터 신문소설가가 되었고 신문사의 월급을 받는 사원이었다. 伊藤整, 고재석 역, 「근대 일본 작가의 생활」, 『近代 日本人의 발상형식』, 소화, 1996, 81~83면 참조.

39) 伊藤整, 「逃亡奴隷と假面紳士」, 『新文學』, 1948.8. 여기서는 유은경 역, 『일본 사소설의 이해』, 소화, 1997, 17면.

[伊藤整]의 언급은 이를 가리킨 것이다. 하지만 동인지를 기반으로 한 문학이 배태된 것은 무명작가나 신진작가가 신문이나 상업 잡지에 작품을 싣는 것이 거의 불가능했던 일본의 문학적 상황과도 관련이 있다. 이는 동인지 문학의 담당자들이 "관리, 대회사의 봉급생활자, 군인, 교사 등"의 "사회에 들어갈 수 있는 관립 대학이나 군 관계 학교의 출신자라는 첫 번째 자격을 갖지 못한 사람, 또는 그 사회에 반감을 품은 사람, 또는 낙오자적인 성격을 갖고 있는 지식계급의 청년들"[40]이었다는 것과도 관련이 될 것이다. 따라서 일본에서 동인지를 기반으로 한 문학을 불합리한 현실로부터 도피한 '도망노예'의 것이라고 한다면, 그 도망은 단순한 도망이 아니라 도망을 통해 도망 나온 현실에 자리잡기 위한 아이러니한 것이었다고 할 수 있다.

당시 발간된 조선 동인지가 지닌 성격과 역할에서 번역의 자장을 확인하는 것은 어렵지 않다. 이미 그 일단을 김동인이 동인지를 발간하려는 결심을 하게 되는 계기들을 통해 확인한 바 있다. 『창조』가 발간된 후 창간의 의도가 현실화되어 나간 것은 『창조』 제3호에 게재된 「문예소식(文藝消息)」을 통해 알 수 있다. "創造同人極熊崔承萬君은" 東京基督青年會의 機關雜誌 「現代」의 "文藝部主任이되엿"으며, "創造同人秋湖田榮澤君은" "平壤青年俱樂部에서 機關雜誌 「青年」을 發行할 計劃이라는데" "該雜誌主幹으로 文藝部를 擔任"하는 한편 창간 계획 중이던 『조선일보』의 문예부주임으로 예정되어 있었다.[41] 김동인을 차치하더라도, 동인 대부분이 다른 매체의 문예부 주임이나 주간을 맡게 된 것이다.

또 하나 간과해서는 안 될 문제는 김동인이 동인지를 발간할 결심을 할 즈음의 문학적 상황이다. 이는 김동인이 『매일신보』와 『학지광』에 투고한 글이 몰서당한 상태에서 어떻게 새로운 문예 잡지를 창간하는

40) 伊藤整, 고재석 역, 「근대 일본 작가의 생활」, 앞의 책, 83면.
41) 「文藝消息」, 『創造』 제3호, 1919.12, 26, 44면.

것이 가능했는가 하는 문제와도 연결된다. 그것은 『매일신보』의 현상문예나 독자투고, 또 『학지광』의 지면 등이 문학의 재생산 제도로 기능하고 있지 못했음을 의미한다. 비록 1918년 9월 종간되기는 했지만 최초의 본격적인 현상 제도로서 새로운 문학 주체를 등단시키는 기제로 파악되어 온 『청춘』은 이러한 상황과 관련해 시사하는 바가 크다.

『청춘』의 현상문예는 '매호현상문예(每號懸賞文藝)'와 '특별대현상(特別大懸賞)' 둘로 나뉘어 시행되었다. 매호현상문예는 제10호에서 종간호인 제15호까지 계속되었고, 특별대현상은 제7호에서 제9호까지 광고를 하고 제11호에 당선작을 발표했다. 매호현상문예는 시조(時調), 한시(漢詩), 잡가(雜歌), 신체시가(新體詩歌), 보통문(普通文), 단편소설(短篇小說) 등 6개 분야에서 글을 모집했으며, 특별대현상은 '故鄕의事情을錄送하는文', '自己의近況을報知하는文', '短篇小說' 등 3개 분야에서 글을 모집했다. 崔南善의 언급처럼 "바햐흐로 勃興하려하는 新文壇에 意味잇는 一波蘭을 寄與"[42]하고자 시행된 『청춘』의 현상문예는 분야별로 나누어 글을 모집했고, 상금도 차등을 두었으며, 종간 때까지 지속적으로 시행되었다. 하지만 『청춘』의 현상문예를 새로운 문학 주체를 등단시키는 제도로 보기는 힘든데, 그것은 아이러니하게도 『청춘』 현상문예의 단골 투고자이자 당선자인 방정환을 통해 알 수 있다. 방정환은 『청춘』이 현상문예를 처음 시행한 제10호부터 종간호인 제15호까지 거의 매회 투고를 하고 많게는 3편에서 적게는 1편까지 당선이 되었다. 이렇듯 방정환이 매호 투고를 하고 당선이 되었다는 것은 『청춘』의 현상문예가 당선자를 작가로 등단시키는 제도가 아니었음을 뜻한다. 그런데 이는 당연한 일이기도 하다. 『청춘』을 비롯한 『매일신보』·『학지광』 등의 매체가 당선자를 작가로 등단시키는 등단 제도로 역할하기 위해서는 그 물적 토태, 곧 문학 장(literature champ)이 전제되어야 했기 때문이다.

42) 「每號懸賞文藝」, 『靑春』 제9호, 1917.7, 126면.

이렇게 볼 때 동인지 문학의 한계로 운위되는 불과 2,3년만 그 생명을 다하고 말았다는 언급 역시 재고의 여지가 있다. 김동인이 주요한과의 논의 끝에 동인지를 만들고자 결심한 데는 『매일신보』·『학지광』·『청춘』 등 기존의 매체들이 문학을 재생산하는 제도가 되지 못했다는 점, 나아가 제대로 된 문학 장이 존재하지 않았다는 점 등이 작용하고 있었다. 그런데 동인지 문학이 단명하게 된 가장 큰 이유는 한정된 독자에 기인한 경제적인 면 때문이었으며, 그것 역시 문학 장이 존재하지 않았다는 것과 연결된다. 요컨대 단명할 수밖에 없었던 열악한 조건이 이들이 동인지 발간을 통해 문단을 만들 수 있었던 기반이기도 했다는 점이다. 하지만 『창조』·『폐허』·『백조』 등이 단명했음에도 불구하고 주요 담당자들은 동인지의 간행을 통해 의도했던 문학 장에의 편입을 용이하게 성취했다. 이렇게 볼 때 동인지 문학은 "초연함의 가치를 인정하고, '경제'(상업적인 것)를, 그리고 (단기적으로) '경제적인' 이익을 거짓 부정하는 위에 세워진 것으로, 자율적인 역사로부터 나온 특수한 요구들과 생산을 특권시"해[43] 나갔다고 할 수 있다. 또 매체의 주체가 되는 과정을 통해 문학 장에의 편입이 이루어짐에 따라 기존 문학 경향에의 부정을 스스로의 정체성을 획득하는 방식으로 삼지만 실제 그 부정 역시 승인권의 독점을 위한 상징적인 것이라는 점에서 그 근저가 이전에 존재했던 문학과 그리 다르지 않다고 할 수 있다.

43) Pierre Bourdieu 저, 하태환 역, 『예술의 규칙』, 東文選, 1999, 192면.

4. 과거시제와 3인칭 대명사가 지닌 의미와 역할

김동인은 「약한者의 슬픔」에서 과거시제와 3인칭대명사를 사용한 이유를 다음과 같이 밝히고 있다.

> 이러한만흔 『한다』 『이라』 『~인다』 등의 現在法敍事體는近代人의 날카로운心理와情緖는表現할수업는바를깨다럿다. 現在法을使用하면 主體와客體의區別의 明瞭치못함을깨다럿다 (…중략…) 前者(現在詞－인용자)에서는 『엘리자벳』이라하는主體와 四圍라는客體의 混同無秩序를볼수잇스나 後者(過去詞－인용자)에서는完全한合致的區分을볼수잇다.[44]

> 모든 사물의 형용에 있어서 이를 독자의 머리에 실감적으로 부어넣기 위해서는 『현재사』보다 『과거사』가 더유효하고 힘있다. (…중략…) 소설을 쓰는데, 소설에 나오는 인물을 대번 김아무개면 김아무개, 최아무개면 최아무개라고 이름을 쓰는것이 구찮기도 하고 성가시기도 하여서 무슨 적당한 어훼가 있으면 그 어훼로 쓰고싶지만 불행 우리말에는 He며She에 맞을만한 적당한 어훼가 없다. He와She를몰몰아(성적(性的)구별을 없애고) 『그』라는 어훼로 대응한 것—[45]

인용문에서 김동인은 과거시제를 사용한 이유를 세 가지 정도 언급하고 있다. 첫째, 근대인의 날카로운 심리와 정서를 표현하는 것, 둘째, 주체와 객체의 구별이 명료한 것, 셋째, 모든 사물의 실감적인 형용이 가능하다는 것 등이 그것이다. 근대인의 심리와 정서를 표현한다는 것에 대해서는 뒤에서 살펴보도록 하고, 여기서는 먼저 두 번째, 세 번째 이유에 주목해 보자. 두 번째와 세 번째 이유는, 주체가 객체와의 구분이 명료할 때 모든 사물 곧 객체의 실감적인 형용이 가능하다는 데서,

44) 『朝鮮日報』, 1929.8.11.
45) 김동인, 「文壇三十年의자최(1)」, 『新天地』 제3권 제3호, 1948.3, 131면.

같은 부분을 지적한 언급이라고 할 수 있다. 그런데 이는 '과거시제'의 역할이라기보다는 3인칭대명사 '그'의 역할이다.

3인칭대명사 '그'가 소설의 중심에 놓이려면 3인칭이 소설의 중심인물이어야 한다. 하지만 그것만으로는 부족하다. 소설의 중심에 놓이기 위해서는 '그'가 행위의 중심일 뿐 아니라 서술의 중심이기도 해야 한다. 더 정확히 말해 중심인물일 뿐 아니라 초점화자이기도 해야 한다는 것이다.[46] 중심인물이 초점화자의 역할을 맡게 되자 서술 대상과의 구별이 뚜렷하게 되고 실감적인 형용 역시 가능하게 된다. 그런데 3인칭대명사 '그'의 행위와 서술을 통해 소설이 전개되어 나가자, 화자는 소설 속에서 사라진다. 초점화자와 다른 화자는 존재하지만, 초점화자의 생각이나 느낌을 옮기는 역할만을 담당하게 되어 화자의 존재는 희미해지게 된다. 간과해서는 안 될 것은 화자는 소거되었음에도 불구하고 더욱 은밀하고 철저하게 소설을 지배한다는 점이다. 곧 화자는 스토리 외부에 위치해 자신의 모습을 드러내지 않지만 소설의 중심에 위치한 등장인물이자 초점화자를 통해 은밀하게 스토리를 지배한다.

두 번째 인용문에 있는 '소설에 나오는 인물을 매번 이름을 쓰는 것이 귀찮고 성가셔 3인칭대명사 '그'를 사용했다'는 언급은 이와 관련된다. 왜 하필 '그'라는 대명사를 사용했는가를 차치한다면 반복해서 나오는 고유명사를 대신하기 위해 대명사를 사용했다는 것은 자연스럽다. 하지만 고유명사 대신 3인칭대명사를 사용한 데는 비인칭이라는 '그'의 고유한 속성이 작용하고 있다. 발화행위에서 3인칭대명사 '그'는 1인칭대명사 '나'나 그 상대인 2인칭대명사 '너'와는 달리 발화행위의 주체로서의 주관성이 배제된 객관적 대용에 해당된다. 3인칭대명사 '그'는 '나'와 '너' 사이의 의사소통에 관여하지 않는다는 추상성과 거리감에

46) 초점화자는, 소설에서 누가 보느냐와 누가 말하느냐 곧 인식의 주체와 서술의 주체는 반드시 일치하지는 않는다는 전제 아래, 인식의 주체를 가리키는 용어로 제기된 것이다. Rimmon-Kenan S., 『소설의 시학』, 문학과지성사, 1985, 109~112면.

대한 객관적인 표현이다. 소설에서 역시 '그'는 복잡한 인격을 구하지 않고 관심 있는 특징만을 구현하게 해주며, 도덕적 밀도와 스스로의 움직임을 절약하도록 해준다. 요컨대 '그'라는 대명사는 스토리 바깥에 위치한 화자의 은밀하고 철저한 지배에 대응하는 그림자의 역할을 하는 데 가장 적절한 매개라는 것이다.[47)]

흥미로운 점은 3인칭대명사의 등장에 따라 화자가 위치하게 된 지점이 과거시제에 의한 그것과 겹쳐진다는 것이다. 소설에서 과거시제는 일상 경험에 관한 의미에서 시간이라고 부르는 것과 자율적인 관계에 있다. 소설에서 과거시제가 소설의 중심에 놓이는 것은 서술이 스토리 이후에 이루어지는 사후서술(ulter narration)을 행할 때이다. 사후서술을 통해 화자는 스토리 사건들을 자유롭게 선택하고, 계량하고, 배치하게 되며 소설의 사건들은 원인에서 결과로 서로 이어지며 결과가 다시 다른 결과의 원인으로 작용하는 일이 마지막까지 이어진다. 이를 가능하게 하는 서술 지점은, 시간적으로 스토리 이후에 또 공간적으로 스토리 바깥에, 위치한다. 그리고 그 위치는 앞서 3인칭대명사의 등장과 맞물려 화자가 위치하게 된 지점과 겹쳐진다. 따라서 주체와 객체의 명료한 구별을 통해 사물의 실감적인 형용을 하게 된 것을 과거시제의 역할로 파악한 김동인의 언급 역시 크게 잘못된 것은 아니다.

과거시제와 3인칭대명사와 관련해 또 하나 주목해야 할 김동인의 언급은 소설을 쓸 때 용어에 대한 고민을 많이 했으며, 'ナツカシク', 'ヲ感ジタ', 'ニ違ヒナカッタ', 'ヲ覺エタ' 등을 '정답게', '을 느꼈다', '틀림 없었다', '느끼었다' 등으로 바꾸는 데 많은 시간을 소비했다는 것이다. 이는 앞서 「약한者의 슬픔」이 소설이라는 글쓰기 방식의 번역을 통해 이루어졌음을 검토하면서 확인한 바 있다. 흥미로운 것은 "『느꼈다』 『깨달았다』 등의 형용사를 본시 갖는 의의와 전연다른 방면에 활용하

47) Benveniste E., 황경자 역, 『일반언어학의 제문제』 1, 민음사, 1992, 361~369면; Kristeva J., 유복렬 역, 『반항의 의미와 무의미』, 푸른숲, 1998, 439~442면.

여 재래의 우리 말이 표현할수 없는 특수한 기분을 표현한는데 사용하였"는데, "처음 그 어훼를 쓸적에는 도무지 틀에 맞지 않아서 스스로도 불안과 불만을 느끼면서"[48] 썼다는 것이다. 왜 김동인은 앞선 인용문의 용어들을 조선어로 바꾸는 데 많은 시간을 소비하고 또 "막상 써놓고 보면 그럴듯 하기도 하고 안된것 같기도 해서 다시 읽어 보고 따져 보고 다른 말로 바꾸어 보고 무척 애를 썼"[49]을까?

무척 애를 쓰면서 많은 시간을 소비한 것은 번역을 하는 데 조선어에 적당한 어휘가 없었다는 데 기인한다. 더 정확히는 그것들이 소설이라는 글쓰기 속에 새롭게 등장한 용어였기 때문이다. 앞서 김동인이 번역에 어려움을 느꼈던 용어의 예들 대부분, 곧 'ナツカシク', '感ジタ', '覺エタ' 등이 내면을 표현하는 말이었음을 확인한 바 있다. 소설에서 자신의 존재를 분명히 하는 화자가 존재하는 한 등장인물의 내면을 직접적으로 표현하는 것은 불가능하다. 주석적 서술에 나타난 인물의 내면은 등장인물에 의해 표현된 것이라기보다는 화자가 알고 있는 것이라고 할 수 있다. 내면이 표현되기 위해서는 화자가 스토리에서 사라지고 등장인물에게 행위와 서술의 역할이 맡겨져야 한다. 다시 말해 등장인물의 내면이 소설 속에 직접 제시되는 것 역시 화자가 소거되고 등장인물이 초점화자의 역할을 맡게 되는 서술방식의 변화에 의해 가능하다는 것이다. 여기에서 등장인물의 내면이 소설에 표면에 드러난 것 역시 과거시제와 3인칭대명사가 소설의 중심에 놓이는 것과 맞물리는 것임을 알 수 있다. 앞선 김동인의 용어에 관한 고민은 이와 연결된다. 서술방식의 변화에 따라 내면이 처음으로 소설의 표면에 등장함에 따라 느끼고, 깨닫는 등 허구적 주체의 내면을 드러내는 용어를 만들어내야 했던 것이었다. 김동인이 언급한 과거시제를 사용한 첫 번째 이유, 곧 '현제시제로는 근대인의 날카로운 심리와 정서를 표현하지 못해 과거시제

48) 김동인, 「文壇三十年의자최(1)」, 『新天地』 제3권 제3호, 1948.3, 131면.
49) 김동인, 「文壇三十年의자최(2)」, 『新天地』 제3권 제4호, 1948.4·5, 149면.

를 사용했다'는 것의 온전한 의미는 여기에서 드러난다.

그런데 과거시제와 3인칭대명사는 소설 양식의 근간을 이루는 기제이다. 과거시제와 3인칭대명사를 소설의 기초이자 관습으로 보고, 이들이 없으면 소설로서 힘을 잃거나 스스로의 양식적 질서를 파괴할 의도가 있는 것이라는 바르트의 언급은 이를 뒷받침한다. 앞서 3인칭대명사가 소설의 중심에 놓이기 위해서는 화자가 소거되어야 함을 살펴본 바 있다. 하지만 화자는 사라졌음에도 불구하고 중심인물을 통해 더욱 은밀하고 철저하게 스토리를 지배했다. 곧 화자는 중심인물을 지배하는 특권적인 위치에 서서, 자신과 스토리 사이의 거리를 창출하면서 동시에 스토리 내부의 중심인물을 영유하는 것을 통해 그 거리를 제거한다. 여기에서 3인칭대명사가 소설의 중심에 위치하는 것이 다른 사고나 시선을 하나의 그것으로 변용시키는 기제를 마련하는 것과 동일한 궤에 놓이는 것임을 알 수 있다. 과거시제는 스토리 사건들을 선택하고, 계량하고, 배치하는 과정에서 등장했다. 사건들은 인과의 사슬을 통해 연결되어 중복이 없는 긴밀한 위계를 이루며, 이를 통해 사건들은 불합리하지도 신비롭지도 않으며 분명하고 친숙하게 된다. 또 일련의 지속적인 사건들은 하나의 의미 있는 전체를 구축하게 되고, 이는 삶의 다른 행동이나 과정과 연결되고 나아가 세계의 흐름에 다가가게 되는 것이다. 하지만 이는 유기적인 세계상을 양적인 구성물로 변환시키는 조작이라 할 수 있으며, 그 결과 삶은 더욱 얇아지고 투명해져 그 자체의 밀도, 양, 전개는 사라지고 만다.[50)]

50) Barthes R., Lavers A. · Smith C. trans., *Writing Degree Zero, Hill and Wang*, 1967, pp.29~40.

5. 맺음말

김동인은 자신이 언급한 것처럼 「약한者의 슬픔」에서 과거시제와 3인칭대명사를 소설의 중심에 위치시켰다. 그런데 그것은 두 개의 번역을 통해서 이루어졌다. 하나는 당시 독서 대상이었던 소설들을 통해 소설이라는 글쓰기 방식을 번역한 것이었다. 또 하나는 번역은 동인지라는 매체의 형식에서 이루어졌다. 후자를 통해 김동인은 스스로 문학 활동을 할 수 있는 기반을 획득하는 동시에 매체의 주체가 되었다. 또 '학우회'로 대표되는 유학생 집단 속에서 스스로의 자리를 확보하는 계기를 마련하기도 했다. 특히 후자의 과정은 전자, 곧 김동인이 과거시제와 3인칭대명사로 대표되는 소설적 글쓰기 방식을 정초하는 토대를 만드는 것이었다는 데서 주목을 필요로 한다.

그런데 4장에서 검토한 것처럼 과거시제와 3인칭대명사는 인과율과 원근법의 다른 이름이며, 그것들을 근간으로 하는 소설은 인과율과 원근법이라는 근대적 논리가 문학적으로 변용된 것이었다. 따라서 김동인이 「약한者의 슬픔」에서 과거시제와 3인칭대명사를 중심에 위치시킨 것은 소설의 양식적 질서를 정초한 것일 뿐만 아니라 소설이라는 글쓰기 방식을 통해 근대적 논리를 구축한 것이기도 했다. 또 그것은 독자들이 독서라는 행위를 통해 인과율과 원근법이라는 근대적 논리를 스스로 내면화할 수 있는 기제를 만든 것이기도 했다.

이와 관련해 가라타니 고진의 다음과 같은 언급은 시사하는 바가 크다.

> 내이션은 예전 종교, 신분, 혈연·지연이라고 하는 공동성이 아니며, 오히려 그것들이 실질적으로 붕괴된 후 상상적으로 형성된 것이다. 그리고 그것은 다른 무엇보다도 「문학」에 의해 이루어진 것이다. 국가장치가 부여하는 이데올로기는 사람들의 소위 영혼마저 흔드는 것 같은 동일성을 가져오는 것이 불

가능하기 때문이다.[51]

내이션이라는 상상의 공동체가 만들어지기 위해서는 '영혼마저 흔드는 동일성'이 필요한 데, 그것을 가능하게 한 것이 문학이라는 언급이다. 앤더슨 역시 상상의 공동체를 조형하는 일을 문학과 연결시켜 파악하고 있다. 하나의 사회가 동질적이고 공허한 시간을 통해 달력의 시간에 맞추어 움직인다고 확신하는 것은 역사를 따라 꾸준히 움직이는 견실한 공동체를 생각하는 것과 정확히 비유된다는 것이다. 그리고 소설의 시간 구조는 원인과 결과라는 긴밀한 선조 속에서 무관한 사건을 동시성의 좌표 위에서 재현하는 것을 통해 그 역할을 한다고 했다.[52]

여기에서 김동인이 「약한者의 슬픔」에서 과거시제와 3인칭대명사를 소설의 중심에 위치시킨 것의 온전한 의미에 접근할 수 있다. 물론 이광수에 이르기까지 "구두점과 행갈이뿐만 아니라 띄어쓰기와 단락나누기, 지문과 대사의 분리 및 여백의 활용, 일상어의 대폭적인 유입을 감당하기 위한 국문체의 사용 등"을 통해 소설에서 "전혀 다른 미적 효과와 의미상의 효과를 생산"[53]해 왔다. 하지만 김동인의 작업은 인과율과 원근법으로 대표되는 근대적 논리를 내면화 하는 방식을 창안했다는 점에서 이전 시기의 그것과는 일정한 결절을 이룬다.

그리고 그것은 번역이라는 매개를 통해 이루어졌다. 물론 김동인이 과거시제와 3인칭대명사로 대표되는 소설의 에크리튀르를 번역하면서 그것들이 지닌 의미나 역할을 인지하고 있었던 것은 아니다. 실제 번역의 의미와 역할은 이후의 과정에서 "체계적으로 무시되고 쟁점이 될 수 없는 것으로 간주되고, 그 반면 추상적 언어의 등가성으로써 '순수하게'

51) 柄谷行人, 「韓國と日本の文學」, 『戰前の思考』, 講談社, 2001, 228面.
52) Benedict Anderson, 윤형숙 역, 『상상의 공동체－민족주의의 기원과 전파에 대한 성찰』, 나남, 2002, 59~76면; Barthes R., 앞의 책, pp.30~31 참조.
53) 정선태, 「번역과 근대소설 문체의 발견」, 『근대어 · 근대매체 · 근대문학』(한기형 외), 성균관대 대동문화연구원, 2006, 239면.

취급되는 이상화되고 명백히 탈정치적인 번역 개념이 그 자리를 대신해서 차지"했기 때문이다. 곧 "역사적으로 어려운 번역의 정치학을 이러한 어려움을 억압하는 또 다른 번역의 정치학으로 대체함으로써 기능해왔"[54]다는 것이다. 따라서 그 의미와 역할은 김동인이 번역하고자 했던 사고 체계의 바깥에 위치할 때만 정확하게 인지될 수 있는 것이었다.

54) D. Robinson, 정혜욱 역, 『번역과 제국』, 東文選, 2002, 109면.

1920년대 '책광고'를 통해서 본 베스트셀러의 운명

미적 취향의 계열화와 문학사의 배제

박지영

1. 들어가는 말—책광고 연구의 필요성

모든 광고가 그러하듯 '책광고'의 궁극적인 목표는 광고된 책의 명성을 높이고 판매를 촉진시키는 데 있다. 그러나 상품 자체가 문화재(文化財)라는 특성상 책광고는 일반 소비재 산업과는 차별화된다. 책광고는 판매와 소비자의 선택을 위한 정보 제공뿐만 아니라, 소비자[讀者]의 생활과 규범 등, 사회. 문화적 가치를 변화시키고, 새로운 문화를 창조. 선도해 나가는 데 중요한 역할도 하기 때문이다.[1] 이렇듯 상업성과 문화적 효용성에 대한 기대가 복합적으로 작용하기 때문에, 책광고에는 당대 대중의 문화적 취향과 이를 읽어내고 선도하려는 저작자(혹은 출판사)의 의도가 투사될 수밖에 없다[2]. 특히 신문화 초기, 근대적 문화를 전파

1) 이처럼 책광고는 책의 어떠한 신념과 가치를 전달하는 문화적 목표와 판매를 목적으로 하는 경제적 목표를 갖고 존재한다. 조원자, 「신문에 나타난 서적광고의 표현방법에 관한 연구—소설을 중심으로」, 홍익대 석사논문, 1987, 1~2면 참조.

2) 이 연구의 가장 큰 난점은 이 광고문구의 작성자를 정확히 규정할 수는 없다는 점이다. 여기에 대한 어떠한 실증적인 자료도 찾을 수가 없었다. 그러나 이 두 책의 광고의

하고 이를 통해 대중들을 견인해 내려는 계몽적 열정이 강렬했던 지식인들과 인쇄 자본 주체들에게 책광고는 자신들의 욕망과 의식을 실천할 또 하나의 지면이었다.[3)]

문예물의 광고 역시 마찬가지이다. 시집·소설집(장편소설 포함)·동화집·서간집 등 문예물 광고에는, 그 책의 기획자(작가)의 상업적이고 계몽적인 의도는 물론 그들의 문학관이 진지하게 투영된다. 특히 무단 통치기를 지나, 문화통치기에 이르러 책광고는 근대적 독자군의 형성[4)]을 기반으로 당대에 일기 시작한 대중들의 문예에 대한 열정을 반영하고 있다.[5)]

근대적 문예 독자층의 확산과 출판문화운동의 발전은 베스트셀러의

경우, 이 기획 자체가 거의 최초의 시도였기 때문에 광고문구를 제작하는 데 기획자(혹은 작가)의 의도가 많은 부분 개입했거나, 혹은 그가 직접 문구를 작성했을 개연성이 매우 높다. 한성도서 주식회사의 기자였던 노자영이나, 개벽사의 주요 편집진(특히 『신여성』과 『어린이』의 편집자)이었던 방정환의 위치는 이러한 개연성을 더욱 높인다. 게다가 『동아일보』 광고와 개벽사 광고 문구가 거의 일관성있게 일치하는 점은 한 사람이 이 광고문구를 지속적으로 작성했을 가능성을 높인다. 그리고 문구의 작성자가 누구이든 이 논문의 논의 과정과 결론이 달라지지는 않을 것이다.

3) 우리나라 서적 광고는 한동안 『독립신문』·『황성신문』 등을 통해서 우리나라 근대 광고사 초기에 중요한 일익을 담당하면서, 계몽 주체들의 의식을 대변해 준다. 최초의 서적 광고는 1886년 6월 28일자 『한성주보』, 14~15면에 게재된 두 개의 일본 광고주의 염색에 관한 서적 광고였다고 한다. 신인섭에 의하면 서적 광고는 우리나라 근대 광고의 효시였다고 한다(신인섭, 『한국광고사』, 나남, 1986, 23면 참조). 또한 『독립신문』 광고 빈도 통계를 살펴보면 1886~1899년의 광고에서 책광고는 잡화, 양약, 식료품에 이어 4위를 차지하나, 1909년에 이르면 1위에 달한다. 이는 신문화 초기의 문화적 열정과 출판문화산업의 번창을 증명해주는 것이다. 조원자, 앞의 글 12면 참조.

4) 문화통치기 이후 신문·잡지 등 매체의 창간과 더불어 융성하기 시작한 출판문화운동의 발전은 제도 교육의 정착 등 당대 현실적 변화 속에서 근대적 독자층을 형성해 나간다. 우리 신문화 초기의 근대적 독자층의 형성에 관한 연구는 이기훈, 「독서의 근대, 근대의 독서－1920년대의 책읽기(특집 1920~30년대 독서의 사회사)」, 『역사문제연구』 7호, 2001.12; 천정환, 『근대의 책읽기－독자의 탄생과 한국 근대문학』, 푸른역사, 2003 참조.

5) 이 역시 당대의 대표적 매체였던 『동아일보』의 책광고의 빈도수가 증명해주는 것으로, 이 매체에서 문예광고의 게재 광고수는 수험서 다음으로 2위에 놓였다. 이기훈 앞의 글 참조.

등장과 더불어 더욱 과속화된다. 1920년대 당대 최고의 베스트셀러는 노자영이 기획하고 펴낸 연애 서간집 『사랑의 불꽃』과 방정환이 기획하고 편역한 번안동화집 『사랑의 선물』이다. 『사랑의 불꽃』은 당대로서는 드물게 7,8쇄까지 팔리는 기록[6]을 세웠으며, 『사랑의 선물』은 10쇄 이상 인쇄되어 2만 부 이상 팔렸다.[7]

이들의 성공은 그동안 문학적 영역에서 비주류로 배제되어왔던 서간류와 동화가 정작 당대 대중들에게는 어떠한 위치였는지를 시사해준다. 당대 대중들은 문학사에서 인색한 평가를 받고 있는 이 두 장르에 가장 열광한 것이다.

또한 1920년대 후반에서 1930년대 초반까지는 문학의 전문화와 상업화, 창작 경향의 제분화가 본격적으로 이루어지는 시기이다. 그렇다고 할 때, 이 책들이 가장 많이 팔린 1920년대 초반에서 중반에 걸친 시기는 보편적인 근대적 문예 취향이 형성되어가는 과도기적 시간이었다고 볼 수 있다.

부르디외에 의하면, 문화에 대한 취향은 자연적 산물이 아니라 사회적 산물 즉 양육과 교육의 산물이다. 대중들은, 한 시기, 유파, 저자의 특징을 드러내는 스타일을 인식하고, 더 일반적으로는 미학적 향유를 요구하는 작품의 내재적 논리에 익숙해지려면 사물을 지각하고 음미하는 도식을 의식적으로건 또는 무의식적으로 활용해야 한다. 그리고 이러한 논리와 향유 방식은 교육이나 독서 등 다양한 문화적 활동을 통해 습득된다.[8] 이 순환 고리 속에서 특히 신문·잡지 등 미디어는 대중들

---

6) 박종화는 한 글에 의하면 "「사랑의 불꽃」만이 7,8판 조선 출판계의 미증유한 기록을 돌파하였다"고 한다(박종환, 「문단방어」, 『개벽』 49호).

7) 인쇄 판형 수와 판매 실적 역시 광고를 통해서 추정이 가능한다. 이외에도 출판사나 인쇄소의 존재여부나 활동상황을 분석하는 데 중요한 실증적 자료를 책광고를 통해서 살펴볼 수 있다. 자세한 것은 부록의 표를 참조할 것

8) 피에르 부르디외, 최종철 역, 『구별짓기－문화와 취향의 사회학 下』, 새물결, 1996, 20～29면 참조

의 취향에 많은 영향력을 끼치게 된다. 그래서 미디어를 장악하고 있었던 당대 문화 활동 주체들은 당대의 문화적 취향을 주조하고, 대중들에게 전파하면서 막강한 문화적 권력으로 자리잡게 된다.

미디어에 실린 책광고 역시 이러한 사회문화적 메커니즘 속에서 생산되고 소비되었다. 특히 이 두 텍스트는 철저하게 기획한 산물이라는 점이 중요하다. 그러므로 당대의 문학 텍스트를 분석하는 일만큼, 기획의 의도가 가장 분명하게 투사되는 책광고와 이를 둘러싼 메커니즘을 살피는 일은 당대 대중들의 문예적 취향이 어떻게 형성되어가는지를 살펴보는 데 중요한 시사점을 줄 것이다.[9)]

더구나 이러한 맥락을 지니고 있는 이 두 책의 광고는 매우 긴 광고 문구로 이루어져 있어 분석을 용이하게 한다. 일러스트의 시각성보다는 긴 문구의 내용에 광고의 포인트를 두었던, 이러한 책광고의 경향은[10)]은 당대 미디어나 광고 주체가 당대 대중에게 다소 고압적이고 계몽적인 태도로 다가갔음을 보여주는 것이기도 하다.

그러면 본고는 이 광고 문구 분석을 통해 1920년대 문예물들이 어떠한 독자층을 대상으로 기획된 것이고, 어떠한 문예적 취향을 주조해 나아갔는지 분석해보도록 하겠다. 그리하여 이를 통해서 당대 문단이 어떠한 구조로 권력화되었는지를 살펴볼 수 있을 것이다.

---

9) 이미 '책광고'를 연구대상으로 참고하여 당대 독서의 사회사를 논한 연구도 있다. 이기훈, 천정환 앞의 책 참조.

10) 긴 문안으로 광고하는 책광고 방식은 당대에 유행이었던 듯 싶다. 「사랑의 선물」, 「사랑의 불꽃」 그리고 그밖에 이 글에서 인용할 모든 책광고는 거의가 다 긴 문구로 광고를 한다.

2. '낭만적 사랑'에의 열정과 '센티멘탈리즘'의 젠더화—『사랑의 불꽃』을 중심으로

1) 대중적 취향과 고급 취향의 분화—'눈물'과 '애상'

다음은 『사랑의 불꽃』 광고이다.

> 연애의서간집—사랑의불꽃
>
> 이冊은 現代新進文士들이, 靑春의 熱情과 피와 눈물과 우숨을 쏫아 아름답고 妙하게 쓴 『러브렛터』(戀愛書簡)集이니 그 아름답고 妙함은 풀속에 숨은 한 포기 百合갈기도 하고 담 아래 흐르는 맑은 시냇갓기도하야 句句마다 金玉이오, 節節히 香氣라. 靑春으로하여금 醉케하고, 靑春으로하야금 울게하지아니하면 마지아니하리라. 그 內容은 藝術化하고 詩化하야 詩以上의 詩이며, 小說이상의 小說이고, 小品以上의 小品이다. 戀愛에 우는者도 있고 戀愛에 醉한 者도 잇스며연애에 죽는 者도잇서서, 피에 살고 눈물에 사는 靑春으로하야금 갓치울게하고 갓치웃게하리니 연애를알고저하는者나 靑春과 人生의 문뎨를 알고저하는 者는 그누구를불문하고 其於히 一讀할 價値가 잇슴을 絶對責任을 지고 말하여둔다.
>
> 四六版極美本으로 表紙는 新進畵家 安夕影氏의그림이니, 蒼白한달아래 고개를숙이고 永遠의 靑春을생각하는 美人의 모양을 그렷스며 그다음 內紙에는 「사랑의 쑤림」이라는 銅版의 그림이 잇나니,이는 「레르」를 쓴 美人이 우슴을 우스며 쏫송이를 던지는 모양이다. 이러한 裝幀은 內容과 함끠, 여러 讀者에게, 만흔 興味를 주리로라.
>
> —『동아일보』, 1923.2.10

『사랑의 불꽃』은 이 광고가 말해 주듯 '연애서간집'이다. 기획자인 노자영이, 고백하고 있듯이, 이 책은 기획단계부터 흥행성을 염두에 두고 만들어진다.[11] 이러한 점은 이 광고문구에 그대로 투사된다.

기획자 노자영이 파악한 대중적 열망의 핵심은 우선, '청춘의 열정, '연애에 대한 열망'과, '문사'가 되고자 하는 욕망이다. '靑春의 熱情과 피와 눈물과 우슴을 쏫아 아름답고 妙하게 쓴 러브렛터', '靑春으로하야금 갓치울게하고 갓치웃게하리니'라는 표현은 이를 증명한다. '연애의 시대'였던 1920년대[12], 위의 구절들은 연애를 '청춘과 인생의 문뎨'로 전체화하는, 낭만적 사랑에 대한 대중적 열망을 반영한다.

또한 광고는 이 책을 '현대신진문사(現代新進文士)'들이 썼다는 점, 그래서 '內容은 藝術化하고 詩化하야 詩以上의 詩이며, 小說이상의 小說이고, 小品以上의 小品이'라는 점을 강조한다.

근대 초기에 편지쓰기는 '개인의 내밀한 내면 고백'으로서, 근대적 글쓰기의 하나의 전형이었다. 1910년대 중반 이후 개인적 취향의 공유나 내밀함을 고백하는 에세이 형식의 편지쓰기가 유행했는데. 이는 사상적 문예적 취향을 표현하거나 사적인 문제를 상의하고 고백하는 형태였다. 그런데 1910년대의 편지쓰기가 계몽적 언술과 개인적 내면의 고백이라는 두 가지 측면에 동시에 사용되었던 글쓰기[13]라고 한다면 1920년대의 편지쓰기는 계몽적 언술보다는 사적인 언술로 이행된다다. 그리하여 1920년대 편지쓰기는 연애 열풍과 맞물려 당대 청년들의 중요한 일과가 되기도 한다.

그리고 편지쓰기는 1910년대 중반부터 잡지의 독자문단, 혹은 현상문

---

11) 노자영은 한 회고의 글에서, 자신이 한성회사에 있을 때 "前기자 金鎭憲씨가 「연애서간집」 한 권을 만들면 유리하다고 第二 권고"하였다고 하고는, "돈에 주린 나는 그때 羅彬, 小橋 等 여러 친구들에게서 연애서간 1편씩 모아가지고 또는 나도 서너편 써서 비로서 「연애서간집」을 발행하였든 것이다"라고 하였다. 그리고 곧 성과를 얻는데, "불과 1년에 3·4백원의 수입이 생기게 되었다"고 회고한 바 있다. 노자영, 「나의 문단 참회록」, 『流水落花集』, 청조사, 1935, 58~59면 참조.

12) 대표적인 연구 성과로 권보드래, 『연애의 시대』, 현실문화연구, 2003 등이 있다.

13) 권용선, 「1910년대 근대적 글쓰기의 형성 과정 연구」, 인하대 박사논문, 2004, 92~119면 참조.

예제도를 통해서 더욱 대중화된다.[14] 이러한 현상은 소설쓰기나 시쓰기가 전문적 역량을 요구하는 창작행위였던 데 비해, 편지쓰기는 상대적으로 전문성이 덜 필요한 행위였기에 가능했던 것이기도 하다. 편지쓰기는 문사 흉내내기이거나, 전문적 창작역량을 키우기 위한 수련의 과정, 혹은 창작적 역량의 부족을 메꾸어주는 자기 위안의 행위이기도 했다. 그러므로 이 광고가 서간을 '시 이상의 시', '소설 이상의 소설'로 명명한 것은 이러한 문학 청년들의 무의식적 욕망을 충족시켜주기 위해서였던 것이다.

거기다 이 광고에 드러난 미적 취향 역시 당대에는 보편적이었을 것이다. '피와 눈물과 우슴', '피에 살고 눈물에 사는 청춘', '청춘으로 하여금 취케하고, 청춘으로 하여금 울게하지 아니하면 마지 아니하리라'와 같은 구절은 당대의 보편적 미적 취향이 비극적이고 감상적인 낭만성을 지향하고 있었다는 점을 보여준다.

실제로 당대의 이러한 정서는 막 근대적 문물의 유입에 휩쓸려 가는 당대 도시의 대중적 정서일 수 있다. 극장에 출입하고, 유성기를 듣고, 소설책을 사보는 대중의 취향인 이 낭만성은 어떤 면에서는 근대적 취향으로 '훈련되고 교육된 반응'[15]일 수도 있다. 그런 의미에서 당대에 '눈물'을 흘리는 행위는 곧 통속적인 취향에서 나온 것이라고 치부할 수는 없다. '대중문화'를 향유하는 주체가 학생 등 어느 정도 경제적 능력이 있는 인텔리 대중이라고 볼 때는 더욱 그러하다. 서구에서도 '눈물'을 흘리며 책을 본다든가, 연극을 관람하는 일은 한 때 보편적인 미적향유의 태도였다.[16] 당대 조선의 경우에도 역시, '눈물'을 흘리는 행위는 곧 근대적 '정서'를 표출한 것이었다.

14) 위의 글, 92~104면 참조.
15) 천정환, 앞의 책, 398~399면 참조.
16) '눈물'을 흘리는 것이 고급예술을 포함한 보편적인 예술향유 태도였다는 점은, 안 뱅상 뷔포, 이자경 역, 『눈물의 역사』, 2000 참조.

그래서 매신문단의 단골투고자였던 노자영의 욕망은, 이 취향을 고급화된 것으로 치부하고는 자신의 서간집의 광고를 여기에 맞추었는지도 모른다. 노자영의 다른 작품, 『반항』의 광고가 유난히 강조하는 '고급문예'라는 구절[17]은 대중성과 전문성 양자에서 인정받고 싶은 작가의 내적 욕망을 보여주는 것이다. 그러나 이러한 노자영의 열망에도 불구하고, 이러한 취향은 1930년대에 들어와서는 다르게 평가되기 시작한다.

이미 1920년대 초반에도 노자영과 함께 『백조』 동인이었던 홍사용이 이 광고에 서술된 '고급문예'와 '문사'란 단어에 대해 '창피적'이라고 히스테리칼하게 반응[18]한 점은 이미 알려진 일이다. 홍사용의 글에서는 왜 「사랑의 불꼿」을 '창피적'이라고 생각했는지를 추적할 수 없다. 다만 대중적 성공에 대한 시기심 혹은 베스트셀러는 통속물이라는 무조건적인 불신[19]과 함께 연애서간이라는 형식은 '고급 문예'가 아니라는 위계화된 관념이 이미 이러한 판단에 적용되었으리라 추측해 볼 수 있을 뿐이다.

이는 당대의 소위 본격문학 장르인 다른 문예물와 광고와 비교해보면 알 수 있을 것이다. 특히 '낭만적·정서적' 장르로 치부[20]되면서도, 본격문학으로서의 위치를 확고히했던, 시 장르의 광고와 비교해 보자.

> 黎明의 새볏이 어두은 世界를 아직 方向업시 써도는 때 우리의 詩壇에 오랜 混沌한 沈默을 깨치는 큰소리가 생겻다. 이 소리는 다른 것이 아니고 「懊惱의 舞蹈」라는 詩集 自信이다. 南유롭을 中心으로 삼고 近代 代表的 詩人

17) 『반항』의 광고에는 '고급문예'라는 글자가 매우 크게 인쇄되어 있다. 『사랑의 불꼿』과 함께 실려있는 이 광고의 이 단어를 보고 홍사용이 반발한 듯 싶다. '『반항』 광고', 『동아일보』, 1923.3.16, 3면 참조.

18) 홍사용, 「육호잡기」, 『백조』 3호, 1923.9. 이에 대해서는 이미 천정환이 인용하여 분석한 바 있다. 천정환, 앞의 책, 417면 참조.

19) 천정환, 앞의 책 참조.

20) 이에 대해서는 심선옥, 「비평을 통한 미적 감정의 생성과 변화-1920년대 시비평을 중심으로」, 동아시아학술원 기초학문육성지원 사업팀(소형) 연구발표회(주제-한국 근대문학, 재생산 구조의 제도적 연원), 2005.5.24 참조.

의 대표적 詩를 譯者 一流의 보드랍고도 곱흔 弱하게도 捕?하기 어려운 彩筆로 譯出한 이 한 倦이라말로 우리 詩壇의 압길을 밝게줌이며 갓튼 째에 새 詩歌에 對하야 無限한 暗示를 준 것이다. 뛰노는 가슴에 고흔 사랑에 어린 煩悶의 맘에 香薰 놉흔 藝術의 쏫에 憧憬하든 이에게 얼마나 깁흔 늣김과 하소연한 생각을 주랴. 이 한 劵으로써 모든 悲哀 온갖 慰安의 벗을 삼으랴는 이야말로 幸福이다. 詩集 懊惱의 舞蹈

岸曙 金 億 譯 (『동아일보』, 21.2.11.3면

위의 광고는 당대 이미 시인으로서의 명성을 얻고 있었던 김억의 역시집이다.

이 광고가 "보드랍고도 곱흔" 채필, "뛰노는 가슴에 고흔 사랑에 어린 煩悶의 맘에", "香薰 놉흔 藝術의 쏫에 憧憬하든" 문학적 열망에 호소하는 점은 「사랑의 불꽃」 광고와 별반 달라보이지 않는다. 한 가지 다른 점이 있다면, 이 광고는 펑펑 쏟는 눈물에 호소하지 않는다는 것이다. 여기에서 독자들에게 바라는 정서는, "깁흔 늣김과 하소연한 생각"이다. 눈물을 흘리는 것과 "깁흔 늣김과 하소연한 생각"을 하는 미적 반응의 차이는 바로 1920년대 미적 취향의 분화를 예고한다. 그러면 이 두 가지 반응의 질적 차이는 무엇일까?

눈물을 흘린다는 것은 정서적인 충일감을 그대로 배출해 내는 것이고, 깁흔 늣김을 갖는다는 것은 정서를 규율한다. 또한 눈물을 흘리면 일시적인 카타르시스를 느끼게 되면서 정서가 휘발되지만, '깁흔 늣김'은 그 정서적 공명이 오래간다. 그리고 눈물을 흘리는 행위는 어떤 면에서는 육체적 느낌이 강하지만, 깁흔 늣김은 정신적인 것이다.

이광수 작품집의 광고에서는 "小說은 人生의 高貴하고 深刻한 前生的 經驗을 示現하는 靈의 紀錄, 血의 기록이라야 한다"[21)]는 구절이 있다. 이 맥락 역시, 통속적인 것은 일시적이고 육체적인 체험이고, 고급

21) '춘원 이광수, 춘원단편소설집 광고', 『조선문단』 2호, 1924.11.

문학적인 것은 영원성을 담지하는 정신적 체험이라는 이분법 속에서 도출된 것이다.

그런데 이 광고는 한편으로는, 이 책이 "모든 悲哀 온갖 慰安의 벗"이 될 것이라고도 한다. '비애와 위안'의 정서는 감상적 범주이면서, 보편적으로 통속적 범주에 가까운 취향이다. 그러나 『백조』의 감상적 낭만성이 아직은 본격문학의 정서로서 효력을 발휘하고 있었던 때인 만큼, 당대에는 이 정서가 '본격문학'의 취향이었다. 그래서 『백조』의 동인, 노자영은 이 취향을 고급한 것이라고 주장할 수 있었던 것이다.

그리고 『오뇌의 무도』 광고에서 이 책이 고급문예임을 증명해 주는 가장 중요한 증표는 작가의 명성이었다. 이 광고의 가장 중요한 포인트는 김억이, "南유롭을 中心으로 삼고 近代 代表的 詩人의 대표적 詩를 譯者 一流의 보드랍고도 곱흔" "彩筆로 譯出한" 점이다. 번역자의 명성과, 대상인 정전에 대한 신뢰는 이 책의 광고에 무게를 실어 주면서, 이 텍스트는 본격문학으로서의 후광을 얻는다. 이러한 논리는 주요한의 『아름다운 새벽』의 광고가 가장 핵심적으로 강조하는 바가, 텍스트의 질적 우월성이 아니라 일본유학생이라는 작가의 천재성과 춘원의 인증인 점도 증명해 준다.

> '朱耀翰 君은 별가튼 사람이다. 새ㅅ별가튼 詩人이다. 君은 十六七歲의 中學時代에 벌서 日本詩人 川路柳虹에게 詩才를 認識함이 되어서 數篇의 日文詩를 그의 雜誌에 발표하엿다. 君은 以來로 恒常 詩作을 끈지아니하엿고 그의 詩想은 더욱 熟하고 詩形은 더욱 整하엿다.
>
> 君은 이제 從來의 作品 中에서 가장 會心의 佳作을 뽑아 「아름다운 새벽」이라는 이 詩集을 일운 것이다. 君의 一生으로도 아름다운 새벽이려니와 朝鮮詩想壇으로도 그러할 것이오 아울러 모든 靑春의 아름다운 새벽일 것이다 …… 춘원 ……
>
> ― 주요한, 『아름다운 새벽』 광고, 『조선문단』 4호, 1925.2.1

이에 비해, 『사랑의 불꼿』은 광고에 작가의 이름을 내세우지 않는다. 아직까지 노자영은 문단의 공식적 인정을 받지 못한 것이다. 당대 매신 문단 출신 출판사 기자와 『조선문단』의 이광수가 인정한 주요한의 공증된 영향력의 차이는, 광고가 증명한다. 그러면서 이 공증의 간극은 이후 문단에서 본격문학의 문인으로 인정받는가, 통속작가로 배제되는가라는 작가들의 위치에도 영향력을 끼치게 된다.

이러한 점은 이미 작가로 인정을 받고 있었던 현진건의 『지새는 안개』의 광고에서도 드러난다. 『지새는 안개』 광고는 "妖艶하기 人魚와 갓고 放奔하기 野馬가튼 現代式 一女性인 花羅는 주어서 밧지 못한 사랑을 엇더케 凄艶하고 大膽한 手段으로 그에 몸이 탈때엔 불인지 물인지 헤알이지 안는 정애는 어쩌케 맑고도 쓰거운 사랑에 모든 것을 이젓는가"라면서 낭만적 사랑을 강조하면서도 "我文壇의 驚異"라든가 '작자는 우리 문단의 명성'이라고 강조한다.[22] 이 광고는 당대 대중적 취향에 호소하고 있음에도 불구하고, 작가를 광고의 핵심적 포인트로 강조하고 있었던 것이다.

2) 독자층의 분화와 미적 취향의 위계화—여성독자의 분화와 문학사의 배제

그러면 이후 1920년대 최고의 베스트셀러 『사랑의불꼿』의 운명은 어떻게 되었을까? 그리고 독자층은 어떠한 계층이었을까? 후자의 문제를 풀 수 있는 어떠한 통계자료도 없는 상태에서, 이 점을 규명하는 것은 거의 불가능하다. 그러나 앞에서 증명한 대로 이 광고 문구가, '청춘'에 호소하는 점을 유추해볼 때 『사랑의 불꼿』의 독자층은 '청춘'의 시대에 놓여 있는, 당대의 근대적 청년들이었다. 여기에는 어떠한 성별의 구별

22) 『동아일보』, 1925.3.4, 1면 참조.

이 없다. 그러나 이후에는 평가가 달라진다.

"조선에서는 저 비속한 〈사랑의 불꼿〉가튼 것이 여학생의 중요독서물이 된일이 잇다고하지안는가"라는 백철의 단호한 언술은, 『사랑의 불꼿』의 주요 독자층이 어느 계층으로 규정되었는가를 증명해 준다.

역사적으로 여성이 노예적 삶을 살았던 데에는 여성의 무지가 원인이었다고 본다.

> "그러나 베벨의 유명한 〈부인론〉을 읽어보면 결코 여자는 남자에게 정신적으로나 육체적으로나 써러지는점이업다는 것을 과학적으로 증명하고잇다."
>
> "학생시대에 얼마나한 독서를 해왓는가? ……대개는 …… 교과서이외에는 일본부인잡지 몃권이외에 이러타할 서적이라고는 차저보기어렵다. 가령 소설을 조와한다고하자. 그러나 그들은 소위 연애소설 짜위그것도 극히 안가(安價)한 국지관(菊池寬)등 소설 멧권을 읽는데 불과하다."

> "그들의 생활기분의 특징의 하나는 로맨치시즘이라고할수잇다. ……(그들은 -여성들은- 인용자)무사기(無邪氣)한 낭만주의자며 세상의 현실을이저버린 행복된 기분주의자다. …… 한편으로는 …… 그반대의 …… 애수와 비관에 얽어매인 센티멘탈리즘! 이기분도 여학생의 기분의 중요한 면의 하나이다. 그리고 그러한 센티멘탈리즘이 얼마나 만흔 불행한 소녀에게 실망과 자살을 종용하고잇슴일가? …… 여학생 문예란 결국 여학생시대의 모든 생활기분 생활에 대한 낭만적 기분과 센티멘타리즘!을 반영하고잇는 것 이외의 아무것도 아니니까!"
>
> "조선에서는 저 비속한 〈사랑의 불꼿〉가튼 것이 여학생의 중요독서물이 된일이 잇다고하지안는가"
>
> …… "우리들은 여학생문예를 서정과 감상주의의 문예라고 전면으로 생각할수잇는 것이다.(37)"
>
> "현대의 여학생문예는 지금까지의 센티멘탈한 문예에서한거름나서야한다는 것을 주장하고십헛든 것이다. …… 현실에 입각하야 진실을 바라보라 …… 지금의 현실은 그들의 각문학에 좀더 심각하고 엄준한 내용을 요구하고잇다."

"어쩐서적을 추천(推薦)해야? …… 우리 조선문으로된 조선인이 반드시 읽어야할 명작을 가지지못한다는 것이다. 이것이가장큰 비애다. 그럼으로하는수업시 번역된 세계의 명작을 읽는수박에업다." 물론 신문잡지도 읽어야한다.[23)]

위의 인용문들은 왜 『사랑의 불꼿』이 여학생(여성)들의 전유물로 치부되는지를 설명해 준다. 이는 여성=센티멘탈한 감상성의 소유자라는 선험적 규정과도 관련이 깊다.

남성=이성 / 여성=감성이라는 억압적이고 보수적인 관념에 의해, 이루어진 이 도식은 미적취향에도 그대로 적용되며, 이에 의해 『사랑의 불꼿』은 통속적 작품으로 배제된다. 『사랑의불꼿』은 당대 문단의 통념에 의하면, 센티멘탈한 감상성을 특징으로 하는, 본격문학에는 질적으로 미달인 책인 것이다. 1920년대에는 다소 감정적인 반응으로 비하되었던 『사랑의 불꼿』은 이후에 센티멘탈한 감상성이 여성적인 취향으로 범주화되면서, 배제의 근거를 논리적으로 통고받은 것이다.

그러면 실제로 센티멘탈한 감상성은 여성들의 취향이었는가? 이러한 점은 여성들의 독자감상문을 통해서 알 수 있다.

「사랑의 왕국으로」는 두 번다 자미잇시읽엇슴니다. 문예편에 그런글이 늘-낫스면 조켓슴니다. 그깃이 그만 씃나게된 것을 섭섭히아는 동시에 쏘다시 그대신자미잇논문예가 다음호에 나오기를 기다리고 잇슴니다. (숭이동 백경자)

—「회화실」, 『신여성』 4권 8호, 1926.8

매호련재되는 이태준선생의 『구원의 女像』은 참말 자미잇슴니다. 그러나 소설이 단한편밧게 실니지안사오니 신녀호부터 한편쯤 더 실어주섯스면 좃켓는데요. 편즙하시는 선생님의 의견은 엇더신지요. (경성 박순자)

—「여인사룬」, 『신여성』 5권 11호, 1931.12

23) 이헌구, 「현대여학생과 독서—독서의 계절은 다시왓다」; 백철, 「현대여학생과 문학」, 『신여성』 7권 10호(여학생 문제 특집호), 1933.10 참조.

여러선생님! 오랫동안 계속되는 「久遠의 女像」의 주인공 인애의 장래엔 어쩌한 행복이잇스려노? 하고 달마다 달마다 손쏩아기다렷더니 애처롭게도 그냥미지의나라로 가버리고말엇습니다 그려! 청춘이앗갑드라도 자긔의 일신을 희생하면서 연이동무에게 끗업는사랑을 주고간인애가 나를 울리고야 말엇습니다. 압흐로도 이럿케 쇼크를줄수잇는장편을 쏘련재하야주시기바람니다. (구성 김성자)

감사합니다. 압흐로도 그러케조흔소설을 련재하겟습니다(기자)

기자선생님 얼마나애를 쓰십니까? 나는 七年전부터 신녀성의애독자인데 어썬사건으로인하야 좀 부자유스런몸이되야 보고십흔이책을 영영못보다가昨年부터서야 다시 계속하게되엿습니다. 매월련재되든 久遠의 女像이 끗이나서 매우섭섭합니다. 앒흐로더욱더욱만히힘서주시여 다달이 새로운 기사를 담쑥실고나타나기를 손 쏩아기다림니다. (전주 김마리아)

—「여인사룬」, 『신여성』 6권 10호, 1932.10

위의 감상문에 의하면 조선의 신여성들은, 소설, 그것도 연애 소설을 좋아한다. "청춘이앗갑드라도 자긔의 일신을 희생하면서 연이동무에게 끗업는사랑을 주고간인애가 나를 울리고야 말엇"다는 「구원의 여상」 감상문은 아직도 낭만적 사랑이 여성독자들에게는 매우 유효한 가치였다는 점을 말해준다.

그런데 이러한 낭만적 사랑에 투신하고자 하는 욕망은, 『사랑의 불꼿』 광고가 중심적으로 호소했던, "青春의 熱情과 피와 눈물과 우슴"의 가치와 별로 다르지 않다. 『사랑의 불꼿』이 주장했던 죽음까지 불사하는 헌신적 사랑, 존재를 투신하는 감정적으로 충일한 순간에 대한 열망은 1920~30년대를 거쳐, 여성들에 의해 계속 이어져 왔던 것이다.

그리고 평자들은 이러한 가치를 쉽게 통속적 가치라고 폄하한다.

그러나 중요한 것은 1920년대 연애에의 갈망과 연애 편지쓰기 유행은 여성들만의 전유물이 아니었다[24]는 점이다. 당대 연애는 남녀라는 성적 구별을 떠나, 당대 청년들이 '근대적개인'으로서 성장하기 위해서는 갖추어야할 필요요건이었기 때문이다. 실제로 『사랑의 불꽃』에서 등장하는 남성 화자들도[25] 여성들처럼 사랑에 목숨을 건다. 그리고 '사랑의 정서'를 표출하는 데 주저하지 않았다. '사랑'을 억압적 현실을 초월하는 미적 정서로 여겼던 1920년대 동인지 시를 생각하면, 적어도 20년대 초반에 사랑의 정서는, 근대적 고급 취향의 중요한 거점이었다.

또한 이러한 연애 감정에의 탐닉, 낭만적 초월에의 희구는 중층적 억압 속에서 살아가야 하는 당대 여성들의, '불안정과, 불만'이라는 보편적인 근대적 의식 속에 자리잡은 하나의 '구원'의 표상[26]이었다. 더욱이 자유연애 담론이 방탕한 부도덕으로 치부되고 현모양처 담론이 갈수록 강해져가는 1930년대 신여성 담론들[27]을 보았을 때, 어떤 면에서 낭만적 사랑에의 환상은 거의 유일한 정신적 탈출구이자 반항이었을지도 모른다.

그러나 이러한 점은 고려되지 않고, 통속적인 미적 취향은 성적 위계질서 속에서 젠더화되어 배제된다. '훌연 4판'이라고 자랑스러워했던 1920년대 광고의 의기[28]는 사라지고, 노자영이 『사랑의 불씃』의 출간을 단지 금전상의 목적에 의한 것이었다고 반성할 수밖에 없었던[29] 저간

24) 잡지 『신여성』에는 연애편지를 보내는 남학생에 대한 경계의 글이 많이 실려있다. 그만큼 많았던 것이다.

25) 오은서 편, 『사랑의 불꽃』, 신민공론사 발행(한성도서주식회사 발매), 1923.2 참조.

26) 리타 펠스키, 김영찬·심진경 역, 『근대성과 페미니즘』, 거름, 1998, 201면 참조.

27) 연구공간 수유+너머 근대매체연구팀, 「과학 또다시 어머니를 만들다」; 「부록-『신여성』의 구성」, 『신여성-매체로 본 근대 여성풍속사』, 한겨레신문사, 2005, 229~260면 참조.

28) '『사랑의 불씃』 광고', 『동아일보』, 1925.2.30.

29) 노자영은 이 글에서 고리대금으로 돈을 버는 것은 인정되면서도 자신처럼 글을 써서 돈을 버는 것에 대해서는 지탄하는 당대 문단에 대해서는 비난하면서도, 한편으로는 자신은 앞으로는 "좀 더 조선 사람을 위하는 글 …… 「자신있는 작품」이라고 말할 작품을" 반드시 써보고저 한다고 말한다. 노자영은 본격문예에 대한 열망, 공식적으로 문단에서 인정받고 싶어하는 욕망을 끝까지 버릴 수 없었던 것이다. 노자영, 「나의 문단 참회록-문단20년 회고기」, 앞의 책, 61면 참조.

의 사정도 역시, 이러한 위계화된 평가와도 관련이 깊은 문제일 것이다.

문학사 속에서 '눈물'의 정서, 사랑에의 탐닉, 이러한 취향들이, 감상성으로 치부되면서 저급 취향으로 조정되는 것은 20년대 중반, 프로문학이 등장하고 민요시가 등장하면서부터이다. 프로문학은 초월성보다는 현실성을 강조했고, 민요시는 '눈물'과는 다른 '애상'이라는 규제된 정서를 제기했다. 이 모두 통속적 범주와 다른 점을 부각시키면서 자신들 문학의 정전화를 추구했다. 1920년대 중반의 문학 장(場)은 통속과 본격을 가르는 미적 취향의 각축장이었다.

그러면서 그 후에는 이광수의 소설을 읽는 것은 문화를 향유하는 것이 되고, 여성이 『사랑의 불꽃』을 읽는 것은 무가치한 향락이 되어 버린다. 문화와 육체적 쾌락과의 대조는 교양화된 부르주아지와 무교양의 대중 사이의 대립에 기초한다는 문법이 여기서도 성립한다.[30] 당대 남성 지식인에게 여성은 무교양의 대중일 뿐이기 때문이다.

3. '동심주의'의 계몽성과 아동문학의 퇴조–『사랑의 선물』을 중심으로

1) '동심'의 주조와 아동문학의 특성–'곱고, 자미잇고 유익함'

『사랑의 선물』은 1922년 방정환이 일본 유학시절, 자신이 읽은 고전들을 번안해서 펴낸 동화집이다. 이 동화집의 성공은 곧 발행사인 개벽사의 물질적 도움은 물론, '동화', 나아가 이 땅 아동문학의 대중적 기반을 다지게 한다. 어쩌면 이 동화집의 성공이 없었다면, 잡지 『어린이』의

30) 피에르 부르디외, 최종철 역, 「후기–'순수' 비평에 대한 '통속적' 비판을 위하여」, 앞의 책, 801면 참조.

발행은 불가능했는지도 모른다.[31)]

대중을 장악하고자 하는 열망이 강했던 개벽사의 특성을 반영하듯, 『사랑의 선물』 광고는 1920년대 문화운동 판에서 가장 많은 영향력을 끼쳤던 '개벽사'의 3대 잡지 『개벽』·『신여성』·『어린이』에 거의 매회 실리고 있다. 일간지 『동아일보』에도 6회가 실리고 있어(「부록」 참조) 이 광고는 회수만으로도 1920년대 문예 광고의 수위를 차지할 것이다.

그리고 이 광고 역시 비교적 긴 서술로 이루어져 있어 기획자가 이 책을 통해서 독자에게 말하고자 하는 바가 비교적 적나라하게 드러난다. 따라서 이 광고문구들은 방정환 혹은 아동문학운동 주체들의 아동관과 '동화'관을 표현하고 있는 또 다른 텍스트였다.

더군다나 이 광고의 문안은 호수별, 매체별로 달라지고 있는 기민함을 발휘하고 있어서, 시대별, 매체별로 문학적 인식이 어떻게 변모되는가에 대한 고찰도 가능하게 한다. 이러한 다양한 광고 형태는 이 광고주가 분화된 독서 대중의 취향을 선도적으로 파악해가고 있음을 말해주는 것이다.

『사랑의 선물』 초판 광고는 잡지 『개벽』과 『동아일보』에 시간적 간격을 두고 실려 있다.

저므는 靑春을 앗기는 동무여!! 이 冊을 接하야 그립든 어린 째의 情緖에

31) 방정환의 회고에 따르면 천도교단 지도부 내에서는 아동잡지를 내는 데 회의적이었다고 한다. 그나마 사랑의 선물의 성공이 방정환의 교단 내 위상을 높였기 때문에 가능하게 되었다고도 추측할 수 있다. 회고록의 내용은 다음과 같다.

"4년 전 3월1일 그전에 『어린이』잡지를시작해보자는의론을할 째마다 모든사람이 한결갓치 돗뵐일이라고 반대하것만은 그래도 억지의고집과 억지의주선으로 창간호를 내엿슬째 모든 사람이 비웃는가운데서 우리는 홀로깃버하엿습니다. 그러나 여러분! 『누구던지 개벽사로 주소성명만 통지하면 『어린이』한권식거저보내준다』고 신문에 크게 광고하여도 어린이보겟다는이가 단 2－명도못될째에 얼마나 락망하며 얼마나 상심되엿겟습닛가. …… 적은 힘이나망리의 정성이헛된데도라가고 실패락망만이닥처올 째에 참마로 우리는 몃번이나 몃번이나울엇는지모릅니다."(방정환, 「『인사』 세 번째돌날에」, 『어린이』 4권 3호, 1926.3, 2~3면 참조)

陶醉하라!!

본서를 낡고 누가 울지 아니할 者며— 누가 純潔化되지 아니할 者이랴! 人生 누구나가즌 永遠한 兒童性의 向上을 爲하야 著作된 世界各地의 童話中에서 獨逸의 그리므, 英國의 오스카.와일드 丁抹의 안더-슨, 先生等 著名한 文豪의 靈筆로된 名作만을 추려서, 우리 兄弟에게 펴게 됨은 實로 우리의 한자랑이라 村落에 生한 一處女가 어쩌한 運命에 늣겨우는가, 貴엽고 착한 一王子가 어쩌한 悲運에 쫏기는가. 哀憐한 情景과 艶麗한 譯文은 서로 엉키어 讀者를 울리도다. 地上樂園으로서의 童話時代에살든 아름다운 反映, 또는 그립운 搖籃의 追慕로도, 此書는 우리에게 던저진 永遠의, 빗나는 선물이로다. 愛흡고도 美麗하든 時代의 젊은 記錄을 앗김업시 사랑하는 子女를 爲할 쑨만 아니라 世의 敎育者나 父兄이나 學生이나, 누구나다낡어 다시올 多福한 어린 때의 고향에 엣 꿈을맛보라.

此書에 收載한 것은 모다 역자 방정환씨가 여러차례 강단에서서 구연하야 노소남녀의 다수청중을 일시에 울리운 눈물의 리약이이라. 이제 다시 본사의 청탁에 의하여 씨의 독특한 염려미묘한 필치로 향기로운 곱닙가티 빗고흔 경공가티 짜여서 염재표장까지 아 출판계 전에 업던 미려한 치장으로저자에 나타낫도다.

—『개벽』 24호, 1922.6.1

세계명작동화집『사랑의선물』,

好評! 好評! 出版界 空前의 大好評 書目

이 冊을낡고 누가 울지 아니할 者며,누가 純潔化되니아니할 者뇨!
學生도 婦女도 父兄도 敎師도 모다 갓치 읽어 씨긋한 靈을 어드리.

새롭고어엽브고자미잇는冊의새誕生은 얼마나 젊은 사람의가슴에깃븜과幸福을주는일일가…… 책중 가장 깨끗하고갑잇고 쏘자미잇는 책을민들기爲하야 世界各地의 童話中에서 獨逸의 구리므 英國의 오스카 와일드 丁抹의 안더ㅣ슨 先生等 著名한 文豪의 靈筆로 된 名作만을 추리고추려서 어엽브게 짜여논 冊이여 「사랑의 선물」임니다. 村落에 生한 處女가 엇더한 運命에 늣겨 우는가 貴엽고 착한 왕자가 엇더한 悲運에 쫏기이는가 哀憐한 情景과 艶麗한 譯文은 서로 엉킈어 讀者를 울니도다. 아아 多恨한 機多詩人의 心情에서 흘러나온 이약이가 얼마나 젊은이의 가슴을 울니우랴. ᄯᅳᆺ한 南國 伊太悧村落의 ᄭᅩᆺ그늘에 훌적이는 어린 處女의 우름소리! 머나먼 北歐에 쏘다지는 눈 속에 외로이 쫏기는 쇡시의 발자최!! 아아 젊은 서름 懷古의 情에 우는 동무여 다시 못올 어린날의 ᄭᆡᆺ긋한 이 기억을 껴안고 날이 점으로도록 갓치 울쟈 작고 울쟈.

—『동아일보』, 1922.7.7

먼저, 이 두 광고가 공통으로 지향하는 바는 이 책이 "새롭고 어엽브고 자미잇"게 기획된 것이라는 점이다. "새롭고 어엽브고, 자미잇"는 이유는 첫째, 동화집이라는 새로운 컨셉에 있고, 둘째는 이국의 주인공의 비운이 만든 "哀憐한 情景"에, 셋째는 염려(艶麗)한 역문(譯文), 거기에 소파 방정환이라는 역자와 저명(著名)한 문호(文豪)의 영필(靈筆)로 된 명작(名作)이라는 신뢰성 때문이다. 이 점은 이미 당대 명사로서 방정환의 위치가 어느 정도 확고해지고 있었다는 점을 증명해주기도 한다.[32)]

그리고 다른 책과의 변별력을 위해, 광고주는 이 책의 내용이, 순결 그자체라고 강조한다.그 이유는 곧 독자가 '울음'을 통해 '영원한 아동성', '다시 못올 어린날의 ᄭᆡᆺ긋한 이 기억', 'ᄭᆡᆺ긋한 영' 등 '어린 ᄯᅢ의 情緖'를 불러일으키게 하기 때문이다.

이러한 광고 문구는 22년 혹은 그 이전, 소파와 천도교단이 이 책을 기획할 때 이미 '천사동심주의'적 아동관을 그들의 관점으로 확립하고

32) 『동아일보』의 기사를 살펴보면, 방정환은 1920년 중반부터, 천도교단과 관련된 강연회에 주요 연사로 초청되어 강연을 한다. 적게는 한 달에 한 번 많게는 7~8회 정도 강연을 다니고, 동경 유학 중에도 '천도교 청년회 동경유학생 강연회'란 목적으로, 또는 '천도교 동경 지회 강연단'의 일원으로 1921.6월경에서 11월까지 다수의 강연회에 참석했던 것으로 보인다. 이러한 활동을 통해 방정환은 점차 대중적 지지 기반을 확보해 나갔으리라 본다.

있었다는 점을 증명해 준다.[33] '천사동심주의'는 이전의 『청춘』과 『소년』에서 드러나는 열정적인, 호방한 기질의 '청년(소년)'의 표상과는 다른, '아동관'이다. '아동의 형상'은 이전의 '청년(소년)담론보다 세밀한 '아동기'라는 시간적 구획에 의해 형성된다. '다시 못올 어린날의 㞰긋한 이 기억'이라는 구절은, 이들이 주장하는 아동기에 대한 관념이 '어른=타락, 아이=순수'라는 도식적 시간 의식에서 출발한 것임을 말해준다. 결국 아동기는 '순수'를 잃어버린 어른의 유토피아적 열망의 투사체[34]였다.

그러면 정작 아동을 위한 독물로 제작된 『어린이』에 실린 광고는 어떠한가.

> 자미잇기로 유명한 책 「사랑의 선물」을 사보섯슴닛가 그것은 당신이 친하게 아시는 方定煥 先生님이 당신들을 위하고 위하고 또 위하는 마음으로 世界各國의 유명한 이약이만 열가지를 추려서 당신들이 낡기 쉽게 자미나게 꿈여노신 것이람니다.
>
> 학교에서 연극까지 그 어엽븐 책 쇽에 잇는 열가지 이약이가 엇더케 슯흐고 불상하고 자미잇는지 서울시골 각학교에서 연극으로까지하야 그것보고 울지안는 사람이 업섯습니다. 참말 이 책을 낡고도 마음이 고아지지 안코 울지안는 사람은 이상스런 사람입니다. 책갑은 단 五十錢이니 아버지께 말슴하야 속히 사 보십시요.
>
> —『어린이』 2권 3호, 1924.3.5

> 어엽븐 冊이 유명한 『사랑의 선물』임니다. 方定煥氏가 어린이들을 위하야 번역하신
>
> =세계에 유명한 이약이 책임니다=

33) 소파가 동경 유학 중 어떠한 체험을 통해 아동문학을 하게 되었는지에 대해서는 박현수, 「문학에 대한 열망과 소년운동에의 관심—방정환의 초기 활동 연구」, 『민족문학사연구』 28호, 민족문학사학회, 2005.8 참조.

34) 조형근, 「어린이(기)—순수한 초자아를 꿈꾸는 우리들의 초자아」, 『문화과학』 21호, 2000.

이 유명한 冊을 아직 못닑엇스면 남붓그러운 일입니다. 그 冊 속에는 세계에 유명한 이약이만 열가지나 추려노은 한업시 자미잇는 冊입니다. 할아버지 할머니 아버지 어머니누님 옵바 아모나 보는대로 자미잇서 하는 冊입니다. 冊갑은 五十錢임니다. 쏙 사보십시오.

—『어린이』 2권 4호, 1924.4

놀나지마시요.

方定煥氏는 이 어엽븐 冊의 맨첫장에 이럿케 쓰섯습니다……『**학대밧고 그윽히 동정하고 앗기는 사랑의 첫선물로 나는 이 冊을 썻습니다**』고…… **얼마나 정끌는 말입닛가**…… 여러분 첫녀름 푸른 동사에 이 책을 닑으면서 고요히 생각을 키우지 안켓슴닛가……

—『어린이』 3권 5호, 1925.5 (강조는 인용자)

『사랑의 선물』 광고는 『어린이』라는 지면을 통해서 비로소 주요 독자층을 공략하기 시작한다. 『어린이』에 실린 광고에는, 『동아일보』, 『개벽』에서와는 달리, 『사랑의 선물』이 특별히 '당신이(어린이) 친하게 아시는 方定煥 先生님이 당신들을 위하고 위하고 또 위하는 마음으로' 만들었다는 점을 강조한다. "학대밧고 그윽히 동정하고 앗기는 사랑의 첫선물로 나는 이 冊을 썻습니다"라는 권두언을 소개한 것도 이 점을 특별히 강조하기 위한 것이다. 또한 이 광고는 '자미'와 '닑기 쉬움'을 강조한다. 이는 독자가 아동이기에 가능한 강조점이라고 할 수 있다. '생각이 키워지는', 이 책의 효용성에 대한 강조 역시 이 매체 광고의 특징이다. '고운' 마음을 갖는 것과 인식능력을 신장시키는 것, 그것이 아동이 지향해야 할 중요한 덕목임을 이 광고는 명확히 한다.

이러한 특징은 다른 광고에서도 드러난다.

『사랑의 선물』을 닑고— 개성군송도면동본정 김인득

서울서工夫하는 형님이보내주신물건을바다펴보닛가 小波方先生님이지으신 有名한 『사랑의 선물』冊인고로 나는엇더케 반갑고깃벗난지아지못함니다. 『어린이』잡지에서 광고를여러번보고 사보고십어서 못견데든차에 뜻밧게 이어엽분冊을밧게되니 兄님니 은근히 나를사랑하시고 서울가서도 내생각을해주시는 것을 더욱깁히늣기게되고 엽해게시면절을하고십엇습니다.

그리고 책이엇더케 쌧긋하고어엽븐지 쪄안고입맛추고 책상우에노아두고보고십엇습니다. 것장에 그림도아름답고 어엽브거나 속첫장에쌀막하게씨여잇는 方先生님의말슴은 고대로 나의가슴에 숨여들어영영닛혀지지아니할것이엇슴니다. 첫장브터 글자한字한字에정이들기시작하야 점심도안먹고나리닑엇슴니다. 아아 方先生님! 엇더커면그럿케곱고 아름답고도 그럿케불상함닛가…… 아버지는 『修身冊보다有益한冊이다』하시고어머니는 『小說冊보다 더자미잇다』하셧슴니다. 우리어린이들을위하야 이럿케자미잇고 有益한冊을맨들어주신 것을 先生님께 엇더케감사할넌지모르겟슴니다 (…중략…)

이것을 最近에들어온 一少年의편지임니다. 참으로 『사랑의 선물』을닑고울지안는이가업스며 마음이고와지지안는사람이업슴니다. 아즉도닑지못하신이는 반듯이 사서닑어보십시요. 아버지 어머니 아즈머니 왼집안식구가 울지안는이 업슬것임니다. 冊갑은五十錢 送料十錢 아도잘팔녀서 닐곱번째 다시박힌 것이 쏘다업서지게되엿슴니다. 京城開闢社로 오늘곳주문하십시요.

—『어린이』 3권 3호, 1925.3

이 광고는 『사랑의 선물』 광고 중 가장 개성이 넘치는 것으로, 「독서감상문」 형식을 취하고 있다. 독서감상문은 독자들의 반응을 가장 잘 보여줄 수 있는 양식인데, 이는 『개벽』이나 『동아일보』 광고에서는, 명사의 평가를 부각시키고 있는 점과는 비교가 된다.

實로 이 冊으로하야, 京鄕이 써들석하도다. 각지방면의 평론과 각신문의 본서평은, 다시 말치안커니와, 이 冊에 대한 二三의 소식을 취하면, 市內의 名士 某씨는 十日間에 本書를 三讀하고도, 오히려 每夜就寢前에 一片式을 읽어 心身을 精潔히 한다하며, 어느社 重役 某씨는 每夜 九時에 家族 一同을 一室에 모으고, 自信이 親히 本書 中의 一篇式을 朗讀하여 들린다하며, 京城某學校 教授는 特히 本書를 課外讀本으로 삼아 教授에 資한다 한다!. 兄

弟는 이로써 本書의 갑잇슴을 짐작하려니와 本社는 이제 밤을 니어 再刊에 着手하면서, 이 尊貴한 冊의 一讀을 兄弟에게 懇切히 勸하노라

—『동아일보』, 1922.7.19

『동아일보』 광고가 지향하는 바가 '本書의 갑잇슴', '존귀'함, 즉 이 책의 질적 성취도를 광고 하는 것이었다면, 『어린이』 광고가 지향하는 바는, 독자들간의 친밀감이다. 이는 『동아일보』라는 매체의 독자층이 주로 성인독자였던 데 비해, 『어린이』 독자층이 미숙한 아이였다는 인식과도 관련된 문제이다.

물론 이 독서감상문이 진정 독자의 것이었는가는 알 수 없는 문제이다. 특히 위의 광고는 독자투고문 양식을 빌어, 방정환이 광고 문안을 작성했을 가능성이 높다. 그러나 실제 독자투고문이라고 하더라고 문안 작성자의 선택 과정을 겪었을 것이므로 그의 의도가 가장 잘 투사된 글임에는 틀림이 없다. 그리고 중요한 것은 작성자가 독자감상문이란 양식을 빌린 목적이다. 독자감상문을 광고 형식으로 차용한 것은 기획자가 독자들에게 기대하는 반응을 미리 주입할 수 있기 때문이다.[35]

이런 의미에서 이 광고는 방정환이 이 책을 기획할 때 독자에게 주입하고 싶었던 점을 보다 직설적인 방식으로 드러낸다고 볼 수 있다. "엇더커면그럿케곱고 아름답고도 그럿케불상함닛가……"라는 구절이 그 대표적인 것이다.

또한 "修身冊보다有益한冊, 小說冊보다 더자미잇"는 책이라는 구절은, 방정환이 『사랑의 선물』을 기획한 의도가, 수신서의 유익함과 소설의 자미를 통합한 "자미잇고 有益한冊"을 만드는 데 있었음을 설명해

35) 이런 의미에서이지 방정환은 독자감상문이나 독자들의 일기 양식 등을 광고에 이용하곤 했다. 다른 『동아일고』 광고에서도, "『입원 중에 간호부가 닑어준 이약이는 내 일생에 닛시못하게만흔 위안을 엇은 것이라 나는 그 어엽브고 존귀한 책을 사두고 상시 애독하기로 하얏다』하며 시내 모여학생은 이 책을 닑고 무한한 감격에 울엇다 하야, 애련한 일기를 써오도다"라는 구절이 보인다. '「사랑의 선물」 광고', 『동아일보』, 1922.9.9, 1면 참조.

준다.

그러면 거기에 붙는 '불상한'이라는 수식어는 어떠한 내용을 갖는가? 이는 당대 동화가 슬픈 이약이, 눈물주의를 지향하고 있었다는 점과도 맥락이 통하는 부분이다. 당대 동화의 '눈물주의'적 성격은 하나의 패턴으로 자리 잡고 있었다.

『사랑의 선물』에 실린 10개의 동화 중 「란파선」, 「왕자와 제비」, 「한네레의 죽음」, 「쏫 속의 작은 이」가 불상한 이약이들이다. 「란파선」의 경우, 풍랑을 만나 침몰하는 배 안에서 벌어지는 눈물겨운 휴머니즘적 이야기이고, 「왕자와 제비」는 자신의 모든 것을 불쌍한 사람들에게 다 나눠주고 죽어가는 헌신적 지도자의 이야기이고, 「한네레의 죽음」은 의붓아버지에게 모진 구박을 받다가 죽어 가는 한 아이의 이야기이고, 「쏫속의 작은이」는 사랑하는 두 연인이 악한 남자에 의해서 죽임을 당하는 다소 낭만적이지만 무시무시한 이야기이다. 10개의 이야기 중 4개가 슬픈 이야기인 것은 방정환이 동화란 슬픈 이야기라는 공식에 따르고자 했다는 점을 증명해 주는 것이다. 그런데 천사들이 읽어야 할 동화가 '슬픈' 이야기여야 하는 것은 무슨 까닭인가?

동화 「한네레의 죽음」은 그 이유를 설명해 주는 데 중요한 근거를 제공한다. 아동학대에 대한 이야기인 이 동화는, 즐거워야 할 '천사'인 아동과 대조적으로, 대접받지 못하는 아동에 대한 안타까움과 동정을 불러 일으킨다. 즉 불쌍한 아이의 형상은, 이들에 대한 동정심을 유발시켜 아이를 이렇게 불쌍하게 키우지 말고 천사로 대접하라는 메시지를 담고 있는 것이다.

또한 다른 목적은 '정서적 공감대'를 극대화시키기 위해서라고 볼 수 있다. 광고에서 공통적으로 강조하는 '눈물'의 반응은 어떤 면에서는 가장 순수한 정서 상태여야 가능한 것이다. 게다가 천사인 아동의 눈물은 얼마나 순수할 것인가? 물론 이 비극적 공감대에의 지향이 '동화'만의 전유물은 아니다. 비극적 구조를 지향하는, 모든 문학작품의 지향점은 정서적 공감대의 극화이다. 그러면 동화라는 장르에 굳이 '불상한 이약이'라는 특성을 특화시키는 이유는 무엇일까?

이러한 정서적 공감대는, 이 이야기들이 내포하는 계몽성을 잘 흡수하게 한다. 비극적 결말을 통해, 독자는 왕자와 제비에서 왕자의 헌신성, 란파션에서는 인간애, 한네레의 죽음에서는 어른의 잔인성에 대한 분노와 아이에 대한 동정심, 쏫속의 작은이에서는 아름다운 사랑과 이를 좌절시키는 자에 대한 미움이 정서적으로 더욱 극화되어 다가올 것이다.

동화의 '불쌍한' 이야기라는 패턴은 아이들에게 동화가 담고 있는 이야기를 잘 흡수시키기 위해서 만든 장치이다. "'불상한 = 유익한' 이약이'라는 통념은 이렇게 형성된다.

'자미'라는 취향 역시 마찬가지이다. 아동문학에서 '자미잇는'이라는 수식어는, '불쌍함과 유익함'이 있을 때 제 기능을 발휘한다. 동화의 자미는 유익함을 위해 복무하는 것이기 때문이다.[36)]

이러한 점들을 살펴볼 때, 아동문학의 장르적 규범과 미적 취향은 성인문학의 보편적 특성 중 '동심'을 갖춘 아이에게 잘 다가갈 수 있는 특성들을 뽑아 만들어진 것이다. 그리고 그것의 가장 중요한 목적은, 아동들을 계몽하는 것이었다.

이러한 장르의 법칙은 1920년대 이 땅에 제대로 정착된 듯 싶다.

1923년 『어린이』의 창간 이래, 아동독물의 전형이 완성되어 가는 중, 『사랑의 선물』이 지향했던 가치, '자미잇고, 불상하고, 유익'해야 한다는 동화의 장르 규범이 대중 속에서 내면화된다는 점은 독자대중의 반응에서도 유추할 수 있다.

방선생님고맙습니다. 귀신먹는사람이약이는 엇지재미잇는지, 저의 부모도가

36) 동화의 '자미'라는 자질의 본질에 대해서는 박지영, 「방정환의 아동문학사상－천사동심주의의 본질」, 『대동문화연구』 51, 성균관대 대동문화연구소, 2005 참조.

치낡고자미잇서서하섯습니다. 작고그런 것을 내여주십시오. (재령 상유면 신원리. 송영수)

夢中人선생님의 귀신먹은사람과 썩쉬는려관이약이와 박달성성생님의 생명의 종소래는퍽도 자미잇섯습니다. 보영이가 그럿케까지 사모하든불노리이약이는 보다가 울엇습니다. 도화극을 내여주시기바람니다. (○률군, 용천면 김정환)

二月호에 方선생님의 『삼손』이약이는 유익하고도 싀원하고도 슯흔이약이엿습니다. 그리고 탐정소설을 쓰시는 북극성은 엇던 선생님이신지요. 척도 자미나게낡습니다. 어머니와누님도 퍽자미잇게드르시면서 왜 한꺼번에 끗까지 아지안느냐고 하십니다. (동대문외 안암리, 이용석)

—『어린이』 3권 4호, 1925.4

小波先生님 눈먼용사『삼순』이약이를 낡고 울엇습니다. 될수잇스면서울서 활동사진관에 나오는 사진내용을 冊에 내여주시면 조켓습니다. (대구부하면 32 이석규)

—『어린이』 3권 3호, 1925.3

왜 요사이 우리어린이에 哀話를아냄닛가. (마산신화소년회이원수)

방선생님께요 사랑의선물을 작년봄에 사서 이날이때까지 낡고 또 낡고하면서도 그래도 자미가나서 작고 또 낡어서 책이헤여지게 되고 지금은 책을 덥고 오이게되엿습니다. 저의들의 원이오니 구디갓흔책을 또 맨들어서 사랑의 선물 제2집으로내여주십시오 꼭밋고기다림니다. (북청군 전복진)

—『어린이』 3권 6호, 1925.6

잡지 『어린이』의 독자감상문들을 보면 당대 독자들은, 동화를 자신들이 어떻게 향유해야 하는지를 잘 알고 있었던 듯하다. 물론 이 독자감상문들은, 편집자들의 취향대로 선정된 것이라고도 볼 수 있지만, 더욱 중요한 것은 이 투고자들이, 이후에 우리 아동문학계의 거물들이 된다는 점이다. 방정환의 『사랑의 선물』이 만들어놓은 미적 취향은, 아동문학의 전형적 규범이 되었던 것이다. 광고의 언술이 그대로 장르의 법칙으로 내면화되어 가는 국면이라고 볼 수 있다.

『어린이』에 실린 작품에는 『사랑의 선물』에 수록된 작품들의 유형이 그대로 계승되고 있다. '슬픈 이약이'나, '용감무쌍한 용소년 이약이', 혹은 '지혜로운 아이의 이야기' 등이 나오고 '슬픈 이약이'는 주로 '란파션'이나, '왕자와 제비'처럼 '친구나 남의 위해 헌신하는 주인공의 헌신성'이나 '한네레의 승천'에서처럼 어른에게 억압받는 아이들의 고난을 주요 모티브로 하고 있다. 또한 '마음의 꽃'처럼 정직한 아이의 성공담이 나오기도 하고, '텬당가는 길'에서처럼 '꾀'를 가지고 어려운 고비를 넘기거나 나아가 어른까지 구원하는 어린이상이 등장하기도 한다. 그리고 더 나아가 '불쌍한 이약이'는 '국가와 민족을 위해 헌신하는 용소년류'로 다소 변형을 거쳐 등장하기도 한다.

국가를 위해 자기의 목숨을 바친 어린이의 장렬한 최후는 너무나 비장하다. 이 '소년 영웅'들은 죽음도 불사한다. 일례로, 「熱血美談—美國의 勇少年」(『어린이』 3권 6~7호, 1925.6~7)의 주인공 소년은 남북전쟁 중 북군이 열세인 전세를 역전시킨 영웅적 인물이다. 그는 원군을 청하는 문서를 지키기 위해 장렬하게 전사한다. 그리고 역사적 영웅으로 남는다. 그런데 전쟁에서 한 인간의 죽음이 찬양되는 국면, 영웅의 죽음이라는 비극적 파토스는 늘 승자가 미화되는 잔인한 역사를 수긍하게 한다. 더구나 당대가 식민지라는 데 비추어보았을 때는 더욱 위험한 것이다.

또한 『어린이』에 실린 소년소설류에는 주인공들이 어려운 환경을 겪고 성공하는 성공스토리가 많다. 그리고 이들의 성공 스토리에 빛을 더해주는 것은 주인공들의 눈물겨운 고행담이었다. 이처럼 이 소년들의 영웅적 성격은 '천사', '순진무구함'과는 대척적인 지점에 놓여 있는 것이었다.

『사랑의 선물』의 본문을 분석해 보면 이러한 점은 더욱 분명해진다. 이 책에 실린 동화의 주인공에게는 방정환이 이후에 창작할 '동화'의 주인공에게 입혀질 여러가지 덕목이 수용되어 있다.37) 「행복한 왕자」의 민중에 대한 헌신성, 「란파션」의 주인공들이 가지고 있는 의리와 희생정신, 그리고 「텬당가는 길」의 주인공의 꾀와 「마음의 꼿」의 주인공의 정직함, 그리고 '꼿 속의 작은이'와 '산드룡의 류리구두', '잠자는 왕녀'의 낭만적 사랑 등 실로 다양한다. 이러한 점은 천사인 아동이 갖추기에는 너무나 버거운 성인의 덕목이기 때문이다. 이 역시 당대에 주조된 '아동'의 형상과 관련이 깊은 문제이다. 이 광고만 보아도 '아동'은 어른의 축소된 형상에 '순결'이라는 선험적 가치체계를 이질적으로 부여한 인형같은 주체상이었다. 그러면 '천사주의'를 표방하는 『어린이』지에 등장하는 이러한 논리적 불균형은 어떻게 풀어야할까?

이는 당대 아동문학의 비극적 정서가 곧 계몽적 목적에 복무하고 있기 때문에 가능한 논리가 된다. 그러면서 그 '고움'의 정서는 결국, '애국적 열정'이나 '희생적 인성'의 형성에 복무하게 되는 결과가 된다. '고운' 아이는 천사같이 순진하기도 하지만, 너무 순수해서 '무지'한 존재이기도 했다. 결국 '천사동심주의'는 '무지'한 아이를 가르치기 위한 '계몽주의'의 또다른 별종이었으며 아동문학의 전형적인 미적 취향은 여기에 맞추어 주조된다.

2) 동화 장르의 안착과 문학사의 배제

그러면 『사랑의 선물』의 광고가 지향했던 '동화'의 규범은 누구를 위

37) 사랑의 선물의 목차는 다음과 같다. 란파션(이태리), 산드룡의 류리구두(불란서), 왕자와 제비(영국), 요술와 아아(시시리아), 한네레의 죽음(독일), 어린음악가(불란서), 잠자는 왕녀(독일), 텬당가는길(독일), 마음의 꼿(미상), 꼿속의 작은이(정말), 이들 동화들의 어떠한 원작을 번안한 것인지에 대해서는 박현수, 앞의 글 참조.

한 것이었을까?

이는 『사랑의 선물』 광고가 어느 지면에 실려 있었는가가 말해 주는 것이기도 하다.

『동아일보』는 일간지라고 하여 이 대상에서 제외한다고 해도, 『어린이』가 창간된 이래에도, 정간되기 전까지, 『개벽』과 『신여성』에 『사랑의 선물』 광고가 계속 실렸던 것은, 물론 『사랑의 선물』을 구입하는 주체가 '아동'이 아니기 때문이다.

그러나 적어도 잡지 『신여성』에서는 『사랑의 선물』을 사주는 주체가 아니라 사 보는 주체로 바라보고 있었다는 점은 광고를 통해서 알 수 있다.

또한 선험적 독자 설정에 자신이 없었는지, 『사랑의 선물』의 기획자들은, 광고에서 이 책의 독자 대상도 '아동'으로만 한정하지 않았다. 이 광고가 독자 대상을 "學生도 婦女도 父兄도 敎師", '졂은이', '자녀', '노소남녀' 등으로 설정하여 호명하고 있는 점은 이 책의 초기 기획 의도가 '아동'만을 위한 아동독물이 아니라 남녀노소 모두를 위한 책에 있었음을 말해주는 것이기도 하다.

앞에서 분석한 『동아일보』 소재 광고가 지향하는 정서는 여타의 다른 장르와 구별되지 않는다. "村落에 生한 處女가 엇더한 運命에 늣겨우는가 貴엽고 착한 왕자가 엇더한 悲運에 쫏기이는가 哀憐한 情景과 艶麗한 譯文은 서로 엉킈어 讀者를 울니도다. 아아 多恨한 機多詩人의 心情에서 흘러나온 이약이가 얼마나 졂은이의 가슴을 울니우랴. 또뜻한 南國 伊太悧村落의 욋그늘에 훌적이는 어린 處女의 우름소리! 머나먼 北歐에 쏘다지는 눈 속에 외로이 쫏기는 쇡시의 발자최!!"[38]라는 광고문구는 주인공의 비운이라든가. 이국취향, 울음이라는 정서적 반응을 강조하고 있다. 이처럼 이 광고가 지향하는 정서는 아동물 특유의

38) 『동아일보』, 1922.7.7의 광고 참조.

것만은 아니었다. 그것은 앞에서 살펴본 바 『사랑의 불꽃』광고에서 강조하는, "靑春으로하야금 울게하지아니하면 마지아니하리라"는 구절이나 『오뇌의 무도』의 "뛰노는 가슴에 고흔 사랑에 어린 煩悶의 맘에 香薰 놉흔 藝術의 꼿에 憧憬"하라는 구절들과 의미와 정서 면에서 그다지 다르지 않다.

이 광고의 구절들은 인텔리 성인을 겨냥하는 『동아일보』라는 매체의 특성을 고려한 문구라고 볼 수 있다. 굳이 이 매체에 광고를 실었던 것은 그만큼 기획자가 『사랑의 선물』의 수요층을 넓게 잡고 있었기에 가능한 일이라고 볼 수 있다.

이렇게 다양한 독자층을 확보하려는 노력은 다른 잡지의 광고 속에서 드러난다.

> …… 모든 것이 모다 잠이 들엇고 몹시 고요하엿습니다.
>
> 어엽븐 점은 왕자는 또 뒤ㅅ성(城)으로 가서 층게로 올라갓습니다. 맨—위 마즈막 방에를 가닛가 조흔 침대우에 그야말로 세상에서 처음보는 어엽븐 왕녀가 고—요하게 잠을 자고 잇섯습니다. 이대로 그냥 백년을 지나도록 요대로 입설은 붉은대로 살은 고흔대로 곱게 어엽브게 고시란히 자고 잇섯습니다. 어엽븐 왕자는 그 왕녀를 처음 볼 때에 무언지 가슴에 눌리든 것이 별안간에 업서진 것갓치 싀원—하엿습니다. 생후 처음으로 가슴이 싀원하여서 새로 태어난온 것 갓치 깃벗습니다.
>
> 왕자는 감안감안히 그 엽흐로 갓갑게 닥아 들어가서 왕녀님의 누운 우에 허리를 굽히고 그 곱게 잠든 텬사갓치 맑고 어엽븐 얼골을 물쓰럼히 드려다 보앗습니다.
>
> 그러다가 그냥 그대로 허리를 굽히며 그 꼿가치 붉고 어엽븐 입설에 입을 맛추었습니다.
>
> 그러닛가 왕녀님이 눈을 번쩍 썻습니다. 백년 자든 잠이 깨엿습니다. 그래서 서늘하고도 정다운 눈을 번쩍 쓰고 젊은 왕자를 보고는 ○○○○○습니다. 그러닛가……

이것은 자미잇고 잘팔니기로 유명한 「사랑의 선물」이란 책 속에 잇는 「잠자는 왕녀」란 이약이의 중간 토막 구절입니다. 그 어엽븐왕녀가 엇재서 백년이나 잠을 자넌지 그 젊은 왕자와 맛나서 엇더케 되는지 한업시 자미잇는 이약이를 자세 알랴면 『사랑의 선물』을 사 보십시오.

그 유명한 족고만 책 속에는 곱고 어엽브고 자미잇기 짝이 업는 이약이만 열가지나 잇습니다. 텬사갓치 어엽브고 꼿봉오리 갓치 꼿다운 처녀의 몸으로 사나운 요술왕의 안해로 팔니여가는 불상한 색씨의 신세이약이며, 또는 착하고 깻긋한 마음으로 서로 사랑하는 어린 남녀가 못된 사람의 저주로하야 여러 가지 비참한 고생을 하게 되는 이약이!

파선(破船)이 되야 가라안저가는 배에서 「네대신 내가 죽으리라」 아니다 내가죽고네가 살아야 한다 어리듸어린 남녀가 서로 죽기를 닷토는 아름다운 이약이들은 참말로 눈물업시는 낡지 못할 이약이입니다.

사랑이니 련애이니하고 구지레한 책만 만흔 중에 이 책 「사랑의 선물」뿐만은 몹시 깨끗하고 고결한 이약이만 모흔 책이여서 남자 여자 늙은이 어린이 아모나 반갑게 낡게 되고 낡는 중에 그 사람의 마음을 더 곱게 더 아름답게 하여주는 책임니다. 그래서 시골서울 어른아해업시 모다 낡는고로 팔니고 팔니고도 작고 팔니여서 박혀도 쏘 다 팔니고 쏘더 박혀도 쏘 업서지고하야 다섯번째나 다시 박힌 것이 다 팔니고 이제 여섯번째 쏘 새로 박힌 적이 나왓슴니다. 들어안진 부인내나 마음 고흔 여학생 여러분에게는 다른 아모 칙보다도 이 칙을 낡기를 권고함니다. 책갑은 五十錢 서울서는-각 책사에서 팝니다. 시골에 게신 이는 개벽사로 잡지와 갓치 주문하십시오.

—『신여성』 2권 3호, 1924.3.20, 42~43면 하단

『신여성』에 실린 광고는 「잠자는 왕녀」의 한 부분을 인용하여, 『신여성』의 독자인 부인 혹은 여학생들에게 이 책의 독서를 호소한다. 광고에서 인용한 동화의 구절에서, 아름다운 왕자가 왕녀를 만나 첫눈에 반해 경험한, '생후 처음으로 가슴이 싀원하여서 새로 태어난온 것 갓치 깃'븐 사랑의 충일감은 사랑을 종교적 체험처럼 신비롭게 생각하는 '낭만적 사랑'의 이데올로기 내에서 가능한 정서이다. 이처럼 여성 독자 대상 잡지인 『신여성』에 실린 『사랑의 선물』 광고는 특히 동화 중 '낭

만적 사랑' 이야기를 강조한다. 『사랑의 선물』에는 「잠자는 왕녀」외에도 「산드룡의 구두」(신데렐라), 「꽃속의 작은이」 등 낭만적 사랑을 강조하는 동화가 번안되어 있다. 방정환이 굳이 자신의 동화집 속에 이 사랑 이야기들을 수록한 것은, 동화의 이념이 낭만적 사랑으로 이룩한 핵가족 이데올로기를 기반으로 한 점을 가감없이 승인했기 때문이다[39]. 당대의 분위기 역시, 낭만적 사랑을 근대적 개인이 갖추어야 할 중요한 관념으로 승인하게 했고, 이러한 생각에 이 동화들을 번안했다고 볼 수 있다.

물론 『동아일보』와 『개벽』 광고에도, "村落에 生處한 處女가 어쩌한 運命에 늣겨우는가, 貴엽고 착한 一王子가 어쩌한 悲運에 쏫기는가"와 같은 신파적 구절이 있기는 하지만, 이 구절은 노골적으로 낭만적 사랑을 부르짖지 않는다. 이처럼 방정환은 광고 대상에 맞추어 『사랑의 선물』에 수록된 동화들을 뽑아 강조하는 기지를 발휘한다.

『신여성』에서는 「잠자는 왕녀」의 낭만성을, 『동아일보』에서는 「란파선」의 죽음을 뛰어넘는 의리와 인간애를 부각시키는 점은 1920년대 출판문화운동의 선봉장이었던, 그의 대중적 감각을 증명해 준다.

1924년 『신여성』에 실린 『어린이』 광고문구, "마음고흔 여학생들에게 더욱 환영을 밧습니다",[40] "여학생 공부하는 책상머리에 누구나 붓처두려고 할 어엽브듸 어엽브고 곱듸 고흔 선녀 사진이 『어린이』 잡지 이달치 특별부록으로 끼여 잇는 고로 여학생계에 야단들 임니다"[41]라는 광고[42]는 20년대 중반까지 동화의 주요 독자층에는 여학생이 자리잡고 있었음을 증명해주는 것이다. 『신여성』의 독자도 적어도 20년대까

39) 1800년대 당대에 전해지던 민담을 기반으로 개작된 『그림형제 동화』의 이데올로기가 당대 서구의 중산층 가족 이데올로기를 기반으로 한 것임은 이미 알려진 사실이다.
40) '『어린이』광고', 『신여성』 2권 3호, 1924.4.
41) '『어린이』광고', 『신여성』 2권 5호, 1924.5.
42) 허보윤, 「신여성의 광고와 '근대소비문화'의 형성」, 한국광고학회 학술발표회 발표문, 2004.

지는 '여학생'이었다.[43] 그리고 『신여성』에 실린, 한 기사에서, 여학생들의 주요 독서 장르에 소설・잡지와 함께 '동화'가 들어가 있는 점[44]도 이러한 경향을 증명한다. 방정환이 『사랑의 선물』을 광고할 때, 낭만적 사랑의 강조한 것이 적중한 듯, 여학생들은 『사랑의 선물』을 읽었던 주요 독자층이었다. 『신여성』 광고에 의하면, 『사랑의 선물』은, "깨끗하고 고결한 이약이만 모흔 책"으로 "들어안진 부인내나 마음 고흔 여학생 여러분에게" 적절한 것이다. 이 광고에 따르면 『사랑의 선물』은 당대의 여성들을 독자층으로 설정하고 있었다. 『개벽』과 『신여성』에도 동화라는 장르로 분류된 기사들이 있는데,[45] 이처럼 1920년대 초반에는 '동화'라는 장르에 대한 인식도 주요 독자층도 굳어지지 않았다.

『신여성』에 실린 독일 낭만주의 작가 하우프 동화 「隊商」(8권 1호~3호 연재)은 피카레스크 식으로 쓰여진 광대한 모험담으로 아동물로만 한정

43) 잡지의 제목이 말해주듯, 이 잡지가 공략하는 주요 독자층은 '신여성', 즉 신교육의 세례를 받은 인테리 여성들이었고, 당대에는 이는 곧 보통학교 이상의 여학생을 의미했다. 이는 잡지 『신여성』의 기사들이 20년대에는 주로 여학교 기사나, 자유연애 담론 등 주로 청춘 여성들에 대한 기사가 많았으나, 30년대 이후에는 이들이 성장하여 결혼을 하여서인지, 이후에는 주로 주부를 대상으로 한 현모양처 담론이 중심이었던 점도 이를 증명한다. 자세한 것은 연구공간 수유+너머 근대매체연구팀, 앞의 책 참조.

44) 신길구, 「서점에서 본 여학생」, 『신여성』 4권 4호, 1926.4, 40면 참조.

45) 『개벽』에 실린 동화목록은 다음과 같다. 아나톨 후란쓰, 방정환 번안, 「호수의 여왕」(25, 27호); 주요섭, 「해와달」(재상해, 우리동화, 28호); 오스카와일드, 방정환 번안, 「털보장사」(29호). 이외 현상동화 당선작으로 이영숙, 「수탉의 내력」(32호, 당선동화 3등 당선); 김이달, 「금선의이약이」(33호, 현상동화 3등 당선); 이화천, 「금방망이」(35호, 중국남경, 현상동화 삼등, 일명 또드락방망이); 이종희, 「고양이와 개」(38호, 진남포 전래동화); 박영희, 「웨?−新동화」(67호), 1926.3.1. 『신여성』에서 동화라고 장르가 규정된 작품은 다음과 같다.

제목	작가	譯者	장르	연월일
삼태성	소파		동화	2권 5호(1924.5)
금발낭자		몽견초	동화	2권 10호(1924.12)
아이다의 꼿	안더슨		동화	3권 10호(1925.10)
떠러지령으로 쌋는 탑	에로센코	박영희	동화	4권 2호(1926.2)
어머니의 사랑	이정호		동화	4권 4호(1926.4)
영혼바든 인어	안데르센	이상화	동화	4권 6호(1926.6~9)
하우프 동화−대상	하우프	赤頭巾	동화	8권 1호~3호(1934.3~5)

해서 보지 않는다. 그리고 『신여성』에 실린 「쿠오레」 광고에는 『동화소설』이란 명칭을 사용하고 있어 아직까지 동화라는 장르의 규범이 확립되지 못했다는 점을 알 수 있다.

그리고 이미 여성의 독물에 대한 선입견에 이미 '통속적'이라는 관념이 내재되어 있는 상태에서 '동화'의 주요 독자를 여성으로 설정하고 있는 점은 당대 동화가 어떤 수준으로 인식되었는지를 추측해볼 수 있게 한다. '동화'는 어떤 면에서 잡지나 통속소설과 같이 취급되면서 본격문학, 고상한 예술로 인식하지 않았던 것이다.

물론 이것은 동화의 대중화가 어느 정도의 통속성을 기반하고 있다는 점에 기인한 것이기도 하지만, 당대 '여성문학'처럼 '아동문학'도 정전(正典)의 반열에서 제외되기 시작한다는 점은 반증할 수 없는 사실이다.

한 편, 『사랑의 선물』의 주요 독자층을 분석하는 데에는 『어린이』 독자층 분석은 필수적인 것이다. 그런데 중요한 것은 『어린이』의 독자층도 당대 아동들로 한정되지 않았다는 점이다.[46] 『어린이』에는 독자들이 자신의 사진을 보내오는 '독자사진첩'이라는 란이 있다. 이 곳에 실린 독자 사진에는 놀랍게도, 10대 후반의 청년들이 많았다. 28년이 되어서야 독자사진에 10대 이전의 아동 사진이 등장한다.[47] 방정환의 글에서도 자신에게 어린이 독자라고 소개하며 수줍게 나선 독자가 바로 성인 여성이었다는 점에 놀랐다고 한 바 있다. 또한 독자투고란에 실린, "중등, 고등학생 중에서도 어린이 애독자가 굉장이 만흔 것을 인제야 발견하엿슴니다"[48]라는 구절도 이러한 점을 증명한다.

현재의 관점에서 이 나이는 아동기에서 벗어난 나이다. 이러한 점을 바라보았을 때, 『어린이』 독자들은, 아동이기보다는 '청년'에 가까웠다.

46) 이기훈, 「1920년대 동화의 형성과 어린이」, 『역사문제연구』 8, 역사문제연구소, 2002.6.
47) 『어린이』 6권 6호의 독자사진첩에는 8세부터 18세의 독자사진이 실려 있다. 어린이 독자의 폭넓은 연령대를 확인할 수 있다.
48) 「독자담화실」, 『어린이』 4권 2호, 1926.4, 60~63면 참조.

이를 볼 때, 그의 의도가 어떻든, 방정환의 '아동문학'은 결과적으로 아동만을 대상으로 한 것이 아니라 청년을 대상으로 한 것이다. 그리고 여느 다른 잡지에 떨어지지 않는, 『어린이』의 독자투고란의 열기[49]는 당대 아동문학의 주요 독자는 청년문사를 꿈꾸던 학생들이었을 가능성을 크게 한다.

그러나 30년대가 넘어가면, 『사랑의 선물』 광고를 비롯하여 잡지계에 변화가 일기 시작한다. 『신여성』에 실린 『사랑의 선물』 광고에는 더 이상 당신이 읽으라는 글귀가 등장하지 않는다.

> 여학생제군! 학년말이 가까워옵니다. 반가운 고향에 도라갈 날이 머지 안엇습니다. 시골에 도라가실 때 반드시 〈어린이〉 3월호를 한권 가지고 가십시오. 동생과 조카에게 과자보다도 갑잇는 선물이 될 것입니다.
>
> —『신여성』 6권 3호, 1932.6

이 광고는 이제는 『어린이』가 "동생과 조카에게 과자보다도 의복보다도 노리개보다도 갑잇는 선물이 될 것임니다"[50]라고 한다. 여성은 이제 『어린이』를 사 볼 계층이 아니었다.

이렇게 독자층이 분화되는 것은 1920년대 중반 개벽사 잡지가 계층별로 분화되는 상황과도 관련이 깊은 문제이다. 30년대가 되면, 개벽사의 잡지는 『별건곤』·『신여성』·『어린이』·『학생』 등 분화된 독자계층을 겨냥하여 발간된다. 1930년 『학생』의 창간은 이미 잡지 독자층의 분화를 염두에 두고 이루어진 것이다. 잡지 『학생』은 청년(고등학생)이 되어버린 『어린이』 독자를, 『별건곤』은 성인이 되어버린 『어린이』 독자를

49) 『어린이』의 독자투고란은 방정환이 심혈을 기울였던 부분이다. 특별히 『어린이』에는 '독자문예', '독자담화실', '짤짤박사', '뽑힌 글', '당선동요', '독자사진첩' 등 독자투고란이 많았다. 특히 수필류와 동요란을 '뽑힌 글'과 '당선동요'란으로 구별하여 운영하였는데, 이러한 운영이 가능한 상황은 당대 『어린이』 독자 투고란의 열기를 가늠하게 한다.

50) '『사랑의 선물』 광고', 『신여성』, 6권 3호, 1932.3 참조.

견인하기 위해 만들어낸 잡지이다. 『신여성』은 이제는 결혼한 20년대 여학생 독자를 위해 기사에 가정란과 모성란을 대폭 강화한다.

이 점을 보았을 때에도 1920년대 후반에 독자층의 분화는 이미 시작되고 있었고, 그 안에서 '동화'는 점차 '아동독물'로 자리를 잡아 가는 듯 했다. 그러나 사회주의 아동문학 잡지 『별나라』(1926)의 등장은 오히려 아동문학의 독자를 인테리 무산 청년으로 확대시키기도 한다.[51]

그러면서 이 '천사동심주의' 담론은 현실도피적인, 나약한 아동을 주조한다고 신랄하게 비판받는다. 이미 같은 색동회원이었던 마해송에게 이 담론이 '영웅주의, 눈물주의'라고 지칭되었던 것[52]도 이 때의 상황을 반영해주는 것이다. '천사동심주의'는, 동인지문학이 프로 문사들에 의해 센티멘탈한 낭만성으로 현실도피적이라고 폄하되었던 것과 같은 운명을 맞는다.

1934년 『어린이』가 폐간된 이래, 아동문학은 문단의 중심에서 배제된다. 이는 방정환의 죽음과 아동문화운동의 중심이었던 '개벽'사의 몰락과도 관련이 깊은 것이다.

그럼에도 불구하고 해방 이후 오늘날까지 '천사동심주의'적 아동관은 유효한 관점으로 살아남았다. 1960년대에 잠깐 '예술적 아동문학론'이 주창되면서,[53] 아동문학계에도 다양한 이론이 등장하기도 하지만, 그 파고 속에서도 아직까지도, '천사동심주의'의 '곱고 자미잇고, 불상한'이란 미적 취향은 그 효력을 발휘하고 있다. 이는 아동문학이 가지는 특수성에서 가능한 점인데, 아동문학에서 '계몽성'은 역사의 파고를 거쳐오면서도 거의 불변의 가치가 되었다. 아동문학에서 '초월적 영적 체험'은 그리 매력적이지 않았던 것도 이 때문이다.

그리고 어떤 면에서 취향의 변모가 덜 이루어졌다는 점은, 역설적으

51) 이기훈, 「1920년대 동화의 형성과 어린이」, 앞의 글 참조.
52) 마해송, 「산상수필(1)」, 『조선일보』, 1931.9.22 참조.
53) 이재철, 『한국현대아동문학사』, 일지사, 1978 참조.

로 '아동문화운동'이 1930년대 초반부터, 문단권력의 쟁투장에서 일찌감치 배제되어 있었기 때문에 가능한 것이었다고도 볼 수 있다.

한 때 1930년대 중반, 동요작가로 이름을 떨쳤던 동요작가 '박영종(박목월)'이 자신의 전성기를 일구었던 아동문학판을 뒤로 하고, 또다시 『문장』이란 지면으로 통해서 1939년 다시 등단을 시도했던 것은 1930년대 아동문학이 작가들에게 어떠한 위치였는지를 말해주는 예이기도 하다. 1920년대 '동요작가'는 '작가'였으나, 1930년대 '동요작가'는 '문학소년(소녀)'이었던 것이다.

아동문학은 '아동'이 독자대상이란 이유로, '쉬워야'하기 때문에 상대적으로 숙련과 기술이 덜 필요한 하위장르라고 배제되고, '곱고 유익한', '천사'에게 가르쳐야 할 '계몽적 자질' 때문에 통속적 장르로 배제된다. 문학사에서 아동문학이 주류 담론 속에서 배제될 근거는, 1920년대 최초의 번안동화집 『사랑의 선물』의 성공 속에 이미 내포되어 있었다.

그러다가 1930년대 독자층의 분화가 완수될 무렵에는 완전히 아동의 독물로 자리잡았다고 추측할 수 있다.

4. 결론－문단권력과 장르의 위계화

이 연구은, 문학사 속에서 배제되어 온 여성적 장르(수필)와 아동 독물(동화)의 광고에 관한 것이었다. 1920년대 초반 광고를 살펴보면, 당대에 서간과 동화는 매우 새로운 근대적 장르였다. 광고는 남녀·성별을 떠나 인텔리 청년들을 겨냥하고 기획되었으며, 거기에 대한 반응도 열광적이었다. 이는 당대의 청년들에게 문학에 대한 동경이 얼마나 간절했는가를 반증해주는 것이기도 하다. 그러나 문단의 권력 질서가 완성되고, 통속적 취향과 고급 취향이 분화되는 과정을 겪으면서 이 두 장르는 여성적인 것과 아동의 것으로, '미숙한' 계층에게 양도되었다. 1920년대 중반 이후에 이 두 장르의 광고는 더 이상 효력을 발휘하지 않는 듯 더 이상 지면에서 찾아보기 힘들어졌다. 이후 이 두 장르는 더 이상 취향의 위계화된 질서에서 빠져나올 수 없었던 것이다. 현재까지도 지속되는 수필류의 센티멘탈리즘과 아동문학의 계몽성은 이 두 장르의 속성으로 규정되어, 본격문학 장르로 진입하는 것을 막고 있다. 식민지 시대 '편지쓰기'와 '아동문학'의 창작이 '작가'가 되는 수련의 길 위에만 머물고 있었던 것이 그 시발점이다.

물론 이러한 이 두 장르의 운명에는 이렇듯 외적인 조건만이 영향을 끼친 것만은 아니다. 이 두 장르에는 이 위계적 질서를 벗어나고하 하는 내적인 노력이 부족했다고도 볼 수 있다. 단적인 예로, '아동문학'의 계몽성과 통속성은 해방과 전쟁을 겪으면서 더욱 심화되었고, '편지쓰기'는 여전히 단지 '문학소녀(소년)'의 취미생활 쯤으로 치부되었다. 그리하여 한국문학사의 총체적이고 균형있는 발전은 지금까지 지연되고 있다.

그러나 주체의 노력 이전에 박목월의 편력이 말해주듯, 토대적 조건은 무시할 수 없는 것임은 분명한 것이다. 이러한 장르의 위계적 질서는 제도 교육 속에서 그대로 계승되고, 당대 문학소년(소녀)들은 이 두 장르의 속성을 무시하지 못했다.

『어린이』 수록 사랑의 선물 광고 목록

판수	방식	광고내용(키워드)	시기	가격	출판사
6판	서술형	방정환, 유명한 이약이, 자미,어엽븐, 학교에서 연극으로까지(상영되는 동화)	2권3호(1924.3)	50전(송료 13전)	개벽사
	서술형과 사진	유명한이약이, 아버지, 어머니등모두 읽는 책	2권4호(1924.4) 2권5호(1924.5)		
	서술형	세말—신년에,갑싸고 고상하고, 유익하고 정답고,소년회와학교, 친구에게선물	2권12호 (1924.12)		
	감상문	『사랑의 선물』을 닑고,소설책보다자미잇고,수신책보다 유익한책	3권3호(1925.3)		
	서술형	자미잇고 유익,안 닑은 조선 사람이없음	3권4호(1925.4)	50전(송료 10전)	
	서술형	놀나지마시오. 1만 4천부,서문인용	3권5호	50전(송료 14전)	
8판	서술형	8판,슯흐고도무섭고도불상한이약이	3권7호 3권8호	50전(송료 14전)	
8판	서술형	자미, 어엽븐, 갑이싼, 잘팔니는, 눈물나는(책)	3권9호(1925.9.1)		
	서술형	락엽지는 가을밤! 쓸쓸한 밤에, 위로의 ……(책)	3권10호(1925.10)		
9판	서술형	놀나지마시라,1만6천부	3권11호(1925.11) 4권3호		
	서술형	년말선물, 갑싸고,쌔긋하고고귀한선물— 영구히 다시 못올 올해의기념	3권12호	50전(송료 13전)	
	서술과 그림	눈이 옵니다. 쓸쓸한 저녁, 울고 싶을때 (닑으라)	4권1호(1926.1)		
	서술형	어린이날 긔렴으로, 선물로 (주시라)	4권5호		
10판	서술형	기어코 10판 새책 발매	4권7호 4권8호 4권9호		박문서관

판수	방식	광고내용(키워드)	시기	가격	출판사
	서술형	낙엽이우는 가을밤－외로운, 쓸쓸한	4권10호		박문서관
	서술형	제일 조흔 것은 당신의 사랑하는 동모에게,학교와소년회에서상품으로	4권12호		
10판	서술과 그림	조선제일사랑의 선물,아즉못닑엇스면 붓그러운일	5권1호		
10판	서술형	천하 제일 자미잇는 책, 10판이 쏘다 팔니고 겨우 2백권, 순국문으로 어엽브게 가슴 속을 맑게 보드럽게 씨서 주는 고로 (닑으라)	5권3호 5권4호	50전(송료 13전)	
	다른책과 나열	양서를 닑으라			문화서관
9판	서술형(간단히)	기어코 8판 일만6천부 매진	63호(1925.11)	50전(송료 14전)	개벽사
	서술형	조선서제일 만히 팔니는 책,유명한 이약이를곱게곱게언문으로번역해논,어엽브고 자미잇는 책	67호(1926.3)	50전(송료 10전)	

『신여성』 수록 사랑의 선물 광고

판수	방식	광고내용(키워드)	시기	가격	출판사
	서술과 사진	괴로움과 죄의식으로 가득찬 이 세상에, 곱고도 맑은 령을 키우는 존귀한 샘물을 가진지라. 더위에 몸이 괴로울 때	2권3호(1924.3)	50전,	개벽사
6판	기사식	잠자는 왕녀 내용 소개,	2권3호(1924.3)		
6판	서술과 사진	유명한 책, 고상한 선물, 사랑하는 동모나 귀여운 동생에게 (권하라)	2권5호(1924.5)	50전(송료 13전)	
9판(?)	서술	9판 인쇄중, 8판 1만6천부 매진	2권6호(1924.6)	50전(송료 14전)	
7판	서술과 그림	눈오는 겨울밤－유일의 호독물 년말과 신년에－ 유일의 선물감 고상하고 정답고 자미잇고, 보드라운 위안	2권12호(1924.12)	50전(송료 10전)	

판수	방식	광고내용(키워드)	시기	가격	출판사
7판	기사식	순언문, 지금도 팔린다는 놀라움 인용	3권1호		
8판	서술식	기어코 7판 일만4천부 매진,	4권6호(1926.6)	50전(송료 14전)	
	서술과 사진	등화를 친할째, 취미실익의 이편에 심령세련의 기를 엇기 권고한다.	4권9호(1926.9)	50전	
	나열식	조선문으로 된 책이란 책 중에 재일 만히 팔닌책 노유남녀가 다 읽음(다른 책들과 함께 나열) 개벽사 대리부 광고	5권11호(1931.12) 6권10호(1932.10)	50전(02전)	

『개벽』 수록 『사랑의 선물』 광고

판수	방식	광고내용(키워드)	시기	가격	출판사
신간	서술형	방정환, 장정자랑, 순결화, 영원한 아동성,운명과비운,염려한역문,다복한어린때의고향으로	24호(1922.6)	50전(송료13전),46판 신미장	개벽사
	서술형	호평,대호평!젊은설움,회고의정,감상에 우는젊은 동무여, 다한한 다시인의 눈물로씨운,세계문호의영필로된(글)	25호(1922.7)		
재판	서술형	10일간에 초판 전부를매진하야조선출판계의렌쪼-트를돌파,사랑의 꼿묶음	26호(1922.8)		
삼판	서술형	봄철에,인간의 심령에, 중판에 중판이 제3판을 거듭하에 불구하고 주문은날이갈수록격증되야광랑가티 살도하도다. 감상의 가을의 쓸쓸을이즈라	28호(1922.10)		
4판	서술형	폭풍우갓치 팔려가는 책, 방정환이 구연하여 울린 책,눈물의 리약이, 연극으로공연되기도, (했다)	31호(1923.1) 32호(1923.2)		
4판	서술형	아출판계의경이, 4판이 또 절판되려 하도다. 이 책의 내용을 모르면 부끄러운 일, 독일-하브트만, 오스카 와일드,등 작가소개, 방정환의애련하고염려한필치로,역술하여,유소년남녀없이 (읽을 책)	33호(1923.3)		

판수	방식	광고내용(키워드)	시기	가격	출판사
5판	서술형	서울 출판계의경이,봄의 쏫과가티 풀과 가티아름답고귀혀운, 심령에고요하고깨긋한씨를뿌림이 되엇슬가	35호(1923.5) 36호(1923.6)	정가50전(송료10전)	
	서술형	5판이 절판되려합니다.인심을 잡아 쓰는이상한 마력을 가진 이 책	38호(1923.8)	정가50전(송료 13전)	
6판	서술형(두칸편집)	다시오지 못할 그립은 청춘을 가슴에 품을 수잇기는 오즉 이책,허위와 모순에더럽힌 세계, 번민과 비애에 가슴압하하는 동무의그윽한 설움, 제일 잘팔리는이유, 자미잇고, 유익하고갑이 몹시싸고, 글과책이몹시어엽브고, 닑기쉽고, 이상하게남녀노소 모두 조하하게된 짜닭이라 한다.	46호(1924.4) 47호(1924.5) 50호(1924.8)		
6판	서술형(제목을 크게)	5판 일만부를 매진한 것,6판2천부가 절판되려 한다. 어린 날의 고향생활,각국문호의 영필, 낙엽지는 가을날	53호(1924.11)		
7판	서술형,	놀나지말라,6판 만2천부가 쏘매진,7판이천부매진되려 …… 청춘, 그립든 어린시절	57호(1925.3) 58호(1925.4) 60호(1925.6)		
8판	서술형(간략)	8판 신발매,기어코7판 일만4천부 매진, 8판신책7월4일부터 발매.	62호(1925.8)	50전(송료14전)	

『동아일보』 수록 사랑의 선물 광고

판수	방식	광고내용(키워드)	시기	가격	출판사
초판	서술형	개벽 초판 광고와 비슷, '아동성'문구만 제외	22.5.16? 22.7.7. 22.7.10.	50전(13전)	개벽사
재판	서술형	인쇄제본에 손쎼인지 10일 미만에 재간인쇄에 착수,어린날의 기록에 처음 접하는 인사, 심령의 세례를 밧지 않는이 없슴애, …… 각방면 인사의 반응과 매체 평 소개,	22.7.19.	50전(송료11전)	개벽사
재판	서술형	초판 5천부는 10일간에 매진되야. 위의 구절에 인쇄공, 소년회, 청년회의 반응 첨가	22.7.27.	50전(13전)	개벽사

판수	방식	광고내용(키워드)	시기	가격	출판사
3판	서술형	삼판, 본사와 역자에게 도래한 편지 소개	22.9.9.	50전(13전)	
4판		책 제목을 크게. 서술은 조금	23.2.23.	50전(13전)	개벽사

『동아일보』 수록 사랑의 불꽃 광고

판수	방식	광고내용(키워드)	시기	가격	출판사
	서술형		23.2.10 23.2.11	60전 (9전)	한성도서 주식회사
재판	서술형	청춘남녀의 불타는 가삼, 사랑의 향기, 『연애』의 우슴과 눈물	23.2.14. 23.2.18 23.3.19 23.5.13. 23.5.20 23.5.25	60전 (9전)	한성도서 주식회사
재판	서술형	초판 2천부가 불과 50여일 내에 매진, 청춘의 열정과 피를 쏘아 힘잇게 쓰고 아름답게 쓴 (책)	23.3.16.	60전 (9전)	한성도서 주식회사
4판	서술형	오! 나의 영원한 애인아. 이 편지를 보라.	25.2.30.	60전 (6전)	청조사

근대문학의 재생산 회로와 검열

『개벽』을 중심으로

최수일

1. 들어가며

이 글의 주된 관심은 '한국 근대문학의 재생산 회로'를 식민지라는 시대·역사적 상황 속에서 조망하는 것이다. 즉 근대문학의 재생산 회로의 '식민성'을 밝히는 것이라고 할 수 있다. 이런 주제가 나온 데에는 무엇보다 재생산 회로를 구성하는 개별 제도들, 가령 등단제도(현상문예, 신춘문예, 추천 등)나 승인제도(합평, 월평 등) 등을 시·계열적으로 추적해도 좀처럼 식민지라는 역사적 의미망을 퍼올리기 어려웠기 때문이다. 시기에 따라 변천하는 제도의 성격과 의미변화는 곧바로 문단이나 문학 내부의 문제로 치환되기 때문이다.

필자는 이를 돌파할 수 있는 수단으로 '검열'을 뽑았다. 피학적 표현이지만 냉정하게 말해 '검열' 자체가 식민지 제도의 '칼'이며, 문학은 그 '요리대상'이었기 때문이다. 더구나 '검열'은 재생산 회로와 밀접한 관련이 있어 보였다. 특히 재생산 사이클의 한 과정인 '향유'와는 떼려야 뗄 수 없는 관계가 있었다. 검열당국은 '검열'을 통해 독자들의 문학적 향유와 그에 잇따른 미적 취향의 주조과정에 근본적인 개입이 가능했기 때문이다. 뒤에 보겠지만 심한 경우 재생산 회로에 진입하는 것을 막을 수도 있었다.

문제는 이런 관련상을 선명히 드러내는 자료였으니, 『개벽』은 1920년대 최대의 잡지답게 근대문학의 재생산과 검열의 상관관계를 드러내는 풍부한 자료를 제공했다. 『개벽』 편집진의 의식적 노력 덕분에, 『개벽』의 검열상은 대체적인 복원이 가능했다. 본문에서 다루겠지만, 압수·삭제기사에 대한 시·계열적 통계나 어느 기사가 어느 정도 삭제를 당했는가까지도 판본대조를 통해 확인할 수 있었다. 무엇보다도 이를 통해 검열당국이 조선의 근대문학을 어떻게 바라보았으며, 이를 어떤 방향으로 이끌고자 했는가를 추정해 볼 수 있었다.

실증한 후에 분석해야 하는 글의 성격상, 각 장은 구체적 '현황'과 '의미'라는 순서로 기술되었고, 4장에서 이를 종합하였다. 때문에 본의 아니게 글이 길어졌다. 이 점 양해 바란다.

2. 검열의 전체상과 의미

1) 압수호와 삭제기사 현황

『개벽』에 있어 검열의 전체적 윤곽을 파악하는 첫 단추는 매체가 입은 직접적인 피해, 즉 압수호와 삭제기사의 현황을 파악하고 이를 시·계열적 통계로 제시하는 일인데, 이런 실증작업에 들어가기에 앞서 몇 가지 염두에 두어야 할 사안이 있다. 우선 『개벽』이 '신문지법'에 의거해 발행된 잡지라는 사실이 중요하다. "신문지법에 의한 발행허가를 받은 신문·잡지는 사전에 원고 검열은 없이 일단 인쇄된 간행물(제책－인용자)을 '납본'하는 것이었"[1]으므로, 만약 검열 단계에서 문제가 생기면 곧바로 인쇄된 책에 대해 '발매금지(압수)' 처분이 내려질 수 있었다. 반면 '출판법'의 저촉을 받는 대다수의 잡지들은 원고 상태로 검열을 마쳐야 제책이 가능했기 때문에 이런 문제가 발생할 수 없었다. 즉 검열에서 문제가 생기더라도 제작된 책이 없으니 특별한 경우[2]가 아니면 책의 '압수나 발매금지'는 발생하지 않았다. 요컨대 『개벽』은 신문지법에 의거해 발행된 잡지였기 때문에 압수나 발매금지의 대상이 되었고, 또 그로 인해 압수호나 삭제기사[3]가 존재할 수 있었다는 것이다.

한편, 『개벽』은 '본호'[4]가 압수되면 거의 예외없이 '호외'나 '임시호'를 발행했는데, 이 또한 검열의 문제와 관련하여 꼭 염두에 두어야 할 사안이다. 이는 여타의 잡지들과 구별되는 『개벽』의 특징이라고 할 수 있는데, 『개벽』과 달리 대다수의 잡지들은 압수가 되더라도 속수무책이었다. 무엇보다도 '돈'이 문제였다. 한호의 판매대금으로 다음호를 준비하는 열악한 재정 상태에서, 압수는 잡지의 종간으로 이어지기 일쑤였

1) 정진석, 『한국언론사』, 나남, 1990, 384면.

2) 출판법의 적용을 받았던 『폐허이후』가 압수되어 '임시호'가 발행된 것이 대표적인 예인데, 이는 검열 절차에 무지했던 동인들이 원고 검열도 없이 무단으로 책을 제작했기 때문에 발생한 해프닝이다. 이에 대해서는 『개벽』 44호(1924.2.1, 목차앞면)의 광고와 『폐허이후』(임시호)의 편집후기(편자의 말)의 '追記'를 참조할 것.

3) 물론 출판법에 의거한 잡지도 원고압수나 삭제의 경우, 『조선문단』처럼 책에 그 흔적을 남길 수 있었다.

4) 본고에서 사용하는 '본호(本號)·호외(號外)·임시호(臨時號)' 등의 용어는 필자가 임의로 붙인 명칭이 아니라 당대 『개벽』 주체들이 스스로 판본을 구별하기 위해 사용한 용어, 즉 표지나 본문에 쓰인 것을 그대로 차용한 것이다. 검열과 압수를 통해 여러 개의 판본이 발생했을 때 최초의 제책 혹은 발행본을 그 제호의 '본호'라 불렀고, 압수 이후의 판본들은 '호외'나 '임시호'로 불렀다. 문제는 '호외'와 '임시호'의 구별인데, 그 성격이나 선후관계가 분명치 않다. 창간호의 경우는 본호→호외→임시호의 순서를 지켰지만, 다른 압수 제호들에서는 '호외'없이 '임시호'만 발행된 경우, '호외'만 연거푸 발행된 경우도 많기 때문이다. 따라서 압수된 제호의 표지나 사고에 도장이나 서명 등의 구체적 표식이 없는 경우, 이것이 '호외'인지 '임시호'인지 판단하는 것은 사실상 불가능하다.

고 따라서 '호외'나 '임시호'를 『개벽』처럼 연거푸 발행하는 것은 상상조차 힘들었다. 문제는 이처럼 '호외'나 '임시호'가 발행되지 않을 경우 압수 사실 자체가 묻힐 가능성이 크다는 점이다. 삭제기사의 경우는 더 심각하다. 어떤 기사가 얼마나 문제가 되었는지 확인하기가 쉽지 않다. 모두 '물증'이 없기 때문에 빚어지는 혼란이다.[5] 반면 『개벽』은 '호외'나 '임시호'의 존재를 통해 어렵지 않게 압수호와 삭제기사를 확인할 수 있으니, 그 중요성은 강조해도 지나침이 없다.

그뿐만이 아니다. 이들 '호외'나 '임시호'들은 거의 예외없이 '발매금지 및 압수'의 표식을 달고 있는데, 이것이 압수의 여부를 판단하는 데 결정적 역할을 한다. 압수와 관련된 『개벽』의 대표적인 표식은 '표지도장(글자)'과 압수 관련 '사고(공고)'인데, 그림 1에서 보는 바와 같이 이를 통해 누구라도 쉽게 압수 관련 사실을 확인할 수 있다.

특히 검열 관련 '사고(공고)', 그리고 '편집후기'나 '쪽기사'[6] 등은 압수 사실뿐 아니라 문제가 된 기사들의 목록을 제시하기도 하는데,[7] 이는 『개벽』의 검열상을 파악하는 데 요긴한 역할을 한다. 가령 표지도장(글자)이 원래 없거나 지워진 경우, 이들을 통해 압수 사실을 확인할 수 있으며,[8] 목차와 본문에서 누락되거나 삭제된 기사의 작가와 기사명을 이들을 통해 찾을 수도 있다.[9]

5) 물론 관계자의 증언이나 신문기사를 참조해서 복원할 수도 있지만 작업의 성격이 산만하고 양도 만만치 않다. 식민지 시대 검열에 대한 실증 연구가 어려운 이유도 여기에 있을 것이다. 그리고 이런 점에서 볼 때, 『개벽』의 '호외'나 '임시호'는 『개벽』을 넘어서 식민지 시대 검열의 전체상을 복원하는 데도 없어서는 안 될 소중한 자료라고 할 수 있다.

6) 『개벽』의 목록에서 누락된 작은 기사들을 말한다. 본문을 보강하는 오늘날의 쪽기사와 달리 빈 지면을 채우는 역할을 했지만, 개중에는 중요한 정보를 제공하는 기사들도 많아 따로 정리할 필요가 있다.

7) 『개벽』에는 압수나 삭제 등 검열과 관련된 '사·공고'나 편집후기 등이 대략 50여 개 있는데, 필자는 그 존재의 중요도를 고려해서 「부록 2」로 제시했다.

8) 『개벽』 27호의 경우가 대표적이다. 『개벽』 27호는 영인과정에서 '임시호' 도장이 지워졌지만, 47면에 있는 「特告」를 통해서 압수 사실과 판본을 확인할 수 있다.

9) 창간호에서 삭제된 시 「금쌀악」, 「옥가루」는 호외 「사고」를 통해 그 존재를 알 수

그림 1. 임시호 표식이 선명한 『개벽』 40호 · 47호의 표지와 34호의 압수관련 「사고」

그럼 이제 『개벽』의 압수 관련 현황을 살펴보자. 기존 연구에서 『개벽』은 통권 72호가 발행되는 동안 34회[10]나 35회[11] 혹은 37회[12]의 압수(발매금지)를 당했다고 하는데, 이는 모두 사실이 아니다. 필자는 『개벽』 원본들의 판본을 조사한 바 있는데,[13] 그 과정에서 전혀 새로운 압수본들을 발견했기 때문이다. 압수된 제호들이 더 있는 것이다. 문제가 된 제호들은 63호(1925.11.1)와 66호(1926.1.1), 71호(1926.7.1) 등 셋이다. 먼저 63호는 '본호'만 압수된 것으로 알려졌지만, 기존에 보고된 '호외'와 삭제 부분이 크게 다른 '호외'가 '아단문고'에서 발견되어 문제가 되었다. 새

있고, 『개벽』 2호의 삭제기사(?)인 장도빈의 「思想의 統一을 望함」은 「개벽총목차」(8호, 149면)와 「개벽지후」(37호, 목차뒷면)를 통해 작가와 제목을 확인할 수 있다.

10) 「개벽사약사」(『별건곤』 30, 1930)와 김근수의 「개벽지 소고」(『아세아연구』, 고려대, 1966), 그리고 백순재의 「일제의 언론정책과 필화사건」(『신동아』 33, 1967)이 이에 해당한다.

11) 천도교청년회중앙본부, 『천도교청년회80년사』, 글나무, 2000, 231면 참조.

12) 최수일, 「1920년대 문학과 『개벽』의 위상」, 성균관대 박사논문, 2001, 16면.

13) 『개벽』 원본의 소장처와 판본의 문제에 대해서는 최수일, 「『개벽』에 대한 서지적 고찰」(『민족문학사연구』 27, 소명출판, 2005)을, 원본의 검열 양상과 복자 처리 방식 등에 대해서는 이종호, 「『개벽』의 원본 분석을 통한 1920년대 검열제도 연구」(동국대 석사논문, 2005)를 참조할 것.

로 발견된 아단문고의 것이 삭제 부분이 적고, 영인본의 저본은 삭제 부분이 상대적으로 많은데, 전자를 '호외(1)'로 후자를 '호외(2)'라 할 때, 전자가 후자보다 먼저 발행되었음을 추정할 수 있다. 즉 63호는 '본호'와 '호외(1)'에 걸쳐 2차례 압수를 당했다고 할 수 있다. 66호는 지금까지 압수되지 않은 제호로 알려졌으나, 세종대에서 기존 영인본의 저본과 삭제 부분이 크게 다른 새로운 판본이 발견됨으로써 압수호로 등록되었다. 71호도 마찬가지다. 삭제의 양상이 크게 다른 판본이 세종대 중앙도서관과 아단문고에서 발견되어, 71호도 압수호임을 확인할 수 있었다.

요약하자면 『개벽』은 1920년 6월 25일 창간호를 내고, 1926년 8월 1일 통권 72호로 강제 폐간(발행금지)되기까지 6년간 '40회 이상'의 압수(발매금지)와 벌금 1회,[14] 정간 1회[15]의 처분을 받았다고 할 수 있다. 발매금지의 대상이 된 제호들은 모두 34개인데, 발매금지의 횟수가 40회나 되는 까닭은 하나의 제호가 여러 번 압수를 당한 때문이었다. 표 1에서 보듯이 창간호와 63호는 '본호'와 '호외'가 연거푸 압수되었고, 70호는 '본호'와 '호외(1)' 그리고 '호외(2)'까지 세 차례나 압수를 당했던 것이다.

표 1. 『개벽』 호별 · 연도별 압수 현황

<table>
<tr><th>호 수</th><th>1</th><th>2</th><th>3</th><th>4</th><th>5</th><th>6</th><th>7</th><th>8</th><th>9</th><th>10</th><th>11</th><th>12</th><th>13</th><th>14</th><th>15</th><th>16</th><th>17</th><th>18</th><th>19</th><th>20</th><th>21</th><th>22</th><th>23</th><th>24</th><th>25</th></tr>
<tr><td>압수횟수</td><td>2</td><td></td><td></td><td></td><td></td><td>1</td><td></td><td></td><td>1</td><td></td><td></td><td>1</td><td></td><td></td><td></td><td>1</td><td></td><td></td><td>1</td><td></td><td></td><td></td><td></td><td></td><td>1</td></tr>
<tr><td>연도(%)</td><td colspan="6">1920년 총3회(7.5%)</td><td colspan="12">1921년 총3회(7.5%)</td><td colspan="7">1922년 총4회(10%)</td></tr>
</table>

14) 압수된 『개벽』 6호(1920.12.1)에 게재되었던 유진희의 글, 「순연한 민중의 단결이 되라」가 논란 속에 재판에 계류되고 결국 발행인에게 벌금 50원이 구형된 근대 잡지사상 최초의 필화사건을 가리킨다. 사건의 전말에 대해서는 『개벽』 8호(1921.2.1, 148면)의 「본지 필화의 전말」과 『개벽』 9호(1921.3.1, 146면)의 「사고」를 참조할 것.

15) 『개벽』 62호(1925.8.1)가 해외의 독립지사들을 소개한 「밖에 있는 이 생각」이란 기사가 문제되어 2차례 압수되고, 결국 10월 15일까지 발행 정지된 사건을 가리킨다. 이에 대해서는 『개벽』 63호의 '여언'(편집후기)과 백순재의 「일제의 언론정책과 필화사건」, 『신동아』 33, 1967, 411면을 참조할 것.

호 수	26	27	28	29	30	31	32	33	34	35	36	37	38	39	40	41	42	43	44	45	46	47	48	49	50
압수횟수	1	1							1					1	1				1	1	1	1		1	1
연도(%)						1923년 총3회(7.5%)												1924년 총8회(20%)							

호 수	51	52	53	54	55	56	57	58	59	60	61	62	63	64	65	66	67	68	69	70	71	72	총계
압수횟수			1	1		1	1	1	1	1		2	*2	1		*1	1		2	3	*1	1	40회
연도(%)						1923년 총10회(25%)									1926년 총9회(22.5%)								100%

(*)표는 기존 연구와 차이를 보이는 것으로, 새로운 판본을 확인하여 추가한 것이다.

그렇다면 어떤 기사들이 얼마나 문제가 되었던 것일까? 김근수는 『개벽』의 압수·삭제기사 개수를 61개로 제시한 바 있지만 이는 사실과 다르다. 필자가 최근 영인본과 원본의 판본 대조를 통해 확인한 바에 따르면[16] 『개벽』의 삭제기사는 그 배가 넘는 149개를 상회했다.[17] 물론 이것도 완벽한 숫자는 아닌데, 판본 대조가 불가능한 경우가 있기 때문이다. 가령 압수된 60호는 다음호(61호)의 「편집후기」에 의거해 1개의 삭제기사가 확인되었지만, 이는 완전한 숫자가 아니다. 60호는 '본호'만 남아 있는 상태로 판본 대조가 불가능했기 때문인데, 판본 대조가 가능해지면 삭제기사가 늘어날 가능성이 있다.[18] 어쨌든 불완전하나

16) 판본 대조를 통한 확인 작업의 대표적 성과는 종간호인 72호의 경우를 예로 들 수 있다. 72호는 본호가 압수되고 곧바로 폐간으로 이어졌기 때문에 다른 판본(호외나 임시호)이 존재하지 않았지만, 아단문고에 소장된 72호는 검열과정에서 생긴 삭제의 흔적이 고스란히 담긴 검열본이었기 때문에 6개의 삭제기사들을 확인할 수 있었다. 영인된 72호는 아단문고의 검열본(본호)을 저본으로 삼았으나, 영인 과정에서 검열의 흔적이 의도적으로 지워졌기 때문에 어떤 기사가 얼마나 문제가 되었는지 파악하기 어렵다. 물론 유심히 살피면 영인본에서도 채 지워지지 않은 검열의 흔적을 발견할 수 있고, 이를 통해 아단문고 소장본과의 관계를 파악할 수 있지만, 검열기사의 전모를 확인하기는 불가능하다.

17) 삭제기사의 구체적 내역에 대해서는 본고의 「부록 1」(「『개벽』 압수·삭제 기사목록」)을 참조할 것. 본래의 논문에서 필자는 삭제기사를 148개로 보고했으나 이번 기회에 이를 바로잡는다. 목록에 누락되었던 기사는 67호에 게재된 김영팔의 희곡 「싸움」이다. 따라서 이와 관련된 통계표 일체를 다시 손질했다.

18) 이는 삭제의 정도와 양상을 실증하는 데도 어려움을 초래한다. 대조할 판본이 없는 경우 전문삭제냐, 부분삭제냐 혹은 검열삭제냐, 자체삭제냐를 판단하기가 쉽지 않기 때문이다. 2회의 압수와 정간을 당했던 62호의 경우, 필자는 부분삭제기사가 5개인 것

마 삭제기사의 현황을 호수와 연도별로 제시하면 아래와 같다.

표 2. 『개벽』 호별 · 연도별 삭제기사 현황

호 수	1	2	6	9	12	16	19	25	26	27	34	39	40	44	45	46	47	49	50	52	53	54
기사개수	6	1	1	4	2	1	4	3	1	2	1	2	4	3	2	6	6	2	2	5	11	5
소계(%)	8(5.4%)			7(4.7%)			10(6.7%)				7(4.7%)			42(28.2%)								
연 도	1920			1921			1922				1923			1924								

호 수	55	56	57	58	59	60	61	62	63	64	65	66	67	68	69	70	71	72	총계
기사개수	6	6	4	8	1	1	3	5	4	3	1	2	7	4	6	5	3	6	149
소계(%)	41(27.5%)										34(22.8%)								100%
연 도	1925										1926								

이 149개의 기사들 중에서 가장 많은 비중을 차지하는 것은 논설이며, 그 중에서도 사상 관련 기사들의 삭제 비율이 높았다. 잡문 중에서는 특히 정치 · 시사에 관련된 기사들이 많이 삭제되었다. 정론지이자 '언론잡지'를 표방한 『개벽』의 성격상 이런 삭제 양상은 필연적이라고 할 수 있겠다.

삭제기사와 관련하여 시급한 과제는 기사 자체의 복원이라고 할 수 있는데,[19] 여기서도 원본 확인과 판본 대조 작업이 큰 힘을 발휘한다. 영인본에서 확인할 수 없는 삭제기사의 상당수를 이를 통해 복원할 수 있기 때문이다. 아래는 필자가 이번에 그 실물을 확인한 삭제기사들로 모두 21개(6개의 대체기사 포함)[20]에 달하는데, 이돈화 · 김기전 · 차상찬 ·

으로 파악했지만, 남아 있는 판본이 미결본 하나이기 때문에 삭제기사 수나 삭제 정도를 확정하기 어렵다. 전문삭제기사 수가 늘어날 가능성이 큰 것이다.

19) 삭제의 제 양상과 복원 방법에 대해서는 한만수, 「식민시대 문학검열에 나타난 복자의 유형에 대하여」(『상허학보』 14, 깊은샘, 2005)와 「일제 식민지시기 문학검열과 원본 확정」(『대동문화연구』 51, 성균관대 출판부, 2005) 등을 참조할 것.

20) 『개벽』의 경우, 본기사가 압수 · 삭제되면 곧바로 그 기사를 대체하여 호외나 임시호가 발행되었는데, 인용한 대체기사들이 여기에 해당한다. 대체기사의 숫자 또한 이번에 바로잡는다. 누락되었던 기사는 44호에서 「산업의발전과무산게급의해방」 대신에 들어간 孤峯의 「現新聞의缺陷과民衆의無神經」이다. 어떤 삭제기사에 대한 대체기사인지는 「부록 1」의 비고란을 확인하기 바란다.

임유동 · 박형병 · 김기진 · 이동곡(북려동곡) 등의 전문삭제기사들은 지금까지 학계에 실물이 보고된 바가 없는 귀중한 자료들이다. 무엇보다 김기진의 소설 「TRICK」은 문학사에 이름만 전하던 작품으로 자료적 가치가 높다.21)

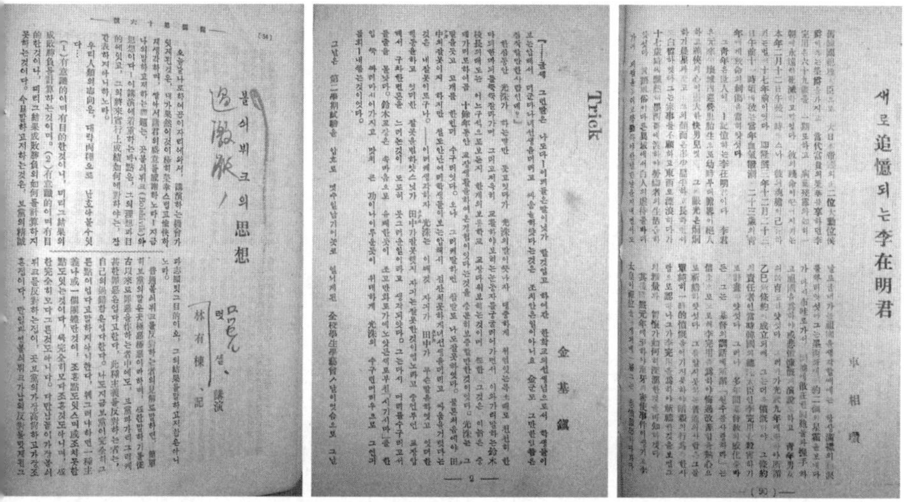

그림 2. 전면삭제된 「볼싀뷔크의 사상」, 「TRICK」, 「새로 기억되는 이재명군」(왼쪽부터).

미 상, 「우리에게 眞人이 잇는가」(권두언), 『개벽』 9호, 전문.
이돈화, 「民族的 生命에 執着하라」, 『개벽』 9호, 전문.
김기전, 「아니여쑬수 업사와」, 『개벽』 9호, 일부(11~14면).
일기자, 「上元懇親會席上에서 諸名士의 朝鮮改造向上에關한談片」, 『개벽』 9호, 일부(101~102면).
임유동 記, 「볼싀뷔크의 思想」(럿셀의 강연), 『개벽』 16호, 전문.
세검정인, 「道詵庵中의 漫筆 十六題」, 『개벽』 27호, 일부(5, 24면).
북려동곡, 「조선민족발전의 신근거」, 『개벽』 27호, 전문.

21) 소설 「Trick」의 내용과 성격에 대해서는 최수일, 「식민지 제도와 지식인에 대한 새로운 통찰－김기진의 소설 「Trick」에 대하여」(『상허학보』 15, 깊은샘, 2005)와 그 「부록」을 참조할 것.

미 상, 「間琿住民大會의 開催와 朝鮮民團設立」, 『개벽』 34호, 전문(대체 기사).

이영민외, 「詞藻」(한시4편), 『개벽』 34호, 전문(대체기사).

미 상, 「不遠千里의 五百名代表」, 『개벽』 34호, 전문(대체기사).

고 봉, 「現新聞의缺陷과民衆의無神經」, 『개벽』 44호, 전문(대체기사).

돌 이, 「基督教와 基督教會」, 『개벽』 45호, 전문(대체기사).

이상재, 「나는 基督教에 단이는 사람이외다」, 『개벽』 45호, 전문(대체기사).

김기전, 「不知手之舞之 · 足之蹈之」, 『개벽』 50호, 전문.

이돈화, 「天國行(二)」, 『개벽』 50호, 전문.

김기진, 「TRICK」(소설), 『개벽』 63호, 전문.

일기자, 「時言」, 『개벽』 67호, 일부(75~76, 79~80면).

차상찬, 「새로 追憶되는 李在明君」, 『개벽』 67호, 전문.

박형병, 「近世植民政策의 終幕」, 『개벽』 71호, 전문.

김기전, 「國葬前後의 留置場生活雜記」, 『개벽』 71호, 일부(84~87면).

박달성, 「西行雜記」, 『개벽』 71호, 일부(105, 106, 109면).

물론 「사고」 · 「개벽지후」 · 「편집후기」 등을 참조하거나, 판본대조를 해도 제목조차 확인이 안 되는 경우가 있고, 제목이 있고 삭제 부분을 알아도 어떤 내용인지 복원이 불가능한 경우도 있다. 가령 『개벽』 56호의 삭제기사인 「혁명문학」(이동곡), 「농민구제책」(이성환), 「일본의 무산정당과 조선」(나산), 「농촌청년에게 보내는 글월」(정백)은 편집후기를 통해 간신히 제목만 확인되었고, 『개벽』 63호 '9~13면'[22]의 삭제기사는 아예 목차조차도 복원이 불가능했다. 새로운 판본의 발견과 판본 대조 작업이 지속적으로 이루어져야 하는 이유가 여기에 있다.

---

22) 『개벽』 63호, 1925.11.1, 9면의 호외 「사고」의 말미 참조.

2) 매체의 재생산과 검열

주지하다시피 식민지 시대에 출판업 내지 잡지 경영을 한다는 것은 '고생길'로 접어드는 것을 의미했다. 대다수의 서적상들은 열악한 자본 상태로 인해 출판과 판매를 겸하고 있었고, 발행된 책을 팔아 다음 발행을 준비하는 식으로 운영되었으며, 빈약한 독서 시장은 이런 상황을 더욱 악화시켰다. 즉 그냥 놔두어도 특정 '매체의 재생산'이 쉽지 않은 구조였던 것이다. 1920년대 초·중반 우후죽순으로 생겨났던 대다수의 잡지들이 '조기명멸'했던 상황은 그 방증이라고 할 수 있다. 그런데 이런 상황에 '검열'이라는 문제가 다가선다. 상황이 더 악화될 수밖에 없다. 특히 '신문지법'의 저촉을 받는 신문·잡지들에 검열은 하나의 '공포'였다. 이미 제작된 책을 '압수(발매금지)'당하게 되면 한번에 수백원에서 기천원의 손실이 발생하기 때문이다.

> ○○을 當 하든 때
>
> 이런 날이 曾往부터 업섯든 바는 아니지만 …… 지난 十二月 三十日은 獨別나게 記憶이 된다. (…중략…) 編輯責任者 K군이 빙그레 웃으면서 「설마 이번에야 押收를 할나구 이번은 押收거리가 업서…… 萬若! 이번에 押收를 한다하면……」하고 무슨 數나 잇는 듯이 마즈막 말을 힘잇게 맷는다 (…중략…) 「印刷를 어대서 하엿느냐 물으니 무슨 일이 쏘 날 모양인가보아」하고 고개를 푹 숙인다. (…중략…) 「押收요 몃部나 실어 왓소 다-내어노으시오」하는 소리 晩得의 獨子가 먼길을 써나는 듯하다. 「몃部야요 어서 調査해내어 노아요」하고 督促이 쏘 한번 나린다. 비위조흔 키다리 B君이 쑥 나서며 「예 二○○○部밧게 안가저왓소 여긔 그대로 잇소 調査해보오」한다. 「二○○○部? 그것 쑨이요」「네 그것쑨이요 마츰 製冊된 것은……」(…중략…) 「여보 이게 무슨 일이요 損害가 五六千圓이요」라고 哀願 비슷이 R군이 말을 건네 것다.[23]

23) H生, 「○○을 當하든 때」, 『개벽』 20호, 1922.2.1, 44면.

인용문은 이러한 추정이 막연한 것이 아님을 잘 보여주는 자료로, 경제적 손실을 감당해야 하는 매체 담당자들의 당혹감이 곳곳에 묻어난다. 하지만 더 큰 문제는 그 다음이다. 문제가 된 기사를 빼고 다시 제작하거나, 아니면 새로운 책을 준비할 자본금 조달에 어려움을 겪는 것이다.

물론 『개벽』은 천도교측으로부터 조직적인 자금지원을 받았고,[24] 평균 발행부수 8,000~9,000부에, 그 구독자 수가 최소 1만 명 이상이었다는 점을 감안할 때,[25] 그 경제적 처지가 여타의 잡지(『신천지』·『염군』·『조선지광』 등)들과는 달랐다. 하지만 평균 1천~2천원의[26] 손해를 입히는 압수가 "삼개월마다 반듯이 한번씩 당한 일이라 새삼스럽게 놀라이는 바도 아"[27]닐 정도로 반복되는 상황이 되면 문제는 달라진다. 검열로 인해 매체의 재생산 회로에 심각한 장애가 초래되고, '개벽사'란 미디어자본의 성장이 크게 지체될 수도 있는 것이다. 여기서 우리는 『개벽』이 당한 '6년간 40회의 압수'를 객관화할 필요가 있다. 즉 여타의 신문·잡지의 압수 상황과 견주어 보는 것이다. 결론부터 말하면 『개벽』의 압수 현황은 우리 근대사에 거의 유례가 없는 일이었다고 할 수 있다.

> 一. 在京 新聞, 雜誌 差押 回數[28]
> 名稱 大正十一年大正十二年 大正十三年 合計
> 東亞日報 一四 一六 一〇四〇
> 朝鮮日報 九 二二 八三九

24) 천도교청년회는 개벽사 경비로 총지출의 63.4%를 지출했다고 한다. 이에 대해서는 천도교청년회 중앙본부, 『천도교청년회 80년사』, 글나무, 2000, 104~105면 참조.
25) 『개벽』의 평균 발행부수, 판매부수, 구독자 수의 산정방법에 대해서는 최수일, 「1920년대 문학과 『개벽』의 위상」, 성균관대 박사논문, 2001, 27~30면 참조.
26) 이런 추정은 『개벽』의 총 압수부수 112,000부를 압수횟수 40으로 나눈 수치인 1,400원을 근거로 한 것이다. 『개벽』의 총 발행부수와 압수부수 등에 대해서는 『개벽』 49호(1924.7.1)의 권두언 「개벽운동만세」를 참조할 것.
27) 「본임시호를 읽을 이에게」, 『개벽』 25호, 1922.7.10, 60면.
28) 『개벽』 49호, 1924.7.1, 106면.

時代日報 八八
開闢 四 五 四一三
新生活 七 一 / 八
朝鮮之光 (十一號發行) 四四
焰群 三 二五

인용문은 『개벽』 49호에 실린 「재경 신문 · 잡지 차압회수(差押回數)」란 쪽기사로 1922년~1924년 5월까지 경성의 신문 · 잡지의 압수횟수를 기록한 것인데, 『개벽』의 압수현황이 유독 두드러진다. 통계와 달리 실제 이 기간에 『개벽』은 11회[29]의 압수를 당했지만, 이 숫자만으로도 『개벽』이 검열문제의 중심에 서 있었음을 가늠할 수 있다. 외면상 『동아일보』나 『조선일보』의 압수횟수가 두드러져 보이지만, 『개벽』이 월간으로 발행되었다는 점을 감안하면 압수의 빈도 면에서 『개벽』을 따라올 대상이 없는 셈이다.[30] 『개벽』 곳곳에 압수와 관련된 '하소연'이 붙게 되는 데는 이같은 이유가 있는 것이다.

문제는 『개벽』의 매체적 재생산이 검열로 인해 그 미래를 낙관할 수 없는 상태였다면, 『개벽』의 문학 또한 그 재생산 회로에 문제가 있었다는 것이다. 무엇보다도 매체의 잦은 압수는 『개벽』이 지향한 특정 경향의 문학이 안정적으로 독서되고, 향유되어 독자들의 취향 속에 굳어지는 과정을 방해했을 터이다. 더구나 검열로 인해 "연애중심의 것"에서 벗어난 "더좀 實地잇는 方面에 着目한"[31] 작품, "時代精神의 產物"로서 "時代에 處한 人間苦의 부르지짐"[32]을 형상한 작품들이 집중적으로 삭제된다면, 일제의 검열은 우리 근대문학의 재생산 방향을 근본적으로 제어한 셈이 된다. 그리고 이것이 필자가 『개벽』의 압수 현황, 기

29) 표 1의 연도별 압수 현황을 참조할 것.
30) 『개벽』이 식민지 시대의 검열의 문제를 다루는 데 있어 일정한 준거가 될 수 있는 이유가 여기에 있다.
31) 「擲筆之餘」, 『개벽』 34호, 1923.4.1, 판권간기면.
32) 「현상소설대모집」, 『개벽』 58호, 1925.4.1, 60면.

사의 삭제 현황에 주목하는 가장 중요한 이유이기도 하다. 이에 대해서는 다음 장에서 상론하기로 한다.

한편, 『개벽』의 검열 현황은 식민지 시대 검열 정책의 흐름과 그에 대한 주체의 대응 양상을 읽어낼 수 있다는 점에서도 주목할 필요가 있다. 즉 『개벽』을 통해 검열의 '양방향성'[33]을 확인할 수 있는 것이다. 잠시 앞장으로 돌아가 보자. 표 1과 표 2는 『개벽』의 압수 현황과 삭제기사 현황을 호별·연차별로 정리한 것인데, 연차 내지 시국에 따라 그 양상과 빈도에 변화가 나타나고 있음을 발견할 수 있다. 주목할 것은 이런 변화의 이면으로, 자세히 살펴보면 자못 흥미로운 사실들을 읽어낼 수 있다.

먼저 주체의 대응이란 차원에서 보면, '정치시사'의 게재를 법으로 보장받지 못했던 전기(前期, 1~27호)와 '치안유지법'의 실시로 사상 통제와 탄압이 가중되었던 후기(後期, 55~72호)의 상황이 눈길을 끈다. 전기 10회(25%)의 압수와 25개(16.8%)의 삭제기사는 『개벽』이 "學術 技藝 或 物價情報에 關하는 記事만"[34] 실어야 한다는 '신문지법 제5조'[35]의 제한규정을 지속적으로 위반했음을 드러내는 것으로, "민족운동을 재래하는 유일한" 매체임을 천명했던 『개벽』 주체들의 의기와 자부심이 단적으로 드러나는 표지라고 할 수 있다. 즉 이 시기의 삭제와 압수는 『개벽』의 주체들이 법적인 허용범위를 넘어서 검열당국에 당당히 맞섰음을 의미한다.

후기는 더욱 치열하고 의미심장한 양상을 보이는데, 모두 19회(47.5%)의

33) 1920년대 일제의 검열과 식민주체들의 대응 논리에 대해서는 박헌호, 「'문화정치'기 신문의 위상과 反-검열의 내적논리」, 『대동문화연구』 50, 성균관대 대동문화연구원, 2005 참조.

34) 계훈모 편, 「부록-신문지법」, 『한국언론연표』, 관훈클럽, 1979, 1218면 참조.

35) 『개벽』은 애초에 신문지법 제5조의 제한규정에 의거해 허가되었고, 1922년 9월 12일부로 이 제한에서 벗어나 정치·시사를 정식으로 다룰 수 있게 되었다. 이에 대해서는 한기형, 「문화정치기 검열체제와 식민지 미디어」, 『대동문화연구』 51, 성균관대 출판부, 2005, 80~83면 참조.

압수와 1회의 정간조치를 당하고, 그 과정에서 모두 75개(50.3%)의 기사가 삭제된다. 이미 『신생활』·『염군』·『신천지』[36] 등 문제적 잡지들의 상당수가 종간 혹은 강제폐간을 당한 상태이고, 일제가 치안유지법(1925년 5월 12일)[37]을 통해 통제와 탄압을 강화하는 한편, 한 차례의 정간을[38] 통해 『개벽』에 대해 일종의 "최후통첩"[39]을 보냈음에도 『개벽』은 논지를 굽히지 않았던 것이다. 오히려 『개벽』은 탄압에 정면으로 맞서 주체적으로 운명을 개척하려 했다. 『개벽』이 치안 유지법의 실시에 맞서 전국에 걸쳐 지·분사(支·分社) 조직을 폭발적으로 증설하여, 조직력과 정치적 영향력을 과시한 사건은 그에 대한 훌륭한 방증이라고 할 수 있다.[40]

흥미로운 점은 이런 『개벽』의 처세가 당시의 대세가 아니었다는 사실이다. 당대 대다수 신문과 잡지는 "當局者의 心意를 忖度하기에 特別히 苦心"하여 "나가는 붓을 멈추고" "우러나는 말은 서리고 펴지 못하"는 방향, 즉 "자기검열"[41]을 강화하는 방향으로 진로를 모색했던 것이다.

---

36) 이들 매체들의 성격과 전개 그리고 기본적인 서지사항에 대해서는 최덕교 편, 『한국잡지 백년』 2, 현암사, 2004 참조.

37) 치안유지법은 조선에서 1925년 5월 8일 공포되어 동월 12일부터 시행되었다. 치안유지법의 제정과 변천 및 적용 사례 등에 대해서는 김철수·한남제의 「1920년대 '치안유지법'의 제정·적용과 식민지 지배」(『평화연구』 29, 경북대 평화문제연구소, 1995)와 장신의 「1920년대 민족해방운동과 치안유지법」(『학림』 19, 연세대 사학연구회, 1998), 그리고 水野直樹(이영록 역)의 「조선에 있어서 치안유지법 체제의 식민지적 성격」(『법사학연구』 26, 한국법사학회, 1998) 등을 참조할 수 있다.

38) 『개벽』 62호가 문제가 되어 1925년 8월부터 동년 10월 15일까지 발행정지된 사건을 가리킨다.

39) 한기형, 앞의 논문, 96면.

40) 실제로 『개벽』은 이 시기 들어 52개지사—62분사로 이루어진 거대한 조직망을 건설했는데, 이는 일개 잡지사로서는 유례가 없는 대단한 것이었다. 『개벽』 지·분사의 증가 현황과 그 정치적 맥락에 대해서는 최수일, 「『개벽』 유통망의 현황과 담당층」(『대동문화연구』 49, 성균관대 출판부, 2005)을 참조할 것.

41) 박헌호, 「'문화정치'기 신문의 위상과 反—검열의 내적논리」, 『대동문화연구』 50, 성균관대 출판부, 2005, 253면.

新聞의 論說이나 記事가 當局者 忌諱에 걸리어 押收를 當함은 法律上 當然한 일이라. 이에 우리의 抗議를 容納할 곳이 업다. 우리는 붓을 들때 이 常識이 너무도 强烈함으로 恒常 文章의 巧拙은 第 二義를 삼고, 첫재 當局者의 心意를 忖度하기에 特別히 苦心한다. 그러함으로 나려가는 붓을 멈추고 노치 못하며, 울어나는 말을 서리고 펴지 못한다. ……[42]

필자는 시세에 누구보다도 민감했던 『개벽』이 대세를 몰라서 언뜻 비장하기까지 한 운명을 선택했다고 보지 않는다. 오히려 피치 못할 나름의 계산법이 있었다고 보는 것이 합리적이다. 무엇보다도 미디어를 통해 조선의 전 계층을 장악한다는 비전, 나아가 훗날 '독자적 정치세력화'[43]를 천명하게 되는 천도교측의 권력 장악의 욕망선상에서 『개벽』의 선택을 본다면, 수긍이 빠르다. 탄압과 저항 속에서 대중적 명성과 지명도를 쌓아온 『개벽』이 한순간 타협의 저자세로 돌아선다면, 개벽사의 '문화권력'은 삽시간에 붕괴되었을 터, 천도교측의 정치적 욕망도 근본적인 타격을 입을 수밖에 없었다. 『개벽』은 '죽어서 사는 길'을 열어두려 했다고 볼 수 있다.

한편으론 검열당국이 『개벽』(개벽사)을 그대로 두지 않을 것이라는 판단도 크게 작용했을 것이다. 후기(1925.1.1~1926.8.1) 들어 18개 제호 중 14개가 압수되어 매체 압수율 77.8%[44]를 기록하는 상황과 1925년 8월(62호)의 정간, 그리고 이 정간과 관련해서 『동아일보』에 실린 고등경찰과장 다나카(田中武雄)의 공개협박장[45]이 판단의 근거였다. 특히 "지금 태도를 고친다는 것을 인정하면 엇지 될는지 나종 일이니 지금 단언하기가 어

42) 「압수에 대하야」, 『동아일보』, 1924.5.30, 1면; 박헌호, 위의 글, 252~253면 재인용.
43) 천도교 조직을 통한 '독자적 정치세력화'에 대해서는 김정인의 「일제강점기 천도교단의 민족운동 연구」(서울대 박사논문, 2002)를 참조.
44) 55호~72호까지 18개의 제호 중 압수를 피한 것은 55호, 61호, 65호, 68호 등 단 네 호이고, 62호, 63호, 69호는 2회 연속, 70호는 3회나 연속적으로 압수되었다.
45) 「『개벽』의 정지와 당국의 언명」(『조선일보』, 1925.8.4)을 가리킨다. 이 기사의 성격에 대해서는 한기형, 앞의 논문, 94~97면 참조.

려웁다"[46]는 다나카의 최후 통첩성 발언은 『개벽』 주체들에게 '폐간'을 예고하는 것으로 각인되었을 것이다. 그렇다면 『개벽』의 운명은 '후기'에 들어 한순간에 선택된 것이었을까? 그 해답은 '중기(中期)'(28~54호)에 있다.

중기는 『개벽』이 『신천지』·『신생활』·『조선지광』 등과 함께 정치·시사를 다룰 수 있는 권리를 부여받아, 본격적으로 자신의 담론을 개척했던 시기였다. 내용 편집 면에서 정치·시사가 차지하는 비중이 현저히 증가했고, 무엇보다도 사회주의 담론이 새로운 시대정신으로 『개벽』 속에 투영되었다. 따라서 상식적으로 보면 압수의 가능성이 어느 때보다도 큰 시기였다. 하지만 표 1과 표 2에서 보듯이 결과는 다소 의외다. 전기(25%)와 그다지 큰 차이가 없는 11회(27.5%)의 압수에 그치는 것이다. 그런데 자세히 보면 1924년(43호)을 경계로 압수의 빈도가 3회와 8회로 현격한 차이를 보이는 것을 알 수 있다. 압수기사 면에서는 7개(4.7%) 대 42개(28.2%)로 그 차이가 더 확연하다.

물론 『개벽』이 1923년 중반, 즉 37호(1923.7.1)를 경계로 급속히 사회주의에 몰입했던 점을 감안하면 8회 압수와 42개의 삭제기사는 충분히 납득이 간다. 이해하기 어려운 것은 앞의 숫자다. 정치시사를 허용하고 1년이 넘도록 단 3차례 압수와 7개의 기사를 삭제하는 데 그친 것이다. 필자가 확인한 바로는 이 시기의 『개벽』도 내용·편집 면에서 만만치가 않다. 즉 그 이상의 압수와 삭제가 가능했다는 것이다. 여기에는 일부러 하지 않았거나 미처 신경을 쓰지 못할 만한 사건이 있었던 것으로 여겨진다.

그런 점에서 1922년 9월 네 잡지에 대해 정치·시사를 다룰 수 있는 권리를 부여한 지 2개월이 채 못 돼, 『신천지』·『신생활』 필화사건이 발생했다는 사실은 주목할 필요가 있다. 한 연구자는 "이 사건의 과정

46) 한기형, 앞의 논문, 96면 재인용.

을 추적해 보면 검열체제가 필화를 기획한 것이 아닌가 하는 느낌을 받게 된다"며 사전에 "모종의 정책 결정이 있었"음을 추정하는데,[47] 이 사건이 '기획'된 것이라면 비슷한 시기 『개벽』이 검열에서 비껴난 듯한 상황에 놓이게 된 것도 또 다른 '기획' 내지 '전술'로 볼 수 있다. 즉 제재의 대상을 선별 · 최소화하여 무리를 줄이고, 시간의 터울을 둠으로써 '본보기 효과'를 최대화하는 것이다.[48] 더구나 이 시기 『개벽』을 직접 공격하기에는 몇 가지 문제가 있었다. 우선 『개벽』은 덩치가 커서 위험 부담이 있었고, 한편으로는 '문화정치'가 낳은 대표적 '상징물'로서 식민체제 안으로 끌어안을 필요가 있었다. 하지만 결과적으로 보면, 이런 위력과 위협은 통하지 않았다. 1924년 들어 8회의 압수 숫자가 증명하듯 『개벽』은 이런 위협에 굴복하지 않았고, 따라서 『개벽』의 운명은 그때 이미 어느 정도 예견되어 있었다고 할 수 있다.

3. 문학 검열의 양상과 그 의미

1) 삭제기사의 부문별 현황과 삭제 작품

『개벽』의 압수 · 삭제기사 149개를 부문별로 살펴보면, 잡문이 가장 많은 67개로 45%의 비중을 차지하고, 논설이 그 다음으로 52개 기사로

47) 「신천지」 · 「신생활」 필화사건의 전말과 그 배면의 맥락에 대해서는 한기형, 「문화정치기 검열체제와 식민지 미디어」, 『대동문화연구』 51, 성균관대 출판부, 2005, 84~92면 참조.

48) 『개벽』에 대한 검열체제의 이런 "명시적 우대"를 한기형은 『개벽』에 대한 회유책이자, "잡지 미디어 내부의 분열을 유도하는 정책"으로 평가했다. 한기형, 앞의 논문, 93~94면 참조.

34.9%를 차지한다. 잡문이 문학과 논설을 제외한 글쓰기 전반을 포괄한다는 점을 감안하면, 단일 갈래로는 역시 논설이 가장 큰 비중을 차지하고 있다고 할 수 있다. 논설 중에서는 1920년대 시대정신을 이끌었던 잡지답게 '사상관련' 기사가 가장 많고, 정치 · 시사적인 논설이 그 다음을 차지하고 있다. 논설과 잡문을 포괄하여 가장 큰 비중을 차지하는 것은 단연 정치 · 시사에 관련된 기사들이니, 모두 59개로 전체 대비 40%의 비중을 차지하고 있다. 이 또한 『개벽』이 시대의 문제를 껴안았던 잡지임을 드러내는 표지라고 할 수 있다. 그에 반해 문학부문은 모두 28개의 기사가 부분 혹은 전면삭제를 당해 18.8%의 비중을 차지하고 있다. 이를 표로 제시하면 아래와 같다.

표 3. 『개벽』 삭제기사의 갈래 · 연차별 현황

부문	문학							논설					잡문				미상	누계(%)
연도	시	소설	희곡	수필	비평	기타	소계	정치	사상	계급	기타	소계	시사	보고	기타	소계	미상	
1920	2	1					3	1	1			2			3	3		8(5.4%)
1921								1	5			6		1		1		7(4.7%)
1922				1			1		1	2	1	4	5			5		10(6.7%)
1923								1	2			3	4			4		7(4.7%)
1924		1		4	1	1	7	4	5	2	1	12	11	11		22	1	42(28.2%)
1925		2		1	2		5	6	2	3	8	19	10	1	5	16	1	41(27.5%)
1926	3	3	1	3	2		12	2	2	1	1	6	14	1	1	16		34(22.8%)
누계	5	7	1	9	5	1	28	15	18	8	11	52	44	14	9	67	2	149(100%)
비율	28(18.8%)							52(34.9%)					67(45%)				1.3%	

* 논설 : 정치(정치 · 시사), 계급(노동 · 농촌), 기타(종교 · 교육 · 경제 등)
잡문 : 문학 · 논설 이외의 여타 장르의 모든 글, 기타(인물담, 회고나 역사담, 만평 등)

149개 중 28개(18.8%)면 작지 않은 비중이지만, 엄밀하게 살펴보면 상황이 조금 다르다. 즉 『개벽』에 게재된 전체 문학부문 기사들을 기준으로 하면 문학영역의 삭제율은 이보다 훨씬 떨어지기 때문이다. 『개벽』에는 대략 2,074개의 기사들이 게재되었고, 문학은 788개(38%)의 기사가 게재되어 단일 영역으로는 최고의 기사 수를 자랑하는데,[49] 이 경우 문학부문의 삭제율은 3.6%에 불과하게 된다. 반면 논설은 322개의 기사 중 52개의 기사가 삭제되었으니 삭제율이 16.2%에 이르며, 그외 기사를 통칭 잡문으로 묶는다면 잡문도 900여 개 중 68개로 7%가 삭제된 셈이 된다. 즉 문학부문의 삭제율은 세 부문의 평균 삭제율[50] 8.9%에 크게 못 미치는 것이다. 식민지 시대 문학영역이 여타의 영역들에 비해 상대적으로 '열린 공간'이었다는 사실이 이를 통해서도 선명히 드러난다.[51]

한편, 표 3에서 보듯이 1924년 1월(43호)을 기점으로 전 부문에 걸쳐 삭제기사가 급증함을 볼 수 있는데, 이는 앞에서 보았듯이 전체 압수(40회)의 과반 이상(27회)이 1924년 이후에 집중되어 있는 현상과 맞닿아 있다. 문학도 다른 부문과 마찬가지로 이 시기에 들어 삭제기사가 크게 늘어나는 양상을 보이는데, 전제 28개의 삭제기사 중 24개(85.7%)가 1924년 이후에 집중 삭제되었다.

문학부문의 삭제기사를 장르별로 살펴보면, 시가 5개 삭제기사에 7편,[52] 소설이 7편, 수필이 9편, 희곡이 1편, 비평과 문학론이 5편 등이다. 삭제된 시・소설 작품들과 삭제 정도를 제시하면 아래와 같다.

> 미 상, 「금쌀악」・「옥가루」, 2편, 시(전문)
> 차상찬, 「한시」(「경주회고」, 「남한산성」), 2편, 한시(전문)
> 이 호, 「북으로 가는 이의 마음」, 시(일부)
> 이상화, 「빼앗긴 들에도 봄은 오는가」, 시(전문)

---

49) 『개벽』의 기사게재 현황에 대해서는 최수일, 「1920년대 문학과 『개벽』의 위상」, 성균관대 박사논문, 2001, 42~78면의 통계 현황을 참조할 것.

50) 이는 부문별 삭제율을 합산하고 이를 부문 수로 나눈 것이다.

51) 이는 부분삭제냐, 전면삭제냐의 문제, 즉 검열의 정도를 비교해도 분명하게 드러난다. 전체 149개의 기사 중 전면삭제된 기사는 57개 가량인데, 이 중에 문학부문은 8개에 불과하다.

52) 기사 수와 작품 수가 일치하지 않는 것은 한 제목에 여러 작품이 게재된 때문이다.

이　호, 「행동의 시」(전문 : 세 편 중 한편)
목　성, 「流帆」, 소설(일부)
김기진, 「붉은 쥐」, 소설(일부)
조명희, 「땅속으로」, 소설(일부)
김기진, 「TRICK」, 소설(전문)
이기영, 「농부 정도룡」, 소설(일부)
송　영, 「선동자」, 소설(일부)
김영팔, 「싸움」, 희곡(일부)
최승일, 「봉희」, 소설(일부)

인용한 작품들은 경향상 두 부류로 묶을 수 있는데, 「행동의 시」와 소설 「붉은 쥐」, 「땅속으로」, 「농부 정도룡」, 「선동자」, 「봉희」 등을 한 부류로, 「금쌀악」·「옥가루」, 「한시」, 「북으로 가는 이의 마음」, 「빼앗긴 들에도 봄은 오는가」 등의 시와 「유범」, 「TRICK」 등의 소설을 또 한 부류로 묶을 수 있다. 전자는 1924년을 전후해 『개벽』을 근거로 성장한 '신경향파문학'이며, 후자는 민족모순이나 주권회복의 문제를 형상화의 근간으로 삼고 있는 작품군이라고 할 수 있다.

『개벽』 문학의 '문제적 성격'을 함축하고 있다고 볼 수 있는 두 작품군은 검열의 문제, 나아가 근대문학의 재생산과 관련하여 매우 중요한 의미를 갖는다. 검열의 직접적인 결과물인 이 작품들은 검열의 목표 내지 '방향성'을 읽어 낼 수 있는 표지를 담고 있으며, 이를 통해 검열체제가 기획한 한국 근대문학의 상을 짐작할 수 있기 때문이다.

2) 검열의 '밀도'와 '내면화' 문제

검열의 '방향성'과 관련하여 주목할 점은 신경향파문학 혹은 계급문학이 식민지 시대 검열의 최대 피해자라는 일반적 통념과 달리 『개벽』

안에서 신경향파문학의 대표적 작품들이 부분삭제에 그치고 있다는 사실이다. 72호에 게재되었던 이호의 「행동의 시」가 전면삭제를 당한 것을 제외하고, 모두 부분삭제이며, 또 그 중 상당수는 '××' 등으로 '복자(覆字)' 처리된 자체삭제의 가능성도 있다.[53] 통념을 비껴나는 이런 상황은 목록에 언급되지 않은 다른 작품들의 경우를 보면 더욱 또렷해진다. 박영희의 「전투」(55호)·「정순이의 설움」(56호)·「사냥개」(58호), 이익상의 「광란」(57호)·「흙의 세례」(59호)·「쫓기어 가는 이들」(65호), 이기영의 「가난한 사람들」(59호) 등은 검열을 무리없이 통과했던 것이다.

반면 국권상실의 분노와 비애 혹은 국권회복의 의지를 그린다든가, 일제의 식민정책을 정면으로 비판하는 다른 작품군은 대부분 전면삭제를 당했다. 전면삭제된 이상화의 「빼앗긴 들에도 봄은 오는가」는 따로 설명이 필요없는 작품이고, 차상찬의 「한시」 2편이나 저자 미상의 「금쌀악」·「옥가루」[54]는 국권상실의 비애와 국권회복의 의지를 담고 있는 작품들이다. 특히 필자가 발굴한 김기진의 소설 「TRICK」은 일제의 동화정책, 구체적으로는 그 근간인 교육정책을 비판하는 한편, 식민지 제도권 내 지식인들에게 '동화'의 가능성을 경고하는 작품이다.[55] 더구나 검열당국은 전면삭제는 아닐지라도 이른바 '민족정서'를 자극하는 단어나 구절은 그냥 지나치지 않고 철저히 삭제했다. 소설 「유범」의 삭제 부분이 대표적인 예로, 봄의 정취에 싸인 '독립문'의 묘사가 문제가 되었다.

53) 『개벽』에서 ××, ○○ 등으로 복자 처리된 경우는 작가나 편집진이 행한 자체 삭제일 가능성이 있는데, 가령 72호에서 일부가 복자 처리된 배성룡의 「신흥정치운동의 성질」이나 김기전의 「착목할 일본의 이민정책」은 아단문고의 검열본을 통해 자체삭제임을 확인할 수 있다. 이런 경우로 추정되는 작품은 시 「북으로 가는 이의 마음」과 소설 「땅속으로」, 「선동자」, 「봉희」 그리고 희곡 「싸움」 등이다. 작품 자체가 전면삭제된 이호의 「행동의 시」에도 자체삭제로 보이는 부분이 있다.

54) 이것을 김기전의 작품으로 보는 견해가 있다. 김근수, 「개벽지에 대하여」, 『개벽』(영인본) 1, 개벽사, 1969, 4면 참조.

55) 소설 「TRICK」의 성격에 대해서는 최수일, 「식민지 제도와 지식인에 대한 새로운 통찰-김기진의 소설 「Trick」에 대하여」, 『상허학보』 15, 깊은샘, 2005 참조.

모도가 봄이다. 山도 봄 물도 봄이고 사람도 봄이고 空氣까지도 봄 空氣이다. 그 부들업고 다사한 봄바람에 섯기어 가장 流暢하고 가장 平和로운 노래 소리가 獨立門 전체를 싸고 돈다. 그것은[56]

그렇다면 「TRICK」과 「빼앗긴 들에도 봄은 오는가」가 전면삭제를 당할 때 「농부 정도룡」이나 「붉은 쥐」가 부분삭제로 혹은 「전투」나 「사냥개」가 무삭제로 검열을 통과했다는 사실의 의미는 무엇인가? 결론부터 말하자면 이는 검열 밀도(密度)의 차이를 현상한다고 볼 수 있다. 즉 『개벽』이 "미디어적 중심성"을 지녔던 1920년대 초·중반, 「TRICK」과 「빼앗긴 들에도 봄은 오는가」 등으로 대표되는 '비타협적 부르주아문학'[57]이 신경향파문학 혹은 프로문학에 비해 좀 더 본원적인 검열을 받았다고 말할 수 있다.[58]

이는 1920년대 중반까지 사회주의 사상·운동이 문화정치의 테두리 내에서 근대적 학술의 하나로 용납되기도 했던 반면, 독립사상·운동은 그러기 어려웠던 상황과 관련이 깊다. 더구나 이 시기가 3·1운동의

56) 『개벽』 창간호, 1920.6.25, 139면, 삭제 부분.

57) '계급문학 대 민족문학'의 한계와 문제점에 대한 다양한 논의 중, 필자는 '프로문학 대 부르주아문학'의 구도를 수용했다. '부르주아문학'이란 개념이 '민족문학' 개념이 가진 한계, 이를테면 범위의 포괄성·모호성 등을 극복할 수 있다고 보기 때문이다. '비타협적'이란 수식어를 붙인 것은 부르주아문학 내부의 다양한 경향 중에서 민족모순(일제)에 저항적인 태도를 취한 '작품군'이 존재했기 때문에, 이를 여타의 경향들과 구분하기 위해서였다.

58) 물론 이것을 일제가 계급문학보다 '비타협적 부르주아문학'의 확산을 더 꺼렸다는 식으로 정리하는 것은 사안을 지나치게 단순화하는 것이고, 자체로 합리적이지도 않다. 그것은 양자를 '대타적'으로 보려는 관점의 산물이자, '최대 피해자는 계급문학'의 전도된 표현에 불과하기 때문이다. 다만 균형감각을 잃지 않는 범위 내에서, 즉 식민체제의 유지를 바라는 검열 당국에 프로문학(계급문학)이나 비타협적 부르주아문학은 한가지로 골칫거리였다는 입장을 견지하고, 식민지 전(全) 기간에 걸쳐 검열의 최대 피해자는 계급문학이라는 분명한 사실을 망각하지 않는 선에서 검열 밀도의 차이, 즉 비타협적 부르주아문학이 본원적인 탄압을 받았다는 사실을 직시할 필요가 있다. 이는 검열 당국이 시기와 상황에 맞추어 대상을 가늠했으며, 나름의 검열 전략과 전술을 구사했음을 방증하는 것이자, 검열이 특정 경향의 문학의 재생산 과정에 본원적인 개입을 했음을 입증하는 사안이기 때문이다.

'여진기(餘震期)'라는 사실은 독립의식을 고취하거나 민족모순을 환기하는 문학이 검열을 통과할 여지를 더욱 줄였다. 요컨대 사회주의는 식민체제 내로 순화시키고, 독립사상은 그 뿌리를 뽑겠다는 이 시기 검열당국의 입장이 검열 밀도의 차이를 낳았다고 할 수 있다.

그런데 이런 검열 밀도의 차이는 『개벽』에만 한정해서 나타나지 않았다. 동시대 『개벽』과 문학적 긴장관계를 유지했던 『조선문단』에서도 비슷한 양상이 드러난다. 흥미로운 점은 『조선문단』의 경우, 검열 밀도의 차이가 피검열자(被檢閱者) 혹은 수용의 차원에서 드러난다는 사실이다.

표 4. 『조선문단』 삭제기사 및 검열 관련 기사목록59)

필자	기사・작품명	호수	면수	삭제정도	비고
채만식	세길로(소설)	3호	14	일부	23행 삭제
C 生	불평의 가치(미상)	4호	190	전면	"85행 전면삭제"
최서해	살려는 사람들(소설)	7호	114	전면	작품 머리말만 게재
이태준	오몽녀(소설)	10호	213	전면	게재지 변경(특고)
최독견	기로(소설)	18호	목차	전면	목차에 '삭제'표시
김기진	문예사상과 사회사상	18호	6	일부	구절 곳곳이 삭제
윤기정	수상일속(수필)	18호	58	일부	18행 삭제
방인근	사회상(희곡)	18호	127	일부	4행 삭제
주요섭	첫사랑값(소설)	19호	144~6	일부	4곳 33행 삭제
일기자	세계문호와 그의 작품(평문)	20호	66	일부	"1행 삭제"
기타 검열 관련 기사					
편집자	투고하신 제위께 특고(공고)	2호	50	전문있음	"검열이라는 난관"
방인근	편집후 몃마듸(편집후기)	9호	128	전문있음	"원고검열 등의 장애"
유도순외	문단침체의 원인과 대책	18호	28	전문있음	검열과 출판법

『조선문단』의 삭제・검열 관련 기사를 정리한 표 4에서 검열 밀도의

59) 표 4를 작성하는 도중, 이봉범 선생의 도움으로 3~4개의 삭제기사와 검열 관련 기사를 보충할 수 있었다. 아울러 소설 「오몽녀」의 검열 관련 사항을 지적해 주신 박헌호 선생께도 감사드린다.

문제와 관련하여 뚜렷이 비교가 되는 작품은 최서해의 소설 「살려는 사람들」과 이태준의 소설 「오몽녀」다. 언뜻 보아 두 작품은 검열 결과에 있어 차이가 없어 보인다. 두 작품 공히 전편이 게재되지 못했고,[60] "事情에 依하야 原文發表는 中止"[61]한다는 공고가 실린 점이 동일하기 때문이다.

문제는 「오몽녀」는 원작이 후대에 남았지만, 최서해의 「살려는 사람들」은 원작 혹은 개작(改作)이 남아 있지 않은 점이다.[62] 이 차이는 「오몽녀」가 편집진에 의해 『시대일보』(1925.7.13)로 발표 지면이 바뀐 데서 비롯됐다.[63] 즉 「살려는 사람들」은 그대로 검열 과정에 넣어져 '출판법'의 저촉을 받아 원고 자체가 압수되었고, 「오몽녀」는 '정치·시사'가 가능했던 『시대일보』로 매체를 옮김으로써 '신문지법'에 의한 '납본' 검열을 통과했던 것이다.[64] 요컨대 「살려는 사람들」은 그대로 검열 과정에 넣어진 반면, 「오몽녀」는 『조선문단』의 이름으로는 검열에 넣어지지 않은 셈이다.[65] 그렇다면 왜 『조선문단』의 편집진은 「오몽녀」를 「살려는 사람들」과 다르게 취급했을까?

---

60) 엄밀히 말해 「살려는 사람들」은 목차에 있고, 제목과 저자 그리고 저자가 쓴 머리글이 본문에 실려 있지만(『조선문단』 7호, 목차 및 114면 참조), 「오몽녀」의 경우는 "當選되엇스나 事情에 依하야 發表치 못"한다는 「특고」만 남아 있다(『조선문단』 10호, 213면 참조).

61) 『조선문단』 7호, 1925.4.1, 114면.

62) 최서해 연구자인 곽근 선생의 편저(『최서해전집』 上·下, 문학과지성사, 1987)에도 「살려는 사람들」은 저자의 머리글만 실려 있다.

63) 「오몽녀」의 지면 변경의 전후 맥락에 대해서는 박헌호, 「'문화정치'기 신문의 위상과 反-검열의 내적논리」, 『대동문화연구』 50, 성균관대 출판부, 2005, 228~229면 참조.

64) 출판법과 신문지법의 검열 절차상의 차이점에 대해서는 정진석, 『한국언론사』, 나남, 1990, 384면 참조.

65) 『조선문단』이 출판법의 저촉을 받았고, 따라서 작품을 원고 상태 그대로 검열 당국에 제출해야 했다는 사실을 감안할 때, 검열 과정에서 문제가 발생하면 「살려는 사람들」의 경우처럼 원고 자체가 압수되어 작품이 전하지 않는 것이 보통이다. 따라서 「오몽녀」가 『시대일보』로 옮겨져 발표될 수 있었다는 것은 『조선문단』의 명의로는 검열에 넣어지지 않았다는 사실을 분명히 한다. 만약 검열에 넣었고, 여기서 전편이 문제가 되어 「특고」를 낸 것이라면 작품이 남아 있을 수 없는 것이다.

김재영이 발굴한 자료에 따르면 그 이유는 「오몽녀」에 "잡지에는 통과되지 않을 듯한 대목이 있어"[66]서였다. 말을 바꾸면 출판법에 저촉을 받는 『조선문단』이 감당할 수 없는 '정치 · 시사적' 부분이 있었기 때문이라는 것이다. 실제로 필자가 『시대일보』에 게재된 「오몽녀」[67]를 살펴본바, 편집진의 우려가 기우는 아니라는 판단을 했다. 식민지배 권력의 손발이자, 말단 관료인 순사가 일본인 소장의 방조 아래 부정부패와 위압적 폭력을 일삼는다는 설정, 특히 '남순사(南巡査)'가 오몽녀를 범하고, 남편을 엽기적으로 살해한 후 집까지 빼앗는 대목은 일제 관헌의 개인적 만행을 넘어, 일제의 조선침탈을 환기한다. 『조선문단』의 편집진은 「오몽녀」가 자칫 민족적 코드로 읽혀 문제가 될 수 있다고 판단한 것이다.[68]

반면, '빈곤문제'를 형상화했을 것으로 추정되는 「살려는 사람들」[69]은 거리낌없이 검열에 넣었다. 이런 차이가 앞서 말한 민족-계급문제에 대한 검열 밀도의 차이임은 물론이다. 다시 말해 『조선문단』의 편집진이 「살려는 사람들」에 대해서는 검열통과의 가능성을 열어둔 반면, 「오몽녀」는 아예 그 가능성을 접었다는 사실 자체가 피검열자의 내면에 각인된 검열 밀도의 차이를 드러내는 것이라고 할 수 있다.

한편, 『조선문단』의 판단과 선택은 식민지 조선에서 검열이 '내면화'

---

66) 이태준, 「意無盡記」, 『춘추』, 1943.1, 138면; 김재영 발굴 · 해제, 『상허학보』 13, 깊은샘, 2004, 541면 재인용.

67) 『이태준 문학전집』 1(서음출판사, 1988) 등에 실린 「오몽녀」는 『시대일보』에 게재된 것과 내용상 적지 않은 차이가 있으니 주의할 필요가 있다.

68) 원고 압수나 출판지연에 따른 경제적 손실문제로 검열에 민감할 수밖에 없었던 편집진의 판단이 이러했다면 여기엔 나름의 준거가 있었다는 것이 필자의 생각이다. 무엇보다도 동시대의 직접적인 체험, 즉 『개벽』 등에서 신경향파문학의 대표작들이 검열을 통과했다는 사실이 크게 작용했고, '사회주의사상'이 학술적인 차원에서 용납되는 시기적 상황도 「살려는 사람들」이 그대로 검열에 넣어지게 했을 것이다. 반면 「오몽녀」는 그와는 정반대의 체험과 검열 분위기로 인해서 게재 매체가 바뀌었을 것이다.

69) 원작이 남아 있지 않은 상태에서, 이는 최서해의 당대 창작 경향 및 제목을 통해 추론한 것이다.

되는 과정을 함축한다. 비록 「오몽녀」에 대한 검열적 판단이 주관적일 수 없고, 또 동시대의 검열 상황에 대한 총체적 체험에 근거한 것이지만, 이는 엄밀히 말해 법적인 검열 절차를 거치지 않은 검열, 즉 자기검열(검열의 내면화)이기 때문이다. 흥미로운 사실은 '검열 내면화'의 첫 단계가 검열당국과 작가(작품)의 직접적인 충돌에 기인한다기보다 이런 충돌을 미연에 방지해야 하는 미디어 매체의 특수한 입장에서 비롯된다는 것이다. 실제로 「오몽녀」 사건에서 매체(『조선문단』)는 검열주체(당국)와 객체(작가 · 작품)의 입장을 동시에 지닌다. 출판을 위해 검열을 받아야 하기에 피검열자이나, 기사나 작품을 직접 취사선택하고 그 운명을 결정짓는다는 점에서는 검열주체이기도 한 것이다.

문제는 일제의 검열이 강화되고 고도화될수록 미디어 매체(경영진 혹은 편집진)는 점점더 검열의 대리인으로 굳어진다는 것이다.[70] 일제의 언론통제가 한층 강화되었던 1920년대 말 "조선신문계의 편집국장이란 것은 일종 사설검열관에 불과하다"[71]는 주요한의 말은 경영상의 이유로 매체의 내적 검열이 강화되는 상황, 즉 편집진이나 경영진이 검열의 대리인으로 굳어지는 상황을 단적으로 지적한 것이라고 할 수 있다. 따라서 1930년대 매체의 확산과 작가의 증가는 필연적으로 자기검열(검열의 내면화)의 확산 · 심화과정일 수밖에 없었다.[72] 1931년 만주사변을 계기로 언론 탄압이 강화되었으나, 압수 처분 건수는 오히려 1920년대 말보다 감소했다는[73] 사실이 이를 방증한다.

이런 점에서 「오몽녀」 사건은 1920년대 말~30년대 초의 문화 상황의 전조로 이해될 필요가 있다. 특히 「오몽녀」의 개작 과정은 매체(편집진)

70) 이 과정에 대해서는 박용규, 「식민지 시기 문인기자들의 글쓰기와 검열」, 『한국문학연구』 29, 동국대 한국문학연구소, 2005, 3장 참조.

71) 주요한, 「기자생활의 추억」(속), 『신동아』, 1934.6, 76면; 박용규, 앞의 논문, 102면 재인용.

72) 이는 한편으로는 매체간의 상업(자본)적 경쟁을 통해서, 다른 한편으로는 원고 게재(원고료)를 매개로 한 자기검열의 요구를 통해서 이루어졌을 것이다.

73) 박용규, 앞의 논문, 100면 참조.

의 자기검열(검열의 내면화)이 작가의 자기검열로 삼투되는 과정을 여실히 보여준다는 점에서 주목을 요한다. 『조선문단』 투고 당시 초보 작가였던 이태준이 1930년대 대작가로 성장하여 단행본을 낼 때[74] "日人所長"이나 "순사놈" 같은 문제적 단어와 대목을 스스로 삭제했다는 것은 「오몽녀」 사건으로 대표되는 매체의 자기검열이 통상적으로 반복되어 작가의 내면에 각인되었음을 입증하는 것이기 때문이다.

3) 검열의 '전략'과 '근대문학의 기획'

앞에서 필자는 프로문학(계급문학)과 비타협적 부르주아문학 사이의 검열밀도의 차이가 검열당국의 태도, 즉 사회주의는 순화시키고 독립사상은 철저히 제거하려는 입장의 차이에서 비롯되었다고 말한 바 있다. 하지만 본원적 질문은 여전히 남아 있다. '검열당국의 그런 태도는 어디서 비롯되었는가?'하는 문제다. 섣불리 결론을 내리기 어려운 문제지만, 상식적으로 두 적을 모두 상대해야 하는 자의 우선 전략이 적들의 연합을 막는 것 혹은 적진을 분리하는 것이란 점에서, 검열당국의 입장도 크게 다르지 않았을 것이라 생각한다. 더구나 식민체제의 유지를 바라는 검열당국에 사회주의나 독립사상은 한 가지로 감당하기 힘든 골칫거리였다는 점에서,[75] 이 둘의 결합은 '공포'였을 가능성이 높다. 즉

74) 1939년판 『이태준 단편선』을 통해 이루어진 이 개작 과정(『이태준 단편선』)을 장영우는 '검열문제'에 초점을 맞추어 해석했고(장영우, 『이태준소설연구』, 태학사, 1996, 74~77면 참조), 박헌호는 '예술적 완성도의 강화'에 무게중심을 두어 해석했는데(박헌호, 『이태준과 한국 근대소설의 성격』, 소명출판, 1999, 142~147면 참조), 필자는 전체적인 의미 맥락에서는 후자에 공감하되, 몇몇 문제적 단어와 대목의 삭제문제에 있어서는 전자의 입장을 수용하였다.

75) 박헌호의 연구는 제국이 '사회주의'를 어떻게 바라보았고, 이에 어떻게 대처했는지에 대해 구체적인 실증을 통해 흥미로운 시사점들을 제공해 준다. 박헌호, 「1920년대 전반기 『매일신보』의 反-사회주의 담론 연구」, 『한국문학연구』 29, 동국대 한국문학연구소, 2005, 참조.

양자 연합에 대한 두려움이 검열밀도의 차이를 낳았다고 생각한다.

문제는 양자 연합의 가능성 내지 실재성이다. 다시 말해 검열당국이 현실적 두려움을 느낄 만한 상황들이 존재했느냐이다. 결론부터 말하면 충분히 가능했다고 생각한다. 우선 조선 사회주의운동은 그 출발부터 민족운동(독립운동)과 밀접한 관련이 있었다. 주지하다시피 1923년을 경계로 조선사회에 불어닥친 사회주의의 열풍은, 급속히 우경화하고 있었던 '문화운동'에 대한 실망과 좌절에서 비롯되었고, 그런 점에서 '민족독립운동'의 대안적 성격이 농후했기 때문이다. 초기 공산주의자들의 상당수가 조직운동의 가담동기로 "민족적 적대감"이나 "민족해방"을 꼽았고,[76] 당대의 지식인들 또한 사회주의의 확산을 "獨立心의 變態性"으로 파악하고 있었다는 사실은 '민족운동'과 사회주의의 밀접한 연관성을 드러내는 방증이라고 할 수 있다.

> 玆에 한가지 注意할 일은 朝鮮사람에게 가장 쉽게 이 社會主義的 氣分이 돌게 된 것는(은-인용자) 唯一의 原因이 어대 잇나냐하면 獨立心의 變態性이라 할 만한 卽 朝鮮獨立의 希望에서 失望된 元氣를 새로히 社會主義上에 變態的으로 그 希望을 펴게 된 것이라. 그들의 中에는 當初부터 主義的, 眞理的 精神으로 社會主義를 主唱하는 사람이 업지 안이할 것이나 그러나 一般 民衆으로서의 大部分은 大槪가 獨立的 希望의 變態心으로, 알고 하든지 모르고 하든지 失望의 餘氣를 스스로 社會主義的 新理想에 붓치게 된 것이라. 그리하야 그들은 이 新希望에 依하야 다시 元氣를 펴고저 함이 最近 朝鮮에 가장 顯著한 新傾向이라 할 수 잇다.[77]

76) 초기 공산주의자들의 당 조직 운동 가담 동기를 분석한 전상숙의 연구에 의하면, 조사 대상자 148명 중에서 50명(33.8%) 가량이 가담동기로 '일제에 대한 민족적 적대감'이나 '민족해방의 일환' 등을 꼽았다고 한다. 전상숙, 『일제시기 한국 사회주의 지식인 연구』, 지식산업사, 2004, 150~151면 '표 Ⅱ.7' 참조.

77) 이돈화, 「격변 又 격변하는 최근의 조선인심」, 『개벽』 37호, 1923.7.1, 7~8면 참조. 37호의 목차에는 이 글의 저자가 '성태'로 표기되어 혼란을 야기하는데, 이는 원문 자체의 오식이다.

다음으로는 "민족주의 운동세력과 사회주의 운동세력의 협동전선형성의 필요성을 강조하"[78]는 사회여론을 꼽을 수 있다. 특히 신간회의 결성과 밀접한 관계에 있었던 『조선일보』의 경우, 1924년~27년 사이에 지속적으로 "민족좌익전선의 형성이 필요하며, 해방전선에서 민족좌익전선이 주역을 담당하고 사회주의운동자들은 지원세력이 되어야 한다고 주장"했다.

> 左翼民族戰線은 當然히 最左翼인 社會主義運動戰線과 連結하게 될 것이다. 그는 어쩌한 物的聯合이 잇거나 업거나 그 鬪爭이 公同한 目標를 向하야 되는날까지에는 반듯이 그리될 必然性이 잇는 것이오 또 當爲의 일이 되는 것이다. 그리고 思想的 分野에 잇서서 社會運動戰線이 그의 第一線에 잇슴에 不計하고 現下의 實戰場의 平面的 排置에서는 左翼民族戰線으로 하야금 그 正面의 主力部隊로서 第一線에 나서야 할 것과 社會運動戰線으로서는 그의 側面에서 應援의 砲火 및 突喊을보내여주어야 할 것은 前者에도 말한 바가 잇섯다.[79] (띄어쓰기는 재인용자)

주목할 점은 이런 사회여론이 '치안유지법'의 시행(1925년 5월 12일)에 대한 양대 세력의 대응방안과 궤를 같이 한다는 사실이다. 실제로 치안유지법이 발효되자 제2차 공산당은 "코민테른의 방침에 따라 천도교를 중심으로 민족·사회 두 운동가들을 통합하여 국민당을 결성하고, 그 안으로 공산당이 들어가야 한다고 결의"[80]했고, 민족주의 진영 또한 '민족협동전선'의 분위기가 고양되는 것을 반대하지 않았던 것이다. 특히 1926년경에 이르러 '민족협동전선'론이 그 현실정합성을 의심받지

---

78) 『조선일보』, 『동아일보』 등의 이런 움직임에 대해서는 유재천, 「일제하 한국신문의 공산주의 수용태도」, 『현대사회와 커뮤니케이션론』, 이상희 교수 회갑기념논문 간행위원회, 한길사, 1989 참조.

79) 「사설－민족좌익전선의 의의 및 사명」, 『조선일보』, 1927.2.9; 유재천, 앞의 논문, 319면 재인용.

80) 전상숙, 『일제시기 한국 사회주의 지식인 연구』, 지식산업사, 2004, 116면 참조.

않을 정도로 인정・확산되는[81] 상황은 일제당국을 긴장시키기에 충분했으리라 짐작된다.

셋째는 '민족협동전선'에 관련된 양대 세력의 방침이나, 여론이 구체적 실천으로 나타났다는 것이다. 무엇보다 1926년의 6・10만세운동과 1927년의 신간회 결성은 검열당국을 현실적 충격에 빠뜨렸고, 일제가 "식민지 조선에서 사회주의운동을 기본적으로 민족문제 해결의 방법으로 여겨, 조선의 민족운동이 사회주의운동과 불가분의 관계에 있다고 판단"[82]하게 되는 가장 중요한 계기가 되었다. 특히 순종의 죽음을 계기로 일어난 6・10만세운동은[83] 코민테른의 지도 아래 사회주의운동 세력의 주도로 기획되었고, 민족운동을 대표하는 천도교측이 '협동전선'의 차원에서 적극 가담했다는[84] 점에서 사회적 파장이 크게 일었다.[85] 요컨대 비타협적 부르주아 문학과 프로문학(계급문학)이 접점을 모색할 충분한 사회적 조건이 성숙되었고, 그런 만큼 검열당국도 양자의 연합을 현실적 위협으로 여겼을 가능성이 크다는 것이다.

이런 사회적 상황을 종합할 때, 『개벽』은 검열당국에 감시대상 1호였다. 매체의 성향 자체가 문제였다. 개벽사는 "민족운동을 재래하는 유일한 기관"을 자처했고, 『개벽』은 존립기간 내내 '독립문제'라는 '무게중

---

81) 전상숙, 같은 책, 201~202면 참조.

82) 전상숙, 앞의 책, 149면; 朝鮮情報委員會, 『朝鮮人の思想』, 54면; 京畿道警察部, 『治安狀況 その一』, 1929.5, 185~187면 참조.

83) 6・10만세운동 전반에 대해서는 장석흥, 「6・10만세운동 연구」(국민대 박사논문, 1995)와 김인덕, 「6・10만세운동의 매개가 된 순종의 죽음」(『역사비평』 1, 역사문제연구소, 1992)을 참고할 것.

84) 기존 연구에 따르면, 천도교 구파와 조선공산당의 협동전선의 결성 과정에서 조직된 천도교청년동맹이 화요회 주도의 제2차 공산당이 6・10만세운동을 계획하자 천도교 구파의 전위로서 이에 참여했다고 한다. 조규태, 「천도교 구파와 신간회」, 『한국 근현대사 연구』 7, 한국근현대사학회, 1997, 203~204면; 장석흥, 「천도교 구파의 6・10만세운동」, 『북악사론』 4, 북악사학회, 1997.

85) 주지하다시피 이를 계기로 2차공산당사건이 일어났고, 자금과 인쇄를 담당하는 등 만세운동에 적극적이었던 천도교측은 천도교당(개벽사)이 급습당하고, 80여 명의 인사가 체포되는 고초를 겪었다.

심'을 잃지 않았기 때문이다.[86] 무엇보다도 『개벽』이 1920년대 초·중반 변화된 사회·역사적 맥락을 정확히 읽고 사회주의를 적극 수용했다는 사실은[87] 검열당국으로 하여금 '민족협동전선'의 가시화로 비추어질 여지가 충분했다. 특히 6·10만세운동은 사회주의 세력과의 조직적인 연대의 결과이자, 실천이라는 점에서 검열당국을 놀라게 했고, 『개벽』 폐간의 직접적인 계기가 되었다.[88]

『개벽』의 성향 내지 동향을 염두에 두고 볼 때, 『개벽』과 '신경향파문학'의 만남은 더더욱 예사로운 일이 아니었다. 『개벽』이 '신경향파문학'을 선택[89]한다는 것, 즉 『개벽』이 문화주의자 현철을 해임하고 박영희를 새로운 문예부장으로 영입한 것이나, 기교적 문학이 아닌 시대정신, 시대고의 표현으로서의 문학을 천명한다는 것은[90] 계급운동과 민족

86) 6·10만세운동에서 천도교측이 민족운동의 대표적 세력으로 인정받았고, 자금과 인쇄를 담당하는 등 적극적이었으며, 그 결과 개벽사가 압수수색을 당하고 80여 명의 인사가 체포되었다는 사실은 '민족해방'과 『개벽』의 밀접한 상관성을 드러내는 사례라고 할 수 있다.

87) 『개벽』은 1922년 9월 정치·시사의 게재 허가를 계기로 '문화운동'의 자장에서 벗어나기 시작해 1923년 7월(37호)을 경계로 급격히 사회주의운동의 물결을 탔다. 최수일, 「1920년대 문학과 『개벽』의 위상」, 성균관대 박사논문, 2001, 3장 2절 참조.

88) 이런 점에서 『개벽』의 폐간문제는 사회주의 진영과 민족운동 진영의 협력이 가져올 체제 저항적 시너지 효과 외에, 양대 세력의 내부적 역량 및 식민체제의 내적 상태 등을 종합하여 접근할 사안이라고 할 수 있다. 즉 사회주의 진영과 『개벽』의 밀접한 관계가 『개벽』 폐간의 직접적인 원인 가운데 하나라는 사실은 부정하기 어렵지만, '사회주의와의 연계'만으로 『개벽』의 폐간을 설명하는 것은 사안을 지나치게 단순화한 감을 주기 때문이다. 앞서 언급한 부문들에 대한 구체적 접근이 '사회주의와의 연계'가 내포한 역사적 내용과 의미를 풍부히 하는 것임은 물론이다. 『개벽』의 폐간과 연관된 복잡한 역사적 계기들에 대해서는 한기형, 「식민지 검열정책과 사회주의 관련 잡지의 정치 역학」, 『한국문학연구』 30, 동국대 한국문학연구소, 2006 참조.

89) 『개벽』이 '신경향파 문학의 요람'이었고, 그 출발점에 김기진과 박영희가 있다는 것은 학계에 널리 알려진 사실이지만, 실상 필자가 관심을 기울인 것은 문학쪽의 선택이 아니라 매체 혹은 미디어 자본의 선택이었다. 즉 문예부장 현철의 후임으로 박영희를 선택한 것도 『개벽』이요, 이기영 등 새로운 작가들을 탄생시킨 것도 『개벽』이며 궁극적으로 '신경향파문학의 요람'을 결과한 것도 『개벽』과 개벽사의 주체적 선택이었다는 사실을 간과해서는 안 된다는 것이다.

90) 이런 점에서 문화주의자 현철의 사임 자체가 상징적이다. 전기 55회나 기사를 게재하

운동이 문학을 매개로 연계되는 것을 의미한다고 할 수 있기 때문이다.

더구나 '신경향파문학'의 거두인 김기진이 일제의 동화정책을 정면에서 반박하는 소설 「TRICK」을 썼다는 것은 가능성이 구체적 '현실'로 나타난 대표적인 사례로, 검열당국의 긴장감을 고조시켰을 가능성이 높다. 여기서 한 가지 지적할 사항은 「TRICK」의 경우, 소설 전문만이 아니라 목차의 저자명과 작품명도 깨끗이 삭제되었다는 것이다.[91] 존재자체를 은폐할 만큼, 검열당국이 작품의 '상징성'에 아주 예민해 있었음을 드러내는 사실이라고 할 수 있다.

여기서 우리는 1920년대 중반 일제의 검열 '전략'과 그들이 '기획'한 근대문학의 상을 대강 짐작할 수 있다. 부르주아문학과 프로문학이 각각 평행선을 달리는 1920년대 말~30년대의 문학 구도를 염두에 둘 때, 그들의 검열 '전략'이란 비타협적 부르주아문학과 프로문학의 자연스러운 결합을 의식적으로 막는 것이었다. 연대의 핵심고리가 되는 비타협적 부르주아문학 작품들을 문학사에 제거하는 것이 우선 전술이었을 것이다. 「TRICK」이나 「빼앗긴 들에도 봄은 오는가」의 사례에서 보듯이, 이들 작품들은 검열을 통해 철저히 삭제됨으로써 그 재생산의 가능성을 원천봉쇄당했다.

여 문예부문 최고를 기록한 문예부장 현철이 공식 사임한 것은 1922년 7월 31일이고, 『개벽』이 정치・시사의 게재 허가를 받은 것이 9월 12일, 「무산자의 문예」가 문예면의 한켠에 등장한 것이 10월(28호)이며, 현철의 장기 연재물 「하믈레트(햄릿)」가 종료된 시점이 1922년 12월(30호)이니, 이 일련의 상황 속에서 볼 때 "오랫동안 連續하야 讀者의 最後까지의 忍耐에 訴하는 文藝部의 諸繼續品은 來月號 卽 年末號로써 大體로 끗을 막게되겟슴니다"라는 29호의 편집후기는 단순한 연재 예고가 아니라, 『개벽』 문학의 한 시대가 가고 새로운 시대가 열림을 선언하는 것이라고도 할 수 있기 때문이다.

91) 「빼앗긴 들에도 봄은 오는가」의 경우, 목차에 '이상화'라는 저자명이 살아 있다.

4. 근대문학, 재생산 회로의 식민성

『개벽』의 문학, 특히 중기 이후의 신경향파문학이 검열로 인해 재생산에 어려움이 있었다는 사실은 삭제작품 목록만으로도 짐작할 수 있지만, 『조선문단』의 경우와 비교하면 그 실감이 빠르다. 주지하다시피 『조선문단』[92]은 이광수 · 주요한 · 전영택 · 방인근의 주도로 이루어진 문예 전문지로 대체적 경향상[93] 『개벽』의 신경향파문학과 여러 면에서 경쟁관계에 있었다고 할 수 있는데, 출판법의 저촉을 받았던 이유로 『개벽』과 같은 검열 양상이 나타날 수 없었다. 무엇보다 검열에 따른 압수가 없었고, 삭제기사도 많지 않다. 앞의 표 4에서 알 수 있듯이 1920년대로 시기를 한정할 때, 『조선문단』은 대략 10개의 기사가 문제가 되었다. 최서해의 소설 「살려는 사람들」과 최독견의 소설 「기로」, 그리고 'C生'의 「불평의 가치」 등이 전면삭제된 것을 제외하고는 대부분 부분삭제에 그치고 있다. 더구나 김기진의 평론과 윤기정의 수필 등을 논외로 하면 창작물은 모두 6작품이[94] 전면 혹은 부분삭제가 되었다.

하지만 검열의 문제만으로 『조선문단』의 문학이 '신경향파문학'보다 재생산에 있어 유리했다고 결론내리기는 어렵다. 각각의 강점이 있기 때문이다. 『개벽』의 문학은 검열문제에 있어서는 불리했지만, 문학의

---

92) 1924년 10월 1일 창간되어 1926년 1월 1일까지 통권 26호가 발행되었다. 『조선문단』은 문학의 전문화와 대중화를 동시에 추구하면서 잡지 이름처럼 스스로 '조선의 문단'을 자처했다고 할 수 있는데, 기본적으로 문학의 독자성을 추구하는 동인지적 전통에 충실했고 프로문학과의 대립 구도 속에서 점차 '탈정치적 문학' 경향을 가속화했다. 『조선문단』에 대한 기본적 서지 및 문학 경향과 그 특성에 대해서는 이경돈, 「『조선문단』에 대한 재인식」(『1920년대 문학의 재인식』, 상허학보 7, 깊은샘, 2001)을, 『조선문단』의 문학사적 · 제도사적 의미에 대해서는 이봉범, 「1920년대 부르주아문학의 제도적 정착과 『조선문단』」(『민족문학사연구』 29, 소명출판, 2005)을 참조할 것.

93) 대체적 경향이란 표현을 쓴 것은, 비중있는 최서해의 존재와 경향작가인 김기진이나 윤기정 등이 『조선문단』에 글을 올렸다는 사실 때문이다.

94) 편집진의 자체검열에 의해 게재지가 바뀐 「오몽녀」의 경우도 포함시킨 숫자다.

유통과 향유의 측면에서는 『조선문단』을 압도했다. 『개벽』이 검열을 통과할 경우 최소 6,700부 이상이 독자들의 손에 들어가고, 최소 1만명 이상이 매달 『개벽』의 문학을 접할 수 있었기 때문이다. 더구나 '신경향파문학'은 '사회주의의 만연'이라는 시대적 후광을 가지고 있었다. 반면 『조선문단』은 평균 2천~3천부의 발행부수상 문학의 광범위한 유통에는 어려움이 있었지만, 검열로 인한 직접적인 피해가 크지 않았고, 무엇보다 '전문성'이 돋보였다.[95] 특히 '이광수주재'라는 간판이 상징하듯 이전 시대에 문명(文名)을 얻은 작가들의 이름값이 그 역할을 톡톡히 했을 것으로 여겨진다. 실제로 양자의 강점은 고스란히 현실화되어 이후 문단의 양대 세력으로 자리잡았다.

문제는 신경향파문학이나 『조선문단』의 문학과 달리 아예 거세된 '문학경향'이 존재했다는 것이고, 이런 철저한 배제 위에서 문학의 재생산 구조와 문단의 구도가 재편되었다는 사실이다. 즉 1920년대 중반 이후의 문단이 통칭 '계급문학 대 민족문학'이란 허상적 대립구도로 재편되고, 전자는 '이념적 선명성'으로, 후자는 '문학의 독자성' 혹은 '탈정치성'으로 각기 내달리게 된 데에는 '비타협적 부르주아문학'의 문학사적 위상과 역할에 대한 진지한 성찰의 결여가 근본적인 원인이 되었다는 것이다. 실제로 『개벽』이 폐간되고, 양자의 관념적 대립이 굳어지자 「빼앗긴 들에도 봄은 오는가」나 「TRICK」 등에 견줄 만한 작품들은 좀처럼 발견하기 어렵게 된다.[96] 부르주아문학과 프로문학의 본원적 매개항이 사라진 것이다.

이런 점에서 1920년대 중반 「빼앗긴 들에도 봄은 오는가」나 「TRICK」

---

95) 이봉범은 『조선문단』의 성격을 실증적으로 논하면서 그 근본 지향을 '전문화'와 '대중화'의 결합 내지 통일로 요약·제시한 바 있다. 이봉범, 「근대문학의 제도적 메커니즘 구축과 『조선문단』」, 『민족문학사연구』 29, 소명출판, 2005 참조.

96) 애초에는 '검열'이 진짜 문제였을 터이지만, 시간이 지날수록 작가 개개인의 내면의 '문학' 관념 속에서도 사라져갔을 것이다. 더구나 재생산 회로를 통해 새롭게 탄생하는 작가들은 문학이라는 '象'과 민족모순을 아예 관련짓지 못했을 가능성도 있다.

과 같은 작품이 검열에 의해 재생산 회로에 발을 들이지 못했다는 것은 다음과 같은 의미가 있다고 정리할 수 있다.

첫째, 이는 언뜻 자율적으로 보이는 문학 재생산의 순환체계('등단→승인→향유→독자에서 작가로')가 특정한 정치적 목적에 의해 언제든 제도적으로 규율될 수 있음을 의미한다.

둘째, 한국 근대문학의 재생산 구조가 근본적으로 일제의 의도에 따라 재편되고 있었음을 알 수 있다. 주지하다시피 식민지 문학이 체제 안의 문학, 이른바 '탈정치적인 문학'으로 머물기를 바랐던 일제는 1930년대 초반 계급문학을 집중적으로 탄압함으로써 문학의 '순치(順治)'를 이끌어내는데, 1920년대 초중반 '민족모순'을 형상화한 작품들에 대한 철저한 검열과 탄압은 그 정지작업에 해당한다고 할 수 있다.

셋째, 이는 일제의 검열 전략과 그들이 기획한 조선 근대문학의 방향을 드러내는 표지로, 계급문학과 비타협적 부르주아문학이 대승적 차원에서 결합될 수 있는 가능성을 일제가 의식적으로 차단함으로써 근대문학사의 흐름을 근본적으로 왜곡했다고 할 수 있다.

5. 나오며

이 글은 제목처럼 한국 근대문학의 재생산 구조와 검열의 상관관계를 조명하는 것을 원대한 목표로 삼았고, 구체적으로는 1920년대 최대의 잡지 『개벽』의 검열상을 실증하고, 이를 통해 근대문학의 재생산 회로의 '식민성'을 규명하는 것을 작은 목표로 삼았다. 하지만 큰 목표는 둘째치고, 작은 목표도 더 많은 시간과 노력을 필요로 함을 깨닫게 된다. 검열의 문제나 문학 재생산의 문제나 모두 자체의 덩치가 커서 몇

몇 대표적 문학 매체에 대한 분석만으로는 전체적인 틀을 가늠하기 어렵기 때문이다. 따라서 『개벽』만으로 이 문제에 접근한다는 것 자체가 무리였을지도 모른다.

다만 『개벽』의 '미디어적 중심성'을 감안할 때, 이후에 이루어질 연구의 한 준거로는 쓰일 수 있을 듯하다. 즉 이 글을 통해 밝혀진 『개벽』의 검열 양상이 식민지 시대 존재했던 다른 매체들의 검열상을 재구하거나 분석하는 데 하나의 척도가 될 수 있다는 것이다. 아울러 일제의 검열 정책이나 문학 정책의 흐름과 방향을 가늠하는 구체적 자료로서도 어느 정도 기여할 수 있었으면 하는 것이 필자의 바람이다. 매체를 통해 문학 재생산과 검열의 상관관계를 조명하는 더 많은 후속연구를 기대하며 글을 마친다.

부록 1 『개벽』 압수 · 삭제기사 목록

* 이 목록은 국립중앙도서관 · 고려대 · 동국대 · 세종대 · 아단문고에 소장된 『개벽』 원본들을 판본대조하고, 이를 다시 영인본들과 대조하여 작성한 것이다.

호 수	필 자	기사명	삭제정도	기사분류	면수	비고
1호	미 상	금쌀악, 옥가루	전문	문학(시)	37면	
1호	일 웅	단군신화	일부	잡문	63면	
1호	미 상	격언 2개(막시마쓰, 시저의 격언)	전문	잡문	63면	
1호	차상찬	한시(경주회고, 남한산성)	전문	문학(한시)	72면	
1호	미 상	평제탑은 어쩌한 것인가	일부	잡문	138면	
1호	목 성	소설 유범	일부	문학(소설)	139면	
2호	장도빈	사상의 통일을 망함	전문	논설(사상)	43면	
6호	유진희	순연한 민중의 단결이 되라	전문	논설(시사)	38면	
9호	미 상	우리에게 진인이 있는가(권두언)	전문	논설(시사)	1면	
9호	이돈화	민족적 생명에 집착하라	전문	논설(사상)	2면	
9호	김기전	아니여쑬수 업사와	일부	논설(사상)	11면	
9호	일기자	상원간친회석상에 제명사의 조선개조	일부	논설(사상)	101면	
12호	박달성	사회문제에 선하야 자아문제에 반하라	전문	논설(사상)	13면	
12호	김기전	격변중에 잇는 평북지방을 잠간보고	전문	잡문	57면	
16호	러 셀	볼쉐비크의 사상	전문	논설(사상)	34면	
19호	일기자	범신유년의 회고〈하〉	일부	시사	72면	
19호	황의돈외	역대의 임술	전문	시사	90면	
19호	선우전	군비축소의 경제적 의미와 그 직접영향	전문	논설(경제)	105면	
19호	노정일	산넘고 물건너	일부	문학(기행)	118면	
25호	이성환	농촌개혁의 제창	전문	논설(농촌)	19면	
25호	이영희	학생논단〈노동운동의 … 조선노동자문제〉	전문	논설(노동)	60면	
25호	연경과객	적색로서아의 奇見珍聞(73~80면)	전문	시사	73면	
26호	세검정인	세검정만초	전문	시사	4면	
27호	세검정인	도서암중의 만필십육제	일부	시사	5면	
27호	북려동곡	조선민족발전의 신근거	전문	논설(사상)	47면	
34호	이동곡	해내해외의 동지에게	전문	논설(사상)	14면	대체기사3
39호	성 태	적생공포와 백색공포	전문	논설(사상)	25면	
39호	김자원	비평의 극은 무언	전문	시사	33면	

40호	미 상	일본인제형에게	전문	시사	1면	
40호	샛 별	우리압헤는 두 갈래 일이 잇습니다	전문	논설(정치)	60면	
40호	강윤수	진란중의 동경을 탈출하여	전문	시사	83면	
40호	미 상	진란중의 일본 급 일본인	일부	시사	79면	
44호	이성태	원편을 밟고서	전문	논설(사상)	17면	대체기사1
44호	BSL생	산업의 발전과 무산계급의 해방	전문	논설(사상)	4면	
44호	김기진	금일의 문학 명일의 문학	일부	문학(비평)	41면	
45호	○ 민	사상의 귀추와 운동의 방향	전문	논설(사상)	41면	대체기사2
45호	정관생	해방의 목표	일부	논설(사상)	89면	
46호	김기전	세계 사회주의운동의 사적기술	전문	시사	51면	
46호	김기전	적색조합과 황색조합	전문	시사	63면	
46호	태 백	러시아공산당	전문	시사	65면	
46호	정백 역	칼리북네히트와 로사룩셈부르크를 추상함	전문	시사	81면	
46호	이돈화	조선노동운동과 단결방법	전문	논설(노동)	93면	
46호	정 백	조선청년총동맹에 대하야	전문	논설(시사)	100면	
47호	미 상	최근의 감	일부	시사	1면	
47호	김기전	떠드는 세상, 변하는 세상	일부	시사	28면	
47호	일기자	풍호우호=일미반목의 석금	전문	시사	39면	
47호	양 명	수감다섯편(2편 삭제)	일부	문학(수필)	63면	
47호	정 백	일기의 단편	전문	문학(수필)	67면	
47호	김 생	미소의 혁명〈감상〉	전문	문학(수필)	128면	
49호	박 봄	국경을 넘어서	일부	시사	96면	
49호	미 상	미상	전문	미상	98면	
50호	김기전	不知手之舞之・ 足之蹈之	전문	논설(시사)	2면	
50호	이돈화	천국행〈2〉	전문	논설(사상)	6면	
52호	이성환	계급타파와 토지문제	일부	논설(시사)	47면	
52호	차상찬	동란의 와중에 재한 70만동포	일부	시사	67면	
52호	차상찬	경성잡화	일부	시사	81면	
52호	마을이	국경에서 어든 실감	일부	문학(수필)	108면	
52호	차상찬	흔들리는 총독부	일부	시사	120면	
53호	김경재	계급자유교육의 신조류	일부	논설(교육)	10면	
53호	철 필	농한기의 농촌잡감	일부	논설(농촌)	23면	
53호	박달성	네눈이의 동서남북담(시골쥐,서울쥐)	일부	문학(풍자)	67면	

53호	박달성	가급인족의 함경남도	일부	보고	79면	
53호	박달성	읍무사촌무사의 서천군	일부	보고	85면	
53호	박달성	함남의 대장읍 북청군	일부	보고	91면	
53호	박달성	해발4천척의 풍산고지	일부	보고	96면	
53호	박달성	적소로유명한 삼수와 갑산	일부	보고	98면	
53호	박달성	함남의 공원지 홍원군	일부	보고	103면	
53호	박달성	월경형제와 국경형제	일부	보고	110면	
53호	김기진	붉은쥐	일부	문학(소설)	129면	
54호	박달성	갑자년과 조선의 특실여하	일부	논설(시사)	2면	
54호	김기전	갑자일년 총관	일부	시사	4면	
54호	정 백	조선청년운동의 일년	전문	시사	19면	
54호	안석주	갑자년중24대사건	일부	시사	26면	
54호	미 상	〈시국관〉또다시 조선내를 살펴보면	일부	시사	38면	
55호	김기전	허튼수작	일부	논설(사상)	8면	
55호	김기전	붕괴의 원리, 건설의 원리	일부	논설(사상)	13면	
55호	박형병	정치와 법률의 사회적 의의	일부	논설(정치)	23면	
55호	김경재	노농러시아의 교육제도	전문	논설(교육)	61면	
55호	에이돌푸	나는 조선역사를 연구하엿습니다	전문	잡문	70면	
55호	박달성	수문수답〈박돌이〉	일부	시사	94면	
56호	김기진	〈계급문학시비론〉	일부	문학(문학론)	문43면	
56호	박달성	여언	일부	후기	문90면	
56호	이동곡	혁명문학	전문	문학(문학론)	미상	
56호	이성환	농민구제책	전문	논설(농촌)	미상	
56호	나 산	일본의 무산정당과 조선	전문	시사	미상	
56호	정 백	농촌청년에게 보내는 글월	전문	시사	미상	
57호	김경재	사회운동자가 본 사회운동	일부	논설(시사)	8면	
57호	나 산	조선정치의 과거와 현재	일부	논설(시사)	33면	
57호	동관생	A와 B의 문답	전문	시사	41면	
57호	조명희	땅속으로	일부	문학(소설)	문15면	
58호	미 상	주의의 싸홈이냐? 세력의 싸홈이냐	일부	논설(시사)	2면	
58호	정 백	청년급노동총동맹의 총회에 임하야	일부	논설(시사)	5면	
58호	김기전	선생님네 처지에 감하야	일부	논설(교육)	17면	
58호	김기전	향당의지식계급 중학생	일부	논설(교육)	22면	

58호	박달성	보통학교 훈도제씨에게	일부	논설(교육)	28면	
58호	박달성	화양(和洋)병출의 조선졸업식	일부	시사	40면	
58호	차상찬	호중잡기	일부	시사	88면	
58호	이성태	감상어의 일일	일부	문학(수필)	문44면	
59호	이민창	조선의 경제파멸의 원과 현상을……	일부	논설(경제)	19면	
60호	이민창	현하의 위기에 대하여	전문	논설(경제)	19면	
61호	김기전	조선민족만이 가진 우월성	일부	논설(민족)	2면	
61호	K H M	노령조선인 통촌정형의 석금	일부	잡문	100면	
61호	이돈화	남만주행	일부	시사	105면	
62호	이돈화	해외에 계신 동포제씨에게	일부	논설(정치)	4면	
62호	김경재	만군지장 유동열씨	일부	잡문(인물)	15면	
62호	김 생	충직일방의 남만춘동무	일부	잡문(인물)	35면	
62호	견지동인	하휴중의 학생제군을 위하야	일부	논설(계급)	57면	
62호	차상찬	기괴한 사실, 기이한 소식	일부	시사	83면	
63호	미 상	미상	전문	미상	9면	
63호	김기진	TRICK	전문	문학(소설)	문1면	
63호	박춘우	농민운동의 과거와 현재	일부	논설(농촌)	14면	
63호	배성룡	반종교운동의 의의	일부	논설(종교)	57면	
64호	선우전	내외경제계의 회고	일부	시사	7면	
64호	김경재	시언	일부	시사	52면	
64호	차상찬	호남을 일별하고	일부	보고	108면	
65호	박춘우	일본제국의 현재 경제정책과 조선	일부	논설(경제)	56면	
66호	별 뫼	「중산계급의 장래」	일부	논설(계급)	19면	
66호	이기영	농부 정도령	일부	문학(소설)	문40면	
67호	배성룡	조선사회운동의 사적고찰	일부	논설(시사)	22면	
67호	TY 생	사회운동단체의 현황	일부	시사	44면	
67호	도 우	1917년 2월의 로서아	일부	시사	57면	
67호	일기자	시언	일부	시사	72면	
67호	차상찬	새로 추억되는 이재명군	전문	시사(인물)	90면	
67호	송 영	선동자	일부	문학(소설)	문1면	추가 확인
67호	김영팔	싸움(희곡)	일부	문학(희곡)	문25면	
68호	김기전	조선의 팔자	전문	시사	2면	
68호	김양수	양대세력의 석금관(二)	일부	논설(시사)	8면	

68호	일기자	사건, 여론, 관찰	일부	시사	74면	
68호	최승일	봉희	일부	문학(소설)	문1면	
69호	황영환	건설과 유혹	일부	논설(사상)	10면	
69호	배성룡	계급의식의 이론	일부	논설(사상)	46면	
69호	박달성	호언망담	일부	문학(수필)	74면	
69호	율원일남	문예소감	일부	문학(문학론)	106면	
69호	이 호	북으로 가는이의 마음	일부	문학(시)	112면	
69호	이 량	문예시장론에 대한 편언	일부	문학(문학론)	115면	
70호	차상찬	회고오백년조선(일한합방조약문)	일부	시사	4면	
70호	일기자	오백년간의 외란일별	일부	시사	54면	
70호	삼각산인	오백년간의 정감록	일부	시사	57면	
70호	박영희	번뇌자의 감상어	일부	문학(수필)	문1면	
70호	이상화	빼앗긴 들에도 봄은 오는가	전문	문학(시)	문9면	
71호	박형병	근세식민정책의 종막 〈기원과 유래3〉	전문	시사	28면	
71호	김기전	국장전후의 유치장생활잡기	일부	시사	79면	
71호	박달성	서행잡기	일부	보고	103면	
72호	박춘우	모스크바에 새로 열린 국제농촌학원	전문	시사	26면	아단문고 소재 72호 검열본 참조
72호	미 상	시평 색다른 의분(만화포함)	전문	시사	36면	
72호	미 상	시평 민홍회란 문엇인가	일부	시사	39면	
72호	미 상	시평 폭력단상애회의 망동(어용노동단체)	전문	시사	43면	
72호	박달성	중학생과 하기방학(회고와 감상 권고)	일부	문학(수필)	45면	
72호	이 호	행동의 시(3편 중 1편)	전문	문학(시)	문16면	

부록 2 『개벽』 검열 관련 기사 목록

* 이는 검열관련 기사(쪽기사)나 사고, 공고, 편집후기 등을 정리한 것이다.

호수	필자	기사명	면수	비고
1호	편집실	사고	표지	호외, 삭제기사 공고
1호	편집실	여러분께 고백하나이다	표지	출간사정
3호	편집실	남은말	159면	당국자의 의심
8호	편집실	본지필화의 전말	148면	6호의 벌금형사건 상세보고
9호	편집실	사고	표지	임시호, 삭제기사 공고
9호	개벽사	사고	146면	6호의 50원 벌금형 판결
13호	편집실	편집여언	문63면	12호 압수소식
16호	개벽사	사고	106면	16호 압수소식 * 임시호
19호	개벽사	재판을 행하면서	1면	19호 압수소식, 임시호의 재판
19호	개벽사	사고	판권면	19호 인쇄일자 속여 발송중 압수
20호	개벽사	사고	판권면	19호 압수소식, 임시호의 재판
25호	개벽사	본임시호를 읽을 이에	60면	25호 압수소식, 삭제 대체 기사
27호	개벽사	특고	47면	27호 압수소식, 삭제 기사
28호	미상	귀중한경험과 고결한 희생	2면	정치시사금지에서 해금
29호	신생활	주보 신생활(광고)	표지	신생활의 검열관계, 신문지법허가
35호	레닌	노동의 창조	37~38면	자기검열(검열관이 무서워 자체삭제)
39호	개벽사	사고	35면	39호 압수, 임시호, 삭제 대체 기사
40호	편집국	사고	82면	40호 압수, 삭제기사, 임시호
40호	편집국	여묵	판권면	총독부의 언론탄압, 신천지 사태
43호	개벽사	신여성 독자에게	표지	신여성이 부정기간행물로 바뀌는 경과
44호	폐허이후	폐허이후(광고)	표지	폐허이후 임시호 발행, 원고검열 회피
46호	개벽사	46호 목차	표지	목차엔 삭제된 기사가 고스란히 실려 있다
47호	편집국	편집을 마치면서	판권면	2~3번의 검열로 '실상공포'를 느낀다
48호	박달성	출판계로 관한 경성	91~93면	자유가 없는 출판계 한탄, 구체적 사례
48호	편집국	여언	판권면	4달 연속압수, 독자의 부탁
49호	김기전	조선고(언론집회압박)	14~26면	일제의 언론탄압의 추이
49호	조선인	언론집회압박보고	27면	조선,동아,시대,개벽 압수날짜, 기사와 사유
49호	나혜석	일년만에 본 경성 잡감	86~89면	토월회 공연에도 형사경관이 참관

49호	개벽사	근고	99면	49호 발매금지, 임시호
49호	편집국	재경신문잡지차압회수	106면	1922~24까지 7개 신문잡지 차압 횟수표
50호	영업국	근고	68면	1924년 다달이 압수, 임시호, 절판
51호	차상찬	잡관잡감	127면	평양역에서 동아조선일보 압수장면 목격
51호	편집국	끝말씀	판권면	50호에 대한 가혹한 탄압
56호	편집국	여언	판권면	55호재판, 56호에서 4개기사 전문삭제
57호	편집국	여언	판권면	3월중 일기문을 미발표
60호	개벽사	사회주의학설대요광고	표지	치안유지법이후 취체 강화
60호	조봉암외	치안유지법과사회운동	10~18면	치안유지법 이후의 조선의 사회운동 전망
61호	편집국	여언	판권면	이민창의 '조선경제파멸론' 휴재
63호	개벽사	사고	9면	속간호(63호)압수, 호외, 삭제부분표시
63호	편집국	여언	판권면	62호 압수정간, 10월15일 해금
65호	편집국	여언	판권면	1년간 8번압수 1번정간
67호	개벽사	사고	88면	2월 24일부로 발매금지, 호외발행
68호	일기자	사건, 여론, 관찰	74~75면	동아일보 재정간의 이유와 과정
68호	편집국	여언	판권면	67호 압수, 3월10 호외발행
69호	김기전	서론으로부터 본론에	2~3면	연속압수정간, 동화회 원고도 검열
69호	편집국	여적	판권면	호마다 압수, 삭제
71호	김기전	국장전후의유치장생활	79~89면	국장(순종) 전후의 개벽사 탄압과정
71호	박달성	입경지초시하지옥	106~109면	개벽사 포위, 불온문서 압수, 200명 검거
71호	광고부	근백(공고)	문66면	본사와 지분사까지 국장사건으로 탄압
71호	편집국	여묵	판권면	대수색으로 원고분실, 70호는 3차례 압수
72호	박달성	작년이때를 생각하면서	2~3면	62호 정간, 72호까지 압수와 삭제가 상반

근대시의 초기 정전화 과정

1920~30년대 시인선집을 중심으로

심선옥

1. 머리말

일반적으로 정전이란 권위가 인정된 텍스트이거나 그 텍스트들이 모여서 이룬 체계를 의미한다. 정전은 해당 장르의 표준적인 목록으로 가치를 부여받아서 학교의 교과과정에 포함된 텍스트(들의 체계), 해석 혹은 모방할 만한 가치가 있다고 널리 인정받은 텍스트(들의 체계), 또는 시・공간적인 제약을 넘어서 독자들에게 가장 많이 읽히는 텍스트(들의 체계)를 가리킨다. 실제로 정전은 그것을 구성하는 개개의 작품보다 "작품들의 상상적 총체(이미지적 총체, imaginary totality)"[1]로 존재한다. 이러한 상상적 총체로써 정전 목록은 고정된 것이 아니라 시대적인 상황과 문학 제도, 정전화 주체 등에 따라서 변화한다.

지금까지 근대시의 정전화에 대한 연구는 주로 문학교육적인 부문에서 학교의 교과과정에 사용된 텍스트를 대상으로 이루어졌다.[2] 그런데

1) 정재찬, 「문학 정전의 해체와 독서 현상」, 『독서연구』 2, 한국독서학회, 1997, 104면.
2) 문학교육론의 내부에서 이루어진 정전 논의들의 의미와 한계에 대해서는 문영진, 「정

한글 교과서를 사용한 민족 교육이 해방 이후에야 비로소 가능했기 때문에, 문학교육론에 근거한 정전 연구는 식민지 시대 정전의 형성 및 그 의미를 설명하기 어려운 한계를 갖는다. 한국 근대문학사에서 정전화의 초기단계에 해당하는 1920~30년대는 제국주의의 지배로 인해 국가 이데올로기의 확립이 어려운 시기였으며, 민족 교육을 실현할 물적 기반이 미비한 상황이었다. 그에 비해 문단 승인제도인 비평 및 매체 자본과 출판 자본의 영향력은 상대적으로 높았다고 할 수 있다.

이 논문은 1920~30년대 발간된 시인선집을 대상으로 한국 근대시의 정전화 양상과 특징을 살펴보고자 한다. 시인선집은 당대의 모든 작가와 작품 중에서 가장 '훌륭한' 텍스트들을 선별하여 수록하는 것을 목표로 삼았다는 점에서 정전의 기능을 하였다.[3] 특히, 민족적인 교육과 아카데미즘, 국가 이데올로기가 결여된 상황에서, 문단의 권위를 바탕으로 매체 자본 혹은 출판 자본에 의해 발간된 선집과 전집은 식민지 시대의 가장 권위 있는 정전으로 존재하였다.

식민지 시대 발간된 시인선집의 목록을 정리하면, 『조선시인선집』(조태연 편, 조선통신중학관, 1926), 『청년시인백인선』(황석우 편, 조선시단사, 1929), 『카프시인집』(카프 문학부 편, 집단사, 1931), 『을해명시선집』(오희병 편, 시원사, 1936), 『조선명작선집』(김동환 편, 삼천리사, 1936), 『현대조선문학전집 시가집』(『조선일보』 출판부 편, 1938), 『현대조선시인선집』(임화 편, 학예사, 1939),

---

전 논의에 관련된 몇 가지 문제에 대하여」, 『민족문학사연구』 18, 민족문학사학회, 2001 참조.

3) 하루오 시라네는 정전이 확립되는 방법을 다음의 열 가지로 정리하였다. ① 특정 텍스트 또는 이본의 보존·교합·전달, ② 해박한 주해·해석·비평, ③ 학교 교과과정에서의 텍스트 사용, ④ 말씨·문체·문법 모델로서의 사용 또는 인용·참조의 공급원으로서의 텍스트 사용, ⑤ 역사상, 그리고 제도상의 선례에 관한 지식 공급원으로서의 텍스트 사용, ⑥ 일련의 종교적인 신앙을 구체적으로 표현하고 있는 텍스트 채택, ⑦ 선집으로서의 텍스트 채택, ⑧ 가계, 계보의 구축, ⑨ 문학사의 구축, ⑩ 제도적 담론, 특히 국가 이데올로기로의 편입 등의 방법에 의해 텍스트는 정전으로 형성된다고 하였다. 하루오 시나레·스즈키 토미 편, 왕숙영 역, 「정전 형성의 패러다임과 비평적 전망」, 『창조된 고전』, 소명출판, 2002, 22면.

『현대서정시선』(이하윤 편, 박문서관, 1939), 『신선시인선집』(시학사 편, 시학사, 1940), 『재만조선시인선집』(김조규 편, 간도 예문사, 1942) 등이 있다. 이 중에서 미등단의 아마추어 시인들을 주로 수록한 『청년시인백인선』, 연간시집의 형태로 발간된 『카프시인집』과 『을해명시선집』, 신진 시인을 중심으로 편집한 『신선시인선집』, 만주 지역에서 활동하는 시인들을 수록한 『재만조선시인선집』은 근대시의 정전화를 설명하기에 적합지 않기 때문에 제외하고, 『조선시인선집』·『조선명작선집』·『현대조선문학전집 시가집』·『현대조선시인선집』·『현대서정시선』 등 다섯 권을 연구대상으로 하였다. 먼저 각 시인선집들의 수록 시인과 작품 목록, 편집체계 및 선택의 기준을 개관하고 정전화의 관점에서 특징적인 양상과 의미를 분석하게 될 것이다. 이를 바탕으로 시인선집의 이념적 기반으로서 1920년대 중반 국민문학론의 대두와 시인선집의 관계를 살펴보고, 식민지 시대 정전의 목록을 재구성하여 그 문학사적 의미를 해명하고자 한다.

2. 시인선집의 편집체계와 정전화 양상

1) 『조선시인선집』

최초의 시인선집은 1926년 10월에 조선통신중학관에서 발간한 『조선시인선집』이다. 이 선집의 편집 겸 발행인은 조선통신중학관 대표인 조태연으로 명기되어 있지만, 실제로 선집의 편집은 백기만이 담당하였다. 편집체제는 시인들이 자선(自選)한 작품을 원칙으로 하였다. 1924년 여름부터 원고를 모으기 시작해서 선집이 발간될 때까지 작품의 수집과 보완이 이루어졌다. 선집의 앞표지에는 '이십팔문사걸작(二十八文士傑

作)'이라고 명기하여 당대를 대표하는 시인들의 훌륭한 작품을 수록했다는 점을 강조하였다. 선집의 분량은 전체 339면이며, 책의 정가는 1원 80전인데 당시로는 높은 가격이었다.[4)]

선집의 발행처가 조선통신중학관이라는 사실은 『조선시인선집』의 성격을 규정하는 중요한 요인이다. 조선통신중학관은 소학교를 졸업하고 중학교에 진학할 수 없는 사람들을 위해 중학과정의 독학 · 통신강의를 주관했던 곳이다. 3 · 1운동 이후 각 학교 입학지원자는 급격하게 증가하였지만 그 늘어난 수요만큼 교육기관의 증설이 이루어지지 않아서 향학 의지는 있으나 학교를 다니지 못하는 사람들이 늘어났고, 또 학자금을 마련하기 어려워 학교를 다니지 못하는 사람들도 많아졌다. 통신강의는 그런 사람들을 대상으로, 월정액을 내고 회원이 되면 매달 한 권씩 집으로 통신강의 교재를 우송해주는 제도였다. 조선통신중학관은 1921년에 "수학의 기회를 失하고 문명의 낙오를 절통하는 3백만의 우리 청년남녀 중 특히 學資의 支辨이 未由하야 遠方에 유학치 못하는 자"[5)]를 위해 설립되었으며, 자체적으로 『조선중학강의록』을 발행하였다.[6)] 조선통신중학관이 설립되기 전부터 일본에서 다양한 중학강의록이 수입 · 판매되었는데, 당시 가장 인기가 있었던 독학교재는 와세다대학의 통신강의록이었다. 통신강의에 대한 일반 독자들의 수요는 매우 커서 1920~30년대 서적 광고와 판매의 가장 큰 부분을 차지하고 있었다.[7)] 통신강의록 시장의 활황을 기반으로 출판 자본의 물적 토대를 비축한 조선통신중학관은 잡지와 문학교양서적류로 출판의 영역을 확장시켜 나갔다. 그 일환으로

4) 1920년대 중반까지 발간된 시집의 가격은 대부분 1원 미만으로 대략 30~70전 사이였다. 예외적으로 김억의 역시집 『오뇌의 무도』가 1원, 김소월의 『진달래꽃』이 1원 20전이었다.

5) 「조선통신중학관 취지서」, 『매일신보』, 1921.7.26.

6) 조선통신중학관에서 1924년에 발행한 『조선중학강의록』에는 조선통신중학관의 소개, 활동사항, 입학에서 졸업까지 안내 및 강사진, 조선통신중학관 규칙 등이 기록되어 있으며, 국어 · 생물 · 영어 · 물리 · 세계지리 강의안이 실려 있다.

7) 천정환, 『근대의 책 읽기』, 푸른역사, 2003, 184~188면 참조.

1925년에 기관지 『신지식』을 창간했으며, 1926년에 『조선시인선집』을 발간하였다. 조선통신중학관의 출판활동은 통신강의록의 수요자를 주요 독자층으로 하여, 근대 지식의 함양 및 교양 교육을 목적으로 하는 계몽적 태도를 견지하고 있었다. 이러한 차원에서 『조선시인선집』의 발간은, 1910~20년대 문학의 장르위계질서에서 시의 위상 및 사회적 영향력이 높이 평가되고 있었음을 증명해준다.

『조선시인선집』에 수록된 시인과 작품 목록은 표 1과 같다.

표 1. 『조선시인선집』의 수록 시인과 작품 목록

시인	수록 작품	시인	수록 작품
김기진	고대하는 마음, 백수의 탄식, ENNUI	이 일	나의 눈물, 박명아, 애수, 어리석은 반역, 지내가는 노래
김정식	월색, 엄숙, 찬저녁, 나는 세상 모르고 살았노라, 집생각	이장희	동경, 하일소경, 고양이의 꿈, 봄은 고양이로다, 청천의 유방
김동환	봄노리, 구십춘광, 북청물장사, 곡폐허, 국경의 밤, 가는 가을	박영희	꿈의 나라로, 그림자를 나는 쏘치다, 어둠 넘어로, 유령의 나라로, 월광으로 짠 병실
김 억	꿈의 노래, 우정, 가을, 흰달, 설은 노래, 신미도 삼각산, 지는 봄, 해안에서	박종화	정밀, 사의 예찬, 애도아창, 흑방비곡
김탄실	추억, 거룩한 노래, 만년청, 오월의 노래, 언니의 생각	박팔양	거리로 나와 해를 견우라, 향수, 신에 대한 질문, 공장, 나는 불행한 사람이로다, 아츰, 나그네
김형원	백골의 난무, 벌거숭이의 노래, 불순한 피, 숨쉬이는 목내이	백기만	산촌모경, 은행나무 그늘, 청개고리, 고별, 실제
남궁벽	풀, 생명의 비의, 대지와 생명, 대지의 찬	변영로	버러지도 실타하올 이몸이, 생시에 못뵈올 님을, 봄비, 논개, 하일정취, 어느날
조명희	경이, 봄잔듸밧우에, 성숙의 축복, 무제, 어둠의 검에게	손진태	생의 철학, 환상, 파리, 병든 강아지
양주동	꿈노래, 영원의 비밀, 소곡, 惡禱, 풍경, 別後	오상순	폐허의 제단, 방랑의 마음 1・2, 어둠을 치는 자, 허무혼의 선언
노자영	장미, 보름달, 버들피리, 반달, 봄밤	오천석	인류, 나는 거름이 되리라, 혼인

시인	수록 작품	시인	수록 작품
유춘섭	낙엽, ~에게, 춘원행, 겨울밤의 哄笑, 나의 옛집에 도라오도다	조 운	이 세기의 시인아, 한번, 서럼, 한줄의 소리나마, 향촉
이광수	기도, 행로탄	주요한	비소리, 황혼, 아기의 기도 1·2·3, 해의 시절, 단장
이상화	말세의 희탄, 나의 침실로, 이중의 사망, 단조, 가을의 풍경	홍사용	묘장, 그것은 모다 쑴이엇지마는, 나는 왕이로소이다
이은상	황혼의 묵상, 물결의 유언, 늙어지오라, 흙에서 살자, 심장, 나와 오늘	황석우	석양은 써지다, 벽모의 묘, 세 결심, 망모의 영전에 밧드는 시, 참혹한 얼골이여

수록된 시인 중에서 이광수를 제외하면 등단한 지 1~8년 미만의 시인들, 그 중에서 1920년 이후 등단한 '젊은 시인'들이 주류를 차지하고 있다. 그리고 문학동인지 출신의 시인이 20명으로 전체의 70%를 넘는 것이 특징이다.[8] 그 외에는 『개벽』을 대표하는 김형원과 김소월, 신경향파 이후 『개벽』의 신진 시인으로 합류한 박팔양·조명희·김동환, 『조선문단』의 조운과 이은상 등이 있다. 이것은 실질적으로 1920년대 초반까지 문학동인지를 중심으로 근대시의 형성과 성장이 이루어졌음을 보여준다. 이는 한기형이 "근대문학의 본격적 성장기인 1920년대 문학의 실질적 기반이 출판 자본이 아니라 매체자본"[9]이라고 규정한 바와 같다. 1920년대 중반부터 문단의 중심은 동인지에서 『개벽』과 『조선문단』으로 옮겨오는데, 위의 목록을 통해 『개벽』의 영향력이 더 컸음을 알 수 있다.

시인선집이 당대까지 활동한 모든 시인들을 수록할 수 없는 한, 시인과 작품 목록을 구성할 때 일정한 기준의 선택과 배제는 필수적이다. 『조선시인선집』은 시인들의 자선작품을 원칙으로 수록하였기 때문에

8) 『창조』 4명(이일·오천석·주요한·김명순), 『폐허』 5명(김억·남궁벽·변영로·오상순·황석우), 『백조』 6명(김기진·이상화·박영희·박종화·홍사용·노자영), 『금성』 5명(양주동·유엽·이장희·백기만·손진태) 등이다.

9) 한기형, 「근대문학과 근대문화제도, 그 상관성에 대한 시론적 탐색」, 『상허학보』 19, 상허학회, 2007, 57면.

작품 목록에서 일관된 판단기준을 선정하지는 않았다. 자선작품을 원칙으로 한 이유는 짐작컨대, 시인들이 개성적인 시세계를 확립하기에 작품 활동 기간이 짧았고 또 객관적으로 각 시인들의 대표작을 선정할 수 있는 문학사적 기준이 마련되지 않았던 상황 때문일 것이다. 그렇지만 선집에 수록할 시인 목록을 구성할 때에는 일정한 선택과 배제의 기준이 작용하였다. 우선 『조선시인선집』은 1919년을 한국 근대시의 본격적인 기점으로 잡고 있으며, 『태서문예신보』와 『매일신보』의 '매신문단'을 경계로 그 이전의 시인들은 배제하였다. 배제된 시인들은 『소년』과 『청춘』의 최남선, 『학지광』의 김여제 · 현상윤 · 김찬영 · 최승구 등으로, 이들은 1920년대 문학 동인으로 참여하지 않았다는 공통점을 갖는다.[10] 그리고 『공제』 『대중시보』 등의 사상 잡지에 시를 발표했던 사회운동가 시인들도 목록에서 배제되었다. 정태신 · 이혁로 · 신태악 · 정백 등이 대표적인 사회운동가 시인들로서, 이들은 1920년대 초반에 『대중시보』 · 『장미촌』 · 『폐허』 · 『공제』 · 『개벽』 등에서 활발하게 작품 활동을 하였다. 이것은, 『폐허』와 『장미촌』에서 사회운동가 그룹과 문인 그룹의 결합을 통해 근대문학의 새로운 방향을 모색[11]했던 것과 『조선시인선집』의 편집원칙 사이에 근본적인 변화가 있음을 말해준다. 이러한 변화는 1920년대 중반에 등단제도와 승인제도가 일정한 형식을 갖추게 된 것과 더불어 '직업으로서의 작가'가 문단 내에서 정착된 현실을 반영하고 있다. '직업으로서의 작가'는 아마추어리즘으로부터 차별성을 확보하는 한편, '상징적 자산'의 가치를 높이기 위해 '전문성'을 강화하는 과정을 거치게 된다.[12]

10) 선집에 수록된 이일 · 김억 · 오천석 등은 1910년대 『학지광』의 시인이면서 귀국 후 문학동인으로 활동하였다.

11) 이에 대해서는 조영복의 「『장미촌』의 비전문 문인들의 성격과 시 사상」과 「사회주의 사상가들의 시」(『1920년대 초기 시의 이념과 미학』, 소명출판, 2004) 참조.

12) 부르디외는 문학의 장이 뒤집어진 경제의 논리, 즉 상품과 의미화라는 이중의 면을 가진 상징적인 자산들의 성격 위에 기초해 있으며, 시장을 위한 문화적 생산물에 대한

한편, 근대시의 정전화와 관련하여 주목되는 것은 『조선시인선집』이 독서 대중의 교양교육이라는 애초의 발간의도와 달리 한국 근대시문학사를 재구성한 텍스트로 수용되었다는 점이다. 이 선집에 대한 양주동과 김억의 독후감[13]을 통해 그 사실을 확인할 수 있다. 양주동은 선집이 발간되었을 때 "우리 조선에 신시가 생긴 뒤로부터 1924년에 이르기까지 10년 내외간 시단 업적의 총목록인 듯한 감이 없지 않고 또한 지금까지 발행된 시집 중 사화집으로는 가장 대표적이오 완비한 것이라 생각한다"[14]라고 높이 평가하였다. 그리고 시인선집에 수록된 시인들을 동인지와 문예지를 중심으로 개괄하고, 각 시인들의 작품 경향과 특징을 정리하여 근대시사를 구성하고 있다. 김억도 『조선시인선집』을 매개로 근대시사를 개관하고 있다. "조선 시단이란 3·1운동 이후에 존재된 것"[15]이라고 전제한 뒤, 최남선과 이광수를 선두로 하여 『학지광』, 『태서문예신보』에 이어 『창조』·『폐허』·『장미촌』·『백조』·『개벽』·『금성』·『생장』·『영대』·『조선문단』 등의 동인지와 문예지를 중심으로 근대시의 형성과정에서 각 매체의 의미와 대표적인 시인들을 정리하고 있다. 양주동과 김억의 글은 1910~20년대 근대시의 형성과정을 역사적인 관점에서 전체적으로 고찰한 최초의 작업으로써, 동인지와 문예지를 중심으로 근대시사를 서술하였다는 공통점을 갖고 있다. 또한 김억은 근대시의 성과와 발전 방향으로 상징주의 시를 비판하고 조선의 고유한 혼과 정조를 노래한 조선적인 시를 제시하고 있다. 『조선시인선집』에 대해서도 "대개의 詩作에서는 반드시 가져질 '조선'을 떠나지 아니한 것이 내게는 다시 없이 기뻤습니다. (…중략…) 나는 이것에

반작용으로 상징적 전용을 위해 운명 지어진 '순수한' 작품들의 생산으로 이르는 전문화 과정을 거쳐서 문화적 생산의 장이 조직된다고 주장하였다. 피에르 부르디외, 하태환 역, 『예술의 규칙-문학 장의 기원과 구조』, 동문선, 1999, 191면.

13) 양주동의 「시단의 회고-『시인선집』을 읽고」(『동아일보』, 1926.11.29~12.4)와 김억의 「『조선시인선집』을 읽고서」(『동아일보』, 1926.12, 14~22)를 가리킨다.

14) 양주동, 「시단의 회고-『시인선집』을 읽고 一」, 『동아일보』, 1926.11.29.

15) 김억, 「『조선시인선집』을 읽고서 三」, 『동아일보』, 1926.12.20.

서 분명히 그 시가들이 조선 고유한 혼을 노래하는 것을 들었습니다"라고 하여 '조선적인 것'이 충실히 구현된 점을 높이 평가하였다.[16] 이러한 수용과정을 통해 『조선시인선집』에 수록된 시와 시인들은 한국 근대시문학사를 대표하는 전범이자 가치 있는 작품으로서 '정전'의 위상을 획득하게 되었다.

2) 『조선명작선집』

『조선시인선집』이 발간된 10년 뒤인 1936년에 삼천리사에서 『조선명작선집』을 발간하였다. 1926~1936년에 이르는 10년의 시간 동안 문단 내외적으로 여러 변화가 있었으며, 『조선명작선집』에는 이러한 변화들이 반영되어 있다.

1920년대 중반~30년대 중반은 카프를 중심으로 프롤레타리아 문예운동이 문단의 헤게모니를 장악했던 시기였다. 조직적인 결속력과 사회주의 사상, 창작방법론을 바탕으로 전개된 프롤레타리아 문예운동은 급속하게 문단과 매체, 독자대중을 장악하면서 1920년대 중반~1930년대 중반까지 실질적인 문단의 중심을 형성하였다. 1934년 신건설사 사건으로 카프의 지도부가 대거 구속되고, 1935년 5월 조직해산서를 제출함으로써 명목상의 카프는 사라졌지만 문단 내외적으로 프롤레타리아 문예운동의 성과와 영향력은 1930년대 중반까지 지속되었다. 실제로 1930년대 중반에도 『카프시인집』(1931)과 『카프작가 7인집』(1933)은 베스트셀러로 독자들의 사랑을 받고 있었다.[17]

---

16) 김억, 「『조선시인선집』을 읽고서 五」, 『동아일보』, 1926.12.22.

17) 1935년 10월에 『삼천리』에서 경성의 주요 서적상들을 대상으로 조사한 기록은, 당시 많이 팔리던 책으로 『사랑의 불꽃』과 이광수의 역사소설류에 이어 "『카프작가 7인집』과 『카프시인집』 등의 새로운 문예서적류가 호성적을 나타낸다"라고 보고하였다. 「서적시장 조사기-한도·이문·박문·영창 등 書市에 나타난」, 『삼천리』, 1935.10,

1920년대 중반 이후 대중문화의 확산 및 제도적 정착도 문단에 영향을 주었다. 1926년 경성방송국이 송출을 시작하면서 라디오 시대가 열렸고, 나운규의 『아리랑』의 흥행을 계기로 영화의 보급과 영향력이 커졌으며, 대중가요의 인기가 상승하였다.[18] 문학의 경우, "무산자의 취미 증진"을 목적으로 창간된 『별건곤』(1926.11~1934.8)을 시작으로 대중적인 취미독물(趣味讀物)의 제도화가 이루어졌다.[19] 1930년대 문단에서 대중성과 상업성을 결합한 취미독물의 대표적인 잡지가 『삼천리』이다. 『삼천리』는 영화, 음악, 라디오 등 대중문화의 유행 속에서 문학의 독자성과 우위성을 유지하기 위해 다양한 시도들을 행하였다는 점에서 의미가 있다. 『삼천리』는 시사적인 이슈들과 문학을 결합시켜 토론회나 좌담회를 개최하거나 인기 작가들이 참여하는 문예 강연회 개최, 애독자에게 보내는 작가의 편지, 작가들의 개별 추천에 의한 등단제도, 심지어 작가들의 사생활까지 공개하는 등의 방법을 통해 작가와 독자들의 친밀감을 창출해 나갔다. 이를 위해 대중적 인지도가 높은 작가들을 적극적으로 활용하였으며, 전략적으로 스타작가 만들기도 병행하였다. 모윤숙과 최정희는 명실 공히 『삼천리』가 낳은 여류 스타작가였다. 또한 『삼천리』는 1930년대 문단에서 대중성과 상업성의 중심 코드로 이광수를 부각시키면서 '춘원 문단생활 20년 기념 문단회고 좌담회', 이광수전집 발간, 춘원·요한·파인의 『3인 시가집』 발간 등의 사업을 추진하였다. 그리고 1936년부터 『조선문학전집』 40권의 간행을 기획하고, 대대

137면.

18) 1920년대 중반 취미와 대중의 관계를 고찰한 논문으로 이경돈의 「'취미'라는 사적 취향과 문화주체 '대중'」(『대동문화연구』 57, 성균관대 대동문화연구원, 2007)이 있으며, 영화 『아리랑』의 흥행이 상상의 공동체로서 민족과 대중을 호출하게 되는 과정을 고찰한 논문으로 정우택의 「아리랑 노래의 정전화 과정 연구」(『대동문화연구』 57, 성균관대 대동문화연구원, 2007)가 있다. 천정환·이용남의 「근대적 대중문화의 발전과 취미」(『민족문학사연구』 30, 민족문학사학회, 2006)는 1920년대 발견된 취미가 대중문화의 형식으로 완성되는 양상을 고찰하였다.

19) 이경돈, 「『별건곤』과 근대 취미독물」, 『대동문화연구』 46, 성균관대 대동문화연구원, 2004, 254면.

적인 광고와 함께 독자들로부터 권당 1원씩의 신립금(申込金)을 받았다.[20] 발간되었다면 최초의 문학전집으로 기록될 수 있었던 이 사업은, 출판 자본의 영세성과 독자들의 낮은 호응 때문에 아쉽게도 기획 단계에 그치고 말았다.[21]

1936년 『조선명작선집』의 발간은, 이러한 문단 내외적으로 변화된 분위기를 배경으로 『삼천리』라는 매체의 성향과 기획 속에서 이루어진 것이었다. 『조선명작선집』에는 21명의 시인이 쓴 35편의 시, 소설 22편, 희곡 1편이 실려 있다. 전체 250쪽, 정가는 1원이었다. 수록된 시인과 작품 목록은 표 2와 같다.

표 2. 『조선명작선집』의 수록 시인과 작품 목록

시인	수록 작품	시인	수록 작품
주요한	봄달잡이, 샘물이 혼자서	김명순	탄식
정인보	가신 님	조명희	봄잔듸밧
김억	고향의 노래 : 보실비, 가을	이상화	나의 침실로
김소월	금잔듸, 진달내꽃	변영로	논개, 생시에 못뵈올 님을
이은상	가곱하, 성불사의 밤	임화	우리 옵바와 화로
양주동	해곡 3장, 별후	김기림	들은 우리를 불으오
박팔양	밤차	모윤숙	안해의 소원, 반디불, 사공
정지용	갈매기	이병기	석굴암
김기진	회관 압헤서	한용운	당신의 편지, 님
김형원	고구려 성지過次	파인	송화강 뱃노래, 청노새, 꿈, 로만스, 산넘어 남촌에는
박종화	정밀, 푸른 문으로		

20) 이것은 일본 출판계의 円本을 선례로 삼은 것이다. 일본 改造社가 1926년 『현대일본문학전집』(전38권)을 발행하면서 1권에 1엔으로 예약 출판한 것이 최초였는데, 35만 부라는 히트를 기록하여 문예의 대중화와 출판 산업의 근대화를 촉진하는 계기가 되었다.

21) 참고로 『조선문학전집』은 시부문에서 한용운 · 김소월 · 박종화 · 모윤숙 · 김억 · 김동환 · 김형원 · 박팔양 · 양주동 · 김기림 · 임화 · 주요한 · 정지용의 시집과 정인보 · 이은상의 시조집의 발간을 계획하고 있었다.

『조선명작선집』의 시인 목록을 『조선시인선집』과 비교할 때, 1920년대 동인지 출신으로 1930년대 작품 활동이 미진한 시인들은 모두 제외되었음을 알 수 있다.[22] 새롭게 포함된 시인은 정인보·정지용·조명희·임화·김기림·모윤숙·이병기·한용운 등 8명이다. 이러한 시인 목록의 변화는 먼저, 근대문학의 기반이 동인지·문예지 중심의 매체 자본에서 상업적 이윤 창출이 목적인 출판 자본으로 이동해 가는 과정에 있다는 것을 보여준다. 매체 자본과 출판 자본을 겸하고 있던 『삼천리』의 존재는 그 과도기적인 형태라고 할 수 있다.

다음으로, 『조선명작선집』이 1930년대 등단한 시인들을 거의 포함시키지 않았다는 사실이다. 실제로 새롭게 포함된 시인들 중에서 1930년 이후 등단한 시인은 김기림과 모윤숙뿐이다. 여기에는 한국 근대시사를 대표하는 '명작'에 대한 편집 주체의 의식이 작용하고 있다. 『동아일보』는 1929년 8월 4~20일까지 「세계명작순례」를 연재하였는데, 그 취지를 "가정에 계신 부녀자 또는 소년 아동 같은 그런 서적을 독서할 기회가 많지 못한 이들"[23]을 위해, 세계적으로 유명한 명작들의 내용을 필자가 요약하고 의미를 설명해 주는 데 두었다.[24] 이 기획은, 당시 '명작'의 존재가 새로운 독자층으로 떠오른 부녀자와 소년 아동과 같은 2류 독자들의 교양 교육과 계몽의 차원에서 받아들여졌던 사정을 잘 보여준다. 다른 한편으로 '명작'에 대한 의식에는 조선 문예의 위상을 세계적인 기준에서 재정립하고자 하는 욕망이 내장되어 있다. 세계문학에 대한 욕망은, 1920년대 중반 국민문학론이 '조선으로 세계에'[25]를 외치며 시조부흥운동을 주장했을 때부터 표면화된 것이었다. 『조선명작선

22) 『조선시인선집』에 수록되었으나 『조선명작선집』에서 제외된 시인은 이광수·남궁벽·노자영·유춘섭·이일·이장희·박영희·백기만·손진태·오상순·오천석·홍사용·황석우이며, 이 중에서 이광수와 박영희는 소설에 수록되었다.

23) 화산학인, 「머리말—세계명작순례」, 『동아일보』, 1929.8.4, 3면.

24) 이후에도 『동아일보』는 「명작과 모성애, 문예에 나타난 어머니사랑」(1931.8.6~9.11), 「명작에 나오는 동물」(1932.1.1~14) 등의 명작 시리즈를 연재하였다.

25) 최남선, 「조선국민문학으로의 시조」, 『조선문단』 16, 1926.5, 7면.

집』의 발간 즈음에 『삼천리』는 문인들에게 '조선문학의 세계적 수준관'(『삼천리』, 1936.4)이라는 설문을 실시하였다. 답변한 16명의 문인들이 모두 조선문학을 세계적 수준이라고 말하는 것은 아직 어렵다고 대답하였지만, 그간 조선문학이 빠르게 향상·발달되었다는 점에는 동의하고 있다.

정전화의 관점에서 『조선명작선집』은 정전의 목록이 구성되는 과정을 체계적으로 시도한 선집이라는 점에서 의의가 있다. 이것은 『삼천리』라는 매체가 출판 주체였기 때문에 가능했던 일이었다. 『삼천리』는 대중적인 인기와 문학사적인 가치를 결합한 명작·걸작의 목록을 구성하기 위해 1차적인 작업으로 현직 작가들을 대상으로 '10년 갈 명작, 100년 갈 걸작'이라는 설문조사를 실시하였다. 이 설문에 대한 시가 부문의 답변을 종합하면, 작품으로는 임화의 「우리 오빠와 화로」, 이상화의 「빼앗긴 들에도 봄은 오는가」, 시집으로는 이은상의 『노산시조집』, 김억의 『안서시집』, 이광수·주요한·김동환의 『3인 시가집』, 한용운의 『님의 침묵』, 양주동의 『조선의 맥박』, 김동환의 『국경의 밤』이 꼽혔으며, 시인으로는 주요한·김동환·김억·정지용·임화가 꼽혔다.[26] 이 목록을 바탕으로 『삼천리』 1935년 1~3월에 「반도 신문예 20년래 명작선집」이라는 특집을 연재하였다. 「명작선집」에는 시가 39편, 소설 22편, 공연 중인 명작 희곡 3편과 유행가요 12편이 소개되었다. 「명작선집」에 소개된 작가와 작품은 1년 뒤에, 시와 희곡에서 몇 명의 작가와 작품을 삭제[27]하고, 원래의 판형 그대로 『조선명작선집』으로 간행되었다. 이와

26) 「10년 갈 명작 100년 갈 걸작」, 『삼천리』, 1934.5.

27) 『삼천리』는 1935년 9월부터 계속해서 『조선명작선집』의 광고를 싣고 있다. 흥미로운 것은 광고에 소개된 시인 목록이 여러 차례 변하였으며 실제로 간행된 목록과도 일정한 차이를 보이고 있는 점이다. 처음에는 김명순이 빠졌으며, 다음에는 이하윤·노자영·이장희가 빠졌다가 『조선명작선집』으로 발간될 때는 오상순의 「방랑의 북경」, 조운의 「밤비」, 이하윤의 「물레방아」, 홍사용의 「나는 왕이로소이다」가 삭제되었다. 잡지에 실었던 판형 그대로 출판하면서 왜 이러한 시인과 작품 목록의 차이가 있는지 그 이유는 확인할 수 없다.

같이 『조선명작선집』은 작가들을 대상으로 한 설문조사를 바탕으로 정전 목록을 구성하고, 이를 대중들에게 공표하여 독자들의 반응을 살피는 한편, 정전목록을 조정하는 일련의 과정을 거쳐서 탄생한 결과물이었다. 그런 점에서 『조선명작선집』은 한국문학사에서 정전 목록이 구성되어 가는 최초의 과정을 보여주는 선집이라고 할 수 있다. 정전 목록을 구성하는 1차 작업인 설문조사는 그 자체로써 문단과 출판 자본이 시인과 작품에 대한 가치를 평가하는 승인제도이며, 나아가 매체를 통해 이렇게 구성된 목록을 공개하는 2차 작업을 통해 독자들을 승인제도의 주체로 포함시키고 있다.

한편, 『삼천리』는 1935년 10월에 작가들에게 '조선문학의 주류론, 우리가 장차 가져야 할 문학에 대한 제가답(諸家答)'이라는 제목으로 민족문학파, 계급문학파, 해외문학파 중에서 무엇이 조선문학의 주류가 될 것인지에 대한 설문조사를 실시하였다. 이 설문에 대해 많은 작가들이 해외문학파를 민족문학, 계급문학과 동류로 놓은 질문 자체의 부당성을 지적하면서도 조선문학의 주류에 대한 자신의 의견을 표명하였다. 설문조사 결과 대부분의 작가들이 민족문학을 주류로 지지하였고 유진오, 함대훈, 홍효민, 엄흥섭 등의 경향파 작가들이 계급문학을, 이헌구와 김광섭이 해외문학파를 지지하였다. 그러나 이 설문조사는 설문 대상자의 선정에서부터 '민족문학' 계열의 작가들을 다수 배치함으로써 이미 그 결과가 예측된 것이었다. 즉, 표면적으로 문단의 경향과 조선문학의 주류에 대한 공정한 판단의 형식을 취하고 있지만, 실제로는 '민족문학'을 조선문학의 주류로 재천명하는 효과를 얻기 위한 것이었다.

『삼천리』의 '민족문학'은 1920년대 중반 『조선문단』을 중심으로 제기된 국민문학론의 연장된 개념으로 사용되고 있다. '민족문학' 내지 국민문학론에 대한 『삼천리』의 경향성은 『조선명작선집』의 성격에도 영향을 주었다. 선집의 목록을 구성할 때 '민족문학'이라는 관점은 중요한 가치개입적 행위로 작용하였다. 즉, 개별 작품의 문학적 가치와 심미적 특징보다 민족문화의 고유성과 특질을 드러내는 문학들의 집성으로써 '민족문학'의 정전과 전통을 재구성하고자 하는 의도가 우선하게 되며, 이에 근거하여 목록의 선택과 배제가 이루어졌다. 1920년대 중반 국민문학론의 등장으로 조선적인 시가 형식을 대표하게 된 시조와 민요시가 『조선명작선집』의 주류를 형성하고 있는 점, 그리고 이 선집에서 프로문학과 모더니즘 문학의 비중이 절대적으로 낮은 점이 그 예이다. 또한 '민족문학'의 정전과 전통에 대한 의지는 새로운 시의 경향에 대한 보수적인 태도로 나타났으며, 『조선명작선집』에서 1930년 이후 등단한 시인들이 배제되었던 이유를 이것으로 설명할 수 있다. 정전의 형성에서 '민족문학' 내지 국민문학론이 지향하는 바는 분명하다. 전통의 일관성을 바탕으로 문화적 동질성을 확인함으로써 '민족' 또는 '국민'이라는 초월적이고 보편적인 정체성을 수립하는 데 있다. 그런 점에서 『조선명작선집』의 '명작'은 시대적 변화와 특정한 문학 그룹의 이해관계를 초월하여 존재하는 한국 근대시의 이념형을 수립함으로써 '조선으로 세계에'를 완성하는 것이 그 목표였다고 할 수 있다.

3) 『현대조선문학전집 시가집』

1930년대 후반에 오면 출판 환경과 독서 시장, 출판 자본에 많은 변화가 나타난다. 1920년대부터 꾸준히 증가해 온 독서시장은 1930년대 중반 이후 급격하게 성장하였다. 1935년에 『삼천리』에서 경성시내의 서적시작을 조사한 기록을 보면, 독서인구의 증가로 서적 시장이 단연 활기를 띠고 있는 현상을 확인할 수 있다. 당시 베스트셀러였던 『노산시조집』은 재판까지 절판되었으며, 노자영의 『사랑의 불꽃』과 이광수의 역사소설류, 『카프작가 7인집』과 『카프시인집』 등이 꾸준한 인기를 누리고 있었다. 그 외에도 인기 있는 책의 판매부수는 4~5천부를 능가하였다.[28] 독서 인구의 증가와 서적 시장의 활기에 힘입어 대형 출판사들은 본격적으로 기획 상품들을 내놓았다. 1930년대 후반부터 전집류의 발간이 왕성하게 이루어지고, 문고서적들이 간행되기 시작하였다. 출판 환경의 변화는 출판 자본과 독자 대중의 관계도 변화시켰다. 출판 자본은 독자 대중의 교양 교육을 주도하는 계몽 주체 또는 교육 주체로서의 위계적 관계가 아니라 독자 대중의 독서 습관과 취향을 예민하게 관찰하는 파트너의 자리로 내려앉았다. 1936~1940년에 발간된 전집의 경향을 볼 때 장편소설 · 아동문학 · 여류문학 · 역사소설 · 야담 등의 대중문학이 주류를 이루고 있는 것에서도 그 변화를 확인할 수 있다. 염가판 문고서적의 간행도 서적의 대중화와 독서 인구의 증가를 촉진하였다.

1930년대 발간된 전집류는 1936년 중앙인서관의 『조선문학전집』을 시작으로 박문서관에서 1937년 『현대걸작장편소설전집』(10권)을 발간하였으며, 1938년에는 조선일보사에서 『조선아동문학전집』, 『여류단편걸작집』, 『신인단편걸작집』, 『현대조선문학전집』(7권)을, 삼문사에서 『조선문인전집』을 발간하였다. 한성도서주식회사에서는 1938~39년에 걸쳐 『현대장편소설전집』(10권)을 발간하였다. 1940년에도 전집 발간은 계속되었는데 조광사의 『현대조선여류문학전집』, 『신선문학전집』(4권), 『조선야담선집』, 박문서관의 『신선역사소설전집』(5권) 등이 대표적이다. 1937년 중일전쟁을 전후하여 일제의 전시동원체제가 발동되면서 문화적으로는 침체기에 들어갔던 시대 상황 속에서 전집류의 발간은 이례적인 현상이라고 할 수 있다. 이러한 전집류의 발간을 1930년대 후반의 시대상황과 관련하여 민족주의적인 관점에서 설명하는 시각도 있다. 강진호는 "전집 출판은 그것을 통해서 민족의 얼과 말을 지키고자 하는 지사적 열정과 관계된 것임을 역설적으로 보여주는 것이다."[29]라고 평

28) 「서적시장 조사기 - 한도, 이문, 박문, 영창 등 書市에 나타난」, 『삼천리』, 1935.10, 137~138면.

29) 강진호, 「한국문학전집의 흐름과 특성」, 『돈암어문학』 16, 돈암어문학회, 2003, 360면.

가하였다.

대부분의 문학 전집들이 소설류를 중심으로 구성되었던 현실에서, 1938년 4월 조선일보사 출판부는 『현대조선문학전집』의 일환으로 시가집을 발간하였다. 『현대조선문학전집』은 1930년대 말에 발간된 전집들 중에서 비교적 출판 상태가 양호하고 작가와 작품이 엄선된 것으로 꼽힌다.[30] 전집의 구성은 단편집 상·중·하, 시가집, 수필 기행집, 평론집, 희곡집의 7권으로 되어 있는데, 당대에 왕성하게 활동하는 중견과 소장 작가들을 대상으로 미적 완성도가 높은 작품들을 선별하여 수록하였다. 시·소설·평론·희곡의 문학 장르를 망라하였으며, 프로문학과 국민문학, 모더니즘 문학을 모두 포함하여 당대의 문학 경향을 조감할 수 있는 것이 장점이다. 『현대조선문학전집 시가집』에는 33명의 시인이 수록되어 있는데, 각 시인별로 사진과 약력(출생일자, 출생지, 현주소, 학력, 경력, 등단, 작품집)을 실어서 선집의 체제를 갖추었다. 전체 363쪽이며, 정가는 1원 20전이다. 『현대조선문학전집 시가집』에 수록된 시인과 작품 목록은 표 3과 같다.

표 3. 『현대조선문학전집 시가집』의 수록 시인과 작품 목록

시인	수록 작품	시인	수록 작품
주요한	비소리, 아침 황포강가에서, 명령, 힌꽃	김기림	해방된 쥬피타, 금붕어, 유리창과 마음
이광수	비들기, 붓 한자루, 빛, 임 찾어갈꺼나, 앞길, 임, 어떤 벗을 생각하고, 청춘, 옛친구	노천명	사슴, 夜啼鳥, 출범, 분이, 장날, 조고만 정거장
양주동	산넘고 물건너, 산길, 영원한 비밀, 해곡 3장, 秋夜長 2수, 소곡	김상용	남으로 창을 내겠소, 반딧불, 마음의 조각, 기도, 물고기 하나, 굴뚝 노래
김동환	오월의 향기, 석왕산사遊, 최종야, 송화강 뱃노래, 청노새, 꿈, 로만스, 산넘어 남촌에는, 민요 2수	박용철	떠나가는 배, 싸늘한 이마, 밤 기차에 그대를 보내고, 어디로, 밤, 희망과 절망은
이은상	오륙도, 단풍 한잎, 可人山, 기원	신석정	나의 꿈을 엿보시겠읍니까, 봄의 유

30) 위의 글, 360면.

시인	수록 작품	시인	수록 작품
			혹, 봄이여, 돌, 初春吟, 산수도,
한용운	예술가, 사랑의 측량, 복종, 꿈과 근심, 심은 버들	이 일	공상, 봄밤, 봄, 봄바람, 사막, 옛말
정지용	불사조, 또 하나 다른 태양, 나무, 은혜	김동명	생각, 내마음은, 손님, 파초, 수선화, 바다, 밤, 달
김 억	눈 올 때마다, 겨울, 봄바람, 옛날, 봄바람, 해당꽃, 눈오는 밤, 연분홍, 눈, 버들개지, 조악돌,	김윤식	동백잎, 봄길 우에서, 언덕에 누어, 봄달, 제야, 내음, 내 마음을 아실 이
박팔양	失題, 길손, 여름밤 하늘 우에, 병상	주수원	어머니, 첫소리, 침묵, 失題, 잉크병,
임 화	하늘, 통곡	조벽암	夕宴, 향수, 안동다료, 메뚜기, 황성의 가을, 초조, 황혼
이병기	봄, 비오리, 오동꽃, 아차산, 계곡, 가엽봉, 최석정, 젖, 서향, 돌아가신 날, 시름, 비, 파초, 난초	임학수	순간, 손가락, 봄들, 호수, 황혼, 조선의 소녀
김정식	임의 노래, 옛이야기, 먼후일, 풀따기, 밤	김형원	불순한 피
박종화	밀실로 돌아가다, 탱자, 夏夜新月	이상화	이별
김오남	이렁성 사십시다, 낙화1·2, 점경 1·2, 고적	변영로	간 안해에게
백 석	여우난 곬족, 고야, 주막, 개, 모닥불, 외가집	오상순	아시아의 마지막 밤 풍경
모윤숙	장미, 麗人頌	이장희	버레 우는 소리
김광섭	밤, 촛불, 고독, 개성, 송별, 谷		

『현대조선문학전집 시가집』에서 1920년대와 30년대 시인의 구성은 20명 : 13명으로 대략 6 : 4의 비율로 되어 있다. 특히, 이전의 시인선집과 비교하여 새로운 텍스트로 박용철·김영랑·김상용·임학수·조벽암·신석정·노천명·김광섭·백석을 발굴하여 수록하였다. 이 새로운 시인과 시의 목록은 『현대조선시인선집』과 『현대서정시선』에 다시 수록되면서 1930년대 시단을 대표하는 정전 텍스트로 수용되었다.

『현대조선문학전집 시가집』은 수록된 작품들을 시·시조·민요·압운시·산문시 등의 형식으로 구분한 것이 특징인데, 그 중에서 시조의 비중이 단연 높다. 이러한 시조 형식의 우위는 1920년대 중반 이후 국민문학론의 관점이 『조선명작선집』에 이어 『현대조선문학전집 시가집』에도 관철되고 있음을 보여준다. '민족문학'적 관점 내지 국민문학론은 공동체의 보편적인 가치와 전통의 일관성을 추구한다는 명목 아래 특정한 계층과 특정한 경향의 정체성을 부정하거나 통합해버리는 경향이 있다. 실제로 『현대조선문학전집 시가집』에서도 모더니즘 시와 프로시가 주변화되거나 배제되는 현상이 나타난다. 모더니즘 시의 경우 김기림은 수록되었으나 새로운 경향의 김광균 · 오장환 · 이상 등은 배제되었다. 프로 시는 임화 · 박팔양 · 조벽암이 포함되었지만 『카프 시인집』(1931)에 수록되었던 박세영 · 김창술 · 권환을 비롯하여 이찬 · 김해강 등은 배제되었다. 이것은 『시문학』(1930~1931)과 『시원』(1935)의 시인들 — 박용철 · 김영랑 · 정지용 · 모윤숙 · 김광섭 · 김상용 · 노천명 · 신석정 등이 대거 수록된 것과 비교된다. 이들은 선집에 수록된 작품 수에서도 상대적으로 높은 평가를 받고 있다.[31] 이것은 1930년대 시인선집이 '민족문학'의 관점에서 모더니즘 시와 프로시를 배제하는 한편, 1920년대 민요시와 서정시를 계승하는 조선적인 시가 형식으로서 『시문학』과 『시원』으로 대표되는 순수서정시를 선택했다는 것을 의미한다. 이러한 '민족문학'적 관점과 순수서정시의 결합은 『현대서정시선』으로 집약되어서 나타났다.

4) 『현대서정시선』

1939년 학예사에서 '학문과 예술의 만인화'를 위하여 '조선에 있어서 진정한 서적 해방'의 기치를 내걸고 '조선문고'를 발간하였다. 이어서

31) 『현대조선문학전집 시가집』에서 시인별로 수록된 작품 수를 비교해 보면 이병기(14) – 김억(11) – 이광수 · 김동환(9) – 김동명(8편) – 김영랑 · 조벽암(7편) – 양주동 · 김광섭 · 노천명 · 김상용 · 박용철 · 백석 · 신석정 · 이일 · 임학수(6편) 등의 순이다.

한 달 뒤에 박문서관이 '동서고금의 모든 고전과 광휘(光輝)있는 양서를 총(總)히 망라하여 간행'하겠다는 기획 아래 '박문문고'를 간행하였다. 같은 해 광한서림에서도 '현대문고'를 간행하였다. 그간 국내의 편집·제작 기술은 문고판 제작이 가능할 정도로 발전해 있었다. "본문 활자의 크기가 9.8포인트 활자로 작아져 많은 양을 수록할 수 있게 되었고, 지난 10년 사이에 인쇄 시설의 증설 뿐만 아니라 몬타이프, 그라비어 등의 시설이 처음으로 소개되었고 오프셋 인쇄의 보급도 활발하였다. 양장이 성행하는 등 문고 출판이 가능한 기술 전반은 충분히 성숙해 있었다."[32] 이러한 기술의 성장을 바탕으로 출판 자본의 "강렬한 문예 부흥과 학예보급 의지의 표현"[33]이 맞물려 문고시대가 시작될 수 있었다. 『현대조선시인선집』과 『현대서정시선』은 문고판으로 간행된 시인선집이다. 1939년 1월 학예사는 '조선문고'의 일환으로 『현대조선시인선집』을 발행하였다. 같은 해 2월 박문서관에서 『현대서정시선』을 포함하여 6권의 '박문문고'를 동시에 발간하였다.[34]

이하윤이 편집한 『현대서정시선』은 선집의 제목에서 밝혔듯 '서정시'를 기준으로 하여 42명의 시인이 창작한 142편의 작품을 수록하고 있다. 시집의 분량은 171쪽이며 가격은 30전이다. 『현대서정시선』에 수록된 시인과 작품 목록은 표4와 같다.

표 4. 『현대서정시선』의 수록 시인과 작품 목록

시인	수록 작품	시인	수록 작품
김기림	유리창과 마음	백 석	여우난 곬족, 미명계, 정주성, 개
김기진	권태	신석정	나의 꿈을 엿보시겟습니까, 산수도
김광섭	황혼, 우수, 꽃지고 그늘지는 날, 梟	양주동	산넘고 물건너, 소곡, 꿈에 본 구슬

32) 이중한 외, 『우리 출판 100년』, 현암사, 2001, 79면.

33) 위의 책, 82면.

34) 나머지 5권의 '박문문고'는 『김동인단편집』, 『윤석중동요선』, 김소운의 『구전민요선』, 『춘향전』, 『하멜표류기』이다.

시인	수록 작품	시인	수록 작품
			이길래, 꿈노래, 소곡
김동명	내 마음은, 생각, 파초, 수선화, 바다, 꿈언덕을 스칠 때	오상순	방랑의 마음
김동환	눈이 내리느니, 북청 물장사, 산넘어 남촌에는, 강이 풀리면, 해안, 뱃사공의 안해	오희병	노변애가
김명순	탄식	유도순	한빛 아래서, 봄과 마음
김상용	남으로 창을 내겟소, 반딋불	유춘섭	나의 옛집에 돌아오도다
김 억	봄바람, 버들개지, 보실비, 눈, 고름 맺기, 옛날, 조악돌, 내 고향	이광수	님네가 그리워, 비둘기
김윤식	동백닢에 빛나는 마음, 언덕에 바로 누어, 원망, 쓸쓸한 뫼 앞에, 봄달, 뷘 포켓트에, 저 곡조만 하날가 다은데, 내 마음 아실 이	이상화	나의 침실로
김정식	진달래꽃, 먼후일, 님의 노래, 못니져, 예전엔 미처 몰랏서요, 맘 켱기는 날, 漁人, 길, 가는 길, 왕십리, 산, 삭주구성	이은상	가곱하
김현구	물 우에 뜬 갈매기, 님이어 강물이 몹시도 퍼렁습니다	이장희	봄철의 바다, 봄은 고양이로다, 눈은 나리네, 여름밤
김형원	불순한 피	임학수	새가 된다면, 호수와, 만파식적
노자영	갈매기	임 화	어린 태양이 말하되, 고향을 지내며
노천명	夜啼鳥, 귀뚜라미	장정심	맑은 그 눈, 임의 노래
모윤숙	옵바의 눈에, 어머니, 조선의 딸, 안해의 소원	정지용	압천, 향수, 바다, 바다, 조약돌, 카페 푸란스, 호수, 무서운 시계, 불사조, 나무, 임종
박영희	꿈의 나라로, 밤하늘은 내 마음	조벽암	향수, 안동다료, 황성의 가을
박용철	밤 기차에 그대를 보내고, 싸늘한 이마, 고향, 어듸로, 떠나가는 배, 이대로 가랴마는	주요한	비소리, 봄달잡이, 그 봄을 바라, 황혼의 노래, 부끄러움, 남국의 눈, 지금도 못 닛는 것은, 마른 닢에 물 주는 뜻은, 드을로 가사이다
박종화	나는 들으랴 합니다	한용운	하나가 되여 주서요, 예술가, 비밀, 나룻배와 행인
박팔양	실제, 시냇가	허 보	닢 떨어진 나무
변영로	버러지도 실타하올, 생시에 못뵈올 님을, 봄비, 낫에 오시기 꺼리시면	홍사용	나는 왕이로소이다, 흐르는 물을 부뜰고서, 새 아씨의 마음은

시인	수록 작품	시인	수록 작품
백기만	은행나무 그늘	황석우	망모의 영전에 밧드는 시, 소녀의 마음

『현대서정시선』의 특징은 '서정시'를 수록 대상의 선택과 배제의 우선적인 기준으로 제시하였다는 점이다. 이하윤은 선집의 「서문」에서 "서정적 요소가 결여된 운문은 시가가 되지 못하는 것이니 …… 우리는 다만 순수한 서정시를 보다 많이 가짐으로 우리의 시사를 빛나게 자랑할 수 있을 뿐이다"[35]라고 천명하였다. 여기서 '서정시'는 운문성(또는 노래성), 서정성, 순수성을 특징으로 하는 시 형식으로 정의되며, 비교적 폭넓은 의미로 사용되고 있다. 또한 「서문」에서는 '서정시'의 관점을 바탕으로 한국 근대시사를 새롭게 구성하고 있는데, 신경향파와 프로시, 김기림의 「기상도」로 대표되는 모더니즘 시, 황석우의 상징주의 시와 시집 『자연송』 등을 비판한 것이 주목된다. 신경향파와 모더니즘 시는 '서정시'의 발전에 장애가 되었으며, 프로시 중에서 임화와 박세영 등의 서정시 계열만 문학사적 의의가 있다고 규정하였다.

『현대서정시선』은 한국 근대시사에서 '서정시의 계보학'을 창조하였다. 실제로 각 시인별로 수록된 작품 수를 비교하면 김소월(12편)－정지용(11편)－김영랑・주요한(10편)－김억(8편)－김동명・김동환・박용철(6편) 등의 순서이다. 이들은 나중에 한국 시문학사에서 근대 서정시를 대표하는 시인들로 자리 잡았다. 특히, 그전까지 민요시인으로 평가되던 김소월을 대표적인 서정시인으로 평가한 것, 그리고 정지용을 서정시인으로 규정한 것은 문학사에 대한 새로운 해석 가능성 및 새로운 정전 텍스트의 구성에서 중요한 역할을 하였다. 당시 정지용은 시문학파와 구인회에 함께 속해 있으면서 시의 창작에서 순수 서정시와 이미지즘 시의 폭넓은 스펙트럼을 구사하였다. 1935년 『정지용시집』의 발간을 계기

35) 이하윤, 「서문」, 『현대서정시선』, 박문서관, 1939, 11면.

로 김기림·박용철의 찬사와 임화의 비판이 엇갈리는 가운데 정지용은 당대 비평의 중심 현안이 되었다.[36] 그런데 이하윤은 『현대서정시선』을 통해 서정시인으로서 정지용의 면모를 부각시키는 한편 모더니스트로서 그의 시세계를 주변화시키고 있다.

이와 같이 서정시의 관점에서 한국 근대시사를 재구성하기 위한 『현대서정시선』의 이면에는, 작품에 대한 일면적인 인식과 평가를 조장하는 부정적인 면이 존재하였다. 시인선집은 당대의 모든 작가와 작품 중에서 가장 '훌륭한' 텍스트 또는 가장 '대표적인' 텍스트들을 선별하여 수록하는 것을 목표로 한다. 그런데 『현대서정시선』은 프로시인들과 모더니즘 시인들을 목록에서 대부분 배제했을 뿐 아니라, 선집에 포함된 시인들의 경우에도 대표작보다 '서정시'를 선택적으로 수록하였다. 김기림, 임화, 박팔양, 조벽암 등의 수록 작품을 보면 그 사실을 확인할 수 있다. '서정시'의 관점에서 배제된 것은 상징주의 시, 프로시와 모더니즘 시에 국한되지 않는다. 1930년대 새롭게 등장한 反서정의 주지주의 시와 '다른 서정'을 추구하는 신세대 시인들-오장환·이용악·유치환·이육사·서정주 등의 작품도 배제되었다. 대신 『시문학』과 『시원』을 중심으로 하는 순수 서정시가 1920년대 서정시의 계보를 이어서 1930년대를 대표하는 서정시로 선택되었다. 결과적으로 『현대서정시선』은 기존의 시인선집에 수록된 목록을 중심으로 '서정시'의 관점에서 재구성하는 데 그쳤을 뿐, 한국 시문학사에서 새로운 서정시의 텍스트를 발굴하는 데는 성공하지 못하였다. 독자적으로 새롭게 발굴하여 소개한 서정시인으로 오희병·김병호·장정심·허보·김현구가 있지만 새로운 정전 텍스트로 추천하기에는 이들의 시적 성과가 그리 높지 않았으며 다른 시인선집의 지지도 얻지 못하였다. 『현대서정시선』의 이러한 한계는, '서정시'의 관점에서 텍스트를 선별하는 독자적인 가치 평가

36) 한형구, 「30년대 문단 재편과 시론의 비평적 전개-'기교주의 논쟁' 재음미」, 『한국현대문학연구』 17, 243~247면 참조.

기준을 확정하지 못한 데서 비롯된 것이며, 나아가 '서정시'가 한국 근대시사를 전체적으로 조망하고 평가하는 기준으로는 충분치 않다는 것을 확인시켜주고 있다.

5) 『현대조선시인선집』

1939년 1월 학예사는 '조선문고'의 일환으로 임화가 찬편(撰編)한 『현대조선시인선집』을 출판하였다. 『현대조선시인선집』은 한 시인의 대표작 1편을 원칙으로 72명의 시인과 72편의 시를 수록하고 있다. 선집은 전체 186쪽이며 정가는 30전이다. 선집에 수록된 시인과 작품 목록은 표 5와 같다.

표 5. 『현대조선시인선집』의 수록 시인과 작품 목록

시인	수록 작품	시인	수록 작품	시인	수록 작품
최남선	해에게서 소년에게	박아지	가을 밤	김용제	혼수
이광수	붓 한 자루	손풍산	위문	임사명	어두운 방의 시편들
주요한	비소리	권 환	원망	반상규	고향의 하늘은 밝어 오리다
김 억	신미도 삼각산	김기림	추억	백 석	모닥불
남궁벽	풀	신석정	푸른 침실	노천명	도라오는 길
조명희	봄 잔듸밭우에	김동명	밤	정희준	우로
김소월	먼후일	김병호	여수	임학수	인정각
이은상	물결의 유언	양우정	계절의 선율	김조규	Nostalgia
박종화	흑방비곡	이정구	기차	마 명	산
이상화	나의 침실로	김광균	설야	민병균	계절의 감상
홍사용	나는 왕이로소이다	조벽암	나는 돌이 아니여	이 상	오감도
박영희	월광으로 짠 병실	이 찬	The Room Elise	오장환	적야
김형원	벌거숭이의 노래	양운한	강변	윤태웅	나무
이장희	봄은 고양이로다	이규원	바다의 장례식	장기제	북방땅 십리벌에
김동환	눈이 내리느니	이 흡	고향	이시우	방

김기진	백수의 탄식	황순원	밤차	서정주	화사
박팔양	윤전기와 4층집	안용만	강동의 봄	박재륜	편지
양주동	해곡 3장	김영랑	모란	이육사	강 건너간 노래
박세영	산제비	김태오	난초	김광섭	어느 해의 자화상
정지용	해협 오전 2시	이응수	바다ㅅ풍경	김대봉	무심
유완희	내ㅅ가에 앉어	윤곤강	만가	김용호	고개
임 화	해협의 로맨티시즘	모윤숙	밀밭에 선 여자	이용악	낡은 집
김해강	산상고창	김상용	포구	유치환	산
박용철	떠나가는 배	이병각	아드와의 원수를!	을파소	낡은 우물 잇는 풍경

『현대조선시인선집』은 최남선의 「해에게서 소년에게」를 시작으로 1930년대 시인들까지 총망라하여 수록하고 있어서 한국 근대시사를 전체적으로 조감하는 데 유용하다. 임화는 이 선집의 편집방침을 "첫째는 현대시를 확실히 현대적 관점에서 모으는 것이요 둘째는 신시를 역사적 관점에서 모으는 것"[37)]으로 규정하고 있다. 이러한 편집방침에 따라 한국 근대시사를 1910~1920년대와 1930년대로 양분하여 전자는 역사적인 관점을, 후자는 현대적인 관점을 적용하는 이중의 관점을 취하고 있다. 선집에 수록된 시의 비중을 보면 전자가 31편, 후자가 41편으로 현대적인 관점이 우세하다. 이러한 시대적인 균형감과 새로운 시인들에 대한 개방성은 1920~30년대 발간된 시인선집들 중에서 『현대조선시인선집』이 독보적이다. 특히, 비슷한 시기에 발간된 『현대조선문학전집 시가집』과 『현대서정시선』이 1930년대 초에 등단한 시인들을 중심으로 수록했던 것과 달리 『현대조선시인선집』은 1936~7년에 등단한 시인들까지 수록 범위를 확대하고 있다. 『현대조선시인선집』에서 새롭게 발굴・소개한 1930년대 시인은 권환・이정구・양우정・황순원・윤곤강・박재륜・이상・유치환・민병균・김대봉・이육사・서정주・오장환・이시우・이용악・양운한・김종한・김용제・김용호・임사명・이병각・이

37) 임화, 「편자의 말」, 『현대조선시인선집』, 학예사, 1939, 9면.

흡 · 장기제 · 손풍산 · 윤태웅 · 반상규 · 정희준 · 김조규 · 마명 등 29명이다.[38] 이들 중에서 아직 객관적으로 평가되지 않은 신진 시인들의 작품이 다수 포함되어 선집으로서의 엄격성을 떨어트리는 문제도 있지만, 새로운 시의 언어와 경향을 보여주는 다양하고 새로운 시의 가능성을 적극적으로 수용했다는 의의가 있다. 특히, 1930년대 시인들 중에서 『자오선』 동인(서정주 · 오장환 · 김광균 · 이육사 · 신석초 · 이상 · 박재륜 · 윤곤강 · 이병각 등)이 대거 포함된 점이 주목된다. 1937년 11월에 결성된 『자오선』 동인의 시적 성과에 대해서는 당시까지 객관적인 판단이 내려지지 않은 상태였기 때문에, 이들을 선집에 수록한 것은 얼마간 의외이며 시기상조로 보인다. 하지만 이후 한국 근대시사에서 이 시인들이 차지하게 되는 비중을 고려할 때, 『현대조선시인선집』이 새로운 시의 언어와 경향에 대해 현대적이고 선구적인 태도를 갖고 있었음을 확인할 수 있다.

『현대조선시인선집』은, 임화가 편찬자였던 까닭에 프로시의 비중이 높은 것도 특징이다. 기존의 임화 · 박팔양 · 조벽암 외에 김해강 · 이찬 · 박세영 · 유완희 · 박아지 · 권환 · 이정구 · 양우정 · 윤곤강 등의 프로시인이 이 선집을 통해 새로운 텍스트로 정전 목록에 등재되었다. 국민문학론을 이념적 기반으로 하는 다른 시인선집들에서 프로시가 주변화되거나 배제되었던 사실을 고려할 때, 이것은 한국 근대시사에 균형 잡힌 시각을 제공한다는 점에서 의미가 있다. 실제로 『현대조선시인선집』은 서정시, 모더니즘 시, 프로시, 그리고 새로운 시의 경향을 적절한 비중으로 안배하여 수록하고 있다. 다만, 이전의 시인선집과 비교해서 민요시와 시조는 대폭 축소되었는데, 그 중에서 대표적인 시조 시인으로 이은상과 양주동은 수록하고 백기만 · 이병기 · 조운 · 정인보 등은 목록에서 배제하였다.

---

38) 참고로 『현대조선시인선집』이 1910~20년대 시단에서 독자적으로 발굴하여 수록한 시인은 김해강 · 김병호 · 김광균 · 김태오 · 이찬 · 박세영 · 이규원 · 유완희 · 이응수 · 박아지 등 10명이다.

『현대조선시인선집』의 1작가 1작품 원칙은 문고판의 제한된 지면에 최대한 많은 시인을 수록하기 위해 편의적으로 시도된 방법이었다. 각 시인들의 여러 작품 중에서 대표작 1편을 선정하는 작업은, 선집의 편찬자에게 고도의 미학적 수준과 작품 평가 능력을 요구하는 일이다. 1920년대 말부터 가장 활동적인 시인이자 비평가로 주목받아왔던 임화는, 1935~36년에 박용철·김기림과 벌였던 '기교주의 논쟁'을 통해 1930년대 시단의 성과를 점검하고 새로운 시의 언어와 형식을 모색해 왔다.[39] 이를 바탕으로 『현대조선시인선집』에서 현대적 관점과 역사적 관점을 통합하여 시대적인 균형감을 갖추고, 다양한 시 경향과 새로운 시에 대한 개방적인 태도로 근대시사를 조감할 수 있었다. 그 결과 『현대조선시인선집』에 수록된 시인과 대표작의 목록은, 오늘날 문학교육 현장과 독자대중들에게 수용되고 있는 근대시의 정전 목록에 가장 근접해 있다. 다른 시인선집에도 수록되어 있는 이상화의 「나의 침실로」, 홍사용의 「나는 왕이로소이다」, 이장희의 「봄은 고양이로다」, 김기진의 「백수의 탄식」, 박용철의 「떠나가는 배」를 포함하여, 특히 1930년 이후 등단한 시인들 중에서 김광균의 「설야」, 김영랑의 「모란」, 이상의 「오감도」, 백석의 「모닥불」, 이용악의 「낡은 집」, 서정주의 「화사」 등은 오늘날까지 해당 시인의 대표작이자 한국 근대시의 정전으로 인정받고 있다.

39) 1930년대 시단의 세 경향을 대표하는 임화·김기림·박용철에 의해 진행된 '기교주의 논쟁'은 근대시의 개념 정의, 언어와 형식의 문제, 시의 사회적 기능, 새로운 시의 가능성에 대한 모색 등 다양한 쟁점들을 표면화시켰다. 이명찬은 '기교주의 논쟁'을 평가하여 "논쟁 자체가 주목할 만한 결론에 도달한 것은 아니지만, 문학의 성립 요건이나 창작 문제의 본질에 관한 지울 수 없는 부담을 당대인들에게 부과하고 있다는 것, 그리고 이 무렵에 창작활동을 시작한 신진 시인들이면 누구나 이 문제를 떠안을 수밖에 없었을 것이라는 점"(이명찬, 『1930년대 한국시의 근대성』, 소명출판, 2000, 262면)을 강조하였다.

3. 시인선집의 이념적 기반

시인선집은, 한 작가의 모든 작품을 포괄하는 전집과 달리, 해당 시기를 대표하는 시인과 작품을 선정하여 수록하는 것을 목표로 삼는다. 선집에 수록할 시인과 작품을 선택하는 작업은 텍스트 내부의 순수한 미학적 가치에 대한 평가뿐 아니라 텍스트 외부의 시대 상황 및 제도적 힘들에 의해 영향을 받는다. 선집의 편찬과정에는 출판 자본이 선호하는 문학 경향 또는 편집자가 대표하는 특정한 문학 그룹의 관점과 이해가 반영된다. 그리고 선집의 발행 시기, 당대의 주류적인 문학경향, 문학 그룹들의 세력관계, 독자대중들의 취향과 반응 등이 복합적으로 작용한다.

1920~30년대 발간된 시인선집들은, 시인과 작품의 선택 및 평가의 기준을 설정하는 데 있어서 출판 주체의 이념적 기반과 문학 경향에 의해 일정하게 영향을 받았다. 그 중에서 문학 그룹의 특정한 경향을 넘어 광범위하게 영향을 미쳤던 것이 '민족문학' 내지 국민문학론의 문제이다. 그런 점에서 최초의 시인선집인 『조선시인선집』의 기획과 편집이 1924년 여름부터 1925년에 걸쳐서 이루어졌다는 사실은 주목을 요한다. 1924년은 한국 근대문학사에서 새로운 변화가 시작된 분기점이다. 변화의 핵심은 "문학에 대한 관점의 변화, 그 가운데에서도 문학에 대한 일반적 개념, 장르, 정전(正典, Canon)의 확정, 문학적 전통과 문학사의 관점에서 자국의 문학을 근본적으로 재검토하고자 했던 움직임이 본격화"[40]되었다는 데 있다. 시에서 그 변화는 '조선적인 것'의 제기와 탐색을 중심으로 이루어졌다.

김억은 1924년 신년 벽두에 "앞으로 나타날 시가는 현대의 朝鮮心을 배경 삼은 生과 力의 시가"[41]일 것을 주장하였다. 김억이 제기한 '조선

40) 구인모, 「한국 근대시와 '국민문학'의 논리」, 동국대 박사논문, 2005, 4~5면.
41) 김억, 「조선심을 배경삼아-시단의 신년을 맞으며」, 『동아일보』, 1924.1.1.

적인 것', '조선적인 시'의 문제는 이후 『조선문단』의 전략적 호응 속에 신시운동의 새로운 목표로 설정되었다. 이를 주도한 인물이 김억, 주요한, 이광수, 최남선이다. 주요한은 "신시운동의 목표가 조선적 사상 정서의 표현과 조선적 언어의 미를 발견하는 데 있다"[42]라고 주장하였다. '조선적인 것'의 궁극적인 목표는 조선문학을 세계문학에 상응하는 문학으로 향상시키는 데 있다. 이를 위해서 먼저 조선의 문학은 '국민문학'이 되어야 했다.[43] '국민문학'의 관점에서 전통은 재발견되고 재구성되며, 그렇게 재발견되고 재구성된 전통은 공동체를 결속시키는 이념적 가치로써 내면화된다. 이광수는 "우리 민요 속에서 우리 민족에게 특별히 맞는 리즘(리듬-인용자)을 발견하는 동시에 우리 민족의 감정의 흐르는 모양(이것이 소리로 나타나면 리즘이다)과 생각이 움직이는 방법을 볼 수가 있다"[44]라고 하여 민족 시가의 기원으로 민요를 제시하고 있다. 그리고 최남선은 '조선의 국민문학(민족문학)으로의 시조'[45]의 가치를 부각시킴으로써 세계문학 속에서 국민문학의 위상을 강조하고 있다. 이러한 국민문학론의 등장은 『조선시인선집』의 성격에 영향을 주었다. 편집자인 백기만이 「서문」에서 "조선의 빛으로 아로새기고 조선의 마음을 노래하며 조선의 정신을 하늘 높이 읊조리는 시단의 精華總集"[46]이라고 규정한 것처럼, 『조선시인선집』은 수록 작품의 선택과 가치 평가에서 '조선적인 것'이 중요한 기준이 되었다.

시에서 '조선적인 것'의 문제가 '시'의 개념 정의 및 시의 창작과 관련하여 어떤 변화를 불러일으켰는지 살펴보자. 시에서 '조선적인 것'의 개념은 그 안에 세 가지의 부정을 내포하고 있다. 첫째 상징주의와 자

42) 주요한, 「노래를 지으시려는 이에게 三」, 『조선문단』 3, 1924.12, 45면.
43) "그 예술이 조선의 예술이기 때문에 인류의 예술인 가치가 생긴다 합니다. 우리의 나아갈 길은 다른 것 아니라 국민문학의 창성, 그로 좇을 세계문화의 공헌이라 하겠습니다."(위의 글, 45면)
44) 이광수, 「민요소고」, 『조선문단』 3, 1924.12, 31면.
45) 최남선, 「조선국민문학으로의 시조」, 『조선문단』 16, 1926.5, 6면.
46) 「서문」, 『조선시인선집』, 조선통신중학관, 1926, 1면.

유시로 대표되는 서구와 일본 근대시에 대한 부정, 둘째 애국계몽기 시가에서 최남선, 이광수로 이어지는 시의 계몽성에 대한 부정, 셋째 프롤레타리아 시운동에 대한 부정이 그것이다. 1924년 이후 신시운동의 새로운 방향은 이 세 가지의 부정을 바탕으로 도출되었다.

'조선적인 것'의 강조는 시에서 지(知)와 의(意)의 영역을 부정하고 정(情)과 미(美)의 영역을 강조하는 경향으로 나타났다. 초기의 한국 근대문학은 '예술'이면서 또한 '지식'으로 존재하였다. '지식'으로서 문학 개념은 근대문학의 성격을 규정하는 중요한 요소이다. 한기형은 최남선의 문학과 『소년』, 『청춘』의 성격을 '근대지(近代知)'로서의 문학 개념에 근거해서 설명한 바 있다. 그에 따르면 "문학은 근대 교양의 핵심요소이자 근대문화와 교육을 구성하는 제도의 한 형태로 자리잡게" 되었으며, "문학은 '민족'과 '국민'의 정신과 사상을 담보하는 언어형식이자 존재의 본질을 탐구하는 학문의 한 영역으로까지 발전하게 되었다."[47] 그런 차원에서 1910년대~20년대 초반 『학지광』과 『태서문예신보』·『창조』·『폐허』 등을 중심으로 전개된 상징주의와 자유시운동은 세계 및 세계와 자아의 관계를 인식하고 표현하는 방법으로서 '근대지'의 한 형태라고 할 수 있다. 세계와 인간에 대한 역사철학적이고 사회과학적 인식에 기초하고 있는 프롤레타리아 시운동에서도 지(知)와 의(意)는 핵심적인 기능을 하였다. 그러나 민족 정서와 정조, '조선혼' '조선심' '조선스러움' 등을 강조하는 국민문학론을 계기로, 시의 장르적 본질은 정(情)과 미(美)의 영역으로 전환되었다.

시의 장르적 본질을 정(情)과 미(美)의 영역으로 규정하는 것은, 바꾸어 말하면 정조(또는 감정, 정서)를 충실하게 구현하는 서정시를 근대시의 본질로 규정하는 태도이다. 국민문학론은 조선적인 시가 형식으로 민요시와 시조를 강조하는 한편 서정시를 근대시의 중심적인 양식으로 부

47) 한기형, 「최남선의 잡지 발간과 초기 근대문학의 재편」, 『대동문화연구』 45, 성균관대 대동문화연구원, 2004, 230~231면.

각시켰다. 서정시의 주류화는 1930년대 『시문학』파를 중심으로 계속 이어진다.[48] 1930년대 발간된 『조선명작선집』, 『현대조선문학전집 시가집』, 『현대서정시선』에서 순수 서정시를 중심에 놓고 모더니즘 시와 프로시를 주변화하거나 배제한 것은 이러한 경향을 반영한 것이다.

1920년대 중반 김억과 주요한이 주장했던 서정시는 낭만주의라는 세계 사조를 그 배경으로 하고 있다. 김억은 심령의 內省을 중시하는 신낭만주의[49]를, 주요한은 "우리 문학이 좋은 로맨티시즘을 가지기 전에 위대한 예술이 산출될 것 같지 않습니다"[50]라고 하여 '좋은 로맨티시즘'을 강조하였다. 낭만주의는 소설과 산문에 비해 시가 상대적으로 위축되는 현상을 타개하고 시(혹은 시인)의 우위를 확보할 수 있는 문예이론으로 주목받았다. 또한 국민문학론에서 주장하는 '조선심' '조선혼' '조선적인 정조'는 '낭만파적 아이러니'의 '서정'으로 수렴되었다. 서정시의 주류화가 세계문학에 상응하는 국민문학의 개념을 정초하는 과정에서 제기되었다는 사실은, 1920~30년대 시에서 '서정'의 성격을 결정하는 중요한 요인으로 작용하였다. 그것은 국민국가의 부재와 식민지적 상황이라는 경험적인 현실에 정면으로 맞닥뜨리는 것이 아니라 의식적·심정적으로 무시함으로써 그 현실에 대한 초월론적 자기 우위를 확인하는 태도와 관련되어 있다. 이러한 태도는 '절대적 무력(無力)을 인정하는 것에 의한 절대적 승리'라는 점에서 '낭만파적 아이러니'로 규정된다.[51] 즉 '슬프고 아름다운 조선'의 승리인 것이다.

한편, 국민문학론은 민요를 국민시가의 전통으로 제기함으로써 전통, 역사, 민중을 문제 삼을 수밖에 없는 지점에 놓이게 되었다. 민요와 시

48) 김용직은 1930년대 시의 특징을 개성화 내지 개체화, 시의 서정·단곡화 현상, 언어·형태·기법에 대한 인식으로 규정하였으며, 시문학파를 중심으로 한 서정시의 주류화를 중심적인 경향으로 꼽았다. 김용직, 『한국현대시사』(上), 한국문연, 1996, 36~40면 참조.

49) 김억, 「근대문예 8」, 『개벽』 21, 1922.3, 31면.

50) 주요한, 「시선후감」, 『조선문단』 4, 1925.1, 170면.

51) 가라타니 고진 외, 송태욱 역, 『현대일본의 비평』, 소명출판, 1997, 170면.

조는 노래성과 단순성을 특징으로 한다. 이것은 한국 근대시의 중심이 시에서 노래로, 상징주의에서 서정시로, 이미지의 즉물성에서 노래의 이야기성으로 변화하게 될 것을 예고하고 있다. 또한 1920년대 민요시와 시조부흥운동은 시의 언어와 형식에 대한 관심을 촉발하였다. 비록 언어에 대한 심미적 태도 내지 전통을 계승한 이념적 형식에 경사되었던 것은 한계로 지적할 수 있지만, 이를 계기로 시의 언어와 형식이 단순한 기교의 차원을 넘어서는 것임을 새롭게 인식하는 계기가 되었다.

시의 언어가 시인의 자의식을 표현하기 위한 물질적 요소로써 새로운 시의 형식과 경향의 근거가 된 것은 1930년대 이후부터이다. 김기림은 '자연발생적인 시의 시대'는 가고 새로운 모색의 시대가 시작되었다고 선언하였다.[52] 임화도 1930년에 등단한 김기림을 끝으로 시의 한 시대가 완전히 종언을 고했다고 규정하였다.[53] 1930년대 시단의 슬로건은 '새로움'으로 특징지어진다. 그 새로움은 시의 '언어'로부터 나온다. 김신정은 1930년대 시에서 '시어의 혁신'이라는 현상이 시의 형식적 차원이 아니라 근대적 자아의 내밀함을 작품 속에 표상하는 문제와 관련되어 있었다고 설명하고 있다. "'시어의 혁신'을 통해 '새로움'을 일구어내고자 했던 시인들은 '타자'를 향해 뻗어나가고자 하는 욕망과 자기 존재의 깊음을 향한 그리움을 하나의 문제로 맞닥뜨린다."[54] 1930년대 시단은 모더니즘 시와 순수시, 프로시, 복고주의적인 시운동 등이 왕성한 세력으로 팽팽하게 맞서 있었으며, 그것은 '기교주의 논쟁'으로 분출되었다. 이러한 시단의 에너지와 활기를 바탕으로 1934~36년을 전후하여 특정한 유파로 분류할 수 없는 새로운 언어와 개성을 가진 시인들이 대거 등장하였다. 1930년대 발간된 다양한 시 전문지와 동인지, 연간시

52) 김기림, 「신춘조선시단전망」, 『조선일보』, 1935.1.1.
53) 임화, 「시단의 신세대」, 『조선일보』, 1939.8.18.
54) 김신정, 「'시어의 혁신'과 '현대시'의 의미」, 『1930년대 후반 문학의 근대성과 자기성찰』, 상허학회, 1998, 61면.

집은 그러한 시단의 성과를 반영한 것이다.[55] 1930년대 중반에 새롭게 등장한 시인들은 『조선문단』에서 『시문학』으로 이어지는 서정시의 계보를 벗어나 '다른 서정'을 추구함으로써 근대시에서 '서정'의 영역을 확장시켜 나갔다.

1930년대 발간된 시인선집들은 당대 시의 이념적 기반을 형성하고 있던 국민문학론 내지 '민족문학'에 대한 태도 표명과 함께 새로운 시의 경향에 대한 가치 평가라는 이중적인 과제를 안고 있었다. 임화가 편찬한 『현대조선시인선집』을 제외하고 『조선명작선집』과 『현대조선문학전집 시가집』, 『현대서정시선』은 국민문학론의 관점에서 모더니즘 시와 프로시를 주변화시키거나 배제하고, 순수 서정시를 한국 근대시사의 중심에 세우고 있는 것이 특징이다. 『현대서정시선』은 '서정시의 계보학'을 구상함으로써 국민문학론을 넘어서는 근대시의 새로운 지형도를 시도하고 있지만 실질적인 성과는 그리 크지 않았다. 또한 세 시인선집은 1930년대 새로운 시의 경향에 대해 일정하게 보수적인 태도를 취하고 있는데, 『조선명작선집』이 가장 폐쇄적이며 『현대조선문학전집 시가집』과 『현대서정시선』은 순수 서정시의 계보를 잇는 『시문학』파와 『시원』 동인들을 수용하는 정도에 그치고 있다. 이에 비해 『현대조선시인선집』은 현대적 관점과 역사적 관점을 동시에 적용함으로써 시대적인 균형감을 갖추고 프로 시와 모더니즘 시, 순수 서정시를 고르게 안배하였으며, 새로운 시에 대한 개방성을 특징으로 한다. 이 사실은, 국민문학론 내지 '민족문학'적 관점이 한국 근대시의 정전화에서 일정한 제약으로 작용하였다는 것을 보여준다.

55) 대표적인 시 전문지와 동인지를 정리하면 『시문학』(1930~1931), 『삼사문학』(1934~35), 『시원』(1935), 『시인부락』(1936~37), 『자오선』(1937), 『시학』(1939) 등이 있으며, 프로 시인들이 시 전문지 『낭만』(1936)을 출판하였다.

4. 맺음말—정전 목록의 구성과 문학사적 의미

1920~30년대 발간된 시인선집은 한국 근대시에서 정전화의 초기적인 양상을 보여준다. 시인선집들은 당대의 모든 시인과 작품 중에서 가장 '훌륭한' 텍스트 내지는 '대표적인' 텍스트를 선별하여 수록하는 것을 목표로 삼았다는 점에서 정전의 기능을 하였다. 선집에 수록될 시인과 작품을 선택하고 텍스트에 가치를 부여하는 과정에는 선집의 발행 시기, 당대의 주류적 문학 경향, 대중의 독서 취향과 인지도, 출판 주체가 지지하는 특정한 이념과 문학 경향 등이 복합적인 계기로 작용하고 있다. 1920~30년대 시인선집들도 선집의 발행 시기, 출판 주체가 지지하는 이념과 특정한 문학 경향 등에 따라 수록된 시인과 작품 목록에서 일정한 차이가 나타났다. 이러한 차이에도 불구하고 각 시인선집들의 목록에 공통적으로 포함되어 있는 내용을 추출하여 1920~30년대 근대시의 정전 목록을 재구성해 볼 수 있다.

다섯 권의 시인선집에 3회 이상 포함된 시인들의 목록을 정리하면 표 6과 같다.

표 6. 시인선집에 수록된 시인의 빈도수

5권 모두 수록	김억, 주요한, 김형원, 박종화, 김소월, 김동환, 이상화, 양주동, 박팔양, 이은상
4권 수록 (1936~1939)	정지용, 임화, 김기림, 모윤숙
3권 수록 (1938~1939)	박용철, 김영랑, 김상용, 조벽암, 신석정, 노천명, 김광섭, 백석

이들은 당대에서부터 현재까지도 1920~30년대를 대표하는 시인들로 꼽히고 있다.

다음으로 시인선집에 수록된 작품 목록을 비교하여, 근대시의 정전 텍스트를 추출해 볼 수 있다. 각 선집들의 작품 목록을 전체적으로 비교해 보면 『조선시인선집』 『조선명작선집』 『현대서정시선』이 서로 유사하고, 『현대조선문학전집 시가집』과 『현대조선시인선집』은 독자적인 목록을 구성하고 있다. 다섯 권의 시인선집에 포함된 빈도수를 기준으로 작품 목록을 정리하면 표 7과 같다.

표 7. 시인선집에 수록된 작품의 빈도수

	4회	3회	2회
이상화	나의 침실로		
주요한	비소리		
김동환		산 너머 남촌에는	눈이 내리느니, 송화강 뱃노래,청 노새
김소월		먼후일	진달래꽃, 님의 노래
김형원		불순한 피	
박용철		떠나가는 배	
변영로		생시에 못 뵈올 님을	버러지도 싫다하올 이 몸이, 논개
양주동		해곡 3장, 소곡	산넘고 물건너
이장희		봄은 고양이로다	
홍사용		나는 왕이로소이다	
김기진			백수의 탄식
김동명			파초, 내 마음은, 수선화, 바다, 밤
김명순			탄식
김상용			남으로 창을 내겠소, 반딧불
김 억			봄바람, 옛날
김영랑			봄달, 내 마음 아실 이
남궁벽			풀
노천명			夜啼鳥
모윤숙			아내의 소원
박영희			월광으로 짠 병실, 꿈의 나라로
박종화			정밀, 흑방비곡
박팔양			失題

	4회	3회	2회
백 석			여우난곬족, 개
신석정			나의 꿈을 엿보시겠습니까
오상순			방랑의 마음
이광수			붓 한자루
이은상			물결의 유언, 가고파
정지용			불사조, 나무
조명희			봄 잔디밭 위에
조벽암			향수, 안동다료, 황성의 가을
한용운			예술가
황석우			亡母의 영전에 받드는 시

이 목록은 1920~30년대 비평가와 독자들로부터 가장 '훌륭한' 작품으로 승인받은 것이다. 위의 표 6과 표 7을 토대로 1920~30년대를 대표하는 시인들과 작품들의 목록을 재구성할 수 있다. 이들은 비평가와 출판 자본, 독자들에 의해 근대시의 이상형(理想型) 또는 이념형(理念型)으로 수용되었다. 그런데 이 목록을 오늘날 매체와 문학 교육의 장에서 수용되는 정전 목록과 비교할 때 얼마간의 차이가 나타난다. 예를 들어 김형원 · 박종화 · 박팔양 · 조벽암이 당시 대표적인 시인으로 승인되고 있으며, 각 시인들의 대표작에서도 약간의 차이가 발견된다. 참고를 위해서 밝히자면, 오늘날 근대시의 정전 텍스트로 인정받는 주요한의 「불노리」, 김소월의 「진달래꽃」 「초혼」, 한용운의 「님의 침묵」, 김영랑의 「모란이 피기까지는」, 노천명의 「사슴」, 이상화 「빼앗긴 들에도 봄은 오는가」 등이 시인선집의 목록에 포함되는 것은 1950년대부터이다. 정전 목록에서 이러한 차이와 변화가 나타나는 이유는 무엇일까.

먼저 정전의 완전한 목록은 존재하지 않으며, 텍스트에 가치를 부여하는 제도나 집단의 이익과 관심에 의해, 그리고 사회적으로 요구되는 정전의 기능에 의해 정전의 목록은 역사적으로 변화한다는 사실이다. 1920~30년대는 식민지라는 특수한 상황으로 인해 국가 이데올로기의 확립이 어려운 시기였으며, 민족 교육을 실현할 물적 기반이 미비한 상태였다. 민족적인 교육과 아카데미즘, 국가 이데올로기가 결여된 상황에서 문단 승인제도인 비평과 매체 및 출판 자본 등은 더욱 큰 영향력을 가질 수 있었다. 그런 점에서 1920~30년대 시인선집은 작품의 가치를 평가하는 기준으로 텍스트 외부의 이념과 제도의 비중이 줄어든 대신 텍스트 내부의 자율적인 심미적 가치의 비중이 상대적으로 높았다고 할 수 있다. 그런데 1950년대는 해방과 전쟁의 체험에 근거하여 국가적 차원에서 시행된 반공 이데올로기가 학교의 교과과정 및 아카데미즘을 직접적으로 통제하게 되는 시기였다. 또한 1950년대는 국가 이데올로기에 기초하여 납·월북 문인들을 제외한 새로운 정전 목록을 구성해야 할 필요성에 직면해 있었다. 이와 같이 텍스트에 가치를 부여하는 제도나 집단의 관심과 이익, 사회적으로 요구되는 정전 기능의 변화에 따라, 그리고 새로운 문학 경향의 출현으로 문학 개념의 조정이 요구될 때, 정전 목록은 역사적으로 변화한다. 1950년대 정전 목록은 이러한 변화된 시대상황을 반영하고 있다.

지금까지 1920~30년대 시인선집을 중심으로 한국 근대시의 정전화의 양상과 의미를 살펴보았다. 정전화의 관점에서 1920~30년대 시인선집은 몇 가지의 특징적인 양상을 보여준다. 1920년대 문학의 실질적인 동력이 매체, 특히 문학동인지에 있었다는 것을 확인시켜 주었으며, 이러한 문학동인지 중심의 문단구조는 1930년대에 들어와 해체되었다. 시인선집들은 작가와 작품을 선택하고 배제하는 원리로 '현재성'과 '전문성'을 적용하였으며, 그 결과 정전화의 초기 단계에서 1910년대 『학지광』 중심의 유학생 시인들과 1920년대 초의 사회운동가 출신의 시인들이 배제되었다. 이후 '전문성'은 '조선적인 것'과 결합하여 근대시의 방향으로 서정시의 주류화를 이끌었다.

독자적인 민족 교육이 불가능했고 전범이 될 문학사 서술이 이루어지 않은 식민지의 상황에서 선집의 작가와 작품 목록은 근대문학사를 대표하는 고전이자 정전 텍스트로 받아들여졌다. 1920~30년대 시인선집들은 이전의 시인선집들이 제출한 목록을 수정하고 보완하면서 근대 시문학사의 고전이자 정전이 될 텍스트를 확정하였다. 시인선집을 통해 반복되는 수정과 보완 속에서도 변화하지 않는 목록이 형성되었으며, 이렇게 형성된 정전 목록은 특정한 문학그룹의 관심과 이해관계를 넘어 식민지 시대가 지향했던 한국 근대시의 이상형(理想型) 또는 이념형(理念型)이라고 할 수 있을 것이다.

김동인 소설의 정전화 과정

'회고(回顧)'에서 교육장(敎育場)으로의 진입까지

문영진

1. 정전 논의와 김동인 문학

정전(正典, canon)과 관련해서 흔히 언급되는 것은 어원으로부터 출발해서 현재적 의미로 육박해 들어오는 다음과 사실들이다. 정전은 측정의 도구라는 의미와 관련된 'kanon'이라는 그리스 말에서 유래되었고, '규칙', 혹은 '법'이라는 또 다른 의미가 부가되면서 근대 유럽의 언어에 자리들 속으로 유입된 말이며, 그러던 것이 문학 비평과 밀접한 관계가 있는 또 다른 뜻이 4세기에 나타나기 시작하면서 '정전'은 텍스트나 작가의 목록과 관련된 의미를 갖게 되었다는 것[1]이 그것이다. 그렇지만 논의의 출발점에서 초점을 문학 작품에 두고서 말한다면 정전이란 대개 가장 권위가 있다고 인정된 텍스트들이나 그 텍스트들이 모여

1) 존 길로리, 박찬부 역, 「정전」, 『문학연구를 위한 비평용어』(프랭크 랜트리키아 · 토마스 맥로린 편), 한신문화사, 1994, 303면을 참조. Tristman, R., "Canon : Historical and Conceptual Overview", Michael Kelly ed., *Encyclopedia of Aesthetics*, Oxford University Press, 1998, vol.1과 하루오 시라네 · 스즈키 토미 편, 왕숙영 역, 「교과과정의 역사적 변천과 경합하는 정전」, 『창조된 고전』, 소명출판, 2003도 참조할 것.

이룬 체계를 의미하는 것이라 규정할 수 있다.

이러한 정전에 관한 연구도 상당 정도 축적되어 문학 교육을 비롯하여 문학적 소통을 연구하는 유력한 연구의 분야가 되어 가고 있다.[2] 최근 몇 년 동안 최지현, 정재찬, 천정환[3] 등의 연구에 힘입어 해방 후의 시 텍스트나 식민지 시대의 소설에 대한 정전화 과정의 전모가 점차로 드러나고 있는 것으로 보인다. 이 글은 이들 선행 연구에 기대어서[4] 김동인 문학의 정전화 과정에 대한 간략한 소묘를 제공하려는 것이다. 말하자면 한 장르 전체나 유파 등을 중심으로 한 정전화 과정이 아니라, 김동인이라는 특정 개인의 문학 활동을 통해서 정전화 과정을 추적하면서 문학 제도와 그 제도의 중핵을 차지하고 있는 문학 교육의 문제를 살펴 보려고 한다.

김동인의 문학이 별도로 조명될 필요가 있다고 판단하는 것은 다음 몇 가지 점과 관련되어 있다. 우선, 김동인이 문학사적으로 발자취를 남겼던 중요한 작가라는 점과 출판량의 지표와 관련된 정전성을 보여 주는 작가라는 점을 들 수 있다.[5] 둘째, 그를 통해서 한국 근대문학 초기

---

2) 문영진, 「정전 논의에 관련된 몇 가지 문제에 관하여」, 『민족문학사연구』 18, 2001, 60~91면의 주석들을 참조할 것. 천정환, 『근대의 책 읽기』(푸른역사, 2004)와 서경석, 「정전의 해체와 생성—'불안정한 문학사'에 대한 간략한 문제제기」(『한국문학』 1997년봄호)도 참조할 것.

3) 정재찬, 「사회·문화적 맥락 중심의 문학교육과정 내용체계」, 『문학교육과정론』(우한용 외), 삼지원, 1997; 정재찬, 「문학 정전의 해체와 독서 현상」, 『독서연구』 2, 1997; 정재찬, 「현대시 교육의 지배적 담론에 관한 연구」, 서울대 박사논문, 1996; 천정환, 앞의 책; 최지현, 「문학교육에서 정전과 학습자의 정서체험이 갖는 위계적 구조에 관한 연구」, 『문학교육학』 5, 2000; 최지현, 「문학정서체험—교육내용으로서의 본질과 가치」, 『문학 교수·학습 방법론』(구인환 외), 삼지원, 1998; 최지현, 「한국 현대시 교육의 담론분석—1940년대 '저항시'를 중심으로」, 서울대 석사논문, 1994.

4) 김윤식, 『김동인 연구』(증보판), 민음사, 2000; 차혜영, 『한국 근대문학 제도와 소설 양식의 형성』, 역락, 2004; 김현주, 「1920년대 초 동인지 문학과 수필적 글쓰기」, 『한국 근대산문의 계보학』, 소명출판, 2004도 참조함.

5) 김동인의 전집은 홍자출판사판(1967), 삼중당판(1976), 조선일보사판(1987) 등 세 차례에 걸쳐서 간행되었으며 이는 우리 출판 풍토에서 결코 흔한 일이 아니다. 아래의 표 1, 표 2, 표 3도 참조할 것.

의 정전화 양상을 살펴볼 수 있다는 점이다. 셋째, 작품 자체보다 작가 중심의 정전을 보여 준다는 점이 거론될 수 있다. 이는 비단 소설뿐만이 아니라 평론 등 다방면에 걸친 글쓰기를 보여 준 작가라는 특성과 무관하지 않을 것이다. 마지막으로, 정전화 과정에서 '(시민) 사회' 중심의 정전화 방식과 국가의 적극적 개입 이후의 정전화 방식을 동시에 보여 준다는 점을 들어야 할 것이다. 이 마지막 현상은 식민지 시대 작가들 대부분에 해당되는 일일 터이나 김동인의 경우 그 부침이 비교적 심한 작가라는 점에서 주목을 요한다고 할 것이다.

작가가 글을 쓰고 독자가 그것을 읽는 과정을 두 축으로 하는 문학적 소통 과정에서 작품의 선택에서 작품의 이해 방법에 이르기까지의 전 과정은 그것이 근대 사회의 문학 장에서 일어나는 과정이라는 점으로 인해서 경쟁이라는 조건에 제약되어 있다. 문학 장에는 독자와 작가간을 이어 주는 매개자가 존재하기 마련인데, 이들 매개자들의 글쓰기 활동을 통하여 문학 작품은 자기 존재의 정당성을 주장하게 된다. 읽어 달라고 요구하는 작품의 수효가 많아지면 많아질수록 작가와 독자의 직접적인 만남의 기회는 적어질 것이며, 그리하여 대부분의 소통 과정에 강력한 영향을 미치는 것은 이러한 중개하는 담론 자체가 된다. 작가와 독자와의 만남과 만남의 지속·확장은 한마디로 격렬한 문학적 인정 투쟁 그 자체가 된다. 모든 작가는 독자를 얻어 자기 작품의 생존권을 보장받기 위해서 목숨을 건 도약을 감행하지 않을 수 없다. 이러한 호소가 비교적 긴 시간에 걸쳐서 먹혀 들어갈 때 정전과 같은 우세한 텍스트가 생겨난다. 결국 정전이란 이 과정에서 탄력을 받아서 강력한 권위를 갖게 된 텍스트를 말한다.

정전은 정전화 과정의 산물이다. 곧 정전화는 근대적 공론장 내에서 자기와 주변 인물의 문학적 산출물을 둘러싼 문학적 인정 투쟁을 필수적인 계기로 포함하는 과정이다. 한국 근대문학 장의 형성 과정 또한 예외가 아닌데, 그 과정은 문학 담당층의 변화를 수반했기 때문에 격렬한 투쟁의 과정을 수반할 수밖에 없었다. 이전 시대의 문학과 질적으로 새로운 문학이 문학 장에 새롭게 등장한 것이다. 새로운 문학 장의 형성 과정은 근대로의 진입 과정 안에서 일어났으며 어느 정도는 근대화 과정의 색깔 자체에 영향을 주기도 한 과정이었다.[6] 조선 사회와 세계 자본주의 만남은 한 세대 이상의 진통 끝에 조선 국가 기구의 해체로 일단락된다. 전통적인 국가 기구의 해체는 사회적 관계의 전반적인 재편을 추동한다. 이러한 재편의 전 과정에서 새로운 문학 장의 편성을 위한 문화적 주도권 다툼이 일어났다. 우선적으로 조선 왕조에서 명맥을 유지하던 이전 문학 장르와 담당층은 권위에 심대한 타격을 입고 몰락 혹은 이합집산 등의 변모를 하게 된다.[7] 이 '잠재적이며 유동적이지만 현재하는 무주공산'을 차지하려는 다툼은 문학 장 내에서 헤게모니를 잡으려는 다툼이며, 그 자체로 정전 구성의 과정이라는 계기를 포함하게 된다. 결국 문학 장이 근대적 공론장의 한 부분이라는 점에서 이러한 인정 투쟁은 공론장을 무대로 하게 되며, 그 자신 공론장의 일부를 형성한다. 정전이란 이러한 문학 장 내에서 자신의 존재 증명을 하는 과정의 자연스러운 산물로 보아야 할 것이다. 이것을 우리는 정전화라고 이름 불렀던 것이다. 그런 점에서 정전이란 근대적 문학 장의 운동이라는 제도화의 효과로 볼 수 있다.

이러한 정전화의 과정이 상대적으로 거시적인 수준에서 바라 본 것이라면 미시적인 정전화 과정은 출판과 취향에 대한 연구와 같은 것에 의해서 보완될 필요가 있다. 천정환은 식민지 시대의 책 읽기를 폭넓게 다룬 연구에서, 자신의 선행자인 정재찬과 최지현의 연구를 바탕으로

---

6) 이 과정에 대한 연구는 근래 활발한 연구가 계속되고 있는데, 1910년대를 중심으로 한 권보드래(『한국 근대소설의 기원』, 소명출판, 2000)와 1920년대를 주로 다룬 차혜영(앞의 책, 2003), 천정환(앞의 책, 2004)과 같은 연구를 들 수 있다.

7) 박종근, 「조선 근대에 있어서 민족운동의 전개—개화·동학·위정척사 사상과 운동을 중심으로」, 『갑오갑신기의 근대변혁과 민족운동』(馬淵貞利 외), 청하, 1982 참조.

출판과 취향 형성까지 포괄해서 다룸으로써 정전화 과정에 대한 연구의 지평을 확장하였다. 그는 정전화의 과정이 전문가 독자의 발의, 출판사의 조사 · 목록화 · 판매에 의한 인정 등의 과정을 포함하며, 이러한 과정을 통해서 교육장에의 진입 등의 과정을 준비할 수 있음을 지적하고 있다.

이 글은 이들 선행 연구들을 바탕으로 문학 작품의 소통과 관련한 여러 가지 순환의 과정을 동시에 고려하면서 정전화 문제에 접근할 수 있는 길에 대한 모색을 시도하는 글이다. 그 모색의 방법은 여러 가지 층위의 소통 체계와 연관 하에 그 소통들의 효과를 고려하면서 정전화의 양상을 추적하는 방법이다. 정전의 생산과 재생산은 여러 층위의 소통 체계들이 복합적인 상호 작용을 통해서 이루어지는 것으로 가정된다. 이러한 소통 체계는 구체적으로 다음과 같은 네 가지 하위 소통 체계를 포함하는 커다란 체계로 이루어진 것으로 생각할 수 있다. 취향 · 출판과 관련된 소통 체계(가), 문학사 · 비평과 관련된 소통 체계(나), 교육과정의 작성과 재작성과 관련된 소통 체계(다), 교실 차원에서 학생이 정전과 구체적으로 만남으로써 이루어지는 소통 체계(라) 등 네 가지 층위가 그것이다. 결국 정전화의 과정은 이 네 과정의 복합적인 상호 작용 체계와 관련된 개념들을 활용하여 기술하는 것이 가능하다고 기대할 수 있다.

이들 체계를 통해서 기술되는 소통 방식에 대한 이해는, 소통에 관한 우리의 익숙한 과정, 곧 발신자가 메시지를 보내면 수신자가 메시지를 받는다는 식의 파이프 라인(도관) 은유가 기술하는 전달 중심의 소통 이해 방식과는 다를 수밖에 없다. 이런 이해 방식에서 메시지는 정확히 전달되어야 하고 단지 '소음'만 없으면 정확히 전달되는 어떤 의사 소통 체계가 아니다. 그것은 오히려 발신자와 수신자가 상호 작용하면서 다투거나 협상하고, 경우에 따라서는 의사 소통 체계 자체를 수정하거나 변형까지 하기도 하고, 아울러 소통 맥락이 적극적으로 소통자에게 개입할 수 있다는 점까지도 승인하는 물질(아톰)과 비트(정보)의 소통 이해 방식이라고 일단 이해할 수 있다. 이 과정을 통해서 문학 작품 나아가 정전의 소통에 참여한 주체(agent)는 자신의 얻고자 하는 바를 얻는다고 가정할 수 있다. 이 과정을 통해서 소통 체계를 주도하는 행위자(집단)의 헤게모니가 관철되는 것으로 판단할 수 있다. 모순과 혼란 속에서도 주도자는 체계가 유지되는 한 대개 주도자로 남을 것이다. 주도자는 혼란 속에서도 자신의 지위를 즐기는 것이 가능할 것이다. 이 소통 과정 체계에서는 독자보다는 작가가, 학생보다는 교육자가, 그리고 소비자보다는 판매자가 각각 우위에 서게 되면서 자신들의 원하는 바를 소통의 효과로서 얻게 된다.

이 소통 체계를 물질이나 정보가 소통한다는 사실 자체만으로 이 소통 체계의 흐름을 관찰하려 한다면 결국 소통 여부나 소통 속도, 소통량과 같은 지극히 '중립적'인 죽은 사실들의 덩어리만을 관찰하게 될 가능성이 있다. 이 소통의 과정을 통하여 각자는 얻을 것을 얻게 될 것인데, 이 때 관찰의 초점이 되어야 하는 것은 독자가 삶의 전체적인 질과 관련하여 얻는 것과 잃는 것이 무엇인가를 나름대로 인간학적인 시각에서 평가하는 일이다. 결국 중요한 것은 독자의 변모이며 그것을 가능하게 하는 소통의 질에 대한 평가이다. 독자의 위상은 일차적으로 보면 수동적이지만, 결국 소통의 방향을 결정하는 것이 독자라는 점에서 보면 그 수동성에는 결정적인 힘이 포함되어 있음이 사실이다. 문학 장르 성쇠의 운명을 결정하는 것이 바로 이 독자인 것처럼 이러한 소통 과정 가운데서 정전의 운명을 결정하는 것 역시 독자일 수밖에 없는 것이다. 교육과정(교과서)이든 정전이든 최종 심급에서는 재생산을 위해서 필요한 일은 독자의 인정이다. 그러나 실제에 있어서는 이와 반대로 이러한 바로 소통을 주도하는 측의 헤게모니가 관철되는 경향이 있는 것도 사실이기는 하다. 이런 식으로 근대적 소통 체계에서는 대개 최종 심급에서의 독자에 대한 형식적인 인정과 잠재적인 소외의 경향이 지배적인 것일 가능성이 높다.

이러한 소통을 위한 가장 큰 외적 맥락이 해당 사회라면 정전의 소통을 이해하기 위해서는 정전이 가진 미적 자질을 위시한 내적 자질이라기보다는 사회·문화적 맥락에 대한 이해가 적극적으로 필요하다. 이러한 점을 이해할 때, 작가–매개자–독자의 관계(위의 '가'와 '나')는 국가–교사–학생의 관계(위의 '다')뿐만 아니라 교사–학생의 관계(위의 '라') 등에 참여하는 참여자들의 구체적인 이해 관계가 반영되는 양상을 관찰할 수 있을 것이다. 아울러 이러한 구체적인 관계들을 고려할 때 비로소 정전화 양상에 대한 논의는 실제적인 것이 될 수 있을 것이다.

이렇게 소통 체계에 주목해서 정전화 과정을 기술하려는 시도가 어느 정도 이상의 효과를 거두려면 정전화에 관여하는 주체들의 발언이나 문학사나 비평에서 논의한 요소에 대한 복잡한 상호 관계의 추적 등 실증적 자료의 뒷받침이 선행되어야 한다. 그런데 이 글은 그런 요소가 풍부하게 제시하지 못하고 있다는 점에서 매우 제한적인 것이 될 수밖에 없고, 그런 점에서 아직은 시론적인 소묘에 머무르고 있다는 한계를 가진다.

2. 해방 전 김동인 문학의 정전화–국가의 적극적 매개가 없는 정전화

이 시기는 김동인이 글쓰기 활동을 시작한 1919년에서 해방 전까지 20년이 넘는 비교적 긴 기간에 걸쳐 있다. 이 시기는 우리 문학사에서 초기 문단의 성립 과정과 겹치는 1919년에서 1920년대 초반의 시기를 포함한다. 이 시기에 우리 문단은 격렬한 내적 주도권 다툼을 경험한다.

이광수와 최남선의 소위 '2인 문단 시대'에 이어지는 이후의 문학 활동의 장에서 김동인은 비평·수필, 그리고 소설 작품을 통하여 문학적인 인정 투쟁을 정력적으로 벌여 나갔다.

이 시기 김동인의 글쓰기 활동에 대해서는 다각도로 연구가 이루어져 있고, 이런 연구의 결과 김동인의 소설과 소설 이외의 다른 글쓰기 활동에 대해서도 어느 정도의 전모가 드러나 있는 것으로 보인다.[8] 이광수로 대표되는 계몽주의 문학관 비판, 소설 장르의 특성과 우월성 논의, 소설의 시점 논의 등의 1920년대 비평적 글쓰기 활동과 1930년대 이후의 글쓰기 활동인 이광수와 같은 선배 대가에 대한 연구, 근대소설사 논의, 초기 문학 활동에 대한 회고 등이 그것이다. 이들 논의들이 대체로 문학사나 문단사적인 측면에서 볼 때 중요한 내용을 포함하고 있다. 이들 비평 활동은 대체로 일반적인 문학관을 구체화하고자 하는 내용, 자기 작품의 옹호, 선배 작가들에 대한 선별적 비판 등으로 구성되어 있다. 이들 활동은 모두 자신의 우월성 주장과 차별성 주장으로 수렴된다. 이들은 결과적으로 작가 자신과 자신이 속한 전문가 집단의 우월성을 드러내는 것으로, 그 자체가 문학사적인 기여를 이루는 것이기도 하다.

결과적으로 김동인 문학적 글쓰기 가운데 정전의 반열에 오른 것은 그의 비평 활동보다는 1919년에서 1925년에 걸친 그의 초기 소설들을 중심으로 한 것이다. 「광화사」나 「광염 소나타」를 들어서 그의 자연주의적 경향이나 특히 유미주의적 관점을 특화하는 경우도 있으나[9] 해방 전은 물론이고 해방 후 전 시기에 걸쳐 특히 내세워지는 작품이 「감자」와 「배따라기」 등을 중심으로 한 단편들이라고 할 때, 정전화에 개입한 활동들과 정전 목록을 구성하는 구체적인 작품들은 일치하지 않는다.

---

8) 강인숙, 『김동인』, 건국대, 1994; 김윤식, 앞의 책; 차혜영, 앞의 책; 김현주, 앞의 책 등.

9) 전혜자, 『김동인과 오스커리슴』, 국학자료원, 2003.

다시 말하면 그의 당대 글쓰기 활동이라는 측면에서 보면 어느 글쓰기나 다 나름의 소임을 다했다고 할 수도 있겠지만 정전화의 결과를 보면 작가의 활동보다는 작품 쪽이 더 우위를 차지하고 있다는 것이다.

취향·출판과 관련된 소통 체계의 측면에서 보면 결국 김동인의 작품 가운데서 그를 대표하는 작품인 「감자」와 「배따라기」[10]를 중심으로 한 작품들의 체계를 위한 준비가 이 시기의 활동을 기반으로 하여 형성된다. 그런데 이 점에 대해서는 약간의 고찰이 더 필요하다. 정전화의 핵심이 가치 판단 행위에 있다고 할 때 정전 체계에 속하는 작품들은 긍정적인 가치 판단을 용이하게 해 주는 요소를 그 안에 가지고 있다고 볼 수 있다. 특히 식민지 시기의 정전화 방식이 국가 기구의 적극적인 매개를 거치고 있지 않음을 고려한다면 이러한 미적인 가치 판단 기준은 매우 중요하다. 「감자」의 미적 질에 대해서는 그다지 의의가 없는 듯하다. 김동인의 창작 방법에 대해서 격렬하게 비판하는 경우에도 이 작품의 미적 질에 대해서는 별 의의를 달지 않는 것이 보통이다. 김동인을 격렬하게 비판한 바 있는 김윤식 교수의 초창기 연구에서도 「감자」는 예외적으로 취급되고 있을 뿐만 아니라 그것도 최상의 예우를 하고 있음을 목도할 수 있다. '「감자」의 드라이터치는 너무 고압적 완결이어서 한국소설사는 아직도 그 높이에 이르지 못하고 있는 것으로 우리는 생각한다.'[11]

그런데 「배따라기」의 경우는 이와 다르다. 김동인 자신이 이 작품의 미숙함을 고백해 놓았으며 그런 까닭에 이 작품의 가치는 홀시되는 경향이 있다.[12] 그러나 자신의 작품에 대해서 가장 잘 아는 것이 그 작품을 만든 그 사람은 아니다. 이 작품에는 분명 문제가 존재하며 이 점에

---

10) 이재선 교수는 다음 글에서 위 두 작품의 고전성을 논하고 있다. 이재선, 「김동인 소설의 고전적 가치」, 『김동인』(이재선 편), 서강대, 1998, 86~94면 참조.

11) 김윤식, 「반역사주의 지향의 과오」, 『한국문학사론고』, 법문사, 1973, 138면.

12) 조연현, 『한국현대문학사』(1959), 성문각, 1974 참조.

대해서는 많은 논자들이 지적한 바 있다.[13] 분명 이러한 점은 작품의 객관적인 흠결로 남을 것이다. 그러나 그렇다고 해서 작품이 보여 주는 비극성까지 무화되기는 힘들 듯하다. 작품은 음악성과 회회성의 분위기하에 인간의 열정이 만들어내는 파멸적 상황을 놀라울 정도로 선명하게 부조하면서 보편적인 비극성을 환기하고 있다. 이러한 점이 김태준을 감동시킨 바 있다.[14] 김동인의 문학 전체에 대해서 통매한 바 있는 김동리는 김동인의 작품을 분석하는 가운데 이 작품에 대해서는 한 마디의 언급도 하지 않는다. 그도 그럴 것이 이 작품이야말로 김동리적 세계를 정확하게 선취하고 있는 작품이기 때문이다. 운명적인 무시간성을 다루는 이러한 세계야말로 식민지적 근대성의 즉자성에 어울리는 지배적인 정서와 통한다고 할 수 있다. 운명 · 한 등의 정서는 그리하여 당대의 지배적 심미적 취향과 통하는데, 바로 이러한 점이 이 작품의 정전성의 사회적 근거가 된다.[15] 그러나 김동리와 달리 「배따라기」와 같은 정전적 경향의 작품은 김동인에게는 드문 것인데 그것은 김동인의 철저한 도회적 감수성에 연유하고 있다.

그런데, 이 시기의 정전화를 위한 기본적인 준비는 독자로부터의 조사와 '회고하기'와 문학사 기술과 같은 문학 전문가들의 과거 정리하기 등의 단계가 포함된다. 이들 회고하기를 바탕으로 하여 실제의 앤솔로

13) 작품의 대표적인 흠결로서 작품에 나타난 민중적인 점에 대한 지적이 대표적인 것으로 다음 두 편을 들 수 있다. 김윤식 · 김현, 『한국문학사』, 민음사, 1973, 163면; 유종호, 「작품 해설－김동인의 산문」, 『김동인전집』 6, 삼중당, 1976, 681~682면 참조. 양자는 공히 김동인이 말하는 유토피아의 불건강성(각각 '지배자의 유토피아', '탐욕스러운 향락자')을 질타하고 있다.

14) '닑은후 다시깊이생각케하는作品'이라고 하고 있다. 김태준, 『조선소설사』, 학예사, 1939, 258면.

15) 이 점에 대해서 박헌호가 '식민지적 근대성'의 범주하에 심도 있는 연구를 제출한 바 있다. 다음을 참조할 것. 박헌호, 『한국인의 애독작품』, 책세상, 2001; 박헌호, 「한국 근대 단편양식과 김동인」, 『식민지 근대성과 소설의 양식』, 소명출판, 2004; 박헌호, 「김동인 문학관의 역사적 향방」, 『식민지 근대성과 소설의 양식』, 소명출판, 2004.

지 구성으로 가면서 해방 전 정전화의 단계는 마감을 하게 된다.[16] 이 과정에서 김동인의 글쓰기 활동도 강력한 기여를 하게 된다. 김동인 자신의 당대적인 투쟁은 물론이고 그의 『춘원 연구』, 「조선근대소설고」와 같은 문학사 작업의 효과는 그 자신을 문학사의 정통으로 세우는 데 커다란 기여를 하게 된다.

오늘날 동시대적인 작품으로서 김동인의 소설이 읽혀지는 것은 드문 현상으로 생각되지만 1970년대에서 어쩌면 1980년대까지도 김동인의 소설들이 널리 읽혀졌음을 생각하면[17] 고전의 영원성을 기반으로 한 실체론적 생각을 하게 되는 것은 충분히 있을 수 있는 일로 보인다. '입장의 차이에도 불구하고 동인의 작품은 읽히는구나'라는 판단을 하는 것이야말로 자연스러운 일이 아닌가 싶다. 생트-뵈브나 엘리엇에게서 이러한 생각의 뿌리를 볼 수 있거니와[18] 이러한 생각은 어쩌면 당연한 일인 듯이도 여겨진다. 예컨대 단편소설 이론에 절대적인 영향력을 행사하고 있는 포우를 알고 있고, 그가 단편소설 이론을 정초하는 가운데 예로 든 작품이야말로 호돈의 작품이었고 여기에서 호돈의 작품은 극찬되고 있음을 아는 사람이라면 더욱 그럴 법하다.[19] 그러나 이러한 생각은 원인과 결과를 뒤바꾸어 생각하는 것일 수도 있다. 흔히 생각되는 것과 달리 정전에 대한 판단 기준은 시대에 따라 매우 유동적인 것이며, 독자 대중의 정전성에 대한 판단에 영향을 미치는 요소들은 매우 자의적인 과정을 통해서 채택되는 것으로 알려져 있다. 제인 톰킨스는 나타니엘 호돈의 작품이 정전화되는 과정을 추적하면서 엘리어트류의 고전관에 대해서 검토를 시도한 바 있다. 톰킨스의 그 글에 의하면 호돈을

16) 천정환, 앞의 책 참조.

17) 전집류나 문고본에서 빠짐없이 그가 포함되는 것을 생각하면 그렇다. 표 2 참조.

18) 생트-뵈브, 「고전이란 무엇인가」, 『월요한담 외』(유령 역), 을유문화사, 1964; 엘리엇, T.S., 이창배 역, 「고전이란 무엇인가」, 『엘리어트 문학론』, 서문당, 1975.

19) 포우, E.A., 최상규 역, 「「두 번 듣는 이야기들」 재론」, 『단편소설의 이론』(메이, Ch.A. 편), 정음사, 1983.

상찬하고 있는 그 주위의 그룹들은 멜빌이나 포우 같은 부류의 인물들이며 이들이 좋아하는 작품들과 오늘날 호돈의 독자들이 좋아하는 작품은 대상과 초점이 상당히 다름을 밝히고 있다.[20)]

톰킨스의 글이 계시적인 점은 이러한 주위 친밀한 인물들의 회고담들이 작품의 정전성 판단에 심대한 영향을 미칠 수 있음을 보여 주고 있다는 점이다. 비평가의 비평적 글쓰기가 인정투쟁을 위한 직접적인 무기에 해당한다면, 회고담들은 간접적이며 개념적인 접근성이라기보다는 약한 목소리로 인하여 간접적인 '논증'을 한다고 할 수 있다. 그러나 약한 목소리로 인하여 더욱 친근하고 그 때문에 설득력있게 들릴 수 있으면 그 파급 범위는 논증이 아니라는 바로 그 이유로 더 넓어질 수도 있다. 특히 말하는 사람이 권위있는 인물일 경우에는 후광 효과까지 곁들여질 수 있다. 이리하여 '권위와 친밀성'을 가진 회고조의 목소리는 설득력을 가지게 된다. 이 회상의 목소리는 '관여'의 방식에 의해서 집단 후광 효과로 발전할 가능성이 있다. 가령, '내가 매우 존경하는 그 작가가 미천한 나의 작품을 칭찬한 쑥스러운 기억'과 같은 발화가 있다고 하자. 이러한 발화는 1970년대 이래 문학 잡지에서 흔히 볼 수 있는 '문인 상호 묘사'와 같은 식의 읽을 거리로 문예 잡지에 등장할 가능성이 높다. 이 같은 발화가 주는 문제는 이러한 '그 작가'의 발화가 사실이 아닐 가능성이 있다고 점이 아니다. 아마도 그 말은 사실일 가능성이 높다. 문제는 이 발화를 통해서 신뢰성이 증폭되는 것이며, 발화 관계에 있는 두 사람의 인간적인 미덕을 더욱 친근하게 바라볼 가능성이 높아진다. 예컨대 이 대화를 읽으면서 독자는 말하는 사람의 겸손함을 비롯한 아이러니적인 아름다움을 느낄 가능성이 높다. 이런 식으로 독자의 친밀감이 증폭되면서 두 인물의 관여의 방식은 상호 후광 효과를 발하게 된다. 상호 맥락 부여에 의한 상호텍스트성이 해석에 영향을 미

---

20) Tompkins, J.P., "'Masterpiece Theatre'—The Plot of Hawthorne's Reputation", Richter, D.H. ed., *Falling into Theory*, 1994, pp.119~128.

치는 과정 가운데 하나라 하겠다.21)

이러한 예와 비슷한 예 가운데 하나가 주요한과 김동인의 유명한 『창조』 창간에 비화에 나타나 있다.22) 문제가 되는 것은, '문학적 영웅들'이 자신을 내세우는 과정(김동인의 '학문적인' 성격의 연구들), 문화산업 등과 어떤 식으로든 연관되면서 그 작가들에 대한 신뢰와 권위의 창출에 기여하고 있다는 점일 터이다.23) 담론의 이러한 상호 전제와 조건화에 의한 상호 상찬의 방식은 의도적이라기보다는 '인간적'인 만큼 자연스러운 것이라 할 것이다. 그러나 그러한 출판·취향과 관련된 소통 가운데서 취향이 매개되는 방식이야말로 문학 장(文學場)을 매개로 해서 헤게모니가 유지되는 방식의 일부분이다.

이 시기는 근대 초기 문학사에서 틀짜기를 시도하는 시기라는 점으로 인해서 미세한 활동의 가진 결정성이 커지는 현상인 '초기 조건'의 과잉 결정성을 노출하게 된다. 이러한 '과잉 결정성'에 김동인의 회고의 특수성이 존재한다. 한편, 이 시기의 정전화 방식의 특성은 이러한 과정이 국가에 의해서 매개되지 않음으로써 제한된 것이라는 점이다. 결국 소통 체계에서 취향·출판과 관련된 소통 체계(가), 문학사·비평과 관련된 소통 체계(나)만이 존재하고 교육과정의 작성과 재작성과 관련된 소통 체계(다), 교실 차원에서 학생이 정전과 구체적으로 만남으로써 이루어지는 소통 체계(라)는 존재하지 않는다는 것이다. 바로 이 점이 이광수를 비롯한 모든 식민지 시대 문인들의 한계와 걸리는 부분이라고 판단된다. '나라 없는 설움', 곧 미학적 판단과 교육적 판단 사이에 단절이 있다는 것이야말로 식민지 시대 글쓰기 활동 모두에 걸리는 문제이다.24)

21) 천정환이 말하는 영웅화와 기념비화도 비슷한 맥락이라 하겠다. 천정환, 앞의 책, 435면 참조. 차혜영, 앞의 책도 참조.

22) 김동인, 『김동인전집』, 삼중당, 1976, 9~16면.

23) 다이어, R., 주은우 역, 『스타-이미지의 기호학』, 한나래, 1995를 참조할 수 있다.

24) 여기서 이 소통의 효과와 관련하여 우리가 주목할 해야 하는 것은 이데올로기적 국가기구의 적극적 개입의 없다는 사실에서 기인한 이데올로기와 미학적 판단의 상대적 분리가 정전화에 미치는 영향이다.

이 국가 기구의 적극적 개입의 부재라는 말은 정전화 과정이 상대적으로 식민지 '(시민) 사회'의 힘에 기대어서 이루어졌다는 것을 의미하는 것이다. 국가 기구의 적극적 매개를 거치지 않은 정전화 과정은 취향·출판과 문학사·비평적 소통 체계의 연합에 주로 기대어 구성된 정전화를 의미하는 것이며, 이것은 주로 식민지 '(시민) 사회'의 힘에 기대어 정전화가 이룩된다는 식민지의 역설을 보여 준다. 그러나 '(시민) 사회'적 공론장만을 무대로 구성된 이러한 문학적 인정 투쟁의 장은 한계를 가진다. 독자층을 포섭하기에는 한계가 있다는 것이다. 구체적으로 두 가지 점에서 그 한계를 지적할 수 있다. 첫째, 이런 식의 정전 형성은 비자발적 독자의 창출에 한계가 있다는 점이다. 이러한 비자발적인 독자의 생성은 학교 교육의 효과와 관련되어 있다. 정전의 구속력은 단지 그것이 정전이기 때문에 읽게 된다고 하는 점, 곧 비자발적인 독자를 정전 체계에 속하는 작품 속으로 끌어들인다고 하는 점에 있다. 둘째, 명시적 교육 과정 부재로 인한 한계로 교육 평가(시험)의 부재에서 빚어지는 한계이다. 공교육은 법의 강제력에 뿌리를 두고 있다. 그런데 식민지는 해당 민족의 국가 기구가 없다는 사실을 특성으로 가진다. 이들 두 현상은 국민 국가가 없다는 한 현상을 나누어서 말한 것으로 무의식의 효과와 관련을 가진다. 결국 초자아로서의 법이 무의식의 뿌리에 연결되어 있다고 할 때, 이러한 초자아의 무의식에의 영향은 문학 작품의 지각에도 영향을 미친다. 그뿐만 아니라 시험은 작품을 읽는 방식을 구조화하기도 하는데, 교육과정에 의해서 정전이 매개되지 않을 때 그 한계는 명료하다. 결국 식민지적 상황은 자본주의적 포섭에 한계를 가진다는 말이다. 결국 이것은 식민지적 '(시민) 사회'는 시민 사회로서 한계를 가질 수밖에 없음을 의미한다. 그 한계로 가장 두드러진 것은 작품에 대한 접근권의 한계 곧 구별짓기에서의 한계이다. 물론 그 한계는 이중성을 가진다.

김동인 작품의 정전화 과정도 이와 같은 조건에서 자유로울 수 없다.

김동인의 정전화 과정은 구별짓기에 기초한 순수문학론 주장과 관련된다고 했을 때[25] 이것은 작품 자체라기보다는 그의 초기 문학적 투쟁을 대상으로 한 것일 터이다. 그러나 그 구별짓기는 국민국가의 부재로 인하여 기본적인 한계를 가지는 것으로 나타난다. 식민지 국가의 자기 정당화 방식이 이데올로기적 가이드 라인 제시 방식으로 교육과정을 제시하지 않고 있다(작품에 대한 검열은 존재했지만, 학교에서 조선어 문학을 아예 가르치지 않는다)는 근본적 사실에서 찾았다고 한다면 '(시민) 사회' 내부에서의 경쟁을 구별짓기에서 찾았다는 점이야말로 오늘날 식민지 근대문학을 사고할 때 반드시 떠올려야 할 사실이다. 결국 식민지 순수문학은 사실상 식민지적 근대성을 훌륭하게 표현한 것이었다. 이러한 정당화하기와 구별짓기라는 두 기능[26]은 근대 사회에서 문학과 예술을 틀짓는 기본적인 범주에 속하는 것이기 때문이다. 이 점에서 보면 김동인 문학 정전화의 식민지적 국면과 해방 후의 국면은 연속되어 있다.

3. 해방 후-정전으로서 소설의 교육장으로의 진입

해방 후의 정전화 과정에서 달라진 조건은 국가기구의 등장에 의해서 정치적 조건과 미학적 조건이 온전하게 작용하며, 전자의 후자에 의한 우위를 전제로 한다[27]는 점을 기본적인 조건으로 해서 움직인다고

25) 천정환, 앞의 책. 이하 몇 문장도 이 책에 많이 빚지고 있다.

26) Di Maggio, P. · Useem, P., "The arts in class reproduction", Apple, W.M. ed., *Cultural and economic reproduction in education*, Routledge & Kegan Paul, 1982. 이러한 이론은 기본적으로 부르디외를 바탕으로 한 것이다. 다음을 참조할 것. 부르디외, P. · 파세롱, H., 이상호 역, 『재생산-교육체계의 이론을 위한 요소들』, 동문선, 2000; 부르디외, P., 최종철 역, 『구별짓기-문화와 취향의 사회학』, 새물결, 1995; 부르디외, P., 정일준 역, 『상징폭력과 문화적 재생산』, 새물결, 1995.

하는 사실이다. 바로 이러한 점이야말로 민주화 이전의 정전이나 교수 요목에서 핵심적인 조건으로 떠오르는 문제이다. 김동인 문학의 정전화 과정도 이러한 일반적인 특성에서 벗어나지 않는다.

해방 후 전 과정을 통해서 한국어 문학 작품을 읽고 그것에 대해서 말할 수 있는 문학 교실이 존재했다는 사실이야말로 정전화와 관련된 기본적인 항목에 속한다고 하겠다. 정전 체계의 층위가 두터워지고 정전의 작용망이 사회 전체에 삼투해서 독자의 입장에서는 정전과 관련의 심도가 더욱 풍부해지게 된다.

이를 위해서는 정전 목록(앤솔로지)과 교육과정에 나타난 교수 요목을 분리해서 살펴 보는 것이 필요하다. 먼저, 하나의 정전 목록을 보자. 표 1은 식민지 시대의 대표적인 문고인 박문문고(1939)의 목록이고, 표 2는 70년대의 대표적인 문고인 삼중당 문고(1975)이다.

표 1. 박문 문고 구성 목록[28]

순	작가	책 이름(문고 번호)	순	작가	책 이름(문고 번호)
1	**김동인**	김동인 단편선(1~3)	11	(김소운 편)	구전 동요선(29~32)
2	윤석중	윤석중 동요선(4~5)	12	(이병기 편)	역대 시조선(33~36)
3	–	춘향전(6~8)	13	**현진건**	현진건 단편선(37~39)
4	(하멜)	하멜 표류기(9~10)	14	**이효석**	이효석 단편선(40~42)
5	(이하윤 편)	현대서정시선(11~13)	15	김안서	안서 시초(43~45)
6	**이광수**	이광수 단편선(14~16)	16	(일연)	삼국사기(46~55)
7	–	구전 민요선(17~19)	17	**한설야**	한설야 단편선(56~58)
8	김소월	소월 시초(20~22)	18	주요한	송아 시초(근간)
9	**이태준**	이태준 단편선(23~25)	19	(정철)	송강가사
10	(박팔양 찬)	여수 시초(26~28)	20	이병기	가람 시조선

27) 정재찬, 「현대시 교육의 지배적 담론에 관한 연구」, 서울대 박사논문, 1996.

28) 천정환, 『근대의 글 읽기』(푸른역사, 2004)의 439면에서 전재. 고딕 글씨는 인용자의 것으로 소설가임을 표시. 1939년 현재 총 58권, 20종 발행됨.

표 2. 삼중당 문고 한국문학 목록[29]

순	작가	책 이름 문고 번호	순	작가	책 이름 문고 번호
1	이은상	성웅 이순신 1	21	박목월2	밤에 쓴 인생론 51
2	**이광수1**	흙 2, 3(2권)	22	**계용묵**	백치 아다다 외 52
3	한용운	님의 침묵 8	23	김형석	영원한 사랑의 대화 57
4	**김동리1**	무녀도 외 9	24	**박경리**	김약국의 딸들58, 59(2권)
5	**황순원1**	카인의 후예 10	25	이은상	무상 외 64
6	일연	삼국유사 15, 16(2권)	26	**김유정**	동백꽃 외 65
7	**김동인**	감자/배따라기 17	27	**김동리2**	사반의 십자가 66
8	김소월	진달래꽃 22	28	(이동환 역)	동국병감 71
9	**심훈**	상록수 23	29	**현진건**	B사감과 러브레터 외 72
10	**이상**	날개 외 24	30	이어령1	바람이 불어오는 곳 73
11	주요한	안도산전 29	31	이순신	난중일기 78
12	박목월 외 1	청록집 30	32	**주요섭**	사랑 손님과 어머니 외 78
13	**김정한**	수라도 외 31	33	전혜린	그리고 아무 말도 하지 않았다 80
14	**강신재**	임진강의 민들레 외 36	34	박종화	파초 개화 85
15	**안수길**	제3 인간형 외 37	35	이어령2	거부하는 몸짓으로 이 젊음을 87
16	**염상섭**	표본실의 청개구리 외 38	36	**이광수2**	유정/소년 편 93
17	이병기	가람 문선 43	37	**황순원2**	독짓는 늙은이 94
18	**이효석**	메밀꽃 필 무렵 외 44	38	김영랑	모란이 피기까지는 101
19	**나도향**	물레방아 외 45	39	이광수	무정 102, 103(2권)
20	서정주	국화 옆에서 외 50	40	**황순원3**	인간접목 104

30년을 뛰어 넘는 시차를 가지고 있는 양자를 비교하는 것에는 무리가 있는 것이 사실이다. 특히 삼중당 문고의 경우 이미 300종이나 발간되고 있어서 단순 비교는 곤란한 점이 있다. 그러나 두 시기의 어떤 경향을 적출할 수 있어 시사를 얻을 수 있을 것이다. 먼저, 박문문고에서 김동인은 여섯 작가 가운데 하나로 제시되어 있고 그것도 제일 앞에 나

29) 삼중당 문고(1978년 간행) 말미의 광고에서 뽑은 것임. 외국 문학 포함 전체 104권 중 40종 44권. 1978년 현재 총 300권 발행되어 있음. 고딕 글씨는 소설가임.

타나 있다. 근대소설가는 20항목 중에 여섯 항목으로 되어 있고, 이는 비율로 보면 대략 1/3을 조금 넘는 수치이다. 이 여섯 작가는 등단 연도 순으로 보면 이광수·김동인·현진건·이효석·이태준·한설야 순으로 되어 있는데, 민족주의·구인회·경향파 문인의 삼각 구도와 각각의 비율을 잘 보여 주고 있다.(포괄성) 다음, 삼중당 문고의 경우 40명의 엔트리 가운데서 소설가는 21항(16 작가)으로 나타나고 있고, 비율상으로는 1/2을 넘어서고 있어서 소설의 비중이 확대되어 있고, 책의 수치에서 보듯 독서물과 독서 인구가 엄청나게 확산되어 있으며, 부담 없이 읽을 수 있는 수필이 새로운 독서물로 등장하고 있다는 것 등의 사실을 알 수 있다. 그리고 소설가로 제시된 16명의 작가들은 이광수·김동인·염상섭·현진건·나도향·주요섭·이효석·심훈·김정한·김유정·계용묵 등 12인을 제외하면 문협 정통파나 그에 가까운 인물로 되어 있다. 그런데 앞에 든 11명이 식민지 시대에 주로 활동했던 작가임을 감안하면, 해방 후의 소설 정전은 박경리·강신재·안수길·황순원 외에 김동리 등 문협 정통파의 비중이 매우 커진 것을 볼 수 있다. 문협 정통파의 상대적 우위는 이 시기의 정전 구성의 원칙과 관련하면 시 장르에서만이 아니라 소설 장르에서도 관철되는 것을 확인해 주는 것이라 할 수 있다. 곧 순수/비순수의 대립을 한 축으로 하고, 민족/반민족의 이항 대립의 원칙 하에 배제와 포괄의 원리가 적용되고 있고, 다시 중심부와 주변부가 분리되고 있음을 볼 수 있다.[30)]

한편, 김동인 소설의 정전 목록과 관련해서 다음 두 가지 사항에 주목할 수 있다. 첫째, 김동인의 단편 위주로 되어 있음을 볼 수 있다. 둘째, 그 단편은 「감자」, 「배따라기」 양강 체제로 되어 있음을 알 수 있다. 이 두 가지 사항은 조금 더 설명이 필요하다. 이러한 엔트리 체제는 김동인에 관한 한 이후에도 상당 부분 관철될 것이다. 1980년대를 경과하

30) 정재찬, 앞의 논문 참조.

고 난 후에 만들어진 가장 대규모의 근대소설전집이라고 할 '소설문학대계'(1995)(표 3 참조)에 와서 김동인의 위치는 더욱 상대화됨을 볼 수 있다. 그의 위치는 단편 10편에 불과하고, 분량상으로도 역시 단편 10 작품을 수록하고 있는 전영택과 정확히 동일한 양을 유지하고 있을 뿐이다. 현진건과의 관계가 역전되고 있고, 나도향과의 관계에서만 상대적인 우세를 보이고 있다. 정전 체계 내에서 김동인의 위치가 달라지고 있음이 확인되고 있다. 이 시리즈에 수록된 김동인의 작품은 「약한 자의 슬픔」, 「배따라기」, 「태형」, 「감자」, 「광염 소나타」, 「발가락이 닮았다」, 「붉은 산」, 「광화사」, 「김연실전」, 「반역자」 등 열 편이고 연대순으로 배열되어 있는데, 이러한 엔트리 구성 방식은 삼중당 문고의 그것과 다르지 않다. 「감자」, 「배따라기」의 양강 체제를 우선으로 하고 「광화사」, 「광염 소나타」를 그 다음으로 하고, 이어서 「붉은 산」을 보조로 내세운 다음에 나머지를 보충하는 방식이다. 이 체제는 자연주의 · 예술지상주의라는 종래의 문학사 연구 구도를 반영하고 있는 것으로 보인다. 「붉은 산」은 교육 정전으로서의 성격이 강한 것으로 판단된다. 학술 담론과 교육 담론의 위계가 전자 위주로 편성되었음[31]을 감안할 때 「붉은 산」의 위치는 조금 모호하게 설정된 것으로 볼 수 있다.

표 3. 소설 문학 대계 목록(동아출판사, 1995)[32]

순	작가	순	작가	순	작가	순	작가
1	이인직 이해조 안국선 신채호	26	김동리	51	조세희	76	김원우
2	이광수	27	황순원	52	이병주	77	양귀자
3	이광수	28	안수길	53	이청준	78	윤후명
4	김동인 전영택	29	장용학	54	이동하	79	김채원 유익서
5	염상섭	30	손창섭	55	이문구	80	조성기 강석경

31) 최지현, 앞의 논문.

32) 김동인은 4번에 전영택과 함께 수록되어 있다.

6	염상섭	31	김정한 최정희	56	송기숙	81	송기원 김향숙
7	현진건	32	김성한 류주현	57	김원일	82	현길언 유순하
8	박종화	33	전광용 정한숙	58	최인호	83	임철우
9	이기영	34	선우휘 최상규	59	한승원	84	최수철 정찬
10	이기영	35	서기원 이범선	60	윤흥길	85	이승우 김인숙
11	한설야	36	오영수 오상원	61	오정희	86	이창동 안정효
12	최서해 조명희 이북명 송영	37	강신재 하근찬	62	김용성 유재용	87	김남일 김영현
13	김남천	38	송병수 곽학송	63	신상웅 최창학	88	복거일
14	채만식	39	이호철	64	방영웅 윤정모	89	최윤 하일지
15	채만식	40	박경리	65	서영은 조해일	90	신경숙 장정일
16	유진오 이효석	41	최일남	66	조선작 문순태	91	최시한 이병천 양순석
17	강경애 김사량	42	최인훈	67	조정래	92	문형렬 양선규 박인홍
18	이상 김유정	43	남정현 천승세	68	황석영	93	이원규 고원정 김형경
19	박태원	44	이제하	69	박완서	94	김유택 구효서 이선
20	이태준	45	김승옥	70	김주영	95	채희문 안재성 정도상
21	심훈 박화성	46	서정인	71	한수산	96	하창수 이순원 박상우
22	나도향 주요섭 계용묵	47	전상국	72	현기영	97	채영주 공지영 방현석
23	이무영 박영준 정비석	48	박상륭	73	김성동	98	정화진 김한수 김하기
24	최명익 유항림 허준 안회남	49	홍성원	74	이문열	99	주인석 공선옥
25	이근영 김만선 현덕 현경준	50	박태순	75	박영한	100	김소진 윤영수 윤대녕

여기서 이 작품의 교실 차원의 소통 관계를 살펴보는 것은 정전화 과정의 또 다른 측면을 살펴 보는 것이기 때문에 매우 중요한 일인 듯이 보인다. 이 작품의 소설로서의 완성도는 매우 낮은 소품에 가까운 작품

이다. 이 작품이 정전 체계 내부로 편입된 이유에 대해서는 엄밀한 조사가 필요하겠지만 다음과 같은 추정을 제출할 수는 있을 것이다. 이 작품은 '미학적'으로 보아서 발단－전개－위기－절정－결말이라는 5단계 구성 이론[33]의 전범과 같은 예를 보여 주는 예라 할 수 있다. 만주국인 지주가 있는 조선인 소작인 마을에 삵이라는 특이한 문제아가 있었다－그는 마을의 암종으로 상종 못할 위인이었다－송첨지가 죽었다－삵이 복수하러 가서 두들겨 맞으며 죽어간다－죽어가면서 애국가를 부른다.

그 다음 '정치적 근거.' 이 작품의 표면적 근거는 민족 의식을 고취하는 것으로 되어 있다.[34] 그러나 윤동주에 대한 면밀한 연구가 보여준 것처럼 이 작품의 수록 이유는 다른 곳에 있을지도 모른다. 이 작품은 윤동주의 작품이 그러했던 것처럼 경향파의 작품이 제거된 자리에서 빈자리를 메우기 위해 선택[35]된 것일 수도 있다. 이런 판단이 맞는다면 이 작품은 경향소설의 대체재(代替財) 역할을 하는 것으로 된다.[36] 그러므로 이 작품의 작가가 윤동주만큼의 선명성은 없을지라도 문협 정통파적인 감각[37]에서 민족애를 보여주는 작품으로서 기능을 담당하고 있는 것으로 판단된다.

이 작품의 미학적 특성은 교수·학습 상황과 관련해서 '꼼꼼히 읽기(close reading)'를 강제하는 효과를 가진다. 원고지 30매 가량의 이 작품에 대하여 '교사 중심' 교육과정 체제에서 3시간이나 4시간 정도의 수업 내용을 구성하는 것은 쉬운 일은 아니다. 단어와 구절 풀이와 위의 도

33) 이 5단계 학설의 기원은 잘 알 수 없지만 아리스토텔레스 이론을 변형한 플롯 이론에서 차용해 온 것으로 보인다.
34) 김흥규, 「황폐한 삶과 영웅주의」, 『문학과 지성』, 1976년 봄호.
35) 최지현, 앞의 논문 참조.
36) 이 점에서는 「감자」 또한 예외가 아닐지 모른다. 면밀한 조사가 필요한 대목이다.
37) 이는 문협 정통파가 이런 작품을 선택하라고 지시를 했다거나 하는 것과는 거리가 먼 것이다. 다만 이들의 문학관이 한국문학의 미학적인 지배 담론적 특성에 근접한 것이라는 의미이다.

식에 근거한 '문단 나누기'와 구성 방식에 대한 '설명'을 곁들이기 위해서는 신비평과 같은 정치한 읽기 방식을 동원하지 않고서는 어려움이 클 수 있다. 이러한 것이 '꼼꼼한 읽기'를 강제하는 맥락이다. 꼼꼼히 읽기에 우선성을 부여한 사람들은 은연 중에 리얼리즘 글쓰기보다 비유적(figurative) 글쓰기를 표면적 의미보다 심층적인 의미를, 내용보다 형식을, 그리고 대중적인 것보다 엘리트적인 것을 선호하는 경향이 있다고 지적된다.[38] 이것은 텍스트를 의미적 현상으로만 보는 권위에의 종속 현상에서 파생된 것으로 해석될 수도 있다. 밑줄 긋기 수업에서 볼 수 있는 이러한 종속성에는 이러한 교실 차원에서 학생이 정전과 구체적으로 만남으로써 이루어지는 소통 체계(라)에서의 한 편의 우위와 상대편의 종속적 위치를 전제하는 권위주의가 항상적으로 존재할 가능성이 있다.

정전 선택의 미학적 기능과 정치적 양자의 우선성을 가리는 것은 쉽지 않은 노릇이다. 그러나 이 양자가 상호 이질적이기는 하지만 기능적으로 보완하는 관계에서 이 작품의 '정전성'의 근거를 확인할 수 있다.[39]

이러한 정전 체계의 구성 방식은 교육과정의 체계(구체적으로는 교과서에 엔트리로 수록된 작품들)와 밀접한 연관을 가지고 있는 것으로 판단된다.

삼중당 문고(1975)와 '소설문학대계' 사이에 무슨 일이 일어났는가. 프로 문학이 복권되었고, 젊은 세대인 민중지향적 문학 작가들의 작품들이 상당수 정전의 엔트리에 진입되었다는 사실 외에, 김동인에 대한 평가가 달라졌다는 사실을 들 수 있을 것이다. 문학사 · 비평 등 소통 체계

38) Rabinowitz, P., "Canons and Close Reading", Richter, D.H. ed., *Falling into Theory*, Bedford Books St. Martin's Press, 1994, p.219.

39) 교사 모임에서 교과서를 비판적으로 검토한 저서에서 이 작품에 대한 별도의 언급은 존재하지 않는다는 것도 눈여겨 볼 만한 대목이다. 문학교육연구회, 『삶을 위한 문학교육』, 연구사, 1987 참조.

에서의 변동이 있었던 것이다. 이 시기에 문학사·비평과 관련된 소통체계(나)에는 많은 변동이 발생한다. 1960년대 말까지 김동인에 대한 김동리의 전면적인 비판은 있었지만 대체로 김태준이나 임화의 문학사 노선을 어느 정도 답습했으며, 김동인 자신의 문학사적 업적의 압력 하에서 작업했던 백철과 조연현의 문학사는 김동인의 '선구적'이며 '다양한' 업적을 기본적인 입각점으로 간주했다. 분석주의와 실증주의 그리고 문협 정통파적인 초역사적 심미주의의 시각에서 보면 김동인의 존재는 엄연한 것이었다. 그러나 파열구는 김동인의 자화자찬에 대한 김우종의 문제제기에서 시작되었다.[40) 이어서 1970년대의 역사주의적·리얼리즘적 방법의 흐름에 김동인의 우상숭배적인 정전성은 파괴되기 시작한다. 결정적인 타격은 김동인의 세계 인식에 대해서 비판적으로 분석한 김흥규의 연구[41)와 김동인의 반역사주의적 창작방법에 대해서 비판한 김윤식[42)에서 나타난 바 있다. 이러한 연구사적 지형 변동으로 주요한 문학사들에서 염상섭을 한쪽 극으로 하는 리얼리즘과 김동인을 다른 쪽 극으로 하는 반역사주의 진영에 대한 역사적 평가가 달라지게 된다.[43) 이러한 지각 변동은 교육담론에도 영향을 미치게 됨은 물론이다.

그 시기 이후의 교과서에서 김동인의 위상은 경향적으로 낮아졌다고

---

40) 임종국, 「김동인론」, 『친일문학론』, 평화출판사, 1966, 192~198면. 한 연구자는 김동인 연구의 전환점으로 임종국의 위 연구를 들었다. 김동환, 「김동인의 소설창작 방법론과 그 내적 형식화」, 『한국소설의 내적 형식』, 태학사, 1996, 11면 이하 참조. 그러나 김동인의 주장에 대한 본격적인 문제 제기와 반박은 김우종에 의해서 시도된 바 있다. 김우종, 『한국현대소설사』(중판), 선명문화사, 1974.

41) 김흥규, 「황폐한 삶과 영웅주의」, 『문학과 지성』, 1976년 봄호.

42) 김윤식·김현, 『한국문학사』에서 김동인은 상대화되며, 김윤식은 김동인의 인형조종술적 창작 방법에서 살아 남을 수 있는 소설은 「감자」 하나 정도라고 한다. 김윤식, 「반역사주의 지향의 과오」, 『한국문학사론고』, 법문사, 1973 참조.

43) 예컨대 조연현(1957)에게서 염상섭과 김동인의 서술 비중은 17쪽 대 36쪽으로 김동인의 비중이 높다. 반면에 김윤식·김현(1973)에 오면 양자의 관계는 역전된다. 여기서 염상섭은 6쪽인데 비해, 김동인은 2쪽이 채 못된다. 조연현, 『한국현대문학사』(1959), 성문각, 1974, 335~375면 및 376~393면; 김윤식·김현, 『한국문학사』, 민음사, 1973, 154~160 및 163~165면.

할 수 있다. 4차 교육과정(1982~87)을 분수령으로 해서 5차 교육과정 시기(1988~1992)에 와서 김동인은 적어도 고등학교 국어 교과서에서는 이름을 드리우지 못하고 있다('부록'에 있는 표 5와 표 6의 차이를 참조할 것). 3차 교육과정 시기(1973~81)에 문학사 · 비평 등 학술 담론에서 중요한 이론적 진전이 있었음에도 불구하고 교과서에 반영되지 못한 것은 미학적 기준 그 자체 때문이라기보다는 국가 기구의 힘이 매개된 결과로 이해될 수 있다. 이를 소급해서 전 과정을 살펴 보면 근대소설 제재의 경우 계몽주의와 반역사주의 계열 작품 위주로 편성되어 있음을 확인할 수 있다. 식민지 시대의 정전 체계는 취향 · 출판의 소통장(가)가 문학사 · 비평의 소통장(나)에 조응하여 민족주의, 구인회, 경향파의 세 축이 통합 · 포섭하는 구도였지만, 해방 후의 정전 체계에서는 (가)와 (나) 소통 층위에서도 경향파의 축은 사라지고 그 자리에 문협 정통파로 상징되는 반역사주의 계열의 소설이 자리를 확장해 간 것을 볼 수 있다.(표 2 참조) 여기서 경향파가 복권되는 것은 1988년의 해금을 거치면서이다. 그러나 교육에서는 '지연'은 완강하게 진행되어서 염상섭이 교육장에 진입하는 시기는 1990년대임을 알 수 있다. 김동인의 경우 그의 작품 중 미적 질이 우수한 작품들은 교육적 소통의 장(위의 '다'와 '라')에서는 배제되고 오직 「붉은 산」만이 선택적인 우위를 차지하고 있다. 이 작품은 앞에서 살핀 대로 경향소설의 대체재적인 특성에서 자유롭지 못하다. 7차 교육과정 시기(1998년 이후)에는 과거의 경향파 일부 작품까지 포함한 어느 정도의 미학적 진전이 이루어져 있고, 취향 · 출판의 소통에서 이 점은 더욱 현저하다고 할 것이다(표 3 참조). 그러나 그렇다고 해서 전통적인 정전들이 하루 아침에 홀대를 당할 것이라고 하기는 힘들다. 취향 · 출판의 소통장에서 정전 체계는 자본의 논리가 개입되어 있기 때문에 이질적인 취향들을 통합 · 포섭하는 방식으로 갈 가능성이 높아질 것으로 예상된다.[44]

44) 이러한 판단은 다음을 근거로 한 것이다. Kuipers, Christopher M., "The Anthology / Corpus Dynamic : A Field Theory of the Canon", *College Literature* vol.30, vol.2, 2003, Spring.

일제 강점기의 정전 체계가 보통 교육의 장 밖의 독자 대중만을 대상으로 한 것이었고 그 범위에서 미학적 층위 우위로 정전 체계가 구성되었다면 해방 후의 정전 체계는 미학적 층위보다 정치적인 층위 우위로 진행되었음을 알 수 있다. 정전화의 과정에서 취향·출판과 관련된 소통 체계(가), 문학사·비평과 관련된 소통 체계(나), 교육과정의 작성과 재작성과 관련된 소통 체계(다), 교실 차원에서 학생이 정전과 구체적으로 만남으로써 이루어지는 소통 체계(라) 등 네 가지 층위가 상호 의존과 갈등을 하면서도 궁극적으로는 통합을 해 나가면서 작용하고 있는 양상을 볼 수 있다. 이러한 소통 층위들은 상상적으로 소급해서 구성한 정전 체계의 분절적인 층위들을 보여 주고 있다. 일반적으로 (가)에 비해서는 (나)가, (다)에 비해서는 (라)가 더욱 유연한 측면을 가지고 있는 것으로 보이지만, 이러한 소통 층위 혹은 분절적인 소통 장의 복잡한 상호작용에 대해서는 더욱 치밀한 실증적인 연구가 필요할 것으로 판단된다. 개별 작가로서 김동인 소설에 대한 정전화 방식의 연구는 정전 체제 전반에 연구의 일환이 되기도 하겠지만, 문학교육이나 서사교육 전반에 대한 접근 방식에 대하여 고민할 수 있는 기회를 제공하고 확장할 수도 있으므로 세밀한 연구는 더욱 필요하다고 하겠다.

4. 맺음말

김동인 문학의 정전화에 대한 시론적인 소묘를 마무리해야 할 시점에서 잠시 정전을 화폐와 유비해 보고 싶다. 화폐는 어떤 사회에서나

다음의 웹사이트 판을 참조했다. → http://www.eiu.edu/~agora/Dec03/Kuip.htm. 검색 일자 : 2005.5.

가치와 권력을 매개하는 물건이다. 구체적으로 화폐는 무엇을 사려고 할 때 지불의 수단이 되고, 미래의 필요를 위해서 저장해 둘 수도 있으며, 무엇보다도 화폐는 가치의 척도 기능을 한다. 그런데 정전도 문화적 세계에서 비슷한 기능을 하는 것으로 보인다. 실제로 정전에 대한 지식은 화폐에 접근할 수 있는 매우 실제적인 가능성을 제공한다. 옛날의 과거(書中自有千種錄)에서부터 오늘날의 각종 시험에 이르기까지 정전은 그 기회를 위한 표준적 재료 역할을 해 왔고 앞으로도 상당 기간 그 역할을 수행할 것이다. 시험은 그 사회를 재생산하기 위한 가장 근본적인 기제 가운데 하나이다. 시험이 그 사회의 정당성과 구별화를 위한 가장 표준적인 방법으로 작용하기 때문이다. 이 재료가 되는 물건은 가장 커다란 권위를 가진 것이어야 했으며, 그 통용을 위한 내용상의 의혹을 내포한 것이어서는 곤란하다. 정전은 해당 문화의 지배적인 '소통 단위'이기 때문에 그 '닦아세우는' 척도의 역할을 적극적으로 떠맡으려고 하는 것이다. 정전은 표준적인 소통의 단위로 기능하기 때문에 정전의 서사(敍事)를 바탕으로 하여 우리는 자신의 사회는 물론이고 다른 사회의 문화까지 이해할 수 있게 된다. 정전에 대한 접근 경험은 다양한 인간적 경험들을 이해하게 하고 타자 위에 군림하기 위한 기본적인 기회나 방법을 매개하기도 하지만, 자기 성찰을 위한 최상의 무기를 제공해 주기도 하는 것이 사실이다.

정전이 이런 모순적인 계기를 가지고 있는 것처럼 화폐 또한 모순적인 계기를 가지고 있다. 화폐는 그 비율이 어떻든간에, 민주주의를 위한 중요한 계기를 제공해 줄 뿐만 아니라, 근대성이 만들어내는 어두운 심연의 실제적이며 인간학적인 근거를 이루고 있기도 하다. 화폐와 정전의 이러한 유비는 조금 더 계속될 수도 있다. 이러한 유비가 가능한 것은 기본적으로 화폐가 무엇인가를 대표(표상)하는(represent) 것처럼, 정전도 한 사회의 다른 문학 작품들을 대표하기 때문이다. 하나가 다른 것들을 대표하는 그 표준화 방법 자체, 곧 정전화의 근거에서 생겨나는 문제가 근본적인 것이라 할 것이다. 어떤 정전을 하나의 정전으로 등록되게 하는 미학적 근거는 우리가 생각하는 것처럼 그다지 자명한 것이 아니다. 화폐의 가치가 인간의 경험이나 활동이 지닌 시간성을 제외한다면 다른 어떠한 공통적인 척도도 가지고 있지 않은 것처럼 정전에 결정적이거나 만인이 동의하지 않을 수 없는 미학적·인간학적인 근거가 달리 존재한다고 보기는 힘들 것이다. 그럼에도 불구하고 근대적인 삶을 유지하기 위해서는 정전이 내장한 경험의 모순적 보고(寶庫)에 의지하지 않을 수는 없을 것이다. 근대는 삶의 직접적인 경험만으로 삶을 영위해 나갈 수 있는 시대는 더 이상 아니다. 근대는 직접성만으로 삶의 체험을 감당하기에는 너무나 복잡한 시대인 것이다. 그리하여 정전은 조심스럽게 다루어질 필요가 있는 물건이다. 우리가 정전의 계보학적인 기원을 교실 안이나 교실 밖에서 더 명료하게 사고할 수만 있다면, 정전을 매개로 지금보다 더 나은 활용 구도를 만들기 위한 방법을 위한 실마리를 발견할 수도 있을 것이다. 문학적 정전을 잘 활용하려면 정전 체계의 복잡한 층위들간의 모순들, 개별적인 정전 작품 자체의 모순들까지를 집요하게 사고하는 지혜가 언제나 필요할 것이다. 이 글은 김동인 문학의 정전화 과정에 대한 역사적인 소묘를 통해서, 그런 지혜의 세계로 들어가는 문의 입구를 발견하기 위한 미숙한 더듬이 작업이다.

표 4. 국어 교과서 근대소설 제재 수록 작품 목록(1차~3차 교육과정)

차수	발행	제목 · 학년	작가	작품
과도기/1차	48	중등국어 1	박찬모	소
	48	중등국어 2	김동인	두문동***
	50	중국국어 1	이상	개
	49	중등국어 2	김동인	두문동***
	49	중등국어 3	주요섭	피난민
	50	중등국어 4	–	–
	53	중학국어 1	오영수	윤이와 소
	53	중학국어 1–1	황순원	추억의 한 토막
	53	중학국어 1–2	–	–
	53	중학국어 2–1	–	–
	53	중학국어 2–2	–	–
	53	중학국어 3–1	이무영	청개구리
	53	중학국어 3–1	허윤석	달밤
	53	중학국어 3–3	–	–
	56	중학국어 I–I	–	전선의 아침
	56	중학국어 I–II	–	(소설 낭독)
	59	중학국어 II–I	–	어두운 시절
	59	중학국어 II–II	–	–
	56	중학국어 III–I	–	–
	56	중학국어 III–II	–	–
과도기	52	고등국어 I	황순원	산골 아이
	52	고등국어 II	–	–
	53	고등국어 III	–	–
1차 (55~63)	56	고등국어 I	황순원	산골 아이
	56	고등국어 II	–	–
	56	고등국어 III	–	–
	57	고등국어 I	심훈	뽕나무와 아이들
	58	고등국어 II	–	–

차수	발행	제목 · 학년	작가	작품
	59	고등국어 III	–	–
2차 (63~72)	66	중학국어 I–I	–	오늘도 삼봉이는 자란다
	66	중학국어 I–II	–	–
	66	중학국어 II–I	–	–
	66	중학국어 II–II	–	–
	66	중학국어 III–I	황순원	소나기
	66	중학국어 III–II	–	–
	68	고등국어 I*	심훈	뽕나무와 아이들
	68	고등국어 II*	–	–
	68	고등국어 III*	–	–
	68	고등국어 I**	심훈	뽕나무와 아이들
	68	고등국어 II**	–	나비***
	68	고등국어 III**	황순원	학
3차 (73~81)	74	중학국어 1–1		사냥
	74	중학국어 1–2	이주홍	메아리
	74	중학국어 2–1	김동인	조국
	74	중학국어 2–2	오영수	요람기
	74	중학국어 3–1		외숙모님의 연설
	74	중학국어 3–1	황순원	소나기
	74	중학국어 3–2		무지개
	75	고등국어 I*	–	
	75	고등국어 II*	김동리	등신불
	75	고등국어 III*	현진건	빈천
	75	고등국어 I**	심훈	뽕나무와 아이들
	75	고등국어 II**		나비
	75	고등국어 III**	황순원	학

* 인문계 고등학교, ** 실업계 고등학교, *** 정확히 확인되지 않음.
출처 : 박붕배, 『한국국어교육전사(중)』, 대한교과서주식회사, 1997.

표 5. 국어 교과서 근대소설 제재 수록 작품 목록(4차 교육과정)(1982~87)

제목 · 학년	작가	작품	제목 · 학년	작가	작품
중학국어 1-1	오영수	요람기	고등국어1	심훈	상록수
중학국어 1-2	이주홍	메아리	고등국어1	정한숙	금당벽화
중학국어 2-1	김동인	조국	고등국어2	황순원	학
중학국어 2-2	-	-	고등국어3	김동리	등신불
중학국어 3-1	황순원	소나기			
중학국어 3-1	전광용	고향의 꿈			
중학국어 3-2	이범선	학마을 사람들			

출처 : 문학교육연구회, 『삶을 위한 문학교육』, 연구사, 1987.

표 6. 국어 교과서 근대소설 제재 수록 작품 목록(5차~7차 교육과정)

차수	제목 학년(발행)	작가	제목
5차 (1988~92)	고등국어 1(84)	심훈	상록수
	고등국어 2(85)	정한숙	금당벽화
	고등국어 3(86)	김동리	등신불
6차 (1992~1996)	국어(상)(90)	염상섭	삼대
	국어(하)(90)	-	-
7차 (1997~)	국어(상)(96)	염상섭	삼대
	국어(하)(96)	이청준	선학동 나그네

출처 : 권순긍, 「교과서의 변천과 문학교육의 방향-고등학교 '국어'교과서를 중심으로」, 『한국문학교육학회 제13회 학술발표대회 발표문』, 문학교육학회, 1998.11.21.

제3부
문학의 향유, 재생산의 기틀

근대문학 재생산 제도와 방정환

미디어 주체와 독자의 관계를 중심으로

박현수

1. 논의의 초점

방정환(方定煥)은 자신이 지은 글이 처음 활자로 인쇄되어 지상(誌上)에 발표된 것이 『청춘(青春)』의 현상문예를 통해서라고 회고하고 있다. "우연한긔회로 崔南善氏의『青春』雜誌를보고興味가끌리여 ㅈㅎ生이라는匿名으로作文을投書하였더니 그것이當選되야誌上에 실"렸다는 것이다. "投書해놋코는 마음이퍽조이엿"던 방정환은 "冊이郵便으로오기를기다릴사이업시 뛰어나가서鐘路거리의冊店에가서" "맨먼저讀者文藝欄펴들엇"다고 한다.[1] 그리고 거기에서 자신의 글을 발견하였을 때의 느낌을 다음과 같이 서술하고 있다.

> 거긔에自己匿名을發見하엿슬때 무슨奇術이나본것처럼몹시神奇해하면서 슨채로나리닑엇습니다. (…중략…) 닑은것을또닑고또닑고하야 그 글자한자 한

1) 方定煥, 「사라지지안는記憶－處女作發表當時의感想」, 『朝鮮文壇』 제6호, 1925.3, 66~67면. 이하의 인용문은 원문의 표기법과 띄어쓰기를 따르기로 한다.

자가 무섭게강한親密性을 가지고머리에숨여들어 冊을덥고도 어느쪽에 題目과姓名이 엇더케씨여 잇는 것까지를 눈에 번—하게보게되게까지 반복해닑엇습니다.[2])

활자로 인쇄된 자신의 필명과 글을 확인했을 때 '기술(奇術)'을 본 것처럼 '신기'했으며 그 느낌은 선 채로 자신의 글을 반복해서 읽는 것으로 이어져 글자 한 자 한 자가 강한 '친밀성'을 지니고 머리에 각인되었다는 것이다. 이 글의 일차적 관심은 여기에 놓인다. 방정환이 『청춘』 현상문예에 당선되었을 때 느꼈던 '신기함'과 '친밀성'의 의미를 짚어보고 그 연원을 해명하고자 한다. 곧 '신기함'과 '친밀성'이 무엇을 뜻하며, 어디서 유래하는가를 밝히고자 하는 것이다.

그런데 이러한 '신기함'과 '친밀성'은 그것에만 머무르지 않았다. 방정환은 1919년 1월 스스로 잡지 『신청년(新青年)』을 창간한다. 자신의 글을 투고하던 현상문예의 장이었던 『청춘』과 『유심(惟心)』이 종간(終刊)된 직후였다. 방정환은 『신청년』의 많은 지면을 자신의 글로 메우며, 또 자신이 독자투고의 고선자(考選者)가 되어 투고문의 게재 여부를 주관하게 된다. 또 방정환은 1923년 3월 아동잡지 『어린이』를 창간하고 운영하는 데 주도적인 역할을 한다. 『어린이』는 '懸賞글쏩기', '懸賞問題', '동모들이기' 등을 통해 독자를 견인하는 데 주력한다. 그 결과 제9호부터 매진을 거듭해 1925년 1월에 발간된 제25호는 발행 20일만에 3판 1만 부가 매진된다. 그것은 조선에 잡지가 발간된 후 처음 있는 일이었다. 간과해서는 안 될 점은 이렇듯 방정환이 『신청년』을 창간하고 또 『어린이』를 통해 독자를 견인하는 등의 단초가 앞선 '신기함'과 '친밀성'이라는 느낌의 자장 속에 위치하고 있다는 것이다.

실제 『청춘』·『유심』 등 현상문예에 투고, 『신청년』의 창간, 『어린이』의 운영 등으로 이어지는 방정환의 행로는 독자로부터 출발해 글을

2) 위의 글, 67면.

쓰게 되고 나아가 잡지의 주체가 되어 다시 독자를 견인하는 과정을 보여준다. 그리고 이는 '등단, 승인, 향유, 등단(독자→작가)'이라는 한국 근대문학의 재생산 과정과도 맞물린다. 이 글의 주된 관심은 여기에 위치한다. 독자로 출발해 작가, 또 잡지 매체의 주체 등으로 이어지는 방정환의 행로를 따라가면서 그 양상과 의미를 논구하고자 하는 것이다.

일반적으로 방정환은 조선에 아동문학을 발아시킨 문학가로 알려져 있다. 세계명작동화집 『사랑의선물』을 통해 조선에 아동문학을 소개했으며, 잡지 『어린이』를 통해 동요·동화운동을 펼친 데 따른 결과이다. 방정환에 대한 기존의 논의가 아동문학가로서 방정환의 위상을 가늠하는 데 집중되어 있는 것 역시 이와 연결된다.[3] 그런데 방정환은 일제의 문화정치 표방과 맞물려 전개된 출판·문화운동의 핵심적 존재이기도 했다. 앞서 언급했듯이 방정환은 『어린이』를 창간해 "대개는 한두호하다가폐간되 고길어야 삼사호출판하다가 폐간되거나계속출판한다야불과몃부를박지못하는" 당시 상황 속에서 "다른잡지의 세갑절 네갑절이나되"는 "백히는수요"로 12년에 걸쳐 총 122호를 간행했다.[4] 이를 계기로 『신여성』·『학생』·『별건곤(別乾坤)』 등 다른 잡지의 운영에도 관여해 개벽사(開闢社)를 근간으로 한 출판·문화운동의 중심에 위치하게 된다.

그런데 이렇듯 방정환이 출판·문화운동의 중심에 위치하게 되는 도정은 독자로부터 출발해 『청춘』·『유심』 등의 현상문예에의 투고하고 『신청년』과 『어린이』의 주체가 되어 매체를 운영하게 되는 도정과 오버랩된다. 곧 방정환의 문학적 행로를 따라가면서 그 양상과 의미를 밝

3) 그 대표적인 것은 다음과 같다. 李在徹, 『韓國現代兒童文學史』, 一志社, 1978, 82~103면; 仲村修, 「方定煥研究序論－東京時代を中心に」, 『青丘學術論集』 14, 1999, 77~113면; 김화선, 「한국 근대 아동문학의 형성과정 연구」, 충남대 박사논문, 2001; 원종찬, 「韓·日 아동문학의 기원과 성격 비교」, 『한국학연구』 제11집, 91~131면; 이기훈, 「1920년대 '어린이'의 형성과 동화」, 『역사문제연구』 8, 2002, 9~44면; 민윤식, 『소파 방정환 평전 청년아, 너희가 시대를 아느냐』, 중앙M&B, 2003.

4) 『時代日報』, 1925.1.23.

히고자 하는 이 글의 관심은 방정환이 출판·문화운동의 중추적인 존재가 되는 계기에 대한 논구와도 연결이 된다는 것이다. 요컨대 이 글은 독자·작가·매체의 주체 등으로 이어지는 방정환의 행로를 좇아가면서 그가 출판·문화운동의 중심이 되는 도정과 '등단, 승인, 향유, 등단(독자→작가)' 등으로 이어지는 한국 근대문학의 재생산 과정의 궤적을 구명하고자 한다. 실제 방정환의 행적이 한국 근대문학의 재생산 과정이 제도화되는 첫머리에 놓여 있다는 점에서 이러한 작업은 재생산 제도의 연원을 구명하는 작업과도 연결이 될 것이다.

2. 『청춘』 현상문예에의 투고와 당선

방정환의 글이 처음 활자화되어 잡지에 실린 것은 『청춘』의 현상문예를 통해서였음은 앞서 1장에서 언급한 바 있다. 방정환은 그 때가 "집에서 漢學工夫를한다고老先生한분을모시고집에서漢書를낡을때"로 "분명히열아홉살때엿"다고 밝히고 있다.[5] 방정환의 말에 따르면 그 글은 1917년 9월 『청춘』 제10호 '매호현상문예(每號懸賞文藝)'에 당선된 「一人과社會」로 보인다. 열아홉살 때, 곧 1917년에 ㅈㅎ生이라는 필명으로 『청춘』 현상문예에 당선된 글은 「一人과社會」 하나이기 때문이다.[6] 문제는 「一人과社會」 앞에 부기된 '昌原郡熊東面馬川里'라는 주소이다. 당시 방정환의 주소는 '市內堅志洞一一八'이었으며, 『청춘』 현상문예에 당선된 다른 글은 이 주소로 되어 있다. 「一人과社會」가 방정환의 글인지에 대한 정확한 판단을 내리기는 힘들다.[7]

5) 方定煥, 앞의 글, 66면.
6) ㅈㅎ생, 「一人과社會」, 『青春』 제10호, 1917.9, 110~111면.

『청춘』의 현상문예는 '매호현상문예'와 '특별대현상(特別大懸賞)' 둘로 나뉘어 시행되었는데, 매호현상문예는 『청춘』 제7호의 광고를 통해 첫선을 보였다. 시조・한시・잡가・신체시가・보통문・단편소설 등 6개 분야에서 글을 모집했으며, 상금은 각 분야 별로 5원(圓)에서 50전(錢)까지 차이를 두었다. 하지만 광고와는 달리 이상춘(李常春)만이 「두벗」이라는 글로 2원의 상금을 탔으며, 나머지는 1원이나 50전을 받는 데 머물렀다. 각 분야마다 분량・문체 등의 제한을 뒀는데, 보통문은 "一行二十三字三十行以內 純漢文不取", 단편소설은 "一行二十三字百行內外 漢字약간석근時文體" 등이 그것이었다. 또 접수와 발표 기한은 "每月末日까지接受하야 그이듬이듬달 發行湖에 發表"한다고 했다.[8] 매호현상문예의 광고는 이후 제12호를 제외하고 종간 때까지 계속해서 게재되었다. 당선작은 제10호에 처음 발표되었는데, 「一人과社會」도 그 중 하나였다. 글의 분야는 부기되어 있지 않으나 내용과 분량 등으로 볼 때 보통문 분야로 투고한 듯하다. 상금은 1원이었다.

또 방정환은 『청춘』 제11호의 특별대현상에 「소년어자(少年御者)」라는 글로 선외가작(選外佳作)에 뽑힌다. 특별대현상은 제7호에서 제9호까지 광고를 하고 제11호에 당선작을 발표했다. 매호 현상문예와는 달리 한 번만 시행되었다. "故鄕의事情을錄送하는文", "自己의近況을報知하는文", '단편소설' 등 3개 분야에서 글을 모집했으며, 분량・문체 등에 제한을 두었다. 매호현상문예와는 달리 "自己故鄕의山河風土며人

7) 이상금은 「一人과社會」를 방정환의 글로 보고, 글의 성격을 초기의 가장 천도교인다운 것으로 파악한다. 그런데 문제는 『靑春』 懸賞文藝에 당선된 사람 중에 '昌原郡熊東面馬川里'라는 주소로 된 사람이 또 있다는 것이다. 같은 『靑春』 제10호 '每號懸賞文藝'에 당선된 「썌쌰라그늘」은 '昌原郡熊東面馬川里'라는 주소로 되어 있으며 투고자는 '裵在晃'으로 되어 있다. 배재황이라는 이름 역시 'ㅈㅎ生'이라는 필명에 걸맞음을 알 수 있다. 배재황은 『靑春』 제12호 '每號懸賞文藝'에 「내노래」가 당선되었고, 『靑春』 제14호 '每號懸賞文藝'에서 「雪山의感」이 佳作으로 선정되었다. 만약 「一人과社會」를 방정환의 글로 본다면 이들 글 역시 방정환의 작품으로 보아야 할 것이다. 이상금, 『사랑의 선물』, 한림출판사, 2005, 117~120면 참조.

8) 『靑春』 제7호, 1917.5, 124면.

物史蹟等諸般事情을在遠한知人에게報知하는文"인 "故鄕의事情을錄送하는文"이나 "自己가最近에經驗한바感想한바觀悟한바聞見한바中무엇이든지情趣잇는筆致로寫出하야親知에게報知하는文"인 "自己의近況을報知하는文" 등에서 글을 모집한 것은 신체시가 · 보통문 · 단편소설 등의 문학 장르에 익숙하지 않은 많은 사람들의 투고를 받기 위해서로 보인다. 각 분야 별로 차이를 두었지만 상금을 10원에서 1월까지로 매호현상문예보다 훨씬 많게 책정한 것 역시 같은 이유로 보인다. 공고에는 "(1917년-인용자) 來七月十五日本館着"한 것까지 접수해 "九月發行倍號"에 발표한다고 했으며, 최육당(崔六堂) · 이춘원(李春園) 등 고선자(考選者)의 이름을 구체적으로 밝히고 있다.[9] 이경(李慶) · 송완근(宋完根) · 이상춘(李常春) 등이 각 분야에서 元으로 선정되어 이경(李慶) · 송완근(宋完根)은 5원, 이상춘(李常春)은 10원의 상금을 받았다. 나머지는 3원에서 1원의 상금을 받았다. 방정환의 「소년어자」는 단편소설의 선외가작에 뽑혀 상금을 받지는 못했다.[10]

이후 방정환은 『청춘』 매호현상문예의 단골 투고자이자 당선자가 되었다. 제12호에서는 「바람」으로 상금 50전을 받았다. 분야는 부기되어 있지 않으나 신체시가 분야에 투고한 듯하다. 제13호에서는 두 개의 글이 당선되었다. 「自然의敎訓」으로 상금 50전을 받았고, 「우유배달부(牛乳配達夫)」로 상금 1원을 받았다. 매호현상문예 광고의 분량 제한 등을 고려할 때 「自然의敎訓」은 보통문, 「우유배달부」는 단편소설 분야에 당선된 것으로 보인다. 제14호 『청춘』은 "紙面의不足으로因하야" "今番에當選된文稿를아울러來號로讓하게" 되었다고 해 당선된 작품의 제목만을 게재했다. 방정환은 「관화(觀花)」가 상금 1원에 뽑혔고, 「봄」이

9) 『靑春』 제7호, 1917.5, 125면.

10) 『靑春』 懸賞文藝 제도의 전반적인 양상에 관해서는 한기형, 「최남선의 잡지 발간과 초기 근대문학의 재편」, 『大東文化硏究』 45, 성균관대 대동문화연구원, 2004, 243~257면 참조.

상금 50원에 당선되었다. 또 「고우(故友)」가 가작(佳作)으로 뽑혔다. 제15호에는 14호에서 당선된 「관화」와 「봄」 두 개의 글이 실렸다. 「관화」는 보통문이고, 「봄」은 신체시가이다. 또 제15호에는 금회당선(今回當選, 七月末까지來到한것)이라고 해 당선작의 제목을 게재했다. 방정환은 「천국(天國)」이 상금 1원에, 「시냇가」가 선외가작으로 뽑혔다. 『청춘』이 제15호를 마지막으로 종간되어 「천국」·「시냇가」 등이 게재되지는 못했다.

「一人과社會」를 차치(且置)하더라도 『청춘』 현상문예에는 모두 9편의 방정환의 글이 당선되거나 가작·선외가작에 선정되었다. 보통문이 2편, 신체시가가 2편, 단편소설이 2편, 글의 종류를 알 수 없는 것이 3편이다.[11] 『청춘』 매호현상문예와 특별대현상은 제10호에서 제15호까지 모두 여섯 번 당선자를 발표하는데, 방정환의 작품은 「一人과社會」가 당선된 제10호를 제외하고도 많게는 3편에서 적게는 1편까지 모두 들어가 있다. 이는 방정환이 『청춘』 현상문예에 거의 한 번도 거르지 않고 투고를 하고 당선이 되었음을 의미한다. "一人이幾種 幾編이든지隨意로應募함을 得"한다는 현상규정(懸賞規程)을 고려할 때, 투고를 했으나 당선되지 않은 글도 많았을 것으로 파악된다.

『청춘』 현상문예는 최남선의 언급처럼 "바햐흐로 勃興하려하는 新文壇에 意味잇는 一波蘭을 寄與"하고자 시행되었다.[12] 앞서 살펴본 것처럼 시조·한시·잡가·신체시가·보통문·단편소설(매호현상문예), 고향의 사정을 녹송하는 문·자기의 근황을 보지하는 문·단편소설(특별대현상) 등 분야를 나누어 글을 모집하고 상금도 10원에서 50전까지 차이를 두었다. 또 매호현상문예는 8회 광고를 하고 5회 당선자를 발표하는 등 종간 때까지 지속적으로 시행되었으며, 특별대현상의 경우는 구체적으로 고선자를 밝히고 고선평 역시 게재했다. 이러한 점들을 근

---

11) 글의 종류를 알 수 없는 것은 佳作이나 選外佳作으로 뽑혀 글이 게재되지 않았기 때문이다. 「故友」, 「天國」, 「시냇가」 등의 작품이 그것이다.

12) 「每號懸賞文藝」, 『青春』 제9호, 1917.7, 126면.

거로 『청춘』 현상문예는 최초의 본격적인 현상 제도로서 새로운 문학 주체를 등단시키는 기제로 파악되어 왔다.[13)]

방정환은 『청춘』 현상문예에 투고하고 당선되는 경험을 하면서 문학에 대한 꿈을 키워나갔던 것으로 보인다. 그리고 앞서 살펴보았던 활자로 된 자신의 필명과 글을 보았을 때의 '신기함'과 '친밀성'은 당시 방정환이 『청춘』 현상문예에 거의 한 번도 거르지 않고 투고를 했던 이유를 해명하는 데 도움을 준다. 이와 같은 느낌의 온전한 의미는 방정환이 『신청년』에 발표한 소설 「사랑의 무덤」을 통해 접근할 수 있다. 「사랑의 무덤」은 한설자(韓雪子)라는 여학생이 이웃에 사는 김영환(金泳煥)이라는 젊은이를 좋아하다가 부모의 명령에 따라 원치 않는 결혼을 한 후 스스로 목숨을 끊는다는 내용을 담고 있다. 주목해야 할 부분은 한설자와 김영환이 알게 되는 계기이다. 김영환은 불량청년인 박문양(朴文洋)이 한설자를 노리는 것을 알고 주의하라는 편지를 보낸다. 그런데 한설자는 다음과 같은 이유로 이미 김영환을 알고 있다며 답장을 보내게 된다.

> 雪子도 文學硏究者얏다 그가 文學에뜻을둔지는 몃달밧게되지안는다 몃개의雜誌에셔 自己와한洞里(더구나番地가몃字틀니지안는니웃)에사는素波金泳煥이라는青年의散文,或은詩,小說을닑을쎄마다 렬烈히 共鳴을늣겻다 그리고 그는 그作者를先輩로 깁히敬慕하얏다.[14)]

인용문에서 나타나듯 김영환은 한설자와 같은 동네에 살면서 몇 개의 잡지에 산문·시·소설 등을 발표했다. 문학에 관심을 지닌 한설자는 이런 김영환의 글을 읽을 때 열렬한 공명(共鳴)을 느꼈고 깊이 경모(敬慕)하게 된다. 당시 문학은, "사람이차저야할, 유토피아다. 永遠의眞

13) 김영철, 「신문학 초기의 현상 및 신춘문예제의 정착과정」, 『국어국문학』 98, 국어국문학회, 1987, 226~227면; 김춘희, 「한국 근대문단의 형성과 등단제도 연구」, 동국대 석사학위논문, 2000, 48~53면 참조.

14) SP生, 「戀愛小說 사랑의무덤」, 『新青年』 제2호, 1919.2, 22면.

理가숨은아름다운동산이다"라는[15] 데서 알 수 있듯이, 지식층 사이에서 속악한 현실의 반대편에 위치한 새로운 가치로 부각되고 있었다. 앞서 활자로 된 자신의 글에서 느낀 '신기함'과 '친밀성'은 한설자라는 안면(顔面)이 부지(不知)한 문학소녀의 공명(共鳴)을 끌어내는 데서 그 제대로 된 의미를 획득하고 있다.

『청춘』이 1918년 9월 제15호를 마지막으로 종간되자 방정환이 『유심』의 현상문예를 통해 투고 열의를 이어갔던 것 역시 이와 연결된다. 만해 한용운이 주관한 『유심』은 모두 3호로 짧은 생명을 마감하는데, 현상문예는 제1,2호에 예고되고 1918년 12월에 발행된 제3호 현상당선문예에 당선작을 발표했다. 보통문 · 단편소설 · 신체시가 · 한시 등 4개 분야에서 글을 모집했으며, 상금은 각 분야별로 3원에서 50전까지 차이를 두었다. 『청춘』 현상문예처럼 각 분야마다 분량 · 문체 등에 제한을 두었다. 방정환의 글은 모두 세 편이 당선되거나 선외가작으로 뽑혔다. 단편소설 「고학생(苦學生)」이 상금 1원에 뽑히고, 신체시가 「마음」이 상금 50전에 당선됐다. 또 보통문 「現代青年에게呈하는修養論」은 선외가작으로 뽑혔다.[16]

이와 관련해 간과해서 안 될 점이 하나 있다. 『청춘』의 현상문예는 10원에서 50전까지의 상금을 걸고 문예 작품을 모집한 것이었다. 『유심』도 상금을 걸기는 마찬가지였다. 방정환은 『청춘』 현상 제도에서 네 번의 1원 상금과 세 번의 50전 상금을 받는다. 또 『유심』 현상 제도에서도 두 번 상금을 받았다. 5장에서 상술하겠지만 당시 『청춘』 · 『유심』 등의 현상문예는 독자를 견인해 잡지의 판매를 촉진하기 위해 시행되었다. '발흥(勃興)하려 하는 신문단(新文壇)에 의미잇는 일파란(一波蘭)을 기여(寄與)'한다는 취지를 내세웠지만 그 숨겨진 의도는 돈을 걸고 독자를 끌어들여 책을 팔아 다시 돈을 벌 목적을 띤 것이었다. 또 투고자의 입장에

15) 春城, 「철업는깃붐」, 『朝鮮文壇』 제6호, 1925.3, 69면.
16) 「懸賞當選文藝」, 『惟心』 제3호, 1918.12, 56~62면.

서도 현상문예는 '현상'을 위해 '글'을 투고하는 것이었다. 이는 상품으로서 잡지 미디어의 특징을 드러내는 것이라고 할 수 있다.[17)]

그런데 방정환이 당시 현상문예에 당선되었을 때의 느낌을 적은 「사라지지안는記憶」에는 다른 기억들은 생생하게 반추되어 있음에도 불구하고 상금에 관한 부분은 전혀 운위되지 않는다. 이는 방정환뿐 아니라 현상문예에 당선되는 경험을 했던 다른 작가들에게서도 마찬가지다. 여기에는 당시 새로운 가치로 부각되어 갔던 문학과 상금의 아이러니가 존재하고 있다. 특히 『청춘』 현상문예가 시행되었을 때부터 「사라지지안는記憶」이라는 회고가 이루어졌을 때까지의 기간은 현상문예의 당선자에게 문학을 하는 데 있어 상금이라는 의미가 의식적으로 지워져야 했던 시기였다. 문학은 "초연함의 가치를 인정하고, '경제(상업적인 것)'를, 그리고 (단기적으로) '경제적인' 이익을 거짓 부정하는 위에 세워진 것으로, 자율적인 역사로부터 나온 특수한 요구들과 생산을 특권시"[18)] 해 나갔던 것이다. 하지만 상금의 의미는 의식적으로 지워졌을 뿐 내면에서 사라진 것이 아님을 간과해서는 안 된다. 그것 역시 앞서 언급한 거짓 부정과 같은 궤에 위치하는 것이기 때문이다.

3. 『신청년』의 창간과 운영

『청춘』·『유심』 등이 종간된 후, 방정환의 문학 활동은 『신청년』을

17) 투고자의 입장에서는 당시 懸賞文藝에 투고했던 주된 목적이 활자화를 통해 다른 사람들에게 인정을 받는 것이었을 수도 있다. 그런데 그 인정의 궁극적인 목적이 무엇이었을까를 생각할 때 '懸賞'의 의미와 그리 다르지 않음을 알 수 있다.

18) Pierre Bourdieu, 하태환 역, 『예술의 규칙』, 東文選, 1999, 192면.

통해 이루어졌다. 『신청년』은 1919년 1월 20일 경성청년구락부라는 단체의 기관지적 성격을 띠고 발간된 잡지였다. 그런데 경성청년구락부 자체가 방정환의 발기로 이루어졌다는 점이나,[19] "내손으로學生文藝를모아小雜誌「新青年」을처음刊行"했다는 방정환 자신의 언급[20] 등을 고려할 때, 방정환이 『신청년』 창간에 주도적인 역할을 했음을 알 수 있다.

방정환은 『청춘』·『유심』 등의 현상문예에 투고하고 당선되는 경험을 하면서, 문학 활동을 하는 데 있어 잡지 미디어의 의미를 파악해 나갔다. 잡지는 자신의 문학 작품을 활자화하고 또 그것을 통해 '안면이 부지한' 사람으로부터 '열렬한 공명'과 '깊은 공명'을 끌어낼 수 있는 매개였던 것이다. 또 그 과정에서 고선자 등 잡지 미디어의 주체가 지니는 위상에도 접근했던 것으로 보인다. 고선자의 선택에 따라 투고자는 "꿈갓치생각하엿"던 "천당에나 올은듯" 하게도 되고,[21] "창피하고 쓴 경험을" 겪기도 했던 것이다.[22] "投書해놋코는마음이퍽조이엿"고, 당선 결과를 알기 위해 『청춘』을 펼쳐볼 때는 "學校에서成績發表를기다리든때나 족곰도달르지안은마음"이었다는 토로[23] 역시 이와 연결된다. 이렇게 볼 때 『신청년』의 창간은 자신의 욕망을 현현화(顯現化)할 수 있는 물질적 토대를 획득하는 것인 동시에 스스로 고선자(考選者)라는 미디어의 주체로 전화되는 길이었다.

그런데 『청춘』·『유심』 등의 현상문예 응모에서 『신청년』의 창간으로 이어진 방정환의 행로는 이후 문화정치의 실시와 맞물려 개막된 동인지 문학 시기와 관련해 시사하는 바가 크다. 문화정치는 일제의 내지

---

19) 1920년 5월 12일 『朝鮮日報』에 "再昨年七月七日에方小波君과李一海兩君의發起로京城青年俱樂部가成立되얏다"는 기사가 있다. 또 柳光烈 역시 다른 회원들이 방정환에게 "중임을 맛기를요구하"여 "여러가지로안밧일을하엿섯다"고 회고하고 있다. 『朝鮮日報』, 1920.5.12; 柳光烈, 「『落花』와小波」, 『어린이』 제86호, 1931.8, 18면.

20) 方定煥, 「사라지지안는記憶」, 『朝鮮文壇』 제6호, 1925.3, 67면.

21) 春城, 「첼업는깃븜」, 앞의 책, 1925.3, 69면.

22) 늘봄, 「神通스러운일이업소」, 앞의 책, 73면.

23) 方定煥, 앞의 글, 66~67면.

연장주의(內地延長主義)를 근간으로 한 것으로, 그때까지의 물리력을 통한 차별적 지배가 조선에 대한 효율적인 식민정책이 아니라는 깨달음에서 비롯된 것이었다.[24] 따라서 조선인으로 하여금 자발적으로 일본의 신민(臣民)이 되는 데 참여하게 만드는 기제가 필요했는데, 민심과 여론을 감지하는 바로미터의 역할을 하면서도 식민 정책이 추구한 사회의 근대적 변화를 표상할 수 있는 미디어는 이와 같은 필요에 적절히 부응하는 것이었다. 문화정치의 실시와 함께 총독부 관제 개편, 헌병 경찰제도 폐지, 조선인 관리의 임용 및 대우 개선, 학제 개편 등과 함께 언론·출판의 자유가 표방된 것은 여기에 따른 것이다.

언론·출판의 자유가 표방된 이후 실제 미디어는 "「東亞」,「朝鮮」,「時事」等－二三의새新聞의創建과 新聞條例에依한開闢의創刊과 曙光,서울,新青年等－言論雜誌이며 勞動問題에對한共濟이며 女子問題에關한新女子이며 學生界에對한學生雜誌이며 文藝에關한創造,廢墟等의 並立"[25] 등 폭발적인 증가를 보였다. 이렇듯 문화정치 시대의 개막은 이전 시기와는 달리 의도만 있으면 스스로 쓴 것을 활자화해 잡지로 만들 수 있게 된 것을 의미했다. 1920년대 문학 활동의 주된 공간이 동인지로 옮겨간 것 역시 여기에 기인하는 바 크다. 동인지를 창간하는 것 역시 스스로 문학 활동을 할 수 있는 기반를 획득하는 동시에 고선자·편집자 등 미디어의 주체가 되는 길이었던 것이다. 이는 일본에서 활자문화가 사회에 급속히 침투해 일정한 자금과 의도만 있으면 스스로 쓴 것을 활자화할 수 있게 됨에 따라 현상소설의 시대가 막을 내리

24) 이태훈, 「1920년대 전반기 일제의 '문화정치'와 부르조아 정치세력의 대응」, 『역사와 현실』 47, 역사와현실사, 3~35면.

25) 金根洙는 문화정치기 잡지 미디어의 특징을 전 시기와는 달리 종교 잡지의 비중이 줄어들고 사회주의 및 경향문학 잡지, 문예전문지, 소년소녀 잡지와 여성 잡지 등 잡지의 조류와 수량이 증가되고 다채로워진 데서 찾고 있다. 李敦化, 「庚申年을보내며서」, 『開闢』 제6호, 1920.12, 7면; 金根洙, 「「文化政治」標榜時代(前期)의 雜誌槪觀」, 『韓國雜誌槪觀 및 號別目次集』, 한국학연구소, 1973, 175~194면.

고 동인잡지의 시대가 시작된 것과도 맥을 같이 한다.[26]

『신청년』은 "新興되는 우리文壇에一大光明을던지자는뜻을가지고出生한것"이라는[27] 취지에서 알 수 있듯이 문예잡지로 기획되었다. 1921년 7월 15일까지 모두 6호가 간행되는데, 제4호를 기점으로 주도층의 성격이나 잡지의 내용이 달라진다.[28] 창간에 주도적인 역할을 했던 방정환은 이복원(李馥遠)·이중각(李重珏)·유광렬(柳光烈) 등과 함께 주로 1호부터 3호까지 『신청년』에서 활동했던 것으로 보인다. 제1호와 제2호는 인쇄자가 '久家恒衛', 인쇄소가 '일한인쇄소(日韓印刷所)', 발행소가 '영풍서관(永豊書館)', 편집 겸 발행자가 '이정섭(李鼎燮)'으로 되어 있다. 제3호는 판권간기가 붙어 있지 않으나, 「사고(社告)」에 제1,2호는 "書館의名을비러發行케하야슴"이나 "이번號부터난直接本俱樂部發行으로하게되얏"다고 한 것을 볼 때, 발행소가 '영풍서관'에서 '경성청년구락부'로 바뀌었음을 알 수 있다. 판형은 B5형이었으며, 면수는 제1호는 15면, 제2호는 24면, 제3호는 33면이었다. 가격은 제1호는 7전이었고, 제2,3호는 10전이었다. 발행일자는 제1호가 1919년 1월 20일, 제2호가 1919년 12월 8일, 제3호가 1920년 8월 1일이었다.

이 시기 『신청년』의 편집 겸 발행자는 '이정섭'으로 되어 있지만, 실제 편집과 발행 역시 방정환이 주도했던 것으로 보인다. 이는 편집후기라고 할 수 있는 「편집실에셔」를 통해 알 수 있다. 제1호 「독자제위끠 편집실에셔」에는 "小說 「美少年」이란 것은 小波君의붓으로된藝術的作品이니現代少年의思潮를妙寫하녓인즉반드시讀者諸位의好評을엇을

---

26) 紅野謙介, 「投機－思索の對象としての文學－懸賞·小說·相場」, 『文化の市場－交通する』, 東京大學出版部, 2001, 127～144면 참조.

27) 「讀者諸位끠 編輯室에셔」, 『新靑年』 제1호, 1919.1.20, 15면.

28) 한기형은 잡지 『新靑年』을 발굴해 학계에 보고하는 한편, 『新靑年』에 관한 연구 성과를 지속적으로 발표해 오고 있다. 『新靑年』과 京城靑年俱樂部의 관계, 담당층, 발간 과정과 의미에 관해서는 한기형, 「잡지 『新靑年』과 경성청년구락부」, 『書誌學報』 26, 書誌學會, 2002, 165～206면 참조.

줄노밋사오며”라는 언급이 있다.[29] 제2호「편집실에셔」는 “엇저는슈업난 形便이얏사오나 東京K兄에게를 連載치못게된 것은 遺感中에도 큰 遺感이외다. 그대신 本號에는 사랑의무덤이라는佳篇을提供ᄒᆞ얏사오니 仔細히낡으시고 다른家庭에도一讀을勸告ᄒᆞ시길를바라나이다”고 밝히고 있다.[30] 또 제3호에서는 “其外SP의原名과住所를무르시난葉書도마니바다습ᄂᆡ다 SP氏는本誌와直接關係난읍사와傳하기에時日이걸일ᄲᅮᆫ아니라不便한點이만ᄉᆞ오니直接京城齊洞七五SP前으로노ᄂᆡ시옵”이라고 했다.[31] 편집후기와 같은「편집실에셔」라는 글에서 언급되고 있는 작품은「미소년(美少年)」·「동경K형에게」·「사랑의무덤」 등 모두 방정환의 작품이며, 심지어 3호에서는 SP, 곧 방정환의 주소를 가르쳐주기까지 한다. 여기에서「편집실에셔」를 쓴 필자가 방정환임을 알 수 있으며, 또『신청년』의 편집과 발행을 주도한 사람 역시 방정환이었음을 유추할 수 있다.

이렇듯 방정환은 제1호에서 제3호에 걸쳐『신청년』의 편집과 발행을 주도하면서, 많은 지면을 자신의 글로 메워 나갔다. 제1호에「금시계」·「암야(暗夜)」·「電車의一分時」·「동경K형에게」, 제2호에「卒業의日」·「사랑하난아우」·「사랑의무덤」, 제3호에「貴여운犧牲」(譯),「불상한生活」,「참된동정」 등을 발표했다.「금시계」·「졸업의일」·「사랑의무덤」은 소설이고,「암야」·「사랑하난아우」는 시이고,「전차의일분시」·「동경K형에게」·「불상한생활」·「참된동정」은 수필에 가까운 글이며,「귀여운희생」은 번역이다.「금시계」·「암야」는 ‘소파생(小波生)’으로,「전차의일분시」·「사랑하난아우」는 ‘운정생(雲庭生)’으로 발표되었다. 또 SP생으로 발표한 것이「동경K형에게」·「사랑의무덤」이며, 잔물로 되어 있는 것이「졸업의일」,「불상한생활」이다.「귀여운희생」은 ‘운

29)「讀者諸位ᄭᅴ 編輯室에셔」,『新青年』제1호, 1919.1.20, 15면.
30)「編輯室에셔」,『新青年』제2호, 1919.12.8, 24면.
31)「社告」,『新青年』제3호, 1920.8.1, 22면.

정역(雲庭譯)'이며, 「참된동정」은 무기명으로 되어 있다.

방정환은 『신청년』을 창간하고 운영하면서 『청춘』·『유심』 등의 현상문예를 통해 키워온 문학에 대한 열망을 마음껏 발산했던 것으로 보인다. 실제 그것은 자신의 글을 활자화시키는 것을 통해 사회적인 인정을 얻고자 하는 욕망을 실현하는 과정이기도 했다. 하지만 당시 방정환에게 부재했던 것은 왜 『청춘』이 제15호로 종간되었으며, 왜 『유심』이 3호로 단명할 수밖에 없었는가에 대한 인식이었다. 방정환은 『신청년』 제4호 발행인이 최승일(崔承一)로 바뀌는 것과 맞물려 『신청년』에서 손을 떼게 된다. 이는 『신청년』 제3호가 발행된 직후, 곧 1920년 9월 중순경 방정환이 일본으로 간 데 기인하는 바가 큰 것으로 파악된다. 그런데 『신청년』의 발행에 관한 박영희(朴英熙)의 회고는 이 문제에 대해 또 다른 접근을 가능하게 한다. 박영희는 『신청년』 제4,5호를 발행했을 당시의 상황을 "崔承一 군이 그 비용을 내기로 하여 한 호를 내놓고 그 다음 호를 내려고 군은 군의 부친에게 잡지 취지를 말하고 비용을 청구"했다고 반추하고 있다.[32] 이는 『신청년』 제4,5호의 발행이 잡지의 운영에 따른 돈이 아니라 개인이 낸 돈에 의해 이루어졌음을 의미한다. 방정환이 경성청년구락부를 운영하는 데 재정을 담당했었다는 유광렬의 증언을 고려할 때,[33] 제1호에서 제3호까지의 『신청년』 역시 방정환 개인의 출자에 의해 발행되었을 가능성이 크다. 개인의 반복된 출자에 의해 잡지의 운영을 지속한다는 것은 불가능한 일이었을 것이며, 방정환이 『신청년』과 관계가 멀어진 데는 이와 같은 원인도 작용하고 있었을 것이다.

한편 "新青年이라는것을 몃몃동지와가티발간하시여 힘쓰시다가 그것이 여의치못하게되니까 이번에는 녀성잡지 新女子 영화잡지 綠星을

32) 朴英熙, 「草創期 文壇側面史」, 『現代文學』 57호. 여기서는 『박영희전집』(II)(이동희·노상래 편, 영남대 출판부, 1997), 197면 재인용.

33) 柳光烈, 『記者半世紀』, 瑞文堂, 1969, 74면.

몃달간발간하"였다는 이정호(李定鎬)의 언급이나,[34] "록성사(綠星社)를만들어 잡지를하여보앗고 신녀자(新女子)의편즙도 가치하여보앗"다는 유광렬의 회고를[35] 고려할 때, 당시 방정환은 『녹성(綠星)』·『신여자(新女子)』 등의 잡지 발행에도 관여했음을 알 수 있다.

『녹성』은 1919년 11월 15일 창간되어 제1호로 종간된 잡지였다. 인쇄소는 '복음인쇄회사(福音印刷會社)', 발행소는 '녹성사(綠星社)'(東京福田區猿樂町2丁目3), 발매소는 '녹성사'(京城竹添町1街39), 편집 겸 발행자가 '이일해(李一海)'로 되어 있다. 필자들의 이름이 밝혀져 있지 않아 방정환이 『녹성』의 간행에 어떤 역할을 했는지 파악하기는 힘들다. 단 "靑年界에有志한文學硏究者들이 모혀서 錄星社를創設하"였다는 광고가 『신청년(新靑年)』 제2호에 실렸다는 점이나,[36] 편집 겸 발행자인 이일해가 방정환과 함께 경성청년구락부를 발기한 사람이라는 점 등을 고려할 때, 방정환이 『녹성』의 발행에 관여했던 것만은 사실로 보인다. 또 『신여자』는 1920년 3월 10일 창간되어 1920년 6월 20일까지 모두 4권이 간행된 잡지였다. 발행인은 '쏄링쓰夫人', 인쇄소는 '박문관인쇄소', 또 발행소는 '신여자사'로 되어 있다. 그런데 "우리新女子社는", "全部우리女子로 組織되야事務를보고잇"다는 언급을 볼 때,[37] 방정환이 『신여자(新女子)』의 편집이나 운영에 주도적인 역할을 한 것 같지는 않다. 단 1호 표지 바로 다음 면에 『신청년』의 광고가 실린 점, 또 "雜誌 「新靑年」으로부터"라고 해 "「신여자」누의님에게"라는 시가 게재된 점 등을 고려할 때,[38] 방정환이 『신청년』 운영 등의 경험을 살려 『신녀자』의 발간에도 관여했던 것으로 보인다.

34) 微笑, 「파란만튼方定煥先生의一生」, 『어린이』 제87호, 1931.8, 27면.
35) 柳光烈 「『落花』와小波」, 앞의 책, 18면.
36) 『新靑年』 제2호, 1919.12.8, 7면.
37) 『新女子』 제1호, 1920.6.20, 65면.
38) 「「신여자」누의님에게」, 위의 책, 9면.

4. 『어린이』의 간행과 독자 견인

1923년 3월 20일 『어린이』가 창간호가 개벽사에서 발행되었다. 『개벽』(1920.6.25), 『부인(婦人)』(1922.6.1, 15호부터 『신여성』으로 개칭됨) 등에 이어 개벽사에서 발행한 세 번째 잡지였다. 『어린이』 제2호 판권간기를 보면 편집 겸 발행인은 '김옥빈(金玉斌)', 인쇄인은 '정기현(丁基賢)', 인쇄소는 '대동인쇄주식회사', 발행소는 '개벽사'로 되어 있다.[39] 김옥빈은 1920년 3월 천도교청년교리강연부가 출범할 때 발기인 중 한 명이며, 그 후에도 천도교청년회에서 간무(幹務) 등의 임원직을 맡았던 인물이었다.[40] 방정환의 이름은 눈에 띄질 않지만, "맨처음에는 方선생님이 그때 일본동경에게신관계로독자여러분에게서 모여온글과 그 외여러가지가 한번동경으로건너가서 거긔서편즙되"었다는[41] 말이나 "당시 「어린이」의편즙에잇서서는 순전히 東京에가게신 方씨의 손으로 원고와 체재까지 짜여나왓"다는[42] 언급 등을 볼 때, 방정환이 『어린이』의 창간과 운영을 주도했음을 알 수 있다.

1919년 초부터 김기전(金起瀍)·박래홍(朴來弘) 등과 함께 소년운동에 대한 논의를 거듭했다는 언급이나[43] 1920년 7월 28일 조선학생대회강연회, 1920년 12월 25일 천도교소년환등강연회 등에서 「자녀를해방하고자」, 「생활개조와아동문제」라는 제목으로 강연을 했다는 『동아일보』의 기사 등을 고려할 때,[44] 방정환은 이미 1919,20년부터 소년운동에 관심을 가지고 있었음을 알 수 있다. 또 1921년 5월 1일에는 "소년들의 德智

---

39) 『어린이』 창간호에는 판권간기가 붙어 있지 않다.
40) 천도교청년회 운동본부, 『천도교청년회80년사』, 글나무, 2000, 110~111면.
41) 「돌풀이」, 『어린이』 제15호, 1924.3, 26면.
42) 李定鎬, 「百號를내이면서創刊當時의追憶」, 『어린이』 제100호, 1932.9, 19면.
43) 성봉덕, 「천도교소년운동의이념」, 『新人間』 제367호, 1979.5, 4~5면.
44) 『東亞日報』, 1920.8.1·1920.12.25.

體의 발육을 위한 실행방법을 강구"하는 것을 주된 목적으로 천도교소년회가 발족되는데, 방정환은 김기전과 함께 천도교소년회의 실질적인 지도를 담당하게 된다.[45)]

한편 방정환은 1920년 9월 중순 일본 동경에 가서 머물게 되는데, 거기에서 일본 아동문학의 융성을 목도하게 된다. 당시 일본에서는 이와야 사자나미[巖谷小波]의 오토기바나시[お伽噺]가 아동의 독서 대상으로 확고한 위치를 정초한 가운데 스즈키 마에키치[鈴木三重吉], 오가와 미메이[小川未明] 등이 주도한 예술적 동화·동요운동 역시 큰 호응을 받는 등 아동문학이 전성기를 맡고 있었다.[46)] 이와 맞물려 아동잡지 역시 잡지 미디어의 중심에 자리잡아 가고 있었다. 1918년에 나온 『赤い鳥』를 시작으로 『おどきの世界』·『金の船』·『こども雜誌』·『童話』·『お話』 등 아동잡지의 창간이 홍수를 이루었으며, 실업지일본사(實業之日本社)에서 발간한 『소년구락부(少年俱樂部)』 같은 잡지는 100만 부 가깝게 팔려 판매 부수에 있어서도 두드러진 모습을 보였다.[47)]

『청춘』·『유심』 등의 현상제도를 통해 문학 활동을 하는 데 잡지 미디어가 지니는 의미를 알았고, 또 『신청년』을 통해 미디어 운영의 어려움을 경험했던 방정환에게 이와 같은 아동문학·아동잡지의 융성은 새로운 자극으로 다가왔을 것이다. 곧 아동문학은 방정환에게 문학활동을 통한 사회에서의 인정을 이끌어낼 수 있는 돌파구의 의미를 지니는 것이었다. 더구나 방정환은 일찍부터 소년운동에 관심을 지니고 있었으

45) 李定鎬, 「『어린이』를發行하는 오늘까지 우리는이러케지냇습니다」, 『어린이』 제1호, 1923.3, 1면.

46) 일본에서는 메이지 시대까지 아동을 대상으로 한 문학작품은 대개 '오토기바나시(お伽噺)'라고 불렀다. '동화(童話)'라는 용어가 지금과 같은 의미로 사용된 것은 1917년 스즈키 마에키치(鈴木三重吉)의 『世界童話集』에서이다. 거기에서 이어진 『赤い鳥』 운동에서 '동화'는 아동문학작품의 일반적인 명칭으로 정착된다. 방정환은 자신이 처음 번역한 「왕자와제비」부터 '동화'라는 용어를 사용하고 있다. 藤田圭雄, 「「童話」という呼び名」, 『兒童文學』, 有精堂, 1977, 118면.

47) 鳥越信, 『近代日本兒童文學史硏究』, おうふう, 1994, 36~39면.

며, 당시 조선에서는 몇몇의 소년들이 "天道教堂에모히여 자미잇는遊戲와運動도하고 여러先生님의 조흔말슴을 듯"거나, "智識을넓혀가고 心身의發育을도옵기에게으르지아니하"려고[48] 애쓰고 있었지만, 제대로 된 활동방안을 찾지는 못하고 있었다. 이렇게 볼 때 아동문학, 아동잡지는 조선에서 소년운동을 활성화시킬 수 있는 기폭제이기도 했던 것이다.

방정환이 어린이의 "天使갓흔마음 깨긋한가슴에가장適合하난깨긋한神聖한것을주고" 싶어 "새로운 조그만 藝術에붓을대인다"고 해,[49] 아동문학에 매진할 것을 밝힌 것은 이 즈음이다.[50] 방정환이 조선에 아동문학을 발아시키기 위해 먼저 했던 일은 아동에게 새로운 위상을 부여하는 것이었다. '아이놈', '어린애' 등 열등하고 모자라는 존재로 규정되었던 과거의 아동 개념을 바꾸지 않고서는 그들을 위한 문학, 곧 아동문학이 존재할 여지는 없었기 때문이다. 따라서 먼저 아동을 "꼿과갓치곱고비닭이와갓치 착하고어엽븐그네少年들", "邪氣업난天使갓흔 이 어엽븐詩人 어린동모" 등으로 규정한 후, 아동들에게는 "修身講話갓흔教訓談이나修養談" 등 어른들의 가르침이 아니라 "그의天使갓흔마음 깨긋한가슴에가장適合하난깨긋한神聖한것"이 필요하다고 했다.[51] 그것이 바로 동요・동화 등 아동문학이었던 것이다. 그런데 방정환은 조선에 아동문학을 싹틔우기 위해 먼저 필요한 것으로 아동을 대상으로 한 미디어, 곧 아동잡지를 들었다. "어른잡지도 되여가지못하는세상인대 어린

48) 李定鎬, 「『어린이』가發行되기까지 이러케지내여왓습니다」, 『어린이』 제2호, 1923.4, 1면.

49) 牧星, 「童話를쓰기前에어린이기르는父兄과教師에게」, 『天道教會月報』 제126호, 1921.2, 92~94면.

50) 牧星, 「왕자와제비」(번안), 『天道教會月報』 제126호, 1921.2, 95~103면; 牧星, 「리약이두조각」, 『天道教會月報』 제129호, 1921.5, 93~97면.

51) 牧星, 「童話를쓰기前에어린이기르는父兄과教師에게」, 『天道教會月報』, 1921.2, 92~94면; 「少年의指導에關하야-雜誌「어린이」創刊에際하야京城曹定昊兄께」, 『天道教會月報』, 1923.3, 52~55면.

애잡지를누가 거들써보기나할듯십으냐고" "아모리 애를써도 안될터이니 하지말라"는[52] 반대에도 불구하고 『어린이』를 창간을 주도했던 이유는 여기에 있다. 다음 장에서 상술하겠지만 아동잡지 『어린이』의 창간은 조선에 아동문학을 싹틔울 매개였을 뿐만 아니라 보다 중요하게는 방정환 자신의 오랜 욕망을 실현시켜줄 물적 토대이기도 했다.

방정환은 『어린이』 창간의 취지를 「처음에」라는 글에서 밝히고 있다. 어린이의 소리는 "고대로 자연의소리이며, 고대로 한울의소리"이고, 어린이의 모양은 "고대로가 자연의자태이고 고대로가 한울의그림자"이니, "이세상에사는 사람사람이모다, 이깨끗한나라에서살게되도록" 어린이의 나라를 지키고 넓혀 나가자는 것이다.[53] 앞서 새롭게 규정된 아동의 착하고 순수한 표상의 연장선상에 위치한 것으로, 이러한 아동에 대한 표상은 『어린이』가 정간(停刊)될 때까지 변함 없이 견지되었다. 하지만 방정환은 이미 『신청년』의 창간과 발행을 통해 잡지 운영의 어려움을 경험했고, 또 그 과정을 통해 잡지 미디어가 지속되기 위해서는 무엇보다 독자를 견인해야 한다는 사실을 깨달았다. 취지에 상정된 아동의 표상은 착하고 순수한 존재이지만, 『어린이』의 운영을 위해서는 그 착함과 순수함의 이면(裏面)에 자리잡은 욕망을 추동시켜야 했던 것이다.

먼저 방정환은 독자들의 글이 활자화될 수 있는 기회로서 현상문예를 시행했다. 창간호부터 '懸賞글쏩기'라는 제목 아래 "새로짓거나, 學校에서作文時間에 지은것中에서 보내시면 쏩아서책속에 내여들이"겠다고 하고, "感想文, 遠足記, 편지글, 日記文, 童謠, 以下무엇이던지" "每行十五字式二十行넘지안토록정결하게써서" 보내라고 광고했다.[54] 제8호, 제9호에서는 「懸賞글쏩기」의 제목을 '나의소원'이라고 정하고, "당신의願하시는바가 무엇임니까 앨써 숨이지말고 솔직하게 지여보내"달라고 했

52) 方定煥, 「여섯번재 돌날을마지하면서」, 『어린이』 제64호, 1929.3, 2~3면.
53) 「처음에」, 『어린이』 제1호, 1923.3, 1면.
54) 「懸賞글쏩기」, 『어린이』 제1호, 1923.3, 12면.

다.[55] 그리고 제10호에 「도라가신어머니」·「돈」·「불상한동모업기」 등 당선된 독자의 글 7편을 발표했다.[56] 이후에도 현상문예는 '독자작품대모집'이라는 제목으로 계속되었는데, 앞선 규정에서 감상문·원족기(遠足記) 등이 빠지고 작문·동화 등이 추가되었다. 이후 1932,3년에 이르면 현상문예의 대상은 동화·동요·동시·동극·소설·일기·서한·감상문 등으로 확대된 데다가, 만화·통신·사진·소화(笑話)까지 덧붙여졌다.[57]

처음 '懸賞글쎕기'는 기대만큼의 호응을 받지 못 했던 것으로 보인다. 제10호에 가서야 처음 당선작이 발표되고, 제12,13호에도 당선작이 실리지만 동요에 한정된 것이었다. 이는 먼저 『어린이』가 창간 초기 "사는동리와성명三자만적어보내면 그저보내준다고 신문지에크게광고를하여도 보내달나고통지한사람이 왼조선에서 겨우겨우 열여덜사람밧게업섯"다는 데서[58] 알 수 있듯이 판매 자체가 부진했던 것에 기인한 것이었다. 또 하나는 당시 『어린이』의 독자들에게 '작문·편지글·일기문·동요·동화' 등 '懸賞글쎕기'의 분야가 익숙하지 않은 대상이라는 점 역시 작용했던 것으로 파악된다. 제13호, 제15호에 버들쇠의 「동요를지시려는분씌」, 「동요짓는법」 등을 게재해 독자들에게 동요의 개념과 작법을 인지시키려 했던 것은 이에 따른 것이었다.[59] 하지만 『어린이』는 1923년 9월 4·6판의 책 형식을 지니고 발간된 제8호부터는 일정한 독자들을 견인해 잡지 미디어로서 자리를 잡게 되었다.[60] 이와 맞물

---

55) 「懸賞글쎕기」, 『어린이』 제8호, 1923.9, 39면; 「小說맛치기와作文」, 『어린이』 제9호, 1923.10, 21면.

56) 「쎕힌글」, 『어린이』 제10호, 1923.11, 38~41면.

57) 『어린이』 제98호, 1932.7, 표지 뒷면; 『어린이』 제108호, 1933.5, 58~59면.

58) 方定煥, 「여섯번재 돌날을마지하면서」, 『어린이』 제64호, 1929.3, 3면.

59) 버들쇠, 「동요를지시려는분씌」, 『어린이』 제13호, 1924.2, 25~27면; 버들쇠, 「동요짓는법」, 『어린이』 제15호, 1924.4, 32~36면.

60) 1923년 9월호(제8호)부터 1924년 1월호(제12호)까지는 "요전번책은 참정말굉장하게 팔려서 금시에 다팔리고책이모자랏슴니다", "어린이九號는 헐신 더만히發行하엿건만은 일주일이못되야 한권도남지안코 다팔니고 책이업서서쩔쩔매엿슴니다", "다른때보다 굉장하게 더만히박혓건만은 그래도 금시에 번쩍날아가듯팔려버려서 나종에주문하

려 현상문예에 대한 독자의 참여도 활성화되어 갔으며, 1924년 5월호(제16호), 1925년 11월호(제34호) 등은 "모다 어린이들의손으로짓고 쓰고해오신것"을 통해 '독자호(讀者號)'로 꾸미는 데 이르게 된다.[61]

『어린이』가 독자를 견인하는 데 사용했던 또 다른 중요한 기제는 '현상문제'와 '동모늘이기'였다. '현상문제'는 창간호부터 "재미잇는懸賞問題자아 누구든지 어서어서플어보십시요"라는[62] 표제로 시행되었다. 창간 초기 '현상문제'는 "왼손으로는 들어도 바른손으로는 못든는것이 무엇임니까"(제2호), "쉽으리면 돌히여기러지고펴면 짤버 지는것이 무엇이겟슴닛가"(제3호) 등 수수께끼나 숫자 문제 같은 것이었다. 이후에는 "『어린이』잡지 첫재호부터지금까지 자미잇고유익한이약이를 만히쓰"신 "『夢中人』은 누군가"(제8호), "요전번「어린이」(七號)에나기시작한寫眞小說"의 "불상한 신세의어린고학생 영호가어찌되겟나"(제8호), 『어린이』 책 속에 "걱구로노힌 글자가 스물닐곱字인대" "그것을차져모아서" "말을멘들어보십시오"(제9호) 등 『어린이』를 읽어야 풀 수 있는 문제를 제시했다. 이후에도 '현상문제'는 '사진 속의 인물 맞추기'(제22호), '「소년사천왕(少年四天王)」 속에서 엽서를 보내는 사람 맞추기'(제70호), '숨은그림찾기'(제72,73호) 등 정간(停刊) 때까지 계속 이어졌다.[63] '현상문제'는 '조흔商品'(제1,3호), '어엽븐상품'(제30호)으로부터 '壹年동안月謝金'(제57호), '洋服한벌'(제60호), '賞金拾圓'(제70호), '特製萬年筆'(제117호) 등에 이르기까지 흥미를 끄는 상품이나 상금을 통해 독자를 견인했다.

시는이에게는 한권도드리지못햇슴니다" 등 매진을 알리는 광고를 실었다. 『어린이』 제9호, 1923.10, 21면; 『어린이』 제10호, 1923.11, 44면; 『어린이』 제13호, 1924.2, 40면.

61) 「남은잉크」, 『어린이』 제16호, 1924.5, 40면; 「글지여 보내는이에게」, 『어린이』 제34호, 1925.11, 69면.

62) 『어린이』 제1호, 1923.3, 10면.

63) 『어린이』는 1934년 제122호가 발간된 후 停刊된다. 그런데 제118호부터 122호까지는 낙질이 되었다. 제117호까지 「新懸賞」이라는 표제로 '懸賞問題'가 계속되고 있음을 고려할 때, '懸賞問題'는 停刊 때까지 계속된 것으로 파악된다. 「新懸賞」, 『어린이』 제117호, 1934.2, 41면.

'동모늘이기'는 제10호에서 처음으로 시행되었다. 창간호부터 "동모에게 널리권하야, 한사람이라도 더보게하십시다 그래서동모를 늘여가십시다"는[64] 기치를 내걸었던 『어린이』는, 제10호에서 "새讀者(三個月先金讀者) 五人以上을권고하야本社또는支社로注文케하시면 인사로어엽분상픔을보내드리겟"다고 했다.[65] '어엽분상픔'은 제14호에 가서 그 모습을 드러내는데, 구리와 은 두 가지로 된 어린이상패였다. 규정도 조금 변해 독자 7인을 모으면 구리 상패를 주고, 구리 상패 7개를 모으면 은 상패 하나를 준다고 했다.[66] 실제 1929년 제67호에는 「金메달」이라는 제목 아래 "蔚山의徐德出씨가「메달」닐곱개를탄고로 지금金메달을만드는 중인데 이번에 또馬山의李元壽씨가 닐곱개를모아보낸고로 또 金메달한個를 더만드는중"이라는[67] 사고(社告)가 실렸다. 그렇다면 이들은 각각 거의 50명에 가까운 독자를 모집했다는 것을 뜻한다. 또 1930년 1월 제71호에는 '팔뚝時計주는 愛讀者勸諭競爭大懸賞'이라는 제목으로 독자를 가장 많이 권유하는 사람에게 손목시계를 주는 현상을 내 걸고,[68] 제75호에서 '팔뚝時計주는 愛讀者勸諭競爭大懸賞 第一回成績發表'라고 해 가장 많이 독자를 권유한 사람을 가려 시상했다. 당시 1등에 뽑힌 단천(端川)의 이용규(李龍奎) 씨는 104명의 독자를 권유했다.[69] 이후에도 '애독자권유경쟁대현상'은 계속된 행사로 이어졌다.

이러한 노력 덕분에 『어린이』의 독자는 증가를 거듭해갔다. 제9호부

64) 『어린이』 제1호, 1923.3, 11면.

65) 「동무늘이기」, 『어린이』 제10호, 1923.11, 44면.

66) 그런데 16호에는 "어린이상패를타고 타고 여러번타서 닐곱재를 모은이에게는금상패(오동상자에너흔조흔것)와밧구어들리터이니"라고 해, 은상패가 금상패로 바뀌게 된다. 『어린이』 제14호, 1924.3, 표지 뒷면; 『어린이』 제16호, 1924.5, 40면.

67) 이와 같은 제도는 1933년 5월에도 「愛讀者募集大懸賞」이라는 이름으로 시행되었다. 규정은 훨씬 완화되어 "새독자(三개월이상선불독자)세사람을 모집하신분에게는本社특제 긔념메달을진정"하고, "새로 一개년분 선금주문을하시는분에게도 긔념메달을진정하겟"다고 했다. 『어린이』 제108호, 1933.5, 25면.

68) 『어린이』 제71호, 1930.1, 표지 뒷면.

69) 『어린이』 제75호, 1930.5, 18면.

터 매진되기 시작했던 『어린이』는 제17호에 이르러 "백히는수요가 다른잡지의 세갑절 네갑절이나되"며, "조선서 제일만히팔리는잡지보다도 거운세갑절이나더 팔"리게 되었다.[70] 또 이를 계기로 "우리 어린이독자가 됴선잡지계에서는 뎨일만흔수효를차지하야 왼만한신문보다도 더 압슬형세중애잇"다거나, "어린이첫돌긔렴호는" "몹시만히팔려갓습니다. 참말로 인제는 엔간한신문만한세력을엇게되엿"다고 해,[71] 독자의 수를 신문의 그것에 견주고 있다.

1925년 1월에 발간된 『어린이』 제24호는 더욱 큰 호응을 얻었음을 『시대일보(時代日報)』의 기사를 통해 알 수 있다.

> 조선에서는 아즉까지도 여러 가지잡지가 만히출판되엿스나 대개는 한두호하다가폐간되 고길어야 삼사호출판하다가 폐간되거나계속출판한다야불과몃부를박지못하는터인데 소년소녀잡지「어린이」는창간이래로독자가날로늘어서 금년일월호는 초판이일주일만에매절되고 재판을발행햇스나 역시 매절되고 금일에제삼판을발행한다는바그부수가만여에달하야조선잡지에는처음되는일이라고한다[72]

초판이 1주일만에 매진되어 재판을 발행했으나 그것도 매진되어 3판을 발행했는데 그 부수가 1만 부에 이르렀다는 내용이다. 같은 해 2월 제25호 『어린이』에도 "二十三日에三版을發行한것이 또七日만에업서젓"는데, "三版까지發行하고 또 그것이絶版되기는朝鮮에서 雜誌가생긴후에처음되는일"이라는 「사고」가 실렸다.[73] 『시대일보』의 기사와 『어린이』의 사고는 1925년 1월에 발간된 제25호 『어린이』가 발행 20일 만에 3판 1만 부가 매진되었으며 그것이 조선에 잡지가 발간된 후 처음 있는 일이었음을 말해준다. 이렇듯 『어린이』가 많은 독자를 견인할 수

---

70) 『어린이』 제17호, 1924.6, 42면; 『어린이』 제18호, 1924.7, 43면.
71) 『어린이』 제14호, 1924.3, 표지 뒷면; 『어린이』 제15호, 1924.4, 48면.
72) 『時代日報』, 1925.1.23.
73) 『어린이』 제25호, 1925.2, 1면.

있었던 것은 게재된 글이나 편집 체계 등에 의한 것이기도 하지만 그 주된 이유가 '현상글쎕기', '현상문제', '동모늘이기' 등에 기인하고 있음을 부정할 수 없다.

5. 독자와 주체의 조우, 한국 근대문학의 재생산 과정

방정환이 『청춘』 현상문예에 당선되었을 때 활자로 인쇄된 자신의 필명과 글을 확인하고 "무슨奇術이나본것처럼몹시神奇해" 하고 "글자한자 한자가 무섭게강한親密性을 가지고머리에숨여들"었음은 앞서 확인한 바 있다. 또 그것이 활자화를 통한 안면이 부지한 문학소녀의 공명을 끌어내는 것, 곧 사회에서의 인정을 얻는 것과 연결되어 있음도 이미 살펴보았다. 그런데 여기에서 그 '신기함'과 '친밀성'이라는 느낌의 궁극적인 근간이 '영원의 진리가 숨어 있는 유토피아'로 상정된 문학이 그 이면(裏面)에서 추구한 상징적 이익의 자장 속에 위치하고 있음을 간과해서는 안 될 것이다. 곧 방정환이 '신기함'과 '친밀성'에 기반해 『청춘』·『유심』 등 현상문예의 단골 투고자이자 당선자가 된 것은 새롭게 체계화되어 가는 문학의 내적 위계에 자리잡기 위한 노력과 연결되어 있다는 사실이다.

그런데 아이러니컬하게 『청춘』 제10호에서 제15호까지 거의 매회 투고를 하고 당선이 되었다는 사실은 『청춘』의 현상문예가 방정환의 의도에 걸맞는 기제가 아니었음을 반증한다. 방정환이 매호 투고를 하고 당선이 되었다는 것은 『청춘』의 현상문예가 당선자를 작가로 등단시키는 제도가 아니었음을 뜻하기 때문이다. 『청춘』이 제15호로 종간되자 방정환이 다시 『유심』의 현상문예에 투고했던 것 역시 이를 뒷받침한다. 이렇게 볼 때 『청춘』 현상문예를 최초의 본격적인 현상 제도로서 새로운 문학 주체를 등단시키는 기제였다는 기존의 논의는 재고(再考)를 필요로 한다. 그런데 어떻게 보면 이는 당연한 일일지도 모른다. 『청춘』 현상문예가 당선자를 작가로 등단시키는 등단 제도가 되기 위해서는 그 물적 토대, 곧 문학 장(literature champ)이 전제되어야 했기 때문이다.

이와 함께 『청춘』 현상문예가 지닌 선구적인 면으로 평가되는 부분 역시 보다 엄밀한 접근이 요구된다. 『청춘』 현상문예는 각 분야별로 나뉘어 모집되었다는 점, 일정 기간 동안 지속되었다는 점, 상금이 세분화되어 있었다는 점, 고선평(考選評)이 게재되었다는 점 등이 선구적인 면으로 평가된다. 그런데 실제 1912년 2월 9일부터 실시된 『매일신보』 '현상모집'은 이미 속요 · 시 · 소화(笑話) · 단편소설 · 서정 · 서사 등 분야를 나누어 글을 모집했다. 또 같은 해 말까지 지속되어 속요, 시가 16편, 단편소설이 31편 당선작으로 발표되었다. 또 1915년 1월 1일 실시된 '신년문예모집' 역시 시 · 문 · 시조 · 언문줄글 · 언문풍월 · 웃음거리 · 가(歌, 唱歌) · 언문편지 · 단편소설 · 화(畵) 등의 분야를 나누어 글을 모집했다. 그리고 1917년 1월 24일 시행된 '신년문예모집'은 단편소설 · 신조가사(新調歌詞) · 논문 등에서 글을 모집했으며, 상금도 분야에 따라 3원에서 2원까지 차이를 두었다. 또 글을 뽑고 나서 고선평(考選評)도 곁들였다.[74] 요컨대 『청춘』 현상문예의 선구적인 면으로 평가되는 것 대부분이 이미 『매일신보』에서 실시된 것이라는 점이다.

이렇게 볼 때 『청춘』 현상문예의 의미는 새롭게 규정될 필요가 있다. 실제 『청춘』의 현상문예는 '발흥(勃興)하려는 신문단(新文壇)에 의미잇는 일파란(一波瀾)을 기여(寄與)'한다는 취지를 표방했지만, 그 주된 목적은 독자를 견인하는 데 있었다. 이는 "應募는반드시本誌의讀者인後에許하나니故로本誌에印入한「青春讀者證」을原稿始面에添附할事", "以上

74) 김영철, 앞의 글, 221~234면 참조.

三種應募는原稿始面에반드시讀者證을貼付하시오"라는 '매호현상문예', '특별대현상' 등의 투고 규정이나,[75] '매호현상문예'와 '특별대현상'의 광고가 실리기 시작한 제7호 이후부터 『청춘』의 판매량이 급증하여 수천 부에 달한 것 등을 통해 알 수 있다.[76] 『청춘』의 현상문예가 당선자를 등단시키는 제도가 아니었음은 제12호부터 '매호현상문예'의 당선 발표를 '독자문예'라는 이름으로 하고 있는 것을 통해서도 알 수 있다.[77]

『청춘』 현상문예의 정당한 의미는 『청춘』의 주체가 주장한 문학관의 파급 기제였다는 데서 출발할 수 있다. 방정환은 현상문예의 규정에 따라 '學生을主人公으로하야猥雜에流치아니하는' 내용을 '漢字약간석근時文體'로 써 나갔다. 또 그 분량은 '一行二十三字三十行'에서 '一行二十三字五百行'에 이르는 것이었다. 또 그것은 "錦心繡帳 奇思妙想으로써 人生의 本意를 妙思하고 世態의 機徵를 發明하"여야[78] 하는 것이었다. 이러한 과정은 새롭게 정의된 문학에 대한 개념을 인지하고 장르의 질서를 익혀나가는 것과 맞물리는 도정이었다. 그리고 그 반대편에는 새로운 문학관과 장르 질서를 현상문예의 투고 규정과 고선평 등을 통해 확산시켜 나간 『청춘』의 주체가 위치하고 있었다.

당시 최남선·이광수 등은 문학을 새로운 것으로 정초하는 데 심혈

---

75) 『靑春』 제7호, 1917.5, 124면.

76) 『靑春』 제8호, 1917.6, 표지.

77) 일본 미디어에서 懸賞文藝 제도를 시행한 것은 讀者投稿를 줄이는 과정과 맞물리는 것이었다. 메이지 초기에는 미디어는 기자의 부족, 정보의 부족, 기사의 단일성 등을 보충하기 위해 讀者投稿를 적극적으로 활용했다. 하지만 점차 기자와 독자의 경계가 분명해짐에 따라 讀者投稿를 줄이고 그 대신 일정한 상금을 걸고 경쟁하는 이벤트인 懸賞文藝 제도를 시행했다. 그 출발은 1893년 『讀賣新聞』이 시행한 「歷史小說·歷史脚本懸賞募集」이었다. 이렇게 볼 때 독자를 견인하기 위해 懸賞文藝를 시행한 조선과는 다른 양상을 지녔음을 알 수 있다. 紅野謙介, 「投機－思索の對象としての文學－懸賞·小說·相場」, 『文化の市場－交通する』, 東京大 出版部, 2001, 127~152면 참조.

78) 「每號懸賞文藝」, 『靑春』 제9호, 1917.7, 126면.

을 기울이고 있었다. 이광수가 문학을 다른 영역과 구별된 독자적 가치로 부각시키기 위해 인간의 정신을 지(知)·정(情)·의(意)로 구분하고 문학을 情의 영역에 위치시킨 것 역시 그 일환이었다. 『청춘』의 현상문예에서 문학을 새로운 가치로 위치시키는 과정은 크게 두 가지 방향으로 전개되었다. 그 하나는 "神聖한 事業(果然 神聖한 事業)이다 하는 嚴肅하고 精誠스러운 態度"로 글을 써 "遊戱的文字를 弄하는者를 痛懲하"는 것이고, 다른 하나는 "傳襲的, 敎訓的인 舊套를 脫하야 藝術的에 들어가는 氣味가 잇는것"이다.[79] 곧 문학에 대한 두 가지 편견, 곧 문학을 '유희'나 '권선징악적 교훈담'으로 파악하는 데서 벗어나는 일이었다. 최남선 역시 작금의 문학에는 "中心업는 社會의 先輩업는靑年이 善方向으로" 나아가기 위한 "境遇와 志望의 懸隔한 不調和로서 由來하는 苦悶懊惱의聲"이 필요하다고 하고 응모작 중에 "心折한 省察과 應化하려는 努力이 明見됨은 크게 人意를 強케하는것"으로 보았다.[80] '매호현상문예'에서 시조·한시 등에 비해 신체시가, 보통문·단편소설 등의 상금을 크게는 5배까지 많게 책정한 것 역시 이와 연결된 것으로 보인다. 특히 단편소설에 대한 고려는 두드러져 '특별대현상'에서 단편소설의 상금은 다른 두 분야에 비해 2배나 많았다.

실제 최남선·이광수 등의 노력은 자신들의 문학만이 진짜 문학임을 주장하는 곧 스스로의 정체성을 획득을 꾀하는 행위였으며, 그것은 주로 유희·도덕 등 과거 문학 개념의 결함을 메우는 방식을 통해 이루어졌다. 이렇게 볼 때 『청춘』이라는 매체와 거기에서 행해진 현상문예라는 제도는 새롭게 등장한 문학 주체가 독자의 견인을 통해 승인권을 독점하기 마련된 물적 토대였다고 할 수 있다. 이러한 과정을 통해 문학은 '사람이 찾아야 할 유토피아'이자 '영원의 진리가 숨은 아름다운 동산'이라는 가치나 신념으로 전화(轉化)된다. 『청춘』 현상문예의 단골투

79) 春園生, 「懸賞小說考選餘言」, 『靑春』 제12호, 1918.3, 97~98면.
80) 崔南善, 「兩文考選의感」, 『靑春』 제11호, 39면.

고자이자 당선자인 방정환 역시 이와 같은 가치나 신념을 자기화해 문학을 삶의 지표로 삶게 된다. 또 이렇게 자기화된 문학 개념과 장르 인식은 이후 방정환이 문학 활동을 하는 데 있어 근간으로 자리잡게 된다. 이러한 과정은 최남선·이광수 등이 주장한 문학이 하나의 아비투스(habitus)로 객관화되는 과정이자 조선에서 문학 장이 주조되어 가는 도정이라고 할 수 있다. 곧 『청춘』의 현상문예는 작가와 독자 혹은 생산자와 소비자를 상동관계를 통해 연결시켜 그 문학 장을 동질적으로 구조화해 재생산하는 기제였다고 할 수 있다.[81)]

이렇게 볼 때 방정환에게 『청춘』의 종간은 자신의 문학 작품을 활자화하고 또 그것을 통해 사회적인 인정을 받기 위한 바람, 나아가 새롭게 체계화되어 가는 문학 장의 내적 위계에 자리잡기 위한 욕망이 좌절되는 일이었다. 『유심』의 현상문예로 발길을 돌려보지만 『유심』 역시 종간은 피할 수 없는 길이었다. 이렇듯 새롭게 문학 장을 조형해 나가던 물적 토대라고 할 수 있는 매체의 종간은 여러 가지 이유에서 그 문학 장의 허약함을 말해주는 것이었는데, 오히려 이러한 허약함은 방정환에게 새로운 출구를 제시하게 된다. 그것은 자신이 직접 『신청년』이라는 문예잡지를 창간하는 일이었다.

방정환은 스스로 『신청년』을 창간하고 많은 지면을 자신의 글로 메워 나갔다. 스스로 매체를 창간하는 일은 굳이 현상문예와 같은 제도를 거치지 않고도 활자화를 통한 사회적인 인정이나 문학 장의 내적 위계에 자리잡고자 하는 욕망을 실현시킬 수 있는 길이었다. 특히 이러한 선택은 열심히 글을 투고하고 당선되었던 『청춘』의 현상문예가 잡지의 종간과 함께 스스로의 욕망을 실현시켜 줄 존재가 아니었음을 깨닫는 과정과 맞물려 있었을 것으로 파악된다. 이렇듯 방정환이 『신청년』을 창간하고 주도적으로 운영했던 것은 매체를 물적 토대로 해 문학 장의

81) Pierre Bourdieu, 앞의 책, 218~234면 참조.

내부에 자리잡고자 한 것이며, 여기에는 『청춘』·『유심』 등의 현상문예를 통해 얻은 잡지 미디어와 그 주체의 위상에 대한 인식이 전제되고 있었다.

하지만 『신청년』을 주도했던 방정환에게 부재했던 것은 잡지가 운영되기 위해서는 잡지가 팔려야 하며, 그러기 위해서는 독자를 견인해야 한다는 의식이었다. 『청춘』·『유심』 등의 현상문예를 통해 미디어 주체의 의미를 파악했지만, 그것은 고선자로서 투고의 당락을 결정하는 데 한정되는 것이었다. 이는 『신청년』의 「투서환영(投書歡迎)」에서 "文藝에關한것은 무엇이든지" 투고를 받지만 "紙上에載不載난編輯部의任意."라고[82] 피력하는 데서 엿볼 수 있다. 투고문을 게재하고 하지 않고는 자신의 뜻이라고 해, 『청춘』 현상문예의 투고자로서 고선자에게 받았던 느낌을 독자에게 되돌려 주고 있다. 여기에 빠져있는 것은 『청춘』의 주체가 독자였던 방정환 자신으로부터 끌어냈던 욕망에 대한 고려 그것이다. 『신청년』의 편집과 발행의 경험을 통해 관여한 잡지 『녹성』, 『신여자』 등이 제1호, 제6호 등으로 단명했다는 사실 역시 이와 연결된다고 할 수 있다.

이와 관련해 문학정치의 개막과 맞물려 발흥된 동인지 문학에 관해 다시 한 번 주목할 필요가 있다. 일반적으로 동인지 문학은, '정치운동은 그 방면 사람에게 맡기고 우리는 문학으로'라는 김동인의 언급과도 같이 문학을 다른 가치 영역과는 고립된 초월의 공간에 위치시킨 데서 의미를 부여받는 반면, 불과 2,3년만 그 생명을 다하고 말았다는 데서 한계 역시 지적되고 있다. 동인지 문학이 단명하게 된 가장 큰 이유 역시 한정된 독자에 기인한 경제적인 면 때문이었으며, 그럼에도 불구하고 문단이라는 문학적 공간을 만들어 한국 근대문학의 흐름에 분명한 흔적을 남겼다. 그런데 어쩌면 동인지 문학이 문단을 만든 것과 단명하

82) 「投書歡迎」, 『新青年』 제1호, 1919.1.20, 14면.

게 된 것은 같은 연원을 지니는 것일지도 모른다.

동인지 문학의 담당자들이 『창조』·『폐허』·『백조』 등의 매체를 창간할 수 있었던 것은 잡지 창간이 비교적 자유로웠던 문화정치라는 기반에 따른 것이기도 했지만 한편으로 그때까지 독자나 문단 등 제대로 된 문학 환경이 확립되지 않았기 때문이었기도 하다. 요컨대 단명할 수밖에 없었던 열악한 조건이 이들이 문단을 만들 수 있었던 원인이기도 했다는 점이다. 그리고 실제 동인지 문학의 주요 담당자들은 단명에도 불구하고 동인지의 간행을 통해 의도했던 문학 장에의 편입을 용이하게 성취했다. 이렇게 볼 때 그들이 추구했던 초월적·고립적 문학 역시 정치·경제적인 것과의 결별을 통해 상징적 이익을 추구한 것이라고 파악할 수 있을 것이다. 또 매체의 주체가 되는 과정을 통해 문학 장에의 편입이 이루어짐에 따라 기존 문학 경향에의 부정을 스스로의 정체성을 획득하는 방식으로 삼지만 실제 그 부정 역시 승인권의 독점을 위한 상징적인 것이라는 점에서 그 근저가 앞선 문학과 그리 다르지 않음도 알 수 있다.

하지만 문학 장이 확립되어 가고 그 내적 위계가 체계화됨에 따라 동인지 문학의 존재 방식은 더 계속될 수는 없는 것이었다. 방정환이 『어린이』를 창간하고 운영하는 데 독자에 대한 적극적인 고려가 나타난 것은 이와 맞물린 것으로 보인다. 새로운 아동관 역시 승인권의 독점을 위해 창안된 개념의 하나였다고 할 때, 그것을 현실화시킬 물적 토대인 『어린이』의 운영을 위해서는 독자를 견인해야 했다. 실제 이러한 인식은 『청춘』·『유심』 등의 현상문예에 투고했던 경험과 『신청년』을 간행하면서 겪은 운영의 어려움이 토대가 되었던 것으로 파악된다. 곧 방정환은 잡지 미디어를 운영하는 데 무엇보다 중요한 것이 경제적인 측면이며, 이를 위해서는 먼저 독자를 견인해야 한다는 사실을 인지하게 된 것이었다. 그리고 독자를 견인하기 위해서는 자신이 창안한 착하고 순수한 아동의 표상 이면(裏面)에 자리잡은 욕망을 추동시켜야 했다. 실제

다음과 같은 글에서 『어린이』의 '현상글쎕기'에 투고했던 독자의 욕망을 엿볼 수 있다.

> 선생님 저는 다섯가지나되는잡지를읽고잇습니다. 그러나 그중에도 데일자미잇고 사랑한느것은우리어린이입니다. 그런대 다른잡지에는 써보내는대로 자조나는대어린이에는 한달에한번씩 쏙쏙보내도재글은 아니남니다그려 퍽도섭섭함니다. 인제는 의견 보기보다 作文 동요 日記文을써보냄니다 그리고 제생각 제손으로少年小說지은것이잇슴니다. (강조는 인용자)[83]

1924년 7월호 『어린이』의 「독자담화실」에 보낸 독자의 글이다. 매달 '현상글쎕기'에 글을 투고하는 데도 선정되지 않았으며, 그것이 '퍽도섭섭'하다는 것이다. 또 지금까지는 '의견 보기'에 글을 보냈는데, 이제는 작문, 동요, 일기문에 투고하겠다는 것이다. 투고한 글이 선정되지 않는 것이 서운하며, 지금까지 보낸 글과는 다른 분야의 글을 보내서라도 기필코 선정이 되고 싶다는 것이다.

또 방정환은 『어린이』의 독자를 견인하기 위해 '현상문제', '독자늘이기' 등을 이용하기도 했다. 둘은 '현상글쎕기'와 같은 목적을 위해 마련되었지만, '현상'이라는 의미가 더욱 두드러졌다. '현상문제'의 상품은 처음 '조흔상품', '어엽븐상품' 등 추상적이었지만, 점차 '양복한벌', '특제만년필'등 비싸고 구체적인 것으로 변해 갔다. 또 '일년동안월사금(月謝金)', '상금십원진정(賞金拾圓進呈)' 등 상금이 직접 제시되기도 했다. '독자늘이기' 역시, 독자 7인을 모으면 상패를 주고 다시 상패를 7개 모으면 금상패로 바꾸어 주었고, 또 손목시계를 주기도 했다. 이와 같은 상품이나 상금 등의 '현상'은 독자를 견인하는 데 효과적인 방법이었다. 앞서 방정환이 『청춘』 현상문에에 당선되었을 때를 회고하면서 상금에 대한 부분은 전혀 운위하지 않았음을 확인한 바 있다. 그런데 『어린

83) 「독자담화실」, 『어린이』 제18호, 1924.7, 42면.

이』를 운영하는 데 상품이나 상금이 효과적으로 사용되고 있다는 데서 그 기억이 사라진 것이 아니라 내면 속에 은폐되어 있었음 역시 확인할 수 있다.

당시 『어린이』의 '현상글쎕기'에 입선된 독자들 중에는 윤석중(尹石重, 제27호), 서덕출(徐德出, 제27호), 신고송(申孤松, 제34호), 최순애(崔順愛, 제34호), 이원수(李元壽, 제39호), 윤복진(尹福鎭, 제41호) 등 이후 작가가 되어 본격적인 문학 활동을 한 사람들이 있었다. 그런데 이원수는 『어린이』 창간 당시를 회고하면서 "내가동요를읽고쓰지어보기시작한것도「어린이」를읽은후브터엿"으며, "나의설옴만은소년시절은눈물과슬픈노래뿐이엿지만 다만「어린이」로하야 그눈물그슯흔노래는 아름다웟"다고 했다. 또 서덕출 등도 "아모대도 배운데업는저로서는 오즉어린이잡지로서만 흔가라침을바더" 왔으며, 『어린이』가 "일생에잇서서 잡지라고본처음이엿고 내가예술(藝術)이란것에 마음깁히취미를갓게된동긔엿"다고는 언급했다.[84] 이러한 언급을 볼 때 이들 역시 『어린이』의 '현상글쎕기'를 통해 처음으로 '동요・동화・작문・편지글・일기문' 등을 접하고 점차 문학에 뜻을 두어갔음을 알 수 있다. 요컨대 『어린이』의 '현상글쎕기' 역시 미디어 주체가 지닌 "쏫과갓치곱고 비닭이와갓치 착하고어엽븐그네少年들"이라는 아동관과 "그의天使갓흔마음 깨끗한가슴에가장適合하난깨끗한神聖한 것"이라는 문학관을 독자들에게 하나의 가치나 신념으로 파급하는 역할을 했다는 것이다.

그런데 여기에서 간과해서는 안 될 점이 하나 있다. 앞선 『어린이』 독자의 토로, 곧 투고한 글이 선정되지 않아 섭섭하며 꼭 선정이 되고 싶다는 바람은 예전 방정환의 기억 속에도 존재하고 있다는 점이다. 곧 『어린이』 독자의 토로는 『청춘』 현상문예에 당선이 되었을 때 '기술(奇術)'을 본 것처럼 신기해 하면서 선 채로 자신이 투고한 글을 읽으며 글

84) 「創刊號브터의讀者의感想文」, 『어린이』 제73호, 1930.3, 58~61면.

자 한 자 한 자에 친밀성을 느끼던' 방정환의 그것과 동전의 양면처럼 겹쳐진다. 단지 낙선과 당선의 차이만 있을 뿐 그 감정의 연원은 동일하다. 이렇게 볼 때 방정환은 자신이 『청춘』이나 『유심』 등의 현상문예에 투고하고 당선되면서 지녔던 바로 그 욕망을 『어린이』의 독자들로부터 끌어내고자 했음을 알 수 있다. 여기에서 그 욕망이 자신의 문학작품을 활자화해 사회적인 인정을 받으려는 것이자 나아가 문학 장의 내적 위계에 자리잡기 위한 것임을 환기할 필요가 있다. 그리고 그러한 독자들의 욕망은 독자를 견인하려는 미디어 주체의 욕망과 현상문예라는 공간 속에서 조우하고 있다. 독자에게 현상문예에 투고하고 당선되는 과정에서의 상금의 의미가 의식적으로 지워졌듯이 주체 역시 의도했던 욕망을 은폐하고 있을 뿐이다. 한편 그 조우는 미디어의 주체가 지닌 문학 개념이나 장르 인식이 문학 장에 편입하려는 인적 메커니즘을 통해 파급되어 나가는 과정이며, 나아가 상동관계에 기반해 한국 근대문학이 재생산되는 방식의 연원이기도 하다.

『개벽』 유통망의 현황과 담당층

최수일

1. 머리말

1920년대 초·중반은 한마디로 한국 사회의 격동적 모색기였다. 새로운 사회에 대한 열망이 다양한 근대의 이념들을 수입했고, 그 안에서 온 사회가 충돌하고 합치고 전환하는 격정적 흐름을 연출했던 것이다. 그 한가운데 『개벽』이 있었고, 그 흐름을 고스란히 담아냈다. 그 결과 『개벽』은 1920년대를 말하는 어떤 영역에서도 피해갈 수 없는 대상이 되었다. 근대 민족운동사·정치사상사·풍속사·문화사·문학사 등을 다룸에 있어 『개벽』은 예외 없이 1차 자료로 활용되고 있는데, 이는 근대지성사의 보고(寶庫)로서의 『개벽』의 위상을 실감케 한다. 하지만 『개벽』은 '뭐다'라고 말해주는 연구는 좀처럼 발견하기 힘들다.

벽이 많기 때문이다. 자료 자체의 광대함과 천도교단의 친일문제 그리고 사안에 따라 자료를 뽑아 보는 학계 풍토는 『개벽』을 통째로 다루는 데 장애가 되었고, 설사 이를 극복하더라도 어려움이 있었다. 무엇보다 『개벽』 자체의 성격이 단순하지 않다. 따라서 인도주의와 자유사상

그리고 사회주의와 인내천주의가 뒤섞여 있다거나,[1] "민족주의적 색채 위에 문화주의, 그리고 경제적 사회주의를 가미한 것"[2]이라는 평가 그리고 개벽사상에 기초한 민족주의·민중주의·민주주의·개조주의·사회주의라는 해석[3]이 나오는 것은 필자가 보기에 당연하다.[4] 문제는 아무도 그 이유에 대해서 본질적인 문제제기를 하지 않는다는 것이다. 그러고 보면 『개벽』에 대해서는 공통적으로 '왜, 어떻게'의 문제가 생략되어 있다. 문학 영역의 경우 '문학사의 공백을 메우고, 신경향파문학의 요람이 되었다'에 머문다.

따라서 『개벽』의 성격을 규명하고, 나아가 근대지성사의 과제로서의 『개벽』의 위상을 복원하기 위해서는 이 본원적 질문에 답해야 한다. 필자는 『개벽』이 '주어(主語)'가 되는 '매체론적 접근법'이 하나의 대안으로 제시될 수 있다고 본다. 그 중에서도 『개벽』을 둘러싼 인적(지역적·조직적) 소통체계를 재구하는 것은 앞서 말한 질문에 답하는 효과적인 방법일 뿐만 아니라 『개벽』의 다양성을 새로운 지평에서 체계화하는 계기가 될 수 있다.

필자가 보기에 『개벽』의 인적 소통체계는 크게 세 영역에서 조명돼야 한다. 첫째는 매체와 독자의 소통체계이고, 둘째는 매체와 유통담당자의 관계이며, 셋째는 매체와 천도교 조직의 관계이다. 앞의 두 영역은 『개벽』이 재생산되는 근원적 토대를 이룬다는 점에서, 셋째는 『개벽』의 지향과 방향을 기본적으로 제어한다는 점에서 나름의 중요성을 가지고 있다. 주목할 점은 『개벽』의 경우 앞의 두 영역이 사실상 겹친다는 사실이다. 뒤에서 살피겠지만 『개벽』 유통의 담당층이 곧 핵심 독자층이

---

1) XY생, 「현하 신문잡지에 대한 비판」, 『개벽』 63호, 1925.11.1, 53면.
2) 김원경, 「1920년대 경향문학의 특성－특히 『개벽』지를 중심으로」, 건국대 석사논문, 1971, 12면.
3) 고정기, 「민중을 위한 민중의 종합지 『개벽』」, 『신인간』 438, 1986.4, 38~46면 참조.
4) 조남현(「『개벽』에 나타난 사상연구」, 『한국현대문학사상연구』, 서울대 출판부, 1999)이나 곽해선(「일제하 문화운동의 변용에 관한 연구」, 한국정신문화연구원 석사논문, 1983)도 『개벽』의 사상적 다층성을 주목했다.

기도 했다. 따라서 둘째와 셋째 영역은 『개벽』 인적 소통체계의 핵이라고 할 수 있다. 즉 『개벽』의 흐름은 두 영역의 긴장관계의 산물이다.[5] 따라서 『개벽』의 인적 소통체계를 조명하는 작업은 그 유통담당자들의 실체를 실증하는 작업, 천도교 조직관련 인물들의 실체를 실증하는 작업, 그리고 양자의 상호관계를 비교·검토하여 전체 인적 소통체계의 밑그림을 그리는 단계로 나아가야 한다. 이 글에서는 『개벽』 유통망의 전체적 규모를 파악하고, 담당자들의 실체를 복원하는 데 주력하고자 한다. 일찍이 필자는 『개벽』 유통망의 전반부를 다룬 바가 있으니, 이는 그 후속작업이라고 할 수 있다.

2. 『개벽』 유통망의 형성과 전개

1) '지사—분사' 시스템 확립의 내적 의미

『개벽』의 유통체계는 기본적으로 서울의 본사와 지방의 분매소(分賣所)가 소통하는 구조로 출발했다. 『개벽』의 분매소는 2호(1920.7.25)에 처음 9개소로 출발하여 4호(1920.9.25)에는 40개소로 증가하고 10호(1921.4.1)에는 총 56개소의 분매소가 건설되었다.[6] 『개벽』의 분매소 증가현황에서 주목할 점은 크게 두 가지다. 하나는 분매소의 증가가 천도교의 조직기반(각 지역 청년회와 교구) 위에서 이루어졌다는 것이다. 각주 6)의 표에서 보듯 5호(1920.1)까지 전체 40개의 분매소 중 36개를 천도교 청년회

5) 물론 『개벽』의 변모양상을 좀더 깊이 있게 다루려면 여기서 더 나아가 매체와 출판자본의 문제, 매체와 검열의 문제 등을 고려해야 한다.

6) 이는 『개벽』(1~10호)에 실린 분매소 공고들을 분석한 결과로, 표로 제시하면 다음과 같다.

나 교구에서 운영하고 있었다. 잡지의 출판·유통 자체가 쉽지 않았던 당대 서적계의 상황과 천도교잡지라는 인상을 줄 수밖에 없는 『개벽』의 처지에서 이는 원활한 잡지 유통을 위한 고육책이었다.

또 하나 주목할 점은 천도교의 조직 기반 위에서 건설된 분매소들이 평안도와 함경도, 그리고 황해도 등 경성 이북에 집중 배치되어 있다는 사실이다.[7] 각주 7)의 표에서 보듯, 2호부터 5호까지는 분매소의 거의 대부분을 차지했고, 7호부터 10호까지는 과반 이상을 차지했다.[8] 지·분사(지국)의 경우 1922년(30호)까지 건설되는 11개의 지사(지국) 중에 6개가 이 지역에 있고,[9] 1923년(31호)부터 1924년(54호)까지 건설된 11지사—

호수	1호	2호	3호	4호	5호	7호	8호	9호	10호
분매소	없음	9개	28개	40개	40개	43개	55개	55개	56개
내역 및 특징	발매소 경향 각 서포	청년회 : 7 교구 : 1 서포 : 1	청년회 : 22 교구 : 5 매신 : 1	청년회 : 30 교구 : 6 매신 : 2 서포 : 2	좌동	청년회 : 2 교구 : 3 서포 : 16 (서울16) 개인 : 22	청년회 : 5 교구 : 5 서포 : 21 (서울19) 개인 : 24	좌동	청년회 : 6 교구 : 6 서포 : 13 (서울11) 개인 : 31

* 청년회(천도교 청년회), 매신(매일신보), 서포(서점, 서적상), 서울(경성지역서점), 개인(개인자격분매소)

7) 『개벽』 분매소의 지역적 배치 현황을 표로 제시하면 다음과 같다.

호수	2호	3호	4호	5호	7호	8호	9호	10호
분소	9개	28개	40개	40개	43개	55개	55개	56개
지역 분포	평안도 : 4 황해도 : 2 함경도 : 2 경상도 : 1	평안도 : 13(11) 함경도 : 7(9) 황해도 : 2 전라도 : 3 경상도 : 1 충청도 : 1 간도 : 1	평안도 : 18(17) 함경도 : 10(11) 황해도 : 5 전라도 : 3 경상도 : 2 충청도 : 1 간도 : 1	좌동	평안도 : 14(12) 함경도 : 3(4) 황해도 : 5(6) 전라도 : 3(2) 경상도 : 0(1) 충청도 : 1 경기도 : 1 서울 : 16	평안도 : 18(15) 함경도 : 4(7) 황해도 : 5(6) 전라도 : 4(3) 경상도 : 1(2) 경기도 : 1 충청 : 1(0) 서울 : 19 상해 : 1 미상 : 1	좌동	평안도 : 20(16) 함경도 : 7(9) 황해도 : 6 전라도 : 5 경상도 : 1 충청도 : 1 강원도 : 2(1) 경기도 : 1 서울 : 11 상해 : 1 미상 : 1(4)

* 이 표는 최수일, 「『개벽』의 출판과 유통(1)」(『민족문학사연구』 16, 소명출판, 2000, 169면)의 내용을 수정·보완한 것으로, 괄호 안의 숫자는 수정되기 이전의 분매소 수를 나타낸다.

8) 이 경우도 7호부터 등장한 경성의 서적상들을 제외하게 되면 거의 대부분을 차지한다고 할 수 있다.

9) 함남·평남·황해·개성·성천·신의주 지사를 가리킨다.

14분사 중에서 5지사—11분사가 이 지역에 건설되었다.[10] 천도교측의 자료에 따르면 이들 지역에 1900년을 전후로 동학이 전파되어, 특히 서북지역의 교세확장이 놀라웠다고 하는데,[11] 이런 교세의 확장이 『개벽』의 초기 유통망에 반영된 결과로 보인다.

따라서 『개벽』이 창간 취지에 걸맞은 대중적 위상을 갖추기 위해서는 초기 유통망에 나타난 종교색과 여기서 비롯된 지역적 편중성을 함께 극복해야만 했다. 이런 점에서 '지사—분사' 시스템으로의 전환은 주목할 필요가 있다. 지·분사 체제로의 전환은 앞서 말한 초기 유통망의 한계를 겨냥한 조치였고, 이를 통해 『개벽』은 향후 한 차원 높은 대중적 유통의 가능성을 열었기 때문이다. 『개벽』의 유통망에 변화가 나타난 것은 창간 2주년에 접어든 14호(1921.7.1)부터로, 이때부터 17호까지 연속해서 '전남지사 설립사고'가 실린다. 그리고 30호(1922.12.1)까지 모두 11개의 지사·지국이 건설되었다.

물론 갑작스런 체제 개편이 원활했을 리 없다. 무엇보다도 남접의 중심지였던 삼남지역이 문제가 되었다. 지사—분사 체제로의 전환을 '전남지사'로 시작하고, 이를 네 차례에 걸쳐 『개벽』에 반복 공시했으며, 동시에 도지사, 군수, 경찰부장 명의의 축하광고를 집중적으로 게재했다는 사실은 삼남지역에의 접근이 매우 힘겨웠고, 그런 만큼 아주 조심스럽고 주도면밀하게 추진되었음을 상징적으로 드러낸다. 실제로 1922년까지 삼남지역에는 모두 4개의 지사(지국)가 건설되었지만 전남과 경남에 편중되었고, 충청과 전북 그리고 경북지역은 『개벽』의 유통에서 한발 비껴서 있었다. 특히 충청지역은 지사—분사 체제가 활성화되는

---

10) 이 시기 경기 이남에는 4개의 지사와 2개의 분사가 건설되는데, 지사의 개수로나 분사(분매소)의 밀도 면에서 경기 이북과 차이가 난다. 이런 밀도의 차이는 55호 이후에도 그대로 이어져 경기 이북에 총 18지사—37분사가 건설되고, 경기 이남에 25지사—14분사가 건설된다.

11) 이에 대해서는 박응삼의 고증(『평안북도 창성군지』, 1981, 64면 도표)과 이돈화의 논의(최원식, 『한국근대소설사론』, 창작사, 1986, 318면)를 참조할 것.

1924년(54호)까지도 유통의 불모지로 남겨졌다. 결국 '지사－분사' 시스템은 초기 유통망의 지역적 편중을 해결할 합리적 대안이었지만, 그 온전한 실현에는 더 많은 시간과 공력이 필요했다고 할 수 있다.

한편 '지사－분사' 체제로의 전환은 유통망에 드리워진 종교적 색채를 걷어냄으로써 『개벽』의 대중적 유통에 커다란 기여를 했다. 무엇보다도 지·분사 관련 사고나 공고에서 천도교 조직 관련 사항들이 가려지고, 대신 지사장, 분사장, 분매소 주임 등 개인이 전면에 등장했다는 사실은 『개벽』을 감싸고 있던 종교의 벽을 결정적으로 무너뜨리는 조치였다.

> 社告－開闢全南支社設立
>
> 本社는 全南讀者의 便宜를 爲하야 今에 全南支社를 設置하게 되온바 그 位置와 主務者의 氏名은 左와 如함
>
> 位置 光州郡邑內 支社長兼記者 金春烈 總務 金聲大[12)]

이런 변화는 개인자격 분매소가 증가하고, 서적상들이 대거 『개벽』의 유통에 참여하는 상황의 변화, 즉 『개벽』의 대중적 성공에 따른 자연스런 과정이기도 했지만, 한편으로는 의식적인 노력의 결과이기도 했다. 필자는 유통망의 종교색을 감추려는 노력이 개인자격 분매소가 등장하는 1921년(7호)부터 가시화되었다고 보는데, 이전까지 천도교구나 천도교 청년회에서 운영하던 분매소들이 이때부터 급격히 개인명의 분매소로 전환되기 때문이다. 실제로 7호에 새로 등장한 개인자격 분매소 22곳 중, 이전에 천도교측에서 운영하던 분매소가 12곳으로 과반을 넘긴다. 더구나 이들 중 상당수는 천도교와의 종교적인 끈을 유지한 채 명의만 개인으로 바꾼 경우로, 종교색을 지우려는 안간힘을 엿볼 수 있다. '정읍분매소'·'안주분매소'·'평양분매소'·'태천분매소'의 경우가

12) 「개벽전남지사설립사고」, 『개벽』 14호, 1921.8.1, 45면.

그 대표적인 예다. 먼저 정읍분매소는 5호까지 '천도교구내 송재섭(宋在燮)'이란 인물이 경영한 것으로 되어 있다가, 7호부터는 분매소 일람표에서 '천도교구'란 말이 삭제되어 마치 천도교와 무관한 개인이 운영하는 분매소인 양 현상한다. '안주분매소'는 원래 천도교청년회에서 운영하던 것이었는데, 7호부터는 '배의찬(裵義贊)'이란 인물의 개인분매소로 소개된다. 뒤에 보겠지만 배의찬은 천도교신자로 안주천도교청년당 활동을 한 인물이지만 이런 사실은 분매소 일람표에 나타나지 않는다. 7호부터 '평양분매소'를 운영한 '이성삼(李成三)'이나 '태천분매소'를 운영한 '고신봉(高信鳳)'도 천도교신자로 천도교청년회와의 관계가 뚜렷하지만[13] 분매소 일람표를 호별로 대조하기 전에는 파악이 쉽지 않다.

이같은 『개벽』 주체들의 의식적 노력은 외견상 커다란 변화를 가져온다. 각주 6)의 표에서 알 수 있듯이 5호까지 40개의 분매소 중 36개를 천도교측에서 관리하던 상황이 7호에는 43개 중 5개, 8호에는 55개 중 10개, 10호에는 56개중 12개만이 종교색을 띠는 상황으로 바뀌었던 것이다. 여기에 7호부터 10호까지 교구에서 운영한 것으로 되어 있는 분매소들이 실제 주소만 교구로 되어 있을 뿐 운영 주체는 개인이었다는 점을[14] 감안하면 유통망의 종교색은 좀더 엷어진다. 즉 『개벽』의 유통망이 천도교 조직으로부터 근본적인 독립을 이루는 것은 불가능했지만, 『개벽』 유통망에 나타난 이같은 외견상의 변화가 『개벽』의 지·분사들을 좀더 대중적이고 개방적인 존재로 현상케 했다는 것이다. 그런데 지·분사가 대중 앞에 개방적인 존재로 현상한다는 것은 필연적으로 다양한 인물들이 『개벽』의 유통에 참가하는 계기가 된다. 그 의도가 상업적이든, 정치적이든, 혹은 종교적이든 간에 누구나 『개벽』의 지·분

13) 평양 천도교청년회의 주소(평양부 설암리 67번지)가 이성삼의 주소와 일치하고, 태천 천도교청년회의 주소(태천군 읍내)가 고신봉의 분매소 주소와 일치한다는 사실은 양자의 관련성을 분명히 하는 또 하나의 증거다.

14) 표에는 나와 있지 않지만 7호와 8호의 교구분매소 3곳과 5곳은 모두 주소만 교구로 되어 있는 경우이고, 10호의 교구분매소 6곳 중 1곳만이 순수한 교구분매소다.

사에 참여할 수 있었다. 그리고 이런 경향은 『개벽』의 판매부수가 늘어날수록, 대중적 인지도가 높아갈수록 더욱 촉진되었다. 실제로 『개벽』의 지·분사에 관여했던 사람들은 신분적 정치적 나아가 종교적으로 다양한 인물들이었을 뿐만 아니라 그 숫자 또한 대단히 많았다. 요컨대 '지사-분사' 체제로의 전환은 주체들의 의식적 노력과 맞물리면서 『개벽』의 대중성과 개방성을 급진시켰다고 할 수 있다.

문제는 이 대중성과 개방성이 소통체계의 성격을 바꾸고, 지·분사의 위상과 역할에 근본적인 변화를 일으켰다는 사실이다. 과거 『개벽』의 유통망이 천도교구와 청년회를 중심으로 이루어졌을 때, 본사와 분매소가 맺은 소통체계는 근본적으로 계몽적인 것이었다. 즉 본사가 매체를 통해 지식과 정보를 전달하고, 분매소는 주변의 신자들에게 종교적 신념 속에 이를 소화하는 장(場)이었다. 하지만 유통망을 감쌌던 종교적 외피가 사라지고, 지사와 분사를 다양한 성향의 인물들이 경영하게 되자, 본사와 지·분사가 관계하는 소통의 방식은 대등한 상호작용에 가까워진다. 지·분사의 담당자들은 자신의 이익과 목적에 부합하는 매체를 기대했으며, 비슷한 성향의 집단적 의지를 모아 압력을 행사할 수도 있었다. 지·분사가 매체에 대한 감시자나 압력단체의 성격을 띠기도 했던 것이다. 동시에 지·분사의 지역 내에서의 역할도 달라졌다. 과거의 분매소가 지역 내의 신자들이 지식과 정보를 공유하는 장이었다면, 이제 지·분사는 다양한 사람들이 모여들고 이를 통해 다양한 지식과 정보 나아가 정치적 신념까지 치열하게 소통되는 교류의 장이 되었다. 이른바 정치·언론·문화의 '광장'이 된 셈이다.

2) 전국적 소통체계의 건설과 그 의미망

중·후반기(31~72호) 들어 『개벽』은 본격적으로 정치·시사를 다루고,[15] 사회주의라는 시대 정신을 내용과 편집에 적극 반영함으로써 잡지의 명성을 쌓아 나갔다.[16] 그리고 이런 지명도를 기초로 의식적인 유통의 대중화를 추구할 수 있었다. 특히 '조선13도호'의 발간사업과[17] '개벽사확장기성회'사업의[18] 전신인 '사우제(社友制)'의[19] 실시는 독자들의 큰 호응을 얻었을 뿐만 아니라, 지 · 분사의 증설에 결정적 도움을 주었다. 본사나 지 · 분사의 담당자 즉 사원이 되려면 먼저 '사우'가 돼야 했으며,[20] 도호 발간을 위한 답사를 통해 각 지역의 핵심인사들과 합법적으로 소통할 수 있었기 때문이다.[21]

실제 중 · 후기 『개벽』 유통망의 성장은 대단했으니, 이는 '본사—지사—분사 시스템'의 확대와 전국화로 요약할 수 있다. 먼저 확대라는

15) 물론 정치 · 시사의 게재가 허가된 것은 1922년 9월 12일, 즉 28호부터다. 이에 대해서는 「귀중한 경험과 고결한 희생」, 『개벽』 28호, 1922.10.1, 3면 참조.

16) 이에 대해서는 최수일, 「1920년대 문학과 『개벽』의 위상」, 성균관대 박사논문, 2001 참조.

17) '조선문화기본조사'라는 취지로 이루어진 전국 각도의 답사보고서를 道號의 형식으로 발간한 것을 말한다. 34호(경남도호)에서 시작되어 36호(경북도호) · 38호(평북도호) · 42호(강원도호) · 43호(함북도호) · 46호(충남도호) · 47호(경기도호) · 48호(경성호) · 51호(평남도호) · 53~54호(함남도호) · 58호(충북도호) · 60호(황해도호) · 63호(전남도호)를 거쳐 64호(전북도호)로 종료되었다.

18) '인쇄소의 설치, 출판물발간, 해외기자파견' 등의 사업확장을 꾀하기 위해 회원을 모집한 사업을 말한다. 『개벽』 67호(사고, 93면)에 그간의 논의과정이 공시되고, 68호(102~105면)와 71호(116~119면)를 통해 사업의 취지와 내역 그리고 가입한 회원의 명단을 제시함으로써 본격적으로 추진되었다. "발서 數百名 近千名의 同志를 어덧"다는 주장과 실제 제시된 300여 명의 명단을 볼 때, 적지 않은 호응이 있었음을 알 수 있다.

19) 개벽사의 민족운동에 동감하는 개인들을 유기적으로 연결하여 조직화시킨다는 취지로 이루어진 사우모집사업을 가리킨다. 이 사업은 한편으로는 『개벽』의 안정적 유통에 기여했고, 본사(경성)와 지분사(지방) 사이의 원활한 소통체계의 확립에 기여했다. 실제 사우들은 지방 통신원 내지 특파원의 역할을 수행했으며, 이들 중 상당수가 지분사의 담당자가 되었다. 이 사업은 「개벽사 사우제의 설행에 대한 취지와 규정」(『개벽』 29호, 1922.11.1, 114~115면)을 통해 공시되었다.

20) "사우는 본사, 지분사의 사원될 기본자격을 유함이라, 비고, 본사의 규정 중에 '본사의 사원은 사우 중에서 선발함이라'한 조항이 유한 고이라."(「개벽사 사우제의 설행에 관한 취지와 규정」, 『개벽』 29호, 114~115면)

21) 사업 시작을 전후해서 『개벽』에는 개벽사의 직원들(김기전 · 차상찬 · 박달성 · 이재현 등)이 답사를 떠났고, 지역인사들의 도움으로 잘 마쳤다는 식의 사고와 편집후기가 지속적으로 실린다. 그리고 이런 의식적 소통은 지역 유통망의 확대에 결정적 영향을 미쳤다.

차원에서 보면, 1922년까지 11개였던 지사(지국)가 1923~24년(31~54호)까지 22개로 늘어나고, 분사(분매소)도 3개에서 14개가 새로 만들어져 모두 17개로 늘어난다. 또한 1925년 1월(55호)부터 강제 폐간되는 1926년 8월(72호)까지 30개의 신설 지사와 45개의 신설 분사가 건설된다. 즉 중반 이후에만 41개의 지사와 59개의 분사가 새롭게 건설되어, 『개벽』은 전 시기를 통틀어 52개 지사와 62개 분사(28개 분매소 포함)를 거느린 잡지가 되었다.22)

표 1. 『개벽』 유통망의 시기 · 지역별 현황

시기 / 지역	전기(14~30호) 1921.8~1922.12	중기(31~54호) 1923.1~1924.12	후기(55~72호) 1925.1~1926.8	지역별 소계
중국		남만주총지사(38), 간도지사(41), 남만주총지사봉천분사(43)	봉천지사(57), 북만주하얼빈분사(56), 상해분사(57), 홍경현분사(60), 서간도분사, 간도백초구 · 이도구 · 국자가분사(62)	3지사 8분사
일본			관서지사(대판, 62), 동경지사(72)	2지사
함남	함남지사(18)	원산지사(45), 북청지사(48)	고원지사(59), 영흥지사(66), 신고산지사(67), 함흥분매소, 단천분사, 안변분매소(55), 풍산분사, 갑산분매소(57), 혜산분매소(58), 문천분사, 안변분사(65), 신상분사(67)	6지사 9분사
함북			성진지사(58), 성진지사학남분매소(62), 청진분사(63), 회령분사(69)	1지사 3분사
평남	평남지사(20) 성천지사(22)	안주분사(52), 용강분매소(52), 강서분매소(49), 순천분매소(53), 자산분매소(53)	만성분매소(55), 한천분매소(56), 강서분사(62~63)	2지사 8분사

22) 따라서 오영근이 「개벽에 관한 서지적 연구」(청주대 석사논문, 1994)에서 제시한 '지분사분포현황'(40개 지사-17분사, 25~27면 도표)은 실제와 상당한 오차가 있다.

시기 / 지역	전기(14~30호) 1921.8~1922.12	중기(31~54호) 1923.1~1924.12	후기(55~72호) 1925.1~1926.8	지역별 소계
평북	신의주지사(23)	선천지사(36), 강계지사(38), 박천분사(32), 영변출장소(41), 초산분사(49), 용암포분매소(52)	벽동지사(60), 비현분매소(55), 벽동분사(58), 벽동지사내분매소(60), 용천분사(62), 곽산분사(63), 자성분사(68)	4지사 10분사
황해	황해지사(20)	한포분매소(53)	해서지사(62), 황주분매소(57), 안악분사(59)	2지사 3분사
강원		관동지사(41) 통천분사(53)	강릉지사(59), 평강지사(66), 원주분매소(57), 횡성분사(60), 평강분사(64)	3지사 4분사
서울 경기	개성지사(20) 인천지사(22) 인천지사내·외리·강화분매소(22)		강화지사(57), 경성총판매소(66)	4지사 3분사
충남			당진지사(71)	1지사
충북			충북지사(57), 충주지사(65), 영동분사(62), 제천분사(63)	2지사 2분사
전남	전남지사(14) 순천지국(20)	제주지사(41)	광주지사(56), 목포지사(57), 나주지사(59), 화순분사(59), 전남총지사목포출장소(66), 장성분사(68)	6지사 3분사
전북		군산분국(35)	이리지사(57), 김제지사(67), 군산지사(67), 전주지사(69), 남원분사(55), 전주분사(56)	4지사 3분사
경남	진주지사(20) 경남지사(29)	마산지사(46), 부산지사(53), 마산분매소(34)	병영지사(68), 통영지사(71), 진주분매소(58), 통영분사(60), 거제분사(62), 사천분사(71)	6지사 5분사
경북		대구지사(36)	포항지사(57), 상주지사(62), 경주지사(67), 영덕지사(68), 영천지사(72) 울진분매소(57)	6지사 1분사
시기별 소계	11지사(1지국) 3분매소	11지사 14분사(1분국, 1출장소, 5분사, 7분매소)	30지사(1총판매소), 45분사(29분사, 1출장소, 15분매소)	52지사 62분사

여기에 통계에서 누락된 경성지역의 서적상들과 지·분사 체제로의 전환 후에도 그 상당수가 존속했을 지방 분매소들의 존재를 감안하면,[23] 실제 『개벽』 유통망의 규모는 일개 잡지사로서는 유례가 없는 일이었다. 『개벽』 유통망에 대한 실감은 『개벽』이 존재했던 1920년대 초중반의 잡지 유통 상황을 살펴보면 뚜렷해진다. 이 시기의 잡지 유통은 1910년대와 비교할 때 크게 나아진 바가 없었으니, 대다수의 잡지들은 이렇다 할 유통망을 갖지 못했다. 문예지 중 2000부의 판매부수를 기록했던 『창조』는 일시적으로 8개의 분매소를 가지고 있었을 뿐이고,[24] 당대 최고의 문예지였던 『조선문단』은 몇 차례 지사망 건설을 시도하여 번번이 실패했던 것이다. 1910년대 대표적 종합지였던 『청춘』이 1918년 9월(15호)까지 당시로서는 독보적인 29개의 분매소를 건설했던 사실을 감안할 때, 이런 상황은 오히려 퇴보로 비칠 수도 있다. 잡지가 아니라면, 매체의 성격상 유통망의 건설이 필수적이었던 신문들이 비교 대상이 될 수 있는데, 이 경우 『개벽』의 유통망은 자본 규모에서 월등했던 당대 신문사의 그것과 비교해도 크게 손색이 없었다. 실제 『동아일보』는 창간과 더불어 23~25개의 지국을 건설하고, 1922년 2월에는 48개 지국-140개 분국의 거대 유통망을 갖추는데,[25] 『개벽』이 몇 천원의 자본금으로 출발했고,[26] 일간지에 비해 자본 회전력이 떨어지는 월간지

23) 방효순에 따르면, 『개벽』이 발간되던 시기(1920~1926년)에 존재했던 조선의 서적상(출판사)은 50~60곳으로 대부분 경성에 위치하고 있었음을 알 수 있는데(『일제시대 민간 서적발행활동의 구조적 특성에 대한 연구』, 이화여대 박사논문, 2001, 20면 표5와 부록 참조), 『개벽』의 대중적 인지도를 감안할 때 그 중 상당수가 『개벽』의 분매소였거나, 분매소 이름을 걸지 않았더라도 유통에는 관련했을 것으로 추정된다. 이들이 공고에서 누락된 이유는 경성에서의 『개벽』의 유통이 당연시되어 공지할 필요가 없었거나, 경성(본사)과 지방(지·분사)으로 체계화된 시스템의 성격상 지방만큼 비중 있게 취급되지 못했던 때문이다. 아울러 초기 유통에 관여했던 50~60여 곳의 지방 분매소들도 분사나 지사로 승격되지 못한 경우 상당기간 그대로 존속했을 가능성이 높다.

24) 「분매소 공고」, 『창조』 5호, 1920.3.31, 100면 참조.

25) 『동아일보』의 유통 현황에 대해서는 『동아일보사사』 1, 1975, 117·173면 참조.

26) 『개벽』의 창간 자금이 1500원 가량이고(「개벽사 약사」, 『별건곤』 30호, 1930.7, 8면 참조), 평상시 운영자금이 수천 원이었던 반면, 『동아일보』의 목표 자본금은 70만원이

였다는 점을 감안할 때, 『개벽』이 구축한 52지사—62분사는 자체가 놀라움의 대상일 수밖에 없다.

그렇다면 일개 잡지사가 거대 신문사에 필적할 만한 유통망을 구축한 이유는 무엇인가? 우선 잡지의 대중적 소통, 즉 원활한 배송과 대금수수 때문이었다. 일반적인 경우, 잡지는 매체의 특성상 신문사처럼 거대 유통망이 필요치 않았지만,[27] 『개벽』은 특수한 사정이 있었다. 무엇보다 『개벽』의 유통망이 『개벽』만의 것이 아니었다는 점이 달랐다. 즉 개벽사에서 발행한 『어린이』[28]나 『신여성』[29] 등의 잡지도 기본적으로 『개벽』의 유통망을 공유했고,[30] 늘어난 잡지물량을 감당하기 위해 유통망의 확대가 필요했다고 할 수 있다.[31] 다만, 이를 절대화하는 것은 곤란하다. 『개벽』 유통망의 확대를 상품 유통이나 대금 회수의 차원으로 일반화하는 것은 곧바로 자기모순의 함정에 빠질 위험이 있기 때문이다. 우선 능률이나 대금 회수가 관건이었다면 개벽사는 아주 손쉬운 대안을 가지고 있었다. 전국에 걸쳐 촘촘하게 건설된 천도교조직을 적극 활용하는 것이다. 하지만 개벽사는 그렇게 하지 않았다. 『개벽』의 유통

었고, 창간 자본금만 17만 5천원이었다(『동아일보사사』 1, 1975, 163면).

27) 매일 발행되는 신문의 경우 시의적절한 정보제공이 관건이기 때문에 정확한 배송이 필수적이고 따라서 그 유통망은 시간이 지날수록 촘촘해지게 마련이다. 더구나 신문은 기본적인 구독규모가 잡지에 비해 월등했기 때문에 원활한 배송과 대금수수를 위해서라도 지국의 수를 늘려야 한다. 반면 잡지는 월간으로 발행되고, 정보제공보다 지식전달이 관건이기 때문에 시의성이 떨어져도 크게 문제가 되지 않고, 배송에 있어서도 다소간 여유가 있다. 게다가 잡지의 발행부수는 통상 신문에 비할 바가 되지 못한다. 오늘날 대다수의 잡지에 독자적인 유통망이 없는 이유는 이 같은 매체의 특성에서 비롯된다.

28) 1923.3.20~1931.2.20, 통권 82호.

29) 1923.9.1~1924.4.4, 통권 38호.

30) 이를 전적인 공유로 보아서는 곤란하다. 서점이나 상점 그리고 신문지국 등을 겸한 지·분사나 천도교 관련 지·분사는 이들을 모두 취급했을 가능성이 상대적으로 높고, 개인이나 각종 사회단체가 운영하는 지·분사들의 경우는 가능성이 낮았다. 매체의 성격이 달랐기 때문이다.

31) 1924년을 기준으로 『개벽』은 7,000~8,000부, 『어린이』는 1만 부 가량을 발행했고, 『동아일보』는 2만 부를 발행하고 있었다.

초기 잠시 고육책으로 이를 활용했을 뿐, 종교조직을 드러내는 것을 무척이나 꺼렸다. 오히려 개벽사는 새로운 민간 유통조직의 건설에 적극적이었다. 이런 자기모순 외에 더 큰 문제도 있다. 예의 관점을 절대화할 경우, 개벽사가 '민족운동을 재래하는 언론기관'으로 창설되었고, 끊임없는 '출판계몽운동'을 펼쳤으며, 그 과정의 산물이 『개벽』의 유통망이라는 사실이 간과될 수 있다. 따라서 개벽사가 종교적 외연을 넘어서는 대중적 유통조직을 건설한 데에는 능률이나 상업적 목적 이상의 무언가가 있다고 보는 게 합리적이다.

여기서 우리는 중반 이후에 새로 건설된 지·분사 중 절반 이상이 1925년을 전후한 시기(후기)에 집중적으로 만들어졌다는 사실에 주목할 필요가 있다. 앞의 지분사 건설 현황표(표 1 참조)에서 보듯이, 1921~1924년까지 4년간 22개 지사－17개 분사를 건설했던 반면, 1925년 이후 채 2년이 안 되는 기간에 새로 30개 지사와 45개의 분사를 건설했던 것이다. 우리는 『개벽』 55호(1925.1.1)에 실린 「지분사·분매소증설」 사고를 통해 이런 급작스런 증가의 원인에 접근해 들어갈 수 있다.

> 支分社·分賣所 增設
>
> 지금까지의 우리社의 營業政策은 支分社나 分賣所를 設置하는 것보다도 直接 個人讀者를 엇기에 注力햇슴니다. 그러나 새해부터는 할 수 잇는 대로 支分社나 分賣所를 設置하야써, 地方地方의 發展을 圖謀하게 되엿슴니다. 아레에 적은 條件을 注意해 보시고, 新年 새해에 새 經營을 始作해보시오. ……32)

인용문을 간단히 요약하면 지금까지 개벽사는 개인독자 모집에 중점을 두었는데, 새해부터는 가능한 지분사와 분매소의 건설에 최선을 다하겠다는 것으로, 무턱대고 초점을 서두에 두어서는 곤란하다. 과거

32) 『개벽』 55호, 1925.1.1, 19면.

『개벽』의 영업정책이 지·분사의 증설보다 개인독자를 얻는 데 있었다는 것은 사실이 아니기 때문이다. 잡지 대금 사기나 대금 회수가 안 되는 일로 문제가 적지 않았지만, '지사−분사' 시스템이 갖추어진 이후 지·분사의 증설은 개벽사 영업국의 주요 업무였던 것이다. 따라서 인용문의 초점은 새롭게 지·분사의 증설을 각오하는 대목에 있다고 할 수 있다. 흥미로운 점은 지금껏 유통망의 확대에 주력했던 『개벽』 주체들이 왜 1925년의 벽두에 들어 새삼스레 이런 각오를 다지는가 하는 점이다. 그 답은 '1925년'에 있다.

> 支分社增設−삼가 이뜻을 國內外의 有志에게 告함−
> 이러케 紙上으로 말슴할 수는 업는 일임니다만 우리는 지금 特히 생각되는 바 잇사와 今年 七月 안으로 國內에는 各部·郡, 國外에는 우리 同胞가 集團的으로 사는 各地點에 支·分社의 機關을 두기로 하온바, 敢히 이 뜻을 露骨로 表白하오니, 이에 對한 참으로의 생각을 가지신 이는 自己의 經歷概要(學歷 並)와 밋 그 地方의 言論界 形便(例하면 다른 新聞이나 或은 雜誌의 發展現況)을 具記하야써 本社 營業局에 問議해 주십시오.−開闢社 營業局−33)

인용한 사고(社告)는 『개벽』 58호(1925.4.1)에 실린 것으로, 우선 사고가 실린 시기가 일제가 치안유지법을 시행한 시기(1925년 5월 12일 발효)와 정확히 일치한다. 더구나 『개벽』은 1923년을 전후로 사회주의운동에 적극적이었던 만큼, 1907년의 보안법과 1919년의 제령 7조의 연장선에서 조선의 사회주의운동을 탄압하려는 목적을 가진 이 법이 실행되는 데 민감할 수밖에 없는 입장이었다. 『개벽』이 「재래할 삼중 악법령」(58호), 「치안유지법의 실시와 금후의 조선사회운동」(60호)이라는 특집기사, 그리고 60호의 권두언인 「국궁진췌이기(鞠躬盡瘁而已)」를 통해 그 문제점과 대책에 분주했던 것은 이 때문이다. 시기와 상황으로 볼 때, 위의 사고는 『개

33) 『개벽』 58호, 1925.4.1, 74면(문예면).

벽』 지·분사의 증설이 1925년 치안유지법의 실시로 급박하게 돌아갔던 국내 정세와 밀접한 관련을 갖고 취해진 조치였음을 알게 해 준다. 특히 '특히 생각되는 바 있어서 국내 요지와 우리 동포가 집단적으로 사는 지점에 지분사를 설치하겠다는 뜻을 노골적으로 표백한다'는 대목은 자못 의미심장하기까지 하다. 『개벽』은 그만큼 정치적이었던 것이다.[34]

『개벽』 유통망의 '정치지향성'은 지·분사의 전국화 과정을 살펴보면 좀더 선명히 드러난다. 『개벽』은 30호까지 서울·경기·평안남도·평안북도·황해도·전라남도·경상남도에 11개의 지사(지국)와 3개의 분매소를 건설했지만, 함경북도·강원도·충청남도·충청북도·전라북도·경상북도 등 5개도에는 지사를 건설하지 못했다. 더구나 건설된 지사들 중 절반 이상은 교세가 살아나던 경기 이북지역에 주로 건설되었다. 그러던 것이 1923~24년에 걸쳐 강원도, 평안도, 전라북도, 경상북도 등에 새롭게 지사와 분사가 건설되어 점차 전국적인 면모를 갖추기 시작한다.[35] 이런 위상 변화에 필수적인 것이 당시 교세가 미약했던 삼남지역이었고, 새로 건설된 11개의 지사 중 5개가 이 지역에 있었으니, 이는 갑오년 이래 잃어버렸던 영지(領地)를 회복하려는 천도교측의 정치적 행보로 볼 수 있는 대목이다.

한편, 1925년(55호) 이후의 지·분사 건설현황은 이런 정치적 행보가 일정한 궤도에 안착했음을 보여준다. 이 시기는 『개벽』이 비로소 전국적인 지사—분사 시스템을 완성한 때였으니, 평안남도를 제외한 각 도에 최소한 1개 이상의 지사가 새로 건설되었고, 분사의 증가도 45개로

---

34) 『개벽』이 상업적 목적을 넘어서는 존재였다는 사실은, 발간과정과 취지 또 내용과 편집체계를 통해서 구체적으로 확인할 수 있는 사안이다. 하지만 『개벽』의 유통과 소통체계가 정치적 의도를 담고 구체화하고 있었다면 이는 단순한 잡지 유통의 문제를 넘어서, 민족운동에서의 헤게모니라는 권력의 문제와 얽히게 된다. 이에 대해서는 뒤에서 상론할 예정이다.

35) 특히 중기에 들어 『개벽』이 국내의 오지인 제주도와 민족운동의 보루였던 만주와 간도 일대에 지분사를 건설하기 시작했다는 사실은 주목할 필요가 있다.

폭발적이었다. 무엇보다도 민족운동의 보루였던 만주와 간도 일원에 8개의 지・분사가 건설되어 『개벽』 유통의 요지가 되었고,[36] 일본의 동경과 오사카(大阪)에도 지사가 설립되었다는[37] 사실은 『개벽』의 영향력이 반도를 넘어 대륙과 일본에까지 미치게 되었음을 의미하는 것이다. 요컨대 '정치지향성'은 상업성과 더불어 『개벽』의 유통망을 이해하는 핵심 코드라고 할 수 있다.

주목할 점은 이런 정치지향성이 유통에의 문제만은 아니었다는 사실이다. 앞에서 지적했던 개벽사의 설립과 『개벽』의 창간이 '민족운동을 재래한다'는 권력에의 지향에서 비롯되었고, 내용・편집에서도 이런 욕망이 정치・시사에 대한 강한 집착으로 나타났기 때문이다. 아울러 개벽사가 줄기차게 이끈 '출판계몽운동'은 단순한 계몽운동이 아니라 개벽사의 자장 아래 모든 민족성원을 포섭하려는 의도를 갖고 있었다. 『개벽』・『부인』(『신여성』)・『어린이』・『농민』・『학생』 등으로 이어진 이 운동은 매체의 속성별로 독자층을 새롭게 재편(형성)[38]한다는 측면을 가지고 있는데, 이는 역으로 계층과 신분 혹은 종교나 취향의 차이를 벗어나 모든 구성원을 자신들의 영향력 아래 묶어내는 것이기도 했기 때문이다.

그렇다면 이 정치지향성의 본원은 어디인가? 필자가 보기에 이는 개벽사를 이끌었던, 나아가 당대 천도교를 중심에서 이끌었던 핵심세력들의 속성에서 찾아야 할 듯하다. 그런 점에서 이 시기 천도교를 이끌었던 중심세력을 '신파(新派)'로 규정하고, 그들의 정치적 지향을 일제와의

36) 이 지역에 대한 『개벽』의 관심은 분매소체제 때부터 시작되었지만, 특히 후기에 들어 급격히 지분사가 늘어나는 상황을 확인할 수 있다. 한편 3지사-8분사의 『개벽』 유통망은 비슷한 시기 『동아일보』의 그것(7개 지사)과 견주어도 손색이 없었다.

37) 이 시기 『동아일보』는 일본에 지사를 건설하지 못하고, 1928년에 가서야 1개의 지사를 건설한다.

38) 근대적 독자층의 형성과 재편에 대해서는 천정환, 『근대의 책읽기』, 푸른역사, 2003을 참조.

타협을 통한 '정권획득'으로 정의한 김정인의 연구[39]는 주목할 필요가 있다. 아울러 정치성이 곧 대중성이던 시대의 특성 속에서 『개벽』을 바라볼 필요가 있다. 가령 1920년대 초중반 천도교가 가진 정치세력화의 힘은 바로 조직의 힘이기도 했지만, 한편으로는 개벽사, 혹은 『개벽』을 통해 형성된 언론 내지 '문화권력'의 힘이기도 했기 때문이다.

3. 지·분사의 유형과 담당층

1) 지·분사의 유형

『개벽』의 유통망은 기본적으로 지·분사와 서포(서점)·상점·신문지국·종교단체·청년회·사회단체 등이 결합하는 형태로 운영되었다. 그 중 지·분사(지·분국)가 서포나 상회를 끼고 운영되는 형식은 식민지시대 잡지유통의 가장 보편적인 형식이자,[40] 그 미분화성을 그대로 함축하는 것이라고 할 수 있는데, 지·분사체제가 가동된 14호(1921.8) 이후를 기준으로 대략 20개 가량이 확인된다.

서점 9개 : 평남지사-이문당(20호), 개성지사-○○서점(22호), 마산지사-백일서점(46호), 평양지사-기독서원(29호), 마산분매소-백일서점(34호), 개성지사-문화관(47호), 한포분매소-중앙서관(53호), 함남지사-동아서림(68호), 평강지사-동명서관(66호)

---

39) 김정인, 『일제강점기 천도교단의 민족운동 연구』, 서울대 박사논문, 2002.

40) 이 경우 신문(『매일일보』·『동아일보』·『조선일보』 등)은 서포와 상회를 망라했던 것으로 보이고, 잡지들(『청춘』·『창조』·『조선문단』 등)은 주로 서포와 결합하는 형식을 취했다. 물론 『개벽』처럼 대중적 지명도가 있는 잡지들은 마치 신문처럼 서포와 상회를 망라해서 유통되었다.

상회 4개 : 개성지사－○○상점(29호), 함흥분매소－믿을집(55호), 진주분매소－화산상회(58호), 제주도지사－민우당(67)

미분류 7개 : 원산지사－"전화752"(53호), 부산지사－"전화 2012번"(53호), 함남지사－"전화 407"(55호), 안악분사－"전화 30"(59호), 경성총판－"광화문 573번"(66호), 군산지사－전화 746번(67호), 전주지사－"빌딩 제9호"[41]

20개란 숫자가 언뜻 작아 보일 수 있지만, 지·분사체제 이후 경성지역의 서적상들이 지면에서 한꺼번에 사라져 통계에 반영되지 못했고,[42] 『개벽』에 게재된 230여개(460여 항목)의 사고·공고·광고들 중에서 구체적 유통 정보를 확인할 수 있는 것이 30여 개에 불과하다는 사실을 고려할 때, 이것이 『개벽』 유통의 대표적 형식 중의 하나임을 짐작할 수 있다. 특히 공고에는 주소와 담당자만 밝혀져 있지만 실제로는 서점이나 상회와 결합된 지·분사였던 경우가 적지 않았다는 사실을 감안해야 한다. 가령 인용된 '제주도지사'의 경우 '사고(社告)'에는 제주도 신인회의 멤버였던 송종현·강창보·김문준 등이 지사장과 기자로 운영을 담당했다고 해놓고, 정작 그들이 운영한 상점이었던 '민우당(民友堂)'의 이름은 누락되어 있다. 또한 개성지사의 지사장 박치대(朴致玳) 역시 개성의 대표적 서적상이지만, 사고에는 이런 사항이 전혀 반영되지 않았

41) 여기서 개성지사(22, 29호)와 제주도지사의 경우는 담당자의 신분을 확인하여 재구한 것이고, '미분류'로 표기된 경우는 주소나 전화번호로 볼 때, 서포나 상점일 가능성이 높은 경우를 지적한 것이다. 그 중 원산지사(53호)는 지사장 김상익이 잡화상을 경영하고 있었던 점으로 미루어 상점일 가능성이 높고, 전주지사(53호)는 담당자들의 면모로 보아 청년회나 사회단체의 사무실일 가능성이 높지만 확증이 없어 '미분류'로 분류했다.

42) 매체의 지명도에 비추어 당시 경성지역에 존재했던 50~60개(방효순, 『일제시대 민간 서적발행활동의 구조적 특성에 대한 연구』, 이화여대 박사논문, 2001, 20면, 표 5와 부록 참조)의 서적상들은 대부분 『개벽』을 취급했고, 그 중 상당수는 초기 유통망에서 볼 수 있듯이 분매소의 자격을 갖추었거나, 혹은 규모상 지·분사에 해당하는 위상을 가졌을 것이지만, 경성과 지방 사이의 체계였던 본사－지사 시스템의 성격상 지사나 분사의 이름을 달거나, '공고'에 올려지기는 어려웠을 것이다. 혹은 경성지역의 경우 『개벽』을 취급하는 것이 당연하므로 굳이 밝힐 필요가 없었을지도 모른다. 어쨌든 이를 통계에 반영한다면 서점이나 상점과 결합되는 유형의 비중은 훨씬 증가한다.

다. 여러 이유에서 서점명이 누락되는 경우가 적지 않았음을 입증하는 대목이다.

『개벽』이 이렇게 유통될 수밖에 없었던 데는 일차적으로 경제적인 이유가 컸다. 이 시기 서적상과 상점들은 열악한 자본상황으로 인해 상품 유통의 분화 내지 전문화를 이룰 수 없었는데, 그 결과 온갖 상품들이 '상호(商號)'와 관련없이 유통되었다. 그리고 이런 상황은 지방이 좀 더 심했지만 경성이라고 크게 다르지 않았다. 예를 들어 경성의 '동양서점(東洋書店)'은 "내외국 도서잡지" 외에 "학생용품과 문방구" 나아가 '운동구 · 유치원 아동완구 · 은물(恩物)'까지 취급했으며,[43] 일찍이 『개벽』 분매소의 하나였던 해주의 서점 '보은당(報恩堂)'[44]은 서적 문구 외에 약을 팔고, '차편 제공업'[45]을 겸하고 있었다. 또한 『개벽』의 함흥 분매소였던 '믿을집'은 "양품 잡지 문방제구 부인용품"을 섞어 파는 잡화점이었다.[46] 따라서 상품 취급에 거리낄 것이 없는 이들은 돈이 되는 『개벽』을 우선적으로 취급하려 했던 것으로 보인다.

한편 자본금 몇 천원에서 출발한 '개벽사' 역시 금전적으로 쪼들리기는 마찬가지였다. 따라서 계약을 맺은 지 · 분사(분매소)라고 하더라도 여유있는 유통마진을 제공할 수 없었다. 『개벽』의 「분매소규약」에 따르면,[47] 개벽사는 책값의 2할이 채 되지 않는 유통마진을 제공했는데,[48] 이는 오늘날의 서적 유통 관행과 상당한 격차가 있는 수치로,[49] 책값이

43) 『개벽』 64호, 1925.11.1, 64~65면 사이 광고 참조.

44) 보은당의 주인 오인명(『개벽』 60호, 1925.6.1, 문예면 앞면 광고)은 일찍이 '해주분매소'를 경영했던 인물이다(『개벽』 7호~10호 분매소 일람표).

45) 이는 『개벽』 60호(1925.6.1)의 문예면 앞면 광고("장연행 오용환 자동차부")를 근거로 필자가 임의로 붙인 업종명이다.

46) 『개벽』 55호, 1925.1.1, 목차 뒷면 광고.

47) 『개벽』 7호, 1921.1.1, 204면 참조.

48) 분매소 규약이 실린 시기의 책값이 40전이었는데, 규약에서 제시한 유통마진은 권당 6전으로 책값의 1할 5푼에 해당된다.

49) 서적의 종류에 따라 차이가 있지만, 책값을 100으로 할 때, 통상 30(인문, 사회과학 서적 / 70(출판사) : 15(도매점) : 15(소매점))에서 40(소설류 등 / 60 : 20 : 20)의 유통 마진

50전으로 오르고[50] 취급분량이 늘었다고 하더라도 지·분사를 독립적으로 운영할 정도의 돈은 되지 못했다.

> …… 支社는 甲乙兩種에 난우어 甲種支社는 開闢二百部(『新女性』과 『어린이』는 開闢에 準하며, 以下皆然)以上, 乙種支社는 開闢一百部以上을 販賣할만한 責任을 갖는 이에게, 分社는 開闢五十部以上을 販賣함. 分賣所는 開闢이나 新女性 또는 어린이 雜誌를 十部以上 先金으로 請求하는 이에게 ……[51]

인용한 「지분사·분매소 증설 사고」에 따르면, 200권을 취급하는 '갑종지사'의 경우 한달 평균 15~20원을, 100권을 취급하는 '을종지사'는 그 절반인 7.5~10원을, 50권을 취급하는 분사는 3.75~5원을, 10권을 다루는 분매소는 최대 1.5원을 받게 된다.[52] 당대 노동자의 임금이 30원 가량이고 신문잡지 기자의 월 평균 봉급이 60~80원이었던[53] 점을 감안할 때, 『개벽』의 유통만으로 생계를 유지하기는 어려웠다고 할 수 있다.

마찬가지 이유에서, 지·분사가 신문지국(新聞支局)과 결합되는 형태도 보편적이었다. 필자가 확인한 바로는 이 시기 존재했던 신문지국 중 15개 가량이 『개벽』의 지·분사와 관련이 있고, 이 중 인물과 시기가 대체로 일치하는 경우가 13개다.[54]

을 제공하는 것이 오늘날의 유통 관행인데(이는 여러 출판 관련자들의 조언을 종합한 것이다. 특히 한겨레출판(주)에 근무하는 '정진항 씨'의 도움이 컸다), 개벽사는 도매점이 없는 상황에서 85(출판사) : 15(소매점)의 비율로 마진을 분할하고 있는 셈이다. 이 시기 출판업을 한다는 것이 경제적으로 얼마나 열악한 것인지를 단적으로 보여주는 사례라고 할 수 있다.

50) 책값이 50전으로 공식화된 것은 15호(1921.9.1)부터다. 물론 특별호는 가격을 따로 매겼다.

51) 『개벽』 55호, 1925.1.1, 19면 참조.

52) 이는 유통마진을 최소 1.5할, 최대 2할로 잡고 환산한 액수다. 다만 여기에는 광고수주에 대한 2할 마진은 반영하지 않았다.

53) 『동아일보』의 경우, 부장급 이상의 간부는 70~80원을, 그 외 일반기자는 보통 60원을 받았다(『동아일보사사』 1, 1975, 114면 도표 참조). 『조선일보』의 경우 부장급은 100원을 일반기자는 70~80원을 받았다(『조선일보50년사』, 1970, 115면 참조).

성천지사(22호), 선천지사(36호), 간도지사(41호), 관동지사(41호), 마산지사(46호), 전남지사(46), 상해분사(57호), 나주지사(59호), 상주지사(62호), 이리지사(57호), 영동분사(62호), 충주지사(65호), 강화지사(57호)[55]

이 중 관동지사와 상해분사는 대표적인 예로 제시할 수 있는데, 1923년 11월(41호) 관동지사의 고문(顧問)이었던 이봉하(李鳳夏)는 당시 『동아일보』 철원지국의 지국장이었고,[56] 1925년 3월(57호) 상해분사의 분사장이었던 정병욱(鄭秉旭)은 『동아일보』 상해지국의 지국장이었다. 이런 형태가 보편적이었던 만큼 『개벽』의 지・분사가 신문지국과 서점(상점)을 겸하는 형태도 흔한 일이었다. 대표적인 예가 '마산지사'의 경우다. 1924년 4월 당시 마산지사의 지사장인 이형재(李瀅宰)는 『동아일보』의 마산 지국장을 겸하고 있었는데, 1923년 4월(34호) 이래 '마산분매소'와 그 후신인 '마산지사'의 주소지는 모두 "구 마산석정 백일서점(白一書店)"이었다.[57] 즉 근대적 지식(잡지)과 정보(신문) 그리고 상품이 한데 어울려 유통되었던 셈이다.

『개벽』 유통의 또 다른 대표적 형식은 종교관련 단체나 각종 청년・사회단체에서 지・분사를 운영하는 것이었다. 외형상 상점이나 서점 혹은 신문지국이 지・분사를 겸하는 것과 유사하지만, 그 근저에 '상업성'

---

54) 이는 『개벽』의 유통에 관여한 신문지국장이나 기자 15명 중, 시기가 다르거나 불확실한 경우를 뺀 수치다. 가령 신고산지사의 강영균은 『동아일보』 지국장을 맡은 시기가 『개벽』의 폐간 직후였고, 전남총지사의 장순기는 『조선일보』 광주지국 기자였으나 시기를 확인하지 못해 통계에 반영하지 않았다.

55) 이 중 대부분은 『동아일보』 지국을 겸하고 있었고, 강화지사와 전남지사는 『시대일보』 지국을 겸하고 있었다. 『동아일보』 지국이 상대적으로 많은 것은 필자가 확인한 자료가 한정되었기 때문으로, 나머지 신문들은 역대 지국장 명단을 파악하기가 쉽지 않았다. 『동아일보』의 경우는 『동아일보사사』 1(1975, 부록)과 언급된 호수의 유통관련 공고를 비교하기 바란다.

56) 동아일보사, 「역대지국장명록」(『동아일보사사』 1, 1975, 447면)과 『개벽』 43호(1924.1.1)의 판권간기 앞 광고를 참조할 것.

57) 『개벽』 34호, 1923.1.1, 판권간기 앞면 광고와 『동아일보사사』 1의 「역대지국장명록」을 참조할 것.

을 깔지 않는다는 점에서 큰 차이가 있다. 무엇보다도 이들이 특정의 종교적, 민족적, 정치적 신념이나 목적에 기초해서 『개벽』의 유통에 적극적이었다는 사실은 양자를 가르는 핵심 준거가 된다. 먼저 종교단체의 경우 천도교관련 단체가 주를 이루는데, 지·분사 체제로의 전환(14호)을 경계로 전체적인 수가 급감하는 양상을 보인다. 10호까지의 분매소 공고에서 전체 230여 항목에서 적어도 90여 항목을 차지하던 천도교 관련 단체의 비중은 14호 이후 전체 230여 항목 중 11개로 줄고,[58] 구체적으로 함남지사(19호), 평양지사(39호), 안주분사(52호), 만성분매소(55호), 봉천지사(57호) 등 5곳 가량이 천도교측에서 운영했던 지·분사로 보인다.[59] 이런 결과는 『개벽』의 종교색을 낮추려했던 주체들의 노력 때문이기도 하지만 동시에 대부분의 공고들에 단체나 조직명이 기재되어 있지 않은 때문이기도 하다. 따라서 관련인물들의 전모를 파악하게 될 경우, 그 숫자는 다소간 늘어날 가능성이 있다. 종교와 관련하여 한 가지 주목할 사실은 『개벽』의 유통에 기독교단체나 불교단체 혹은 천주교인이 참가하고 있었다는 점인데, 많은 숫자는 아니지만 그 의미가 작지 않다.[60] 종교의 배타성을 넘을 정도로 『개벽』이 넓게 공유되었거나 혹은 그럴 정도로 공유하는 바를 지니고 있었다는 것을 방증하는 사례이기 때문이다.

---

58) 이 숫자들은 『개벽』 소재 유통관련 공고들을 망라하여 항목 수를 헤아린 것으로, 지·분사체제 전환 이전 230여 항목 중 서적상은 55항 가량이, 개인분매소는 80여항이 검출된다. 14호 이후도 마찬가지로 정리했다. 따라서 이는 대개의 빈도수를 나타내는 것이지, 실제 지분사나 분매소의 개수를 의미하는 것은 아니다.

59) 만성분매소는 '천도교종리원'으로 표기되어 있는 주소를 근거로, 나머지 네 곳은 사장이 천도교인이며, 천도교 청년회 관련 인물이라는 사실에 근거해 추론한 것이다. 사장이 아니라 고문이나 총무, 기자가 천도교인인 경우는 통계에서 제외하였다.

60) 이 또한 지분사의 핵심인물들이 관련했던 단체들을 밝혀 추론한 것으로, 기독교인의 경우 5명 가량이 유통에 관여하여, 평양지사(66호, 평양기독교청년회), 전주지사(69호, 전주여자기독교청년회), 군산분국(35호, 군산기독교 청년회), 평양지사(29호, 평양기독교청년회) 등 4곳이, 불교의 경우는 경남지사(29호, 동아불교회) 등이 종교단체와 밀접한 관련을 갖고 있었다.

하지만 『개벽』의 유통에서 무엇보다 중요한 형태는 각종 청년·사회단체들이 지·분사를 운영하는 것이었으니, 이는 이 시기 '청년'이 새로운 시대의 주체로 급격히 부상했고,[61] 이를 증명이라도 하듯이 각종 청년단체들이 생겨나 하나의 거대한 흐름을 이끌어 나갔기 때문이다.[62] 더구나 이들 단체들은 민족의 운명을 개척한다는 취지를 공유했지만, 그 구체적 방법과 지향에서는 무척이나 다양했으니,[63] 이는 공유됐으나 정치적 지향에서는 또한 다양했던 『개벽』의 궤적과 근본적으로 통하는 바가 있다. 문제는 얼마나 많은 사회단체 혹은 청년단체들이 『개벽』의 유통에 참여했는가이다. 필자는 『개벽』 소재 유통관련 기사들을 정리하여 475명의 유통관련 인물들을 정리했는데, 그 결과가 놀라웠다. 결과를 잠시 살펴보면, 475명 중에 대강의 신분이라도 확인할 수 있었던 경우가 모두 170여 명 가량 되는데 그 중 과반이 넘는 100여 명이 특정 청년사회단체의 간부인 것으로 확인되었다.[64] 그 가운데에서도 지·분사

61) 청년의 탄생에 대한 역사적, 문화적 맥락에 대해서는 이경훈 『오빠의 탄생』(문학과지성사, 2003, 42~75면)을 참조할 것.

62) 선우기성(『한국청년운동사』, 1973.5.1, 금문사, 280면 참조)에 따르면, 3·1운동 이후 각종 사회단체의 건설이 요원의 불길처럼 일어나, 1920년에 985개, 1921년에는 2,985개, 1922년에 3,002개에 달했는데, 그 중에서도 각종 청년단체의 성장이 으뜸으로 1920년 349개(일반 251개, 종교 98개), 1921년 716개(일반 446개, 종교 270개), 1922년에는 759개(일반 488개, 종교 271개)나 되었다고 한다(이러한 통계는 총독부가 작성한 「조선인단체조사비교표」(『조선치안상황』, 1922, 179~180면)에 의거해 작성된 듯하다(박찬승, 『한국근대정치사상사연구』, 역사비평사, 1992, 224~5면 표 참조). 한편 이를 보완한 안건호의 통계에 따르면 종교, 비종교를 망라한 청년회의 개수는 1920년에 694개, 1921년에 2,068개, 1922년에는 2,004개에 달한다(「1920년대 전반기 청년운동의 전개」, 『한국근현대청년운동사』, 풀빛, 1995, 59면 참조). 통계의 정확성을 확인하기는 어렵지만 대강의 상황을 파악하는 데는 문제가 없다고 본다.

63) 1920년에서 1922년 사이의 청년회 운동은 대체적으로 체제내적인 개량주의 운동, 즉 '문화운동'의 테두리 내에서 진동했지만, 1923년을 전후로 사회주의 청년운동의 바람이 거세게 불었다. 이에 대해서는 박찬승(『한국근대정치사상사연구』, 역사비평사, 1992, 224~243면)과 이기훈(「청년, 근대의 표상」, 『문화과학』 37, 문화과학사, 2004)의 논의를 참조.

64) 지분사를 맡았던 시기와 단체에 참가한 시기가 다른 경우는 배제했고, 종교관련 단체나 종교 청년회 등도 통계에 반영하지 않았다. 다만 앞에서 상점이나 서포 혹은 신

와 청년단체가 결합되었을 가능성이 높은 경우가 54명이나 되었다.[65]

문제는 이처럼 다양한 정치적 지향을 지닌 청년사회단체들이 『개벽』의 유통에 적극 가담함으로써 『개벽』의 위상에 근본적인 변화가 생긴다는 점이다. '상업성'에 치우치지 않는 이들 청년사회단체야말로 '읽고 파악하고 나아가 천명하기 위해서' 『개벽』을 유통시킨 존재들이자, 지역여론을 대표하는 정치조직이었으며, 그 구성원들이란 바로 『개벽』의 핵심 독자층이었기 때문이다. 즉 이들의 존재로 말미암아 『개벽』은 단순히 인기있는 잡지가 아니라 "민족운동을 재래하는" 강력한 매체가 되었던 것이다. 따라서 1920년대 초중반 『개벽』이 누렸던 문화권력은 천도교 조직(청년회와 이후의 청년당)의 산물이기도 하지만 좀더 직접적으로는 수많은 청년사회단체들로 이루어진 외연의 '호명(呼名)'에서 비롯된 것이라고 할 수 있다. 필자가 『개벽』 유통의 주요 유형으로 이를 주목하는 것은 이 때문이다.

한편, 『개벽』이 앞의 경우처럼 서적상과 상점 그리고 신문지국 등을 통해 유통된 데에는 경제적 원인 외에 또 다른 이유가 있었다. 보통 상점과 서점 그리고 신문지국 등은 사람들의 왕래가 잦은 곳, 말 그대로 '국내외 주요지점'에 위치하게 되고, 자연스레 지식과 정보가 소통되는 문화 · 정치의 광장이 되었는데, 이런 지정학적 특성이 『개벽』 주체들의 구미에 맞았기 때문이다. 이 시기 천도교는 천도교조직을 중심으로 대중을 규합해 일제의 양보를 얻어낸다는 전략을 세워놓고 있었으니, 필연적으로 종교적 거부감이 덜한 대중조직이 필요했고, 서점 · 상점 · 신문지국 형태의 지 · 분사들은 그런 역할을 하기에 적합했던 것이다. 더구나 이들은 1925년과 같은 비상시국에는 여론을 집결시키고, 이를 통해 구체적 정치적 행동들을 촉발시킬 수 있는 '비상 연락망'이었으니

문지국에 관련된 사람이라도 시기적으로 공유되면 통계에 반영하였다.

65) 이는 지분사의 형태(주소)를 결정할 수 있었을 것으로 추정되는 고문이나 사장 등의 핵심 직책을 맡고 있었던 인물들만을 따로 헤아린 것이다.

일거양득인 셈이었다. 그리고 이런 점에서 보면, 지역 정치 여론의 중심이었던 청년사회단체들은 더할 나위없는 대상이었다. 앞서 보았듯이 유통 담당자들의 대다수가 각종 청년사회단체의 간부들이었다는 사실이 이를 방증한다.

다만 이에 대한 정반대의 설명도 가능하다는 점을 염두에 둘 필요가 있다. 정치적 지향과 목표는 정해졌으나, 이를 구체적으로 실현할 조직적 무대가 제한되었던 청년단체들에 있어 탄탄하고 거대한 천도교의 조직망은 말 그대로 꿈같은 존재였기 때문이다. 이때, 그들이 종교적 장벽의 제한 없이 천도교 조직에 다가설 수 있는 손쉬운 길이 바로 『개벽』의 유통에 참여하는 길이었다. 더구나 『개벽』의 유통에 참여하는 것은 당대 최대의 정치잡지이자, 문화권력지에 자신들의 정견과 노선을 직접 발표하거나 혹은 그 내용과 편집에 영향을 미칠 수 있는 거의 유일한 길이기도 했다.

2) '지 · 분사'의 인물들과 독자층

『개벽』의 유통망과 관련된 인물들, 즉 지 · 분사관련 사고 등에 등장하는 475명의 인물들은 어떤 사람들이었을까? 일단 이들의 대다수는 『개벽』의 취지에 공감하는 '사우'들이다. 개벽사의 사규상 본사나 지 · 분사의 사원이 되려면 사우가 돼야 했기 때문인데, 적어도 '고문'이나 지 · 분사장 그리고 기자까지는 사우였을 것이다. 아울러 이들은 기본적인 문자 해독 능력을 갖춘 지식 계급이자, 지역유지나 사회활동가였다. 시대적 상황과 잡지의 성격상 지역사회의 유력인사나 사회활동가는 교섭의 1순위였을 것이기 때문이다. 이런 경향은 비슷한 시기에 존재했던 『동아일보』의 경우에서도 쉽게 확인할 수 있다.

> 특히 창조기의 지국·분국장의 상당수는 단지 지방의 유력인사에 그치지 않고 그 지방의 민족운동의 중심적인 인물이었고, 또 지국·분국의 기자들도 상당수는 그 지방의 민족운동의 전위분자였던 것이다. 동아일보의 지방조직은 일개 신문사의 지방조직이라기 보다도 민족운동체의 지방조직같은 인상이 더 강하였다.[66]

하물며 "범인간적 민족운동의 성과를 재래하는 유일한 기관"을 꿈꾸었던 『개벽』이 이를 무시했을 리가 없다. 실제 명단을 들여다보면 이런 추정이 사실에서 크게 벗어나지 않음을 알 수 있다. 유통관련 인물 475명 중 현재까지 신원이 확인된 인물은 모두 170여 명인데[67] 이들의 대다수가 말 그대로 '문제적' 인물들이다.

먼저 50명에 이르는 사회주의 관련자들이 눈길을 끈다.[68] 제주지사의 송종현(宋種絃)·강창보(姜昌輔)·김택수(金澤銖)·김문준(金文準)은 1925년 3월에 결성된 사회주의 비밀결사인 '신인회(新人會)'의 핵심 멤버로서, '민우당(民友堂)'이라는 상점을 거점으로 제주도 사회주의 청년운동을 주도한 인물들이다. 동경지사의 고문이었던 고순흠(高順欽)은 제주도 출신의 무정부주의자로 일찍이 항일비밀청년단체인 대동청년당(1909년)을 조직했고, 조선노동공제회의 전신인 조선노동문제연구회(1919.7)를

66) 『동아일보사사』 1, 1975, 115~116면 참조.

67) 이는 『개벽』의 유통관련 인물 475명을 『일제하사회운동 인명색인』 상·하(역사문제연구소 편, 여강출판사, 1992), 『한국사회주의 인명사전』(강만길·성대경 편, 창작과비평사, 1996), 『한국청년운동사』(선우기성, 금문사, 1973), 『동아일보사사』 1(동아일보사, 1975), 『한국공산주의운동사』 1(이기하, 국토통일원, 1976), 『독립유공자공훈록』(국가보훈처), 『한국공산주의운동사』 1~5(김창순·김준엽, 청계, 1986 신판), 『한국민족문화대백과사전』 1~27(정신문화연구원, 1991), 『한국인명대사전』(신구문화사, 1986) 등과 대조한 결과다. 검색 영역과 대상을 종교 관련, 특히 천도교 부문과 여타 사회 운동부문으로 확장할 필요가 있었지만 작업의 진척이 더뎌 그러지 못했다. 작업이 진척되면 더 많은 숫자의 인물들을 그리고 더 많은 정보를 제공할 수 있을 것이다.

68) 이는 『한국사회주의 인명사전』(강만길·성대경 편, 창작과비평사, 1996), 『한국공산주의운동사』 1(이기하, 국토통일원, 1976), 『한국공산주의운동사』 1~5(김창순·김준엽, 청계, 1986 신판)에서 거론된 인물들과 사상 관련성이 짙은 사회단체에 가입하여 활동한 인물들을 합한 숫자로 확인된 것이 47명 가량이다.

조직했으며, 1920년대 초반 사회주의 단체인 서울청년회에 몸담았던 인물이다. 한편, 인천지사장 조이환(曺利煥)은 1924년 사상단체 '신합청년회(新合青年會)' 결성에 참여하고, 조선노농총동맹에 가입했으며, 1925년 제1차 조선공산당 검거사건 당시 『시대일보』의 기자로 체포된 인물이다. 전남지사장 설병호(薛炳浩)는 1920년대 초반 광주노동공제회 집행위원장과 『동아일보』·『시대일보』 광주지국장을 지냈고, 1926년 8월에는 제1차 조선공산당 사건으로 피검되기도 했다. 또한 간도지사장 김정기(金正琪)는 1923년 3월 간도 최초의 사회주의 교육기관인 동양학원(東洋學院)을 설립한 인물로, 1926년 10월 조선민흥회 상무위원이 되었다. 간도지사장 여남수(呂南壽)는 1925년 사회주의 단체 'CK단' 사건으로 체포되었던 인물로, 1926년 동만청년총연맹 창립에 관여했고, 조선공산당 만주총국에 입당한 인물이다.[69] 이들의 존재는 1920년대 초중반 사회주의 운동이 민족운동 내부에서 급격히 성장했고, 1923년을 전후해서는 『개벽』 유통의 주된 담당층이었던 청년회 내지 청년층의 분화를 가져왔다는 사실과 밀접한 관련이 있다.

다음은 독립운동가들로 대략 50여 명에 달한다.[70] 3·1운동 관련자들이 가장 많고, 임시정부나 비밀결사 관계자들이 뒤를 잇는다. 대표적인 인물들을 살펴보면, 개성지사장 박치대(朴致玳)는 개성 송도면의 서적상으로 '조선독립개성회(朝鮮獨立開城會)'란 비밀결사를 조직하여 학생들을 규합하려다 체포되었던 인물이었고, 원산지사의 김상익(金相翊)·이가순(李可順)·조병철(趙炳喆)은 원산의 3·1만세운동을 주도한 인물들로, 특히 조도전대 출신으로 원산리의 객주조합의 이사였던 조병철은 훗날 '원산폭탄매장사건'의 주모자로 체포되기도 했다.[71] 광주지사의

69) 자세한 사항은 강만길·성대경 편, 『한국사회주의 인명사전』(창작과비평사, 1996)을 참조할 것.

70) 물론 이들 중 상당수는 앞서 거론한 사회주의 운동가들과 중복된다.

71) 원산지역의 항일운동에 대해서는 편찬위원회, 『원산시사』, 175~180면을 참조할 수 있다.

강석봉(姜石峯) · 지용수(池龍洙) · 김재명(金在明) 등은 3 · 1운동을 주도한 지도급 인사들이었고, 함남지사의 문태직(文泰稷) · 홍성연(洪聖淵)과 초산분사의 이헌국(李憲國), 영흥지사의 조봉희(趙鳳禧) 등은 임시정부의 연통제 · 교통국 관련자였다. 또 관동지사의 김완호(金完鎬) · 신순풍(申順豊) · 윤홍모(尹弘模) 등은 '철원애국단사건'의 핵심인물들이었다.[72)]

여기에 앞서 말한 정병욱 · 김병익 · 강훈 · 이원행 · 이봉하 · 이창석 등 십여 명에 이르는 신문지국장들과 마산지사의 기자였던 시조시인 이은상(李殷相)이나 함남지사의 기자였던 최두선(崔斗善) 등 언론 · 문화계 인사들까지 포함하게 되면 『개벽』의 유통망은 지역유지 · 지식인 · 사회활동가 · 천도교인 · 독립운동가 · 사회주의자 등 당대 지식층 전반을 포괄했다고 할 수 있다.[73)]

한편, 이들의 대다수는 각종 청년사회단체의 간부들이기도 했다. 이들은 앞서 거론한 두 집단군을 포괄하여 100여 명에 달하는데, 이는 『개벽』의 핵심독자가 누구였는가를 해명하는 중요한 단서가 된다. 즉 당시 청년회가 신문 · 잡지의 대표적 회람(回覽) 장소였고, 또 그 간부들이란 매체의 독자이자 전파자였으며, 아울러 일개 청년회가 적게는 수십명에서 많게는 수백명의 회원을 거느리고 있었다는 사실을 감안할 때, 청년층이야말로 『개벽』의 핵심 독자층이라고 할 수 있다. 『개벽』 11호에 게재된 「잡지 『서광』을 읽고 황석우군에게」와 아래 인용한 박영희의 회고는 이에 대한 훌륭한 방증이라고 할 수 있다.

地方에를 巡廻해 보면 新聞支局이나 書店치고 開闢誌 없는 데가 없고 또

72) 물론 평양지사장 李最煥처럼 친일단체('대동동지회')와 관련된 인사도 있었다.
73) 따라서 "지사, 분사, 분매소는 각 지역별 천도교 청년회에 대부분 위치되어 있으며, 지사장은 천도교인으로 그 지역의 지도급인사들이 맡아 운영 · 관리하고 있다"라는 오영근의 주장은 사실이 아니다. 이는 전기(특히 1~10호) 상황을 지 · 분사체제가 보편화된 중 · 후기까지 소급 적용했기 때문에 발생한 오류라고 할 수 있다(오영근, 「개벽에 관한 서지적 연구」, 청주대 석사논문, 1994, 25~28면 참조).

는 내 目睹한 바이지마는 靑年들치고 外出할 때면 으레히 短杖 들듯이 이 開闢을 옆에 끼고 다니였다. 그만큼 이 雜誌는 時代的 寵兒 노릇을 하였든 것이다.[74]

홍양청년회 314인의 명의로 게재된 앞의 논평은 『개벽』이 청년집단 속에서 구독·회람되었음을, 인용한 후자는 그 집단 안에서 구가된 『개벽』의 인기를 단적으로 드러내고 있다. 따라서 『개벽』은 경성과 지방의 청년층을 중심으로 지식계층 전반을 포괄하며 유통된 잡지이며, 지역적으로는 경성과 그 이북지역에서 상대적으로 더 많이 유통된 매체라고 할 수 있다.

4. 『개벽』 유통망의 역할과 위상

『개벽』 지·분사의 일차적인 역할은 잡지의 송본과 대금 회수(광고수주 포함)를 책임지는 것이었지만, 부분적으로 본사에 기삿거리를 제공하는 정보통이나 소식통의 역할을 겸하고 있었다.[75] 즉 오늘날의 지방 방송국의 역할을 했다고 보면 되는데, 특히 34호(1923.4)부터 시작된 '13도호 발간사업'은 여러 면에서 지·분사의 역할·위상을 크게 바꾸는 계기가 되었다.[76] 더구나 지·분사 체제가 안착되고 각종 청년사회단체들

---

74) 박영희, 「신흥문학의 대두와 개벽시대회고」, 『조광』 32호, 1938, 54면.

75) 지·분사의 인물들이 간단한 지역관련 기사를 작성해 게재하는 경우도 많았다. 강계지사장 '이원행'의 글(56호, 72면)과 포항지사장 '김성출'의 글(57호, 77면) 등을 대표적인 예로 제시할 수 있다.

76) 사업의 성격상 지역에 정통한 지·분사의 도움이 필수적이었기 때문인데, 사업이 완료된 1925년 12월(64호)까지 『개벽』 지면의 1/3 이상을 지역관련 기사로 채웠으니 지·분사에 대한 본사의 태도가 어떠했을지 충분히 짐작이 가는 대목이다.

이 『개벽』의 유통에 적극 관여하게 되자, 『개벽』의 지 · 분사는 정치 · 문화의 광장이자, 지역 여론의 중심지가 되었다. 이런 점에서 다음과 같은 '쪽기사'[77]는 시사하는 바가 크다.

> □ 十月 十七, 十八 兩日이다. 開闢通川分社主催로 庭球大會를 열고, 00靑年團, 翁谷靑年團, 庫低靑年團, 通川00團, 通川公普軍, 00通明團, 通川庭球團 七 團體가 會同하야 勝負를 決하던 中 最後의 勝利는 通川庭球團에게로 도라갓다.(寫眞은 最後의 優勝을 어든 通川庭球團員, 사진생략—인용자)[78]

인용문을 요약하면 '통천분사 주최로 정구대회를 열었고, 여기에 지역의 청년 단체 7개가 참가했다'는 것인데, 『개벽』의 지 · 분사들이 지역의 각종 청년단체들과 어떻게 소통했는가를 단적으로 드러내는 기사라고 할 수 있다. 즉 '친목'을 무기로 각종 행사(운동회나 체육대회 혹은 간담회)를 지원하고, 이를 통해 자연스럽게 지역 여론의 교류지 역할을 자처했던 것이다. 흥미로운 점은 이 시기 청년단체들간의 연합행사가 '친목'을 내세워 이루어지고, 개벽사 역시 이를 매개로 '전조선 기자대회'[79]를 추진했다는 것이다. 따라서 이 시대의 '친목'이 단순교류의 의미로 한정되어서는 곤란하다. 사안에 따라서는 조직적 · 정치적 의미를 띨 수도 있는 것이다. 가령 앞에서 말한 지분사 주최의 친목모임이 정기적 혹은 반복적으로 이루어질 경우를 가정하면, 상황이나 사안에 따라서 조직적 · 정치적 연대의 움직임이 모색될 여지도 충분하다. 더구나 느슨하지만 좀더 대중적인 교류와 연대가 절실했던 천도교측은 개벽사나 지역 천도교 청

77) 『개벽』의 목록에서 누락된 작은 기사들을 말한다. 본문을 보강하는 오늘날의 쪽기사와 달리 빈 지면을 채우는 역할을 했지만, 개중에는 중요한 정보를 제공하는 기사들도 많아 따로 정리할 필요가 있다.

78) 『개벽』 63호, 1925.11.1, 30면 하단 쪽기사.

79) 1925년 4월 15일부터 17일까지 개벽사 주최로 천도교 경성교당에서 열린 행사를 말한다. 이에 대해서는 58호에 실린 「조선기자대회」 공고(문예면 75면)와 「조선기자대회 잡관」(59호, 60~61면)을 참조할 것.

년회 조직을 통해 여기에 물밑 지원을 했으리라 추정된다. 그렇다면 통천분사의 경우를 『개벽』이 건설한 전체 유통망(52개 지사—62개 분사)으로 확대해 보자. 그 조직적 · 정치적 가능성은 실로 대단한 것이라 할 수 있으니, 개벽사와 『개벽』의 지 · 분사가 주목을 끄는 것은 당연했다.

> 世上에는 참 怪惡한 일도 잇슴니다. 本社員의 名銜을 거짓박아 가지고, 財金詐取 政治犯 密探을 하는 假社員, 假記者가 잇슴니다. 이 者들은 朝鮮內地에서 뿐만 아니라, 멀리 海外에까 出沒함니다. 本社에서도 어대까지 防弊에 努力하려니와 여러분 兄弟께서도 가티 注意하시사 그런 疑心썩은 일이 잇는 때에는 곳, 本社 庶務課「親展」으로 照會하십시오.
>
> 乙丑 八月 開闢社 庶務課[80)]

인용문은 개벽사 기자를 사칭한 일제의 밀정이 국내와 해외를 돌아다니며 '정치범밀탐'을 한다는 것으로, 개벽사 기자가 가진 민족운동 내에서의 위상과 역할이 선명히 드러나는 대목이다. 더구나 밀정이 찾았을 곳이란 국내외의 요지 즉 『개벽』의 지 · 분사들이 중심이었을 것이니 개벽사와 지 · 분사의 달라진 위상도 실감할 수 있다.[81)]

한편, 『개벽』 유통망의 가능성은 문화권력에의 가능성이기도 했다. 우선 『개벽』 유통망의 힘이 상업적 성공과 잇단 대중적 지명도의 상승을 가져왔다는 점을 상기해야 한다. 매월 평균 8,000~9,000부를 찍어서 6,000~7,000부가 팔리는 당대 최고의 상업적 성공을 이룬 『개벽』은 전체 신문, 잡지의 구독자 수가 10만 명이 되지 않는 상황에서 최소 독자수 1만명 이상을 확보한 대중적 지명도를 갖추었던 것이다. 여기에 『개벽』의 핵심 독서층이 당대 여론 형성의 중심 세력이자 문화 변동의 핵심 주체였던 청년들이었다는 사실을 감안하면 『개벽』은 단순한 잡지가

80) 『개벽』 62호, 1925.8.1, 82면, 서무과 공고.

81) 문제는 이런 위상 변화가 『개벽』의 운명을 갈랐다는 점이다. 일제는 시국사건이 있을 때마다 개벽사 본사와 지 · 분사를 압수 수색했고, 『개벽』은 잡지사상 유례가 없는 발매금지 40회 이상, 정간 1회, 벌금 1회의 탄압을 당하다 결국 폐간된다.

아니라 자체가 '문화권력'이었다고 할 수 있다.

따라서 『개벽』의 성공이 개벽사에서 발행하는 잡지와 서적의 지속적인 성공으로 이어지는 과정, 가령 『어린이』와 『신여성』이 절판되고 『사랑의 선물』이 연속 매진되는 상황[82] 등은 유통망의 문제(혹은 담당층의 문제)나 문화권력의 문제와 무관하다 볼 수 없다. 신경향파문학의 등장과 확산도 마찬가지다. 어떻게, 왜 『개벽』은 신경향파문학의 요람이 되었는가의 문제나 『개벽』과 『조선문단』 사이의 문학논쟁을 어떻게 볼 것인가의 문제는 문학의 재생산 시스템(유통망과 독자층의 문제)과 연관된 '문학권력'의 문제와 밀접한 관련이 있는 것이다. 가령 『개벽』 유통의 핵심 담당층이자 독자층인 청년층의 사상적 분화와 『개벽』의 논조 변화가 시기적으로 맞물리고, 학예(문예)부장 현철의 사퇴와 더불어 '무산자의 문예'가 지면에 등장하고, 곧이어 김기진·박영희의 등장으로 이어진다는 점은 매체와 문학의 상호관계를 조명하는 차원에서도 해명이 필요한 사안이다.

한편, 『개벽』의 유통망은 유통사(流通史)의 차원에서도 적잖은 의의가 있다. 무엇보다도 실제 유통의 담당자들의 계층과 실명을 확인할 수 있다는 사실은 서적 유통사에서 드문 사례로 꼽을 수 있다. 둘째 『개벽』의 유통망은 『소년』·『청춘』으로 이어지는 계몽적 유통망의 계보를 잇고, 그 안에서 일어난 담당층의 교체와 분화과정을 뚜렷이 드러내는데, 이 자체가 한국 서적 유통사 서술의 한 분면을 차지할 수 있다. 셋째 근대적 유통망이 절대적으로 부족했던 당시의 상황에서 『개벽』의 유통망은 여타 근대적 독물(讀物)의 유통망이기도 했으니, 당대 청년층에게 인기가 높았던 독물들, 특히 문학물들의 유통과정을 추적할 수 있는 계기가 된다. 넷째 『개벽』의 유통망은 1920년대 가능했던 유통망의 최대치를 보여주었고, 따라서 이전과 이후의 변화 양상을 파악하는 준거가 된다.

82) 『개벽』 62호(판권간기 뒷면)와 63호(목차 앞면) 등에 연속해서 실린 매진 광고 참조.

잡지 『학생계』와 문학

1920년대 초반 중등학교 학생들의 '교양주의'와 문학적 욕망의 본질

박지영

1. 서론－잡지 『학생계』[1]의 위치

1920년대는 식민지 전체가 배움에 대한 열정에 들끓었던 시대였다. 문화통치 시기 교육제도의 변화는 식민지 백성들에게 배움을 통해 그들이 온전한 국민으로 대우받을 수 있다는 허상을 심어주었다.[2] 물론

---

1) 본고는 잡지 『학생계』에 대한 최초의 고찰이 될 것이다. 지금까지 『학생계』는 그 존재여부만 알려져 있을 뿐 실물은 발굴되지 않았기 때문이다. 본 연구자는 잡지 『학생계』가 국립중앙도서관 귀중서고에 보관되어 있고, 그 사본이 마이크로필름 상태로 보관되어 것을 발견, 자료를 입수하였다. 그리고 이러한 성과는 성균관대 동아시아학술원 한기형 교수의 소개와 조언이 없었으면 가능하지 않았을 것이었다. 이 기회를 빌어 감사드린다.

2) 3·1운동으로 인해 변화된 총독부의 식민지 교육정책은 1922년 발표된 제2차 조선교육령에서 잘 드러난다. 이 교육령의 특성은 교육에 있어서 차별 대우를 없앤다는 것이었다. 일본은 기본학제와 교육과정을 일본의 그것과 유사하게 수정하였고, 경성제국대학을 설립함으로써 초등, 중등, 고등 교육의 체제가 형시적으로나마 갖추어지게 하였다. 일제는 이러한 조치를 취하면서 조선인을 향해 일시동인(一視同仁), 내지연장주의(內地延長主義)의 이데올로기적 선전을 하였다. 그러나 이는 껍데기뿐의 개혁이었고, 실상 조선인의 고등보통학교 입학에 차별을 두는 등 차별하는 모순적 교육정책은 지속되었다. 박철희, 「1920~30년대 고등보통학생 집단의 사회적 특성에 관한 연구」, 『한국교육사학』 26권 2호, 2004.10 참조.

결과적으로 배움의 기회를 얻을 수 있었던 집단은 소수였지만, 근대적 교육 제도가 정착되어감에 따라 식민지 백성들은 이 과정을 통과한다면 사회적으로 출세할 수 있다는 소망을 가질 수 있었다.

"배워라! 배워야 한다. 상놈도 배우면 양반이 된다", "가르쳐라! 논밭을 팔고 집을 팔아서라도 가르쳐라. 그나마도 못하면 고학이라도 해야 한다", "공자왈 맹자왈은 이미 시대가 늦었다. 상투를 깎고 신학문을 배워라", "야학을 설치하여라", 식민지 시대 지식인들의 상황을 실랄하게 조명한 소설 채만식의 「레디메이드 인생」에 나오는 이러한 대목은 문화통치기 초기의 정경을 제대로 말해 주고 있다.[3] 더구나 여러 여건상 고등보통학교 학생들은 희소가치[4]를 지녔고, 웬만한 일본 일본어 문헌의 독해 능력을 갖추어 높은 수준의 독서를 행할 수 있었던 그들의 지식 수준은 그들에게 예비 사회 지도자 계층으로서의 자부심을 심어주기에 충분한 것이었다. 그리고 이미 근대 초기부터 형성된 '청년 담론'은 그들에게 민족의 지도자로서 식민지 백성들을 구원할 주체로서의 윤리적 자긍심까지 심어주고 있었던 차라, 이들의 자부심은 드높을 수밖에 없었다. 그리고 이들의 자부심을 추동하고 격려하는 역할을 하는

---

3) 이미 이전의 지도계급이었던 양반계급이 몰락하고, 새로운 지도 계층이 형성되어가던 근대 초기, 상하층 계급 할 것 없이 '학벌'은 계급적 상승(혹은 유지)의 거의 유일한 토대로서 기능하게 된 것이다. 물론 식민지 시기 고등보통학교는 높은 학비에 소수의 유산계층의 자녀가 다니던 학교였기 때문에, 과연 식민지 민중들에게 계급적 상승이 가능하였는가는 의문이었다고 하더라도 '학벌'은 그들에게 거의 유일한 계급상승의 수단일 수밖에 없었다. 이러한 현상에 대한 실증적 고찰은 오성철, 『식민지 초등교육의 형성』, 교육과학사, 2000 참조.

4) 식민지 시기 고등보통학교는 소수의 유산계층의 자녀가 다니던 학교였다. 박철희, 「植民地期 韓國 中等教育 硏究」, 서울대 박사논문, 2002 참조. 또 다른 한 통계자료에 의하면 1918년부터 1937년까지 조선인의 고등보통학교 취학률은 1%내외로 매우 낮았다. 고등보통학교 학생들은 보통 입학시험을 통해서 선발되는데 선발과정에서 치열한 경쟁의 과정을 통과하지 않으면 안 되었다. 그 시험 내용도 웬만한 일본어 문헌의 독해능력과 기초적인 수학적 원리와 그 응용능력을 가져야 통과할 수 있는 높은 수준의 것이었다. 그런 만큼 고등보통학생은 매우 희소가치가 있는 존재였다. 그나마 1919년에서 1923년까지 조선인의 취학률은 0.3~0.8%였다. 박철희, 「1920~30년대 고등보통학생 집단의 사회적 특성에 관한 연구」, 『한국교육사학』 26권 2호, 2004.10, 109~110면 참조.

것은 근대 미디어였다. 문화통치기 1920년대 초반에는 많은 매체들이 자기의 존재를 드러냈고 당대 지식청년들은 그 지면을 통해서 자신들의 존재감을 찾아 간다.[5)]

본고가 고찰하고자 하는 잡지 『학생계』는 바로 이 시기 1920년대 초반 지식청년들을 대상으로 창간된 잡지이다. 이 잡지는 현재까지 원본을 입수한 바에 의하면, 한성도서주식회사가 1920년 7월부터 1922년 11월 1일까지 발간한 총 18호의 종합교양지이다. 18호 '편집상에서'에는 19호를 기다려달라는 당부가 있기 때문에[6)] 그 이후의 발간 여부는 확인할 길이 없다. 만약 18호를 마지막으로 잡지를 폐간하였다고 하더라고 이 문구는 『학생계』가 한성도서주식회사의 자체적 의지로 폐간한 것은 아니라는 점을 시사한다.

이 잡지는 제목이 의미하는 그대로 '학생' 특히 구체적으로 중등학교 재학 이상 학력의 소유자들을 독자 대상으로 설정하고 있다. 물론 『청춘』·『소년』 등 1910년대 매체 역시 이미 전국 주요 학교의 학생 및 선생이 본 잡지의 독자층 대다수를 형성[7)]하고 있었지만, 이렇듯 구체적으로 '학생'으로 명시하고 있지는 않았다는 점에서 이 매체의 제목이 상징하는 바는 중요하다. 잡지의 주재자들은 『청춘』과 『소년』이 '청년'이라는 넓은 테두리 속에서 포섭하고자 했던 주체가 이제는 근대적 제도 안에서 '학생'이란 이름으로 제도화되어 구체적으로 호명될 수 있다는 점을 인식하고 있었던 것이다. 그랬던 만큼 이 매체는 '학교'라는 교육제도의 공간과도 긴밀한 연관을 맺고 있었다. 창간호에 실린 '축사'의 필자들이 모두 전국 사립학교의 교장과 교원들이었다는 점이 이를 간접적으로 증명한다.[8)]

---

5) 1920년 한 해에 창간된 잡지만 해도 『개벽』, 『공제』 등 16종에 달한다. 김근수, 「자료－문화정치 표방시대(전기)의 잡지개관」, 『아세아연구』 30호, 1968.6 참조.
6) 「편집상에서」, 『학생계』 18호, 1922 참조.
7) 김미정, 「근대 초기 현상공모 일고찰」, 반교어문연구 18집, 2005 참조.
8) 축사의 필자들은 다음과 같다.

그리고 또 하나 중요하게 제기되는 점은 1910년대 대표 잡지 『소년』과 『청춘』이 보여주었던 것처럼 이들에게 '문학'은 가장 중요한 '근대지(近代知)'의 표상이었다는 것이다.[9] 1920년대 인텔리의 대표적 표상이 문인이었던 점은 이들 학생들에게 자신의 존재감을 가시화시키는데 '문학'이라는 매개체가 얼마나 강력하게 어필하는 것이었는가를 말해주는 것이다[10]

이미 『청춘』이 현상문예제도를 통해서 청년 독자들을 호명하려했듯, 『학생계』에서도 현상문예제도가 상설화되어 있어 당대 청년들의 문학에 대한 열망을 반영하고 있다. 물론 이미 1919년 동경에서 동인지 『창조』가 발간되고 1920년 7월에 『폐허』가 간행되어 본격적인 동인지 시대가 개막되고 있었던 시점이지만, 그 반대편에서 종합교양지 『개벽』이 창간되고 그 안에서도 문학의 재생산 통로가 유지되고 있었다는 점에서도 역시 『학생계』의 등장은 의미심장하다.

『창조』나 『폐허』 등 동인지가 '문학' 그 자체를 숭배하고 있었다고 한다면, 『개벽』의 주역들은 결코 문학 그 자체의 보급에 매달리지 않았고 그들의 이념지향에 문학의 이데올로기적 성격을 결합하려 하였다고 한다.[11] 이처럼 『개벽』이 종교적 사상을 지향한 매체였다고 한다면,

---

필자	필자 소속	필자	필자 소속
구례구	경성중앙청년회학 관장	김동익	경성정신여학교 교사
김기일	평양숭실학교 대표	정대현	경성보성고등보통학교 교장
이도춘	재령읍명신학교 대표	이성회	경성이화학당 교사
김재찬	재령숭덕학교 교장	홍기원	경신학교 교사
임경재	휘문고등보통학교장	이중화	경성배제고등보통학교 교사
조동식	경성동덕여학교장	최두선	경성중앙학교장
이정찬	경성배화여학교 교사	이광종	경성중앙학교 교사
장 준	경성정신여학교 교사	최규동	경성중동학교 교장

9) 한기형, 「최남선의 잡지 발간과 초기 근대문학의 재편-『소년』, 『청춘』의 문학사적 역할과 위상」, 『대동문화연구』 45집, 2004 참조.

10) 박헌호, 「식민지 조선에서 '작가'가 된다는 것-근대 미디어와 지식인, 문학의 관계를 중심으로」, 『상허학보』 17집, 2006 참조. 그리고 이미 10년대 잡지 『소년』과 『청춘』을 통해 이러한 점을 구체적으로 밝힌 논문으로 소영현의 「근대 인쇄 매체와 수양론·교양론·입신출세주의」(『상허학보』 18집, 2006.10)가 있다.

『학생계』는 다른 길을 걸어갔으리라 추측된다. 『개벽』이 1920년대 문화운동을 선도했던 '개벽사'의 매체였다고 한다면,[12] 『학생계』는 개벽사와 쌍두마차를 이루면서 1920년대 문화운동기를 화려하게 장식했던 한성도서주식회사가 발간한 교양종합지이기 때문이다.

한성도서주식회사는 개벽사만큼 식민지 시기 최고의 '자본력'을 자랑했던 출판사이다.[13] 식민지 시대 최고의 베스트셀러가 각기 이 두 출판사가 기획 출판한 『사랑의 선물』(방정환, 번안동화집)과 『사랑의 불꽃』(노자영, 연애서간집)[14]이었다는 점 역시 이를 증명해 준다. 그런데 이 두 텍스

---

11) 한기형, 「『개벽』의 종교적 이상주의와 근대문학의 사상화」, 『상허학보』 17집, 2006.

12) 여기에 대한 것은 최수일, 「1920년대 문학과 『開闢』의 위상」, 성균관대 박사논문, 2001에 자세히 서술되어 있다.

13) 한성도서주식회사는 우리나라 출판사 중 최초로 기업화된 주식회사의 체제를 갖춘 곳이며, 3.1 운동이 있은 이듬해인 1920년 5월에 "우리의 진보와 문화의 증진을 위하여 시종 노력하기로 자임"한다는 사시를 내걸고 순수한 민족자본금 30만원으로 설립하였다. 이봉하 사장, 이종준 전무와 한규상・장도빈・박태련 등의 경영진은 김윤식, 양기탁을 고문으로 초빙하는 한편, 당시의 젊고 실력있는 신진학자와 문인들에게 실무 편집을 맡겼다. 출판부장을 겸임한 장도빈과 함께 오천석 잡지주간, 김환・전영택・노자영・김억・김동인 등이 편집에 관계하면서 1921년부터 본격적인 출판 활동을 전개한다. 여러 가지 한국 역사, 위인전기와 문학 서적들과 외국 사정을 알리는 데 힘썼으나 창설 초기에는 『서울』・『학생계』, 1930년대에는 『학등』 등 잡지도 발행한다. 그러다가 1934년 공진항, 이선근이 새로 2만원을 투자하여 공장과 판매부, 출판부를 분리, 독립시켜 사세를 확장했다. 사세를 확장한 뒤부터 공진항・이선근 두 중역이 퇴임하는 1936년까지는 일반 단행본 출판에 힘을 기울이게 되는데 당시로는 거창한 장편문학 전집을 비롯하여 보기 힘든 호화본을 많이 출판했거니와 특히 김팔봉의 『김옥균』, 심훈의 『상록수』 등 160여 종의 문학 작품을 출판하여 불멸의 공적을 남겼다. 이선근의 증언에 의하면 『한국 장편소설전집』은 2,000부씩 여러 차례 발행했다고 하니 당시 한성도서의 활약상은 짐작하고도 남는다. 이후 1956년까지 활동하다가 화재로 전소된 뒤 종로에서 서점만을 운영하다 끝내 재기하지 못하고 문을 닫는다. 이중한 외, 『우리 출판 100년』, 현암사, 2001, 61~64면 참조.

14) 노자영의 『사랑의 불꽃』은 오은서라는 가명으로 신민공론사에서 발행된다. 노자영의 회고에 의하면 한성도서 영업국장 김진헌씨의 소개로 한성회사에 입사했고 「연애서간집」도 그의 권유로 발행하게 되었다고 한다. 그러므로 『사랑의 불꽃』은 한성도서주식회사가 기획한 책인 셈이다. 이를 볼 때, 그만큼 한성도서주식회사는 상업적 식견에 밝은 곳이었다고 추측할 수 있다. 노자영, 「나의 문단 참회록-문단 20년의 회고기」, 『유수낙화집』, 청조사, 1935, 58~59면 참조.

트가 지향하는 것은 달랐다. 하나는 아동계몽을 위한 동화집이었고 다른 하나는 다소 상업적으로 기획된 연애서간집이었다. 이 점만 비교해 보아도 알 수 있듯 한성도서주식회사의 성격은 개벽사와 다른 것이다.

한성도서주식회사도 『개벽』을 통해 출판문화운동의 기선을 잡으려고 했던 개벽사처럼 20년대 초반에는 『서울』·『학생계』 등 잡지 발행에 주력한다. 한성도서주식회사 역시 당시 문화운동의 대세에 발맞추어 1920년 5월에 "우리의 진보와 문화의 증진을 위하여 시종 노력하기로 자임"한다는 사시를 내걸고 설립한 출판사이다. 한성도서주식회사가 발간한 『학생계』 이외에 『서울』(1919.12～1920.12[15])·『학등』(1933.10～1936.3) 역시 종합교양지로서 다양할 읽을거리를 통해서 당대 청년들에게 근대적 지식을 전달하고자 한 매체였다. 그밖에 한성도서주식회사는 한글 운동에도 기여한 바가 크다고[16] 하니 식민지 시대 문화운동계에서 이 출판사가 지니고 있었던 위상을 짐작할 수 있을 것이다.

그러나 개벽사가 『개벽』 이외에도 1923년, 잡지 『어린이』, 『신여성』을 발간하여 매체를 통한 문화운동을 지속적으로 전개해갔던 데 비해 한성도서주식회사는 1922년 『학생계』가 폐간된 이후에는 주로 단행본 출판에 주력한다. 김동환의 『국경의 밤』(1925), 심훈의 『상록수』(1937), 『직녀성』(1937), 이광수의 『흙』(1933), 이태준의 『달밤』(1934), 『제2의 운명』(1937), 『가마귀』(1937), 김동인의 『감자』(1935), 『운현궁의 봄』(1938), 염상섭의 『모란(牡丹)꽃 필 때』(1937), 박세영의 『山제비』(1938), 황순원의 『골동품(骨董品)』(시집, 1936) 등 문학서와 『문예독본(文藝讀本)』(1933) 등 문

15) 잡지 『서울』은 1권에서 2권3호까지는 서울사, 3호부터는 한성도서주식회사에서 발간된다고 한다. 김근수, 앞의 글, 182면 참조.

16) 한성도서주식회사는 『한글』지의 인쇄를 담당했으며, 통일안이 발표되기 전에 이미 신철자 활자로 책을 인쇄했다. 통일안이 발표되자 즉시 한글 활자를 전부 새로 주조하고, 직공들을 훈련시켜 신활자 인쇄를 전면적으로 단행한다. 또한 서적이나 잡지는 물론 삐라, 광고지 등도 한글맞춤법에 의거해 인쇄했다. 이혜령, 「한글운동과 근대 미디어」, 『대동문화연구』 47집, 2004, 275면 참조.

예서를 비롯하여 160여 종의 문학 서적을 출판하였고 특히 야심차게 기획된 『한국 장편소설전집』을 2,000부씩 여러 차례나 발행했다고 하니, 이 출판사의 야심과 저력은 대단한 것이었다고 볼 수 있다. 이 출판사는 식민지 시대 '문학' 독물이 출판 문화의 시장에서 어떠한 위치를 차지하고 있는가를 잘 알고 있었던 것이다. 이외에도 이 출판사는 『진단학보(震檀學報)』(1934~), 『한글』(1935~) 등 잡지와 『조선요리제법(朝鮮料理製法)』(방신영, 1934), 『조선씨족통보(朝鮮氏族統譜)』(윤창현, 1924), 『한글마춤법 통일안』(1933) 등 다양한 서적들을 발행하여 명실상부 식민지 시대 대표 출판사로 입지를 다진다.[17)]

『개벽』이 검열당국의 탄압으로 급기야 1926년 폐간됨과 동시에 그 위용이 서서히 사라져갔던 개벽사에 비해 한성도서주식회사는 30년대 중반부터 후반까지 적어도 10종 이상의 단행본을 발행했으며[18)] 적어도 40년 초반까지는[19)] 출판 활동을 지속할 수 있었다.

이는 그만큼 한성도서주식회사가 발간한 도서들의 내용이 식민지 검열 당국의 눈에 그리 크게 저촉되지 않는 선이었다는 점을 반증해주는 것이기도 하다.

그러나 그럼에도 불구하고 이 출판사가 왜 1920년대 중반 이후에는 잡지의 발간에 주력하지 않았는가는 중요한 의문으로 남는다.[20)] 이는 『학생계』를 통해서만 추론이 가능한데, 이는 이후에 분석을 통해서 증명해보기로 한다. 이는 1920년대 초반 문화통치를 표방하면서 얼굴표정을 관리하면서 검열의 교묘한 수위를 조절해 나갔던 식민지 당국의 출

---

17) 이중한 외 공저, 앞의 책 참조.

18) 『동아일보』에 실린 한성도서주식회사 발행 책광고를 살펴보면, 33년부터 38년까지 거의 매년 10종이 넘는 단행본이 광고되고 있었다.

19) 『동아일보』 책광고를 검색해 보면, 식민지 시대 한성도서주식회사 발간 도서의 광고는 1940년에 발간된 盧良根의 『열세동무(少年少女長篇小說)』가 마지막이며, 다른 문헌에서는 41년 『김립』 시집이 발간되었다는 기록이 있다. 이중연, 『책, 사슬에서 풀리다—해방기 책의 문화사』, 혜안, 2005, 120면 참조.

20) 『학생계』 발간 이후에 한성도서주식회사는 잡지로는 『학등』만을 발간한다.

판 문화 정책과 이에 대응하는 문화운동계의 대응 양태와도 관련이 깊은 문제이기 때문이다.[21]

이러한 1920년대 초반의 역동적 상황에서 발간된 『학생계』는 식민지 청년들의 근대 지식의 섭취와 문학에 대한 욕망이 어떠한 양태로 전개되는가를 잘 보여준다. 이는 순문예운동을 표방했던 동인지와 사상적 문예활동을 포섭했던 『개벽』과의 비교 속에서, 그리고 시기적으로도 『학생계』의 발간 시기가 문단 권력이 서서히 가시화되는 문학 잡지 『조선문단』과 문학의 대중화를 본격화시킨 일간지의 학예면이 자리잡기 이전이기에, 이러한 점을 살펴볼 때 이 연구는 좀 더 흥미롭게 이루어질 것이다.

2. 잡지 『학생계』의 서지적 고찰과 의식적 지향 분석

1) 『학생계』에 대한 서지적 고찰

『학생계』는 1922년 11월 창간된 월간 종합교양지로 창간 당시 발행소는 한성도서주식회사, 인쇄소는 조선박문관(인쇄인 박인환), 편집겸 발행인은 오천석이다. 정가는 30전이었고 창간호는 거의 80~100쪽에 가까운 분량이었다.

『학생계』는 창간호 당시 현상문예광고에서 학교에서 '학과를 배호시

21) 이에 대한 자세한 내용은 이전 연구 한기형, 「특집-식민지 검열체제의 역사적 성격-문화정치기 검열체제와 식민지 미디어」, 『대동문화연구』 50집, 2005; 박헌호, 「'문화정치'기 신문(新聞)의 위상(位相)과 반일검열(反一檢閱)의 내적논리-1920년대 민간지(民間紙)를 중심으로」, 위의 책과 장신, 「1922년 잡지 新天地 筆禍事件 연구」, 『역사문제연구』 제13호, 2004에서 살펴볼 수 있다.

는 남녀학생 여러분'뿐만 아니라 '농촌에서 자연을 읽으시는 남녀청년 여러분'[22]으로 독자 대중을 구체적으로 지칭하고 있다. 학교에 다니는 학생 이외에도 '농촌에서 자연을 읽으시는 남녀청년'을 독자대중으로 상정하고 있는 것은 이들 역시 '공부를 하는 지식 청년', 즉 '학생'을 지향하는 주체들이기 때문인지도 모른다. 이는 다소 상업적인 전략이었다고도 보여지는데 당시 매체의 구독자로 상정할 학생의 수는 많지 않았고 반면 가장 압도적인 인구는 농촌 인구였다. 또한 그들이야말로 "논밭을 팔"아서 혹은 고학을 해서라도 근대 교육제도의 수혜자가 되고자 열망했던 사람들일 수 있기 때문이다. 당대 문화운동의 촉수가 농촌의 문맹을 퇴치하는 것으로 향하고 있었던 경향도 이 매체에 영향을 끼쳤을 것이다.

실제로 신분을 밝히고 있는 현상문예란의 투고자들을 통해 필자들을 분석해보면 휘문・배재・중앙 등 당대 고등보통학교 재학생들이 가장 많다. 그러나 이외에도 소수이지만 승려,[23] 농촌 청년들도 간혹 등장하는 것을 보면 이들의 공고가 그들에게 용기를 주었음은 분명하다.[24]

가장 많은 글을 쓴 필자는 한성도서주식회사와 관련이 있는 노자영・오천석・이추강・김억・장도빈 등이다. 이들은 주로 논설과 문학론 등 주로 학생들을 계몽하거나 지식을 전달하기 위한 글을 많이 썼다. 그 외에는 거의 매호 지면의 1/4 가량은 학생들의 글로 할애했다. 또한 김억(시)・오천석(소설)・이추강(소품)・노자영(감상문)은 초기 학생문단의 선자(選者)였다. 이후에 6호(1921.1.1)에서 편집겸 발행인이었던 오천석이 미국 유학 때문에 편집겸 주간을 사임하고 난 뒤에는 소설이 현상란에

22) 「현상모집 광고」, 『학생계』 창간호, 1920.7.1.

23) 돌중(경북영천군은해사), 「지우구락부─석양을 보냄」, 『학생계』 4호, 82면. 이 돌중은 현상문예란에도 투고한 바 있다.

24) 이 매체의 현상모집 광고에 명시된 투고 원칙 중 제일 조항은 '원고에는 반다시 주소씨명직업을 쓸것'이었다. 덕분에 필자 분석이 다소 용이한데 물론 학교를 명시하지 않는 필자도 많았다.

서 사라지고 7호부터 최팔용(崔八鏞)이 편집 겸 주간으로 나서 주목을 요한다.

최팔용은 잘 알려진 대로 동경유학생학우회 회원으로 2·8독립선언의 주체인 조선청년독립단대표 중의 한 사람이었다. 그 일로 투옥된 경험이 있으며, 김철수 등과 함께 유학 당시 사회주의를 조선 독립의 이론적 근거로 삼고 결성한 단체 「조선혁명당」의 일원이기도 했다. 그리고 중요한 점은 유학생 기관지 『학지광』의 편집자였던 경력을 갖고 있었다는 점이다. 이미 한 번 전위적 매체에 참여했던 경력이 그가 『학생계』에 주간으로 참여하게 된 계기가 되었을 것이다. 그래서 『학생계』는 최팔용이 편집겸 발행인으로 있는 동안에는 변희용·김명식 등 좌파적 성향의 필자가 등장하여 사회주의를 소개하는 글을 싣기도 한다. 12호(1922.4)에 실린 변희용의 「레닌의 전반생」, 최팔용의 「근로의 光」 등이 그 대표적인 예인데, 물론 그 수는 그리 많지 않다. 그러나 불행히도 최팔용은 1922년 11월 투옥될 당시의 병력과 이후에도 지속된 체포 등 정치적 탄압[25]으로 인해 죽음에 이르게 된다. 그리하여 14호(1922.7.15)부터는 편집 겸 발행인이 추강 이종준(한성도서전무)으로 또 한 번 바뀐다.

그래서인지 최팔용이 편집겸 주간을 맡고 있는 동안 『학생계』에도 크고 작은 부침이 있었던 것으로 보인다. 『학생계』의 편집란인 '편집상에서' 지면에서 "그 내용이 예고와 다소간 어김이 이슴을…… 부득이한 사정으로 그리되엿나니다"(7호, 1921.4) 혹은 12호 '편집상에서'에 실린 '경찰부 고등과에 제출'했다는 구절 등은 『학생계』 역시 검열 때문에 정기적인 출판 상황이 어려움을 겪었다는 점을 암시한다. 심지어는 현상당선작에도 '(5행삭제)'[26]라는 검열의 흔적이 보였다. 그러다가 『학생계』(1922.3)

25) 『동아일보』 1921.11.9일자 지면에는 '雜誌學生界의 主幹 崔八鏞氏 돌연 逮捕, 칠일 원산에서'라는 짧은 기사가 실려 있다. 그 이후 11월12일자 신문에서는 "元山에서 突然逮捕되었던 崔八鏞氏 放免, 구일 원산에서. 태평양 회의에 어떠한 운동이 있을까 봐"라는 기사가 뜨고 있다. 이러한 점을 미루어볼 때 최팔용은 학생계 주간으로 활동하면서도 지속적으로 사회 운동을 하고 있었던 듯 싶다.

11호에는 검열의 흔적이 두드러지게 나타난다. 11호 권두언에 해당하는 김명식의 「學生에게 寄하노라」는 글은 텍스트의 반이 삭제되어 있어 검열의 수위가 매우 높아졌다는 것을 알 수 있다. 이러한 심각한 현상은 『학생계』 10호에서부터 시작된 것이었는데, "편집부의 차륜에는 고장이 생겼습니다. 그 고장은 진실로 『학생계』의 목숨에 관계를 밋칠만큼 큰 것이엿습니다"(10호, 1922.2.15)라는 공고를 통해서도 알 수 있다. 11호에서도 드러나는 편집자의 고뇌, 즉 '수천독자들을 기다리게 해서 너무 미안하다'는 점. 그리고 그것 때문에 잠을 이루지 못할 정도로 걱정했다는 구절도 근거를 제공한다. 『학생계』 11호(1922.3.15)에서는 최팔용이 일본을 가게 되고 "20일날밤 쑴을 철창하에서 꾸게 된 일"이 생겼고, 그것 때문에 혹 "구속이 여러날 되면 학생계 편집에 大害가 밋츨것을 생각할 째마다 가삼에 火가 動하엿"다고 하고 그래도 거기서 '하로밤만 자게' 되어 다행이라는 서술도 보인다. 이러한 점은 『학생계』의 이러한 저간의 여러 사정이 최팔용 등 좌파적 필자들의 등장과 관련이 깊은 문제가 아닌가 추측하게 한다. 최팔용과 좌파적 성향의 필자들의 등장은 일본 고등경찰들이 『학생계』란 잡지를 예의 주시하게 된 계기가 된 것이다. 『학생계』 11월호(1922.3.15)에는 社告 형식으로 잡지 『신생활』이 발매금지 처분을 받았다는 항의성 글도 싣고 있어 『학생계』 필자들과 『신생활』 필자들이 서로 연계되어 있고, 그래서 그들이 검열 당국의 조치에 공동으로 대응하려고 했었다는 점도 짐작하게 한다.

이러한 상황 속에서 『학생계』에서는 편집체제상 실제적인 변화도 생긴다. '동인회'를 조직한 것이 그것이다. 『학생계』 10호 사고(社告)에 실린 동인 명단은 다음과 같다.

---

26) 박옥□, 「人 — 엄마의 나라로」, 『학생계』 5호, 1920.12.12.

이름	당시 직책	이름	당시 직책
장응진	휘문고등보통학교교사	문일평	경신중학관 강사
김도태	상동	신태악	오성학교 강사
강 매	배재고등보통학교교사	이종준	한성도서주식회사 專務取●役
정대현	보성고등보통학교교사	장도빈	상동
황의돈	상동	서 춘	동경동양대 철학과(재학)
김명식	『동아일보』 주간	최승만	상동
노자영	『동아일보』 기자	최팔용	한성도서주식회사 편집부주임

동인들의 면모를 살펴보면 김명식·최팔용·최승만·신태악 등은 와세다 대학 출신으로 동경사범학교 출신인 서춘과 함께 동경유학생학우회에서 활동하는 동시에 『학지광』에 편집진 혹은 필자로 참여했던 인물들이다. 이들은 김억 등 한성도서주식회사와 관련이 있던 유학생 출신의 인사들과의 인연으로 이 잡지에 참여하게 된 것으로 보인다.

같은 지면에서는 『학생계』는 이들의 참여를 매우 환영하는 듯 한다. '본지가 학생계동인회에서 편집하게된 바는, 此경영방법이 변동됨을 짜라'라고 하면서, '편집상에서'는 동인들이 '모도다 우리 사회를 위하야 평생을 희생하려하는 이들 쑨이외다. 우리 「학생계」가 금후로부터 그 어른들의 단합한 노력으로 말미암아 출세하게된 것은 「학생계」 자체를 위하야 쏘는 독자제군을 위하야 날쒸며 깁버할 밧게 업습니다'라고 명시한다. 또한 편집 동인 체제가 갖추어짐과 동시에 『학생계』는 편집상의 여러 개편을 이루게 된다. '편집상'에서는 "前日에도 懸賞文으로 모집하든것을 폐지하고 「학생문단」을 設하야 학생제군의 투고를 환영하게 되엇나이다. 논문, 감상문, 시 등 다수 투고하심을 望"한다고 명시한다. 그리고 '금후로는 50페이지 가량으로' 하게 된 것과도 관련이 깊은 문제라고 한다. 이러한 변화는 이미 이전호인 『학생계』 9호(1921.8)에서부터 예정된 것이었다. 9호에서는 '지우 구락부를 없애고 상식고문란을 상설, 두 달에 한 호 생산'하고 잡지를 '한 달에 한 번이 아니라 두달에 한

번으로' 발간한다고 되어 있다. 그러다가 10호에서는 다시 "혈수(頁數)를 줄여서 월간으로 하게된 까닭"에 현상문예란을 없앤다고 한 것이다.

이렇듯 한 호를 사이에 두고 편집방침이 바뀔 정도로 어수선했던 상황은 무엇 때문일까? 추측하건대 대개 이런 경우 금전적인 문제이거나 혹은 지면을 확충할만한 기사의 부족 때문인 경우가 많다. 『학생계』의 경우는 이 두 가지 모두에 걸린 문제였다고 본다.

우선 '頁수'를 거의 반으로 줄일 수박에 없는 사정, 그리고 막대한 포상금을 걸어야 하는 현상제도의 포기는 곧 『학생계』에도 역시 금전적인 문제가 있었음을 짐작하게도 한다. 사실 『학생계』의 현상금은 당대 실정에서 매우 큰 돈이었기 때문이다. 동인 체제로 가면 동인들을 통해 자금 문제도 다소간 해결할 수 있었으리라는 추측도 가능하다.

또한 후자의 경우, 중심 필자였던 오천석의 빈자리로 컸을 것이고 1920년대 초반 『개벽』 등 종합지와 갈수록 수가 증가하는 여타 매체의 지면을 감당할 필자들이 그만큼 부족했을 것이므로, 『학생계』 역시 필자의 수급에 꽤 많이 애를 썼을 것으로 보인다. 김억만 해도 『개벽』·『폐허』 등 여러 지면에서 활약하던 필자였다. 그러므로 동인체제가 운영된다면, 지명도 있는 필자로 안정적인 수급이 가능했을 것이다.

그러나 이러한 노력에도 불구하고 『학생계』의 운명은 서서히 저물어간다. 무엇보다도 그들은 검열 당국의 정치적 압력을 견뎌내기가 힘들었던 것으로 보인다. 이와 연동하여 자금 사정으로 『학생계』는 9호부터 지우구락부와 현상문예란을 포기할 수박에 없게 된다. 그 영향으로 학생들의 투고작이 줄어들면서 애초에 학생들을 위해 만든 잡지라고 내세운 매체의 정체성에 흠집이 생긴다.

한성도서주식회사가 이후에 상대적으로 검열의 영향력이 약했던 단행본 출판으로 눈을 돌린 것은 이러한 결과라고 본다. 자금 사정 역시 매달 발행해야 하는 잡지보다는 한 번의 발행 비용으로 출판이 가능한 단행본으로 유도했을 것이다. 당대 대중적 미디어의 역량을 약화시키는 것, 이것이 20년대 초반 검열 당국의 의도였다.

그 결과 1920년대 문학청년들의 열정을 추동했던 『학생계』는 급기야 18호를 마지막으로 더 이상 그 실체를 찾아볼 수 없게 된 것이다.

2) 『학생계』 기사의 의식적 지향

『학생계』 창간사를 살펴보자.

> 새하날에 새光이 빗나려하고 새 짱에 새 엄이 돗으려 할 때에 吾人은 새 조선에 새문명을 세우랴하도다. 어허! 當然한 일이요. 할 일이로다.
>
> 吾人도 天主에게서 生을 가질 光榮을 닙엇스니 살-ㄹ特權을 가젓도다. 가저도 남에게 써러지지안는 특권을 가젓스니, 살아도 남보다 열등하게 살아서는 아니 되갓도다. 活力잇는 삶을 지어야 하갓고 불이 붓허오는 熱한 삶을 살아야 하갓도다. 남과 갓치 살냐하면 반다시 남과갓치 知識을 배호아야 하갓스니, 남과 갓치 알아야하갓스니 어허! 슬프도다. 우리 朝鮮人子女에게는 完全한 家庭教育이 잇나뇨. 充實한 學校教育이 잇나뇨. 同情하는 사회교육이 잇나뇨, 드라볼지로다.
>
> 그럼으로 世界의 모-든 子女들 中에 가장 可憐하고 가장 依支업고 가장 孤獨한 子女를 擇하랴면 조선의 子女이라 말하기에 躊躇하지 아니하갓노라.
>
> 「학생계」는 이러한 悲運에서 슬퍼우는 朝鮮子女의 감초인 同情者가 되기 위하야 호올노 넓은 드을에서 彷徨하는 배달 子女의 벗이 되기 위하야. 일천구백이십년 뜻이 깁흔 이날 이 時에 航海의 맨처음읫 노를 저어보랴하도다.
>
> 萬頃蒼波에 뫼갓흔 물결은 우리를 몰고 컴컴한 넓은 大海는 우리를 삼키려 하도다.
>
> 空中에 날느는 갈매기는 봄노래를 부르면서 깃드리려 하도다.(1920.4.12)[27]

오천석 주간이 쓴 이 창간사는 『학생계』 발간이 어떠한 목적을 가지

27) 主幹, 「학생계를 새로히 내힘」, 『학생계』 창간호, 1920.7.1.

고 있었는지를 암시적으로 보여준다. 그는 이 글에서 조선 청년들이 배움에 매우 열악한 조건을 가지고 있으며, 이들의 '동정자', '벗'이 되기 위하야 『학생계』를 창간한다고 쓰고 있다. 그리고 이 '벗'이 되어 『학생계』가 할 일은 그들에게 '남과 갓치 지식을 배호아야 하갯'는 당면 과제를 충족시키는 것이라고 한다. 그리고 이러한 내용은 독자들의 글에서도 그대로 전승된 듯하다. 독자가 투고한 글에서도 『학생계』는 '지식계발의 선도자', '사회교육'의 지도자로서 자리매김되고 있었다.[28)]

또한 『학생계』 창간호에는 전국학생대회[29)] 취지서가 실려 있다. 이처럼 잡지 『학생계』는 '문화운동'의 대열에 참가하고자 한 당대 학생들의 의지를 반영하고자 했던 것이다. '「조선학생대회 취지서」'의 주요 내용은 다음과 같다.

> '修養을 人生渡世의 燈臺오, 羅針盤이니, 우리가 각자 專門의 學業을 專心攻究하는 餘暇에 同志가 서로 團會하야 時로 或趣味를 談論하려 하며 知識을 交換하고 患難도 서로 求담하며 情誼로 서로 通하고 互相의 品性을 陶冶하며 微力과 至誠을 合하야 우리 學生界한의 健實한 風紀를 確立하게 되면 이것이 우리의 修養을 發鍛하는 同時에 우리 將來 社會生活의 一端을 豫備함이 아닐가. 아! 學生諸君아![30)]

28) 정종수, 「지우구락부」, 『학생계』 4호, 82면 참조. 물론 내용상 편집진이 썼을 가능성도 짙다. 1920년대 잡지에는 독자투고란의 흥행을 위해 편집자가 직접 독자인척 가장하야 독자란을 꾸민 경우도 많았기 때문이다.

29) 3·1운동 이후 1920년대초 새로이 전개된 '문화운동'의 분위기하에서 학생들도 나름의 조직을 갖고 이 '문화운동'의 대열에 참여하고자 하였다. 1920년 5월 조직된 '朝鮮學生大會'가 바로 그것이었다. 조선학생대회는 서울시내의 학생들이 중심이 되고 전국 각 지방출신의 재경학생 8백여 명이 참여하여 조직한 것으로, ①조선학생의 친목과 단결을 도모함, ②조선물산의 장려, ③지방열 타파 등을 내걸고 있었다. 이는 이 단체가 과거의 지방단위 학우회 및 친목회의 분산성을 극복하고 학생층의 구심점을 형성하기 위해 조직된 것으로서, 물산장려운동을 핵심으로 하는 '문화운동'을 전개하고 있던 부르조아민족주의계열의 성향을 띠고 있었음을 보여주는 것이다. 그러나 1921년 7월 보성전문학교와 중앙학교를 비롯한 당시 서울의 7개교 교장회의는 중등학생의 탈퇴를 결의, 전문학교 이상의 학생들만 학생대회에 참여토록 허용함으로써 이후 이 단체는 유명무실한 단체로 전락해버리게 되었다.

이 취지서의 골자는, '수양(修養)'이 인생의 등대이자 나침반이니 이를 위해 학생들은 취미를 담론하고 지식을 교환하고, 품성을 도야하고, 풍기를 확립하자는 것이다. 이는 학생이 '우리 장래(將來) 사회생활의 일단(一端)을 예비(豫備)'하기 위해 갖추어야 할 덕목들을 나열한 것이다. 일단 여기서 가작 중요한 키워드는 창간사에서와 마찬가지로 대두되는 학생의 의무, 지식을 섭취해야 한다는 당위적 주장들이다. 근대적 지식을 섭취하는 것, 그것은 바로 식민지 조선 엘리트들의 의무이자 특권이기 때문이다. 그리고 그들은 이러한 지식의 섭취와 함께 품성을 도야해야 한다고 주장한다. 이와 같이 '인격'을 강조하는 논설은 『학생계』 출간 내내 지속적으로 실린다.

창간호에 실린 「내힘」이란 제목의 글에서 장도빈은 "학문만 지식수입의 道인줄 알아서는 아니"된다고 한다. "지금까지는 우리사회가 흔히 혹은 학문에만 주의하고 혹은 경험에만 주의하얏슴으로 짜라서 완전한 인격을 수양한 사람이 극귀하얏"다고 하면서 "이제붓허는 꼭 학문경험을 兩全하게 수양하여야" 한다는 것이다. 12호(1922.4.17)에 실린 「사람다운 사람」이라는 글에서도 서춘은 "지식을 자랑하는 사람이 되지 말고 인격을 자랑하는 사람이 되라!"고 하면서 '재능보다는 덕'을 중시한다. 그 외에도 노자영의 글 「인격의 창조」(6호)에서도 같은 논조가 이어지고 있다.

그런데 이처럼 지식과 함께 인격을 중시하는 것은 1920년대 문화주의의 주요한 특징이기도 하다. 이는 다이쇼 시대 일본 지식인 문화의 특성인 '교양주의'와도 잇닿아 있는 태도이다. 일본의 교양주의는 다이쇼 시대에 고등보통학교를 중심으로 형성된 지식인 문화로, '인격주의', '학력엘리트 문화'로 그 특징을 규정할 수 있다. 이 '다이쇼 교양주의'는 철학 · 문학 · 역사 등 인문학 습득으로 자아를 경작하고 이상적 인

30) 「조선학생대회 취지서」, 『학생계』 창간호, 1920.7.1.

격을 지향하였다[31]. 이러한 다이쇼 교양주의는 내용적 측면에서 고등보통학교의 서양적 지식에 경도된 지식인 문화이고, 제도적으로는 그 출신자들이 국가의 인재로 양성되는 교육 시스템에 의해 형성 발전되었다고 한다.[32]

『학생계』가 지향한 '지식의 습득과 인격의 수양'이라는 목적 역시 이러한 '교양주의'와 맥이 통하고 있다. 『학생계』의 주요 필자들은 유학생활을 통해 이러한 분위기를 경험하고 습득했을 것이다. 그리고 『학생계』에서는 학생들에게 이러한 점을 충실하게 계몽하기 위한 여러 다양한 지식 기사와 논설이 실려 있다. 다음은 『학생계』 창간호의 목차이다.

저자	제목	기사종류
편집부	권두언	표지언
	언론잡지 서울 광고	광고
	한성도서주식회사 광고	
편집부	한강물우의 외로운 배, 인왕산상의 선바위	사진
편집부	격렬한 승마운동, 라식풋볼운동	사진
편집부	미국여학생의 풋볼 운동, 영국여학생의 혹키운동	사진
편집부	인도 시성 타쿠르	그림
이동원	봄의 걸음	시
주간	학생계를 새로히 내힘	권두언
구례구 외15인	축사	축사
오천석	천직론	논설
하이네(장춘)	목동	시(번역)
장도빈	내힘	논설

31) 신인섭, 「교양개념의 번용을 통해서 본 일본 근대문학의 전개양상연구—다이쇼 교양주의와 일본근대문학」, 『일본어문학』 23집, 2004 참조.

32) 고등보통학교는 (대부분의 학생이 제국대학에 입학하는 교육제도 덕에) 제국대학에 의해 위신을 더 세울 수 있었지만, 제국대학도 또 실학이 아닌 교양을 쌓은 고등학교 졸업생에 의해 구성되었다는 점에서 위신을 세울 수 있었다. 신인섭, 위의 글, 354면 참조. 인격형성과 사회개량을 위한 독서를 기반으로 하는 교양주의는 일본 근대사회의 전형적인 행동양식을 결정하였다.

저자	제목	기사종류
김억	문학니야기	기사(문학론)
춘성	꿈의 동산	시
박태원	음악니야기(제1회)	기사
그림(동산)	장사의니야기	동화
김환	미술에 대하여	기사
김성룡	기화 세계제일	기화
이종준	과학니야기	기사
편집부	하절의 기행문을 모음	사고
김소월	먼후일(추천시)	시
김소월	죽으면(추천시)	시
김소월	거츤풀허트러진모래동으로(추천시)	시
김유방	시성 타쿠르에 대하야	문학론
타고르(오천석)	우편국	시(번역)
李秋江	운동니야기	논설
岸曙	田園의 黃昏	시
岸曙	봄은 와서	시
岸曙	漂泊	시
岸曙	六월의 낫잠	시
盧子泳	鋼鐵王 카네기	위인 기사
편집부	사고	사고
天園	小女哀話 프라쓰코비	애화
金億	世界語(에스페란토)硏究室	논설
에덴	鴨綠江줄기	소설
田秋湖	어린누이의게	서간
高文龍	탐정소설 검은 그림자	소설
	朝鮮學生大會	기사
편집부	현상모집	사고

창간호를 살펴보아도 『학생계』의 기사들의 편재가 어떠한지 짐작할 수 있다. 우선 문학란과 논설과 지식을 소개하는 기사들이 반씩 차지하고 있다. 논설의 내용은 주로 '지식의 섭취와 인격도야'라는 학생의 의

무를 계몽하는 내용들이다. 여기에는 음악·미술·문학·세계어 등 인문학적 지식을 소개하는 글들과 과학니야기 등 이과적 상식에 관한 기사들이 고르게 편재되어 있다. 이후에도 이러한 편재는 계속된다. 예를 들어 「문학니야기」는 김억에 의해 고전주의, 로맨티씨즘, 문예부흥 등으로 나누어 편재되어 5호까지 계속 연재되며 이추강의 「天文니야기」(7호), 「아이작뉴우톤과 그의 일화」(12호), 신태악의 「과학혁명－아인쓰타인과 상대성이론에 대하야(1~4)」(11호~14호) 등 과학적 지식을 소개하는 이야기도 지속된다.

문학의 경우는 에덴의 소설, 고문룡의 탐정소설이 있으며, 그밖에 하이네, 그림, 타고르 등 외국 작가들의 작품인 애화·동화·소설 등이 번안되어 있어, 다양한 장르의 작품들을 소개하려고 애쓴 흔적이 보인다. 특이할 만한 것은 소월의 시 세 편이 김억의 추천으로 소개되어 있다는 것이다. 이미 현상문예제도를 공고하고 있는 시점에서 굳이 학생작품인 소월의 시를 소개하는 것은 그의 작품을 학생문예의 표본으로 제시한다는 의미가 깊다.

그리고 또한 주목할 만한 것은 『소년』과 『청춘』 등 1910년대 매체에 이어서 『학생계』에서도 여전히 위용을 떨치고 있는, 위인을 소개하는 기사들이다. 노자영의 「강철왕 카네기」를 필두로 「九國의 勇女 짠딱크」(5호), 김성룡의 「대걸장(大傑將) 한니발」(3호), 「대영걸(大英傑) 씨자」(4호), 유영기의 「크리미아의 천사 나이팅게일」(4호) 등 거의 매호마다 위인 이야기가 실리고 있다. 게다가 6호에는 오천석이 거의 잡지 책 한 권 분량으로 「신년호 특별대부록으로 현대 12인걸의 생애와 및 그 사업」이라는 부록으로 만들어 낸다. 그런데 이들은 주로 서구의 위인들이다.[33]

물론 김유신, 서희 등 조선 위인의 명단을 나열한, 신상학의 「조선백

33) 여기서 소개하는 위인상은 주로 서구의 위인들로, 윌슨·로이드 쪼지·카이제르·하우스·아스퀴드·로드클립프·포안카레·쌘리안·손니노·레닌·트로츠키 등 매우 다양하다.

걸」(6호) 등이 있어 조선위인도 소개하려는 의도가 보이기도 한다. 그러나 호암생의 「우리 역사공부」라는 기사가 연재될 예정이었지만, 단군, 주몽, 유리왕을 소개하는 1회만 게재가 되고, 4호의 社告에서 '호암 선생의 「우리 역사 공부」가 전부 삭제 당'했다는 구절은 총독부의 검열 때문에 한국 역사에 대한 소개가 수월하지는 않았다는 점을 보여 준다.

한편, 위인을 서술하는 방식에도 특색이 있다. 『학생계』에 실린 위인 이야기에서는 논설의 필자들이 지향하는 대로, 위인들이 지식을 섭취하기 위해 노력하고 더불어 인격 도야에 애쓴 점을 강조한다. 8호에 실린 「선철의 언행」이란 글에서 필자 장도빈은 연개소문은 '남보다 앞서기를 힘썼는데 …… 무공으로만 남보다 나으려는 것이 아니라 학예, 도덕, 기술에도 다 깁히 주의하얏'다고 서술하고, 원효의 경우도 '사회에 유익주기를 매우 진력'하여 '지혜나 덕행이나 기술'을 '강조'하였다고 서술한다.

그런데 주의를 요하는 대목은 원효를 설명하면서 그가 "온갖 인습과 조소와 고락 등의 구속을 일체 받지 아니하얏습니다. 오직 씨가 善이라고 믿는 이상에는 모다 자유로 하얏습니다"[34]라고 서술한 대목이다. 또한 개소문에 대해서도 그가 '비상한 自尊性을 가진 인물'이었다고 서술하고 "개인이나 민족이 남의 뒤에 섬을 지극히 슬혀하얏습니다. 반드시 남보다 압서기를 힘썻습니다"라고 말한다. 이는 이들이 추구하는 인물상이 '인습' 등에 구속을 일체 받지 아니하는 자유주의적 개인이라는 점을 보여주는 것이기도 하다. 필자는 원효를 스스로가 '선이라고 믿는 이상에는 모다 자유로'할 수 있는 개인의 개별적인 정신적 이상을 소중히 여길 줄 아는 사람으로 바라본다. 개소문의 경우도 마찬가지이다. 물론 "민족이 남의 뒤에 섬을 지극히 슬혀하얏습니라"란 구절도 있지만, 그 앞에 분명 개소문 '개인'도 "남의 뒤에 섬을 지극히 슬혀하얏다"고 하였기 때문이다.

34) 장도빈, 「선철의 언행」, 『학생계』 8호, 1921.5.13, 6~7면 참조.

이는 이 매체가 주장하는 대로, 학생들이 '근대적 지식을 섭취하고 인격을 도야'하는 목적이 무조건 '민족'으로 수렴되지 않는다는 점을 보여준다. 일반적으로 알려진 민족 영웅 개소문이 『학생계』에서는 민족의 성공을 개인의 성공과 등치의 관계에 놓고 있는 존재라는 것, 개인의 욕망에서 해탈한 고승 원효를 자유로운 정신의 인격적 개인으로 묘사하고 있다는 점은 『학생계』가 지향하는 존재성이 어떠한 것인가를 말해주는 것이다.

이러한 특성은 개벽사에서 발간한 매체 『어린이』에 실린 위인 기사와 비교를 해 볼 때 더욱 분명해진다. 잡지 『어린지』이에 등장하는 위인들은 대개 개인의 완성보다는 민족을 위해 기꺼이 자기의 목숨을 희생하는 영웅들이다.[35] 물론 이 매체들이 지향하는 계몽 대상이 아동과 학생으로 각기 달랐다는 점은 고려해야 하지만 '어린이'는 예비청년으로 상정된 존재였으며, 실제로 『어린이』의 독자층은 청년에 가까웠다다는 점[36]에서 이 두 매체의 독자층이 반드시 다른 층위였다고 보기 어렵다. 그러나 이 두 매체의 발간시기가 달랐고 각각 다른 사상적 지향점을 지닌 출판사에서 출간한 잡지였다는 점에서 살펴볼 때, 그들이 지향하는 인간상은 다소 달랐을 것이다. 이와 같은 『학생계』에 수록된 위인들의 개인주의적 성격은 그들이 행하는 '지식 섭취'나 '인격 도야'라는 실천이 본질상 지극히 개인적인 행위일 수밖에 없다는 점에서부터 내장된 결론인지도 모른다. 『학생계』 2호의 특집은 「조선학생에게 이러한 서적을 소개하노라」이다. 명사나 학교 선생들이 필자인 이 기사들이 보여주는 것처럼 학생들이 지식을 섭취하고 인격을 도야하는 가장 보편적인 방법은 『학생계』 같은 매체를 읽는 것. 즉 독서이기 때문이다. 그

35) 『어린이』에 등장한 용소년류가 그 대표적 예이다. 이에 대해서는 박지영, 「방정환의 천사동심주의의 본질—잡지 『어린이』를 중심으로」, 『대동문화연구』 51집, 2005.9 참조.
36) 이에 대해서는 박현수, 「잡지 미디어로서 『어린이』의 성격과 의미」, 『대동문화연구』 50집, 2005.4 참조.

리고 바로 이 점이 이 매체의 존재 근거이기도 했다.[37)]

일본에서도 이러한 '자아'와 '인격'은 교양주의 시대의 구호였다. 여기에 엘리트 교육 제도가 결합되어 나온 것이 '교양'이었다고 한다면, 우리의 경우도 이와 그리 다르지 않았다.

『학생계』에는 기자가 쓰는 '학교돌이'라는 란이 있다. 이 란은 중앙학교·휘문고보·배제고보·숙명여고보·진명여고보 등 『학생계』가 상정한 독자대중이 몸담고 있는 전국의 명문 중등학교의 탐방 기사를 싣고 있다. 이 기사를 보면서 『학생계』의 독자들은 자신의 정체성에 자부심을 가졌거나, 이러한 위치가 되기를 희구했을 것이다. 이러한 자부심 안에서 독서를 통한 근대 지식의 습득과 인격 수양이 이루어졌으며 개인의 완성의 민족에 대한 헌신적 노력만큼 값진 것이라는 자기도취적 만족감도 가지고 있었을 것이다.

물론 『학생계』 기사는 현실에 대한 비판적 사유를 요구하는 것도 아니었고, 단지 근대 지식을 소개하는 차원에 그치고 있다. 그러나 『학생계』에 실린 다소 고차원적으로 보이는 문학, 예술, 과학 분야의 기사를 읽고 상식적 지식을 섭취하는 것으로도 그들은 충분히 엘리트 의식과 자부심을 가질 수 있었을 것이다.

3. 『학생계』 '현상문예란'의 성격과 의미

『학생계』의 현상문예 제도는 형식적으로는 거의 『청춘』의 현상문예

37) 일본의 교양주의로 대변되는 지식인 문화는 '이와나미' 문고로 개괄된다. 지식인은 이와나키 서점에서 간행되는 철학이나 역사 서적 등의 독자였다. 신인섭, 앞의 책, 350면 참조.

제도를 그 전범으로 따르고 있다.

현상문예에 대한 관심은 곧 매체의 독자 수의 확대로 연결되기 때문에, 현상문예제도를 통해서 독자를 유인해 내는 방식이나 이 제도를 통해서 근대적 지식 체계와 글쓰기를 전수해 가는 운용 방식이 그러하다. 물론 세밀하게는 달라진 점도 있다.

『청춘』의 현상문예 제도는 '시조 · 한시 · 잡가 · 신체시가 · 보통문 · 단편소설' 등의 분야에 투고를 받았는데 『학생계』는 보통 소설 · 시 · 감상문 · 논문으로 나누어 투고를 받았다[38]. 이는 1920년대가 되면서 매체 공간 내부에서 어느 정도 문학 장르에 대한 인식이 정리되어 가고 있다는 점을 말해 주는 것이다.

『학생계』의 현상문예의 당선 등급은 『청춘』의 '천 · 지 · 인' 등급을 그대로 계승하고 있었지만 상금은 『청춘』의 경우 최고 3원의 현상금을 지급했던 데 비해,[39] 『학생계』는 2원으로 다소 떨어진다.[40] 그러나 당시 『학생계』의 가격이 30전이었다는 것을 생각하면 여전히 상금 1원~2원도 매우 가치가 큰 것이었다.[41] 이후 『개벽』이 10원의 현상금을 걸고 현상문예 제도를 실시하기 이전에 『학생계』가 수여한 이 상금은 당시에는 거의 최고 수준이었다.

그리하여 현상문예에 당선이 되었다는 명예와 동시에 물질적 이득을

---

38) 창간호에는 소설 · 시 · 감상소품으로 나누어서 투고를 받다가 2호부터는 소설, 시, 감상소품, 논문으로 논문 분야가 추가된다. 그러다가 이후 6호부터 소설이 현상란에서 사라진다.

39) 『청춘』의 경우 소설이 3원, 보통문이 2원을 지급하고 이외에는 1원 이하의 현상금을 지급하였다.

40) 현상모집 공고에 의하면 소설의 경우 '天'으로 당선된 경우 2원, '地'는 1원50전, '人'은 1원의 서적(구입)권을 수여한다. 시와 감상문의 경우는 '천'의 경우는 1원50전으로 시작하여 그 이하는 50전씩 차등적으로 지급하였다.

41) 『학생계』 2호 「중등학생의 생활비」란 기사에서는 당시 중등학교의 월사금이 사립의 경우 50전이었다고 하니, 이 돈의 가치는 매우 큰 것이었다고 볼 수 있다. 참고로 이 기사에서 중등생의 1개월 평균 생활비가 남학생의 경우 22원 10전, 여학생의 경우 16원45전이었다고 기록하고 있다.

얻는다는 것은 여전히 매우 매력적인 일이었을 것이다. 이미 『청춘』 현상문예제도를 통해서 이러한 시스템을 알고 있었던 학생들이었기에 이 제도에 대한 관심과 당선이 되기 위한 노력은 매우 치열해 질 수밖에 없었을 것이다.

학생들의 열의를 반영하듯 『학생계』에서는 매호마다 늘 현상당선발표작이 많았다. 투고량이 많았다는 점은 소설을 제외하고 감상소품이나 시의 경우는 '天'·'地'·'人' 당선자가 각각 1명 이상이 경우가 많았던 점에 기반하여 추측할 수 있다. 더 나아가 텍스트를 수록하지는 않았지만, 당선작 외에 선외가작도 선정하여 작품명과 투고자 명단은 장르별로 3~4명씩 발표하곤 했다. 『학생계』에는 이러한 현상문예란 이외에도 특별기서란(特別寄書欄)이 있었는데, 여기에는 독자기별(讀者寄別)란과 지우(誌友)구락부란이 설치되어 있다. 그러나 이 특별기서란의 투고량는 현상문예란보다 적었던 듯하다. 이 역시 당대 학생들의 문예에 대한 열정이 매우 높은 것이었음을 보여주는 것이다. 현상문예당선 목록은 다음과 같다.

『학생계』 현상문예 당선 목록

작가	제목	장르	호수	년도	신분
編輯人	縣賞募集當選發表 廣告	광고	02호	1920.9.1	
編輯人	縣賞募集當選發表 廣告	광고	02호	1920.9.1	
金東煥	縣賞募集 當選發表-[天]異性叫와 美	시	03호	1920.10.1	中東學校 學生
劉禹相	縣賞募集 當選發表-[地]저녁에 沐浴, 農村의 새벽	시	03호	1920.10.1	學生
薛亨植	縣賞募集 當選發表-[人]봄빗	시	03호	1920.10.1	學生
薛亨植	縣賞募集 當選發表-[地]故鄉을 떠나면서(雲橋君의게)	시	03호	1920.10.1	學生
素月	縣賞募集 當選發表-[地]春朝	감상문	03호	1920.10.1	
宋奉瑀	縣賞募集 當選發表-[天]그리운 故鄉	감상문	03호	1920.10.1	
天園	縣賞募集 當選發表-選者의 말	논설	03호	1920.10.1	

작가	제목	장르	호수	년도	신분
崔重咸	懸賞募集 當選發表－내 五山	시	03호	1920.10.1	業農
黃允城	懸賞募集 當選發表－[地]厦期放學에 도라와 先生님께	감상문	03호	1920.10.1	平壤光成高等普通學校 學徒
金尙鎔	懸賞募集 當選發表－[選外佳作]杜鵑聲	소설	04호	1920.11.3	普成高普校 生徒
金正實	懸賞募集 當選發表－[選外佳作]入港의 汽船	소설	04호	1920.11.3	慶尙南道固城都昌信學校 生徒
金昌集	懸賞募集 當選發表－[選外佳作]田家	소설	04호	1920.11.3	順安義明學校 三年生
劉禹相	懸賞募集 當選發表－[人]느릅나무그늘, 農村의 저녁, 원두막	시	04호	1920.11.3	
朴圭善	懸賞募集 當選發表－[地]誘惑者	소설	04호	1920.11.3	學生
李世基	懸賞募集 當選發表－[選外佳作]病身이여 설어말나!	시	04호	1920.11.3	學生
河祐鏞	懸賞募集 當選發表－[地]녀름의 黎明	시	04호	1920.11.3	
黃周善	懸賞募集 當選發表－[地]	시	04호	1920.11.3	東萊都梵魚寺明正學校 生徒
金만五	懸賞募集 當選發表－은인을 보냄	시	05호	1920.12.12	咸興永生學校 學生
金東煥	懸賞募集 當選發表－[地]故友	소설	05호	1920.12.12	
金東煥	懸賞募集 當選發表－元師臺	시	05호	1920.12.12	
金永雅	懸賞募集 當選發表－初秋의 夕陽, 朝林	시	05호	1920.12.12	
金瑢甲	懸賞募集 當選發表－[人]學生의 부르지즘	시	05호	1920.12.12	中央學校
金廷湜	懸賞募集 當選發表－서울의 거리	시	05호	1920.12.12	
盧春城	懸賞募集 當選發表－選을 맛치고	평론	05호	1920.12.12	
劉禹相	懸賞募集 當選發表－마을 處女	시	05호	1920.12.12	
朴玉□	懸賞募集 當選發表－[人]열하의 나라로	감상문	05호	1920.12.12	
彷徨	懸賞募集 當選發表－[地]거울	감상문	05호	1920.12.12	
岸曙	懸賞募集 當選發表－詩選을 마추고	평론	05호	1920.12.12	
銀海春	懸賞募集 當選發表－[地]東江에서	감상문	05호	1920.12.12	
한마 崔□	懸賞募集 當選發表－가을밤의 한 꿈	시	05호	1920.12.12	學生
이세기	懸賞募集 當選發表－지,양심의 호령	소설	06호	1921.01.01	학생
박태순	懸賞募集 當選發表－선외가작, 혜선의 슬픔	소설	06호	1921.01.01	선천 신성학교
윤용갑	懸賞募集 當選發表－선외가작, 이상의 사회	소설	06호	1921.01.01	

작가	제목	장르	호수	년도	신분
김재준	縣賞募集 當選發表－논문 離婚하려는 형님네에게 외 평	논문	06호	1921.01.01	경성부 공평동 58
김정식	縣賞募集 當選發表 시－ 이한밤, 맛내려는 심사 외 평	시	06호	1921.01.01	평북 정주군 곽산남산촌
김창은	縣賞募集 當選發表－ 감상문 내 생활의 하로	감상문	06호	1921.01.01	경성동대문 외 時兆月報社
방원룡	縣賞募集 當選發表 시－ 가을의 잔디 외 평	시	06호	1921.01.01	경기종로4정목 53
서호우강	縣賞募集 當選發表－ 고독(노춘성 선)	감상문	06호	1921.01.01	
설의식	縣賞募集 當選發表－ 감상문 떨어진 자	감상문	06호	1921.01.01	중앙학교생도
오천원	현상모집 평－선외가작 박태순, 윤갑용 평	평론	06호	1921.01.01	
유우상	縣賞募集 當選發表 시조, 시－등대 외 평	시	06호	1921.01.01	개성송도고보
유우상	縣賞募集 當選發表－ s형께	감상문	06호	1921.01.01	
임응룡	縣賞募集 當選發表 논문－ 분투 외평(이추강)	논문	06호	1921.01.01	평양부 창전리 174
하우용	縣賞募集 當選發表 시－ 태양	시	06호	1921.01.01	경성종로4정목 92
이세기	縣賞募集 當選發表 지, 사회와 학생	논문	06호	1921.01.01	경성송도동89
雲霓生	縣賞募集 當選發表 선외가작－ 새로운 사회의 새로운 학교	논문	06호	1921.01.01	평양
계용묵	縣賞募集 當選發表 선외가작－ 조선청년에게 부침	논문	06호	1921.01.01	선천군남삼성리
김영아	縣賞募集 當選發表 선외가작－ 眞成功者		06호	1921.01.01	홍수역전
양재용	縣賞募集 當選發表 선외가작 －勤苦而後에 得	논문	06호	1921.01.01	부산 상업학교
송봉우	縣賞募集 當選發表 선외가작 K군에게	감상문	06호	1921.01.01	경성
김재준	縣賞募集 當選發表 선외가작－暮秋의 一夜	감상문	06호	1921.01.01	경성
유도순	縣賞募集 當選發表 선외가작－ 가을 달밤	감상문	06호	1921.01.01	경성
郭成壘	縣賞募集 當選發表－[地]吾人의 目的	논문	07호	1921.4.12	新幕私立昌新學校
具天祐	縣賞募集 當選發表－[人]歲暮의 感	감상문	07호	1921.4.12	
金鐘	縣賞募集 當選發表－[人]新時代青年의 使命	논문	07호	1921.4.12	
盧春城	縣賞募集 當選發表－選을 맛치고	평론	07호	1921.4.12	
劉禹相	縣賞募集 當選發表－[地]겨울밤	시	07호	1921.4.12	
劉禹相	縣賞募集 當選發表－吾人의 目的	논문	07호	1921.4.12	

작가	제목	장르	호수	년도	신분
朴圭善	縣賞募集 當選發表-[地]兄弟들아 일어나라	논문	07호	1921.4.12	平壤光成高等普通學校 學生
西湖Y K生	縣賞募集 當選發表-[人]鄕愁, 꿈길, 나의맘	시조	07호	1921.4.12	
薛義植	縣賞募集 當選發表-[地]겨울과 늣김, 여름	시	07호	1921.4.12	
素月	縣賞募集 當選發表-[地]磨住石	시	07호	1921.4.12	
李慶孫	縣賞募集 當選發表-[人]傳說金腦의 人을 읽고	감상문	07호	1921.4.12	
李世基	縣賞募集 當選發表-[選外佳作]吾人의 目的	논문	07호	1921.4.12	
李完基	縣賞募集 當選發表-[人]吾人의 目的	논문	07호	1921.4.12	學生
崔基昌	縣賞募集 當選發表-吾人의 目的	논문	07호	1921.4.12	
崔秉和	縣賞募集 當選發表-[地]月夜의 追憶	감상문	07호	1921.4.12	
桂鎔默	縣賞募集 當選發表-[人]我等의 前途	논문	08호	1921.5.13	
桂昌殷	縣賞募集 當選發表-[地]修養의 必要	논문	08호	1921.5.13	
金慶淳	縣賞募集 當選發表-[人]重生하신 어머님!!	감상문	08호	1921.5.13	
金延湜	縣賞募集 當選發表-[地]宮人唱	시	08호	1921.5.13	
朴玉崗	縣賞募集 當選發表-[地]霜朝	감상문	08호	1921.5.13	
雨江	縣賞募集 當選發表-[地]봄날	시	08호	1921.5.13	
金在俊	縣賞募集 當選發表-[天]財物을 爲하야 惡魔의게 절하는 者	논문	09호	1921.8.10	學生
金鍾	縣賞募集 當選發表-[人]사랑하는 언니에게	감상문	09호	1921.8.10	學生
金鍾	縣賞募集 當選發表-[人]우리의 幸福과 自由	논문	09호	1921.8.10	學生
劉道順	縣賞募集 當選發表-[地]漢江鐵橋 우에서	논문	09호	1921.8.10	
賞趙昌	縣賞募集 當選發表-[人]세상 떠난 K君을 생각하는 나	감상문	09호	1921.8.10	培村 學生
兪政兼	縣賞募集 當選發表-[地]그릇된 思想	논문	09호	1921.8.10	中東學校 中等科
李世基	縣賞募集 當選發表-[天]우리는 虛弱에 운다	논문	09호	1921.8.10	
張承燮	縣賞募集 當選發表-[人]客窓의 눈물	감상문	09호	1921.8.10	上海三育學校 學生
金庸漢	學生文壇-갈돕兄님들과 北韓山城에 達足을 記	일기	10호	1922.2.15	苦學生
金瑢煖	學生文壇-어머니께	동화	10호	1922.2.15	
金庸漢	學生文壇-槿園의 春風을	논문	12호	1922.4.17	學生
兪政兼	學生文壇-唯一한 方法	논설	12호	1922.4.17	

작가	제목	장르	호수	년도	신분
	學生文壇	기사	13호	1922.5.17	
	學生文壇	기사	13호	1922.5.17	
李泰俊	學生文壇－郊外의 春色	수필	14호	1922.6.15	徽文 生徒
崔善	學生文壇－체病을 治하라	논설	14호	1922.6.15	
柳月宮	學生文壇－아참	시	16호	1922.8.15	
黃性敏	學生文壇－宗教的 人生觀	논설	16호	1922.8.15	
朴順煥	學生文壇－歸省한 諸君의게 告함	논설	17호	1922.9.15	平壤光成高普
李珍甲	學生文壇－여름소낙	시	17호	1922.9.15	大邱 學生
李泰俊	學生文壇－故鄕에 도라옴	수필	17호	1922.9.15	徽文高普
崔秉和	學生文壇－希望의 寶物	논설	17호	1922.9.15	培材高普
黃允城	學生文壇－떠난 벗을 爲하야	수필	17호	1922.9.15	平壤光成高普
桂鎔默	學生文壇－成功을 得코저하는 者에게	논설	18호	1922.11.1	
柳月宮	學生文壇－아츰	시	18호	1922.11.1	
然友	學生文壇－어린 羊의 슬픔	시	18호	1922.11.1	
李泰俊	學生文壇－나의 恒常敬慕하는 漂泊의 길우에 계신 아즈머님끠	서간	18호	1922.11.1	
李鉉英	學生文壇－學生이면 學生의 일을 합시다	논설	18호	1922.11.1	
崔完	學生文壇－急進하시는 이의게	논설	18호	1922.11.1	
秋江	學生文壇－選者의 말	평론	18호	1922.11.1	

현상당선자 혹은 학생문단의 필자 중에는 김소월・김동환・계용묵・이태준 등 한국 근대문단의 주요 작가들의 이름이 들어 있어 주목을 끈다.

김소월은 이미 창간호에 김억으로부터 「먼후일」외 2편의 시를 추천받아 『학생계』에 기고한 바 있다. 그러나 이후에도 계속 시를 투고하여 현상 당선자가 된다. 이처럼 여러 차례에 걸쳐 현상문예에 투고한 까닭은 선자(選者)인 김억과의 사제지간이라는 친분 때문이기도 하겠지만, 상금의 가치가 그만큼 컸기 때문이라고도 볼 수 있다. 다른 당선자들 역시 마찬가지일 것이다. 김동환은 소설과 시 두 장르에 고루 투고하고 계용묵은 주로 여러 차례 논설문을 투고하여 현상 당선자로 선정된다. "成功을 得코저 하는 者에게", "我等의 前途" 등이 그의 글인데 그 내용은 주로 학생의 임무 등 『학생계』의 논설이 지향하는 바를 재생산하는 수준이었다. 물론 이러한 결과는 현상에 당선되기 위한 투고자들의 선택이기도 했을 것이다. 그러면서도 동시에 이것이 바로 당대 학생들의 의식 수준었을지도 모른다. 『학생계』 폐간 이후에 발행되었고, 『학생계』의 독자들보다 더 높은 수준의 학력을 지닌 연희전문학교의 교지 『연희』(1922.5~1931.12)에 실린 학생들의 글 역시 선진적인 근대 지식을 재생산하는 수준이었다는 한 연구 결과[42]에 비추어볼 때에도 그렇다.

그밖에 '유우상(劉禹相)'은 『학생계』 현상문예에 가장 많이 당선된 투고자이다. 그는 주로 시를 투고하는데, 비록 이후 1922년 5월에 지나(支那, 중국)로 건너가 1927년 2월 한국혁명동지회 재정부 주임에 선출된 이력의 소유자로 문학인으로 이름을 남기지는 않았지만, 당시에는 『동아일보』 독자문단(1921.6.4)에도 「정방성(正方城)」이란 작품을 투고한 열혈 문학 청년이었다. 이를 볼 때에도 당대에 매우 다양한 지향점을 가지고 있었던 청년들이 문학에 열정을 가지고 있었음을 보여준다. 그밖에 『학생계』 현상문예란에 2회 이상 등장하는 사람은 김종(金鍾)·유월궁(柳月宮)·박규선(朴圭善)·설의식(薛義植)·설형식(薛亨植)·김재준(金在俊)·유정겸(兪政兼)·이세기(李世基)·최병화(崔秉和)·하우용·황윤성(黃允城)이 있다. 1회이지만 이경손(영화인)의 감상문도 눈에 띈다. 이태준은 3회나 투고하는데, 현상문예제도가 폐지된 후 학생문단란에 수필을 투고한다.

투고된 장르를 보면 시가 가장 많은 양을 차지하고 그 다음으로는 논문, 감상문 순이다. 소설은 5편에 그친다. 그나마 당선이 되어 지면을 얻은 경우는 박규선·김동환·이세기 이 세 사람의 작품뿐이다. 이는 소설 선자인 오천석이 도미한 후 소설 자체가 현상 공모되지 않았던 사

42) 박헌호, 「『연희(延禧)』와 식민지 시기 교지(校誌)의 위상」, 『현대문학의 연구』 28집, 2006 참조.

정과도 관련이 깊은 것이다. 또한 상대적으로 소설은 수련 기간이 많이 필요했던 장르이므로 문학청년이 습작품 자체를 투고하기 꺼려했을 것이다.

투고자는 소속 학교를 살펴볼 때, 배재고보·중앙학교·상해 삼육학교·평양 광성고보·경남 고성 창신학교·중동학교·보성고보·휘문고보·함흥 영생학교·오성학교·개성 송도고보 등 매우 광범위한 지역의 중등학교 학생들이다. 이외에도 소속을 밝히지 않고 그저 학생이라고만 밝힌 투고자들도 많아, 보다 많은 학교의 학생들이 참여했을 가능성이 크다. 그 외에도 농업인·고학생·승려 등이 간혹 보여 『학생계』의 독자층이 매우 광범위한 것이었음을 알 수 있다.

이러한 독자투고에 대한 열렬한 반응에는 선자(選者)인 오천석·김안서의 지명도도 작용했을 것이다. 잘 알려진 대로 이들은 일본 유학을 다녀온 최고의 엘리트들로 이미 『학지광』·『태서문예신보』 등 선진적 매체를 통해서 이름을 알린 사람들이다. 이렇듯 이미 학생들 사이에서 이미 전범적 존재로 알려진 이들이 선자로 있었다는 점 역시 『학생계』의 지명도를 높여 주었을 것이다.

게다가 당선작이나 선외 가작 모두 작품마다 말미에 선자의 평을 실었던 점도 『학생계』 현상문예란의 무게를 실어주고 있다. 당대 최고의 엘리트들인 동경 유학생 출신이 조선의 중등학교 학생들을 섬세하게 개인 지도해 주는 형국이니 말이다. 김억과 오천석·이추강의 경우도 마찬가지이고 황석우, 7호 이후에 선자로 등장하는 노자영은 한 번 이상 투고한 투고자의 작품은 그 이전의 것을 기억해서 통합적으로 평을 해 주곤 했다. 예를 들면 오천석은 김동환의 소설 선후평에서 '군은 소설보다도 시에 천재가 잇는 것을 알녀둔다[43]라고 평하기도 했다. 이는 선자들이 자신이 선할 작품뿐만이 아니라 다른 장르에 투고한 작품에

43) 天園, 「지－김동환, 故友 평」, 『학생계』 5호, 1920.12.12 참조.

도 관심을 두고 있었다는 점을 보여주는 것인데, 김동환의 경우 이미 『청춘』에도 투고한 경력도 있고, 『학생계』에도 단골 투고자였던 관계로 투고할 때마다 그들의 관심을 받고 있었던 듯하다. 김억도 가장 많은 시를 투고했던 유우상의 시를 보고, 투고때마다 '쓰거움이 업는 것이 작자의 흠점'[44]이라고 지속적으로 지적하는 면모를 보이기도 한다. 이러한 선자들의 관심은 심지어 '選者가 原文에 조곰 添削하엿슴을 作者에게 告한다'[45]는 구절을 남기게 했다. 선자로서 노자영은 선정 대상 작품에 직접 첨삭을 가하기도 했던 것이다. 이러한 점 역시 『학생계』가 얼마나 현상문예란에 공을 들였는가를 알 수 있게 한다.

상황이 이러했던 만큼 『학생계』 현상문예란은 선자들의 문학적 의식이 투고자들에게 거의 직접적으로 주입되는 효과를 낳았다. 그러면 이들 선자들이 『학생계』 현상문예란 선후평을 통해서 전수하고자 한 문학적 의식은 무엇이었을까? 우선 당선된 소설에 대한 오천석의 평을 보자.

> 종교적 가정에서 신앙을 토대로 한 교육을 밧고자라난 일청년이 현금 객창생활의 고독을 느끼는 때를 틈타 습격하여오는 자기의 현재생활에 대한 의아, 종교적 신앙에 대한 세속의 유혹과의 싸홈으로 말미암아 떠오르는 과거의 부자연한 자기 생활을 도라보고 감정의 기우러지는 대로 과거 생활을 부정하고 마츰내 타락하는 지경에 니르기 까지의 심리상태가 짤은 글속에도 유감업시 묘사되어 있다. 다만 군의 흠은 한문 글자를 만히 쓰랴고 하닥 부자연한 곳을 니르키게 된 것이다. 하여간 군의 장래는 유망하다.[46]

> 소설의 상상은 조흐나 그것이 실지의 부합되지 안으면 그것은 완전한 것이 아니라 할 수 업는 것이다. 또 군은 과거와 현재를 잘 분련하야 쓰지 못한 것이 결점이다. 여긔에 유의하고 묘사에만 힘쓰면 조흔 작품이 되겟다.[47]

44) 岸曙, 「人 — 유우상 느릅나무그늘 평」, 『학생계』 4호, 79면 참조.
45) 盧春城, 「地 — 은해사 돌중, 낙동강에서 평」, 『학생계』 5호, 1920.12.12 참조.
46) 天園, 「地 — 박규선, 유혹자 평」, 『학생계』 4호, 1920.11.3, 85면 참조.
47) 天園, 「선외가작 — 김정실, 入港의 汽船 평」, 위의 책, 75~76면 참조.

참으로 군의 작품에서는 소설의 진실한 「의미」, 다시 말하면 「사상」을 차즐 수가 업다. 무용한 대화가 수혈을 점령하고 기타 자연묘사가 그리여 잇스려다 죽은 묘사가 되고 말았다. 자연묘사도다 모순된 점이 만코 또 심한 것이 「!?」표를 남용한 것이다. 금후군은 여긔에 주의하라![48]

자연묘사를 하노라고 애를 쓴 흔적은 보이나 그것이 성공치 못한 것은 유감이다. 그것은 넘우도 미문을 지으랴는 결과이다. 묘사는 미문이 되기를 요치 안는다. 눈에 빗최이는 그대로가 귀하다. 또 넘우 작의가 만타. 이것이 가장 가엽게 생각되는 점이다.[49]

전체를 통하야 「공상」이 만흔 것임니다. 소설을 씀에 상상은 피할 수 업습니다. 그러나 그 상상은 반다시 어데까지던지 사실우에 세운 정확한 것이 되지 아니하면 안됨니다. 넘우 상상에만 다라나면 그것은 산것이 되지 못하고 쒸는 것이 되지 못함니다. 싸라서 만들기는 사람을 만드노라고 하엿스나 그것은 고만 인형이되 고 말 것임니다. 현상에 응모된 소설은 상상보다도 공상임니다. 망상임니다.이것은 밧비 고처야할 흠인 줄 암니다 (…중략…)

제군은 한사람— 또는 몃사람의 전기를 쓰랴 함니다. 소설—더구나 단편에 至하여서는 인간생활의 일순간 일부분을 묘출하는 것이 필요함니다.[50]

우선 오천석이나 김억·황석우 등이 일본 유학을 다녀왔고, 이 시기에 이들이 『폐허』의 동인으로도 활동하고 있었던 점을 고려하면 이들의 문학론이 어떠했는가를 짐작할 수 있을 것이다.

오천석 평의 주요 내용을 몇 가지로 간추리면 우선, 상상을 기반으로 하되 그것은 사실 우에 정확히 세운 것이 될 것, 둘째, 한문 투를 피하고 자연스러운 한글 문장으로 쓸 것 셋째, 내면의 묘사를 잘 하고 자연묘사를 할 것으로 정리할 수 있다. 우선 오천석은 소설의 기본 조건으로 사실성을 강조하고 있다. 즉 개연성 있는 허구를 강조하고 그것을

48) 天園, 「선외가장—김상용, 두견성 평」, 위의 책, 76면 참조.
49) 天園, 「선외가작—김창집, 田家 평」, 위의 책 참조.
50) 天園, 「선후감상」, 위의 책, 76면 참조.

한문이 아닌 한글로 억지스러운 미문보다는 자연스러운 묘사로 표현하기를 바라고 있는 것이다. 그리고 단편소설의 기본 법칙, 위인전처럼 한 사람의 일생 전체를 보여주는 것이 아니라 인간생활의 일부분을 묘출하는 것. 그리고 그것을 통해 '사상' 혹은 삶의 본질을 말해 줄 수 있어야 한다는 점을 강조한다. 그런데 이러한 점은 1920년대 동인지 단편소설들이 공통적으로 지향하고 있었던 가치들이었다. 현진건 · 나도향 등의 소설이 인간 생활의 한 순간을 사실적으로 묘사하는 것에 주력했다는 점은 익히 잘 알려진 바이다. 오천석은 이러한 점을 학생들에게도 가르치고 싶었던 것이다.

그러면 김억의 시 선후평은 또 어떠한가?

> 맑고 고흔점은 잇다. 만은 내용에 이르러서는 전체의 공기가 적지아니한 쓰거움이 업는 것이 작자의 흠점이다. 작자의 전도는 매우 유망하다.[51)]

> 전편에 써도는 퇴폐적기분은 족히 작자의 관능적 애닯은 무엇을 늣기겟다. 하고 내용보다 「말」에 고흔 점이 잇서 처음 몇 구절 가튼 것은 대단히 조타. 심각한 새맛은 적은 것이 유감이다.[52)]

> 조키는 하나 이 작자가 글자를 마초랴고 하엿기 때문에 허물이 생겻다. 엇재ㅅ던지 감각의 시 자미잇는 것이다.[53)]

> 무엇보다도 전체를 통하야 진정한 기운이 뵈이다. 분연에서 솟는 가리움업는 생명의 표현일다. 그러나 아즉 미숙하기 짝이 업다.

김억은 유우상의 시 선후평에서 '쓰거움' 혹은 '열(熱)'을 강조한다. 이러한 '쓰거움' 혹은 '열'에 대한 지적은 시 전체에서 풍겨나오는 시적

51) 岸曙, 「人－유우상 느릅나무그늘 평」, 『학생계』 4호, 79면 참조.
52) 岸曙, 「地－김정식, 서울의 거리 평」, 『학생계』 5호, 1920.12.12 참조.
53) 岸曙, 「地－소월, 魔王石 평」, 『학생계』 7호, 93면 참조.

긴장이나 주제 의식을 강조하는 것으로 보인다.

반면 소월의 시를 평하는 데에서는 오히려 '「말」에 고흔 점'이나 '관능적 애닯은 무엇', 즉 애상적 정조는 칭찬하고 있다. 이러한 점은 당시 김억이 상징시를 수용하면서 시에서 실현하고자 했던 막연하고 아련한 느낌, 애상적 정조(情調)가 소월의 시에서 실현되고 있음을 칭찬한 것이다.

그런데 이 '쓰거움'과 '관능적 애닯은 무엇'은 서로 상반된 정조로도 보이지만 실상 당대 상징시에 대한 복합적인 태도를 보여주는 것이기도 하다. 당대에 황석우 등 아나키스트 시인들은 상징시의 탐미적이고 자유로운 영적 세계를 표현하면서 그 안에서 아나키적 세계를 실현하고자 했다. 김억 역시, 황석우가 주재한 잡지 『근대사조(近代思潮)』에 참여하여, 「영길리문인(英吉利文人) 오스카 와일드」(『근대사조』, 근대사조사, 1916, 15면)라는 글을 실었고, 『학지광』에 실린 글에 의해서도 한 때 그가 오스카 와일드의 아나키즘적 사상과 이와 결합된 삶 전체를 예술화시키는 극단적 유미주의 사상에 경도되었다는 점이 밝혀진 바 있다.[54]

'관능적 애닯은 무엇' 역시 김억이 상징시를 통해서 표현하고자 한 시적 정서이다. 이러한 상반된 결론은 당시 김억도 근대시의 표상인 상징시를 받아들이면서 여러 방향의 모색을 거듭하였다는 점을 알려준다. 황석우 식의 아나키즘적 성향과 이후 자기화한 '관능적 애닯은 정서' 사이에서 그는 당시에는 이 둘을 모두 포용하고 있었던 것이다. 그리고 때론 이 두 가지 자질은 한 시 안에서 만나는 것이기도 했다.

그리고 그가 소월의 시가 '글자를 마초랴'는 것이 한계라고 지적하고 있는 것은 그가 아직 산문적인 자유로운 율격을 지향하는 '상징시'의 단계에서 멀리 나아가지 않았다는 것을 보여준다. 이때는 아직 김억이 '격조시'를 내세우며 민요시 운동을 하기 전이었다.

그리고 『학생계』에서 시를 가르치는 선생이 또 하나 있었으니, 그가

54) 이에 대한 자세한 설명은, 정우택, 「'근대사조'의 매체적 성격과 문예사상적 의의」, 『국제어문』 34집, 2005.8 참조.

황석우다. 황석우는 상징주의를 이론적으로 소개한다.

> 예술감상의 일반원리－通則의 一 되는 평범타 하고도 필요조건되는 「無關心」을 要한다.
>
> …… 무관심이람은 …… 곳 利害得失의 왼갓 邪念, 소위 慾 의 領土, 本能, 實際的 世界로 뭇허 쩌난 恍惚, 忘我－혹은 沒我, 脫實이라고도 함－의 境에 잇는 마음의 상태를 가리킴이니 마음이 이러한 境에 잇지 아니하면 예술의 진정한 제작과 감상이 불가능하다 함일다.
>
> (…중략…) 제이는 周到情密한 注意를 要한다. 彼無關心이 어느作에 對할 째 要하는 鑑賞의 第一義的의 『純正條件』의 鴛이라고 할진대 注意이라는 것은 그의 鴦이라고 할 수 잇다.[55)]

> 좀 놉흔 소리 실과 실이 슷치는 듯한 無力한 엷은 「裏聲」이 아니고 靈의 肺臟－마음의 全線에서 울녀나오는 큰 「地聲」으로써 놉게 힘잇게 노래하여 밧고 십다는 것이다.[56)]

이 글은 어떤 면에서는 상징주의 시의 정수를 잘 설명하고 있는 글이다. 칸트의 예술 철학을 수용하고 이를 통해서 예술적 감상이 곧 "邪念, 소위 慾의 領土, 本能, 實際的 世界로 뭇허 쩌난" 그 자체로 합목적적인 것이라는 점을 설명하려 한 것이다. 그리고 그는 이러한 미의 근원을 제대로 이해한 시인의 목적은 영(靈)을 울리는 것이라고 한다. 그래서 황석우는 자신의 이론을 실제에 적용하여 보여주기 위해 4호 현상당선작들을 평하는 자리에서 "靈의 肺臟－마음의 全線에서 울녀나오는 큰 「지성(地聲)」으로써 놉게 힘잇게 노래"를 요구한 것이다. 이처럼 절대적 '순수시'를 추구하는 것, 그것만이 靈을 울리는 고귀한 경지가 된다는 상징시의 논리, 시의 경우는 김억과 황석우의 상징주의 시에 대한 논리가 그대로 적용되고 있었다. 감상문의 경우도 매우 교과서적인 원

55) 황석우, 「시의 감상과 그 작법」, 『학생계』 6호, 1921.1.1, 18~21면 참조.
56) 위의 글, 21면 참조.

칙이 적용된다.

> 문장을 조립함에 簡潔明快를 缺하엿슴은 甚히 遺憾이다.[57]

> '부자연스러움' 작자여! 예술에는 自己 마음을 속이지 말나는 격언을 깁히 기억하라!!

> '늣긴바 본바를 조곰도 가리우지말고 지순정식의 태도로써 그것을 그대로 쓰면 충분하다. 그런데 공연히 생각안한 말, 늣기지 아니한 것, 억지로 의미인 소리, 제군은 이러한 것을 썻습니다.

노자영 평의 핵심은 '간결명쾌(簡潔明快)'의 정확한 문장과 있는 그대로의 솔직함, 즉 '진실성'이다. 이것이야 말로 글쓰기의 기본이며 수필의 본질이 아니겠는가?

이처럼 『학생계』의 선자들, 오천석, 김억, 황석우, 노자영이 학생들의 작품을 選하고 선후평을 통해 전수하고자 하는 것들은 자신들이 몸담고 있기도 한 당대 동인지 문학이 지향했던 문학적 인식들이었다. 그것은 작품의 형식적 완결성에 대한 추구와 각 장르별 특성에 대한 논리들이기도 했다.

물론 『학생계』의 현상문예란은 아나키즘의 활력과 애상적 정서 사이에서 상징시를 고민했던 과도기의 김억, 그리고 시를 통해 혁명을 꿈꿨던 황석우와 이후 연애서간집으로 문학의 상업성을 실험했던 노자영이 공존할 수 있었던 매우 다층적인 성격의 지면이었다. 하지만 이들이 『학생계』 지면을 통해 공통으로 지향했던 것은 문인이 된다는 것에 대한 드높은 자부심과 이를 통해 문학의 고고한 후광을 강화시키는 것이었다. 그들은 이러한 의식적 지향을 『학생계』 현상 문예란을 통해서 재생산하고자 했던 것이다.

57) 盧春城, 「地－은해사 돌중, 낙동강에서 평」,『학생계』 5호, 1920.12.12.

이들 選者들은 모두 동경에서 문학적 논리를 습득했던 문학적 엘리트들이었다. 이들의 이념들은 '동인지'에 실린 작품을 통해 그 실체를 얻었다. 그리고 『학생계』를 통해서는 이론적으로 국내의 학생들에게 수직으로 지도 편달된다.

『학생계』 현상문예 공고에는 "가슴에서 끌어올나오는 마음을 써림업시 지어보내시오!!"라는 격려차원의 구절이 있다. 이들은 자신들의 문학적 논리를 전수하려는 열정을 가지고 "작구 투고하시면 영광의 월계관을 쓸 때가 잇겟습니다"[58]라고 격려를 아끼지 않았다.

4. 결론—『학생계』 현상문예란의 문학사적 위상

『학생계』는 앞에서 살펴본 대로 동경 유학생 출신의 엘리트들이 민족자본의 힘을 빌어 조선의 학생들을 계몽한 잡지이다. 그 내용은 '근대 지식을 섭취하고 인격을 수양하는 것'이었다. 이는 근대적 교육 제도를 통해서 양성된 엘리트 집단의 주요한 이론적 기반으로서의 '교양주의'였다. 이 '교양주의'는 당대 학생들이 10년대 청년 담론이 주장하는 근대적 국민이 되는 것에서 한 걸음 벗어나 자아 실현의 방도를 모색하는 근대적 개인이 될 수 있게 하였다. 이들은 독서를 통해 근대적 지식을 섭취하고 인격을 수양함으로써 사회 지도자 계층이 될 수 있는 자질을 함양하는 것이 학생의 의무라고 생각했다. 이는 민족해방의 전선에 나서야 하는 강박에서 벗어나게 하는 면죄부 구실을 하기도 했다. 더구나 학력주의와 결합되면서 이 '교양주의'는 한국 근대 지식인의 특

58) 노자영, 「選을 맛치고」, 『학생계』 5호, 1920.12.12.

권의식, 선민 의식을 구성하는 데 이바지하게 된다. 거기에 '문학'은 은밀하게 많은 부분을 공모했던 것이다.

『학생계』의 현상문예란은 이러한 이론적 근거 속에서 '근대적 문인'이 어떻게 구성되어 가는가를 보여주었다. 『학생계』 현상문예란은 김억, 황석우, 오천석, 노자영 등 유학파 지식인들이 자신들이 조선에서 실현하고자 하는 문학의 이념을 전수하는 장(場)이었다. 그래서 이 공간에서는 유학 중 얻어온 소위 『동인지』의 문학적 의식이 교과서적으로 향유되면서 재생산되었다.

그러면서 『학생계』의 현상문예란 안에서 '문학'은 학생이 섭취해야 할 근대적 지식, 혹은 인격 수양의 도구 중 단연 최고의 것으로 자리 잡았다. 이 안에서 문학청년들은 당대 최고의 인텔리인 유학파 선생들의 가르침을 전수 받았는데, 이는 물론 그들이 근대적 교육제도의 수혜자인 '학생'이었기에 가능한 특권이었다. 이로써 1920년대 초반 문학은 근대교육제도 안에 포섭되었다. 근대교육제도의 수혜자인 '학생'이 문학의 정당한 주체로 호명되는 순간, '문학'은 근대교육을 받을 수 있는 일부 부르조아 계급, 지식 계층의 특화된 전유물로 자리잡으면서 고고한 후광을 얻는다. 자연스럽게 문인이 되는 것도 곧 이 계급, 계층으로 상향 조정되는 것을 의미했다.

결국 20년대 초반 '문학 장의 성역화'는 『동인지』 문학만이 지향하는 바가 아니었던 것이다. 『학생계』의 문학란이 암시하는 것은, 이후 '문학의 대중화'란 구호조차도 실상은 근대 교육 제도 안에서만 수용한 가능한, 매우 계급적인 언사일 수밖에 없다는 점이었다.

『신여성』지의 '독자투고'문을 통해서 본 '여성적 글쓰기'의 형성과정

만들어지는 글쓰기, 배제된 글쓰기의 욕망

박지영

1. 들어가는 말-『신여성』 독자투고란의 중요성

1920년대 책을 읽고 글을 쓸 수 있는 여성의 수는 지극히 드물었다. '1930년대 현재 한글과 일어를 읽고 쓸 수 있는 여성은 전체 여성의 1.9%, 한글 또는 일어를 읽고 쓸 수 있는 여성은 10.5%에 머'[1]문다는 기존 연구 결과에 의하면 1910년대와 1920년대 초의 여성 독자는 말할 나위도 없는 것이다. 그러나 '신교육을 받은 1.9%의 여성이 가진 힘은 대단'했다. 문학의 시대, 1920년대에 여성의 글쓰기는 곧 당대의 이단아 '신여성'의 증표였다. 몇 안되는 신여성들의 글은 조선을 온통 떠들썩하게 만들었다. '남성중심주의의 균열은 여성의 책읽기에서부터 시작되었다'[2]는 말은 과언이 아닌 것이다.

근대 이래 여성들은 '글쓰기'를 통해서 자기 표현을 시작했으며, 이

1) 천정환, 『근대의 책읽기』, 푸른역사, 2003, 339면 참조.
2) 천정환, 위의 책, 335면 참조.

러한 징후는 여성을 대상으로 한 근대매체의 등장과 함께 마련되었다. 특히 근대적 매체들이 독자들과의 커뮤니케이션을 위해 마련한 '독자투고'란은 일반 여성 독자들이 자신을 표현할 수 있는 중요한 통로였다. 이미 최근에 이경하[3]에 의해 근대 초기의 '부녀자 계몽지' 『제국신문』의 독자 투고란의 의미가 밝혀진 바 있듯이. '독자투고'는 여성의 목소리를 공적 영역으로 불러내는 데 중요한 역할을 하였다. 그러나 이것이 '시발점'이라면, '독자투고'를 통해 본격적으로 여성의 글이 매체에 담기기 시작한 것은 1923년에 창간된 본격적 여성 잡지 『신여성』부터이다.

잡지 『신여성』은 그 발행부수의 방대함(1923.9~1926.10, 1931~1934.8 간행 통권 최소 70여 권)과 그 내용의 다양함으로 본격적인 여성잡지로 불리워질 수 있는 매체이다. 그 이전의 여성 잡지는 여러 외적 여건상 최대 6호(『여자계』)의 발행부수를 갖는다. 이는 잡지 『신여성』을 발간한 당대 최고의 출판문화운동의 장(場), '개벽사'의 위용을 입증하는 결과이다. 그런데 이 잡지의 진정한 의미는 단지 이러한 외적 결과에만 그치는 것이 아니다. 여성의 목소리를 공적 영역으로 불러들이는 일, 즉 '독자투고'란을 본격적으로 도입하고 활성화시킨 데 바로 잡지 『신여성』의 의미가 있는 것이다. 이미 이러한 점은 김민숙[4]의 글을 통해서 실증적으로 증명된 바 있다.

잡지 『신여성』은 창간 초기부터 독자들의 글을 모집한다. 이미 자매지 『개벽』에서부터 『어린이』까지, 독자에 대한 개방성을 강조한 개벽사의 편집 방침은 『신여성』에도 어김없이 적용되고 있었다.[5]

---

3) 이경하, 「『제국신문』 여성독자 투고의 양상과 의미」, 한국고전여성문학회 학술발표지, 2004.2.6.

4) 김민숙은 『신여성』의 독자투고란을 실증적으로 분석하고, 그 속에서 남성들이 지칭하는 감상적인 '여성적 글쓰기'가 형성되었다고 한다. 김민숙, 「『신여성』과 '독자'—읽는 독자, 쓰는 독자」, 수유 연구실+연구공간 '너머' 겨울 강좌 근대매체시리즈 2—'『신여성』을 읽는다' 강의안, 2004.1.

이러한 점에서 『신여성』의 '독자투고'란은 점차 열의를 더해가는 여성들의 자기 표현에의 열정을 받아안고 그 열의를 더욱 부채질하는 역할을 한다. 1910,20년대에 문인이나 기자가 된다는 것은 곧 당대 최고의 인텔리 성원으로 인정받는다는 것을 의미할 때, 자신의 글쓰기에 대한 열정이 수용될 지면을 얻는다는 일은 당연히 매력적인 일이 아닐 수 없기 때문이다. 이 열정의 밀도는 30년대에 이르러 잡지『신여성』에 더욱 늘어나는 독자의 글과 비례한다.

그런데 독자투고란에 입성한 글들은 당대 대중들의 글쓰기 수준과 문학적인 인식을 가늠할 수 있는 척도가 된다. 어떤 면에서 여성들이 투고한 작품들은 그들이 매체를 통해서 학습한 결과물이기 때문이다. 또한 이 글들은 매체가 지향하는 글쓰기에 대한 인식이 투영된 것이다. 수록된 글들은 수많은 독자투고문 속에서 매체에 의해서 선별된 결과이기 때문이다. 편집부는 독자의 글에 과감한 첨삭을 실행하기도 하였다. 『신여성』의 투고 광고에는 '글로 쓰기 어려우시면 사실만 늘여서 보내시면 본사에서 대신 써드리겟습니다'[6]라고 한다. 이러한 점은 독자들의 글쓰기 역량을 강화한다는 논리하에, 근대적 매체가 독자투고를 통해 구미에 맞는 글쓰기 양식을 만들어갔다는 점을 증명한다.

따라서 근대 이래로 여성들의 글쓰기는 '매체'를 통해서 학습되면서 형성된 것이라는 가설이 가능해진다. 그렇다면 늘 '여성적' 글쓰기, '여류' 문인으로 차별화되고 배제되어 온 여성주체 글쓰기에 대한 수식어는 이 때부터 본격적으로 형성된 것일지도 모른다.

그러므로 잡지 『신여성』에 실린 독자투고문을 살펴보는 것은, 근대 이래의 여성들의 글쓰기가 '매체'라는 문학적 권력 구조 속에서 어떠한 방식으로 구성되고, 또 어떠한 매커니즘에 의해서 배제되는지 그 실상

---

5) 자매지인 『개벽』(1920.6)과 『어린이』(1923.3)도 각각의 창간호에서부터 '기고환영'이라는 광고를 대대적으로 시작한다. 투고범위도 언론·학습·종교·문예로 다양하였다.

6) 「社告」, 『신여성』 6권 10호, 1932.10, 23면 참조.

을 살펴보는 데 중요한 시사점을 줄 것이다. 이는 여성주체 글쓰기의 근원을 살핌으로써 그 편견의 내재적 끈을 끊는 기본적 발걸음을 시작하는 일이기도 할 것이다.

2. 연구 대상의 설정–『신여성』'독자투고'란의 양상과 '독자투고'의 신빙성

근대 초기의 매체들이 독자투고 통로를 열어놓는 데에는 여러 가지 이유가 있다. 첫째 매체에 대한 독자들의 반응을 알아보기 위함이다. 독자투고를 통해서 자신들의 글이 어떻게 소화되고 있는가를 알아보는 동시에 독자들의 반응을 통해 매체의 논리적 정당성을 확인하려 한다. 둘째, 광고효과이다. 독자들로 하여금 자신과 동등한 처지의 독자들의 반응을 확인함으로써 독자와 매체 혹은 독자들끼리의 연대감을 느끼도록 유도한다. 그 결과 매체에 대한 친근감을 높여 광고 효과도 함께 얻는 것이다. 현상문예도 마찬가지의 효과를 얻는다. 셋째, 필자와 기사의 양적 빈곤을 해소하기 위한 것이다. 근대 초기에 매체를 만드는 일은 소수의 선각자에 의한 것이다. 따라서 매체를 만들어 갈 일꾼·필자들이 절대부족하여 지면을 메꿀 기사의 소재를 확보하고 집필하는 데 많은 어려움이 있다. 이러한 점을 보완하기 위하여 독자투고를 통해 기사의 소재를 얻고자 하는 의도가 독자투고를 환영하게 하였다고 볼 수 있다. 넷째는 독자들의 적극적인 참여를 유도하기 위해서이다. 독자들로 하여금 잡지의 편집에 적극적으로 참여하고 있다는 동지의식을 줌으로써 광고효과도 누리고 독자들을 주체적인 필자로 이끄는 역할을 한다.

이러한 목적하에 이루어진 여성 잡지의 독자투고란은 몇 가지 성격으로 분류할 수 있다. 먼저 첫째와 둘째의 목적을 해결해주는 꼭지로는 주로 독자감상문류이나 독자 통신 등을 들 수 있다. 『신여성』의 「독자와 기자」란, 「여학생 통신」 등은 주로 독자가 짤막한 지면을 빌어서 평상시 편집부에 궁금했던 점이나, 바라는 점. 그리고 즐겁게 읽었던 기사에 대한 짧은 감상들을 보내오는 란이다. 그리고 셋째와 넷째의 목적을 위해 개설된 란은 기획기사들과 독자논단, 독자문예 등이다. 주로 기획기사과 논단은 그 전호에 주제를 광고하고 다음 호에 투고된 원고를 선별하여 싣는다. 3호(1924.3)에 대대적으로 선전된 '현상모집－남자에게 바라는 일, 여자에게 바라는 일, 여학생 잘못, 남학생 잘못'이라는 제목의 기획기사가 그 예이다. 독자문예의 경우는 특별한 주제없이 자유롭게 모집하는데 독자의 자발성과 역량이 가장 많이 요구되는 란이기도 하다.

물론 이러한 여러 가지 이유에서 편성된 독자투고란들은『신여성』 이전의 잡지에도 존재하지 않는 것은 아니었다. 그러나 대개 미미하거나 내용이 한정되어 있었다.[7] 그런데 아예 독자의 자유로운 투고를 허용하

7) 『여자계』(1917.12~1920.6)의 경우, '本誌의 編輯上 關係로 本社에서 부탁드린이의게 한하야 기고를 밧기로 합니다(독자란은 此限에 부재함)'이라는 공고하에 독자투고를 원칙적으로 허용하지 않는다. 그러나 3호(1918.9)에서는 '현상모집'을 하기도 하는데, 분야는 논문(조선여자게문제로 부의)과 美文(문제, 고향의 녀름)으로 입선시 등수별로 각각 3, 2, 1원의 현상금까지 걸고 있다. 그러나 4호에서는 지면상 부득이한 사정으로 실지못함을 사과하고 있으며 이전의 편집방침, 독자의 투고를 제한하는 것으로 돌아가고 있다. 동경 재여자유학생친목회의의 기관지 역할을 했던 잡지의 특성상 이루어진 편집방침이었다고 할 수 있다. 일본에서의 출판, 기관지라는 특성, 그것도 유학생 기관지라는 역량있는 필자들의 포진은 이들에게 굳이 문호를 개방할 필요를 못 느끼게 한 것이다.

『신여자』(1920.3~1920.6)의 경우는 개방적이었다. 창간호(1920.3)에서부터 '투고환영'이라는 광고하에 '우리여자네의 하고십흔소리를 발효하기위하야 나온 것이 신여자입니다. 그럼으로 이 신여자는 편집인 몇 사람의 것이 안이다'(1호)로 하면서 '진정한 열성으로 사실을 자백하야 우리여자 사회를 도와주겟다는 여자의 글은 무엇이나 환영하여 밧'는다(2호)는 개방적이고 적극적인 태도를 견지한다. 그리고 2호에 당시 독자였던 방신영의 「신여자를 讀하고」라는 독자감상문을 실어 자신들의 방침을 실현하고 있다. 3호부터는 '정신학교 생도' 등 여학생들의 글이 보이고 있다.

『부인』(1922.6~1923.8)은 훨씬 더 개방적이다. 잡지 『신여성』의 전신으로 개벽사의 개방적 방침을 실현하고 있는 이 잡지는 창간호에서부터 독자의 글을 모집하고 있다. '소설이나, 취미잇는 글, 부인에게 필요한 것을 자미잇게 쓺여서' 보내달라고 한다. 특

지 않았던 여성지인 『여자계』로부터 창간 초기부터 독자투고를 환영한 『부인』까지 여성잡지에서 독자투고란은 점차 개방적으로 자리잡게 된다. 이제 여성잡지도 편집진 중심의 일방적인 훈육성 발언에서 벗어나 독자와 편집진간의 상호 작용이라는 보다 발전적인 개방성을 견지하게 된 것이다.

잡지 『신여성』은 이러한 개방성을 공유하고 출발했다고 본다. 창간호를 구할 수 없기에 확신할 수는 없지만,[8] 『부인』의 편집 방침이 그대로 이월되었으리라는 확신에 의하면 『신여성』은 창간호부터 독자들에

이한 것은 잡지 『신여자』의 글이 주로 고백이나 논설 류 등 논픽션에 가까운 글들이라고 한다면 『부인』에서 요구하는 글들은 '자미잇게 꿈여서'라는, 소설이나 좀 더 문학적 재량이 요구되는 것이다. 더구나 여기서 비로소 '독자문단'에 대한 광고가 출현한다. 비록 독자의 역량 때문인지 편집부의 사정인지, 결과물이 실리지는 않았지만, 독자문단의 특화는 문학의 대중화가 여성독자에게도 여파를 미치고 있음을 간파하고 있었던 편집부의 배려에서 출현한 것이다. 그밖에도 이 잡지의 특이한 기획은 '만가지 고민'란의 신설이다(1권2호, 22.7). 만가지 고민란은 '위생, 가명, 번민, 상식, 미용' 등에 관한 독자들의 고민을 듣고 편집부에서 선정한 전문가들이 이에 답을 하는 형식의 꼭지이다. 비교적 자유로운 형식의 글들이 투고된 이 란은 '남편이 무식하다고 구박한다'는지, '친정돈을 가져오라는 시어머니의 구박', '집 나간 남편이 돌아오지 않는데 대한 고민, '아편쟁이 남편과 이혼을 할 것인가' 등 가족 간의 갈등, 지식에의 욕구 등 당대의 여성의 중요한 고민들이 토로되고 있다. 물론 그들의 문체가 다들 비슷한 점을 보면 편집부의 윤색이 많이 가미된 듯하지만, 이 양상은 1920년대 여성독자들이 자신의 생각을 글로써 표현하는 데 생각보다 적극적이었음을 증명해 준다. 더불어 여성잡지가 인텔리 중심적인 태도에서 벗어나 점차 독자들의 실생활과 밀접한 내용, '아무쪼록 실제 생활을 쓰도록'(5호) 요구하고 있다는 점은 독자투고란이 우리에게 말해주는 중요한 사실이라고 할 수 있다. 또한 점차 독자투고의 꼭지들이 세분화되어 신설되고 있다는 점도 점차 여성들의 글쓰기에 대한 욕망, 독자 참여의 중요성을 잡지의 편집진들이 느끼고 있었다는 점을 말해주고 있다. 『부인』은 '독자문단'이외에도 '독자의 소리와 편즙실 고백'란의 신설(2권4호)하고 있었다. 『신여성』의 '독자와 기자'란의 전신으로 보이는 이 란에서는 '실익기사를 많이 실어달라, 섯불리 남녀평등을 부르짖지 말라', 우리 부인들의 부족한 점만 말하지 말고 장기와 좋은 점도 말해달라'는 등 독자의 소리와 '연애와 리혼문제는 다루나 성욕문제는 다루지 않겠다'는 편집진의 발언은 당대 가치관의 여러 층위들을 보여주는 흥미로운 부분이라고 할 수 있다. 이로써 여성잡지들은 점차 편집진 중심의 일방적인 훈육성 발언에서 벗어나 독자와 편집진간의 상호 작용이라는 보다 발전적인 개방성을 견지하게 되었다는 사실을 알 수 있다.

8) 현재 구할 수 있는 영인본(현대사, 역락)에는 창간호가 누락되어 있으며, 여러 도서관에서도 찾을 수 없다.

게 문호를 개방하고 있음에 분명하다. 이는 확인할 수 있는 최초 號인 『신여성』호(1923.11)에 실린 독자란, '여학생 통신'란은 이를 짐작하게 한다. 그밖에 2권 6호에 광고된 '독자와 기자'란, 3권 5호에 시작된 '독자논단(여인논단)', 4권 6호에 광고된 '독자문예'란과 신설된 '독자회화실' 등과 5권 10호에 신설된 '여인사룬' 등은 서로 교체되면서 각각 독자들의 참여를 유도하는 다양한 통로 역할을 해 내고 있다.

이들 꼭지들은 이미 규정된 주제를 가지고 있는 '논단'류를 제외하고는 첫째, 대개 짤막한 단상들로 한 주제의 다양한 의견을 담은 앙케이트식 기획기사들, 둘째, 잡지에 대한 궁금증과 건의사항, 독서감상문들로 채워진 '독자와 기자', '독자회화실' 등 독자와 편집진의 커뮤티케이션의 場, 셋째, 잡지에 기사거리를 제공하는 유사 기자 프로그램, '여학생 통신', '여인사룬'란 등과 넷째, '독자문예란' 등 이렇게 다양한 내용들을 소화하고 있다.

그리고 그밖에도 1930년대 이후 발간된 잡지 『신여성』에 존재하는 낯선 필자의 글들은 지면이 늘어난 이후 기사의 양적 빈곤을 메꿔 주기 위해 투고된 독자들의 글을 실은 것으로 보인다.

이처럼, 다양한 독자투고의 양상이 가능했던 것은 우선 전량이 판매되었음을 자랑하는 편집진의 '편집여언'의 과장된 언사를 가능하게 한 개벽사 잡지 편집의 대중적 감각에서 나온 것으로 볼 수 있다. 특히 당대 최고의 베스트 셀러인 『사랑의 선물』[9]과 대중적 아동잡지 『어린이』의 성공을 가능하게 한 『신여성』 편집인 방정환의 감각은 1920년대 출판문화운동을 이끌어가는 중심 원동력이었다. 『어린이』지와 함께, 『신여성』에서, 상대적으로 글쓰기에 소외된 계층인 아동과 여성 독자의 역량을 강화하려는 방정환의 계몽적이고 대중적인 편집 방침은 독자투고란의 다양화를 통해 수많은 독자들의 글쓰기를 이끌어내고 있었다.

9) 『사랑의 선물』의 정확한 판매 부수를 확인할 수 없지만, 『신여성』과 『어린이』 등에 실려있는 광고에 13쇄까지 공고된 것을 보면, 그 이상 인쇄되어 팔렸을 것이다.

그런데 이 지점에서 반드시 짚고 넘어가야 하는 것은 독자투고문 주체의 진위여부이다. 즉 독자투고란에 투고된 원고의 집필주체가 과연 순수한 일반 독자들이었는가의 문제이다.

'전체 여성의 1.9%, 한글 또는 일어를 읽고 쓸 수 있는 여성은 10.5%에 머'[10]무는 현실적 수치는 이 문제에 대한 실증을 회의적으로 만든다. 그리고 잡지 『신여성』이 광고하는 독자투고문의 광고와 편집여언에 실린 독자투고문에 대한 언급 또한 이 문제에 신빙성을 실어주지 못한다.

> 신여성에 투고하시랴는 여러분께 두어마듸.
> 글은 반드시 순언문으로
> 한사람이라도 더 읽히기 위하여
> 될 수 잇는대로 간단하게
> 길으면 편즙하기가 곤란합니다
> 원고의 추심은 말어주십시오
> 서로 미안만하게 될 뿐입니다.
> 그리고 조나 나즈나 우리의 실지 생각을 발표하기로 합시다
> (3권3호, 25.3).

> 투고환영
> □육아경험담 □가정실패기 □생활공개장 □사실애화 □기타 시가 소품문
> 독자여러분의 글을 환영합니다. 조곰도 주집어마시고 그때그때 늣김과 경험이든가 생각하시는 것을 적어보내주십시요. 내용만참되고 조흔긔사이면 글의 잘잘못은 편집국에서 정리해드립니다.
> (7권4호. 33. 4)

'순언문'이라는 어문규정과 '한사람이라도 더 읽히기 위하야'라는 규정은 잡지 『신여성』이 좀 더 많은 독자들에게 문호를 개방하고자 하는 의욕을 갖고 있다는 점을 엿볼 수 있게 하는 대목이다. 그리고 자신의

10) 천정환, 앞의 책, 339면 참조.

솔직한 '실지생각'을 담으라는 충고는 글쓰기의 본령이 진실된 자기 표출에 있음을 확인시키는 대목으로 의미가 있다. 그러나 문제는 독자들의 열망이 이들의 기대에 부응하는가에 있었다.

'내용만참되고 조흔긔사이면…… 글의 잘잘못은 편집국에서 정리해드'린다는 언급은 『신여성』에 실린 독자의 글이 편집진에 의해서 상당 부분 윤색된 글일 가능성을 높인다. 내용은 독자의 것이되, 형식 혹은 내용의 일부도 편집자에 의해 편집된 글이라는 결론이다. 그리고 1920년대 발간 초기『신여성』에 실린 독자들의 글은 기자들이 직접 그들의 의견을 들어 기록하기도 했다는 점은 초기 신여성의 기사 말미에서 밝혀진 것이다.

그런데 이러한 비관적인 결론 이면에는 편집진의 독자투고문에 대한 태도가 작용하고 있었던 듯하다. '편즙'을 위해, '될 수 있는대로 간단하게', 투고문을 써달라는 부탁은 편집진이 독자투고에 담을 내용을 그다지 진지하고 중요한 것으로 생각하지 않는다는 점을 보여준다.

그리고 잡지 『신여성』의 성격을 분석하면 그 이유가 좀더 분명해진다.

잡지 『신여성』은 방정환을 중심으로 방정환・김기전・박달성・김명호・차상찬 등 개벽사, 천도교 청년회원들이 만든 잡지이다. 여성 필자는 송계월을 비롯 박경식・장덕조・최의순 등 개벽사 부인기자들과 허정숙 등 당대 신여성들, 여성 필자들의 지면은 남성 필자의 1/2 정도에 불과하다. 이 점은 잡지 『신여성』이 여성을 위한 잡지가 아니라, 천도교의 '문화주의'적 이념을 실현하기 위한 여성 '대상'의 계몽 잡지임을 말해주는 것이다. 천도교 '내수단'이라는 부인 단체가 버젓이 존재함에도 불구하고 잡지 『신여성』은 청년당 중심으로 꾸려졌다. 그리고 당대 중심적으로 활동했던 나혜석・김명순・김일엽 등 당대 신여성들의 글이 초반에 보이다가 점차 사라져가는 현상 역시 이 잡지는 여성을 주체로 하고자하는 매체가 아니었음을 증명한다.

따라서 『신여성』이 '독자투고'란을 활성화한 것은 독자를 창작의 주체로 만들기 위해서라기보다는 '한사람이라도 더 읽히기 위해서'라는 점에 더 비중이 두어진 셈이다. 그러나 이것은 다른 매체에 비할 때 상대적인 결과임은 간과해서는 안 될 사실이다. 그럼에도 불구하고 편집자 방정환을 비롯한 개벽사 매체들의 독자투고란에 대한 열성과 독자투고란에 대한 당대 대중들의 호응은 실로 대단했기 때문이다. 특히 『어린이』이 경우는 '작문'란과 '입선동요'란, 그리고 '독자담화실', '뽑힌 글' 등 독자투고란이 각각 따로 운용될 정도였으니, 실로 방정환의 아동들을 대상으로 한 글쓰기 교육의 열망과 이에 호응하는 독자들의 열정은 충분히 증명되고도 남음이 있다. 특히 어린이의 경우 투고문을 현상모집할 때 반드시 '독자증을 첨부할 것'을 요구하고 있고 그 증명이 없을 경우 과감히 수록을 거부하고 있어 글쓰기의 주체가 순수 어린이 독자일 가능성을 증명해준다. 그리고 투고자들 가운데 윤석중과 최순애, 서덕출, 신고송, 이원수 등은 편집진과 독자들 사이에서 이미 기성 작가로서 대접을 받고 있었다는 점은 다른 독자들의 글을 통해서 유추할 수 있었다. 거기다가 이미 우리에게 정전으로 인정된 윤석중의 '오뚝이', 최순애의 '오빠생각', 이원수의 '고향의 봄'이 『어린이』의 독자투고문이었다는 사실은 당대 독자투고문의 수준과 인정된 위용을 증명해주는 점이다. 더 살펴보아야 하지만 당대의 독자투고는 미처 제도화되지 못한 현상문예 혹은 그 이상의 역할을 하고 있었다고도 볼 수 있는 것이다. 더구나 『신여성』의 편집인 역시 이러한 『어린이』지 독자투고문을 기획하고 이끌어간 방정환이었다.

그러면 『신여성』 독자투고란의 현실은 어떻게 설명할 수 있을까?

우선 문학을 통한 계몽이라는 관점을 견지했던 방정환의 주요 활동무대가 『어린이』였다는 점. 어느 때는 거의 『어린이』 한 권분량을 거의 메꾸었던 방정환의 여력은 『신여성』 편집에 다소 소홀할 수밖에 없었을 것이라고 본다. 물론 실제적으로 당대의 새로운 청년 세대로 기대되고 있는 '어린이'의 활력을 '여성'들에게 기대하기 어려웠다. 당대 여성들에게 잡지 투고에 대한 과감한 용기는 상대적으로 적었던 사정도 작용한다.

그러나 『개벽』에도 대대적으로 선전되었던 '현상문예'제도가 『신여성』내에서는 한 번도 실행되지 않았다는 점, 그리고 다른 매체에서는 볼 수 없는, '첨삭' 가능성은 이들이 여성독자들을 바라보는 관점을 추측하게 한다. 첨삭 공고는 여성독자들의 투고 용기를 북돋우고자 하는 의도를 감안한다고 하더라고, 이들에게 여성이 당당한 글쓰기의 주체로 서기엔 늘 함량미달의 존재였음을 공공연히 드러내주고 있는 것이다.

그런데 그렇다고 해서 『신여성』에 실린 독자의 목소리들이 전적으로 편집진의 글이라고 볼 수 없는 여지도 분명히 존재한다. 김명순이 이광수의 극찬을 받으며 『청춘』으로 등단한 것은 20년대 이전인 1917년이다. 거의 같은 시기에 투고된 방정환의 글[11]보다 주목받는 작품을 투고했던 김명순의 역량, 그리고 앞서 밝힌 '오빠 생각'의 최순애, 『신여성』 단골 투고자로서 잡지 편집진으로 스카웃된 이선희의 존재는 극히 소수일지라도 당대 여성들의 투고 역량이 뒤떨어지는 수준이 아니었음을 증명한다. 그리고 독자 투고문의 필자명이 이름 중간 글자가 '서울 재동의 박정○', '○경자' 식으로 복자처리된 이유가 현역 교육자들의 요구에 의한 것이라는 점은 제자들의 투고 자체를 꺼려하는 당대 분위기와 함께 독자투고문의 실질적 존재를 증명한다.

그렇다면 문제는 그 열정이 수용되는 편집진의 방침에 있다고 본다. 늘 『어린이』나 『개벽』에 당선된 투고문에 선후감(選後感)을 실었던 개벽사 편집진들의 열성, 즉 당대 근대적인 글쓰기 방식을 조련하고자 했던 계몽적 의지는 『신여성』에서는 첨삭이라는 더욱 고압적인 형태로 실현

---

11) 방정환이 이즈음 『청춘』에 열심히 투고한다. 투고한 글은 염희경의 방정환 연보에 의하면 「낙화」(무기명, 한시), 『청춘』, 1915.3; ㅅㅎ생, 「바람」(시), 『청춘』 1918.3; ㅅㅎ생, 「자연의 교훈」(수필), 『청춘』, 1918.4; ㅅㅎ생, 「우유배달부」(소설), 『청춘』, 1918.4; 방정환, 「관화」(수필), 『청춘』, 1918.7; 방정환, 「봄」(시), 『청춘』, 1918.7으로 알려져 있다.

된다. 즉 그들에게 여성들의 글은 남성들의 글처럼 주체적으로 발전시킬 것이 아니라. 그저 재미있게 다듬을 대상일 뿐이었던 것이다.

그럼에도 불구하고 '문학의 시대'라는 다소 과장된 언사도 가능했던 1920년대의 분위기에서 '문학'의 향유는 곧 근대적 교양인의 표상이었다. 이 점을 감안할 때 당대 여성들의 글쓰기에 대한 열망의 강도는 결코 『신여성』 독자투고문의 분량보다 적었으리라고 보기 어렵다. 그리고 30년대 들어 점차 늘어가는 편집진 이외의 필자들의 필명은, 첨삭여부를 전제한다고 하더라도, 독자들의 자기표현, 글쓰기에의 열망이 더욱 대중화되고 있었음을 증명하는 것이다. 그리고 미약하나마 점차 여류문인들의 수가 증가하는 1920년대 후반 이후의 글들은 문체면에서 다양한 편차를 보이고 있어 순수 독자 창작물일 가능성을 추측하게 한다.

이렇듯 『신여성』 독자투고문들이 순수하게 독자들의 글일지, 그 진위여부는 다소 불투명하다. 그러나 분명한 것은 여러 가지 면을 추론할 때 『신여성』 독자투고란은 '여성'의 글쓰기를 자신들의 방식으로 조련하려는 편집진의 계몽적 의도가 투사된 장(場)이며, 그 속에서 지금까지도 운위되고 있는 '여성적 글쓰기'가 형성된다는 점이다. 그러면서도 그곳은 이러한 의도와 독자들의 순수한 주체적 목소리가 내용과 형식 양자에서 혼용되고 충돌하는 장(場)이란 점은 분명하다. 그러므로 '독자투고란'을 통해서 여성들의 반응을 살펴보는 것은 1920년대 이후 조선에서 여성적 글쓰기가 어떻게 형성되어 가는가를 역동적으로 살펴볼 수 있는 중요한 계기인 셈이다.

그러면 이제는 여성들의 글쓰기가 『신여성』의 독자투고란 안에서 어떻게 형성되고 있는가를 살펴보아야 할 것이다.

3. 만들어지는 글쓰기=『신여성』독자투고란에 실린 글쓰기 양상

1) 자기표현의 글쓰기–'번민'을 표현하라

잡지 『신여성』 3권 11호(1925.11)는 『신여성번민호(新女性煩悶號)』이다. 여기서 『신여성』은 '신여성의 5대번민'이란 기획하에 '미혼여성의 남모를 번민, 여학교졸업한 처녀의 번민, 자유결혼한 신여성의 번민, 직업을 못 구해서 우는 신여성, 구가정(舊家庭)에 드러간 여성의 번민' 등 크게 다섯 가지의 번민 문제를 다루었다. 여기에는 교육에 대한 열망, 세대 간의 갈등 등 당대 여성문제에 대한 그들의 생각이 적나라하게 드러나고 있다. 이 특집 이외에도 번민 문제는 독자 투고 형식의 여러 글에서도 드러나고 있다.

> '결혼 전에는근심과걱정이만터니 결혼뒤는그것이 비교덕적어진것이 엇더케보면행복이라고할수잇습니다 누구나녀자로서는 다당해보는일이지만 결혼긔에대한녀자의번민고통이야말로여간이안입니다 평생의운명을결뎡하려는시긔인대 자긔의자주덕선택력(選擇力)은업고 남의주선밋헤서그져요행팔자만기다리게된처녀의근심걱정이야말로 당해보는녀자자신외에는아무도몰을것입니다 …… 내팔자하고 그져운명에붓치고말게됩니다 남편이란그이게전신을막기다십히맛치만리고범(萬里孤帆)이큰언덕이나만난듯이 비로소안심이됩니다.[12]

> 남의안해인 저의가슴속에 남모르는번민과슯흠! 그것은 오즉 저의진정으로 남편을사랑할수업는슯흠입니다. …… 그랫더니 K씨와결혼한후로는 날마다시시로K씨와 P씨와비교되야 저의눈압헤얼른거리기시작하엿습니다. …… 이번민과 이죄악을피하랴면 모든것을닛기위하야이세상을떠나는밧게 다른무슨길이잇슴닛가.[13]

---

12) ○경자, 「결혼전과 결혼후」, 『신여성』 2권 6호, 1924.8, 61면 참조.
13) 匿名女, 「남편을 사랑하지 못하는 번민」, 위의 책, 64~66면 참조.

> 婦人職業問題 이것은 오늘날 社會에 잇서서는 퍽 重大한 問題 中의 하나임니다…… 現在의 만흔 中等程度의 新女性들이 職業이 업서서 헤매임니다 或은 每日 이곳져곳으로 適當한 職業處가 잇나 彷徨암니다 그러나 업슴니다…… 女性은 압흐로 經濟的 獨立을 하잔으며 아모리 큰소리를 하여도 所用업슴니다…… 그런데 우리 程度에 相當한 職業이 업스니 엇지함닛가.[14]

> 깃븜보다는 번민이 만슴니다.
> 처음 몃번에는 별로 눈에 씌우지도 안턴, 시골부인들의 가정생활하는데 모든 결점이 차차 들어나게되며 저는 지금까지 아모 심 모르고 그저 배운다고만 한 것이 너무나 무의미하고 철업슨 것을 깨닷럿슴니다. 그리고 다시 자긔의 배운다는 책임이 얼마나 중대한지를 다시 생각하게 되엿슴니다.[15]

주체적 선택이 불가능한 '결혼'에 대한 번민, 남편을 사랑할 수 없어서 느끼는 번민, 배운 사람으로 느끼는 사회적 책임에서 오는 번민 등은 자유연애에 대한 갈망, 사회적으로 당당한 주체가 되고자 하는 소명감에서 오는 것이다. 즉, 이 문제들은 막 깨어나기 시작한 여성의 인식에 가장 첨예하게 다가오는 문제들인 것이다.

그리고 여기서 중요한 것은 이러한 내적 번민을 스스로 응시하고 글로써 '표현'해야겠다는 당위적 인식이다. 이들에게 자기 표현은 모순의 응시이며 고민을 풀 고리를 찾는 일의 출발이기 때문이다. 이것은 근대 매체 『신여성』이 여성에게 열어준 중요한 기회였으며 이 기획기사들은 주로 여학생 등 인텔리 여성 독자들이 주체가 된다.

그러면 이렇든 '번민'이 독자투고문의 많은 내용을 차지하는 이유는 무엇일까?

'번민(煩悶)'은 『신여성』에 실린 글에서 가장 자주 등장하는 키워드

14) 김영희, 「新女性의 職業에 對한 煩悶－職業을 求하되」, 『新女性煩悶號』 3권 11호, 1925.11, 27면 참조.
15) 이애경, 「방학동안의 시골생활－깃븜보다는 번민이 만슴니다」, 『신여성』 4권 9호, 1926.9, 26~28면 참조.

중 하나다. '번민'을 가져라, '번민'이 있다는 등의 술어가 자주 등장한다. 사실 '번민'이란 용어는 여성들만이 자주 쓰는 용어는 아니다. 1910년대 신문 잡지에 등장하는 '번민'이란 용례가 쓰이는 대상은 '청년'이다. 그러므로 '번민'은 근대적 인식의 주체로 떠오르는 신세대가 가져야 할 중요한 내적 덕목이었다고 보아도 무방할 것이다. 그런데 여성잡지에서 '번민'이란 용어가 빈번히 등장하는 것은 주목할 만한 사실이다. 앞에서 살펴본 『부인』의 독자투고의 정해진 범주에 '번민'이란 항목이 있었듯, 그것은 『신여성』 독자들에게 향한 당대 계몽의 주체들이 그들에게 부여한 내적 덕목이었다.

> 모든 것이 뒤집혀 작명되려는 이 때에 잇서 몬저 녀자된 사람, 특히 무엇을 알녀면 알게된 새녀자들은 몬저 종래 또는 현재의 자긔가 가진 심리이며 생활 근본으로 잘못되고 더러운 것임을 분명히 의식하고, 여긔에서 스사로 죽을 지경에 빠지는 자긔번민을 늣껴야 할 것이다. 그러타 맨 몬저 필요한 것은 자긔번민이다. ……「오늘이 사회의 제도며 환경이 얼마나 사람의 참다웁게 살녀고 하는 길을 막으며, 따라서 지금까지의 일반녀자 또는 자긔의 그와 가튼―경우에도 닷지 안는 더러운 감정이나 생활을 가저온 것도 온젼히, 오늘 사회의 지여노흔 주위환경이 그러케 식인것임을 깨닷게 될 것이며, 그것을 깨닷는 때에 오늘 새녀자의 가질 생각은 할 일은 이것도 저것도 아니오 온전이 자긔와 싸우고 사회와 싸울 한 가지 일 밧게 업는 것을 늣기게 될 것이다 위선 이만 쓰자.[16]

> 女性이라는 것은 오랜 예전부터 …… 壓迫밋헤서 自由업시 오직 奴隷의 生活을 하고 지나왓습니다 …… 그러면 人間으로서 共通된 煩悶을 맛보면서 더 한층 나아가서 女性으로서의 特殊한 煩悶을 맛보게되는 女性의 煩悶이야말로 重大하다 아니 할 수 잇습니다 …… 男性의 煩悶이 百斤重이라고 仮定하면 女性의 煩悶은 二百斤重이라고 仮定할 수 잇습니다 …… 여성의 煩悶이

16) 기전, 「당신에게 '즈긔번민(自己煩悶)'이 잇슴니가―신여자의 치욕생활 죄악생활」, 『신여성』 2권 5호(『녀름 특별호』), 1924.7, 24면 참조.

더욱 크다고 할 수 잇슴니다.(4)

過去社會는 女性을 半身不遂의 病身을 만들어 노앗기 때문에 健康한 男性이 하는 煩悶을 女性은 할 수 없는 것입니다…… 人間으로 보아 半身不遂의 女性의 煩悶이 짜로 잇슬것입니다……新女性과 舊女性……新女性은 舊女性보다 배우고 안다는 点에 잇서서 舊式女性보다 좀 다른 煩悶이 잇슬 것입니다. 그러나 女性이라는 根本問題에 드러가서는 갓흔 煩悶을 맛볼 수 잇다고 生覺함니다.(5)…… 우선 學問에 대한 煩悶…… 舊式婦人은 一字無識을 恨歎……新女性은…… 自己의 知識이 남만 못한 그 点에서 다시 不平을 니르켜가지고……結婚에 對하여서도……舊女性은 아지못하는 사람에게 出嫁하여…… 煩悶……新女性은 서로 사랑한다하고 結婚……무슨 苦痛이 잇스랴할터이지만은…… 男性이 優越權을 가지고 專橫하며 拘束하며 壓迫하는 그 点…… 조금도 다름업는 苦痛을 밧게 됨니다. ……(6)

우리 女性의 煩悶을 完全無缺하게 解決하려면 우리는 우리의 地盤을 한 번 살리여볼 必要가 잇슴니다…… 꼭 한가지 原因…… 그것은 우리가 살고 잇는 ○○○○의 缺陷이 잇는 까닭…… 그럼으로 우리는 女性의 眞實된 解放이나 異性間의 사랑이나 生活의 安定이나 家庭의 煩悶이나 職業에 대한 煩悶 其他 모든 女性의 煩悶을 오직 根本問題解決이라는 열쇠가 아니면 도모지 解決할 수 없는 것을 암니다……解決의 열쇠를 손에 잡어야 될 줄 암니다.[17]

위의 글에 의하면 '번민'은 '생활 근본으로 잘못되고 더러운 것임을 분명히 의식하고, 여기에서 스사로 죽을 지경에 빠지는' 것, 인생에서 생기는 '고(苦)'와 서로 연결된 한 상념(想念)[18]이다. 허정숙은 더 나아가 '번민'을 느끼는 것 그 자체가 '구여성'과 다른 '신여성'만의 특권인 듯 서술한다. 그리고 위의 두 지식인이 강조하고 싶은 것은 조선의 현실에서는 남성보다 여성의 '번민'이 더 많다는 것이다. '결혼'에 대한 번민, '학문에 대한 번민', 남성의 압박에서 오는 번민 등, 결국 여성에게 '번

17) 허정숙, 「우리 女性의 煩悶을 論하야―女性의 煩悶과 解決策」, 『신여성』 3권 11호, 1925.11, 2~7면 참조.
18) 위의 글, 2면 참조.

민'은 여성에게 억압적인 외적 구조를 '인식'하는 것. 그리고 열악한 현실에서 싸우고자 하는 데서 오는 내적 고통이 발현된 것이다. 그러므로 '번민'을 알라는 말은 조선이란 사회에서 여성이 자기 정체성을 발견하라는 말과 같은 의미인 것이다. 이러한 면에서 '번민'에 대한 요구는 위의 두 글에서 느껴지는 것처럼 계몽의 주체가 '신'여성에게 할 수 있는 가장 당위적인 요구라고도 볼 수 있다.

사실 '번민'은 '내면'이란 용어로 치환해도 가능한 말이다. 문학사에서 '내면'의 발견은 곧 공공의 열정이 소거된 자리에 대체된, '제도'에 가까운 형상이다. 일본 근대사상사에서 '번민'(내면)은 '비분강개'가 사라진 자리에 새롭게 대체된 것[19]이었으며, 언문일치체를 이루어낸 계기이기도 하였다. 여성들에게 '번민'을 강조하는 것도 이러한 맥락과 다르지 않다고 볼 수 있다. 하물며 끊임없이 사적영역으로 여성의 활동반경을 제한하고 싶어하는 당대의 상황에서야 더욱 그러할 것이다. 그러나 흥미로운 것은 이러한 글쓰기가 여성에게는 다른 국면에서 의미를 갖는 것이라는 점이다. 여성에게 자기 '번민'의 표현은 곧 여성으로서 자기 정체성을 자각하는 문제였던 것이다.

그런데 위의 투고문들에서 주체들의 의지는 김기전과 허정숙의 당부처럼 치열한 자기 번민, 외적 모순과 싸울 고통스러운 각오에는 미치지 못한 듯하다. 이 글의 필자들은 대부분 의식은 깨어있으나, 자신의 주체적인 결단을 시행할 용기가 없음에 대해 자책한다.

그러나 여성에게 '번민'을 표현하는 것은 '김영희'·'이애경'의 글에서처럼 '사회적 자아'로서의 자신을 확인하는 길이기도 했다.

허정숙은 "여성아 우리는 감정을 살리자 또 번민을 니르키자. 또 고통하자 여긔서 새로운 뜻이 피고 열매가 열린다[20]"고 했다. 이 열매가 여성들 스스로가 시작한 근대적 글쓰기에 이전되어 힘이 된다. 이는 나혜

19) 가라타니 고진 외, 송태욱 역, 『근대일본의 비평』, 소명출판, 2002, 19~44면 참조.
20) 허정숙, 「감정을 살리라(권두)」, 『신여성』 3권 11호, 1925.11, 1면 참조.

석·김명순·김원주 등 당대 여성 작가들의 글에 드러난 치열한 자기 성찰이 증명하는 것이다. 이처럼 '번민'을 자각하고 그것을 표현하는 것은 『신여성』편집진의 의도대로, 여성들의 근대적 글쓰기의 기본 토대로 자리 잡게 된다. '번민'이 없는 곳에 '글'도 없다는 말은 과언이 아니다.

그런데 독자들의 글들은 점차 남녀평등의 문제 등 '사회적 문제' 대신, '자유연애'와 '가족' 내부의 문제로 채워졌다. 『신여성』 발간 후반부인 30년대로 넘어갈수록 여성들에게 내적 고통은 늘 연애와 가족 등 사적 영역 내에서 발생하는 것으로 한정되었다. 이는 '신여성'에 대한 당대의 이데올로기적 억압이 어떠한 방식으로 제한되어 이루어지고 있는가를 반증하는 것이기도 하다. 여성들이 쓰고자 하는 글은 그들의 생활방식과 이데올로기를 반영한다고 했을 때, 여성들의 투고된 글들은 점차 소재적인 측면에서도 그 다양성을 포기해간다.

2) 길들여진 '여성적 글쓰기'와 저항적 글쓰기의 경계

'사소함'과 '은밀함'의 공론화와 신파적 글쓰기

『신여성』의 독자투고란은 매체가 잡지라는 특성상 앞에서 증명한 진정성만큼이나 대중성을 지향할 수밖에 없었다.

『신여성』에는 성격의 일면을 반영하는 '색상자'라는 란이 있다. 이 색상자에는 나혜석·김일엽·김미리사·송계월 등등, 『신여성』이 중요하게 생각하는 당대 '신여성'들이나 명사의 사생활, 혹은 명사의 행동이 아니어도 장안의 가쉽거리가 될만한 기사들이 실려 있다.

> 한창때 강단 우에 나설 때마다 리혼(離婚) 리혼하다가 아조 몸으로 그것을 실행한 김원주(金元周) 녀사는 그후 일본서 나와 서울 륙조 압 그의 애인의 집에서 련애 생활을 달게 하고 잇는대 조곰 납작하든 코날을 일본잇슬 때 융

비술(隆鼻術)로 곳처서 오둑하게 되기는 하엿는대 그대신 살이 켱겨서 두 눈이 가운데로 조곰 쏠렷다나요. 이것은 가서 만나보고 왓다는 이의 말

—4호, 1924.3~71면

이처럼 다소 악의적인 표현으로 마치 취재한 실상인듯, 당대 신여성과 명사들의 연애 생활, 성형 등 내밀한 사생활을 폭로하고 있는 기사들 모음이 바로 '색상자'란이다. 그밖에 '신알베르트씨가 너무 바빠서 우체통에 편지를 넣는다는 것이 장갑을 넣어버렸다는 이야기'(2권6호), '윤심덕 옆에 한 청년이 매일보이는데 곧 결혼할 것이라는 이야기'(2권11호), '스토킹당했던 이화학당 제일의 미인이 정미소 아들의 첩이 된 이야기'(2권11호) 등 '색상자'에 실린 기사들은 사소하고 은밀한 사생활을 엿보는 관음증적 재미, 인간의 호기심을 자극하는 것들이다. 호기심은 또 다른 호기심을 낳게 되고, 그것이 독자 투고의 한 내용을 자치하게 된다.

기자와 혹은 독자끼리의 호기심어린 수다도 가능한 '여인사륜'과 '독자와 기자', '독자회화실'에 실린 내용은 '근우회, 박인덕 등의 소식에 관한 문의'(5권 10호-여인사륜), '개벽사 기자의 필명에 대한 궁금함'(6권11호) '지난 호에 실렸던 주근깨없애는 법에 대한 질문'(6권 3호) 등 주로 사소한 것들이다. 그러나 내용의 잡다함에도 이러한 란은 잡지의 필수적인 꼭지로 등장하여, 여성의 글쓰기를 일편향으로 형성해가고 있었다. 이제 여성들에게 이러한 일을 글로써 문의하는 일은 당연한 권리이며, 타인의 사생활에 대하여 묻는 일도 더 이상 민망한 일이 아니었다.

『신여성』에서 이처럼 사소하고 은밀한 일상적 담론들을 공적 영역으로 끌어올리는 일은 잡지의 흥미위주로 기획된 기사의 모범으로 자리잡았고, 또 독자들의 답습을 통해서 이루어졌다. 그래서 여성의 글쓰기가 사적 영역의 조잡스러움에 머문다는 멍에를 짊어지게 하는 원흉으로 성장하게 된다.

한편, 이러한 사소함 이외에도 『신여성』에 실린 독자의 글 중에는 감

상적이고 신파적인 글이 존재하기도 한다.

사춘기 소녀의 심경

S언니! …… 참말이어요 사람이 그립어요. 언니가 그립어요 맘썻 부등켜안고 숨맥히는 키쓰를 하고 십허요. 언니! …… 아마 소설을 읽고 게실게여요 …… 언니가 나를 귀여워안해주섯다면 얼마나 세상이 더 쓸쓸하얏슬가요 …… 英이의 서간지에는 이런글이 십여장을 씨워서잇섯다 …… 사춘기의 소녀! 붓그러운 감정과 까닭모를 웃음이 터저나오는 그 째의 소녀들! 윤택나는 눈동자에 그리운 표정이 써오르고 아득한 사모의 정이 가슴에 다름질치는 그 째의 소녀들! …… 스윗트 씩스틘! 꿈의 열여섯이다. 공상과 동경에 아로색여진 쎈티멘탈! — 그것은 잠자든 소녀들의 가슴속을 비로소 헤트려 놋는 것이겟다.[21)]

노처녀의 심경수필

노처녀의 구슯은 심정! 말도마서요. 나의 썩어허무러진 이 마음을 아러무엇하리요입니다 …… 내 얼골고 그리 못난축에는 안들 자신이 잇서요 …… 그리고 우리 부모 먹여살리기 위하야 시집못갈 형편도 아니엇답니다 …… 시집안가는 리유를 은근히 내비치지만 콧긋에 바람이 날만콤 간지럽고 북그러운 생각이 왜 안나겟서요 …… 근 20년동안이나 노처녀의 서름을 가지고 지내왓스니 그 서름이 여간 서름입니까 …… 못피우든 담배를 남몰래 피우노라고 하로밤에 마코가 두갑세갑이 엇서저 버린답니다 …… 세상에 엇던 년들은 실연한번하고도 세상에 나처럼 불행한 여자는 업서 …… 그러다가 나종에 짠에로 시집가서 잘사는 년을 보면 눈쏠이 틀리다 못해 그 아가리를 찌저버리고 십흔 생각이 나는걸요 …… 노처녀 이십년생활에 마음이 썩고 뒤집혀서 왼만콤 웬한일에는 이러케 신경이 날카러워지고 기가납니다 …… 하로에도 틈나는대로 몃번식 화장을 해야만 속이 편해요 그러기 째문 세상에서 제일 조타는 화장품은 기를 쓰고 삽니다 …… 쏘 철짜라 화려한 옷감이면 돈 악기지 안코 해입어봅니다. ……[22)]

21) 김순영, 「처녀심경수필집 — 언니 저 달나라로」, 『신여성』 7권 6호, 1933.7, 54면 참조.
22) 김회성, 「錄分에도 空籤 잇나」, 위의 책, 56면 참조.

위의 글은 '사춘기 소녀', '노처녀' 등 여성을 지칭하는 기호에 대한 보편적 선입견을 그대로 수용하고 있는 것들이다. 사춘기 소녀의 공상과 동경의 '센티멘탈리티' 노처녀의 소위 '히스테리적' 상황의 거침없는 표출은 구어체의 문체와 어울려 재미를 부여한다.

그런데 구어체적 문체에서 풍겨나오는 풍자적 어조와 입담은 『신여성』의 인기 꼭지인 '신여성' 풍자 비행기인 「은파리」란의 어조[23)]와 다소 비슷하다. 이러한 점을 고려해보면, 이 두 작품은 편집진 중 누군가가 독자의 글을 윤색했을 가능성도 배제할 수 없다. 또한 한편으로는 독자가 한창 유행이었던 은파리식 문체와 내용을 흉내낸 것일 수도 있다. 이러한 글쓰기 방식 역시 유행으로 답습된 것일 수 있는 것이다.

『신여성』에는 이러한 개인사가 녹아있는 신세한탄식 글이 종종 보인다. 예를 들자면, 사기당해 첩이 된 이야기,[24)] 기생이 된 이야기 등은

23) 청산유수로 쏟아내는 유연한 입담이 은파리의 작가와 비슷해 보인다. 일례로 은파리의 본문과 비교해보자.

아모러한곳에서라도 올치못한짓을하여보아라, 다른사람못보는곳이라고 낫븐짓을하여보아라!은파리눈에야 들키지아닐법이잇슬줄아느냐(24) …… 거짓말로만살아가는 사람놈들의세상 거짓말하고만잘살게되는 이놈들의세상에는 엇던일이고 그속이잇고 그속의 쏘속이잇는것을 나는알고잇다 아모놈이나붓잡고 그뒤를밝히면 죄는쏘다져나온다. 싼밋천이들처나온다. 그것을 나는 알알이들처내여야한단다 거긔에 은파리의살아잇는갑이잇단다.(25) 그러나 세상은변하엿다. 젓가슴이 허―엿케보이던 짧은저고리가 배ㅅ곱에까지나려오고 그대신 신발뒤축을덥던치마가 무릅위로올나가게까지 새상은변해젓다. 무슨말인지모르겟스나 남녀평등남녀평등하고 하나가소리를내닛가 모다들 속도모르고옴겨부르더니 그래그랫는지 저래그랫는지몰나도 녀편네가 머리를귀밋까지잘러버리기시작을하엿다. 엇잿던지 머리로유별이든것이 머리로 평등은된세음인모양이다. …… 녀자는 머리만싹그면 유명해진다 단발랑이니 단발미인이니하고 눈처즌 신문긔자들이자조쫏처단기는까닭이다. …… 남편이죽어서머리를싹거버렷네 싀집가기실혀서머리를싹것네 공부하기가실혀서머리를싹것네 그럴듯한소리만 골라다하지만 중의대가리처럼밧작밀어버리지안는것이 그들의약은쐬이다.(목성, 「풍자만필―은파리」, 『신여성』 2권 6호, 1924.6, 24~26면 참조)

24) 이 수기에서 필자는 어려운 형편임에도 학교에 보내주시는 등 진실한 부모밑에서 자랐으나, 연애소설 때문에 타락의 길로 빠졌다고 한다. 결국 등록금을 애인에게 갖다 바치고 그것이 들통나자 집을 나와 애인과 동거하였으나, 알고보니 애인은 시골에 본처가 있었다고 한다. 결국 애인에게도 버림받아 집으로 돌아가서 고무공장에 다닌다는 얘기. 혜란, 「일즉이妾되얏든몸으로」, 『신여성』 3권 5호, 1925.5.

때론 남성 필자에 의해, 때론 독자로 보이는 여성필자에 의해 변주되고 있다. 마치 당대 유행했던 신파극이나 유행가의 레파토리들처럼 '운명에 순응은 하지만 마음은 그것을 도저히 받아들일 수 없는 이율배반'에서 오는 신파 양식의 비애감[25] 같은 정서가 여기에 녹아있다. 이러한 양식이 대중적으로 사랑을 받았던 것처럼, 이러한 글쓰기 방식은 잡지에 기고되는 특유의 글쓰기 방식으로 구성된다.

그러나 만약 독자의 순수 창작물이라면, 이러한 글쓰기 방식을 바라보는 관점에 유연함을 가질 필요도 있다. 특히 후자의 글의 경우, '썩어 허무러진 마음', 상처와 세상에 대한 원망의 적개심이 공존하는 분열적 내면을 그대로 거침없이 표출하는 방식. 그것 역시 노처녀를 일탈자로 만드는, 억압적 세상에 대응하는 하나의 방식일 수도 있기 때문이다. 분열된 의식이 표출되는 순간 세상의 단단한 억압적 인식은 조금씩 균열을 일으킬 수 있기 때문이다.

편집진은 겉으로는 감상적이고 고급스럽지 않다고 배격하지만, 대중성이란 이름으로 이러한 글쓰기 방식을 적극적으로 이용한다. 이러한 편집진의 이율배반 속에, 길들여진 것 같지만 나름의 논리를 갖추어가는 글쓰기 방식, 신파적 글쓰기는 대중적 여성 계몽지 『신여성』이 창출해 낸 또 다른 글쓰기 방식이었다.

3) '배제된' 문학에의 욕망—'문학소녀'라는 명명법의 허구성

『신여성』에서 '번민과 함께 등장하는 가장 중요한 키워드는 역시 '독서'와 '문학'이다.

경성제국대학 최고의 수재 유진오가 과감히 문인의 길을 택했듯 당

25) 이영미, 「일제시대, 트로트와 신민요의 양립」, 『한국대중가요사』, 시공사, 1999, 7면 참조.

대에 문학은 최고의 인텔리의 표상이었다. 이러한 현실에서 여성들에게도 문학은 모순된 정체성에서 자신을 구원해 줄 하나의 매개체이기도 했다.

> 돈업는 신세
>
> 학교는 졸업하엿나이다. 나는 문학공부가 소원이외다. 그러나 내동생 쏘 숫혜ㅅ동생까지 학교에 단기는 터인대 엇더케 아버님의 인력거 쩌는 수입에서 내 학비를 엇으리잇가. 아아 돈–돈– 사람은 이래서 타락되기 쉬운 것이겠지요. 아아! 돈! 돈! 돈! [26](36)

> 나는 이런안해를바람니다
>
> 자기 소개– 차남. 세간나서 살 정도의 살림. 문학애호자로 정신적 내적 생활 중시하는 자
>
> 내가 바라는 아내–마음 좋고, 취미가 같고 경건한 마음, 자애가 많은 고결한 여자.
>
> 천박스런 아양을 부르거나, 얼굴을 숙이고 남편을 귀인대접하는 여자는 싫다.[27]

> 마리야로부터 혜숙씨에게(자신에게 보내는 편지) 흰 저고리에 까만 치마, 새빨간 댕기를 하던 혜숙이는 조선옷도 아닌 이상스런 새카만 옷을 입고 수녀노릇 하고 있다, 친구도 많고, 공부도 우등이고, 졸업 때 답사도 하던 혜숙. 문학 공부 한다던 혜숙이가 이렇게 매일 성경과 기도와 눈물로 세월을 보내게 되다니.[28]

인용구에서 졸업한 여학생의 소원인 '문학'공부, 고상한 아내의 교양으로 인식되는 문학, 공부가 우등인 아이의 이상이었던 '문학'은 '천박'함이나 눈물과 대립되는 고상한 그 무엇이다. '천박함' 혹은 '눈물(청승)'

---

26) 이확순, 「校門을 나서면서–卒業生 感想談」, 『신여성』 2권 4호, 1924.4, 36면 참조.
27) 이춘강, 「아는 이런 안해를 바람니다」, 『신여성』 2권 5호, 1924.5.
28) 몽견초, 「(수기) 修女의 설음(○○교회 어린 수녀의 편지)」, 『신여성』 2권 8호, 1924.10.

이 이제까지 여성의 모순된 상황의 상징이라면, 여기서 문학은 그것을 덮어 줄 혹은 극복할 수 있는 토대를 제공해주는 이상인 것이다. 이러한 상황에서 '문학'하기 즉 독서와 창작은 신여성들, 특히 여학생에게 중요한 과제일 수밖에 없었다.

이를 반영하듯 잡지 『신여성』은 이들의 창작적 열정 역시 등한시하지 않았다. 창간호부터 독자에게 개방적이었던, 『신여성』의 경우, 처음에는 논설이나 다른 종류의 글과 함께 문예물을 모집했으나 드디어 4권 6호(1926.6)부터는 "독자문예모집"이라는 특화된 란을 마련하고, 광고를 싣는다.

〈讀者文藝募集〉

年號마다讀者의文藝를左의規定대로募集하오니續續應募하소서

종류 : 詩(長短隨意), 論文(一行二十字四十行以內), 書簡文(一行二十字三十行以內), 感想文(一行二十字三十行以內), 小品文(一行二十字三十行以內), 會話室(一行二十字十行以內), 地方通信

— 『신여성』 4권 6호, 1926.6

비록 '회화실', '지방통신' 등 문학장르가 아닌 분야도 공고되고 있었지만, 주로 문예물 중심의 광고라는 점은 단지 다른 분야의 하나로 광고되었던 이전의 광고와는 다른 면모를 보여주는 것이다. 이는 점차 증대하는 독자들의 문예에 대한 욕구를 반영하고자 한 편집진의 의지에 의해 시행된 것이다. 여기에 대한 독자들의 반응은 다소 조심스럽지만 적극적으로 개진되고 있었다.

신여성독자문예에는 글의 길고 짜른 것을 꼭 모집광고에 지정한 대로 하야만됩닛가혹 다소 짧거나 길으면 몹씁닛가. 좀알녀주십시요.(全州 一投稿生, "회화실")

— 『신여성』 4권 7호, 1926.7

귀사에서 발행하는 잡지 중에 그 한책에 매월 한 항씩 만 빌려서 매월 작품을 발표해 볼까하는데 그럿케 하려면 귀사와 어쩌한 관계를 매저야 하는지 그것을 좀 알려주시오 (동래 김소순),

시한편을보내드리오니 바더보시고 잘못된 곳을 첨삭하서어 긔재하여주십시오 (…중략…) 일홈만은 숨겨보내오니 량해하시고 만히 곳치여 꼭 긔재하여주십시요. (咸永女高 K生, "여인사룬")

—『신여성』 6권 3호, 1932.3

투고방식에 대한 질문과 투고 후 '첨삭'을 요청하는 모습은 수줍은 '문학소녀'의 전형적인 면을 연상하게 한다. "일홈만은 숨겨보내오"라는 구절이 보여주는 것처럼, 부끄러움 안에 내재된 글쓰기에의 욕망은 지극히 당돌한 것으로 느껴진다. '매월 작품을 발표'하고자 하는 욕망도 그것이다.

그러나 놀라운 것은 이러한 열정에도 불구하고 『신여성』에서 독자문단(문예란)을 찾기는 의외로 쉽지 않다는 점이다. '독자문단'은 4권 1호(1926.1), 6권 3호(1932.3), '독자문예'란은 4권 8호(1926.8), 그리고 그밖에 특집으로 꾸며진 독자란으로 '특집－처녀서정시첩', 7권 8호(1933.8)와 '특집－애독자란－시가 9편', 6권 2호(32년 2월)가 있을 뿐이다.

그리고 광고 이후에 독자문예란을 마련하지 못함을 사과하는 '편집여언'의 글이나, 독자문예란을 실은 4권 6호에서조차 '모집해서 원고를 받고보니 수도 적고 수준도 낮았다. 여학교 시험 등의 원인이 있었겠지만 글쓰는 여성이 없는 것 같아 섭섭하다, 여성이라서 발표하는 데 부그러워서 그러는 것 같다'는 편집진의 평[29]은 독자문예란에 대한 호응이 부진했음을 말해 주는 것이다. 그러면 허위의식에 가깝다고 느껴질 정도의 열정과 그 결과물의 빈약함의 간극은 어떻게 설명이 가능한 것일까?

---

29) 「독자문예」, 『신여성』 4권 8호, 1926.8, 52면 참조.

우선 편집진의 말대로 당대 글쓰는 여성이 극소수인 점. 그리고 그들은 발표하기를 부끄러워했다는 점은 우선 일차적인 이유가 될 수도 있다. 그러나 일견 당연한 듯 보이는 이 빈약한 근거이면에는 다른 '글쓰는 여성이 극소수일 것'이라고 생각하는 당시 편집진의 태도에 있었다는 추측도 가능하다. 우선 신여성 편집진이 독자문예란에 갖는 태도는 같은 개벽사 잡지인 『개벽』과 『어린이』이 독자문예란이 갖는 위상과 비교해 볼 때 분명히 드러난다.

먼저 잡지 개벽의 경우 역시 독자문단이 대대적으로 존재하지는 않지만, 그들에게 현상문예, 혹은 현상문예가 아니라도 지면을 얻는다는 것은 작가가 되는 통로로서의 위엄이 부여된 것이었다. 작가 이기영이 『개벽』의 현상문예 출신이라는 점. 그리고 그밖에 현진건의 처녀작이 개벽을 통해 발표되었다는 점은 이를 구체적으로 증명한다. 어린이 역시 독자투고는 곧 작가의 길을 의미했다. 독자투고의 단골필자 윤석중, 서덕출과, 이원수, 최순애는 곧 작가로서 대접을 받았다. 그러나 『신여성』의 경우는 단골 투고자인 '이선희'가 기작로 발탁되는 예가 있었지만 그녀 역시 문예란 투고자는 아니었다.

그리고 당대 등단한 여성작가들도 『신여성』을 통해서 등단을 하기보다는 『신동아』(모윤숙 · 노천명), 『조선문단』(강경애) 등 다른 잡지에 투고했던 점은 『신여성』독자문예란의 민약한 위용 때문이라고 볼 수 있다. 그리고 독자문예란의 빈약한 위용은 그들의, 글쓰는 여성에 대한 편견이 작용하고 있었던 문제이다. 그들에게 글쓰는 여성은 '문학소녀' 일뿐 예비작가인 '문학청년'은 아니었던 것이다.

> 나도 문학에 일생을 밧치려함니다. 나는 선생의 창작에서 내가 정진해가랴고하는 목표를 발견햇기로 조흔 파이러트가 되어줍시사하는것입니다.

> 그리고 차라리 일본인소녀는 문학소녀－라기 보다는 차라리 문학광이라고

생각하엿다. 막치 영화광이 자기가 엇써한 리유로 저배우를 존중해도조흔가를 생각하기도전에 덥허노코 그쇎에게 심취해버리는것과 일반으로 이러한 소녀는 웬만한 창작만이라도 쓰는 사람이면 무슨 고상한 인격자나 그러치안으면 무슨 신인처럼 숭배하러들녀는 것이다.

그러나 그것이 모다 원시적 감정인 극히 순진스럽고 그러나 솔직하게 자기의 조와하는바를 고백하는 점에 잇서서 이러한 소녀는 취할점이 업지안흐리라고 생각했다.

……

문학소녀란 무지스러울만큼 귀엽고 사랑스러운 존재다.[30)]

위의 글은 작가지망생인 한 소녀(처녀), 일명 문학소녀가 작가 이석훈에게 보낸 편지를 보고 작가의 감상을 쓴 글이다. 작가는 '일생을 밧치려' 하는 소녀의 열정을 '원시적 감정' 혹은 '귀엽고 사랑스러움'으로 치부해버린다. 물론 그녀가 쓴 작품을 읽어보았는지 여부도 설명하지 않고 있다. 물론 문학하는 사람이 일등신랑감이었던 풍토[31)]로 미루어보았을 때 여성들이 갖는 문학에 대한 환상을 무시할 수는 없지만, 이 대목은 이에 따라 형성된 남성작가의 허위의식 역시 마찬가지였음을 보여 준다. 『신여성』에 실린 백철의 글 역시 편향된 시각을 갖고 있기는 마찬가지이다.

그러한 의미에서 그들(여학생)이 생활기분의 특징의 하나는 로맨치시즘이라고할수잇다. …… 무사기(無邪氣)한 낭만주의자며 세상의 현실을이저버린 행복된 기분주의자다. …… 한편으로는 …… 그반대의 …… 애수와 비관에 얽어매인 센티멘탈리즘! 이기분도 여학생의 기분의 중요한 면의 하나이다. 그리고 그러한 센티멘탈리즘이 얼마나 만흔 불행한 소녀에게 실망과 자살을 종용하

30) 이석훈, 「문학소녀」, 『신여성』 7권 5호, 1933.5, 12~13면 참조.
31) 1920년대의 일등 신랑감은 문인이었다. "신긔미운동이후 한창 신문잡지가 비뒤에 대 ㅅ 순나오듯 하던 시절에는 어듸 시 한구, 소설 한편만 발표하여도 그 청년에게는 여자의 련애편지가 사면팔방에서 쏘다저 드러오고……."(일기자, 「여성란: 신여성 구혼경향-신랑표준도 이러케 변한다」, 『별건곤』 1권 2호, 1926.12, 47면 참조)

고잇슴일가? …… 여학생 문예란 결국 여학생시대의 모든 생활기분 생활에 대한 낭만적 기분과 센티멘타리즘!을 반영하고잇는 것 이외의 아무것도 아니니까!

조선에서는 저 비속한 「사랑의 불쏫」가튼 것이 여학생의 중요독서물이 된 일이 잇다고하지안는가.

우리들은 여학생문예를 서정과 감상주의의 문예라고 전면으로 생각할수잇는것이다.

현대의 여학생문예는 지금까지의 센티멘탈한 문예에서한거름나서야한다는 것을 주장하고십헛든 것이다. …… 현실에 입각하야 진실을 바라보라 …… 지금의 현실은 그들의 각문학에 좀더 심각하고 엄준한 내용을 요구하고잇다.[32)]

이처럼 남성작가들이 단호하게 규정한 '여학생 문학=로맨티시즘'이라는 등식은 지금까지도 강고한 편견이다. 당대에 센티멘탈리즘은 곧 본격문학이 갖추어야 될 자질에서는 한참 벗어난 통속적 자질이다. 결국 여성의 글은 곧 통속이라는 논리를 이들은 확고하게 믿고 있었던 것이다.

그러나 중요한 것은 이들이 그토록 배격한 센티멘탈한 글쓰기 방식이 사실 남성필자들에 의해서 전수된 것이기도 하다는 점이다. 김민숙의 글에서 밝혀진 것처럼 『신여성』에 실린 남성필자들의 글들 역시 그들이 말한 '감상성'의 범주에서 많이 벗어난 것은 아니었다.[33)]

대표적으로 수필이 그러한데, 이 장르는 본격문학의 범주에 넣고 있지 않았기 때문에 그렇다고 할 수 있지만, 동화와 소설의 경우도 낭만적 사랑을 강조한 신파조의 내용이긴 마찬가지였다.[34)]

---

32) 백철, 「현대여학생과 문학」, 『신여성』 7권 10호, 1933.10, 35~37면 참조.
33) 김민숙, 앞의 글, 16~17면 참조.
34) 독자들에게 반등이 좋았던 「사랑의 왕국으로」, 「久遠의 女像」 등은 모두 『신여성』에 연재된 작품들이다. 조아아의 「사랑의 왕국」은 '그림이약이'라는 장르명칭으로 『신여성』 4권 6호(1926.6)~4권 7호(1926.7)에 연재된 작품이며, 이태준의 「구원의 여상」은 5권 3호(1931.3)~5권 10호(1931.11)까지 연재된 소설이다. 신여성의 독자들은 투고를 통해 "「사랑의 왕국으로」는 자미잇시읽엇습니다. 문예편에 그런 것이 늘어낫스면

여기에는 물론 여성들의 잡지에 실리는 글이라는 남성필자들 나름의 가치 기준이 작용하고 있었다. 이들은 감상적인 글로 여성들의 글쓰기 방식을 계도해놓고는, 바로 그 '감상적'이라는 이유로 이들의 글을 폄하했다.

이러한 단선적인 구도가 박약한 것이었음을 밝혀주는 근거가 같은 지면인 『신여성』 독자문예란에 실려 아이러니한 상황을 연출한다.

> 못나고잘나고 하는말들이
> 내게는지내가는 바람갓흐니
> 작년에스믈세살 울든그때에
> 무겁은긔억조차 슬어져가네
>
> 웃을가?웃을가? 헛튼생각에
> 넷날에사든그집 차자나볼가?
> 사라서사는몸엔 생각이크니
> 즐거운오는때나 그리여보리
>
> 잘사리웃고사리 오는그날엔
> 바드득이를갈고 잘사라보리
> 집업시써단이든 그때생각코
> 바드득이를갈고 잘사라보리!
>
> —김운포, 「살님」, 『신여성』 4권 8호, 1926.8

> 참새들이
> 개천가 나무우에

……그것이 그만 쑷나게 된 것을 섭섭 …… 자미잇는 문예가 다음호에 나오기를 ……"(「여인사룬」, 『신여성』 6권 3호 중에서)이라고 하거나, "「久遠의 여상」은 참말 자미잇습니다. 그러나 소설이 단한편밧게 실니지안어서 늘부족 …… 신년호부터 한편 씀 더 있었으면 …… (경성 박순자)"(「女人 사룬」, 5권 11호)이라고 하면서 문예면에 호응했다. 위의 두 작품은 통속적 연애담이었으며, 대중적 잡지 『신여성』은 이들의 취향에 맞추어 문예면을 편성하는 배려를 아끼지 않았다.

옹기종기 모여 안저서
속은거림니다

압마을 김첨지 아들
장가 가고
야학 선생님 잡혀갓냐고.

— 박노홍, 「개천가에서」, 『신여성』 6권 3호, 1932.3

불안쌘 방에서 눈쩌세우고
조밥에 목메여 찬물마섯네
아이공 데이공 못살겟구나

고칫내 역하여 얼골 찡글며
쓸는물 속게다 손을 데윗네
아이공 데이공 엇더케하나

감독놈 상판에 매서운눈알
피할 수업서서 실을 쎱앗네
아이공 데이공 지옥이로다

공부를 식힌다 아이우에오
피곤한 몸이라 졸고말엇네
아이공 데이공 글이나새나

못살아 못살아 나는 못살아
이놈에 공장엔 나는 못살아
아이공 데이공 참말못살아.
(3행 생략)

— 김동선, 「제사직공의 노래」, 『신여성』 6권 3호, 1932.7

『신여성』의 독자문예란에는 다른 잡지의 문예란처럼 주로 시가 실렸다. 1930년대 들어 수필은 바로 기획 기사 혹은 일반 기사로 편입시켰다. 이러한 편집 경향은 수필은 곧 본격 문학 장르가 아니라는 인식, 이미 순수(본격)문학에 대한 엘리트적 인식이 이미 확고해진 상황도 반영된 듯하다. 다른 독자투고에는 개방적이었던 편집진은 문예란에 있어서만큼은 전문성을 요구하고 있었다. 그래서인지. 다른 잡지의 독자투고란에 비해 선별된 작품의 수준이 그다지 뒤떨어지지 않았다. 비록 『신여성』의 독자문예란은 양은 빈약했지만, 인용한 시가 보여주는 내용은 '센티멘탈'한 것은 아니었다. 비록 선별된 시들이지만. 위의 시들이 노래하는 대상은 애상적 사랑 등 감상적이고 사적인 이야기들이 아니라, 악착같이 살고자 하는 건강한 삶에의 의지, 야학선생의 체포, 노동자의 열악한 상황 등 당대 주요한 사회적 제모순들을 좌파적 시선으로 바라본 것들이다. 그리고 낭만적 영탄으로 점철되지 않고 규제되어 있는 율격 안에서 화자의 긴장된 의지가 내포적 힘을 끌어내고 있다. 또한 다른 작품 중 정석진(4권8호)의 「희생」은 남성적 권력, 왕에 핍박받는 백성들을 구원하는 여왕의 형상을 통해 남성의 오만한 권력을 풍자하고 있어 이야기시의 힘을 제대로 발휘하는 능력을 보여주고 있다. 이러한 성과는 바로 백철이 바라본 여성의 문학이 '지금까지의 센티멘탈한 문예에서한거름나서', '현실에 입각하야 진실을 바라보라'고 비판할 만한 수준은 아니었음을 증명하는 것이다.

또한 만약 독자들의 글이 아니라고 하더라도[35] 잡지 편집진 내부에서 여성들의 글쓰기가 새로운 방식으로 계도될 가능성을 보여주는 것이다. 그러나 이 글이 실렸던 시기(32년) 이후에 기고된 백철의 글(33년)은

35) 여기에는 좀 더 실증적인 분석이 요구된다. 여기에 인용된 글들이 주로 계급적인 관점의 글이라는 점을 미루어 볼 때 1930년대 전반 『신여성』의 독자들이 선진 노동자나 무산계급문예를 지향하는 문학(소녀)청년들로 확대되었을 경우, 이 글들이 독자들의 글일 가능성이 높아지는 것이다. 이러한 가능성은 『신여성』의 부인기자인 송계월과 박경식이 좌파적 성향의 지식인이었다는 점을 감안할 때 불가능한 추측은 아니라고 할 수 있다.

그 어조가 너무나 강고했다. 이는 본격문학이라는 테두리 내에는 여성 주체의 문학을 허용하려고 하지 않았던 남성필자들의 단호한 정치적 의지가 아니면 불가능한 태도였다.

결국 남성 중심이었던 『신여성』의 편집진은 여성의 글쓰기에 대한 기본적 선입견에 「독자문예」를 통해 작가를 만들고자 하지 않았고, 그래서인지 선별된 작품에 선후평 하나 쓰지 않았다. 자신들이 뽑은 작품에 의미를 부여하지 않는 편집진의 태도는 곧 여성지는 곧 문인의 등용문이 될 수 없다는 인식을 만들었을 것이며 이것이 독자문예란의 축소를 낳았던 것이다. 그들에게 여성은 글쓰기로 자신의 존재성을 실현할 수 없는 존재였다.

4. 『신여성』의 독자투고란의 의미

천정환은 '문학을 매개로 책읽고 글쓰는 여성이 예외적인 존재로서가 아닌 인간의 이름과 보편의 한 부분으로 등장했다'면서 1920,30년대 여성의 독서와 글쓰기를 평가했다.

이는 반은 맞는 말이다. 『신여성』독자투고란의 의미는, 결과적으로는 그렇다. 하지만, 이 문장은 '인간의 이름과 보편의 한 부분으로 등장', 인정받기 위해 여성이 받아야 하는 고통의 밀도를 다 전달해주지 못한다. 『신여성』에 실린 여류 문인들에 대한 공개장[36]들과 최근까지 진행된 연구 성과에 의하면 당대의 여성문인들은 남성 문인들에게 그다지 달갑지 않은 존재였다. 김동인의 「김연실전」, 전영택의 「김탄실과 그의

36) 김기진 외, 「신여성 인물평」, 『신여성』 2권 11호, 1924.11, 53~58면 참조.

아들」을 비롯해, 남성필자들의 글에 투영된 여성작가들의 모습이 얼마나 악의적인 것이었는가를 생각할 때, 당대 여성의 글쓰기는 주체의 욕망과는 달리, '인간의 이름과 보편의 한부분'으로 인정받지 못했다는 점을 알 수 있다.

1920년대부터 형성되기 시작한 이러한 문단내의 권력 구조는 대중적 글쓰기 방식에도 그대로 전수된다. 식민지 시대 최고의 여성잡지 『신여성』의 독자투고란에서 보여주는 여성들의 글쓰기 방식은 이 땅에서 '여성적 글쓰기'가 어떠한 방식으로 구성되고 배제되는가를 보여주는 중요한 기표이다.

『신여성』은 발간 초기부터 여성독자들에게 투고를 유도하는 개방성을 견지하여 이 땅의 여성들에게 글로써 자신을 표현할 수 있는 계기를 마련하였다. 자신의 '번민'을 글로 표현하는 것은 곧 '근대적 개인으로서의 자각'이라는 성과에서 비롯된 것이다. 이러한 시도는 물론 이전의 잡지에서부터 실행된 것이지만, 『신여성』처럼 다양한 방식으로 대대적으로 독자투고를 유도한 경우는 드물었다.

이를 통해 당대 여성들은 자신들의 내면과 생활 속 이야기들을 공적 영역을 끌어내면서 자신을 표현하는 당당한 기쁨을 느끼게 되었고, 여성도 당당한 사회적 성원임을 각인시키기 시작했다.

그러나 이러한 의미에도 불구하고 『신여성』이 갖는 매체로서의 한계, 즉 남성필진 중심의 여성지였다는 점은 '독자투고란'에도 그대로 투영된다. 독자투고란을 개방하고 독자들의 글쓰기를 유도해내는 과정에는 전적으로 남성 중심의 세계관이 지배했다. 이들은 여성들의 글쓰기를 공적인 것보다 사적인 영역으로 유도하였고, 감상적인 글쓰기로 취향을 조정해놓고는 배제하였다.

이러한 길들임과 배제의 논리 속에 결과적으로 잡지 『신여성』 안에서 여성들의 글쓰기는 지금까지도 강고한 편견인 '감상적'이고 사소한 내용의, '여성적 글쓰기'로 구성되었다. 물론 이는 독자투고란의 글들이 주로 미숙한 아마추어의 것이었음을 감안하고 도출된 결론이다. 그러나 정당한 대접을 받지 못했던 여성들은 자신의 일생을 걸고 이러한 편견과 싸웠다. 『신여성』의 여전사, 송계월의 죽음과 박경식의 투병은 『신여성』에 남긴 송씨의 유고 수필[37]이 말해주는 것처럼 당대에 글쓰기를 매개로 한 여성의 투쟁 기록이다.

그리고 독자투고문 속에서도 드러나는 작은 힘들, 억압적이고 강고한 인식에 균열을 내기도 하는 '신파적 글쓰기'와 후기 '독자문예란'이 형성한 탈주의 선 등은 당대 여성들이 의도했던 작지만 의미있는 주체적인 글쓰기의 한 양상을 확인하게 한다. 나혜석, 김원주 등 당대 여성작가들의 의미있는 활동 역시 이러한 성과와도 무관하지 않은 것이다.

이는 남성중심의 문단 권력에 대응하는 소중한 몸짓이었으며, 지금까지도 유효한 교훈이다. '여성적 글쓰기'가 철저하게 남성 중심의 매커니즘 속에 형성된 것이라면, 여성들 스스로가 주체가 된 '여성의 글쓰기'는 이처럼 또 다른 방식으로 형성되고 있었던 것이다. 그 속에는 성차와 정치적 억압 양면에서 여성들을 포획하는 권력 구조에 대항하는 주체들의 목소리가 살아 있었다.

이는 다른 매체 등 자료의 확대를 통해서도 보강되어야 할 문제의식으로, 좀 더 자세하고 실증적인 분석은 앞으로의 과제로 남겨둔다.

---

37) 송계월, 「유고—병상의 편상」, 『신여성』 7권 7호, 1933.7.

식민지 시대 교지 『이화』 연구

지식인 여성의 자기 표상과 지식 체계의 수용 양상

박지영

1. 머리말

본고는 이화여자전문학교의 교지 『이화(梨花)』(1929~1938)를 통해서 식민지 시대 당대 최고 인텔리 교육의 수혜자인 지식인 여성들이 지향했던 자기 정체성과 그들이 수용하고 재생산했던 지식과 이념의 형상에 대하여 살펴보고자 한다. 식민지 시대 '이화여전'은 유일한 여자전문학교로서 당대 최고의 여성인텔리 교육을 시행하는 곳이었다. 고로 이 여학교 학생들의 의식세계를 살펴보는 일은 식민지 시대 고등여성교육의 실상과 이를 통해 형성된 인텔리 여성들의 지식 수준과 세계관을 살펴보는 일이 될 것이다.

이미 식민지 시대 『교지』 연구의 중요성은 밝혀진 바 있다. 이 두 연구[1]는 모두 식민지 시기 『교지』가 차지하는 위상이 지금과는 달리, '당

1) 박헌호, 「『연희』와 식민지 시기 교지의 위상」, 『현대문학의 연구』 28호, 한국문학연구학회, 2006.3; 오문석, 「식민지시대교지(校誌) 연구(1)」, 『상허학보』 8집, 상허학회, 2002 참조.

대 지식인의 정신과 내면'을 보여주는데 매우 중요한 자료라는 점을 제기한 바 있다. 이 시기에는 매체별 위상이 분명히 구획되지 못했고 또 분야별로 전문 간행물이 정착하지 못했던 시기였기 때문에 『교지』는 이를 대신하여 신문, 잡지, 동인지 혹은 학술지의 기능을 대신해 주고 있었다. 실제로 경성에서 발간된 전문학교 이상의 교지는 어엿하게 시내 서점에서 팔렸고 심지어 『연희』의 경우 광고까지 냈다고 한다. 그리고 당대 교지의 중요성은 이 매체의 필자였던 고등학교 이상의 학생들이 단지 '학생'이라는 지금의 위치와 달리 '유학생그룹과 더불어 근대 지식 체계의 직접적인 소비자이자 전달자로서의 능력과 위치'를 가지고 있었던 데에도 있다[2]. 그래서 교지는 당대의 어느 매체보다도 높고 고른 수준의 지식인 필자들이 활동하여, 전문성이 담보된 드문 매체였다.

그리고 『이화』·『연희』·『숭실』 등 당대 교지 지면의 핵심을 점유하고 있었던 것은 문예면이었다. 이를 통해서 박용철·박영준·윤동주(이상 연희)·김현승(숭실) 등의 습작 글들이 발표되었는데, 이를 볼 때 당대 '교지'는 문학청년들이 높아가는 문단의 벽을 넘기 전 전초기지로 사용했던 공간이기도 했다[3].

교지 『이화』도 이와 마찬가지이다. 『이화』는 당대 최고 수준의 교육을 받고 있는 여성예비지식인들이 활동하는 지면으로 이를 통해 당대 인텔리 여성들이 수용하고 스스로 생산하고자 했던 지식이 무엇이었는지를 실제적으로 살펴볼 수 있게 한다. 알려진 대로 식민지 시대에 여성들은 지식의 생산자는 물론 수용자조차 되기 어려웠다는 점을 감안한다면 이들의 활동은 매우 소중한 연구대상일 수밖에 없다. 그래서 이 『이화』의 자료적 가치는 『신흥』이나 『연희』 등 다른 전문학교 교지와도 또 다르다.

왜냐하면 당대 지식인 남성들의 경우는 굳이 교지가 아니더라도 재

2) 박헌호, 앞의 글 참조.
3) 오문석, 앞의 글.

학 중 혹은 향후에 자신들의 의식세계를 펼쳐놓을 수 있는 기회는 얼마든지 있었기 때문이다. 물론 검열이라는 식민체제의 제약이 있기는 했지만 전문학교 출신 남성들은 졸업 후에 매체의 주재자로 주요 편집진, 혹은 집필자로 자신의 의식세계를 표현할 기회가 많았다.

그러나 여성들의 경우는 다르다. 여성들은 작가 혹은 기자로 활동할 기회[4]는 있었지만 '여류'라는 이름으로 배제되었고 더구나 매체의 주도자가 될 기회는 거의 없었다.[5] 물론 식민지 시대에도 『신여성』·『여성』·『신가정』 등 여성잡지들이 출간되었지만 대부분 편집자가 남성들[6]이었기 때문에 당대 여성들의 글은 편집진의 의도된 기획하에서만 수록될 수 있었다. 물론 『이화』의 경우도 지도교수였던 김상용·이은상·이희승 등의 영향력도 없지는 않았겠지만, 매체의 특성상 이들의 입김은 상대적으로 적었다. 게다가 졸업 후 사회활동을 하고 있었던 박마리아, 김자혜 등 졸업생들의 글도 수록되어 있어 『이화』는 재학생을 넘어 당대 지식인 여성들이 자신들의 생각을 주체적으로 표현할 수 있는 매체였다.[7] 그래서인지 『이화』에는 여타의 매체에 실린 여성들의 글에서는 보기 힘든 전문적인 식견이 필요한 글들이 실려 있다. 이러한 점을 보았을 때, 교지 『이화』가 그들에게 지식에 대한 욕구, 글쓰기에 대한 열망을 풀어내는 데 얼마나 유효한 지면이었는지를 보여준다. 또

4) 당대 여성작가들은 거의 기자로 자신의 생업을 이어갔다. 이에 대해서는 김연숙, 「저널리즘과 여성작가의 탄생－1920~30년대 여기자(女記者)집단을 중심으로」, 『여성문학연구』 14, 2005 참조.

5) 이러한 점에 관한 논의는 이미 증명된 바 있다. 대표적으로 심진경, 「문단의 '여류'와 '여류문단'－식민지 시대 여성작가의 형성과정」, 『상허학보』 13집, 2003; 김양선, 「여성작가를 둘러싼 공적 담론의 두 양식－공개장과 좌담회를 중심으로」, 『민족문학사연구』 26, 2004 참조.

6) 잡지 『신여성』의 편집자는 방정환, 『여성』의 편집자는 방응모, 『신가정』의 편집자는 이은상·변영로였다.

7) 『이화』에 실린 졸업생 활동 현황을 보면, 이화 여전 졸업생들은 교사·의사·예술인 등 전문분야에서 활동하고 있거나, 결혼 후 가사일을 돌보았다. 그러므로 문필가로 활동하기 전에는 졸업 후에 글을 쓸 기회가 거의 없었을 것이다.

한 『이화』의 편집 체제의 반이상을 점유하는 문학작품란에는 신시(新詩)·시조·소설·수필 등 여러 장르들이 고르게 분포되어 있어 이들의 습작 과정이 매우 구체적으로 진행되고 있었음을 알 수 있다. 당시 예비작가였던 모윤숙·노천명·전숙희·정충량 등의 습작기 작품이 이 『이화』에 실려 있다.

그리고 『이화』는 1929년에 처음 발간되어 38년까지 발행된다. 이러한 시기적 특성으로 『이화』는 문화통치기가 종결되고 점차 파시즘화되어 가고 있는 식민체제하 1930년대 지식인 여성들의 의식세계를 객관적으로 살펴볼 수 있는 유효한 자료를 제공한다. 이는 현재까지도 활발하게 연구가 진행되고 있는 1920년대 '신여성' 연구를 넘어 식민지시기 여성 연구의 전체적인 상을 세우는 데 기여할 수 있을 것이다.

식민지 시대 '신여성'은 어떠한 면에서 살펴볼 때, 근대적 교육제도가 만들어 낸 하나의 새로운 '주체상'이다. 초기 여성 유학생들이 만들어낸 신드롬에 가까운 '신여성'에 대한 관심을 비롯하여 장안의 여학생들은 질투와 선망의 대상이었다. 그래서 '적어도 1920년대 '신여성'은 곧 '여학생'이었다'[8]라는 등식도 과장된 것은 아니었다. 그래서 이제 신여성 연구에는 당대 여성교육에 대한 실증적 접근이나 여학생들에 대한 연구가 필요하다고 본다. 또한 교지에는 이화여전 학생들의 활동상황이 기록되어 있어 당대 여학생들의 생활상을 살펴볼 수 있게 하는 산 보고서이기도 하다. 이미 여학생들에 대한 연구가 진행되고 있는 지금,[9] 본 연구는 여기에 도움이 될 것이다.

특히 1930년대에는 이미 본격적으로 제국의 신민화 교육이 실시되고 있는 시점이었다고 할 때, 곧 이러한 제도하에서 의식세계를 형성해가

---

8) 이희경, 「1920년대 '여학생'의 사회적 표상－잡지 『신여성』을 중심으로」, 『한국교육연구』 10집, 2004, 56면 참조.

9) 대표적으로 이희경의 위의 글과 전언후, 「일제시기 여학생 의식 연구」, 『이화사학연구』 29, 2002 등이 있다.

는 지식인 여성들의 모습을 고찰하는 것은 근대 초기 신여성 신드롬과 천황의 딸임을 자처했던 일제말기 지식인 여성들의 굴절된 삶 사이의 역사적 빈공간을 메꾸어가는 일이 될 것이다.

본고는 이러한 점에 착안하여 『이화』에 실린 글들을 분석하도록 하겠다.

2. 교지 『이화』에 대한 실증적 고찰

『이화』의 발간주체는 '이화여전 '학생기독교청년회 문학부'이다. 『이화』 3집에 실린 기독청년회연혁에 의하면 청년회는 1926년 창간된다[10]. 이 청년회는 1931년 당시 문학부·농촌부·종교부·체육부·재무부·음악부로 조직되어 있으며, 이 중에서 문학부가 『이화』 편집의 주체이다. 문학반은 년중 1차 잡지를 발행하는 '문예구락부'와 매2년 1회 상연하는 '극반(劇班)', 각종 잡지를 강독하는 '도서반'으로 나뉘어져 있다. 활동상황으로는 교지 편집 이외에 "일반 학생을 위하여 수시로 구술대회 토론회 웅변대회를 개최하며 또 유명하신 선생님을 초대하여 시사문제 학술강연회를 열어 일반회원에게 상식을 보급"시킨다고 한다.[11]

이러한 활동을 활발하게 수행했을 역대 문학부장으로는 박겸숙·모

10) 이 글에 의하면 기독청년회는 1904년 이화학당 학생으로 조직된 以文會라는 '모림'에서 출발한다. 이 모임은 대개는 교내 학생을 상대로 하여 활동하였다고 한다. 이후에 1922년 이화고등과와 연합한 기독청년회가 창립되었고 25년 이화여전이 인가를 받은 후 1926년에는 전문과생으로만 조직된 청년회가 이전의 조직에서 분리되어 창립되었다고 한다. 『이화』 3집, 1931.4, 183면 참조.

11) 『이화』 7집의 기록에 의하면, 1936년 6월에 김환태와 박팔양을 초빙하여 문예강연을 들었다는 기록이 있다. 『이화』 7집, 1937.6, 155면 참조.

윤숙 · 최이권 · 최예순(崔禮順) · 최원복(崔元福) 등이 있고, 노천명 등이 부원으로 활동한 바 있다. 게다가 이미 이들의 활동 연혁을 살펴보면 이들 조직은 나름대로 활발한 활동을 지향하고 있었다[12].

이들이 주체적으로 발간한 식민지 시대 『이화』의 발간사항은 다음과 같다.[13]

권호	면수	발행일	편집겸 발행인	발행소	인쇄인	인쇄소	총판매소	가격
1집	126	29.2, 10	朴鎌淑	학생기독교청년회 문학부	鄭敬德	基督教 彰文社	彰文堂書店	40전
2집	161	29.12.1.	崔直順	학생기독교청년회 문학부	鄭敬德	基督教 彰文社	彰文堂書店	40전
3집	189	31.3.4.	連榮嬅	학생기독교청년회 문학부	鄭敬德	基督教 彰文社	東光堂書店	35전
4집	155	32.10.31.	崔禮順	학생기독교청년회 문학부	金鎮浩	한성도서주식회사	東光堂書店	40전
5집	85	34.5.31.	朴鳳子	학생기독교청년회 문학부	金鎮浩	한성도서주식회사	東光堂書店	20전
6집	131	36.3.1.	李寶境	학생기독교청년회 문학부	金鎮浩	한성도서주식회사	東光堂書店	40전
7집	179	37.6.12.	崔元福	학생기독교청년회문학부	金成均	한성도서주식회사	東光堂書店	40전

『이화』는 1929년 2월에 1집이 출간된다. 『이화』 1집에 실린 청년회 명부에 의하면 회장은 전수진(全壽鎭), 부회장은 채을손(蔡乙孫), 문학부장에는 박겸숙(朴謙淑), 문학부원으로 최직순(崔直順), 모윤숙(毛允淑), 최이권(崔以權)이 2개년 이사로 되어있다.[14] 서지에도 박겸숙이 편집겸 발행인으로 되어 있는 것으로 보아 실제로 박겸숙 · 최직순이 주체가 되어 이 매체를 발간했을 것이다.

『이화』는 편집후기에 의하면, 졸업생과 재학생 그리고 교사들이 필

12) 실제적으로 이들은 '婦女와 無産兒童에게 國文, 算術, 兒童教育法, 家庭處理法 等을 가르키며 特別히 學費全部를 貸與하며 無産兒童을 工夫식히는 事業'을 추진했던 '농촌부'의 활동이나 교지 발간 강연회 개최 등 문학부의 활발한 활동상황을 통해 짐작해보면 결과야 어떻든 梨專 학생들의 교외 활동은 매우 활발하게 계획된 것으로 보인다. 「基督青年會 沿革」, 『이화』 3집, 1931.4 참조.

13) 아쉽게도 필자는 『이화』 8집을 구하지 못했다. 다음에 보강하도록 한다.

14) 『이화』 1집, 1929.2, 186~189면 참조.

자로 참여한다. 좀 더 실증적으로 살펴보면 주요 필자는 수록 회수별 차례로 모윤숙·노천명·주수원 등인데 이들은 역시 기독청년회 출신 여성작가들이다. 그 외 졸업생이자 교수였던 김활란이 통틀어 가장 많은 회수를 자랑하며 김자혜 등 사회적으로 명성을 얻고 있는 이화의 졸업생들의 참여도 무시할 수 없다. 김활란을 제외하고는 의외로 지도교수[15)]들의 글은 드문데, 이는 그만큼 『이화』가 학생들의 주체적인 역량으로 꾸려질 수 있었음을 간접적으로 증명해주는 것이다.

이들의 열성적인 노력에 힘입어서인지, 『이화』는 식민지 시기에는 1929년부터 1939년 발행 정지되기 이전인 1938년 8집까지 발행된다. 표에서 드러난 대로 거의 1년마다 1권씩 발행하려고 애쓴 듯하다. 가격은 평균 40전으로 시판되었다. 몇 부나 팔렸는지는 알 수 없으나, '『이화』 1집이 아직도 백여권 남아있으니 원하시면 본회 문학부로 청구하십시요'[16)]라는 광고가 『이화』에 게재되어 있는 것을 보면 적어도 100부 이상 인쇄를 하였다는 것과 초기 판매량은 그리 많지 않았다는 점을 알 수 있다.

그리고 '학교교지도 도청 학무과 검열을 거쳐야 발표하게 된다'[17)]는

15) 발간에 관여했던 선생으로 김활란은 1집, 4집~5집에 고문으로 기록되어 있으며, 김상용은 2집부터 거의 모든 집에 고문으로 기록된다. 이희승은 4집에 기록되어 있으며, 이은상의 경우는 직접적으로 교지에서 언급된 것은 없으나 『이화80년사』에서 지도교수로 기록되어 있다. 그 외에도 백낙준, 金合羅가 1집의 고문으로 기록되어 있다. 그리고 중요한 것은 이태준인데 이태준은 공식적으로 교수로는 기록되어 있지는 않지만 4집에서 서무외사부 선생으로 기록되어 있고, 7집에서 현상문예작품발표 지면에 심사위원으로 김상용, 이희승과 함께 기록되어 있다. 『이화』 편집 후기에는 '두 분 이선생님'(4집), 혹은 '김과 두 분의 이 선생님'(6집)이 수고하셨다고 기록하고 있는데, 여기에 거론된 세 명의 선생은 7집 「편집을 마치고」에서 김상용, 이태준, 이희승으로 구체적으로 거론하여 이들로 판명된다. 그리고 항간에는 정지용이 노천명의 梨專 은사였다는 소리가 있는데. 필자가 확인한 바에 의하면 정지용은 해방 이후에 이화여전에 근무하게 된 것으로 확인한 바 있다. 이 중에서 특히 김상용은 오랫동안 청년회 고문으로 활동하였는데, 『교지』의 내용과 편재에 지속적으로 영향을 미쳤을 것으로 추측할 수 있다.

16) 「광고」, 『이화』 2집, 1929.12.1, 102면 참조.

17) 모윤숙, 『나의회상―폭풍 속에 피는꽃』, 중앙출판공사, 1987, 43면 참조.

모윤숙의 언급에 의지하지 않더라도 교지도 검열의 대상이었음은 이미 밝혀진 바이다.[18] 『이화』의 편집후기에는 이러한 상황이 거의 매회 표현되어 있는데 그 예는 다음과 같다.

> 무엇보다도 죄송스러운 것은 셋재 梨花를 苦待하고 계신 여러분끠 벌서나 와 뵈옵지못한 일입니다. 그래도 처음에는 큰 계획을 세우고 일즉이 世上에서 오려고 하엿으나 手續이 困難하엿고 또 힘이 不足하여 充實한 內容을 갓지 못하고 두루뭉수리가 되어 늣게야 여러분을 뵈옵게 된 것은 북그럽고 미안스럽습니다. 그러나 잘못된 點은 널리 理解하여 주시고 좀더 큰 希望에서 좀더 充實하게 나올 압에 梨花들을 生角하시고 慰安을 어드시기 바랍니다.[19]

여기서 '수속의 곤난'이나 '힘의 부족'이 검열을 상징하는지는 실증적으로 증명할 수 없다. 단지 원고 모집이나 편집상의 문제 혹은 필자의 수준을 탓하는 내용일 수도 있다. 그러나 검열의 흔적을 남기는 것조차 저어했던 30년대 검열 당국의 태도를 생각해보면, '발간수속의 곤난'은 검열 때문에 일어난 것이라고 추측할 수도 있다. '두루뭉수리'란 결과 역시 검열을 피하기 위한 필자들의 내적인 자기 검열이나, 실제 검열의 결과일 수도 있다. 아마 1928년 시도했던 『이화』의 발간이 늦어진 것도 이와 관련이 깊을 것이라 짐작할 수 있다.[20]

이러한 제약에도 불구하고 발행면수는 5집을 빼고는 거의 100~200면으로 여느 잡지의 두께만큼은 된다. 전체적인 편집 내용은 주체가 '문학부'였던 만큼 논설을 포함한 일반기사와 문학란이 거의 1 : 1.5 정도의 비율로 편재되어 있다. 이 역시 당대 지식인 여성들에게 '문학'이 중요한 자기 표현의 場으로, 여전히 위력을 떨치고 있었음을 가늠할 수

18) 박헌호, 앞의 글 참조.
19) 「편집뒷말」, 『이화』 3집, 1931.3.
20) 『연희』가 창간 당시 1집부터 압수를 당했던 사정은 여기에 신빙성을 더한다.

있게 한다.

이들이 교지 『이화』를 발간하게된 데에는 여러 가지 이유가 있겠지만, 직접적으로 지면에서 서술된 바는 없다. 단지 김욱제의 「축사」에서 "挽近엔 學校誌 發行이 거의 流行이 되다십히 各專門學校는 물론 中等學校에까지도 업는 處가 幾希한지라. 朝鮮에 唯一無二한 女子專門學校인 本校로서 저같은 長久한 歷史를 가지고 當今 一冊의 學報를 發行치 못함은 甚히 遺憾으로 思"한다는 구절이 있어 당대 전문학교 학생들에게는 교지를 발간하는 일이 필수적인 일로 여겨졌을 것이라는 추측을 가능하게 한다. 『이화』 창간호에 연희전문학교 청년회의 축사가 실려있는 것을 보면, 당대 전문학교 학생들간에는 교류가 있었다. 이를 통해 당대 최고의 인텔리교육을 받는다는 자부심이 강했던 이전(梨專) 학생들도 자극을 받아 자신들도 매체를 발간하고자 하는 욕망이 생겼을 것이다. 그리고 100면이 넘는 지면을 채울 수 있을 정도로 당대 여학생의 글쓰기의 역량이 성장해 있었다는 점도 발간에 추진력이 되었을 것이다.

그렇다면 이러한 자부심을 갖게 한 이화여전 여학생들이 지향하는 자기 정체성은 무엇이었을까? 물론 그것은 당대에는 매우 드물었던 고학력 인텔리 여성으로서의 자부심을 토대로 구성되었을 것이다.

3. 교지 『이화』의 정신적 기반과 '여성'으로서의 자기 표상

1) 금욕주의적 '인격'의 완성과 엘리트 의식

교지 『이화』의 정신적 기반은 우선 발간 주체의 성격을 통해서 고찰할 수 있다. 청년회 활동 연혁에 의하면 청년회의 창립 목적은 '일반회원에게 그리스도의 품격을 함양(涵養)하며 영적 생활에 있어나 외적생활에 있어서의 수양을 도모하며 회원의 사교적 행복을 증진케 하는데 있다'[21]고 한다. 즉 이 모임은 기독청년회이었던 만큼 기독교적 정신세계의 추구와 인격도야, 그리고 회원간의 사교를 그 목적으로 표방하고 있었다. 자연스럽게 『이화』의 필자들이 지향하는 바람직한 인간상도 이러한 기독교적 인간 형상과 그리 멀지 않았다.

『이화』에 지속적으로 등장하는 기독교 담론[22]의 중요한 핵심은 학생들에게 "기독 안에 지와 학식의 보고가 잇다'는 명제로 그리스도와의 친근함으로 형성되는 인격을 수양하게 하는 것'이었다.

> 참된 人生에 本意참된 人生의 目的을 찾기 爲하여 眞理와 합치하고 矛盾없는 참 생활에 持續者가 되긔 위하여 精神의 統一을 支配하는 宗教的 信念을 먼뎌 머리의 주입식히지 안을 수없는 것이다. …… 生活을 지배하는 精神이 건강함에야 비로소 우리의 理想한 目的의 到達할 수 잇슬 것이다. 그리고 나(我)라는 自我를 覺醒하는 때의 自我以外에 無限의 權力者(神)을 向하여야 할 것이며 不完全한 自我를 니저서는 안될 것이다.[23]

이 글에서 필자가 추구하는 것은 '정신적인 것', '진리'이다. 진리를 추구하는 것은 '참된 인생에 본의(本意), 참된 인생의 목적을 찾기 위하여', '모순없는 참 생활에 지속자(持續者)가 되긔 위'한 것, 즉 참 자아를

21) 『이화』 3집, 1931.3, 183면 참조.

22) 『이화』에 실린 종교에 관련된 글 목록은 다음과 같다.

金福順	宗教教育의 必要	1집	1929.2.10
盧天命	基督教人의 社會 異想	2집	1929.12.21
申載德	나의 基督觀	3집	1931.3.4
一石	祈禱論	4집	1932.10.31
任貞爀	自然과 宗教	4집	1932.10.31
張起善	善과 聖을 찾어	4집	1932.10.31
平井政愛	猶太民族과 聖書文學	5집	1934.5.31
S. W.	基督의 倫理觀	6집	1936.3.31

23) 모윤숙, 「종교교육의 필요」, 『이화』 1집, 1929.2, 31면 참조.

찾아가는 길과 통한다. 필자에게 '자아를 각성'하는 길은 종교, 절대자에게 귀의하는 것을 의미한다.

그런데 이는 근대 초기 나혜석이 기독교를 '여성해방과 개인주의적 자유주의를 실현하기 위한 도구로 받아들였던 것[24]과도 다소 다른 방식이다. 종교에 귀의하는 일은 자아실현의 도구가 아니라 그 자체, 혹은 종착역이 되어버린다. 그만큼 『이화』에 있어 종교적 세계관은 절대적인 것이었다. 이를 좀 더 명증하게 살피기 위해 이화여전의 교장 아펜셀러의 축사를 살펴보자.

> 梨花는 큰 靈的奉仕로써 조선에 최상의 奉仕를 提供키만 바랄뿐이다. 敎育은 人格에다 基礎를 定할지며 그 人格은 그리스도와 親近함으로 形成하나니 『基督안에 知와 學識의 寶庫가 잇다』 이 人格이 不足하면아모리 총준(聰俊)하고 단성(丹誠)이 잇을지라도 그의 奉仕는 사람의게 深苑한 影響을 못줄터이며 결실치 못할 것이다. …… 朝鮮의 鬪爭은 物質的이 아니며 個人과 個人的 원수(怨讐)를 對抗함에 잇지안코 全世界를 拘束한 年久年心의 罪惡곳 蒙昧, 迷信, 貪慾, 淫蕩, 飮酒,嫉妬 等을 打滅할 것이다. 女子는 過去에 잇서서 最善을 爲하야 有力한 使役者가 되엿섯다. 오날은 여자의 機會가 廣大하다. 梨花의 女子들은 十字旗를 놉히 들며 이로써 그의 最高榮光을 삼고 十字架의 犧牲愛의 勢力으로써 勝戰할진뎌.[25]

거의 축사 구실을 하는 아펜셀러 교장의 이 글은 학교 이화의 교육이념을 응축해서 보여준다. 이화는 '조선에 최상의 봉사를 제공'하는 선진적 여성을 길러내는 것이 목적이라고 한다. 그는 '조선'을, '전세계를 구속하는 죄악·몽매·미신·탐욕·음탕·질투' 등 후진성이 살아있는 공간으로 바라본다. 이러한 이전(梨專) 교장의 시혜적 시선은 『이화』 전편에 걸쳐 필자들을 통해 또 한 번 재현된다. '거룩한 인류애 실현'[26]이

---

24) 김미영, 「1920년대 신여성과 기독교의 연관성에 관한 고찰-나혜석, 김일엽, 김명순의 삶과 문학을 중심으로」, 『현대소설연구』 21, 1994 참조.

25) 亞扁薛羅 校長, 조정환 역, 「梨花와 女子敎育」, 『이화』 1집, 1929.2, 3~6면 참조.

라는 박애주의적 태도는 이화여전 여학생들의 의식세계에 근원으로 자리잡게 된 것이다. 이러한 점은 끊임없이 '자기 희생'을 강조하는 것과도 맥락이 통하는 문제이다.

> 낙엽은 우리에게 희생의 붉은 정신을 말업시 속삭이고 간다. 이거시 우주에 신비다. 자연도 미래의 행복올 위하여 희생과 죽엄으로 현실을 弔哀한다.[27]

이 글의 필자는 낙엽의 희생정신에 빗대어 미래의 승리를 위해서는 '현실에 행복'을 희생하여야 된다고 주장한다. 이처럼 '안락'과 '허위생활'을 극복하고 '정신적' 가치를 추구하고 기꺼이 자기 희생을 미덕으로 삼는 것, 즉 '이타적인 삶'을 추구하는 것이 『이화』의 학풍에 충실한 여학생들의 이상적(理想的) 생활의 전범이었다. 이러한 금욕주의적 가치관은 자신들과 타자들을 구분짓는 방식에서도 잘 드러난다.

> 다만 구여성보다 다소문자를 안다하야 스스로 거만하고 약간의 상식을 가젓다하야 스스로 높은 체하고 몸의 맨들이를 달리하야 가장 뜻잇는 신여성인 체하는 것은 참다운 신여성 곳 오늘날 사회에서 또는 가정에서 지지하는 새로운 여성이 않이다. 다만 신여성의 탈을 쓰고 신여성의 임내를 내는 구여성도 못되는, 내여바릴 여성이다. 소위 신여성으로 자칭하는 여성은 먼저 자신을 반성하고 다음으로 비록 녯부인의로되 삼천지교로 각수천추한 맹모 갓흔 구여성이 잇섯슴과 새것을 배홧노라 새것을 아노라하되 오히려 허영과 타락의 심연에 빠진 가련한 새 여성이 잇슴을 알아야 한다. 그리하야 고미의 아름다운 부덕을 겸하고 동시에 새지식을 새문견에 잇서 안으로 능히 일가를 다사리고 밧그로 능히 사회에 봉사함이 잇는 씩씩한 유위의 여성이야말로 진실로 신여성다운 신여성임을 알어야 한다.[28]

---

26) 「머리말」, 『이화』 2집, 1929.12.1, 1면 참조.
27) ㅁㅇㅅ, 「지나가는 가을」, 『이화』 1929.2, 73면 참조.
28) 김옥순, 「내가 생각하는 신여성의 책임」, 『이화』 3집, 1931.3, 62면 참조.

『이화』에 실린 필자들이 극복해야 할 것은 '허영심과 일시적 충동에서 경망한 행동을 흔히하는 가증할 현상'이다. 이러한 점은 '자기일개인만 불행히 될 뿐만 아니라 전여자계에 모욕을 드리는 예가' 된다고 경고한다.

그런데 '신여성'에 대한 이러한 비판은 매우 낯익은 것이다. 1920년대 신여성에 대한 비난의 핵심이 바로 '사치'와 '허영'이었기 때문이다.[29] 이러한 담론은 1930년대 『이화』의 필자들이 이러한 주체적인 한계를 인정하고 극복하려고 노력했다는 점을 알려준다. 그리고 이를 기반으로 그들은 타자와 변별되는 자신들만의 새로운 정체성을 구성하고 싶어했다. 이는 근대 초기의 신여성들이 자기정체성을 구성하기 위해 타자로 삼았던 것이 '구여성'이었다는 점과도 비교되는 일이다. 대신 『이화』의 여성들은 배운 여성으로서 가질 수 있는 자신들만의 특수성을 강조한다.

> ……新女性에게 請求할 것은…… 심각한 知的作用의 缺如다. 이는 그들에게 對하야 不當한 企待라고 할는지 모르나 그 言行이 좀 무게가잇고 內容이 豊富하엿으면 한다. 果然 女性들이 深遠한 思想家와 發明家가 될 수 있느냐 하는 問題는 추후에 硏究發表하려니와 模倣보다 創作을 좀더 留意하면 어떨가한다. 또한 좀 더 沈着하고 事業的 恒久心을 좀 더가지면 좋겠다. 現代의 文明은 男子의 文明이다. 이것이 누구의 탓이냐 女性의 先天的 缺如의 탓이라고는 생각되지 아니한다. 女子도 男子처럼 奮鬪하면 可能할 줄 안다.[30]

그들이 지향하는 자신들만의 특수성은 바로 스승 김활란의 지적대로 '지적작용'이었다. 그들은 '사치'와 '허영'이 '심각한 지적작용의 결여'

29) 연구공간 수유+너머 근대매체연구팀, 『신여성－매체로 본 근대여성풍속사』, 한겨레신문사, 2005 참조.

30) 김활란, 「콜롬보국제여성회합의 出席片感」, 『이화』 7집, 1937.6, 12~21면 참조.

에서 온다고 지적하고, '신여성에게', '언행의 무게와 내용의 풍부'를 요구하고 '모방'보다는 '창작'을 권한다.[31] 즉 객관적인 논리로 자기 정당성을 찾고 합리적이고 창조적인 삶을 영위하는 여성이 그들이 지향하는 주체상인 것이다. 이를 통해 볼 때, 결국 이전 여학생들이 추구하는 여성상은 금욕주의적인 윤리의식과 희생정신을 갖춘 지적인 여성이었다. 그러면 이러한 지적인 여성이 기꺼이 '희생'하면서 '조선'을 위해 해야 할 소임은 구체적으로 무엇일까?

2) '여성성'의 수용과 '슈퍼우먼'의 강박

『이화』의 주체들은 엘리트적 우월의식 만큼 책임감도 강했다. 이는 앞에서 박애주의, 희생정신을 강조했던 맥락과도 통하는 문제이다.

> 우리는 조선에 있어 중하고 무거운 책임과 사명이 잇스며 고등교육을 밧는 여자가 극히 소수이니만큼 귀하고 중한 것이다. 여기에 잇서서 우리는 남달은 각성과 남달은 이상을 갖지안으면안될것이라고 생각한다. …… 한나라의 도덕의 표준과 문명의 정도가 그나라 여자에긔 속한 것이며 민족의 흥망도 그 여자에게 잇는 것이다.그러면 조선사회의 부도덕한 것을 바로 잡으며 남보다 이상의 문화를 걸설하며 새로운 희망에서 부흥됨이 뉘게 그 사명이 잇겟느냐? 물론 전조선인각개인에게 다잇는 것이다. 그러나 보다 더 큰 책임을 직접진 사람은 고등교육을 밧는 우리이다.
>
> …… 참 세계를 움직일만한 큰 일은 남이 모르는 적고도 미미한 것에서 시작되는 것이다. 곳 나의 힘이 밋치는대까지 최선을 다한다는 것이 나로써 나할 것을 다하는 것이 되고 쏘 민중을 위하고 세계를 위한 큰 일이 될 것이다. 고로 교육을 밧는 우리 중에도 고등교육을 밧는 우리, 우리의 중한 사명을 적은 것에 충실함으로 실현식혀보자![32]

31) 위의 글 참조.
32) 최직순, 「교육을 밧는 조선에 여학생」, 『이화』 2집, 1929.12.1, 32~36면 참조.

『이화』지에는 조선 여성 혹은 조선여자의 책임, 의무에 관한 글이 자주 등장한다. 여기에는 '고등교육을 밧는 여자가 극히 소수'였던 점에서 발생하는 의무감[33]과 '우리 조선여자계를 완전무결하게 건설할 자는 다만 우리외에는 없을 것'이라는 긍지가 놓여있다.

이 글에서 드러나는 바 그들은 '한나라의 도덕의 표준과 문명의 정도가 그나라 여자에긔 속한 것이며, 민족의 흥망도 그 여자에게 잇는 것'이라고 믿었다. 이는 어떤 면에서보든 매우 진취적인 태도이다. 그들의 역사적 사명감은 매우 투철했고 그리하여 자신들은 '조선사회의 부도덕한 것을 바로 잡으며 남보다 이상의 문화를 건설하며 새로운 희망에 부흥됨'이라는 목적에 복무해야 한다고 생각한다.

그런데 이 글의 전체적인 맥락을 살펴볼 때, 그 사명감의 크기에 비해서 이를 실천하는 방법은 다소 미약하게 느껴진다. 이 글의 필자는 '참 세계를 움직일만한 큰 일은 남이 모르는 적고도 미미한 것에서 시작되는 것', 곧 '나의 힘이 밋치는대까지 최선을 다한다는 것'이라고 한다. 즉 이렇게 '나로써 나 할 것'을 하는 것이 '민중을 위하고 세계를 위한 큰 일이 될 것이'라는 것이다. 결국 나 할 도리만 다하면 세계를 움직일 수 있다는 다소간의 논리적 비약이 존재하게 되는데, 그러면 여기서 이 '적고도 미미한 것', '나로써 나할 것'은 어떠한 의미일까? 이러한 논리적 모순은 『이화』의 주체들이 의외로 '여성'이라는 특수성을 기꺼이 수용하는 데로 연결된다.

> 多事한 자는 행복자이니 자신으로 위시하야 가족 及사회를 건설하는 신성한 노동에 세월이 고고감을 헤아일 여가없이 열중함이 그 생의 보일 것이다 ……其 一은 가정건설이라고 한다.여자의 책임을 망각하기보다도 녜부터 불너오는 「주부」라는 명사에 적으나마 새 의미를 加하여볼가하야 우리 여학생을 상대로하고 기록한다. …… 이웃으로 더브러 친목하고 남편의 용기와 사랑

33) 위의 글 참조.

을 북도드며 자녀를 온유의 인내로 양육하려할 때 여자에게 있는 모든 정의 세력을 앗김없이 이용하게 될 것이다. 무엇보다도 이거이 輕忽히 생각할 수 없는 책임이다. 가내에 화락한 향기가 가득하게 하는 것은 오직 여자가 세상에 제공할 수 있는 신성한 신물이다. 하필 가정에서 뿐이랴? 평화를 갈망하는 전인류사회도 전보다 더 유력한 여자의 공헌을 기다리고 있다. ……「이중책임」이라 하였으니 그 거듭한 또 한가지는 무엇일가? 즉 조선여자일반의 지위를 향상식히는 것이다. …… 조선일반여자의 지위를 향상식히랴면 교양을 중심한 계몽운동이 기 초보이요 여성문제해결은 자연히 그 뒤를 싸를 것이다. …… 조선여자를 향상식히는 일은 다소간교육을 받은 조선여자전부의 일이다.[34]

이 글은 조선여학생, 곧 '신여자'가 맛땅히 해야 할 일로 두 가지를 꼽는다. 그 중 하나는 '가정건설'이고, 또 하나는 '조선여자 일반의 지위를 향상식히'기 위한 '교양을 중심한 계몽운동'이다.

이들 중 첫 번째 항목은 특히 어떤 면에서는 이들이 주장하는 지적인 여성상과 다소간 논리적으로 배치되어 보인다. 그러나 이 항목은 '고등교육'을 받은 주체로서의 자존감을 포기하고 지향했던 점은 아니다. 그들은 가정을 건설하는 주체가 남성이 아니라 여성이라는 점. 즉 스위트홈의 주체가 여성임을 강조한다. 가정에서 여성이 주체적으로 나서지 않으면, '그집의 셰간으로 더부러 남자의 소유물되고 말기가 십중팔구'이므로 여성이 주체가 되어야 한다는 것이다. 결국 여성의 '주체화'라는 논리는 담고 있었던 것이다.

그리고 두 번째 항목에서도 계몽의 대상이 아닌 주체로 '여성'을 세우고 있는 것도 사실이다. 이는 『이화』 곳곳에서 강조되고 있는 부분[35]이었다. 물론 그들이 여성들을 '교양'으로 계몽할 내용은 역시도 '여성으로서' 자기 본분을 다하라는 것일 것이다.

34) 김활란, 「조선여학생의 이중책임」, 『이화』 1집, 1929.2, 10~13면 참조.
35) 김활란, 「콜롬보국제여성회합의 出席片感」, 『이화』 7집, 1937.6, 12~21면; 흘법(屹法), 柳瑩基 역, 「兩性의 特質」, 『이화』 1집, 1929.2, 18~19면 참조.

결국 이들이 인텔리 여성으로서 해 내야할 가장 중요한 사명은 '여성이 주체'가 되어, '가정' 내에서 '주체적'으로 스스로 '여성'으로서의 소임을 다 하도록 널리 '계몽'하라는 것이 된다.

그런데 이들이 이처럼 가정 내에서의 여성의 역할을 인정하면서 치루어야 할 대가가 있었다. 바로 '슈퍼우먼' 강박증이었다. 그들은 이중적이게도 사회적 주체가 되고자 하는 욕망도 버릴 수 없었던 것이다.

> 첫재로 가문을 빗내고 둘재로 사회를 영화롭게하여야 할 것이다. 즉 여자와 남자의 명치와 직업이 다를 뿐이지 범백사위에 그 직분을 다함에 잇서 남자에게 뒤지지말고 다—하여야 할 것이다.
>
> 혹 일하는 중 여자의 체질에 맛지안코 체면에 썹이씨는 것이나 專門家의 손을 빌지 아니하면 아니되는 것 외에는 모든 것을 天意에 合當하고 人生에게 利益되도록 그 처지여하 형편여하를 불문하고 힘써하는 것이 소위 신여성의 책임이오 또 이러케하는 것이 신여성이 구여성과 다른 점이라 한다.[36]

이와 유사한 다른 글에서도 필자들은 이구동성으로 여성이 남성과 동등해지기 위해서는 동등한 실력이 필요하다고 했다. 그 실력 중 하나가 경제적 능력이다. 이들은 자각한 여성이 반드시 이루어야 할 조건으로 경제적 능력을 들었다.

실제로 소수이기는 하지만 여성에게도 주어진 고등교육의 기회는 경제적 능력이라는 주체적 요건을 만들어주었다. 그러나 여성으로서의 자기 본분을 피할 수 없었던 이들은 경제적 능력과 가정 내의 여성의 길 이 두 가지를 이루어야만 그들은 삶의 주체가 될 수 있다는 자기 최면을 걸어야했다.

그런데 이 땅 인텔리 여성들의 이러한 슈퍼우먼 강박증은 비단 잡지 『이화』에서만 보이는 것은 아니었다. 식민지 시대 가장 대중적인 여성지 『신여성』의 30년대 담론 역시 '과학적 모성'과 '슈퍼우먼 신드롬'에

36) 김옥순, 「내가 생각하는 신여성의 책임」, 『이화』 3집, 1931.3, 62면 참조.

강박되어 있었다.[37] 나혜석·김일엽 등 근대 초기 신여성들이 추구했던 자유주의적 존재성이 자초된 지점이 바로 모성성의 강요, 혹은 슈퍼우먼이라는 새로운 주체성의 탄생되는 곳이었다는 교훈을 상기하면서, 1930년대 여성들에게 모성성과 슈퍼우먼이라는 주체상은 어쨌든 그들이 사회적 주체성을 쟁취하기 위해서는 반드시 부딪히고 넘어야 할 벽이었다. 초기 신여성들의 존재성은 유학생이라는 귀족적 토대에 기반하기도 하였으며, 어떤 면에서는 당대 사회와의 불화를 기꺼이 떠안는 데서 시작되었는지도 모른다. 나혜석의 「이혼고백서」의 당당함이 그 예이다. 그러나 30년대 여고보 출신의 인텔리 여성들은 이전보다 견고하게 공식화된 '제도' 내에서 성장한 존재들로, 그들의 선배들보다도 사회적으로 인정받고자 하는 욕망이 더 강렬했다고 볼 수 있다. 그러할 때 그들에게 문제는 그들이 사회적 성원으로 진입하는데 닥친 장벽을 어떠한 방식으로 영리하게 넘어서느냐였다. 여기서 식민지 시기 인텔리 여성들의 딜레마가 놓여 있다.

그런데 교지 『이화』에는 그들이 이러한 딜레마를 해결해 나가는 방법 역시 논리적으로 제시되어 있었다. 바로 '여성성'에 대한 과학적 담론과 '가정학'이라는 학문이 논리적 해결 방법으로 제시되는데, 이 새로운 지식체계는 지식인 여성들에게 새로운 정체성 구성의 논리를 부여한다.

그들은 기꺼이 제도를 통해서 이 새로운 지식의 수용자가 됨에 따라 사회적 주체가 되고 싶은 욕망을 새로운 방식으로 구현해 나가길 시작했던 것이다.

---

37) 이러한 담론은 '신가정'이라는 근대적 핵가족 제도의 이상적 모델을 가정하고 만들어진다. 그리고 『신여성』 등 잡지에서 지식인 여성들에 의해 끊임없이 재생산된다. 이에 대한 자세한 논의는 전미경, 「1920~30년대 현모양처에 관한 연구–현모양처의 두 얼굴, 되어야만 하는 현모, 되고 싶은 양처」, 『한국가정관리학회지』 22권 3호, 2004, 75~93면; 전미경, 「1920~30년대 모성담론에 관한 연구–『신여성』에 나타난 어머니 교육을 중심으로」, 『한국가정과교육학회지』 17권 2호, 2005, 95~112면 참조.

그러나 또한 교지 『이화』에는 이러한 한계에 안주하지 않으려고 노력하는 내면의 고투도 함께 존재한다. 교지 『이화』를 통해 1930년대 지식인 여성들은 지식의 주체로서의 여성, 그리고 삶의 주체로서의 여성이 되고자 매우 다양한 방식으로 노력하고 있었다.

4. 교지 『이화』에 나타난 지식과 이념의 형상

1) 다양한 근대 지식의 습득과 그 양상

앞에서도 설명한 대로 교지 『이화』가 갖는 가장 중요한 특징은 다른 매체와 달리 지적인 식견이 필요한 기사들이 많이 실려 있다는 점이다. 배운 여성으로서 이들이 지향하는 지적인 능력을 갖춘 여성이라는 표상은 교지 『이화』를 통해서 자기 표현의 장소를 획득한다. 그리하여 『이화』에 실린 글들은 당대 지식 수용의 판도를 추측할 수 있게 할 만큼 다양성을 확보하고 있었다.

우선 가장 눈에 띄이는 것은 앞 장에서 설명한 '여성성'을 과학적 담론으로 재무장시킨 생물학적 담론이나 학문으로서 '가정학'의 등장이다. 생물학적 담론은 초기부터 존재하였다.

> 여성의 인내력은 남성에 비할바 아니다. 그에 반하야 남자의 용기와 强力은 남자의 자랑뿐만 아니라 여성의 남성을 흠모하는 요소의 일이라고 보겠다. …… 여자는 압길을 눈물과 꾀로서 개척하여 나간다. 이는 여성의 특색이람보다 여성의 주위와 사정이 그러케 만드러준 것이다.
>
> ……여성은 남자보다 감정적이며 동시에 그의 표정은 남자보다 강하다 ……

(…중략…)

여성해방운동의 목적도 女性男化보다도 오히려 여성을 완전히 만드는 데 이슬 것이며 만은 준비와 지력을 합한 현모을 양성함에 이슬것이니 여성의 진가는 여성자체의 하업 혹 천직에 잇지 안타고 주창할 자 업슬 것이다. …… 두랜박사는 이러게 말하엿다 『우리의 신생활과 신문명이 여성의게주는 신문제와 신곤란이 古昔노예생활보다 쉽지 안을 것이니 이 복잡하고 곤란한 신문제를 해결함에는 조박(粗薄) 한 남성의 이해와 동정을 구함보다 오히려 여성자신의 새로운 경험과 지식으로 처리할 것이다. 자유를 고창하야엇은 그 여성의 기력이 여러 가지 곤난도 해결할수 이스리라고 밋는다. 그의 광휘잇는 미덕과 신속한 지능이 충실한 애호와 자애의 모성과 합치하야 이상적 여성을 완성할 정로를 발견 혹 창조하리라고 확신하는 바이다.』이 의미에이서서 우리는 양성의 우월을 논란함보다 오히려 양성의 특질을 발견수양하야 양성의 근성과 천직을 완전히함에 상호협조하야 더욱 고상하고 더욱 가치잇는 인격자들을 만들기에 용력할 것이다.[38)]

『이화』 창간호부터 소개되고 있는 이 글 「양성의 특질」에는 현재까지도 지속적인 영향력을 가지고 있는 여성성 / 남성성의 도식적 논리가 들어있다. 여성은 '인내력'이 남성은 '용기와 강력'이 강하고, 여성은 '눈물과 꾀'가 무기이고 '감정적'인데 비해, 남성은 이성적이라는 논리가 바로 그것이다. 물론 이 논리는 '여성의 특색이람보다 여성의 주위와 사정이 그러케 만드러준 것'이라는 단서를 달고는 있지만 이분법적 기준을 해체하려고는 하지 않는다. 왜냐하면 결론은 결국 여성이 '여성성'을 포기하지 않는 데서 행복할 수 있다고 주장하고 있기 때문이다. 즉 여자의 해방은 혹은 '행복이란 미 혹은 인격완성'과 함께 '오인(吾人) 각자의 천직을 다함에서만 차즐 수 있'는 것이다. 더 나아가 이들이 주장하는 여성성의 핵심은 바로 '자애의 모성'이다. 그리고 그 모성성은 지적인 능력과 결합할 때 더욱 진가를 발휘한다. 필자는 '광휘잇는 미

38) 흘법(屹法), 柳瑩基 역, 「兩性의 特質」, 『이화』 1집, 1929.2, 13~19면 참조.

덕과 신속한 지능이 충실한 애호와 자애의 모성과 합치'할 때 '이상적 여성을 완성할 정로를 발견 혹 창조하'리라고 확신한다. 그리고 이러한 논리가 종종 『이화』에서 보이는 것을 보면 이 논리가 과학적 지식이라는 외피로 지식인 여성에게는 매혹적으로 다가갔기 때문이다.[39] 이러한 글에서 필자들의 태도는 '여성성'을 억지로 수용하는 것이 아니라 기꺼이 선택하는 것이었다.

여성성의 담론을 생물학 등 지식(이론)으로, '과학적이고 논리적'으로 받아들일 때 이러한 행동은 '지식인 여성'의 자존감을 훼손시키지 않는다. 더구나 이처럼 현모가 되는 것, 모성성을 발휘하는 것이 민족과 세계의 평화를 위한 일이 된다는 논리와 만날 때 그들이 사회적 주체로 인정받고자 하는 욕망도 충족될 수 있었을 것이다.

거기다가 '가정학'의 등장은 이러한 담론에 합리성을 더해 준다.

1925년부터 이미 총독부에서 인증된 가사교과서가 등장하면서, '가정학'은 교육제도라는 합법적 공간 내에서 한국 여성들을 훈육하기 시작한다. 이로써 가정학을 공부했다는 것은 지식인 여성이 된다는 증표가 되어 버린다. 가정학은 집안일을 좀 더 전문적이고 과학적으로 해 내는 데 이바지 하는 학문으로 가사 교과서는 이 일을 효율적으로 해 낼 수 있도록 지도한다. 그러면서 자연스럽게 그들에게 여성으로서의 성별 정체성을 심어준다.[40]

그리하여 1929년 4월 전공으로서 가사과까지 생긴 이화여전 여학생들에게 가정학은 그들의 삶의 정체성을 구성해가는 데 근원적인 영향력을 끼친 지식이 된다. 이러한 점을 증명하듯 4집 이후에 영양학이나 아동교육 관련의 글[41]들도 보이는데 이 역시 가사과나 보육과 학생들

39) 전미경, 앞의 글 참조.

40) 이상 가사 교과서에 관한 내용은 전미경, 「식민지 시대 '가사교과서'에 관한 연구–1930년대를 중심으로」, 『한국가정과교육학회지』 16집, 2004.9 참조.

41) 목록은 다음과 같다.

의 글일 것이다.

이처럼 『이화』 실린 담론들에는 지식인 여성들의 표상이 왜 의외로 현모양처주의로 귀결되는가를 논리적으로 설명해준다. 과학적 담론으로 들어온 '여성성'의 담론, 그리고 지식으로서의 '가정학'의 존재는 그들에게 가정 내에서 여성의 역할에 합리적 광채를 줄 수 있었던 것이다.

물론 『이화』에는 이러한 담론 이외에도 다양한 지식 담론들도 존재하여 이들의 열망이 매우 다채롭게 형성될 수 있었다는 점을 증명하기도 한다. 그리고 이러한 점이 교지 『이화』를 끌어가는 원동력이 되기도 한다.

우선 거의 매호마다 문학 예술에 관한 글들이 실려 있다. 임정혁, 「문예부흥의 신정신」(1집), 신백희, 「우리古文學에 대하야」(2집), 김신복, 「리히아드 박너의 일생(一生)」(2집), 모윤숙, 「근대로서아문예사조」(3집), YCH, 「톨스토이의 생을 통하야」(5집) 등이 그 예이다. 이는 당대 문예가 여학생에게도 근대적 지식 체계의 중심이었음을 다시 한 번 증명해주는 것이다. 그밖에 주수원, 「생명의 연장선」(2집)과 같은 생물학적 지식이나,

---

孫仁實	現代敎育과 知能檢查	3집	1931.3.4
宋孝善	堅實한 訓育의 必要	3집	1931.3.4
樹州	實際的 家庭 食療法	3집	1931.3.4
순이	營養素에 對하야	3집	1931.3.4
元英子	敎育への感	3집	1931.3.4
一石	敎育은 生活의 基礎(本文譯)	4집	1932.10.31
一石	우리의 要求하는 兒童敎育은	4집	1932.10.31
任貞爀	家庭에 常備할 藥品과 器具	4집	1932.10.31
ㅈㅊㄱ	智慧의 家庭	4집	1932.10.31
張永淑	乳兒營養의 實際問題	4집	1932.10.31
田淑禧	우리 家庭에 適當한 洗濯法	4집	1932.10.31
田淑禧	家事專門이아기	4집	1932.10.31
田淑禧	菜食과 肉食	4집	1932.10.31
鄭光鉉	一般 朝鮮 飮食의 獻立表	4집	1932.10.31
平井政愛	體育의 目的과 價值	5집	1934.5.31
	幼兒指導問題	7집	1937.6.12
	朝鮮式 住宅의 長處短處及 改良方針	7집	1937.6.12
	家事敎育에 對한 나의 쪼각생각	7집	1937.6.12
	營養과 經濟	7집	1937.6.12
	病後數題	7집	1937.6.12

임정희, 「근세사회사상의발생」(3집) 등 철학에 관한 글도 자주 보인다.

이들은 이 지식들을 수업에서 배우거나 문학부가 주로 진행해 왔던 독서회 등 과외활동에서 습득했을 것이다. 이화 여전 학생들은 경성제대나 연희전문 등 타전문학교 학생들과 연합하여 정기적으로 열린 독서회 토론회 등에 참석했다고 한다.[42] 이전(梨專) 학생들은 이러한 기회를 통해서 자신이 읽고 토론한 지식들을 교지를 통해서 표현하고자 했다. 이러한 활동 역시 당대의 선진적 지식인이었음을 증명해주는 증표로 자부심을 주었을 것이다.

이러한 점은 자신의 분야에서 여성들 스스로가 전문적 지식의 수용자로서 자기의 지식체계를 완성해가려는 노력을 하였다는 점에서 매우 의미가 있는 일이다. 기독교 학교가 서구적 지식체계를 전위적으로 수용할 수 있었던 교육의 장이었던 만큼 교지 『이화』에는 '문예부흥', '기독교', '서구 과학 사상' 등 서구적 담론이 주를 이루기는 하지만, '우리 고문학에 대한 담론 등을 통해서 논리의 균형을 이루고자 했던 점도 기억해야 할 것이다. 그리고 사회주의 사상을 소개하는 글도 보인다.

임정희의 「근세 사회사상의 발생—간단한 소개」이란 글은 부제처럼 사회주의 사상을 간단하게 소개하고 있다.

> 사회주의의 임무는 총명한 두뇌에 의한 이상사회건설에 있지 않고 유산계급무산계급의 계급대립을 야기(惹起)시킨 역사적 경제적 사정을 검사하여 계급대립을 폐지시킬 방법을 연구하는데 있는 것으로서 자본주의는 선악의 윤리적 동시로 비판할 것이 안니라 다만 자본주의생산조직은 사회진화에 의하여 필연적으로 생긴것이요 봉건제도에 비하연 인류에 큰 공헌이 있는 것이나 자본주의의 발달이 어떠한 계급에 니르면 내부의 모순에 의하여 또한 필연적으로 붕괴된다는 것이다.[43]

42) 모윤숙, 앞의 책 참조.
43) 임정희, 「근세 사회사상의 발생—간단한 소개」, 『이화』 3집, 1931.3, 11면 참조.

이 글은 각 장을 각각 '자본주의사회의 특징, 사회개혁사상의 발생, 공상적사회주의及과학적 사회주의'로 나누어서 자본주의 사회의 모순과 공상적 사회주의 · 아나키즘 등 사회주의의 '수많은 분파'에 대해서 설명한다. 특히 과학적 사회주의(맑시즘)이 형성되는 과정을 비교적 객관적으로 설명하고 있는데, 이러한 서술 태도는 당대 이전(梨專) 학생들이 사회주의를 어떠한 식으로 받아들였는지를 보여주고 있다. 이 글에 의하면 그들은 '사회주의'를 자신들이 습득해야 할 교양, 하나의 전위적인 지식으로 받아들인 듯하다. 검열이 있었음에도 이 글이 지면을 얻은 것은 바로 이 객관성 때문이 아니었을까. 또한 프로문학에 대해서 소개하는 글도 보인다.

> …… 근일 푸로문학도 역시 그들의 제창한 바 일개의 문예적 타입으로써 무산계급에 대한 동정과 투쟁적 의식을 주장하는 것이다. 즉 현실생활을 토대하지안은 예술은 무용물이라는 결론을 나릴만치 로시아의 문예는 공상에서 실제로 귀족적 聖像에서 평민적 생활을 뚜르고 전진하야 나려왓다. 그리하야 광막한 공상에 가공적 몽상만으로 예술적 감정을 표현하든 문예는 필연적 운명으로 몰락과정에서 신음하고 있다.[44]

이 글은 프로문학이 지향하는 바를 객관적으로 소개하는 데에서 그치지 않고, 옹호하는 듯한 인상마저 준다. 프로문학을 로시아문학의 한 일파로 '귀족적 성상', 혹은 '가공적 몽상만으로 예술적 감정을 표현하든 문예'를 '뚜르고 전진하야 나려왓다'고 소개하면서, 프로문학의 성립과정을 '공상에서 실제로', '귀족적 성상에서 평민적 생활'로의 발전으로 긍정적으로 바라본다. 그리고 '현실생활을 토대하지안은 예술'에 대해 비판하고 '무산계급에 대한 동정과 투쟁적 의식'을 주장하는 프로문예에 대한 설명도 정확한 편이다. 그러나 그럼에도 불구하고 프로문예

44) 모윤숙, 「근대로서아문예사조」, 위의 책, 21면 참조

를 '일개의 문예적 타입'으로 받아들이는 태도는 필자가 프로문예를 자신의 주체적 이념으로 주장하지 않고, 객관적으로 전달하고자 했다는 점을 보여준다. 이 글은 필자가 『이화』에서 다루었던 문학에 대한 여타의 글[45]들처럼 문예적 지식을 객관적으로 전달하기 위해서 쓰여진 글이었다.

물론 『이화』인들에게도 사회주의 혹은 프로 문예가 실천적 이념이 아니었다고 단정할 수는 없다. 모윤숙의 회고에 의하면 그들은 경성 시내의 고보 남학생들과 독서회를 가졌다고 하고,[46] 당대 고보생들 독서회의 주요 교재가 사카이 도시이코(堺利彦) · 야마카와 히토시(山川均) · 오스키 사카에(大杉榮) 등 일본 좌파 사상가들이 쓴 이념서들이었다는 점을 볼 때,[47] 이전(梨專) 학생들 역시 사회주의라는 이념적 형상에 매료되지 않았으리라는 보장은 없다. 단지, 검열의 강도가 매우 강했던 교지라는 특성상 『이화』를 비롯하여 식민지 시대 어떠한 교재에도 사회주의가 실천적 이념으로 주장되지 못했던 것은 분명하다.

이를 증명하듯 이 글들 이외에 『이화』에 실린 논리적 글에서는 이념적인 담론을 거의 찾아볼 수 없었다. 또한 검열 문제와 함께 이러한 현상은 이전(梨專)이 기독교 학교라는 특성과도 관련이 있는 문제이다. 기독교의 이념, 특히 여성 기독교 교육의 이념은 학생들이 사회주의 사상을 수용하는 것을 막았을 것이고[48] 이러한 점이 교지에도 그대로 투영된 듯하다. 물론 같은 기독교 학교인 연희전문의 교지 『연희』의 경우 그 주요 내용이 기독교와 사회주의였던 점[49]은 참고할 만한 점이지만, 이러한 현상도 30년대 발간되었던 『이화』에 반해 『연희』가 상대적으로

45) 모윤숙의 글 중 문예에 관한 것은 「詩人 Robert Burns의 略歷」(2집), 「근대로서아문예사조」(3집), 「철학과 문예」(4집)이다.

46) 모윤숙, 『나의 회상—폭풍 속에 피는 꽃』, 앞의 책 참조.

47) 박철희, 「植民地期 韓國 中等教育 研究—1920~30年代 高等普通學校를 중심으로」, 서울대 박사논문, 2002 참조.

48) 임희숙, 「일제강점기 여성교육과 개신교」, 『한국기독교신학논총』 37, 2005, 212면 참조.

49) 박헌호, 앞의 글 참조.

검열의 강도가 약했던 문화통치기 20년대에 발간(1922~1931)되었던 점을 고려한다면 이 문제 역시 주체가 남녀 고보생이라는 성별의 차이에서 오는 현상만은 아니라는 점도 알 수 있다. 중요한 것은 식민지 당국에게 1930년대에도 사회주의는 여고보생들에게도 막아야 할 지식의 파고였다는 점은 분명하다.

물론 이 글들 역시 이 지식들을 객관적으로 정리해내는 데 그치고 새로운 담론으로 생산해 내는 데까지는 이르지 못했다. 그러나 『연희』의 교지의 글들 역시 이러한 수준에서 멀리 벗어나지 않았다고 볼 때, 이는 이전(梨專) 여학생들의 한계라기보다는 당대 전문학교 이상의 고등교육 수준의 한계였다고 볼 수 있다.

이처럼 『이화』가 수용하고 있는 여러 지식 속에는 그 다양성처럼 모순된 무늬결이 존재했다. 그런데 이러한 『이화』 내부의 그 다양한 무늬결은 '문학란'에 실린 작품들 속에서 고뇌하는 주체의 내면을 통해서 더욱 깊이 있게 형상화된다. 여기에 '문학란'의 의미가 있다.

2) '탈주의 선'으로서의 '문학' – 주체적 존재성에 대한 고뇌

서론에서 제기한 대로 『이화』의 가장 많은 지면을 차지하는 것은 문학란이다. 이는 식민지 시대 여타의 교지들이 그랬던 것처럼 『이화』 발간의 가장 큰 목적이 바로 문학란의 개설이었기 때문이다. 그런데 그들에게 문학란의 중요성은 양적인 측면에만 있는 것은 아니었다. 비록 『이화』의 문학란에 실린 글들은 질적인 면에서 고른 성취를 이루고 있다고 보기는 어렵지만, 『신여성』 등 다른 여성잡지에 실린 독자투고작의 수준은 뛰어넘는 편이다. 시와 시조의 경우는 고난이도의 기교는 보이지 않지만 감정의 완급을 조절하는 능력이 보이기도 하며 특히 소설의 경우는 기성 작가 못지 않은 수준을 이룬다고 본다. 이러한 점은 이들의 작품이 당대 남성 필자들이 평가하는 '센티멘탈리즘'이라는 문학 소녀적 취향이나 수준에서는 이미 벗어나 있었다는 점을 증명해 주는 것이다. 심지어 『이화』에는 '현상문예제도'를 도입하였고 그 성과도 있었다.[50] 이는 그들의 문학에 대한 관심이 어느 정도였는지를 증명한다. 『이화』 문학란의 이러한 수준은 문단 진입에도 많은 도움을 주었던 것으로 보인다.[51]

그리고 더욱 중요한 점은 문학란에는 여타의 기사(논설)에서는 볼 수 없는 주체의 진지한 고민이 엿보인다는 점이다. 그것은 삶의 희열에 대한 원초적 열망이거나 주체의 존재성에 대한 고민이었다.

> 나는 인간의 운명을 좌우할 수 있는 주인이다. 나의 발자취 떼여놓는 곳마다 쩌돌든 행운은 나를 싸르며 사랑은 나를 에워쌋는다. 쏘 이 산 저 산을 넘는 길엽헤 명성은 나를 긔다린다.
>
> 사랑 행복 명성 이 모든 친구들과 쉿업는 여행으로 못간 곳이나 가본곳이나 인간을 차저다니느라면 화려한 건축이 즐비한 도시 뭇새의 울음이 山野를 흔드는 한적한 전원에도 간다. 쉿업는 침묵 속에서 한거름 쏘 한거름으로 어느듯 大海와 사막을 지나 쏘 한곳 차저가면 그곳은 窮村이라 오막사리집들이 둘너섯다. 쏘 이곳을 지나 상인의 외치는 소래가 들네이는 시장과 궁전에도 간다.
>
> 나는 이 여러곳으로 다니면서 문마다 뚜드리고 외치기를 「나는 긔회다」라고 한다. 잠드럿거든 째여라. 만약 잔채하거든 내 가기 전에 罷하여라. 지금은 네의 운명을 정하는 시간이다. 나를 싸르는 사람은 인간의 욕망하는 모든 지위에 오르고 쏘는 죽엄 외에는 모든 원수를 이길 터이다.
>
> 그러나 나를 의심화 저주하는 사람은 엇절수업시 실채에 붓들녀 비애와 빈

50) 『이화』 7집에는 현상문예작품 당선발표가 있다. 여기서 1등은 시부문에 신진순 · 이의영 · 이봉순, 수필부문에 최원복 · 주경은 · 이은미, 소설부문에 김창덕이 당선되었다. 심사위원은 김상용 · 이태준 · 이희승이었다. 여기에는 심사평도 실려있어, 심사위원들이 심사과정에도 충실하려고 했었다는 점을 보여준다. 『이화』 7집, 1937.6, 91면 참조.

51) 예를 들어 노천명은 32년 변영로가 편집장인 『신동아』에 梨專 은사 김상용의 소개로 「밤의 찬미」, 「포구의 밤」 등 시를 게재하면서 문단에 주목을 받게 된다.

궁에 빠진다.

나종에 공연히 나를 쓸째업시 차즈면 나는 대답 아니할 터이요 쏘다시 도라 오지도 안을 터이다.[52)]

위의 시는 주체적인 행복한 삶에 대한 열망이 엿보이는 작품이다. 첫 번째 시는 '사랑, 행복, 명성'을 만날 수 있는 '기회', 운명의 주체가 되고자 하는 욕망이 투사되어 있다. 기회는 열심히 찾는 자에게만 온다. 기회를 기꺼이 찾는 사람은 '인간의 욕망하는 모든 지위에 오르고 쏘는 죽엄외에는 모든 원수를 이길터'라고 하는데, 이 희망은 늘 욕망을 억압해야 했던 당대 여성 모두가 바라는 바일 것이다.

이들은 그만큼 삶의 행복에 대한 열망이 간절했고 이것을 문학이라는 매체를 통해서 표현하고 싶었던 것이다. 이는 그들이 삶에 대해 던져보는 존재론적 대결의지가 아니었으면 불가능한 것이다. 그리고 그들은 세계와의 대결에서 자신들이 넘어야 할 장벽에 대해서도 구체적으로 고민하고 있었다. 특히 소설에서는 현실적인 장애에 대한 고민이 보다 직접적으로 표현되어 있다.

'죄가 잇다면 오직 약자로 태여난 그것이 죄일것이다. 그는 오히려 우리네들보다도 순결할 것이다.…… 그러면 참 죄인은 누구일가? K는 봉이를 둘너잇는 모든 사람들을 생각해보앗다.'[53)]

인용한 소설은 『이화』 창간호에 실린 소설 「누구의 죄?」이다. 이 소설은 '봉이'라는 한 여성의 삶을 K라는 여학생의 시선을 통해서 서술한다. 이 소설의 화자는 가난한 집에서 태어나 민며느리로 팔려가고 그곳에서 핍박받다가 급기야 일본에 팔려가는 기구한 삶을 살아가는 봉이에게 같은 여성으로서 깊은 연민을 느낀다. 이 구절은 그들의 처지를

52) 쎈짤쓰 원작, 유정옥 역, 「기회」, 『이화』 2집, 1929.12.1, 138면 참조.
53) 목화, 「누구의 죄?」, 『이화』 1집, 1929.2, 184면 참조.

이해하고 감싸안으려는 화자가 급기야 봉이가 도둑으로 몰려 감옥에 갇혀 짐승처럼 끌려다니는 광경을 접하고는 분노를 느끼게 되는 장면이다. '죄가 잇다면 오직 약자로 태여난 그것이 죄일것이라는 절규는 당대 여성들에 대한 차별과 억압에 대한 안타까움을 표현한 것이며, 오히려 '참 죄인은', '봉이를 둘너잇는 모든 사람들'이라는 생각에는 여성의 삶을 억압하는 당대 사회에 대한 비판적 인식이 들어 있다. 물론 K가 봉이를 바라보는 시선은 매우 동정적이며 그에 대한 태도는 시혜적이다. 이는 당대 엘리트 여성들이 억압받는 여성, 특히 구여성들에게 갖는 태도가 어떠했는가를 설명해주는 것이기도 하다. 그러나 역시 이러한 한계에도 불구하고 이처럼 여성을 여성의 시선으로 바라보고 여성들 간의 정서적인 연대 의식을 드러내는 일은 매우 의미깊은 일이다.

이 소설이 신여성과 구여성의 문제를 다루고 있다면, 다음의 소설은 우정어린 시선으로 신여성들의 문제를 바라보고 있다. 다음 소설에서는 여성의 주체적인 삶을 가로막는 질곡에 대한 화자의 복합적 시선이 드러난다.

> 가끔 그는 잡지에 수필 같은 것도 발표하였으나 그 당시 吉이는 신문현상 소설에 당선이 되겠다는 욕망으로 열심히 밤을 새워가며 장편을 쓰고 있었다. 영화에는 거진 광이 되리만 하였고 화장술에 대한 지식과 방법도 웬만한 미용사에게 지지 않었다. 따라서 그에게는 수많은 남성들이 퍽으나 흠모하고 뒤를 따랐다. 그러나 남성에게 대해서도 별다른 수치심을 갖지 않은 그는 극히 평범하고 또 자연스럽게 그들을 대해주었다. 남자뿐아니라 여자동모들도 그를 몹시 따랐으며 나 역시 그를 따르는 동모 중의 하나이였다. …… 우리는 가끔 앉어 서로 허무한 꿈도 많이 만들어 봤고 또 그의 남다른 포부와 야심도 귀에 젖도록 들어봤다.(144)
>
> 그는 지금 미래에 대한 불안과 결혼의 공포를 철저히 느끼는 듯하였다. 「나는 인제 모든 이상과 포부가 다 끊어저바리는 것만같애 …… 」(146)
>
> '못만난 일년동안에 그의 모양은 몹시도 변하였다. 얼굴은 초최하여지고 옛

날에 보든 그 무사기한 우슴은 그림자조차 엿볼수 없었다. 그러나 몽굴몽굴한 귀여운 애기를 들여다보며 그의 야윈 얼굴에는 말할 수 없는 기쁨과 희망이 떠오르는 듯 했다'(147)

'자기자신을 망각하고 희생적인 모성애에서사는 그 아름다운 마음! 그러나 길이가 그다지도 속히 자기자신을 망각하고 희생해버릴 줄이야, 그는 벌서 책상압에서 자신의 포부와 이상을 실편시키고 하나의 사회인으로써 사회에 봉사하려 노력하든 길이는 아니고 부엌에서 귀여운 아들의장래의 성공을 위하야만 염려하고 계획하는 吉이가 되었다. 인정한 변한다. 그리고 길이 역시 평범한 하나의 모성이엿구나. 가는 햇발이 아즉도 따뜻이 끝없는 추억에잠기여 있는 내몸을적시여주고 있다.[54]

이 소설은 이전(梨專) 출신 여성작가인 전숙희가 창작한 것이다. 이 소설의 주인공과 화자는 여학교 친구사이로 서로의 '남다른 포부와 야심'을 마음으로 터 놓는 사이이다. 특히 주인공 吉이는 남들이 다 흠모해마지않는 뛰어난 여학생이다. 그녀는 '신문현상소설에 당선되겠다는 욕망으로 열심히 밤을 새워가며 장편을 쓰는' 열정적인 문학소녀였다. 그런데 이렇게 꿈많은 길이의 삶에 '결혼'이라는 장벽이 나서는데, 이는 '모든 이상과 포부가 다 끊어바리는 것만같'은 불길한 일이었다. 그 예감대로 사회인으로서 사회에 봉사하려 노력하든 포부가 큰 '신여성' 吉이는 이를 포기하고 대신 '신가정'의 주인이 되고 만다. 결국 그녀는 결혼으로 '얼굴은초최하여지고 옛날에 보든 그 무사기한 우슴은 그림자조차 엿볼수없'게 되어 버린다. 그러나 그 대신 길이는 곧 이 '야윈 얼굴'에 기쁨과 희망을 주는 존재. '몽글몽글한 귀여운 애기'를 얻고는 예상외로 또 다른 현실적 존재성을 수락한다. 이에 필자는 결국 예전에는 자신의 모범으로 흠모했던 길이에게 연민을 느끼면서도 '길이 역시 평범한 하나의 모성이엇'다는 점에 비애와 배신감을 느낀다.

이 소설은 당대 여성들의 자기 실현의 욕망이 결혼이라는 사회적 제

54) 전숙희, 「코스모스」, 『이화』 7집, 1937.6 참조.

도 속에서 어떻게 좌절되어가는가를 보여주고 있다. 결혼을 통한 안락한 삶과 자기 욕망의 실현을 위해 가야할 험란한 가시밭길 사이에서 당대 지식인 여성들도 고민할 수밖에 없었던 것이다. 작가는 이 소설 속의 吉이처럼 결혼이 자신들의 꿈을 꺾을 줄 알면서도 어쩔 수 없이 선택할 수밖에 없었던 당대 신여성들의 삶에 문제의식을 던진다.

그리고 이러한 점은 앞에서 인용한 논설문의 대부분이 '결혼은 꿈의 무덤이 아니라 새로운 임무의 시작'이라고 주장하는 점과 대비된다. 논설문의 필자들은 똑똑한 여성은 사회적 책임과 가정 내의 책임 모두를 이룰 수 있다고 관념적인 사변으로 논하는 데 비해, 이 소설의 화자는 당대 지식인 여성들이 결혼제도에 의해 꿈을 버려야 하는 현실적 상황에 비애를 느낀다. 이처럼 이 소설은 모성성과 자아 실현 사이의 갈등이라는 매우 첨예한 문제를 다루고 있으며, 이러한 점에서 그 의미를 간과할 수 없다.

그리고 이밖에 『이화』에 실린 다른 문학 작품들에서는 민족문제와 계급문제 등 당대의 사회현실에 대한 구체적인 인식이 드러난다.

> 나무닙 우수수 써러지는 달밤
> 산을 넘고 바다를 건너서
> 아는 이 하나업는 그곳으로
> 오라는 사람도 업건만은
> 약속이나 직히는듯이 써나가네
> 정든 이 강산이 써나긴 실치만
> 한거름 한거름에 눈물을 뿌리며
> 낫서-ㄴ 북쪽나라로 그들은 써나네!
> 행여나 그곳엔 살길이 잇쓸가하고
> 그 아레 그들의 그림자야말노
> 처량하기가 끚이 업고나![55]

55) 玉影, 「써나는 그들」, 『이화』 3집, 1931.3, 139면 참조.

이 시에서는 '강산이 떠나기는 싫지만', '눈물을 뿌리며', '북쪽나라로 떠'날 수밖에 없는 우리의 현실이 잘 형상화되어 있다. 그런 면에서 이 시는 떠나간 님에 대한 그리움을 토로하고 있는 『이화』에 실린 다른 일부 여타의 시들과는 확연하게 구분된다. 그리고 민족을 위해서는 여성으로서 가정 내의 자기 본분을 다하고 단지 여성교양교육에만 힘을 쏟으라고 말하는 이들의 논리와도 다르다는 데 그 의미가 있다.

또한 『이화』에는 이념을 다룬 작품도 존재한다. 모윤숙의 소설 「계승자(繼承者)」(『이화』 3집)에는 이념에 대해서 고민하는 여성이 주인공이다. 그리고 그외에 그녀를 둘러싸고 동경유학을 다녀와서 "'이론(理論)'과 '주의(主義)'의 갈등"에 빠져있는 두 청년이 등장한다. 그 중 한사람 혜식은, '동경유학을 가기 전까지'는, '어듸까지던지 현실을 거울삼어 생활을 구체화식히려하'던 일꾼이었다. 하지만 지금은 이념을 '쓸데없는 표면적 이론'이라고 여기고 '꾸준한 운동을 계속하기에는 내 몸이 피로'하다며 향락적이고 속물적인 삶을 추구하게 된 젊은이다. 이에 반해 청년 정철은 이러한 그의 친구가 '봉건적 유물인 재산'에 눈이 멀어, '사치한 머리'를 가졌다고 안타까워하면서 결혼도 마다하고 이념을 실천하고자 농촌에 투신하는 건실한 활동가이다. 이 두 주인공은 서로의 입장 차이로 결별을 하게 되고, ('대신' 삭제) 이들의 죽은 옛동지 태영의 누이인 주인공 태선과 삼각관계를 형성한다.

한편 고무공장 사무원 태선은 정철이 보기에 '생각있는 여성'(155), '둘도 없는 여성동지(女性同志)'(156)이다. 굳이 작가가 강조하고 싶은 것은 그녀가 '여성이면서도' '시대를 분별하고 활동하는 적극성을 소유한' 점에 있다. 이렇게 '여성이면서도'가 강조되는 이유는 두 청년의 생각 저변에 여성은 '정신생활의 방해물'(154)로 이미 각인되어 있었기 때문이다. 그래서인지 그녀를 동지로 인정했던 정철마저도 "그도 나의 동지로 굳은 맹세를 한때가 있다. 그러나 여성의 맘을 누가 믿어 혜식이 같은 굿은 남자도 물질에 눈이 어두어 동지의 뜻을 저바리거든"(155)이라면서 그녀에게 전폭적인 신뢰를 보내지 못했기 때문이다. 다음은 두 청년을 포함하여, 여성 주인공마저 내면화되어 있는 여성관이 드러나는 대목이다.

> '굿건한 정신 그대로 길녀주십시오. 태선씨만은 모든 남성이 희롱하는 광주리에 일원이 되지 마시고 혁명적 새 여성이 되어 주십시오. 이것만이 제의 속깊이 바라는 원입니다' 「네 깊이 기억합니다. 우리는 갗이 싸호는 사람인 만큼 다른 생각을 해 볼 여지가 없겠지요」, 「물론이지요 여성이라고 약하다는 선입주관을 가져서는 안되겠지요. 요사이로 시아 코론타이여사갓흔 이는 진보파의 일 여성으로 그 주장이 시대를 놀래일만하든데요. 여성은 수집고 얌전한 것으로만 남성의 호기를 끌든 시대는 벌서 세기전 일입니다」, 「현실을 줣어지고나가는 산여성들이 태선씨를 비롯하여 조선에 배출될 줄 암니다」[56)]

> 엇전지 태선은 여성으로서의 미를 남자 앞에서 완전히 발휘할 줄은 모르는 여자야, 요새는 웬일로 모양도 안내고 맞나면 인도의 깐듸가 잡혓느니 운동단체가 엇더니하고 이론만 상당하지 여자는 제아모리 떠들어도 남성의 쾌락이외의 노릇을 한다면 벌써 남자의 사랑을 받을수가 업는 거시다.

전자의 인용구는 정철이 '농촌으로 도라가 피폐한 농촌을 살리자'는 동지들과의 맹세를 지키기 위해 떠나기 전 태선과 함께 나눈 대화 내용이다. 후자는 변절한 혜식이 잠시 연인으로 삼았던 태영을 두고 한 말이다. 이 두 인용구에는 '수집과 얌전한' 여성과 '현실을 줣어지고 나가는 여성', 또 '쾌락'의 완롱물로서의 여성과 혁명적 일꾼으로서의 여성이 대조를 이룬다. 이러한 대조적 여성상은 당대 인텔리 남성들이 여성에 대해 품고 있었던 이중적 가치관을 잘 표현한 것이다. 물론 적어도 이 소설에서는 혁명적 여성이 곧 이 시대의 주요한 모범적 여성상으로 제시되어 있다는 데 그 특이성이 있다.

---

56) 모윤숙, 「계승자」, 위의 책, 157~158면 참조.

이러한 결과는 정철의 집에 놓여 있는 '맑스전집과 문학전집'이 표상하는 바와 서로 통하는 바이다. 작가를 비롯하여 이전(梨專)의 여학생들은 독서 경험을 통해서 이념을 접했을 것이다. 그리고 작가는 이 소설을 통해서 바로 이러한 이념의 주체, 실천의 주체로 여성상을 세우고 싶었는지도 모른다. 그런데 이 여성의 주체성은 인물들 간의 갈등이 전개되는 동안 다소간 훼손된다.

「계승자」에서 주인공 태선은 정철이 떠난 다음 잠시 혜식의 연인이 되어, 속물적 세계에 빠지게 된다. 그러면서, 역시 여성은 '약한 존재'라고 하여 자신의 행동을 정당화시킨다. 그러나 자신을 여전히 신뢰하고 있는 정철의 편지를 받고는 깊이 반성하게 된다.

> 태선을 스사로도 알지 못하게 가삼이 떨였다. 녯날 정철이의 광채잇든 눈과 엄숙한 설교가 지금 자기 양심을 똑바로 건너가보고 있는 것 갓햇다. 엷은 편전 우에는 비밀 먹음은 눈물이 수없이 떠러진다. 아 내가 믿엇다. 정철은 정의와 선을 위하여 물과 불을 헤아리지 안는 조선의 귀여운 투사이다. 이맘을 엇이 할까? 정신을 정철이를 따르고 눈은 혜식의 부를 싸럿다.(158)

태선의 말에 의하면, 그녀의 이념은 스스로의 선택에 의한 것이 아니라 오빠 혹은 정철이라는 남성을 통해서 형성된 것이 된다. 그녀는 정철의 실천을 '신성한 사업'(157)으로 표현한다. 그래서 편지를 받고 나서 그녀는 반성을 하게 되고 혜식에게 "저도 혼을 가진 여성이여요 당신의 너절한 씰-크 햇을 이 적으마한 손으로 몃개라도 정복할 수 있는 산여성이여요"(159)라고 부르짖을 수 있었다. 그리하여 정철을 따라가서 죽어가는 그를 바라보며 태선은, "오늘은 동 내일은 서 이 몸이 찌저지고 없어저도 한 많은 조선의 땅 사랑하는 당신을 위하여 이 눈물을 다 밧처 이 땅을 끌고가는 계승자가 되어보리다"(162)라고 맹세하게 된 것이다. 이처럼 안타깝게도 여기서 현실을 짊어나갈 여성은 남성의 '계승자'

로, 모범적인 남성의 욕망의 중계를 통해서야 스스로의 존재성을 찾는 존재였다. 즉 그녀는 스스로 이념을 받아들이고 존재성을 투기하는 주체는 아니었던 것이다.

그리고 이 소설의 주인공은 이념적 실천에 대해 고민하지만 정작 주체가 누구를 위해 무엇을 위해 싸워야하는지에 대한 진지한 관심과 성찰이 부족하다. 작가는 이념의 주체는 되고 싶었지만 정작 그 이념이 표방하는 바 민중의 억압적 현실과 그 해방의 방도에 대해서는 진지하게 다가서지 않았다. 이러한 점은 작가가 이념을 바라보는 태도가 매우 관념적이었다는 것, 즉 단지 당대 지식인들이 지향하는 진보적 지성인의 형상을 동경한 데 지나지 않다는 점을 증명하는 것이다.

그리고 『이화』의 문학란의 한계는 여기에만 그치는 것은 아니다. 가령, 노천명의 소설과 시의 경우는 모윤숙이나 전숙희의 소설에서 보이는 사회적 주체에 대한 열망이 보이지 않는다. 오히려 소설 「일편단심」에서는 모성성에 대해 긴박되어 있는 듯한 모습마저 보인다. 주인공인 딸 은실은 자신의 부양을 위해 재혼이라는 안온한 선택을 거절할 채 희생한 엄마의 모습을 "그의 일생은 짤엇쓰나마 성결한 가치잇는 생애엿다"고 표현한다. 물론 그녀가 바라보는 희생적인 모성 예찬은 어떤 면에서는 진심이었을 것이다. 적어도 여성들의 사회적 욕망을 희생시키기 위해 모성을 찬양하는 남성들의 관념은 아니었을 것이다. 그러나 작가는 어머니의 그 성스러운 모성이 여성으로서의 개인적 욕망을 희생하고서야 가능했다는 점을 진지하게 성찰하지 않았다.

그러나 이러한 여러 가지 한계에도 불구하고 『이화』의 문학란에 실린 문학작품들은 당대의 담론을 그대로 수용하고 있는 일반 기사들과 달리 자신들의 주체적 욕망을 다양하게 풀어내고 있었다는 그 의미를 부정할 수는 없다. 이러한 『이화』 문학란의 성격은 식민지 시대 여성들에게 '문학'이 어떠한 의미였는지를 다시 한 번 고민하게 하는 측면이 있다.

당대 여성들에게 문학은 자신의 욕망을 풀어내고 그들을 억압하는 사회에 대해 발언하는 창구였다. 왜냐하면 식민지 시대 문학이라는 영역은 다른 데 비해 사회적 지위나 경제적 수준 혹은 그밖의 문화적 제도적 차원의 진입 장벽이 상대적으로 약한 영역, 즉 계급적 토대나 한계와 상관없이 자신의 능력만으로도 입문이 가능한 열린 시장[57]으로서, 당대 청년들의 계층 상승에의 욕망을 풀어내는 데 매우 유용했기 때문이다. 근대 초기 매체의 현상문예제도에 몰려드는 당대 청년들의 열의나, 1920년대 '최고의 신랑감이 문인'이었던 형편은 이러한 욕망을 반영한다. 당대 문인은 전위적 지식인의 전형이었다. 하물며 남성들에게도 그러하였는데, 늘 편견과 차별에 시달렸던 여성들의 경우에는 그 욕망이 어떠하였는가를 가히 짐작할 수 있다. 『이화』의 문학란이 갖는 수준과 비중은 이러한 점에 기반하기도 한다.

또한 이는 문학작품에는 상대적으로 검열의 칼날이 무디었기 때문에 가능했던 것이라고도 추측할 수 있는데, 그래서인지 근대 초기부터 식민지 시대에 걸쳐 문학은 그 고유의 영역을 넘어 가장 첨예한 사상적 문제를 다룰 수 있는 몇 안되는 공간이었다. 그래서 어쩌면 여성들에게도 문학은 첨단의 공간으로 가장 진보적인 입론을 풀어낼 때 그 정당성이 확보될 수 있다고 느껴졌을 것이다. 끊임없이 보수적인 사회적 담론을 수용하라고 주장했던 교사 김활란의 논설에 비해 문인을 지향했던 모윤숙이나 전숙희의 작품은 의외로 주체적이었다. 교육제도가 제도권의 담론을 가장 직접적으로 전파하는 곳이라면, 문학은 이와는 다른 세계일 수 있었다.

그리고 『이화』 문학란에는 매우 다양한 경향이 공존하고 있었다. 『이화』에 실린 작품들 중 시조나 수필 혹은 시 전반은 위의 작품들과는 다소 다른 경향이었다. 시와 시조에서는 님의 부재에서 오는 고통이 절제

57) 여기에 대한 구체적인 논리와 증거는 박헌호, 「식민지 조선에서 作家가 된다는 것 -근대 미디어와 지식인, 문학의 관계를 중심으로」, 『상허학보』 17집, 2006.6 참조.

된 표현으로 애상적 어조 속에 표현되고 있다. 수필에서는 대상에 대한 인식이 내면적인 감상성으로 표현되기도 했지만 허망한 한탄이 아닌, 고뇌하는 내면이 투영되어 있다. 오히려 정작 남성작가들이 비판했던 소위 '여성성'이라는 센티멘탈리즘적인 성향은 그리 강하지 않았다. 그러나 그렇다고 하더라도 이는 이들의 세계관이나 역량의 탓이 아니라, 시조, 수필, 혹은 시(모더니즘 시를 제외한)가 추구하는 장르법칙이 그러했기 때문이라고도 볼 수 있다. 이들 장르는 문단에서 장르의 계열화 현상이 이루어지면서 정서적인 혹은 낭만적인 혹은 내면적인 것으로 규정된 장르들이기 때문이다. 유독 소설 장르에서는 현실적인 고민들이 가장 잘 드러난 점도 이와 관련이 깊은 문제일 것이다.

5. 결론 – 의의와 한계

이상으로 본고는 교지 『이화』를 통해서 식민지 시대(1929~1938) 당대 최고 인텔리 교육의 수혜자인 지식인 여성들이 지향했던 자기 정체성과 그들이 수용하고 재생산했던 지식과 이념의 형상에 대하여 살펴보았다. 이러한 고찰이 가능했던 것은 식민지 시대 교지 『이화』가 당대 최고의 지식인 여성들이 자기 목소리를 드러낼 수 있는 거의 유일한 매체였기 때문이다. 그리하여 『이화』는 여학생이 주체가 되어 꾸려가는 매체, 교지라는 특성상 식민지 시대 제도 교육이 당대 인텔리 여성들을 어떻게 구성해갔으며, 또 주체들의 대응은 어떠하였는지를 살펴볼 수 있게 하였다. 또한 교지 『이화』의 필자들은 소수이지만 이후 『여성』·『삼천리』·『조광』 등 30년대 주요 매체의 필자로 활동하게 된다는 점을 고려한다면 한국 근대 여성 지식 수용사를 연구하는 데 필요한 연구 대상이 된다.

『이화』를 통해서 살펴보면, 이화여전 여학생들은 최고 여성 교육을 받는다는 자부심이 대단했고 그만큼 민족(사회)에 대한 의무감과 성공에 대한 열망이 강했다. 기독교 여성 교육이라는 환경 아래 그들은 금욕주의적 인격과 사회에 대한 자기 희생적 태도를 견지하려고 노력하였다. 이러한 점은 다른 신여성들을 '사치와 허영'으로 비판하고 자신들은 경건하고 지혜로운 여성으로 자기 정체성을 규정하는 모습에서도 발견된다. 또한 그들은 전위적 지식의 생산과 수용의 주체가 될 수 있다는 자신감을 가지고 있었다. 이는 『이화』에 실린 수준 높은 글들이 증명하는 것이다.

『이화』에 실린 논설을 살펴보면 그들의 지식 수준은 상당한 것이었다. 이들은 교지 『이화』를 통해서 가정학·과학·문예·사상 등 다양한 지식체계를 수용하고 재생산해 나갔다. 그리고 교지 『이화』는 지면을 통해 주체가 되고자 하는 그들의 욕망을 실현시켜 주었다. 물론 주체가 되고자 하는 자유로운 열망들은 30년대 중반부터는 여성성을 규정하는 생물학적 담론과 가정학을 수용하면서 당대의 보수적 성적 담론과 현모양처 사상에 의해 굴절되는 양상을 보이기도 한다. 그들은 이를 통해 여성성, 특히 모성성을 자신들의 성적 정체성으로 받아들였고 이를 통해서 오히려 남성들과 동등하게 '협동'할 수 있다고 믿었다. ('그리고 민족을 위해서 가정 내에서 자기본분을 다하고 배우지 못한 여성들도 그렇게 계몽해야 한다는 의무감을 가졌다.' 삭제) 그러면서도 사회적 자아 실현에의 욕망 역시 버리지 못해 '슈퍼우먼'이 되어야 한다는 강박관념을 갖게 되었다.

그러나 그들은 『이화』에 드러난 다른 지식체계들, 즉 사상, 문예 등의 새로운 담론을 수용함으로써 현모양처 담론에 대응하는 또 다른 길을 열고자 노력하기도 했다. 물론 이들이 지식을 수용하는 태도는 그다지 주체적이거나 생산적이라고 볼 수는 없다. 『이화』에 실린 글들의 내용은 첨단의 근대적 지식이기는 했지만, 그 글쓰기 방식은 단지 지식을 객관적으로 전달하는 차원에 그치고 있기 때문이다. 여기에는 여러 가지 요인이 있었던 듯하다.

이는 필자들이 현재 학습을 진행 중인 학생이라는 한계에서 기인하는 것이기도 하다. 학생으로서 그들 능력의 한계는 지식을 수용하고 그것을 발전시켜 새로운 담론으로 생산해내기에 다소 역부족이었다.

검열의 영향도 컸을 것이다. 특히 점차 검열의 수위가 더욱 교묘해지고 높아가는 30년대 상황에서 저항적이거나 주체적으로 수용된 이론적 담론을 드러낸다는 것은 거의 불가능한 일이었다. 이러한 점은 식민지 시대 교지 전반이 가지고 있는 한계일 것이다. 또한 학교, 특히 여학교라는 제도 내의 공간에서 생산되는 담론이었던 만큼 보수적인 분위기에서 내부적으로 글 내용의 수위를 조절하기도 했을 것이다.

그리고 특별히 『이화』에서는 1930년대 중반에 일기 시작한 민속학 등 민족주의적 문화담론이 등장하는 경우가 거의 없다. 이 역시 『이화』가 갖고 있는 한계로 당대 학문적인 조류에 민감하게 반응하지 않고 등한시했던 것으로 보인다. 경성제국대학 발행의 『신흥』에서 국학에 대한 논의가 활발했던 것은 이와 비교되는 점이다. 물론 대신 『이화』에서는 '가정학'이라는 학문을 다루고 있는데, 이러한 상황은 근대적 고등교육이 자리잡아 가고 있었던 1930년대에 이미 학문 분야에서도 성별 역할 분담이 이루어지고 있었다는 점을 알려준다.

그러나 이러한 한계에도 불구하고 그들의 지식 수준이나 욕망이 남성 지식인들 못지않은 다양성과 깊이를 담보하려고 했다는 점은 부정할 수 없다.

특히 문학란의 작품들을 보면 이러한 점이 더욱 구체적인 형상으로 다가온다. 문학에는 논설문에서는 드러났던 순응적 담론을 찾아볼 수 없었다. 오히려 존재에 대한 치열한 모색이 돋보였다. 이는 식민지 시대 문학의 진보성을 증명해주는 점이기도 하다.

그들은 지식인으로서 매우 다양한 욕망들을 품었고, 이를 실현하기 위해 고민하는 모습도 볼 수 있었다. 당대 여성들에게 잔인한 현실에 연민을 품기도 하고 결혼과 자아실현의 길이 모순된 길이라는 점에 고뇌하였다. 민족적 현실에 안타까워하였으며 이념적 주체가 되는 꿈을 꾸기도 하였다. 그러나 이들이 고민하는 이념이나 당대에 현실에 대한 인식은 매우 관념적인 것이었고 그들이 지향했던 주체성 역시 대상에 대한 진지한 고민이 배제된 것이었다. 즉 민중을 위해 투신하는 것이 아니라 자아 실현의 방도로써 이념을 선택한 듯하다.

이러한 점들을 종합해 보았을 때 이들의 성취와 한계는 30년대 지식인 여성들이 지향했던 것이 무엇이었는지를 다시 한번 고민하게 만든다. 그들은 지식과 이념의 수용자 혹은 생산자가 되고 싶었고, 헌신적인 사회적 주체가 되어 민족을 위해 헌신해야 한다고도 생각했다.

하지만 그것은 아무리 시대가 발전했다고 한들, 여전히 쉽지 않은 문제였다. 그리고 주체적인 한계도 있었다. 그들의 사회적 존재성에 대한 욕망은 한편으로는 사회적으로 인정받아 사회적 일원으로 편입되고 싶은 욕망이기도 했다. 최고 인텔리 교육을 받더라고 현실 속에서는 남성들과 동등하게 대접받을 수 없다는 점이 이미 그들에게 내면화되어 있었던 것이다. 그리하여 그들의 사회적 주체가 되고 싶은 욕망은 다소간 굴절된다. 당대의 제도적 담론을 거부하기도 했지만, 얼마간은 자발적으로 순응해 나간다. 그들은 자신의 배움과 의미를 사회적으로 인정받고자 하는 욕구를 갖고 사회적 권력과 끊임없이 협상하면서 스스로의 삶을 구현해왔던 주체들이었다[58]. 그리하여 이들의 욕망은 이후에 이들 중 일부가 교묘한 신민화 논리에 노출되고 이용당하는 상황에 이르게 되었는지도 모른다. 이는 식민지 시대 기독교 여성 교육, 인텔리 여성교육의 공과를 설명해 주는 부분이기도 하다. 『이화』 7집부터 드러나기 시작하는 친일의 논리는 이를 증명해준다. 이는 다음에 또 다른 지면에

58) 정미경, 「일제시기 '배운여성'의 근대교육 경험과 정체성에 관한 연구」, 이대 여성학과 석사논문, 2000 참조.

서 살펴하기로 한다.

마지막으로 이러한 교지 『이화』의 성과와 한계는 이후 졸업생들의 활약으로 일간지, 잡지 등 다른 매체를 통해서 재생산된다. 가정학이라는 지식 체계와 과학적 모성 담론 등이 일간지 가정란을 통해서 끊임없이 재생되는 것은 그 예이다. 결국 교지 『이화』는 한국 근대 여성들이 지식을 수용하고 재생산해 나가는 데 중요한 매개체로서 역할을 한 것이다.

근대문학의 향유와 창조

『연희(延禧)』의 경우

박헌호

1. 들어서며

식민지 시대에 간행된 교지(校誌)에 대한 연구는 아직 초입에도 이르지 못했다.[1] 학문적 논구는 고사하고 자료의 현황에 대한 실태 파악조차 돼있지 않다. 여러 가지 이유가 제기될 수 있겠지만 '교지'의 자료적 가치에 대한 동의가 널리 확산되지 못한 것을 우선 들 수 있겠다. 그러나 당시 고등교육을 담당했던 고보(고등보통학교) 이상의 학교에서 간행됐던 교지의 자료 가치를 인정하는 것은 그리 어렵지 않은 일이다. '교지'는 근대지식의 수용과 주체화 경로를 보여준다는 점에서 근대지식(학문)사의 경과를 드러내는 주요한 자료일 뿐만 아니라, 당대 '청년문화'의 양상을 보여주는 곳간이기도 하다.

이 말은 교지가 청년문화의 육성(肉聲)을 다른 매체에 비해 보다 생생

1) 교지연구의 필요성을 제시한 연구로 오문석, 「식민지 시대 교지연구(1)」, 『상허학보』 8집, 상허학회, 2002.2; 박헌호, 「『연희』와 식민지 시기 교지의 위상」, 『현대문학의 연구』 28호, 한국문학연구학회, 2006.3; 박지영, 「식민지 시대 교지 『이화』 연구」, 『여성문학연구』 16집, 2006.12 참조.

하게 전달했다는 의미와는 다른 맥락의 진술이다. 교지는 '교지'인 까닭에 공식화된 언어와 표현형식의 규율을 일정하게 의식하고 있다. 언어의 주/객관성이라는 측면에서 보자면 교지는 혼합적 양태를 보여준다. 하지만 바로 그렇기 때문에 교지에 드러난 당대 청년의 음성은 대중매체가 포획해내지 못하는 다른 양태의 '진실'을 드러낼 가능성이 존재한다. 교지는 식민지 '청년'의 주체인 신교육을 받은 학생계층의 인식을 대중매체와는 다른 방식으로 보여준다.[2] 청년문화의 주관성과 객관성 사이의 간극을 교지가 나름의 방식으로 표상하고 있는 것이다.

교지의 성격이라 할 '아마추어리즘'도 부정적으로만 평가할 일은 아니다. '근대적 글쓰기'가 형성/정착돼가던 20년대 현실에서 교지에 나타난 각종의 문체양상과 서술형식은 근대적 글쓰기의 정착과정에 대한 다양한 본보기다.[3] 교지는 학술적인 글은 물론 감상문·기행·편지·문학작품 등 여러 장르의 글들을 게재했다. 교지의 혼융성은, 당시 동인지가 문학적 글쓰기의 혼융 양상만을 보여주는 것에 비해, '글쓰기'의 사회적 가능양식 일반을 두루 선보이고 있다는 점에서 자료적 풍부함을 지녔다. 근대적 글쓰기의 양식화 과정이라는 관점에서 교지는 새롭게 논의할 여지가 풍부한 것이다.

뿐만 아니라 교지는 식민지 조선에서 '매체'가 지녔던 의미에 대해서도 숙고하게 만든다. 교지 역시 근대적 개인의 표현욕구, 공론장의 출현 그리고 근대의 산물인 매체라는 논의의 틀 안에 존재한다. 논의를 좀 더 추상화시킨다면 우리는 교지를 통해 식민지 시대 '글쓰기'와 매체가 맺는 관계에 대한 이론적 토대를 마련해볼 수도 있을 것이다. 덧붙여, 당시 고등교육기관에서 행해졌던 교육의 실제상을 엿볼 기회도 얻을

---

2) 식민지 시기 '청년'담론에 대해서는 이기훈, 「일제하 청년담론 연구」(서울대 박사논문, 2005)와 소영현, 「미적 청년의 탄생」(연세대 박사논문, 2005)을 참조.
3) '근대적 글쓰기의 정착과정'을 중심주제로 삼은 것으로 신지연, 『글쓰기라는 거울』(소명출판, 2007)을 참조할 수 있다.

수 있다는 점에서 교지의 자료적 가치는 도드라진다.

나는 이미 연희전문학교에서 발행했던 교지 『연희(延禧)』를 대상으로 한차례 탐색을 시도해본 바 있다. 발간상항과 검열문제를 포함하여 주로 학술적인 글들을 대상으로 논의의 흐름을 좇아보았다. 앞선 논문에서 다루지 못했던 문학관련 글들을 살펴보는 것이 이 글의 목표다. 문학의 경우 교지는 문단 형성 이전의 시기에만 참고대상이었다.[4] 잘 알려진 작가의 습작기와 관련된 호기심만이 교지를 들춰보게 만들었던 것이다. 이에 대한 비판은 이전 논문에서 행한 바 있다. 이 글은 관심의 각도를 달리한다. 『연희』에 실린 문학작품들을 당대 청년문화의 표현양상으로 보며, 독서를 통해 향유된 문학적 경험들의 응집된 표출로 보고자 했다. 청년 독자(지식인 투고자)들이 근대문학을 수용하면서 표출하게 된 자기표현의 양상을 추적하는 데 관심을 두려는 것이다.

항용 근대문학의 개념정립에 기여한 글로 평가받는 이광수의 「문학이란 何오」가 보여주는 것은 무엇보다 근대문학이 '근대지식'의 하나였다는 사실이다.[5] 근대문학의 가치와 황홀한 위상은 그것이 근대지식의 일환으로 수용되었다는 사실과 깊게 연관돼 있다. 학습을 통한 근대문학에 대한 인식론적 전환, 작품 독서를 통한 문학적 감수성의 형성, 사회적 차원에서 근대문학을 둘러싼 인정투쟁에 동참(동조)하는 과정 등이 근대문학의 사회적 저변 확대와 위상 변화를 추동했던 것이다. 이런 맥락에서 새로운 작가-독자의 탄생은 근대지식으로서의 문학에 대한 향유와 밀접한 연관을 맺는다고 하겠다.

이것은 근대문학의 재생산 과정을 밝히는데 빠질 수 없는 탐구영역을 제시하는 것이지만 또한 근대문학의 대중적 수용과 향유가 어떠한 차원과 방식으로 이루어졌으며 그것이 새로운 작가의 탄생에 어떻게

4) 오문석, 「식민지 시대 교지연구(1)」, 『상허학보』 8집, 상허학회, 2002.2, 15면.
5) 이에 대해서는 황종연, 「문학이라는 역어」, 『한국문학과 계몽담론』(문학사와비평연구회 편), 새미, 1999 참조.

기여했는가를 살피는 데에도 유용한 분석 지점이다. 독자들의 작품읽기는 '근대문학'의 실질적 귀결인 동시에 자신의 문학적 취향을 형성/조정하는 계기이며, 표현 욕구를 지닌 존재로서의 자신을 자각하는 계기였다. 근대문학의 향유란 수동적인 독서만을 의미하는 것이 아니다. 작품의 창작이야말로, 말 그대로의 의미에서 근대문학 향유의 최종적 형태이다. 따라서 근대문학의 향유란 작가 탄생의 전제조건이 되는 셈이며, 표현 욕구를 가진 존재로서의 정체성을 자각한 독자들이 자기표현 욕구를 사회화시키는 출발점이기도 하다. 이런 점에서 본고는 교지에 실린 문학작품들을 당시 청년 지식인의 자기표현욕구의 양식화 과정이란 맥락에서 살펴보고자 한다.

『연희』를 대상으로 한 것은 그것이 식민지 시기 주요한 고등교육기관이었던 연희전문학교 학생회의 기관지였다는 점, 1922년부터 1931년에 걸쳐 8호가 비교적 규칙적으로 간행된[6] 잡지였다는 점, 그 기간 동안 식민지 조선의 변화를 일정하게 담아내고 있으며, 교지 특유의 아마추어리즘이 잘 드러나 있어 당시 청년 지식인들의 문학향유의 방식과 창작의 동력들을 엿볼 수 있다는 점 등을 고려했다. 또한 이은상과 박용철, 박영준과 같은 작가들의 글을 대면할 수 있다는 것은—기존의 관심과는 다른 차원에서—근대문학의 향유가 새로운 작가의 탄생과 연관돼 있음을 실증하는 것이기도 하다. 다만 이 연구가 식민지 시대에 간행된 모든 교지를 대상으로 한 것이 아니기에 대상의 불충분함과 결론의 잠정성을 전제로 하지 않을 수 없음을 미리 밝혀둔다.

6) 발간 간기는 다음과 같다. 1호(1922.5), 2호(1923.11), 3호(1924.5), 4호(1925.3), 5호(1925.10), 6호(1926.5), 7호(1931.1), 8호(1931.12). 이하 본문에서는 별도의 간기를 표시하지 않는다.

2. '교지'로서의 성격과 문학의 위상

『연희』의 첫 소리는 소박하고 겸손한 자기규정으로부터 출발한다.

> 吾人은 該博한 常識과 老練한 手腕을 具하엿거니 하는 自信은 아직 업습니다. 따라서 嶄新한 記事와 通達한 言論으로 吾人의 『延禧』紙에 싯고져하지도 안커니와 또한 실을 수도 업난 것은 事實임을 吾人은 미리 宣言하여 둡니다.(1-1)[7]

이러한 선언은 겸손에 그치지 않는다. "文章을 練習하고 學術을 紹介하고 研究를 發表할 機關誌로 『延禧』도 經營"(1-66)하기로 했다는 학생회 소개 기사에서도 유사한 자기규정이 반복된다. 검열 때문에 임시호로 발간된 2호에서는 속표지에 특별히 「발간주지(發刊主旨)」라는 박스기사를 두어 잡지의 기본방향에 대해 거듭 강조한다.

> 그럼으로 엇지하면 우리네를 길러준 모-든 이에게 滋養을 줄가? 엇지하면 입살이 마르고 혀가 타서 애쓰는 이에게 그늘을 줄가? 하는 것이 우리네에 생각이요 궁리이엿다. 이에 아는 바가 두껍이꼬리 가틈을 不顧하고 이 雜誌를 내임은 곳 엇지하면 모든 사람에게 有益을 줄가? 하는 기푼 바람의 엉킴이다.(2-1)

'모든 사람에게 유익'을 주고 싶다는 바람은 물론 진실이겠지만, 그런 만큼 특별한 방향성을 고집하기 어려운 '교지'의 성격을 그대로 나타낸다. 매체로서 '교지'의 성격 중 하나는 무방향성이며 그것은 종종 아마추어리즘으로 드러난다. 특정한 학교에 기반을 두며 학생회의 기관지라는 공식역할을 수행해야 하는 교지는 태생적으로 폐쇄적 아마추어

7) 「창간에 임하야」, (1-1). 이것은 『연희』 1권의 1면이라는 표시이다. 앞으로 『연희』에서 인용할 경우, 동일하게 표시한다.

리즘과 밀접한 관계를 갖는다. 『연희』도 초창기에는 폐쇄성을 편집원칙으로 삼았다. "本紙를 다만 本校에 關係잇는 분의 것만으로 꾸미자는 規定 아래에서"(2-184) 외부인의 투고원고를 싣지 못한다는 공표야말로 이러한 교지적 특성의 발현이다. 요컨대 교지는 글의 성격과 담론적 가치에 의해 게재여부가 결정되는 경쟁적 공론장이 아니었던 것이다.

하지만 시간이 지나면서 『연희』 스스로 폐쇄성의 한계를 인식하고 변화를 추구하기 시작했다. 일차적인 돌파구는 편집구성의 내용적 변화였다. "本誌의 抱負가 잇다하면 眞誠으로 民衆을 돕자는 것"이므로 "詞華보다는 學理에 힘을 더 하랴하고 論辯은 拙할지언정 實得업는 空言은 어대까지던지 剪除하랴하얏다"(4-2)면서 4호의 「권두언」에 이 같은 고심의 결과를 밝혀놓았다. 4호는 상당한 수준에서 '학리'에 매진했다. 그러나 5~6호에서는 이전의 경향이 되살아났다. 7, 8호에 오면 다시 '학술적 글'들이 늘어나는데, 이는 마르크스주의적 관점이 전면화되는 양상과 관련이 있다는 점에서 같은 맥락에서 평가하기 어렵다. 내용구성의 변화가 폐쇄성 탈출에 그리 효율적이지 못했다는 뜻이다.

당연히 다음으로 제기되는 타개책이 폐쇄성의 원칙을 포기하는 것이다. 폐쇄성을 지키면서 매체의 사회적 위상을 높일 수 없다. 폐쇄성은 근대 매체의 공공적 성격에 역행하는 것으로 제반 현실에 대한 대응력을 높이는데 한계가 있을 수밖에 없으며, 그 결과 사회적 영향력을 확대시킬 수 없기 때문이다. '교지'로서, 즉 제한적 매체로 만족한다면 모르겠거니와 '진성(眞誠)'으로 민중을 돕고자 한다면, 공론장의 규칙 속으로 걸어 나와야만 했다.

> 외람스러운 말삼이나마 本誌로 말하면 彷徨하는 발길이 東西에 向方을 알지 못하는 우리 民衆을 爲한 피의 結晶體임니다. 그런고로 本誌가 한 學校의 機關誌가 아닌 것을 理解하여 주시기를 바라는 同時에 업더저가는 우리 民衆의 勇氣를 도웁고……(5-1)

따라서 5호 서두에 「발간(發刊)에 임(臨)하야」를 싣고 위와 같이 언표하지 않을 수 없었던 것은 어쩌면 근대매체의 속성상 당연한 일이었다. 창간 때부터 학생들을 격려하여 발간에 도움을 주고, 총독부의 검열에 맞서 항의의 글을 싣기도 했던 정인보가 특별히 「서언(序言)」을 게재하여 "이름은 延禧이나 한 학교를 위하는 機關이 아니"(5-3)라고 강조했던 것도 같은 맥락이다. 『연희』의 '비교지화(非校誌化)' 흐름은 6호에서도 강조됐고 공개적으로 외부원고를 모집하는 공고가 처음으로 잡지 앞면에 게재된다. 휴간 뒤에 속간된 7호에서는 "前日의 校內 本位를 떠나서 對外的 進出을 計圖"(7-1)한다고 선언할 정도였다.

하지만 잡지가 8호로 종간되면서 이러한 선언은 빛을 보지 못했다. 그 사이 이루어진 노력도 주요한과 전영택이라는 기성 문인의 몇몇 글을 싣는 수준에 그친다. 폐쇄성을 극복하려는 『연희』의 의도가 성공하지 못한 이유를 지금 정확하게 추정하기는 어렵다. 총독부의 검열에 의한 곤란함은 편집주체들이 가장 자주 제기한 문제였다. 매호 편집후기는 많은 글들이 검열에 의해 잘려나갔음을 안타까워하는 내용으로 채워져 있다. 간과해서는 안 될 원인이다. 식민권력이 의미 있는 글들을 검열로 삭제함으로써 결과적으로 『연희』의 사회적 위상이 강화되는 것을 차단했다고 추정하는 것은 상당히 설득력이 있다.[8)]

중요한 것은 미국 연합선교회가 세운 교육기관으로서 연희전문학교의 내적 특수성이 제반 문제에 어떠한 영향관계를 갖는가 하는 점이다. 『연희』는 1~6호까지 당시 부교장이자 '수학 및 물리학과' 교수였던 A. L. Becker(한국명 白雅悳)가 발행인이었다. 그런데 7호부터 발행인이 '류근석(柳根錫)'으로 바뀌며 발행소도 '지육부(智育部)'가 사라지고 '연전학생회'로 약칭된다. 이러한 변화는 학내 교육편제의 변화와 아울러 점차 잡

8) 고등교육기관이었던 연희전문학교에서 발행하는 교지에 대한 검열이 다른 매체에 비해 더욱 가혹했던 증거와 이유에 대해서는 박헌호, 「『연희』와 식민지 시기 교지의 위상」, 『현대문학의 연구』 28호, 한국문학연구학회, 2006.3, 제2장 1절을 참조할 수 있다.

지의 내용이 마르크스주의적으로 변해가는 과정과 밀접하게 연관돼 있다. 이것이 학교 측과 갈등을 야기했을 가능성은 없었을까? 학생회비로 운영돼 당시의 어떤 잡지들보다 자금면에서 융통성이 많았던 연희전문학교가 『연희』의 종간이후 더 이상 교지를 발간하지 않았던 것은 왜일까? 기독교 재단인 연희전문학교가 '교지'의 외부진출 지향과 마르크스주의적 색채로의 전환이라는 동시적 현상에 대해 어떻게 평가했으며 어떠한 대응방식을 세웠는가에 대해서는 현재 충분한 연구가 진척돼 있지 않다. 따라서 본고에서는 위에서 제시한 조직적 증거를 토대로 학교 측이 일정하게 관여했으리란 추정을 제시하는 것에 멈추고자 한다.

더 중요한 것은 2,30년대 기간 동안 변화 발전해 간 매체의 역학관계라는 측면에서 '교지'를 살펴보는 태도이다. 『연희』가 발간되던 시기는 신문은 물론 『개벽』과 같은 권위 있는 종합지가 성장해 갔던 시기이며, 뒤이어 등장한 잡지의 전문화 바람[9])이 전면화된 시기였다. 이 속에서 교지가 지닐 수 있는 위상과 역할은 제한적일 수밖에 없다는 점에서[10]) 총론적 발언의 장으로서 교지의 매력은 크지 않았을 것이다. '대외적 진출'을 천명하면 천명할수록 교지가 지닌 이중성, 곧 학생회 기관지로서의 성격과 공공적 매체로서의 성격이 적대적 모순으로 작용할 가능성이 커지며 이는 매체로서의 존립근거를 근저에서 흔드는 파괴력으로 작용했을 가능성이 크다. 사회적 공기(公器)이고자 했을 때 교지는 오히려 자신의 내용과 형식을 유지하기 어려웠던 것이다. '교지'라는 형식과 공적 담론의 장에 진출하려는 의도가 내용과 형식상의 불협화음을 초

9) 『개벽』의 폐간 이후 '개벽사'의 방정환에 의해 주도됐던 잡지의 전문화 경향은 다양한 측면에서 분석이 필요한 사안이다. 주지하듯이 방정환은 『어린이』, 『학생』, 『여성』 등의 창간을 주도하며 '잡지'에 의해 구획되는 주체의 분류화를 선보였으며, 그 결과 하나의 인간이 직업·성·계층·취미 등으로 분류되며 재규정된다. 이는 총체로서의 사회가 정치·경제·문화 등으로 분화되는 과정과 궤를 같이한다.

10) 『연희』가 종간된 뒤 1932년에 문과의 '문우회' 중심으로 문학을 전문으로 하는 『文友』가 발간된다는 사실은 잡지의 '전문화 경향'을 연희전문 내부적으로 증명한 사례라고 볼 수 있다.

래했다고 볼 수 있다.

이 글이 관심의 초점으로 삼고자 하는 문학의 경우에도 유사한 모순이 작용했다. 앞서 밝혔듯, '사화(詞華)'보다는 '학리(學理)'에 주력하겠다고 밝혔지만 이 역시 당대의 학문적 역량과 '교지'라는 매체 성격을 고려할 때 쉽게 달성할 수 있는 목표가 아니었다. 거칠게 일반화하면, 『연희』는 학술적인 글과 문학적인 글로 양분되는데, 분량의 측면에서 볼 때 문학은 결코 '객(客)'이 아니었다. 우선 기사 건수로 그 분포를 확인해보자.

표 1. 『연희』 소재 기사 유형별 분류

	문학(시)	감상문	학술관련	편집부
1호	9(5)	1	7	5
2호	20(16)	8	12	3
3호	12(7)	4	16	1
4호	12(8)	4	14	4
5호	19(16)	5	15	3
6호	17(14)	11	8	4
7호	20(17)	7	14	8
8호	19(15)	2	13	3
합계	128(98)	42	99	31

표 1은 제목이 표시된 전체 기사 건수를 대상으로 했다.[11] '문학'은 시, 소설, 희곡의 전체 편수(번역포함)를 나타내지만 시는 그 특성 — 적은 페이지에 여러 편이 실릴 수 있는 — 상 괄호 안에 별도 표기했다. '감상문'은 수필이나 기행문 같은 개인적인 글이고 '학술관련'은 논문은 물론 넓은 의미의 학술적인 글(소개, 평전 등)도 포함시켰다. '편집부'라 함은 권두언이나 편집후기, 혹은 학생회 행사와 관련된 무기명 기사, 공고

11) 페이지 여백을 채운 짧은 시 등은 포함하지 않았다.

(公告) 등을 포괄한다. 표가 보여주듯이, 필자의 이름이 드러난 기명(記名) 기사의 경우 문학은 우선 작품 수에서 상당하다. 감상문까지 포함할 경우 학술성 기사의 거의 2배에 육박한다. 일차적으로 확인되는 것은 학생들의 참여폭을 넓히는데 '시'를 중심으로 한 문학이 커다란 역할을 했다는 사실이다.

하지만 표 1은 당연히 곡해의 소지가 있다. 짧은 시 한 편과 논문을 등가로 처리할 수 없다. 전체 지면에서 문학이 차지하는 비중을 살펴보는 것이 보다 의미 있다. 한 권의 잡지에서 각각의 유형이 차지하는 비중은 우선 지면의 할당량에서 드러날 수 있기 때문이다.

표 2. 『연희』 소재 기사 유형별 페이지 총수

	문학(시)	감상문	학술관련	편집부	호당 지면
1호	23(4)	4	47	18	92
2호	82(32)	35	63	4	184
3호	63(14)	12	108	2	185
4호	49(15)	18	123	5	195
5호	48(14)	15	88	4	155
6호	65(20)	53	52	6	176
7호	27(11)	31	98	27	183
8호	29(10)	9	94	2	134
합계	386(120)	177	673	68	1304

오늘날의 관점으로 '감상문'을 문학작품에 포함하면 위 도표 중 문학관련 글들은 총 563쪽에 이르러 학술적 글들(673)에 크게 뒤지지 않는다. 마르크스주의적 선회를 노골적으로 드러내는 7호와 8호에서 문학관련 글들의 비중이 큰 폭으로 떨어진다는 사실을 고려한다면 1~6호까지의 『연희』에서 문학의 비중은 거의 절반에 해당한다(문학-467 : 481-학술). 특히 2호는, 창간호의 설레임이 가시화된 영향인지 문학관련 글들이 압도적으로 많았으며, 6호에서도 유사한 현상이 일어났다.

왜 이런 양상이 나타났을까. 우선 논문을 생산할 수 있는, 학문적 성숙도의 문제가 근원에서 제기될 수 있겠다. 그렇다고 해서 이것을 곧바로 당시 전문학교 학생들의 지적 수준과 연결시킬 필요는 없다. 일제가 조장한 경성제국대학과의 차별이라든지 3년에 그치는 교육기간, 적은 학생수 등도 고려해야 한다. 여기서는 이러한 양상에 드러난 근대지식의 주체화 정도와 방식에 대해 보다 중층적인 논의가 필요하다는 사실을 지적하는 선에서 그치도록 하자.

문제는 이러한 현상의 근저에도 '교지'로서의 성격이 각인돼 있다는 점이다. '학생회'에서 발간하는 교지는 일차 독자를 본교 학생으로 삼을 수밖에 없으며, '교내 본위'로 하겠다고 천명했던 초기에는 더욱 그러할 수밖에 없다. 기관지로서의 교지는 당연히 학교와 학생의 대표성을 자임해야 하고, 그러려면 투고의 폭을 확대해야 한다. 달리 말해 교지는 학생들의 발표기관으로써 '脫전문화'를 지향해야만 했다. 재학생과 동문의 투고를 요청하는 것은 「편집후기」의 단골 문구였다. 2호에서 문학관련(특히 시) 글들이 늘어난 것은 이러한 요청을 가장 현실적으로 해결할 수 있는 방안이 시와 감상문이었다는 사실을 보여준다. 근대지식의 주체화 정도가 상대적으로 낮았던 당시 상황에서 '근대문학'이 그 출구의 역할을 담당했던 것이다. 문학이 근대매체에 자신의 이름을 내걸을 수 있는[記名] 유력한 출구였다는 사실은 근대문학의 위상과 관련하여 많은 시사점을 던져준다.[12)]

하지만 그렇기 때문에, 『연희』가 자신의 위상을 더 넓은 사회적 영역으로 확장하고자 하면 할수록, 『연희』에 실린 문학작품들의 위상은 매우 문제적인 국면에 처하지 않을 수 없었다. 왜 그런가? 두 가지 지점에서 문제를 제기할 수 있겠다.

---

12) '근대매체'에 자신의 이름과 글이 '활자화된 기쁨'을 근대문학과 근대작가의 탄생의 기폭제 중 하나로 본 연구로 이 책에 실린 박헌호의 「식민지 조선에서 작가가 된다는 것」을 참조할 수 있다.

우선 사회로부터 권위를 위임받은(혹은 위임받았다고 주장할 수 있는) 심사절차가 부재했다. 교지에 실린 문학작품들이 권위자의 심사를 통과했다는 기록은 존재하지 않는다. 『조선문단』은 창간호(1924.10)부터 이광수·주요한·전영택을 선자(選者)로 하는 현상문예를 공모한다. 『소년』이나 『청춘』도 최남선이라는 사회적 권위자의 안목을 통과해야만 글을 발표할 수 있었다. 동인지는 스스로 심사관이 되어 자신들의 전문성을 역설적인 방식으로 강조했다. 그러나 교지는 '교지'인 까닭에 선별에 큰 의미를 두기 어렵다. 자신의 존재이유가 무엇보다 학생들의 표현욕구를 담아내는 그릇이라는 점에서, '교지'는 깊어지려는 욕구와 넓어지려는 욕구 사이에서 늘 갈등하는 존재다. 보내준 글을 싣지 못해 미안하다는 하소연도 「편집후기」의 단골메뉴였는데, 그 이유가 한정된 지면과 검열이었지 글의 수준을 탓하는 언사는 등장하지 않는다. 문학적 권위의 부재는 교지가 공론장의 주역으로 등장하는데 불리한 조건으로 작용했다. 『연희』에 많은 글을 발표했던 이은상이나 박영준이 왜 굳이 다른 등단절차를 통해 자신을 검증하려고 했겠는가. 교지와 사회적 권위 사이의 간극은 당시에도 존재했던 것이다.

하지만 더 중요한 것은 바로 이러한 사실을 통해 '근대문학'의 위상이 무엇이었는지, 그것을 통해 대중(청년지식인)들이 어떠한 사회적 발화를 내뱉을 수 있었는지, 사회적 발화의 형식과 내용의 구성에 근대문학이 어떻게 기여했는지를 가늠해볼 수 있다는 점이다. 등단제도가 정비되고 문단이 형성된 시기였음에도 연희전문의 학생들은 교지에 문학작품을 꾸준히 투고했다. 이들 중 이은상이나 박용철·박영준처럼 공식적인 등단제도를 통과해 작가가 된 사람도 있다. 여기서 중요한 것은 결국 작가가 되는데 성공했느냐 여부가 아니다. 본시 '교지'가 작가예비생들을 위한 습작의 실험장으로 존재했던 것은 아니지 않는가? 그렇게 보는 태도는 매우 문학중심주의적 사고이며 특히 '직업으로서의 문학'을 문학의 유일한 영역으로 전제하려는 태도이다.

오히려 근대문학이 소비되고 향유되며 나아가 독자가 스스로 붓을 들어 작품을 창조하게 만드는 메커니즘에 주목할 필요가 있다. 그들은 작가이면서 독자였고, 동시에 다양한 종류의 글쓰기를 넘나들었던 한 사람의 '필자'였다. 시를 쓰거나 논문을 썼으며 감상문과 시조도 마다하지 않았다. 그들은 '글'을 쓴 것이다. 이 글과 저 글 사이의 양식적 차이를 체득하고 모방해야 하는 '학생'이었던 것이다. 이 말은 '직업으로서의 작가'가 되는 길 이외에도, 근대문학이 근대적 자아의 특정한 표현 욕구를 담아낼 수 있고, 또 담아내야만 했던 사회적 언어양식이었다는 사실을 뜻한다. '문학'을 '직업'으로 선택하고 '작가'를 도달해야 할 좌표로 설정했던 사람들에게만 근대문학이 광휘를 발휘했던 것은 아니다.

예컨대 팔봉 김기진은 3·1운동을 계기로 민족의식에 눈을 뜨면서 조선이 식민지에서 벗어나기 위해서는 '공업'을 배워야 한다는 생각에 일본유학길에 올랐다. 그가 원래 가고 싶었던 학교는 "동경고등공업학교(東京高等工業學校)"였다.[13] 그런 그가 문학으로 진로를 바꾸게 되는데 "전공분야 선택기준이 무엇이었더냐 하면 우리가 죽은 뒤에도 오래오래 살아남는 길을 택하는 일"이었으며 그것은 "종교적 신앙과는 다른 永生하는 길이 최고라는 가치관"에 기반한 것이라고 했다.[14] 이런 인식이 어디 김기진뿐이었던가? 김동인은 하도 유명해서 다시 인용하는 것이 번거로울 정도다. '불후(不朽)'에 대한 열망으로 문학을 선택한 사람들이 있었고 그들에 의해 근대문학이 발전해왔다. 하지만 그들에 관한 이야기만으로는 근대문학이 야기한 정신적 파장의 전모를 드러낼 수 없다.

이를테면 일상의 언어와 학문적 언어 사이에서 또 다른 언어의 출구

13) 박현수, 「김기진의 초기행적과 문학 활동」, 『대동문화연구』 61집, 성균관대 대동문화연구원, 2008.3, 447면.
14) 김기진, 「片片夜話(74)」, 『동아일보』, 1974.5.28. 여기서는 박현수의 앞의 글 448면에서 재인용.

를 발견했던 청년들이 있었던 것이다. 그것은 배워야만 활용할 수 있는 '발견된 언어'였지만 다른 언어가 지니지 못한 효용과 아우라가 있었다. 그들은 '저 높은 곳'에 있는 작가들에 비해 지체되고 유치하며, 왜곡된 인식 수준에 놓여있었지만 그럼에도 끊임없이 '문학'으로 자신을 드러내고자 했다. 그들은 내면의 한 자락을 베어내어 언어의 옷을 입혀 문학이라 칭한 뒤 세상에 내보냈다. 제도로서의 근대문학이 요구하는 '작가되기'를 얼마나 열망했는가에 상관없이 그들은 '문학'이라 지칭된 특별한 사회적 언어양식을 사용하여 자신을 표현하고 세계를 이야기했다. 그런데 그것이야말로 진정 근대문학을 남김없이 '향유'하는 일이 아니었을까? 우리에게 '근대문학'이란 무엇이었는가를 질문하고자 할 때 이들과 이들의 작품을 괄호 안에 묶을 수 있을까?

현재의 문학사, 곧 '직업으로서의 문학'을 선택한 사람들로 이루어진 문학사에서 이들이 놓일 공간은 없다. '작가―독자'라는 위계적 층위를 고수하는 한 이들이 놓일 위치는 불분명하다. 그들이 독자이면서 동시에 작가였다는 표현은 적절하되 충분치 않다. 그들은 작가와 독자가 미분화(未分化)된 문학의 현존을, 문학을 둘러싼 위계적 제도의 형성을 예증하는 존재이다. 그들은 제도와 무관하게, 근대문학이 무엇이었고 무엇으로서 '소비'되었는지를 선명하게 예시한다. 이들에 의해 옹호되고, 향유되며, 재생산됨으로써 문학이 근대적 삶의 표현양식으로서 가장 우월한 위치를 점하게 되었다고 해도 과언이 아닐 것이다. 가장 분명한 것은 이들에 의해 상상되고 향유된 문학의 모습이 한국의 근대문학이 자신의 뿌리를 굳건하게 내리는 데 가장 깊고 광활한 토양을 제공했다는 사실일 것이다. 『연희』에 나타난 문학의 향유양상은 그러한 모습의 일단을 보여주고 있다.

3. '감정자연유로설(感情自然流露說)'과 질서화에의 의지

어두움의 帳幕은
것치엿고
잠자든 萬象은
눈비비고 잇도다
움츠러든 밧고랑
기지개 피며
호미찬 農夫
이슬밧을 거러라!
오! 活動의 幕이 열니도다
生의 싸흠이 始作되다!
光明한 아참빗이
빗초이도다
生命의 曙光이
퍼지도다![15]

『연희』의 문학작품들의 물고를 열었던 시의 한 대목이다. '活動의 幕'이 열리고 '生의 싸움'이 시작됐다는 이 시의 메시지는 창간호의 분위기를 십분 보여준다. 교지 하나를 창간하는 것에 그치겠는가. 3·1운동 이후 '문화정치'의 흐름이, '개조론'이 논의되던 당대의 지적 분위기가 또한 생명의 서광으로 인식됐다. 문학 역시 '생명'과의 연관 속에서 적극적으로 해석되었다. 이론적으로 문학을 다룬 『연희』의 글들에서 이런 관점을 찾는 것은 어렵지 않다. 예컨대 김종(金鍾)은 「문학이란 무엇인가」에서 문학이란 "一言으로 「살아잇는 것」 곳 「生命잇는 것」"(2-6)이라 단언한다. 따라서 '유희본능설'이나 '모방본능설'보다는 '자아표현

15) 碧霄, 「曙」, (1-39).

설(自我表現說)'이 예술의 근원을 설명하는 데 더 적합한 이론으로 채택되며 이것은 다른 말로 표현하자면 '감정자연유로설(感情自然流露說)'이 된다. 다른 논자도 "과연 詩는 生命이다"(5-75)라고 규정하면서 "모든 사람은 반다시 詩的本能을 가젓"다고 확신한다.

> 外界에서 오는 感興을 마음속에서 솟는 대로 넘치는 대로 熱情의 그것으로 노래할 것이다. 그곳에는 人爲도 가할 필요가 업고 努力할 까닭도 업다. 다만 유쾌한 그대로를 노래할 것이요, 쓸 것이다. 혹 엇던 종류의 시는 理智나 노력이 필요치 안은 것도 아니지만 대체로 시인은 理智, 批判, 技巧, 反省 등 이러한 것을 고려할 필요좃차 업다. 필요가 업슬 섇아니라 그것이 感情과 眞情을 損할 염려가 만은 것이다.16)

낭만주의에 입각한 표현론적 문학관이라 통칭할 수 있는 이러한 입장은 20년대 『연희』의 지면을 장식한 대표적인 문학론이다. 위의 글이 발표된 1925년 10월의 입장에서 이 글의 이론적 위치나 논리적 진부함을 논하지 말자. 카프 결성 전후의 시점에 감정의 '자연유로(自然流露)'가 가당키나 한 말인가. 문제는 '자유로운 감정의 분출'이라는 식의 문학관이 지속적으로 호출되고 영향을 미치는 원인과 그 양상이다. 이러한 글들은 모두 서양/일본의 학자나 작가의 이름을 거론하며 자신의 입론을 논증하는 형태를 취한다. 문학이 근대지식의 일환으로 수입됐다는 사실을 부지런히 확인해주는 것이다. 하지만 시간이 지나가도, 다시 말해 근대문학에 대한 지식이 더욱 축적되어감에도 불구하고 '감정자연유로설(感情自然流露說)'을 넘어서는 문학론은 『연희』의 지면에 게재되지 않는다. 무엇은 배우고 무엇은 배우지 않는다는 말인가?

> (가) 多幸한 時節에
> 슬픔은 웨 이다지 숫업난가

16) 吳鐵煥, 「시인과 시」, (5-76).

옷깃에 눈물은 내손으로 거드련만
맘속의 외로움은 어이하려는지.

—廉亨雨, 「끗업는 슬픔」, (2—70)

(나) 아지못게라! 人生아!
'死'의 관역을 向하고
'生'의 '멀로듸'로 더부러
一瞥間! 一刹那도 쉴시업시
步調를 맛추어 나가는 人生아!
掠奪, 殘忍, 詐欺
그리고 猜忌, 疾鬪, 凌辱, 온갖 野心
이는 무엇을?
그리고는 누구를 爲한 수작인가?
아! 人生아!
나는 戰慄한다
너를 爲해

—碧波, 「生의 悲哀」, (5—108)

(다) 봄바람 옛城에부러가고
廢墟에잔듸빗은 파릇ㅅ
못도라갈 옛시절
여인누나짜라놀던
오—대ㅅ그늘 푸르른 고향이 그리워!

—柳根錫, 「春曲三章」, (6—125)

발표간격이 상당한 詩들을 부러 골랐다. 그런데도 위의 시들은 시간의 흐름이 멈춘 듯 감정의 '자유로운' 분출로 일관돼 있다. 부지불식간에 고개를 쳐드는 외로움(가)과 파악될 수 없는 생의 비극성과 일회성(나), 그리고 두고 온 고향에 대한 그리움(다)까지 이들은 감정의 직접적 표백(表白)에 문학을 이용했다. 이들만이 아니다. 『연희』의 많은 작품에 경향적 유사성이 존재한다. 실로 '감정자연유로설'로 집약되는 문학관은 『연희』의 문학지면을 지탱하는 힘이자 문학을 소비하는 방식이었으며, 창조의 주된 원천이었다. 마르크스주의가 그 자리를 대체하기 전까지, 그리고 작품의 경우에는 그 이후에도 『연희』의 문학지면은 감정의 분출로 넘쳐났다. 이미 밝혔지만 문학적 수준의 평가는 본고의 관심이 아니다. 오히려 이러한 유치함이 지속적, 집단적, 공개적으로 유지될 수 있었던 바탕에 관심이 있다.

2호에는 「白菊언니씌」와 「Y兄씌」라는 서간문이 나란히 실려 있다. 「Y兄씌」에서 화자는 학교에 가서도 공부에 집중하지 못하고 몽상에 사로잡혀 있는 자신의 모습을 한탄한다. 자기를 믿고 희생하는 부모에 대한 죄스러움과 그럼에도 공부에 열중할 수 없는 마음 사이에서 화자는 돌파구를 찾지 못하고 방황한다. 「白菊언니씌」라는 글에서도 화자는 이기적인 현실에 절망하며 '白菊언니'에게 자문을 요청한다. 돌아온 답장은 냉철하다.

> 有名無實한 所謂 무슨運動에 注意하게 굉장히써드는 그무슨主義 그곳에 귀를기우리지말게 그요란한 폭소래에 을이빠지지말게 먼저사람은 完全한사람으로 된 然後에 모든問題는 解決될것일세. 그런 것은 제처놋코 압헤오는 成功의 榮冠을 爲하야 먼저굿센主志를 세워가지고 奮鬪하기를 …… [17]

「Y兄씌」에는 방황은 있지만 그 이유가 드러나지 않는다. 그러나 「白菊언니씌」에 드러난 고민과 크게 다르지 않았을 것이다. 가족에 대한 미안함과 나아가고자 하는 미래 사이에서, 한편 불안정한 미래의 징후와 속물의식 사이에서 또한 '주의'로 표상되는 당위와 지식인의 기득권 사이에서 이들은 번민한다. '백국언니'는 '압헤오는 성공의 영관(榮冠)'을 위해 '주의(主義)'에 빠지지 말라고 단단히 가르친다. 예서 보듯 '생

17) 愛泉, 「白菊언니씌」, (2－110).

활'과 '당위'의 충돌은 식민지 지식인이 피해갈 수 없는 통과의례이자 삶의 형식이었다. 논의가 예에 이르면 1910년대 유학생 청년들로 대표되는 엘리트 청년상이 점차 개량화, 속물화돼가는 현실에 반발하면서 '미적 청년'이 탄생했다는[18] 분석을 음미하게 되거니와, 문제는 이러한 삶의 갈등구조가 본질적이며 지속적인 문제로 개인에게 던져져 있었다는 사실이다.

자유연애나 결혼의 문제 역시 이에 걸맞는 사례다. 희곡 「성룡(成龍)의 나아감」(竹宇, 3호)은 부모가 정해주는 결혼과 자유연애를 맞세우는 고전적인 갈등구조에 주인공의 가출이라는 고전적인 해결방안을 제시한다. 소설과 희곡에서 이와 같은 주제들은 다양한 방식으로 변이되며 지속적으로 나타난다. 『연희』의 시(詩) 중 대부분을 차지하는 사랑에 대한 열렬한 요청과 고독한 탄식도 따지고 보면 '사랑'을 둘러싼 사회의 완고한 억압에 동의할 수 없다는 청년들의 자기표현이 아니겠는가? 직업문인에 의해 주도되는 주류 문학이 '자유연애'를 중심문제로 끌어안았던 시절은 오래 전의 일이었다. 문단은 인간의 '운명'(김동인)이나 사회주의(카프)를 꿈꾸는 한편, 문명의 '오전(午前)'(김기림)을 부르짖으며 '미적 근대'의 성채(구인회)로 나아갈 무렵이었다. 그런데 자타가 식민지 최고의 지식인이라 인정할만한 『연희』의 필자들은 여전히 '감정'을 분출하는 것으로 근대문학을 '향유'하고 있었던 것이다. 근대문학은 흘러가는데 삶이 그대로 머물러 있는 형국이다.

이러한 양상은 일반적인 의미에서 습작기의 미숙함을 보여주는 사례로 이해될 수 있다. '모든 습작'은 미숙한 것이다. 하지만 이런 관점은 '미숙한 시기는 미숙하다'는 동어반복일 뿐만 아니라 근대문학의 존재양태를 논구하려는 본고의 취지에 부합하지 않는다. 예술적 숙련도는 '작가되기'의 관건이다. 그렇다면 '작가'를 꿈꾸지 않았던 사람들의 문

18) 소영현, 「미적 청년의 탄생」, 연세대 박사논문, 2005.8, 131~138면 참조.

학은 무엇으로 평가할 수 있는가? 이 질문은 '작가' 이외의 사람들에게 문학은 무엇이었으며, 무엇으로 호명됐고, 무엇에 쓸모가 있었는가를 묻는 것이다. 작품수준에 대한 가치평가를 떠나, 달리 말해 문학의 대중적 존재기반과 효용성, 대중이 상상한 문학의 상과 그것을 통해 투영한 정신의 면모 등을 묻지 않고서 '근대문학'이라 지칭됐던 것들을 타자화하고 상대화하는 작업이 진척되기는 쉽지 않을 것이다. '작가'란 '근대문학'이라 '지칭됐던 것들'의 한 꼭지점이기는 하나 전부일 수 없다. 일반인들에게 근대문학이라 상상됐던 것들의 정신적 효용을 따지는 것은 그것에 대한 가장 발본적인 도전이자 옹호에 해당할 터이다.

이런 맥락에서 『연희』에 나타난 특정 주제의 지속성은 그 과제가 문학/문화적인 선진성으로 마모되지 않는다는 사실의 사회적 표현이라고 볼 수 있다. 그것은 그 주제가 삶의 기본 형식과 관련돼 있음을, 혹은 그러한 주제가 함축하는 갈등이 지속적으로 삶을 고통으로 밀어 넣는다는 사실의 증거이다. 그것은 역사의 진전에도 불구하고 사라지지 않는 일상의 보수성을 증언한다. 그리고 일상의 보수성에 개인이 삶을 걸고 맞서야 하는 상황에서 '문학'이, 근대문학의 효용이 존재했음을 반증한다. 그들이 학습한 낭만의 언어와 감상(感傷)의 표출이 개인의 허약함을 노출하는 것으로 그치지 않게 되는 것은 그것이 '근대문학'이라는 사회적 표현양식으로 드러날 수 있었기 때문이다. 일상의 보수성에 부딪친 개인의 고통이, 문득, 예술이라는 광채 속으로 함께 상승할 가능성으로 제시된다.

일상과 제도의 완고함은 한 개인에게 '고통의 사건'을 야기한다. 영혼을 파고드는 고통은 '감정의 자유로운 분출로서의 문학'에서 자신을 대상화할 방법과 기회를 얻는다. 『연희』의 문학작품들에 넘쳐나는 감정의 분출은 근대문학이 일반인들에게 고통을 대상화하여 주체를 재정립하는 주요한 통로로 활용되었음을 증명한다. 그런 점에서 근대문학은 현실에서는 존재하기 어려웠던 자유의 물화(物化)인 셈이다. 그러나 또한 그러므로 그들은 그 고통을 하나의 형식으로, 그러니까 체계와 질서 속에서 대상화하는 훈련을 거치지 못했다. 그것은 두말 할 나위 없이 현실의 미숙함에 근원이 있지만, '생활의 논리와 인식의 논리' 사이의 분열을 종합할 수 없었던 주체의 미숙함도 원인으로 작용했다. 그런 점에서 이들은 진정 '아마추어'였던 것이다.

헌데 '미숙함'에도 일정한 '질서'가 필요하다. '감정의 자유로운 분출'이라 하여 진실로 감정이 '자유롭게' 분출되는 것은 아니다. 감정 자체가 본능적인 동시에 사회적 조건과 구조에 의해 구성되는 역사적 존재일 뿐만 아니라 그것의 표현은 더더욱 그러하기 때문이다. 감정의 표현은 사회적인 매개와 문화적 양식에 따라 일정한 '형식'을 통과해야 한다. 이때의 형식은 정신으로서의 감정이 언어적 텍스트로 전환되기 위해 선택해야 하는 대상화의 방안들이다. 문학을 포함한 예술방면에서의 새로움이, 많은 경우 형식의 파괴(새로운 형식의 창안)를 동반하고 나타났던 것도 이 때문이다. 하지만 '아마추어'란 이러한 창안에 능숙하지 않은 사람을 일컫지 않던가.

> (A) 봄이쏘 왓다한다 오기는온양하나
> 동산에 푸인꼿치 언가슴 못푸나니
> 님써난 외론적이면 겨울인가하노라
>
> —한샘, 「봄이」, (3–115)

> (B) 山村에 꾹꿍새야 못살겟다 우지마라
> 江山을 파고 파도 보리고개 못 넘겟어
> 나오나니 눈물뿐 漢江水만 하리라……
> 날 좀 보소 이 팔쑥 그 누구만 못하리
> 보리고개 아닌들 못 째틀리 없지만
> 童子야 어느 째나 그 날이 오려느냐
>
> —金天圭, 「보리고개」, (8–110)

(C) 엇지면 눈물은이리도흐르랴!
날을슬허저 바람은차지고
기여드는안개품에는
물결이잠들때
까닭모를 설움을안은나의게
엇지면 눈물은이리도흐르랴!

엇지면 눈물은이리도흐르랴!
날은슬허저 바람은 차지고
그지업시적막함만이
우어리를첫슬제
그맘에들어안진얼일흔나의게
엇지면 눈물은이리도흐르랴!

—碧雪, 「오—그대여!」, (6—126~127)

(A)는 현대시조다. 말 그대로 현대에 되살아난 과거의 양식이다. (B) 역시 마찬가지인데 이 작품이 흥미로운 것은 계급 투쟁적 시각을 담은 내용이 시조로 표현되고 있다는 점이다. (C)에서 보여주는 '정형성'에의 지향 역시 큰 차원에서 동일한 의도의 산물이다. 1연과 2연의 구조를 동일한 것으로 만듦으로써 형식의 안정성을 추구했다. 『연희』의 지면을 장식한 많은 시들이 이처럼 '정형성' 지향을 보여주며 시조 양식을 취한 시 또한 많다. 이것은 '새로운 감정'을 표현하고자 했으나 그에 걸맞은 형식을 찾아내지 못한 미숙한 정신이 표현형식의 채택에 경제성을 발휘했음을 보여주는 사례다.

이를 '감정의 경제'라고 말할 수 있다. 자기감정의 표현 욕구는 그것을 가능케 하는 가장 경제적인 표현형식을 찾게 만든다. 새로운 형식을 창안할 수 없었던 정신이 자신의 에너지를 가장 경제적으로 표현하기 위해 기존 양식을 차용하거나 외형적 질서화 방식으로서의 정형성을 지향했던 것이다. 여기서 이 시기의 근대문학의 성과가 아직은 대중적 차원에서 표현양식의 전범으로 작용하지 못하고 있는 것을 확인할 수 있다. 기존 양식의 차용이나 정형성에의 지향은 『창조』 이래 신문학운동이 거둔 성과가 아직은 청년 지식인에게조차 자신들의 감정을 표현하는 형식으로 내면화되지 못했다는 사실을 반증한다. 근대문학이 추동한 새로운 감성의 분출이 대중적 차원에서는 아직 내용과 형식의 결합에까지 이르지 못했다는 사실도 보여준다.

고려해야 할 것은 이것이 또 다른 의미에서 근대지식의 학습효과였다는 사실이다. '시조'는 20년대 들어 '발견'된 양식이라 할 수 있는데, 특히 연희전문의 문과의 경우 정인보나 최한샘과 같은 국학자가 존재했다는 사실은 이러한 사정을 짐작케 하고도 남음이 있다. 다른 매체에 비해 '시조'에 대한 배려가 많았다는 사실은 당시 학생들의 교육과 실습의 차원에서 이들 국학자의 영향력이 상당했다는 사실을 고려하지 않고는 설명되기 곤란하다. 실제로 6호에는 '정몽주(鄭夢周)'나 '황희(黃喜)' 등이 쓴 '우리의 시조' 10수가 당당히 시란(詩欄)의 한 자리를 차지하고 있다. 학습을 통한 기존 양식의 습득이 새로운 감정의 표출에도 준거점으로 작용했던 것이다.

이상의 분석을 통해 우리는 『연희』에 수록된 문학관련 글들의 양식적 특징의 일단을 살펴보았다. '감정자연유로설'로 집약되는 문학론은 현실의 한계와 일상의 보수성 사이에서 존재론적 갈등에 처할 수밖에 없는 당시 청년 지식인들이 자신의 정신을 표출하는 주요한 통로로써 문학을 활용했음을 보여주는 증거이며, 그들의 시 작품이 주로 시조양식을 차용하거나 정형성에의 지향을 보여주는 것은 분출하는 감정에 질서를 부여하고자 했던 의도의 표현이었다고 판단된다. 당시 최고의 지식인 그룹 중 하나였으면서도, 주류 문학과 현격한 낙차를 보여주는 이런 차이는, 한국 근대문학사의 저변에는 주류문학사와 다른 맥락에서 낭만주의 혹은 감상주의가 상당한 영향력을 지닌 채 잔존했으며, 파악되지 못하는 현실을 외형적 질서화에의 지향을 통해 가상의 질서 속으로 편입시키려는 노력이 지속됐음을 보여주는 증거라 하겠다. 이 같은 흐름의 문학사적, 수용사적 의미는 향후 검토돼야 할 새로운 주제다.

이러한 경향 속에서 '자연과 고향'을 특권화 시키려는 또 다른 흐름이 존재했다. '자연'과 고향에서의 어린 시절을 돌아가야 할 근원으로 이상화시키는 태도들이 여기에 속한다. 이것은 한국 근대문학의 주요한 감수성의 원천으로서, 1930년대 이후 다양한 변주를 통해 주류 문학사의 수면 위로 부상한다는[19] 점에서 눈여겨보아야 할 지점이지만 여기서는 자세한 검토를 생략한다.

4. '윤리'와 '제도', 기독교와 사회주의

『연희』의 지면을 뒤덮은 감상주의의 물결을 단지 미숙함의 반영으로만 이해할 필요는 없다. 당시 청년 지식인들에게 근대문학의 직접적인 쓸모가 거기에 있었다고 할 수는 없지만, 세계와의 불화를 토로하는 주된 '글쓰기 양식'이 문학이었다는 점에서 미숙한 정신에게 감상주의는 피할 수 없는 건널목이기도 했다. 10여 년의 시간 속에 존재하는 『연희』의 작품들이 대세에서 크게 다르지 않은 경향을 보이는 것이야말로 가장 생생한 증거다.

일찍이 임화는 『백조』파의 감상적(感傷的) 낭만주의를 비판하면서, "감상주의란, 말할 것도 없이 현실에 대한 작가의 감상이 표현으로 그것의 파악(把握)을 대신하는 것"이라면서 그것이 "지식인의 지적 귀족주의의 유치한 표현"이라고 지적했었다.[20] 왜냐하면 "두려웁고 거창한 현

19) 이와 관련된 논의는 박헌호, 『한국인의 애독작품-향토적 서정소설의 미학』, 책세상, 2004 참고.

실에 손을 대이기보다는 먼저 자기 스스로의 순정에 탄식하고 애상하는 심정이란 무력한 인간을 어느 정도 고고하게 만드는 것 같기 때문이다.”『백조』와 『연희』를 동궤에서 논의하기 어렵다 해도 이러한 분석은 사태의 한 핵심을 움켜쥔 것이다. 『연희』의 감상성 역시 무력감 속에서도 지식인으로서의 자의식에 휩싸여 있던 당시 청년들의 자화상으로 읽힐 수 있다는 사실은 분명해 보인다.

『연희』에는 지식인으로서의 도덕의식과 비판의식을 나름의 방식으로 표출하면서 현실을 재구성하고자 노력한 작품들이 상당수에 달한다. 특히 '사랑'을 빌미로 구여성(舊女性)인 본처와 이혼하는 문제에 대해 당시의 일반적 경향과 달리 비판적인 시선을 드러내는 작품이 상당하다. 당시 본처에게 이혼을 요구하던 청년의 심리는 다음과 같이 묘사된다.

> 相當한 才操를 배왓고 來後年이면 L專門學校를 卒業하야 一個月 백여원의 收入이 잇슬것이오 겸하야 장차로는 米洲유학까지 가게될터인데 그것을 답답해서 엇더케다리고사나! 또한 나이가 만흔즉 미국서 도라오면 할멈이나 다름이 업겟지 …… 이번放學에는 가서 蓮淑이와 트적어리다가 종결을내겟다 …… 宗敎觀과 道德說도 내가 존재함에잇서서 가치가 잇는것이지 現實界를 초월하야는 아모意味도업다 生의目的은 善이오 眞보다도 美다 인생은 自我가 本位니 내가실흐면 王座도 平凡헐것이 물론이다.[21]

앞으로 누리게 될 기득권에 어울리지 않는 아내, 너무 늙어 성적 매력을 상실한 여자, 정신적 반려자가 될 수 없는 낮은 지식. 인용문에 등장하는 이런 이유들은 당시의 '청년' 지식인들에서 흔히 발견되는 생각이었다. 화자(話者)는 이것을 '眞 / 善'에 대비되는 '美'로 파악한다. 그런데 "조혼한 아내를 두고 유학길에 오른 사내라면 십중팔구는 신여성을 동경하고 이혼을 꿈꾸기 마련이었던" 시대, 남편에게 이혼당하고 자살

20) 임화, 「『백조』의 문학사적 의의」, 『춘추』, 1942.11, 146면.
21) 朴醉霞, 「野花의 설움」, (2－122).

한 "구여성의 경우에는 죽음조차 세상의 이목을 모으기에 부족했"던[22] 시대임에도 불구하고 『연희』의 작품들은 그런 욕망을 드러내다가도 이내 반성하고(2호, 「野花의 설움」) 자신의 속물성을 탓하며, 이혼을 당해 자살한 본처에 대한 죄책감으로 자신도 생을 마감하기도 한다(4호, 「늦게핀 꼿」, 6호, 「離婚」).

「그는 나를 그갓치도 사랑하엿는대 아—. 엇지하여 나는 그를 그갓치 사랑치못하엿섯나 …… 하기는 사랑한답시고하엿지 …… 肉만으로오직肉만으로 …… 」……「모든 것을 容恕하십시오. 나는 오직 活動寫眞的戀愛밧게는 다시는 참사랑이 업는줄노만 알엇서요 그것이아니면 幸福이업는줄노만 알엇서요 머리트러언고 치마짤은사람이 아니면 참사랑이란 가지지못한줄노만 알엇습니다. 아—아 나는 어리석엇습니다 果然 天痴엇섯서요 …… 」[23]

인용문은 당대를 풍미했던 '신여성'과의 연애가 '활동사진(活動寫眞)'적 연애, 곧 서구에서 이식된 것이며 말 그대로 '영화'같은 비현실적 연애라는 인식을 드러낸다. 오히려 구여성의 헌신적 삶이 '참사랑'이라는 최고의 찬사로 찬양된다. 나아가 「사랑의 기적」(3호, 희곡)에서는 연애 결혼한 부부가 첫날밤을 치루면서 서로의 비밀을 고백키로 하는데, 그 와중에 두 사람 모두 숨겨놓은 자식이 있는 것이 밝혀지고 여기에 격분한 신랑이 뛰쳐나가는 장면을 통해 자유연애를 풍자하는 시선을 보여주기도 한다.

이들이라고 신여성과의 연애를 열망하지 않은 것이 아니다. 자신의 조건 때문에 (신여성과의)사랑에서 승리자가 되지 못하는 현실을 탄식하는 풍경은 『연희』의 지면에서도 쉽게 발견된다. 대립구도 역시 '돈이냐 사랑이냐'라는 틀에서 벗어나지 않는다. 「사랑과 벗」(趙斗元, 4호)은 여기에 우정과 사랑의 대립을 덧붙이지만 '친구'가 부자라는 사실로 인해

22) 권보드래, 『연애의 시대』, 현실문화연구, 2003, 73면.
23) 崔承翼, 「늦게핀 꼿」, (4—161~162).

근본적인 틀의 변화로 보기 어렵다. 「젊은이의 죽음」(碧雲, 5호)에서도 '철오'는 가난 때문에 사랑하는 '정애'가 아버지의 강제결혼에 끌려가는 것을 막지 못한다. '돈'의 문제는 곧 "중산계급 남성 지식인의 자기결핍의 정체"였다.[24] 달리 말하면 '물질적 궁핍' 이외의 다른 영역에서는 이들의 자존심이 손상될 수 없다는 것을 의미한다. 그러므로 작품에서 여주인공들은 죽어야 할 운명에 처한다. 「사랑과 벗」의 '순희'는 부자와 결혼 후 3년 만에 자살하고, 「젊은이의 죽음」의 '정애'는 아예 강제결혼을 거부하며 자살한다.

이것은 『연희』가 20년대 초반의 문학경향과 같은 자장에 놓여 있음을 보여준다. 그러면서도 구여성과의 이혼문제에 비판적으로 접근하는 작품도 많다는 사실은 당시의 주류적 청년문화와의 거리감을 나타낸다. 이러한 현상의 원인은 몇 가지로 분석될 수 있다. 먼저 지식인으로서의 자의식과 일정한 도덕의식을 들 수 있다. 작품에서 드러나듯 이들은 개인의 자유와 '美'를 절대시한 '미적 청년'과 속물적 욕망만을 추구하던 대중의 사이에 존재했다. 이들은 사회 질서의 전체상에 대한 감각과 인간적 상황에 대한 도덕적 접근을 유지하고자 애쓴다. '자유연애'가 내걸은 이념적 가치를 인정하면서도 현실을 움직이고 자신의 현재를 있게 한 조건에 대한 감각을 놓치지 않으려 하는 것이다. 물론 이러한 정황에는 일정한 기득권이 보장된 최고 교육계층이라는 보수성도 전제된다. 이들의 접근경로가 주로 구여성의 희생적 삶에 대한 윤리적 반성이었다는 사실이 이러한 분석의 타당성을 증명해준다.

이 대목에서 연희전문이 기독교 학교였다는 사실을 떠올리는 것은 적절하다. 교육을 통해 습득된 기독교적 윤리의식이 당시의 일반적 경향과는 다른 양상을 보이게 만든 하나의 이유일 수 있다. 기독교적 윤리의식에 입각해볼 때 구여성에 대한 일방적 이혼이 용납될 가능성은

24) 이혜령, 「동물원의 미학」, 『한국소설과 골상학적 타자들』, 소명출판, 2007, 27면.

없다. 하지만 기독교에 대한 비판의식 역시 만만치 않다. 상황이 단순하지 않은 것이다.

> 金氏-례배당? 거기는 뭐하러갓댓니? 그 뭇잡년놈들만 모이난곳에를 일홈은조치 예-수밋는다고…… 사내고여편네고 나희어린사람들은 모다 례배당에서 발이고말드라. 너도 요새 이혼이니 뭐니하는 것이 모다 그덕이지?…… '예수는 원수를사랑하라'하엿다고. 남은 원수도사랑하랫는데 너는 네 안해를 미워하니? 그거참 예수는 잘밋는다.[25]

작가는 인물을 통해 교회가 당시 신청년/신여성의 연애의 온상임을, 또한 기독교 신자들이 예수와 같은 사랑은커녕 자기 아내도 버리는 현실을 비판한다. 허위의식에 대한 비판의 칼날이 자못 날카롭다. 교리로서의 기독교와 현실의 기독교 사이에 발생하는 괴리를 예리하게 짚어냈다. 기독교나 학습에 의한 의식개조의 한계를 드러낼 뿐만 아니라, 이를 통해 인식의 변화와 생활의 개조 사이의 시간적 간극도 뚜렷하게 드러내준다[26]는 점에서 문제적인 대목이다.

근대지식으로서의 문학이 가했던 이중적 작용도 윤리의식을 강화시키는데 기여했다. 소설과 시가 학생들에게 연애열을 고취시킨다는 비판은[27] 당시를 풍미한 것인데, 반대로 『연희』에서는 이광수의 『개척자』의 한 장면을 떠올리며 자신의 아내도 독약을 먹고 죽을지도 모른다는 생각으로 반성에 이르는 장면(2-132)도 제시돼있어 흥미롭다. 이외에도 근대문학의 상반된 효용성에 대한 암시는 『연희』의 지면 곳곳에 돌출돼 있다. 근대문학은 욕망의 배출구인 동시에 윤리의 산실이기도 했던 셈이다.

시(詩)에서 사랑은 열렬한 찬미의 대상이지만 소설이나 희곡에 오면

---

25) 玄波, 「離婚」, (6-155, 157).
26) 소영현, 「미적 청년의 탄생」, 연세대 박사논문, 2005, 145면 참조.
27) 朴達成, 「男女學生의 戀病과 文疾」, 『신여성』 2권 5호, 1924.5 참조.

구여성의 헌신성을 옹호하는 것부터 기독교의 허위성을 비판하는 것까지 논의의 편차가 매우 다양하다. 서정과 서사양식 간의 차이가 바탕에 깔려 있을 터, 세계를 전체 속에서 체계화할 것을 요구하는 서사/극 양식 안에서 『연희』의 필자들은 나름의 방식으로 세계를 탐구했다. 절대치로서의 사랑은 앙망할 만한 것이나 현실에서의 사랑은 마냥 상찬될 수만은 없었던 것이다. 계층적 보수성과 지식인적 현실성의 결합 속에 『연희』의 '사랑과 결혼'이 놓여 있었다고 하겠다.

특히 기독교에 대한 비판은 20년대 조선 사상계의 중요한 결절점과 연관돼 있다는 점에서 주목을 요한다. 기독교는 한국 근대사에서 여러 종교 중의 '하나'가 아니었다. 그것은 근대화이자 서구화의 상징이었으며 사유와 행위의 근본 패러다임이었고 근대적 멘탈리티의 저간을 구성하는 핵심이었다. 따라서 기독교에 대한 기대치가 낮아지고 그것을 통한 사회 개조의 희망이 사라지면서 사상의 중심축이 사회주의로 넘어가는 양상은 한국 근대사상사의 전환점이라 할 수 있는데, 『연희』는 이러한 변화 양상을 매체 자체로 표상하고 있다.[28]

문학의 경우에도 그러한데, 1호에 실린 「암중(暗中)의 누(淚)」(김송은)는 공명심(功名心)에 젖은 봉사와 진실한 사랑을 대비시키며 기독교적 가치의 진정성을 부각시키려는 모습을 그려냈다. '남돕기가 능사'인 '정선생(丁先生)'은 겉만 본다면 그다지 부정적인 인물이 아니다. 그러나 그가 행하는 불우이웃돕기 방식이 윤리적 허영심과 공명심에 입각한 것임을 비판하면서 작품은 예수의 참된 사랑을 닮으려는 다짐의 눈물로 물든다. 특히 주인공 'P'의 충고에 '정선생'도 참회하면서 작품은 적대적 모순이 존재하지 않는 평화로운 화해의 국면으로 종결된다. 이것은 작품이 비판보다는 기독교적 '교화'에 목표를 두었음을 암시한다.

---

28) 『연희』 지면에 나타난 기독교에 대한 인식의 변화에 대해서는 박헌호, 「『연희』와 식민지 시기 교지의 위상」, 『현대문학의 연구』 28호, 한국문학연구학회, 2006.3, 제3장 1절 참고.

중반에 오면 달라진다. 앞서 예를 든 「이혼(離婚)」도 그랬거니와, 5호에 게재된 「황해(黃海)의 애수(哀愁)」(정월성)는 그러한 전환을 분명하게 드러낸다. 여주인공 '순자'는 "어려서부터 크리스찬 가정에 자라난 그는 기독교 정신에 구리"된 사람으로 "그리 어렵지 안은 가정에서 자라난 그의 눈에는 생산과 분배문제도 꿈밧게" 문제였다. 그녀는 "오직 때때로 생각하기는 기독과 사도들과 가티 자유무애한 종교운동 선상에서 분투하는 용사가 되어 아츰해 潑剌하는 光輝와 열기와 가티 더욱이 이 사회를 빗나게 하며 인간 이상의 초월적 力과 靈의 발현과 무한애의 聖國을 실현하여 볼가!"(5－149) 하는 문제에 집중했던 독실한 신자였다. 그러나 사회에 나온 뒤 그녀는 사회의 참모습을 발견한다. 빈부격차와 '푸로레타리아와 뿔쪼아의 쟁투'의 세계를 발견하면서 "이것이 엇지 하나님의 공평하신 뜻이며 無私하신 조물주의 지시이랴! 제도가 나흔 이 죄악! 이것을 반듯이 고처야 하며 다시 만드러야 한다는 결론"(5－150)에 도달한다.

이 작품은 "소위 예의지국의 인습과 제도"로부터 기독교와 근대지식으로 나아갔던 '청년'들이 왜 마르크스주의로 귀결됐던가를 간략하게 보고한다. 여기에서 조선의 '사회'란 기독교적 세계관과 계몽지식으로 무장한 젊은이들에게 '현실'을 가르치는 학교였다. 기독교와 계몽지식이 '사회'의 문제를 해결할 수 없을 때 그들은 또 다른 근대지식이었던 '사회주의'로의 인식론적 전환을 감행했다.[29] 핵심이 되는 것은 '제도'였다. 그들이 보기에 기독교에는 사회'제도'에 대한 분석과 문제를 해결하기 위한 '제도'적 방침이 미흡했다. 그런데 제도와 인간의 관계에 대한 탁월한 해석학으로서의 마르크스주의는 이미 제도에 대한 감각을 포지한 지식인들 사이에서 더욱 강력하게 확산될 가능성을 가진 사상이었다.[30]

29) 이에 대해서는 이혜령, 「지식인의 자기정의와 계급」, 『상허학보』 22집, 상허학회, 2008.2; 천정환, 「근대적 대중지성의 형성과 사회주의(1)」, 위의 책 참조.

그래도 이때까지는 약간의 머뭇거림이 남아 있다. '여성동우회'를 조직하고 '전선주의자동맹(全鮮主義者同盟)'에서 활동하던 '순자'는 애인 '영선'이 경찰서 폭파사건과 연루되어 도피해야 할 처지가 되지만 함께 떠나지 못한다. 부모님이 돌아가신 후 자신을 키워준 언니 '순희'가 죽을병에 걸려 있는 것이다. 임종이 임박할 정도로 불치의 병이지만, 그런 언니를 혼자 죽게 할 수 없다는 인륜적 명령 앞에 주인공은 멈춰 선다. 가족으로 대변되는 '예의지국의 인습과 제도'가 다시 자신의 문제성을 드러낸 것이다.

오랜 휴간 뒤에 복간된 『연희』 7호와 8호는 마르크스주의를 중심축으로 재편되어 있다. 마르크스주의가 가져온 사상적 충격은 심대했다. 『연희』라는 특정매체에 한정해 보더라도 그 진폭이 놀랍다. 개인의 경우에도 변화의 양상이 확연하다. 7,8호의 발행인인 '류근석(柳根錫)'을 사례로 들어보자.31)

① 보름달이두렷하고
대-ㅅ그림자문에빗기면
사랑하던녯날이그리웁고
가을바람마른닙을흔들며
애끌는가을밤을속삭일때마다
서툰눈물눈을썩킨다!
오-세상사람들아
픠는쏫을사랑하지마라
떠러질째눈물나노니!

—「죽어離別한愛人」, (5-109)

② 거리에는 많은 사람이 부르며 지나간다

---

30) 박헌호, 「'계급'개념의 근대지식적 역학」, 『상허학보』 22집, 상허학회, 2008.2 참조.
31) '柳根錫'이라는 同名異人이 존재하지 않는다는 가정 아래 살펴본 것이다. 그는 '모양생(牟陽生)'이라는 필명도 함께 사용했다.

이제는 준비의 일도 씉이 낫으니
그대여 거리로 나아가자
그대는 한 집만 지키고 잇을수 없나니
거리로 나아가자……

「그대여 거리로 나아가자」, (8－108)

①에서 '죽어 이별한 애인'을 지는 꽃에 비유하며 슬퍼하던 청년이 ②에 와서는 '이제 준비의 일도 끝났으니' 거리로 나아가자고 촉구한다. 또 6호(1926.5)의 「춘곡삼장(春曲三章)」에서 고향을 그리워하던 청년이 7호(1931.1)에서는 「지식계급론」을 통해 지식계급의 중간적 위치가 곧 무산자의 위치로 변화된다고 결론을 내리는 한편, 일제의 자원약탈을 풍자한 「민요 삼천리」를 발표했다. 그런 그가 발행자가 되었으므로 『연희』가 사회주의적 색채를 띄게 된 것은 당연하다 하겠다. 20년대 식민지 조선에 몰아친 마르크스주의의 열풍은 기독교학교 연희전문학교의 기관지까지 접수하는 상황을 야기한 것이다.[32)]

1934년 『조선일보』 신춘문예에 「모범경작생」이 당선돼 등단한 박영준의 사상적 출발점도 유사했다. 그는 『연희』 7호에 시 「순성(巡城)」[33)]과 소설 「축출자(逐出者)의 갈길」[34)]을 발표하는데, 이 소설은 그의 데뷔작 「모범경작생」과 유사하다. '(독립)운동'에 관여했던 고모부를 돈 때문에 밀고하고 마을사람들도 팔아먹은 '남택'이가 마을에서 쫓겨난다는

32) '류근석'은 '거리'로 나아갔을까? 쓴 글로 보아 주로 20년대 후반에 사상적 변화가 있었을 그가 1930년의 상황에서 교지의 발행인으로 돌아왔다. 개인적 선택을 묻자는 것이 아니다. 식민지 조선에서 명멸했던 수많은 '좌파 저널리즘'의 문제다. 나아가 식민지 조선에서 매체가 지니는 사회적 의미를 따져보는 데에도 중요한 문제이며 사회주의의 존재방식에 대해서도 간과할 수 없는 문제를 제기한다. 이점, 추후의 과제로 남겨둔다.

33) 오문석은 「식민지 시대 교지연구(1)」(『상허학보』 8집, 2002.2)에서 이 시를 「近城」이라 했는데 誤記인 것으로 보인다. 무너진 성곽을 따라 걸으며 망국의 애상을 비유적으로 표현한 것이 주된 내용이다.(7－151)

34) 이 작품은 '目黑狼'이라는 假名으로 발표됐다. 이를 박영준으로 추론한 것은 『연세대학교 100년사』 4권, 연세대, 1985, 97~101면에 따랐다.

점에서 「모범경작생」의 '길서'의 행동이나 결과와 유사한 구조를 가졌다. 그는 8호에도 연민보다는 투쟁을 강조하는 「눈물은 다 말랏다」(8-109)를 발표하지만 검열로 인해 작품의 일부분만이 실렸다.

그렇지만 마르크스주의로의 변화가 문학양식상의 발전을 추동한 것 같지는 않다. 7호와 8호의 작품들 역시 사상적 경향만 변했을 뿐 감상성과 관념성이라는 해묵은 문제를 답습하고 있기 때문이다. 임화의 지적처럼 감상주의가 감정의 표현으로 현실의 파악을 대신하는 한, 감상성과 관념성은 동전의 양면처럼 불가분의 관계에 있을 터이다. 사랑에 대한 탄식이 사회에 대한 분노로 전환되고, '정형성'을 통한 질서화에의 의지가 사회주의의 이론적 질서로 편입되었다고 하면 지나친 비약일까?

이런 맥락에서 『연희』의 문학작품들은 당시 지식인들에게 인식되던 '감정'의 사회적 의미와 존재양태, 그리고 문학을 통한 그 대상화의 방식과 의미를 보여주는 하나의 사례이다. 또한 기독교나 사회주의와 같은 거대담론들이 구체적인 현실과 이에 반응하는 지식인의 의식 속에서 어떠한 모습으로 실재화 되었던가를 가늠하게 하는 자료이기도 하다. 그들에게 '감정'은 계몽의 자식이었으나 실제로는 식민지 반봉건적 억압의 타자로서 더 많이 등장했다. 한국 근대문학에 도저한 낭만주의적 경향은 그것이 역사적으로 상존했던 억압과 상실의 출구이자 위안이었다는 사실과 밀접한 관련을 갖는다. 낭만이 계몽과의 결합 속에서 자신의 영토를 구축해본 경험이 미약한 것이다.

'사랑과 결혼'에 대한 입장에서 드러나듯 당시의 지식인들은 이념적 선진성과 현실의 질서 사이에 화해를 시도했다. 개인의 욕망에 대한 긍정을 보이면서도 그것이 합리성이 지배하지 않는 사회에서 일방적으로 관철될 때 야기되는 문제를 윤리적으로 제시했다. 여기서 '윤리'라 함은 자신의 해결책이 사회적 차원에서 전체적으로 관철될 수 없다는 의식의 고백이며, 그러면서도 그렇기 때문에 인간적 연민의 끈마저 놓을 수 없다는 의식의 표현이다. 자유시의 영역에서마저 보이는 질서화에의 지향은 유치한 방식으로 현실을 질서화하려는 욕구의 표현이지만 그것이 보수성으로 기울 가능성 또한 현저하다. 그들이 추구했던 형식의 안정성이란, 작품이 드러내듯 기존 질서의 수락이거나 자기복제의 반복이었던 바, 현실의 복잡성을 받아들이는 자세와는 거리가 있는 것이다. 그들이 견지하고자 했던 윤리 역시 체제 내부로 수렴될 가능성과 천지개벽의 도화선이 될 가능성이 병존한다.

이처럼 모순적 가능성을 함께 지닌 '질서와 윤리의 착종'으로서 당시의 지식인들은 근대문학을 향유했고 근대문학으로 자신의 정신을 드러냈다. 그것이 비단 이 시기에만 그치는 현상은 아닐 것이다. 『연희』의 작품들은 모두 변화에 대한 갈망을 담고 있는데, 새로운 질서와 보다 인간적인 윤리의 지향은 간과할 수 없는 이들의 공통점이었다. 그런데 사회주의가 이러한 모순을 하나로 통합할 경로를 제시했던 것은 아닐까? 만일 그렇다면 이시기에 사회주의가 폭발적으로 수용될 수 있었던 '심성(멘탈리티)'적 저변이 무엇이었는지 이해할 수 있다. 사회주의는 휴머니즘과 제도의 문제를 아우름으로써 윤리와 질서의 문제를 동시에 해결할 길을 열었던 것이다. 그 길에서 『연희』는 끝났지만, 그것과 비슷한 위상에 있는 매체들을 통해 문학이 향유되고 창조되는 양식을 연구하는 도정은 이제부터 시작되어야만 한다.

5. 나오며

문학을 근대지식('신지식')으로 파악하는 시각은 근대계몽기 때부터 존재했다.[35] 최남선 역시 문학을 근대지식의 한 영역으로 파악하여 그것

35) 이유미, 「1900년대 근대적 잡지의 출현과 문명담론」, 『한국 근대 서사양식의 발생 및 전개와 매체의 역할』(김영민 외), 소명출판, 2005 참조.

이 근대적 정신활동, 혹은 제도구성의 필수 영역이자 방법이 되어야 한다고 생각했다.[36] 이러한 상황에서 '문화정치'의 시행으로 다양한 매체와 동인지들이 발간되면서 1920년대는 이론적, 실제적인 차원에서 근대문학의 본격적인 전개가 이루어졌다. 문단으로 상징되는 주류 문학만이 아니라 교지와 같은 다양한 영역에서 문학은 중심적인 영역으로 부상하며 많은 지식인과 대중의 주된 표현양식으로 자리잡았다.

이 글은 『연희』의 문학작품을 대상으로 근대지식으로서의 근대문학이 일반 지식인들에게 어떠한 의미와 역할을 했는지를 살펴보았다. 우선 '교지'의 사회적 위상을 분석하여 거기에 실린 문학작품의 의미를 살피기 위한 기본 전제를 확인하였다. 폐쇄적 아마추어리즘을 자신의 특성으로 하지 않을 수 없는 '교지'는 근대매체로서 공공성과 권위라는 두 차원에서 취약점을 지닌다. 필자의 제한은 매체의 공공성에 기본적인 제약으로 작용하며 동시에 그것은 사회 공통의 담론 경쟁장으로써의 의의를 훼손시킬 수 있다. 이 점이 바로 교지에 게재된 글들의 '권위'도 약화시킨다. 교지에 실린 글들이 경쟁을 통해 발표입지를 구축한 것이 아니라는 사실은 그것이 문학작품의 발표창구로서도 사회적 권위를 갖지 못하는 원인이 되는 것이다. 따라서 20년대에 전면화된 매체의 사회적 위계화 과정과 전문화 과정과 맞물려서 당대 교지의 위상에 대한 논의가 새롭게 전개되어야 할 것이다.

하지만 교지의 이러한 위상 때문에 거기에 실린 문학작품들은 역설적으로, 주류문학에서는 보기 힘든 근대문학의 대중적 향유와 효용의 양상들을 추적할 기회를 제공한다. 지금껏 습작 혹은 유치함이라 불린 이들 작품의 특질들은 근대문학이 근대적 개인의 '감정'의 분출창구로서 또한 분출을 통한 자기 확인과 객관화의 주요 통로였음을 말해준다. 주류 문학사의 발전과 별개의 경로로 전개되는 이러한 양상이 당시 최고

36) 한기형, 「근대잡지와 근대문학 형성의 제도적 연관」, 『근대어 · 근대매체 · 근대문학』(한기형 외), 성균관대 출판부, 2006 참조.

의 지식인 그룹 내에서도 지속적으로 발견된다는 것은 그들의 창작수준의 고하와 무관하게 근대문학이 근대정신을 주조하고 재현해내는 데 어떠한 방식으로 기여했는지를 보여주는 주된 증거이다. 특히 현실에 절망하면서도 현실을 돌파할 수 없었던 정신들이 감상성과 낭만성의 자장 안에서 현실을 질서화하고자 했던 욕구들은 시사하는 바가 많다.

아울러 한국 근대사상사를 논할 때 간과할 수 없는 기독교와 사회주의의 사상적 쟁투와 헤게모니 싸움이 문학을 통해 어떻게 구현되는 지도 살필 수 있었다. 『연희』의 필자들은 당대를 풍미했던 자유연애와 이혼 문제에 대해 지식인으로서 양가적 입장을 유지한다. 자유연애를 옹호하면서도 이혼의 윤리적 문제를 놓칠 수 없었던 것이다. 지식인적 현실인식과 윤리의식의 결합이라 지칭할 수 있는 이러한 의식은 기독교와 그것을 통한 현실개조를 지향한 결과이자 동기였다. 여기서 문제로 부상하는 것이 '제도'이다. 기독교적 사회개조 프로그램이 핵심적으로 결여하고 있는 것이 제도였으니, 사회주의가 휴머니즘과 제도의 결합으로서 인식되고 수용되었다는 사실이 『연희』의 지면에도 생생하게 나타나고 있는 것이다.

근대문학이 야기한 정신적 충격과 사회적 표현양식으로서의 의미는 주류 문학은 물론 이와 같은 매체들의 경우도 함께 고려했을 때 보다 풍부한 분석의 경로를 마련할 수 있으리라고 본다. 또한 이 같은 분석 방식이 확대되고 정당성을 획득한다면 근대문학사의 저변을 관통하는 미적 감수성의 체계를 그려볼 수 있을 것이며, 그 역사적 경로 또한 추적해볼 수 있을 것이다. 본고의 최종 목표지는 그러한 지점에 놓여 있다. 이 글의 논지가 보다 명확하게 증명되기 위해서는 보다 다양한 매체를 분석하여 비교할 필요가 있다. 그런 점에서 본고의 논지는 잠정적일 수밖에 없으며, 향후의 연구를 통해 보강되어야만 한다.